Über dieses Buch Dieser dritte Band in der Serie »Exil – Literarische und politische Texte aus dem deutschen Exil 1933–1945« schließt eine Dokumentation ab, die ein Lesebuch sein und in geraffter Form einen Einblick in das verschaffen soll, was in zahllosen Zeitschriftenbänden, Gedichtbänden, Anthologien und Einzelwerken veröffentlicht wurde, aber zum Teil auch heute noch schwer zugänglich ist. Sie will mit den Texten bekannt machen, die in der BRD weitgehend unbekannt geblieben sind, und bereits Bekanntes in einen neuen Zusammenhang stellen. Diese Dokumentation weist nach, daß sich diese Nation in den zwölf Nazi-Jahren um sich selbst betrogen hat. Und soweit es um die »Perspektiven« (die Zeit danach) geht, zu ihrem eigenen Schaden viele bedenkenswerte Gedanken unberücksichtigt gelassen hat. Vergleiche auch die beiden anderen von Ernst Loewy herausgegebenen Bände:
»Mit dem Gesicht nach Deutschland« (Fischer Taschenbuch 6481); »Erbärmlichkeit und Größe des Exils« (Fischer Taschenbuch 6482).

Der Herausgeber Ernst Loewy, 1920 in Krefeld geboren, emigrierte 1936 in das damalige britische Mandatsgebiet Palästina und schloß sich einem Kibbuz an; ab 1938 Buchhandelslehre in Tel Aviv, anschließend verschiedene Tätigkeiten, zuletzt als Bibliothekar beim Regierungspresseamt in Tel Aviv. Ende 1956 Rückkehr in die Bundesrepblik Deutschland. Ab 1957 Leiter der Judaica-Abteilung der Frankfurter Stadt- und Universitätsbibliothek. Studierte daneben Germanistik, Politikwissenschaft und Soziologie. Seit 1964 Referent im Deutschen Rundfunkarchiv, Frankfurt am Main.
Veröffentlichte unter anderem: »Literatur unterm Hakenkreuz« (1966); »Thomas Mann – Ton- und Filmaufnahmen. Ein Verzeichnis« (in: Thomas Mann – Gesammelte Werke. Supplementband.) (1974); »Exil. Literarische und politische Texte aus dem deutschen Exil 1933–1945« (unter Mitarbeit von Brigitte Grimm, Helga Nagel und Felix Schneider) (1979).

EXIL

Literarische und politische Texte aus dem deutschen Exil 1933–1945

Band 3
Perspektiven

Herausgegeben von Ernst Loewy
unter Mitarbeit von
Brigitte Grimm, Helga Nagel
und Felix Schneider

Fischer
Taschenbuch
Verlag

In einigen Fällen ist es uns nicht gelungen,
die Rechtsinhaber der abgedruckten Beiträge ausfindig zu machen.
Hier ist der Verlag bereit, nach Meldung berechtigte Ansprüche abzugelten.

Literaturverzeichnis und Bio-bibliographische
Nachweise finden sich am Ende dieses Bandes (Seite 1239 ff.)

Fischer Taschenbuch Verlag
April 1982

Umschlagentwurf: Jan Buchholz/Reni Hinsch

Fischer Taschenbuch Verlag GmbH, Frankfurt am Main
Lizenzausgabe mit freundlicher Genehmigung
der J. B. Metzlerschen Verlagsbuchhandlung und
Carl Ernst Poeschel Verlag GmbH in Stuttgart

Druck und Bindung: Clausen & Bosse, Leck
Printed in Germany
1680-ISBN-3-596-26483-9

Inhalt

Teil III:
Perspektiven

Gegenüber den thematisch kohärenten Zusammenstellungen der beiden ersten Teile dieser Dokumentation bietet der vorliegende und die Dokumentation beschließende 3. Teil eine Sammlung von locker sich zusammenfügenden Themenkreisen, die sich weniger an den unmittelbar vorgegebenen Tatbeständen des »Heute« orientieren als vielmehr die Linien der eigenen Existenz perspektivisch auszuziehen versuchen und damit den an die Vergangenheit und Zukunft Deutschlands geknüpften Vorstellungen der Exilschriftsteller Ausdruck verleihen. Es sind dies sowohl Reflexionen, die auf die unmittelbare Zukunft Deutschlands nach dem Zusammenbruch des NS-Staates gerichtet sind (*Der Tag danach* hieß bereits ein Artikel von Leopold Schwarzschild im *Neuen Tage-Buch* aus dem Jahre 1939[1]), als auch Ausblicke und Rückblicke, die einen größeren Zeitraum umspannen und die in vielen Fällen von betont utopischem Charakter sind. Der historische Roman (wiewohl gleichermaßen auch Vehikel der Anklage) nimmt hier eine besondere Stellung ein: Die Möglichkeiten der Projektion, des freien Spiels der Phantasie scheinen hier unerschöpflich, desgleichen freilich auch die der Flucht. Erbe und Zukunft, Gewesenes und Erhofftes (Erstrebtes) erscheinen als Stützen, die Halt versprechen in einer zusammenstürzenden Welt, wobei das Wunschdenken gegenüber dem Geschichtsprozeß oft nur im Nachhinein von wirklicher Einsicht zu trennen waren.
Das »Prinzip Hoffnung« (Bloch) ist jedenfalls aus der Exilliteratur nicht wegzudenken; es ist vermutlich dieses Element, das in der Periode der »Kahlschlag«-Literatur einer Rezeption der Exilliteratur in der BRD so fundamental entgegenstand.
Rückschauend wird man eingestehen müssen, daß diese Hoffnung konkret zu kurz gegriffen war – sie ist dennoch das positive Signum dieser Literatur. Sie versuchte das Bessere im Menschen – Einsicht, Widerstand, Solidarität – zu mobilisieren, wobei sie freilich auch reale Erfahrungen

[1] *Leopold Schwarzschild:* Der Tag danach, in: Das Neue Tage-Buch, Jg. 7 (1939), H. 29, S. 682–686.

ins Feld führen konnte. Die erste und unmittelbare Erfahrung lieferte das Exil (hier ganz im emphatischen Sinn verstanden) selbst: Es war nicht nur der Anlaß für eine sich stetig reproduzierende Verzweiflung, sondern förderte auch ein Selbstbewußtsein, das sich in einer für viele möglicherweise bis dahin nicht bekannten Entschiedenheit zu behaupten verstand.

Die zweite, allerdings von unzähligen und wachsenden Widersprüchen beeinträchtigte, zudem auch nur sehr mittelbare Erfahrung, bot die Sowjetunion. Ihre konsequente Haltung gegenüber dem deutschen und internationalen Faschismus schien (bis zum deutsch-sowjetischen Nichtangriffspakt vom August 1939) unumstritten. Vielen galt die Sowjetunion als die große Hoffnung, als Modell, ja als der Garant eines anderen Daseins, das – basierend auf der Lehre von Marx – die freie Assoziation der Individuen in einer von Ausbeutung freien Gesellschaft herzustellen versprach, wenn nicht gar als realiter bereits hergestellt erscheinen ließ. Daß diese Hoffnung trog, daß die sowjetische Wirklichkeit den revolutionären Anspruch nicht nur nicht eingelöst hatte, sondern sich in wachsendem Maß davon entfernte, war eine Einsicht, die für die Linke weitaus schmerzhafter war als der (für sie jedenfalls nicht verwunderliche) Umschlag der spätbürgerlichen Gesellschaft in den Faschismus. Das Letztere schien aus dem Wesen des Kapitalismus ableitbar, das erste zunächst schiere Unmöglichkeit, die wegzurationalisieren die sowjetische Realität in ihrer Widersprüchlichkeit zum mindesten einigen Anlaß gab. Es gab noch eine andere Erfahrung, die – zwischen einer vermeintlich humaneren Vergangenheit und der erstrebten humaneren Zukunft angesiedelt – das »Prinzip Hoffnung« greifbar nahe erscheinen ließ: der deutsche Widerstand. Dieser hatte sich gleichermaßen als Teil der besseren Traditionen der deutschen Geschichte verstanden wie als Garant für eine bessere Zukunft, die er antizipatorisch vorwegnahm. Hiermit schließt sich ein Kreis: Das Widerstandsthema, bereits im ersten Teil, jedoch eher unter dem Aspekt des Erleidens, dokumentiert, wird hier, wie übrigens auch einige andere Themenkreise der vorhergehenden Teile, noch einmal aufgenommen und weitergeführt.

A. Die Kunst zu erben

Die Frage des Erbes, der Tradierbarkeit historischen Materials im allgemeinen, der Aneignung bewährter Ausdrucksformen im besonderen, ist immer wieder Gegenstand der theoretischen Diskussion unter den Exilschriftstellern gewesen. Dabei hatte die Auffassung, eine fortschrittliche, die Gegenwart revolutionierende Praxis habe sich ausschließlich an »gleichgearteten« Phänomenen anderer Epochen bzw. Gesellschaftsformationen, d.h. an den Stationen ihres Aufstiegs zu orientieren, einen leichten Stand: Sie konnte nicht nur eine Reihe überzeugender Argumente beibringen, sondern auch eine massive Schützenhilfe für sich verbuchen, die ihr durch den orthodoxen Marxismus und seinen Einfluß auf eine Vielzahl publizistischer Organe zuteil wurde. Unter diesen Umständen hatten jene Auffassungen, die das Erbeproblem differenzierter, von vorgefaßten Meinungen und einschränkenden Schematismen freier anzusehen versuchten, es schwer, sich zu behaupten.
In einem fingierten Zwiegespräch *Die Kunst zu erben* haben Ernst Bloch und Hanns Eisler[1] auf die verheerenden Folgen aufmerksam gemacht, die ein nur am klassischen Erbe ausgerichtetes Traditionsverständnis, indem es bei den Schriftstellern eine normative Einengung auf tradierte Formen befördere, für die gegenwärtige Kulturpolitik haben müsse. Die Diskussion um diesen Aspekt des Erbeproblems, d.h. um die aus ihm ableitbaren Fragen der literarischen Schreibweise, wurde im zweiten Teil dieser Dokumentation (S. 740ff.) bereits ausführlich behandelt; sie sei hier wieder in den größeren Zusammenhang zurückgenommen, die Kontroverse über die Frage, wie das Erbe heute zu »verlebendigen«, d.h. unter den konkreten Bedingungen der Zeit für die Auseinandersetzung mit dem Faschismus zu nutzen sei[2].

---

1 *Ernst Bloch* und *Hanns Eisler:* Die Kunst zu erben, in: Die neue Weltbühne, 1938, H. 1, S. 13–18. – Nachdruck in: Die Expressionismusdebatte, hrsg. von *Hans-Jürgen Schmitt,* Frankfurt a.M. 1973, S. 258–263.

2 Siehe hierzu: *Werner Mittenzwei:* Brechts Verhältnis zur Tradition, Berlin/DDR 1973. *Wolfram Schlenker:* Das »Kulturelle Erbe« in der DDR. Gesellschaftliche Entwicklung und Kulturpolitik 1945–1965, Stuttgart 1977.

Den Problemkreis des Erbes von dem des Realismus zu trennen, scheint allemal gerechtfertigt, auch wenn dieser Eingriff insoweit ein künstlicher ist, als eine Reihe von Texten beide Problemkreise gleichzeitig ansprechen und die Fronten der Auseinandersetzung die gleichen sind. Diese Tatsache freilich macht es überflüssig, den Kern der Auseinandersetzung hier noch einmal zu referieren.

Entgegen der orthodoxen marxistischen Auffassung unternimmt vor allem Ernst Bloch immer wieder den Versuch, aus dem »Tendenz-Latenz-Überschuß« des historischen Materials, selbst des einer sich im Verfallsstadium befindlichen Gesellschaft, das »Noch-Nicht-Befindliche« herauszuschlagen. Es geht, kurz gesagt, um die Erbschaft *dieser* Zeit: »Denn nicht nur im revolutionären Aufstieg oder in der tüchtigen Blüte einer Klasse, auch in ihrem Niedergang und den mannigfachen Inhalten, die gerade die Zersetzung freimacht, kann ein dialektisch brauchbares ›Erbe‹ enthalten sein«[3].

»Deshalb plädiert«, heißt es an anderer Stelle, »der Kunstfreund dafür, daß die Gegenwart in allen ihren Übergangsgebilden kritisch zu achten und zu beachten sei. Ohne lebendige dialektisch wache Zeitgenossenschaft erstarrt auch die kulturelle Vergangenheit; sie wird zu einem Stapelgut von Bildungsware, aus dem abstrakte Rezepte gezogen werden. Entscheidend bleibt die Wechselbeziehung: kritische Beachtung der Gegenwart, dadurch produktiv ermöglichter Erbantritt der Vergangenheit«[4].

In der ganzen Erbediskussion ging es allerdings nicht nur darum, sich solcher Argumente zu versichern, die die Auseinandersetzung mit dem Nationalsozialismus erleichterten und gleichzeitig die Einheit in den eigenen Reihen förderten, sondern auch, dem Gegner die Waffen der Demagogie zu entreißen, mit denen er die deutsche Geschichte und Kultur für seine finsteren Zwecke einzuspannen suchte. In beider Hinsicht war und bleibt die Bedeutung der Schriften von Georg Lukács unbestritten. Sei es, daß sie an die Werke der klassischen Literatur erinnern, sich etwa mit dem *faschistisch verfälschten und dem wirklichen Georg Büchner*[5], mit *Hölderlins Hyperion*[6] (s. S. 963ff.) auseinandersetzen oder

---

[3] *Ernst Bloch:* Erbschaft dieser Zeit, Zürich, Oprecht und Helbling 1935; erw. Neuausgabe Frankfurt a.M. 1973, S. 16.

[4] *Ernst Bloch* und *Hanns Eisler:* Die Kunst zu erben, a.a.O., S. 263.

[5] *Georg Lukács:* Der faschisierte und der wirkliche Georg Büchner, in: Das Wort, Jg. 2 (1937), H. 2, S. 7–26. U. d. T. »Der faschistisch verfälschte und der wirkliche Georg Büchner«, in: G.L.: Werke, Bd. 7: Deutsche Literatur in zwei Jahrhunderten, Neuwied u. Darmstadt 1964, S. 249ff.

Thomas Manns Suche nach dem Bürger[7] nachzuvollziehen suchen. Der radikalste Beitrag zur Rettung des Kulturerbes indessen scheint Blochs *Originalgeschichte des Dritten Reiches* zu sein (s. u.). Hier unternimmt es der Verfasser, selbst an der scheinbar ureigensten Domäne des Feindes noch ein Exempel zu statuieren, nämlich aus einem mit Unrat beladenen und bis zur Unkenntlichkeit verbogenen Begriff noch das Gold der Utopie herauszuschlagen.

[6] *Ders.:* Hölderlins Hyperion, in: Internationale Literatur, Jg. 5 (1935), H. 6, S. 96–110. Auch in: G.L.: Werke, a.a.O., Bd. 7, S. 164ff.

[7] *Ders.:* Thomas Manns Suche nach dem Bürger, in: Internationale Literatur, Jg. 15 (1945), H. 6/7, S. 58–75. Auch in: G.L.: Werke, a.a.O., Bd. 7, S. 505ff.

Ernst Bloch
Originalgeschichte des Dritten Reichs*

Hier wird von mancherlei Altem und Sonderbarem die Rede sein. Aber der Blick darauf ist nicht behaglich und betrachtend, es werden keine Scherben eingesammelt. *Führer* und *Reich* tauchen auf, in anderer Weise als heute gewohnt. Der Stoff ist teilweise noch frisch, desto fauler freilich, was Blindheit und Betrug mit ihm angestellt haben. Sein etwas träumerisches Wesen ließ viel Mißbrauch mit sich treiben. Aber auch Schönes und Edles leuchtet aus kaum vergangenen Tagen, es ist heute wichtig, daran zu erinnern.
Hat doch der Nazi nicht einmal das Lied erfunden, mit dem er verführt; nicht einmal das Pulver, mit dem er feuerwerkt; nicht einmal die Firma, unter der er betrügt. Gerade der Terminus *Drittes Reich* hat eine lange Geschichte, eine revolutionäre. Schöpferisch, sozusagen, war der Nazi hier wie überall nur im Betrug, womit er revolutionäre Losungen für ihr Gegenteil verwendete; womit er – neben dem schäbigen Blödsinn der hintersten Stammtische – den dunklen Glanz alter Worte benutzte und die Revolution, die er zu machen vorgab, patinisierte. Ein solch altes Wort ist das *Dritte Reich,* klangvoll allein schon durch die Dreizahl (»Wie im Märchen«), klangvoll als dritte Krönung Deutschlands (nach dem mittelalterlichen und dem Bismarckschen Reich). Damit aber eben der revolutionäre Schein nicht zu kurz komme, fügte Moeller van den Bruck, der eigentliche Erneuerer des Terminus, mystische Überlieferung aus ganz anderen »Reichen« hinzu. Denn im Original hatte das Dritte Reich den sozialrevolutionären Idealtraum der christlichen Ketzerei bezeichnet: den Traum von einem Dritten Evangelium und der Welt, die ihm entspricht. Die frühmittelalterlich einsetzenden Klassenkämpfe fanden im Haß gegen die Verweltlichung der Kirche ihren ersten Ausdruck.
Je mehr sich die Lage der Bauern und kleinen Stadtbürger verschlechterte, je sichtbarer andererseits das Kaufmannskapital und Territorialfürstentum reussierten und das rein feudale, auf vergangenen Wirtschaftsweisen aufgebaute Reich zerfiel – desto kräftiger mußte die Prophetie eines neuen, eines »evangelischen« Zeitalters einschlagen; hier als bäurisch-proletarisch-kleinbürgerlicher Kampfruf gegen die verschärfte Ausbeutung, dort als heuchlerische Ideologie gegen Zentralgewalt und Kirche. Es waren derart entgegengesetzte Interessen, die sich im Nebel der Ketzerei trafen; Nebel, Verhüllung der gegebenen Wirklichkeit und ihrer Wege grassierte vor allem auf der Linken, unter der ausgebeuteten Klasse. Dennoch aber fehlte neben der Wolke die Feuersäule nicht, sie war im Impetus und Ideal der revolutionären Sache.

---

* Ernst Bloch: Originalgeschichte des Dritten Reichs, in: Das Wort, Jg. 2 (1937), H. 12, S. 54–73. Bloch hat diesen Essay in die erweiterte Ausgabe von »Erbschaft dieser Zeit«, Frankfurt a.M., Suhrkamp 1962, übernommen. Die Erstausgabe erschien 1935 bei Oprecht und Helbling in Zürich.

Der Nebel, gewiß doch, war religiös, er war durch die religiöse Verkleidung der Klassenkämpfe gebildet und großenteils diese Art Verkleidung selbst. Der damalige Stand der Produktionsverhältnisse und des Bewußtseins, das ihnen entsprach, schloß ökonomische Wissenschaft, damit die Durchführung des Sozialismus, aus. Ebenso sind die Inhalte des heutigen, des in Durchführung begriffenen Sozialismus in nichts mehr die theologischen, klassenmäßig nicht einmal die theologisch verkleideten von damals. Trotzdem mag der Sozialismus vor den Träumen seiner Jugend Achtung tragen; ihren Schein tut er ab, doch ihre Versprechungen erfüllt er.

Deutschland hört noch, wie sich gezeigt hat, auf die alten Retter- und Reichsträume, selbst wenn sie von Betrügern vorgebracht werden; und es hörte desto verführbarer darauf, als die sozialistische Propaganda vielfach kalt, schulmeisterlich, ökonomistisch war.

Zwei Glanzmotive haben vom zwölften bis sechzehnten Jahrhundert das revolutionäre Bewußtsein erregt: die Motive des *Retters* und eben des *Dritten,* zuletzt gar des *Tausendjährigen Reichs.*

Der »künftige Befreier«

Sich selbst helfen die Armen erst langsam und spät. Der Wunsch nach einem Führer reißt so leicht nicht ab. Er ist im Verhältnis zwischen Kind und Vater und im Suchen des jungen Menschen, wenn der Vater ein Tropf war. Gruppentiere haben das stärkste Männchen an der Spitze; Jagdvölker, die noch gar keine Arbeitsteilung kennen, wählen einen Häuptling.

Das erste Führerbild im menschlich großartigen Sinn stellte Moses dar: er ist zugleich ein Führer der Unterdrückten und einer ins gelobte Land. Doch auch unter ganz anderen Verhältnissen gingen die Blicke nach vorn und oben, verschönten oft, was an der Spitze zu sehen war. Alexander sollte bereits ein Retter sein, der Herr des alle versammelnden Friedens. Vollends Augustus wurde als Friedenskaiser gefeiert, als der sibyllinisch geweissagte Wiederhersteller des goldenen Zeitalters. Bekannt ist die Stelle Vergils, in der vierten Ekloge, über den Wunderknaben, der in Kürze erscheint, der nach all der staatlich-sozialen Wirrnis das Glück der Urzeit heraufführen wird. Die Äneis spielte Augustus diese Retterrolle zu; später wurde sie auf Trajan, Antonin und andere »gute Kaiser« übertragen. Soziale Erwartungen der fluktuierenden, landlosen Masse Spätroms und Wünsche der Oberschicht nach ungestörter Ruhe gingen bei alldem schwer unterscheidbar durcheinander.

Übrigens ist auch Vergils Erwartung des rettenden Wunderknaben sehr alt und sehr früh in dynastische Heilsträume eingesetzt worden; gleichsam auf rührende, sanfte, sozusagen allgemein-menschlich ergreifende Weise. Das Ägypten des mittleren Reichs hat zuerst die orientalische Prophetie eines Erlöserkönigs um das Bild der Kleinheit, ja Krippe vermehrt, um die Idee der göttlich-wunderba-

ren Geburt des segenbringenden Kindes Horus (vgl. Norden, Die Geburt des Kindes, S. 73f.).
Es war dieselbe Legende, welche hernach auf Jesus übertragen wurde, diesmal mit deutlich proletarischer und durchaus nicht patrizischer Heilserwartung; das Christusbild, welches die Sklaven gerade bei der Stange halten sollte, wurde, obwohl in der Bergpredigt angedeutet, erst in der römischen Reichskirche geformt. Der Retter Jesus sollte insgesamt freilich nur in der *Innerlichkeit* erlösen, erst als Paraklet, am Ende der Tage, richtete er sein sichtbares Reich an.
So blieben das irdische Elend und die wirkliche Unordnung erhalten, so prolongierte sich selbstverständlich auch die Heilserwartung *irdischer Art:* die sibyllinische Kaisersage setzte sich fort in Byzanz. Je verrotteter dort die innere Lage (Schuldenlast des Volkes, Palastrevolutionen), je bedrohlicher die äußere (Araber, Bulgaren, Türken), desto aussichtsreicher wirkten die gemalten Perspektiven einer irdischen Frohbotschaft neben der himmlischen. Solch ein Trostbuch entstand gegen Ende des siebenten Jahrhunderts in den Weissagungen des Methodius; zugleich erlangte hier die Kaisersage eine äußerst merkwürdige Gestalt. Denn zum erstenmal mischt sich ein Totenmotiv in sie, Methodius prophezeit: ein großer mächtiger Kaiser stehe auf, »wie ein Mann aus dem Schlaf erwachend, die Menschen haben ihn als Leiche angesehen«. Wahrscheinlich ist dabei an Alexander gedacht, der als Enkel eines Äthiopierkönigs eingeführt wird und von Äthiopien her aufersteht: vor dem (nahe gedachten) Weltende kehrt er als Kaiser der Griechen und Römer in Macht und Herrlichkeit wieder.
Das alte Motiv vom sterbenden und im Frühling auferstehenden Vegetationsgott, das bereits auf den Tod Jesu, auf Karfreitag und Himmelfahrt adaptiert worden war, sieht sich hier verweltlicht, das heißt, durchaus in dieser Welt noch einmal gebraucht.
Auf die spätere Kyffhäusersage hat diese Wendung stark eingewirkt, daneben aber schickte Byzanz noch ein anderes, ein völlig magisches Rettermotiv in die deutsche Phantasie: es ist in der Sage vom sogenannten Priesterkönig Johannes enthalten; und Indien ist der Schauplatz, das Zauberland mit seinem Paradiesesgarten, seinen Wundersteinen, seinen wahrsagenden Bäumen und dergleichen mehr. Im innersten Indien lebt der entrückte Priesterkönig (Johannes der Täufer, der Evangelist, der Apokalyptiker in einem), die zehn verlorenen Stämme Israels sind bei ihm und warten auf ihre Stunde, er besitzt wundertätige Steine, die ihn unsichtbar machen, andere übernatürliche Kräfte aus sich selbst. Zweifellos klingt hier das Bild eines Yoghi oder Mahatma an; das Novum der Legende aber ist, daß dessen magische, ja der Welt entrückten Kräfte im Dienst christlichen Rechts stehen sollen. Der Priesterkönig Johannes als Retter aus dem Osten wurde von deutschen Bauern späterhin sogar im Heer der Türken vermutet; als geheimster Statthalter Christi sozusagen, als Messiaskaiser außer Landes.
Näher kehrt die gleiche Verbindung zwischen übermenschlicher Kraft und humaner Hilfe in deutschen Sagen von Berggeistern wieder, etwa dem Rübezahl; solche Phantasien kamen überall dort wie gerufen, wo eine abergläubige Masse,

heimgesucht von Hungersnot und Lepra, aus ihren eigenen Reihen keinen Rächer zu stellen wußte.
Historischer, nämlich auf wirklich vorhandene oder vorhanden gewesene Menschen sich beziehend, geriet nun freilich der eigentliche Führertraum, die wieder dynastisch gewordene *Kaisersage des Mittelalters,* die Karlssage Frankreichs, die deutsche von Friedrich II. und seiner Wiederkehr. Man erinnert sich der byzantinischen Weissagung des Methodius (sie zirkulierte in zahlreichen Abschriften) und ihres seltsamen Leichenmotivs. Eben dieses bot sich an, als der dämonische Staufer (Friedrich II.) gestorben war: die erträumte wie gefürchtete Zuchtrute der Kirche, der rationalistisch-imperialistische Urheber des Worts von den »drei Betrügern« (Moses, Mohammed, Jesus) der Antichrist, auf den gerade deshalb so viele apokalyptische Gedanken sich gerichtet hatten. Friedrich II. konnte und durfte nicht tot bleiben, sein Werk war ungetan, sein Zeichen unerfüllt, und nur unter seinem Namen war es – nach den Weissagungen der damaligen Methodiuspropheten – erfüllbar.
Ein solcher neuer (sehr viel höherer) Methodius war, kurz vor Friedrich, der Abt Joachim von Fiore; seine Schule sowie andere verbreitete Prophetien sahen in dem Kaiser das Zeichen der sozial-chiliastischen Wende. Der erregten Phantasie durfte der Kaiser nicht tot bleiben, er war zwar nicht in den Himmel gefahren, durchaus nicht, doch ebensowenig in die Hölle, überhaupt nach keinem (transzendenten) Ort, von wo es keine Rückkehr gibt. Sondern die Legende brachte den Kaiser in einen Berg, zuerst in den Ätna (vielleicht spukten hier sizilianische Erinnerungen an die Empedoklessage nach) dann, auf dem Zug gegen Norden, in den Kyffhäuser.
Alte chthonische Bilder verbanden sich diesem uneigentlichen Grab: auf dem Kyffhäuser war in vorchristlicher Zeit ein Bergkult zuhause, und der Berggott war ein Unterirdischer, wohnte in den Höhlen des Innern unter geheimnisvollen Schätzen. Friedrich II. nun setzte sich an seine Stelle und viel später erst tauschte der Ketzerkaiser seinen Platz mit Friedrich I. Barbarossa, dem Frommen, Unbedeutenden, dem romantischen Inbegriff banaler Reichsherrlichkeit im Stil Wilhelms »des Großen« (als welcher er dort jetzt sein Denkmal hat).
Indes selbst die pervertierte Sage hat ihren ursprünglichen sozial-chiliastischen Zug darin erhalten, daß sich der Kaiser allemal nur einfältigen Leuten aus dem Volk zeigt. Ebenso ist ihr das alte Motiv verbunden, daß der Messiaskaiser, wenn er die Mächte der sozialen und Glaubensnot gedemütigt hat, sich selbst demütigt, abdankt, nach Golgatha zieht und dort Krone, Szepter und Schwert niederlegt (vgl. Kamvers, Die deutsche Kaiseridee in Prophetie und Sage, S. 104).
Ähnlich wie Friedrich II. träumt auch Kaiser Karl im Untersberg, ja wo immer das Werk eines geglaubten Retters nicht getan oder nicht zu Ende getan erscheint, hat der Volksglaube aus dem toten Retter einen bloß entschwundenen gemacht, einen Siebenschläfer, der auf seinen Tag wartet.
Das Entrückungsmotiv ist auch heute so wenig erloschen, daß keiner Vitalität, die in die Phantasie griff, ihr Tod gern geglaubt wird. Der Inhalt des alten Sibyl-

lenspruchs: »Vivit, non vivit« belebt sich in der Folklore immer wieder frisch. Noch den Tod so moderner Figuren wie Napoleon, auch Ludwig II. hat eine ungesättigte Fama nicht wahrhaben wollen: Napoleon lebte der Fama in der Maske eines Türkengenerals fort, und von Ludwig II. behauptet die bayrische Bauernlegende, er sei nach Amerika entflohen und kehre wieder, wenn es seinem Bayernvolk am schlechtesten gehe. Das Siebenschläfermotiv ist an Napoleon zwar durch die aufgeklärte Finte eines Scheintods und einer Flucht ersetzt, der Kyffhäuser ist zu St. Helena geworden (wie vorher, mit mehr Berechtigung, zu Elba) aber das Pathos der Wiederkehr fehlt nicht und im Fall Ludwigs II. nicht einmal das Pathos des verpuppten Retters.
Das alles zeigt an, wie außerordentlich zäh das Urbild eines Retters verwurzelt ist, einer Reprise vergangener Glanzgestalten, mindestens einer Reprise vergangener Glanzzeiten durch einen neuen Wiederhersteller. Hier sind jene reitenden Boten des Königs, die die Dreigroschenoper persifliert, und womit sie keineswegs nur die billigen Lösungen der alten Oper oder der Kolportage persifliert. Daß die reitenden Boten sehr selten kommen und der Deus ex machina noch seltener, dies Versagen hebt, wie gerade der Hitlereffekt erwiesen hat, die alte Blickrichtung nicht auf. Ja sogar die eigentlich archaische Erweckungsmythe lebt noch, wenn auch in sehr abgeschwächter, analogischer, geschichtsklitternder Form. Eben Napoleon dekorierte sich als wiedergekehrter Charlemagne, Hitler (wenn es überhaupt möglich ist, den Sieger von Potempa mit dem Sieger von Austerlitz in selbem Atem zu nennen) zieht zum Grab Heinrichs des Löwen und erweckt damit Assoziationen für eine künftige »Inkarnation«. Kein Zweifel mindestens, daß beim Nazi von Anfang an gedacht war, den verlegenen Titel *Führer* bei halbwegs triumphaler Gelegenheit durch den Titel *Volkskaiser* zu ersetzen; diese Gelegenheit allerdings kommt nicht mehr. Aber die alte Rettervision, die auf den Hund gekommene, hat diesem doch viel geholfen und erst recht die entscheidende Vision, in deren Dienst sie stand: die vom *Dritten Reich*.

Das »diesseitige Evangelium«

Das Glück sahen die Menschen meist dort, wo sie nicht sind. Essen, Wohnen, Liebe sind seine einfachsten Orte, das hat sich wenig gewandelt. Seit Klassen aufkamen, zweierlei Arten von Menschen, ist dies Glück für die ausgebeutete Art verkümmert oder gar verschwunden. Daher gibt es kaum einen Erdstrich, dem Rauschgifte zur Tröstung unbekannt geblieben wären; noch aus Moos oder Milch wurden sie hergestellt, wo andere Stoffe nicht zu haben waren.
Ein Rausch höherer Art aber war allemal die religiöse Hoffnung, und zwar in doppelter Gestalt. Denn wie die pharmakologischen Phantastica in zwei Gruppen zerfallen, in die entspannende (Opium) und die erregende (Wutgift), so gibt es – mutatis mutandis – verschiedene Gruppen des Hoffnungstraums. Es gibt entspannte Religionen, die durchs Jenseits trösten oder auch durch die Flucht in

die Inwendigkeit; das Christentum hat mit beidem viel geleistet. Doch wenn sich das Jenseits auf die Erde stürzen will und die Inwendigkeit in die Auswendigkeit, dann freilich verwandelt sich das Opium im subjektiven Faktor zu einem Sprengmittel ohnegleichen, zum Wollen des Himmels auf Erden.

Auch dies Wollen war im Christentum, war in den mittelalterlichen Weissagungen des erwähnten Abtes Joachim von Fiore, der gegen Ende des zwölften Jahrhunderts sein drittes Testament verkündete oder die fällige Barzahlung des zweiten. Es braucht hier nicht gesagt zu werden, daß der solchergestalt erzeugte revolutionäre Rausch abstrakt und mythologisch war; daß er keine Augen für die Wirklichkeit hatte und keine haben konnte; daß er lediglich den subjektiven Willen zur Veränderung der Welt, nicht aber eine irgend konkrete Methode zu dieser Veränderung in Marsch setzte.

Indes der Wille selbst war gründlich genug, der Traum vom *Dritten Reich* heftig und anfeuernd bis in die Hussitenbewegung, bis in die Bauernkriege hinein. Es ist nicht unwichtig, in den Keller des so höllisch mißbrauchten Terminus zu steigen; ist er doch von Haus aus alles andere als ein Folterkeller (er enthält eher zu viel Ladungen Liebe als zu wenig). Und zwar reichen die Fundamente dieses Traums hinab bis zu Origines, bis zu dessen Lehre von der dreifachen möglichen Auffassung der christlichen Urkunden: einer leiblichen, einer seelischen und geistigen. Die leibliche Auffassung ist die buchstäbliche, die seelische die moralisch-allegorische, die geistige aber offenbart aus den Umhüllungen der Schrift das in ihr gemeinte »ewige Evangelium«.

Rein kontemplativ kehrt die Lehre von den drei Erkenntnisstufen im zwölften Jahrhundert bei Richard und Hugo von St. Viktor wieder, den Zeitgenossen des Joachim, den großen Psychologen des inneren Sinns. Hier erscheint die fleischliche Auffassung als cogitatio oder Erfassung der Körperwelt, die seelische als meditatio oder Erfassung der Innerlichkeit, die geistige als contemplatio oder Erhebung zur visio beatifica Dei, ja als Vergottung des Menschen. Die Victoriner gaben derart durchaus eine Heilsgeschichte, einen mystischen Entwicklungsroman von Stufen und Reichen, fast ließe sich sagen: eine erste Phänomenologie des Geistes; doch die Stufenfolge blieb eine des bloßen Individuums. Und die letzte Stufe stand nicht etwa bevor, das letzte Reich stand nicht etwa in utopischer Geburt, sondern war mitsamt seinem Objekt zu allen Zeiten fertig da. Wahrscheinlich hat Joachim von Fiore die Victoriner gekannt und ist sowohl von ihnen wie von Origines ausgegangen; großartig aber hat er die bloße Innerlichkeit beider aufgegeben. Er hat die Dreiheit der Standpunkte aus einer individuell-pädagogischen Folge zu einer der fortarbeitenden, der unfertigen Menschheit verwandelt. Was in der Mystik ein Stufengang der Seele, ein kohärentes Übergehen aus einem seelischen Zustand in den anderen, das wird von Joachim auf den ganzen Menschheitsprozeß projiziert: es erscheint ein Stufengang der *Geschichte* durch die Grade der geistigen Vervollkommnung hindurch; und diese Grade sind nicht von einzelnen Menschen, sondern nur von ganzen Zeitaltern jeweils erreichbar (vgl. Grundmann, Studien über Joachim von Floris, 1927, S. 131f.).

Näher ist die Lehre Joachims vom dritten Status, vom Dritten Reich, diese: das erste Zeitalter war das der Knechtschaft des Gesetzes, das des Vaters und seines Alten Testaments, der Laien und Verheirateten; das zweite Zeitalter ist ein Mittelzustand zwischen Fleisch und Geist, es wird eröffnet durch den Sohn und sein Neues Testament, beherrscht von der Kirche und ihren Klerikern; das dritte Zeitalter aber, das dem Ende der Welt vorhergeht, steht jetzt in Geburt, es wird von Mönchen bewohnt, das ist von den viri spirituales, von der »Freiheit des Geistes«. Der Buchstabe des Evangeliums Christi mit seiner Kirche und seinen Klerikern wird vergehen, die urchristliche Gemeinde fährt vom Himmel auf die Erde, kommunistische Bruderschaft und Friedensreich beginnen. Das erste Zeitalter war das der »Furcht und Erzählung«, das zweite das der »Forschung und Weisheit«, das dritte aber wird das der »Liebe und Erleuchtung« sein, des totalen Pfingstfestes, der »Ausgießung des heiligen Geistes«.

So fremdartig dem heutigen Revolutionär diese Kategorien klingen (noch befremdlicher als die erinnerten Kaisergeburtstagsfeiern des vorigen Abschnitts), so wenig darf man sich dadurch abschrecken lassen, den Glücks- und Freiheitshunger, die Freiheitsbilder entrechteter Menschen in diesen Träumen zu bemerken und auszuzeichnen. Der Sozialismus hat eine phantastisch großartige Tradition; fehlt ihm auf so frühen Stufen, wie selbstverständlich, jede Art von ökonomischem Blick, so doch nicht einer seiner anderen Grundzüge: die *Humanität* und die mit ihr gesetzte Totalität. Joachitisch ist der Satz: »Man schmückt die Altäre, und der Arme wandelt in bitterem Hunger«; joachitisch die Ablehnung der »Furcht des Herrn«. Selbst das kommende »Zeitalter der Mönche« ist nicht so sehr als ein asketisches gedacht denn als eigentumloses und brüderliches, als allgemeiner Kloster- oder Konsumtionskommunismus. Ja, die mönchischen Prophezeiungen wurden in der Schule Joachims (er hatte einen eigenen Orden gestiftet) derart mit dem Diesseitsglanz eines »tausendjährigen Reichs« versehen, daß gerade die spirituale Strenge zu einer der Lebensfreude wurde und den ganzen Leib ergriff.

Dieses Sinns verkündete Telesphorus von Cosenza Ende des vierzehnten Jahrhunderts: Gott sei darum Mensch geworden, damit der ganze Mensch in sich glücklich werde, und nicht nur der innere, sondern alle Augen, Ohren, Münder, Hände, Füße, Lebern, Nieren; kurz, die Vollkommenheitszeit sollte mit dem geistlichen auch das gesamte irdische Glück entbinden.

Noch viel irdischer als das franziskanische Gebet an Bruder Sonne klingt derart der joachitische Hymnus bei Telephorus: »O vita vitalis, dulcis et amabilis, semper memorabilis« – o lebendiges Leben, süßes und liebenswertes, immer gedenkenswertes! Wurde dieser Gesang der joachitischen Bewegung sozusagen nur latent an der Wiege gesungen, so ist wenigstens die Nähe zu einer neuen irdisch-geistlichen Verschlingung und Glückslaufbahn bei Joachim bereits völlig manifest: der Weg von der servitus legis zur libertas amicorum geschieht *in dieser*

Welt. Das ist die eigentliche Kühnheit Joachims: er hat die aufs Jenseits fixierten Blicke auf eine irdische Zukunftszeit gerichtet, und sein Ideal nicht im Himmel, sondern auf der Erde erwartet. Er hat die Freiheit der neuen viri spirituales nicht als Freiheit von der Welt, sondern für eine neue Welt verkündet, und wenn er die Erde unter strenge christförmige Forderungen stellte, wenn er die laxe Zweiweltenlehre des laxeren Katholizismus durchbrach, wenn er religiös-indifferente Kultur in seinem Dritten Reich nicht kannte und im zweiten bereits nicht anerkannte, so nur deshalb, damit das Jenseits verspeist und das Liebeswort hier unten bereits Fleisch werde: das Reich Christi ist von dieser Welt, *sobald diese Welt eine neue geworden ist.*

Das ist die fortwirkende, bis zum Bauernkrieg revolutionär fortwirkende Kühnheit Joachims und der wesentliche Gehalt seiner Gedankenwelt: er hat die christlich-katholischen Ideen, Motive und Denkformen so umgeschichtet, daß sie, statt in die Diesseits-Jenseits-Beziehung, eingelagert sind in ein Geschichtsbild mit aufsteigenden Graden der Vollkommenheit (vgl. Grundmann, l.c., S. 141).

Ebenso revolutionierend zu seiner Zeit, wirkte der von Joachim ausgehende »Spiritualismus«, das ist die Auslegung der Bibel (des Buchstabens) gemäß dem »innerlich treibenden Geist«. »Nemo audit verbum nisi spiritu intus docente« – dieser orthodoe Grundsatz wurde von den Joachiten als den ersten »Schwarmgeistern« dermaßen übersteigert, daß die Schrift, ja alles Auswendige und Überlieferte überhaupt, dem Deutungsbelieben des »inneren Worts« übergeben wurde. Indes das Belieben des innern Worts war in Wahrheit gar keines, sondern der Geist, der auslegte, war genau so wie der Geist, der trieb, bei den damaligen Spiritualisten *ausschließlich auf dem Impetus und den Wunschinhalt der sozialen Revolution orientiert.*

Wie die viri spirituales als Bürger eines kommunistischen Zeitalters gedacht waren, so war das innere Wort, der »Schlüssel Davids« ein Instrument, um in der Bibel »die Offenbarung der Freiheit der Kinder Gottes« aufzuschließen und alle Widersprüche zu dieser Offenbarung zu verriegeln. Hat doch das Christentum, vom ökonomischen Anlaß her, darin seinen Unterschied zu allen übrigen Religionen, daß es als Ideologie der Unterdrückten begonnen hat; dieser rebellische Anfang kam trotz seiner sofortigen Ablenkung (ins Innere) seiner späteren Verdeckung und Umkehrung durch die Kirche nie mehr ganz aus der Welt. So daß auch Joachims Gedanke vom dritten Zeitalter und Reich unpervertiert unter den Ketzern lebendig blieb, ja noch von *Lessing* mit unmittelbarer Erinnerung an die Schwärmer des dreizehnten Jahrhunderts zitiert werden konnte. Lessings »Erziehung des Menschengeschlechts« brachte eben die joachitische Stufenlehre in die Aufklärung und ihre Toleranz; das »Elementarbuch« des Christentums beginnt ausstudiert zu sein, ein neues Blatt schlägt sich auf. »Hüte dich«, mahnt Lessing,

»du fähigeres Individuum, der du an dem letzten Blatte dieses Elementarbuches stampfest und glühest, hüte dich, es deine schwächeren Mitschüler merken zu lassen, was du witterst oder schon zu sehen beginnst... Sie wird gewiß kommen, die Zeit eines neuen ewigen Evangeliums, die uns selbst in den Elementarbüchern des Neuen Bundes versprochen wird. Vielleicht, daß selbst gewisse Schwärmer des dreizehnten und vierzehnten Jahrhunderts einen Strahl dieses neuen ewigen Evangeliums aufgefangen hatten und nur darin irrten, daß sie den Ausbruch desselben so nahe verkündigten. Vielleicht war ihr dreifaches Alter der Welt keine so leere Grille, und gewiß hatten sie keine schlimmen Absichten, wenn sie lehrten, daß der Neue Bund ebenso wohl antiquiert werden müsse, als es der Alte geworden... Nur daß sie... übereilten, nur daß sie ihre Zeitgenossen, die noch kaum der Kindheit entwachsen waren, ohne Aufklärung, ohne Vorbereitung, mit eins zu Männern zu machen glaubten, die ihres dritten Zeitalters würdig wären.«

Man sieht aus diesen erstaunlichen Worten: noch die deutsche Aufklärung wußte sich in ihrem tapfersten und klarsten Kopf der alten Dreiteilung zu bedienen, der »Aufhebung« des Christentums in einem fast Hegelschen Doppelsinn des Worts: als einer Vernichtung und Bewahrung zugleich. Die patriarchalische Zeit war die Raupe, die Kirchenzeit die Puppe der Vernunft; nun begrüßt sich die bürgerliche Revolution als Schmetterling.
Lessings Stufenteilung der Geschichte nach dem Alten und Neuen Testament ist gewiß selber die antiquierteste, sie ist von der wirklichen historischen Aufeinanderfolge, als einer von Klassengesellschaften, die entfernteste; doch das Ende eben, das dritte Zeitalter, proponiert den gleichen Humanitätszustand im Nebel und in Allgemeinheit, dem die proletarische Revolution in Sonne und Präzision zusteuert. Es überrascht daher nicht, daß der Dritte-Reichs-Gedanke – bei Lessing noch so kräftig – mit dem Sieg der Bourgeoisie erlischt oder nur noch sporadisch und unverstanden vorzukommen pflegt.
So bei *Schelling* in seinem Alterswerk, den reaktionären Vorlesungen über »Philosophie der Offenbarung«; die joachitische Tradition, bei Lessing noch lebendig, war hier bereits so abgerissen, daß nur mehr das Schema, nicht aber der Inhalt der Abfolge erinnert geblieben ist. Lediglich Epochen der Kirchengeschichte (weiter der »Potenzen in Gott«), nicht aber soziale werden von Schelling in die drei Reiche geteilt: Petrus oder der Katholizismus gelten als Reich des Vaters, Paulus oder der Protestantismus als darauffolgendes Reich des Sohns, Johannes aber hat für die Geistkirche der Zukunft sein Evangelium geschrieben (Schelling selbst gibt in den Vorlesungen an, die »Übereinstimmung« dieser rein theologisch, ja gnostisch ausgedehnten Folge mit Joachim von Floris erst nachträglich entdeckt zu haben).
Verblüffend erscheint das Dritte Reich sogar bei *Ibsen* wieder, im Jugenddrama »Kaiser und Galiläer«, diesmal freilich aufs neue mit einer Art Humanität verbunden, mit einem Vorklang der spätbütgerlichen »Emanzipationen« im Jugendstil. Blaß und dennoch raunend ergeht hier die Symbolik der »drei Ecksteine der Notwendigkeit«: der erste zwar ist mehr die Antike als das Alte Testament, der zweite das Christentum, der dritte die Synthese beider, die Durchdringung der »Schönheit und Wahrheit«. Kaiser Julian soll sie bringen, das

Dritte Reich »froher Adelsmenschen« soll erscheinen – eine besonders bemühende Hoffnung im Anblick des heutigen Deutschland: im Anblick Streichers, des Adelsmenschen, Hitlers, Görings, Goebbels' oder der »Synthese von Wahrheit und Schönheit«!

Die Nazis aber haben den Terminus Drittes Reich – was nicht vergessen werden soll – ebenfalls literarisch übernommen; nicht aus Ibsen, wohl aber aus Dostojewski. Vielmehr aus dem rassigen Parfüm, das Moeller van den Bruck, der Herausgeber des deutschen Dostojewski, von diesem halb zaristisch, halb prophetisch abgezogen hat. »Das Dritte Reich« schlechthin nennt Moeller sein Buch, es ist das »Hauptwerk« des Nazismus geworden und hat die »Elite« der Bewegung viel stärker erfaßt als Hitlers Stilübung oder Rosenbergs Kompilation.

»Afrika dunkelt herauf« – das ist Moellers angebliche Furcht; Preußen-Deutschland, durch Halbasien interpretiert, spielt er dagegen aus, auch den bekannten »Sozialismus preußischen Stils«. Die eigentümliche Verbindung, welche Dostojewski zwischen seinen neubyzantinischen Spekulationen und der »Beiwohnung des heiligen Geistes« gestiftet hatte (beide geeint im »Gott tragenden russischen Volk«) – diese Anti-Voltaire-Welt ohnegleichen wurde von Moeller auf Deutschland übertragen, auf das Deutschland des Monopolkapitals, der beginnenden Krise, der drohenden Revolution.

So kam das »Dritte Reich« von neuem zurecht, doch welch ein anderes als das des Joachim und Lessing: glühende Finsternis fiel aufs Land, eine Nacht voll Blut und lauter Betrug. Das also ist die »Wirklichkeit« der alten Liebes- und Geistträume geworden; Lessings »rationales Evangelium« hier, Hitlers »Mein Kampf« dort! Einzigartig hat der Nazismus sowohl die ökonomische Unwissenheit wie das immer noch wirksame Hoffnungsbild, Chiliasmusbild früherer Revolutionen, für sich mobilisiert.

Chiliasmus – das ist das letzte zu behandelnde Stichwort; die Lehre vom *Tausendjährigen Reich* war, wie Luther sagte, »aller Rottenmeister Gaukelsack«. Zu Luthers Zeiten freilich war der Chiliasmus ein Schlachtgesang der aufrührerischen Bauern, im gekommenen »Dritten Reich« von heute betäubt oder betäubte er – in völlig verschmutzter, pervertierter, preisgegebener Gestalt – die Opfer der Reaktion.

Die »Erde als Paradies«

Niemals malte sich der Wille nach Glück in eine leere und durchaus neue Zukunft hinein – immer sollte bessere Vergangenheit hergestellt werden, freilich nicht eine eben vergangene, sondern die einer nachgeträumten schöneren Vorzeit. Und dies goldene Zeitalter sollte nicht nur erneuert, sondern durch ein noch namenloses Glück überboten werden.

Es liegt nahe, in diesen Träumen vom goldenen Zeitalter Erinnerungen an die Urkommune zu erkennen, besonders dann, wenn Reste ihrer (wie die Allmende) oder noch nicht zu lange Verlorenes (wie Freiheit der Jagd, des Fischfangs) das revolutionäre Lob der Urzeit unterstützen. Das war während der Bauernkriege deutlich der Fall; die Rückforderung der alten »Gemeinfreiheit« hat den Parzellierungswünschen einiger Gruppen entgegengewirkt, hat Münzers Parole *»omnia sint communia«* gestärkt.

Natürlich reproduziert das Bild vom goldenen Zeitalter keinen wirklichen Anfang der Geschichte, keine irgend prähistorische Wirklichkeit; schon deshalb nicht, weil die Urkommune, mit ihren unentwickelten Produktivkräften, so paradiesisch nicht gewesen sein kann. Aber die Hoffnung hatte an der Freiheit, Gleichheit, Brüderlichkeit der Gentes ihren ersten Anhalt, auch Inhalt. Den übersteigerte sie mit rückwärts gewandter Utopie, den ließ sie aber erst recht aus der Zukunft sich wieder entgegengehen, aus der Zukunft des wiederhergestellten Paradieses.

Damit eben beginnt der Mythos vom *Tausendjährigen Reich,* von einer glücklichen Endzeit, der die Geschichte zustrebt, vielmehr: die die Geschichte für die »Gerechten« bereithält.

Der Mythos selbst entstammt der Wechselwirkung zwischen ökonomisch-politischem Elend und Glanzerinnerungen aus einer Vergangenheit, die eben – mit utopischer, nicht nur romantischer Glückssehnsucht – in eine möglichst nahe Endzeit hinübergebogen wurde. Die heilseschatologischen Vorstellungen des prophetischen Judentums vor, besonders nach dem Exil dürften diese Geschichtsutopien zuerst entbunden haben; aus dem Orient wanderten sie, lange vor dem Christentum, ins kaiserliche Rom und verbreiteten die Hoffnung von dem wiederkehrenden goldenen Aion.

Was das Tausendjährige Reich des genaueren angeht, diesen alten Hintergrund des Dritten, so stammt sein gesamter Inhalt aus der Prophezeiung Jesajas Kap. 30, 55, 60, seine Chronologie aus dem Buch Daniel, Kap. 7, der magische Mechanismus seines Eintritts aus der Offenbarung Johannis, Kap. 20, 21.

Wilde persische Phantasien toben sich in der Beschreibung dieses Mechanismus aus: der Drache, die alte Schlange, wird tausend Jahre gebunden und im Abgrund verschlossen, die Gerechten aber kommen von den Toten wieder und regieren mit Christus tausend Jahre – das ist die erste Auferstehung. Sind aber tausend Jahre vollendet, dann wird der Satan wieder losgebunden, er verführt die Heiden, die Völker Gog und Magog zum letzten Streit, eine Zeit der letzten Drangsal und Verwirrung herrscht so lange, bis das Feuer Gottes aus dem Himmel auf die Feinde fällt. Der jüngste Tag und das jüngste Gericht brechen an, die Hölle wird für die Sünder, ein neuer Himmel und eine neue Erde für die Erwählten bereitet – das ist die zweite Auferstehung.

Die rasende Pedanterie dieser Prophezeiungen hat alle revolutionären Bewegungen der Christenheit beschäftigt bis hart an die Aufklärung; noch heute geht sie bei den sogenannten »ernsten Bibelforschern« um, bei den von Hitler verbotenen. Sind solche Angstträume des Heils *wesentlich nur historisch* beachtbar, so steht es anders mit dem *Inhalt des Endreichs,* besonders in *der* Gestalt, die ihm

Jesajas erträumt hat. Denn dieser Inhalt überrascht, bei aller Verstiegenheit, nicht nur durch seine vernünftige Reinheit, sondern mehr noch durch seinen Hedonismus, um nicht zu sagen: durch seinen humanen Materialismus.
Man vergleiche folgende Sätze aus angegebenen Kapiteln des Jesaja, die glückliche Endzeit betreffen:

> »Es wird deinem Samen, den du auf den Acker gesät hast, Regen gegeben und Brot von des Ackers Einkommen und davon volles Genüge. Und dein Vieh wird sich zu der Zeit weiden in einer weiten Aue... Wohlan alle, die ihr durstig seid, kommt her zum Wasser; und die ihr nicht Geld habt, kommt her, kauft und esset; kommt her und *kauft ohne Geld und umsonst beides, Wein und Milch*... Ich will Gold anstatt des Erzes und Silber anstatt des Eisens bringen und Erz anstatt des Holzes und Eisen anstatt der Steine; und ich will zu deiner *Obrigkeit den Frieden machen und zu deinem Herrn die Gerechtigkeit*... Aus dem Kleinsten sollen tausend werden und aus dem Geringsten ein mächtiges Volk.«

Soweit Jesajas, soweit der primitiv sozialistische Inhalt des erträumten Bundes zwischen Gott, Mensch, Tier und allem Dasein.
Alle späteren Ausmalungen des Tausendjährigen Reichs (in der Sekten-Theologie) folgen dem Jesajas nach: langes Leben wird prophezeit, Sünde und Tod sind geschwächt, der Leib erlangt ungeahnte Kraft, der Acker trägt tausendfähig Frucht, die Wüste wird in Fruchtgärten umgewandelt, die gesamte Natur in ein menschliches Haus, gottähnliches Dasein beginnt in Unschuld, Friede und durchdringender Freude. So sichtbar also wie die Vertröstung und passive Phantasterei, so sichtbar ist in diesen Gebilden auch die klassenfeindliche Ketzerei, soll heißen: der Maßstab, den sie an die christliche Kirche, gar an den christlichen Staat anlegen ließ.
Folgerichtig wurden die chiliastischen Diesseitshoffnungen von der offiziellen kirchlichen Lehre bald *verworfen*, am energischsten von Augustin; das Feuer wurde abgestumpft, der Maßstab entsozialisiert. Denn nach Augustin beginnt das Tausendjährige Reich bereits mit Jesus; daß sich ein Mensch zu seinem Erlöser bekennt, *das* bereits ist die erste Auferstehung. Das Reich, worin die auferstandenen Gerechten mit Christus herrschen, ist einzig die kirchliche Gemeinschaft der Gläubigen, der irdische Gottesstaat, die civitas Dei terrena. Die zweite Auferstehung und das Jüngste Gericht haben demgemäß keine Bedeutung für die Geschichte der Menschheit, sondern nur für die einzelne Seele – das Gottesreich *auf Erden* ist und bleibt die sich ausbreitende Kirche. Dem Staat selbst machte Augustin durchaus den Prozeß, und zwar sowohl als Kirchendenker wie als Philosoph der christlichen Inwendigkeit; in den historischen Staatsgebilden, einschließlich Roms, erblickt Augustin nur eine Gemeinschaft der Verdammten, eine durch Zwietracht geteilte. Hier allein auch ist Weltgeschichte (nämlich sukzessiv sich verschärfende Trennung zwischen dem Sünder- und Gnadenreich), Heilsgeschichte aber ist keine Weltgeschichte, sondern lediglich individuelle, ebenso ist Zukunft einzig das individuelle Jenseits.
Augustin hatte allen Anlaß zu dieser Abdankung des Tausendjährigen Reichs, denn der Chiliasmus war in der frühen Kirche durchaus nicht erloschen. Bereits

im zweiten Jahrhundert n. Chr. war gegen die »verweltlichte Kirche« ein »Prophet« aufgetreten, der Derwisch Montanus. Er hatte ein urchristliches Gemeinwesen begründet, das, von der Welt abgeschieden, auf das Herabfahren des oberen Jerusalem sich bereiten sollte. Im dritten Jahrhundert trat der unruhig-strenge Montanismus einen Siegeszug durch die Welt an; erst gegen Ende des vierten Jahrhunderts wurde der Chiliasmus ausgeschieden, er galt von da ab durchgängig als *Ketzerei.*

Daß aber die Phantasien des Tausendjährigen Reichs auf Erden, des neuen Jerusalem trotz Kirchensiegs nicht austilgbar waren, daß sie im Bund mit der sozialen Not fort und fort aufpeitschten, das haben viel später, in sozialrevolutionären Epochen, das Münster der Wiedertäufer, vor allem das Tabor der Hussiten bewiesen.

Die Hussitenbewegung bezeichnet das erste Heilzeitalter einer kommunistischen (kommunistisch gemeinten) Revolution; in ihrer ideologischen Mitte jedoch stand eben der Chiliasmus als Lehre vom möglichen Diesseits des Jenseits. Die Taboritenprediger verkündeten ganz in jesajischem Stil das Zionsreich der Freiheit und Gleichheit für die »Gerechten«, für die in den paradiesischen Stand der Unschuld Zurückkehrenden. Nur in dieser Hoffnung wurde Tabor gegründet – ein Neu-Jerusalem, worin der christliche Liebeskommunismus der Urgemeinde erneuert werden sollte: keine Stände, keine Herrschaft, kein Sondereigentum, keine Steuern – ein demokratisches Gemeinwesen unter Gott als dem mystischen König.

Daß die Sektenmystik dieser Zeiten durchaus keine paradiesische Unschuld gebracht hat, sondern der Manufakturwirtschaft sich eingliederte, ja die Ideologie zu den reinsten Formen des Kapitalismus lieferte (England, Amerika) ist bekannt. Die materielle Logik der damaligen Produktivkräfte war stärker als der urchristliche Moralwille und der apokalyptisch-revolutionäre Glutpunkt im falschen Bewußtsein.

Dennoch wäre die Hussiten- und Täuferbewegung überhaupt nicht in Gang gekommen, wenn der Chiliasmus sie nicht ideologisch entzündet hätte; wenn er der Revolution nicht die scheinbar objektive Gewißheit zur subjektiven hinzugefügt hätte. Der Chiliasmus (wie übrigens auch die astrologischen Weissagungen des ausgehenden Mittelalters von einer »notwendigen« Wende der Zeit) vertrat damals sozusagen die Wissenschaft der Revolution, nämlich deren Objektivität und Unausweichlichkeit; die Zeit wurde als nicht nur subjektiv, sondern als objektiv reif zur Revolution erfahren, die Revolution stand »im Termin«, die himmlische Gerichtsuhr selbst schlug sie an.

Die Förderung des Aufruhrwillens durch solche Widerspiegelungen und Verankerungen seiner kann gar nicht überschätzt werden, und auch dieses steht fest: es war nicht der Chiliasmus, der das ökonomische Bewußtsein, die konkrete Beherrschung der Wirklichkeit damals verhindert hat. Er stand diesem Bewußtsein durchaus nicht im Wege (wie etwa ein Kurpfuscher dem Arzt im Wege steht und dessen rechtzeitiges Eingreifen verhindert), sondern: rein aus ökonomischen

Gründen war damals kein ökonomisches Bewußtsein vorhanden, und wenn der Chiliasmus nicht gewesen wäre, so wäre auch kein revolutionäres Bewußtsein vorhanden gewesen, folglich überhaupt keine Revolution. Und nicht wegen des Chiliasmus ging diese Revolution zugrunde oder lief zur Manufakturperiode, gar zum puritanischen Kapitalismus aus, sondern umgekehrt: der Chiliasmus hat – in rationalisierter Gestalt – bis zur französischen Revolution, wo nicht länger, weite Massen dazu angefeuert, daß sie mit ihrem derzeitigen »Schicksal« sich nicht abfinden, daß sie revolutionäre Handlungen für den »Durchbruch des Reichs« begehen.

Die geringe oder gänzlich fehlende Übereinstimmung dieser Handlungen, auch Zielbestimmungen mit der Wirklichkeit liegt gewiß auf der Hand, ja gibt späten Chiliasmen wie denen Weitlings, anders Fouriers, vom marxistischen Standort aus etwas Kindisches. (Eben weil sie in Zeiten, denen ökonomisches Bewußtsein möglich geworden ist, Gegenwart wie nächste Zukunft als weiße Flecken oder unentdeckte Landstriche behandelten; weil sie statt der Löwen, womit alte Kartographen ihre weißen Flecke ausgeziert hatten, überschwengliche Palmzweige oder andere Abstraktionen bloßer Wunschphantasie einzeichneten.)

Dennoch darf diese späte, zweitrangige, oft kindische, ebenso oft auch rührende Ausgeburt weder die Gewalt alter Träume verdecken noch die Sprengkraft, welche diesen – zum Bösen wie zum Guten – immer noch innewohnt. Die Sprengkraft war überall dort, wo die »Verheißung« nicht quieszierend wirkte, nicht als innerlich-geistliches Lametta oder als kontemplatives Geflunker, sondern aufreizend wie ein vorenthaltenes Gut und einleuchtend wie Schlaraffenland.

Bis allerdings auch hier ein Rattenfänger erschien »in zwölfter Stunde«, und ebenso herrlichen Zeiten entgegenführt wie sein Vorganger, nämlich dem Krieg. Keine Schwerter werden von Hitler zu Sicheln, keine Lanzen zu Pflugscharen geschmiedet, eher umgekehrt; dafür dauert das neue Tausendjährige Reich gleich mehrere hunderttausend Jahre, angeblich ohne jüngstes Gericht. Ein riesiges Maul, ein Maul wie eine Blutschüssel trinkt den Behälter der gesamten Zukunft leer. Genau so vortrefflich wie der Messiaskaiser, wie das Dritte, wurde derart auch das Tausendjährige Reich in Deutschland verwirklicht: es gibt »deutschen Sozialismus« ausgeübt von viri spirituales ohnegleichen; es gibt Schachtwechsel zahlbar in Reich-Gottes-Währung.

»Ich will zu deiner Obrigkeit den Frieden machen und zu deinem Herrn die Gerechtigkeit« – dies Wort aber scheint von der deutschen Überrasse nicht ganz erfüllt. Und sonst hat das Dritte Reich Hitlers mit dem erträumten des Joachim von Floris genau dieselbe Ähnlichkeit wie sein Sozialismus mit dem der Sowjetunion.

Schlußfolgerungen

Alles fließt, aber der Fluß kommt jedesmal von irgendwo her. Er nimmt von den Gegenden, die er durchlaufen hat, Stoffe mit, die färben sein Wasser noch lange.

Ebenso sind in jeder neuen Form Reste einer älteren, zwischen heute und gestern ist kein unbedingter Schnitt. Es gibt keine völlig neue Arbeit, am wenigsten eine revolutionäre; die alte wird nur klarer weitergeführt, zum Gelingen gebracht. Die älteren Wege und Formen werden nicht ungestraft vernachlässigt; wie sich gezeigt hat. Besonders Träume, auch die allerwachsten, haben eine *Vorgeschichte,* und sie tragen sie mit sich. Bei zurückgebliebenen Schichten sind diese Reste besonders stark und oft vermufft, doch auch die revolutionäre Klasse ehrt ihre Vorläufer und hört sie noch. Die alten Formen helfen zum Teil, wenn *richtig* eingesetzt, am Neuen mit.

Daß sie äußerst wirksam sind, hat der braune Hund gerochen. Es ist an der Zeit, mehrere von ihnen wieder zum Eigenen zu schlagen, das Gebot der Stunde drängt dazu. Der weiche Hochmut, womit Kautsky über »Helden« oder »Pröbchen apokalyptischer Mystik lächelte und nichts als lächelte, sit theoretisch-praktisch zu Ende. Selbst ein so absurd und undemokratisch erscheinendes Gebilde wie der alte Führertraum (um den »revolutionären« Kaisertraum außer Acht zu lassen) stellt sich in der Praxis – mutatis mutandis – nicht als so dumm dar. Die revolutionäre Klasse und ganz sicher die revolutionär noch Unentschiedenen wünschen ein Gesicht an der Spitze, das sie hinreißt, einen Steuermann, dem sie vertrauen und dessen Kurs sie vertrauen – die Arbeit auf dem Schiff geht dann leichter. Die Fahrt ist sicherer, wenn nicht jeder jeden Augenblick die Richtung nachzuprüfen für nötig findet.

Das alles hat die Praxis erwiesen, bei bestem demokratischem Gewissen; auf dem Marsch muß eine Vorhut und eine Spitze sein. Solange der Marsch noch theoretisch ist, tritt sie nicht in Erscheinung, doch in seiner Verwirklichung sogleich. Das Kommunistische Manifest enthält kein Wort von Führern oder nur zwischen den Zeilen, gleichsam im mitgegebenen Dasein seiner Verfasser, derer, die es erlassen haben. Doch sobald das Manifest realisiert zu werden begann, leuchtete neben den erhabenen Vätern des Marxismus der Name Lenin auf, es folgte der Name Stalin – wirkliche Führer ins Glück, Richtgestalter der Liebe, des Vertrauens, der revolutionären Verehrung. Die Erscheinung Dimitroff in Leipzig hat der Revolution mehr geholfen als tausend (ebenso notwendige) Referenten in Versammlungen. Derart menschliche Dinge wie die Revolution lassen sich ohne sichtbare Menschen, ohne das Vorbild wirklicher Führer kaum durchführen.

Die anderen Träume der alten Zeit, die äußerst nebligen, sind nicht die sichersten. Hat sich doch unter ihrem Namen gerade das völlige Gegenteil eingestellt, das Gegenteil nicht des Nebels, sondern des Traums. Muß aber deshalb der Keim mit der Hülle preisgegeben werden, oder ist es nicht so, daß auch der Traumkeim, recht herausgearbeitet, das ungeheure Falsifikat widerlegt, das die Nazis mittels der Nebelhülle hergestellt haben?

Die Frage ist praktisch, und sie kommt gerade im Zeichen der beginnenden deutschen Volksfront zurecht, spezieller: des christlichen Antifaschismus innerhalb der Volksfront.

Kurz vor Hitlers Antritt hat in Berlin eine öffentliche Diskussion stattgefunden, zwischen dem Halb- oder Edelnazi Hielscher, dem Jesuitenpater Przywara, dem protestantischen Theologen Dehn, über das Thema »Reich und Kreuz«. Da stellte Dehn (der damals bereits von den Nazis Verfolgte) aus seinen christlichen Prämissen fest, daß das imperialistische Nazireich »die Ideen des Friedens und der Gerechtigkeit nirgends berücksichtige«; ja er spielte gegen die Öde dieses Reichsbegriffes die kommunistische Lehre aus, sofern in dieser doch immerhin heilsgeschichtliche Erwartungen nachklägen. Das Nazireich aber sei bar jedes menschlichen Inhalts, es komme aus dem Dunkel bloßer Triebe, aus der Gerissenheit bloßer Kapitalsinteressen, die dieser Triebe sich bedienen, und gehe ins Dunkel wieder zurück. Es lasse sich nicht substanzieren, zum Unterschied von der kommunistischen Reichsidee, von der »Idee« der klassenlosen Gesellschaft, bei der es sich nicht zuletzt um eine aktuelle Umwandlung altchristlicher und theologisch-ketzerischer Fixierungen handle. Soweit Dehn; soweit die Neutralisierung, ja mögliche Sympathie dieser Männer für den Kommunismus.

Wie immer dessen »altchristliche Bestimmung« berechtigt und zurechtgewiesen werden mag: hier ist der wichtigste *Berührungspunkt* zwischen christlichem und kommunistischem Antifaschismus. Es ist das Amt der kommunistischen Propaganda (genauer: der revolutionären Traditionskompagnie, die sie in ihrem Gefolge führt), an dieser Stelle nach dem Rechten zu sehen und die abergläubische Scheu der Frommen vor der »Gottlosenbewegung« zu korrigieren. Ohne daß die Probleme des Atheismus berührt werden müßten, ohne die mindeste Verlegenheit, gar Unredlichkeit, hat Propaganda unter Bekenntnischristen und humanen Katholiken hier Platz.

Viele Vorläufer des Sozialismus waren es aus Christentum; das verbindet beides, das ist eine gemeinsame Wegstrecke zu dieser Zeit. Und spätere Zeiten, worin die bisherige Religion abgestanden sein wird, werden der Kraftquelle leichter gerecht werden, die in der »Freiheit der Kinder Gottes« neben aller Vertröstung und Ausbeutungs-Ideologie floß.

Die Frage wurde bereits gestreift, ob nicht gerade der Nebel die alten Träume zu ihrem heutigen Ende geführt habe. Zweifellos hat die ökonomische Unwissenheit den Nazis ihren Betrug erleichtert, zweifellos haben sie die alten dunklen Worte höchst demagogisch benutzt. Aber viel wichtiger ist die Frage, ob diese Benutzung, dieser Mißbrauch nicht gerade *deshalb* so leicht gelang, weil die echten Revolutionäre hier *nicht Wache gestanden* haben.

Ökonomische Unklarheit, kleinbürgerlicher Muff und mystizistischer Nebel gehen gewiß trefflich zusammen: eines steht dem anderen bei, aber deshalb brauchen ökonomische Klarheit und Kritik des metaphysischen Scheins noch nicht den gesamten Umfang und Inhalt der irrational bezeichneten Gehalte a priori zu desavouieren. Das hatte zur Voltaires Zeiten revolutionären Sinn, heute jedoch dient es, wie der deutsche Effekt erwiesen hat, fast ausschließlich der Gegenrevolution. Es ist auch gar kein Realismus in diesen Mechanismen des Nein; konträr: große Schichten der sozialen, ja physischen Wirklichkeit werden durch die

mechanistische Banalität ausgekreist. Die Zeiten dieser Borniertheit sind vorüber, das Verständnis wie die Anwendung des Marxismus erlangen immer vollere Gegenständlichkeit, immer größere Weite und Tiefe.
Zugleich aber – und das ist jetzt bereits, an der Schwelle der neuen Wendung, wichtig zu betonen – zugleich aber richtet die erlangte Weite und Tiefe irrationale Verblasenheit viel gründlicher und kenntnisreicher, als der Aufkläricht je hierzu imstande war. Ja, sollte das Unwahrscheinliche geschehen, daß infolge der veränderten Luft auch der Mystizismus aufholt, dann wird gerade das Wissen der Weite und Tiefe selber, als solches, an die Spitze der Opposition treten, der Opposition gegen den Mystizismus. Denn mystizistische Banalität ist um kein Haar besser, wohl aber um eine ganze verkitschte Künstlermähne widriger als die rationalistische; Mystizismus ist die unwissende Karikatur der Tiefe, wie der Aufkläricht die viertelsgebildete Karikatur der Klarheit war.
Rationalismus wie Irrationalismus (gar dekadenter) gehören gleichmäßig zur bürgerlichen Welt (als Wechselformen) und vergehen mit dieser. Vernunft ist und bleibt das Instrument der Wirklichkeit, freilich jedoch konkret-materialistische Vernunft, die dem Ganzen der Wirklichkeit gerecht wird, folglich auch den komplizierten und phantasievollen Bestandteilen. Sie weiß, daß die Welt, daß die schwierige Fahrt der Welt, daß die vielen Unaufgelöstheiten ihrer Vergangenheit, daß die noch nicht erschienenen Horizonte ihrer Zukunft – daß alle diese Bestandmomente dialektisch-realer Tendenz keine Objekte der Realschul-Aufklärung darstellen und ebensowenig der Martin-Buber- oder Keyserling-Mystik.
Gründliche, philosophische, das heißt wahrhaft marxistische Vernunft richtet und berichtigt die rationalistische Seichtheit im gleichen Akt wie ihr Gegenspiel: die Windbeutelei, den Mystizismus. Von diesem lebten die Nazis, doch sie konnten eben nur deshalb so ungestört mit ihm betrügen, weil eine allzu radikale (nämlich zurückgebliebene) Linke die Massenphantasie unterernährt hatte. Weil sie die Welt der Phantasie fast preisgegeben hatte, ohne Ansehung ihrer höchst verschiedenen Personen, Methoden und Gegenstände, ohne rechte Differenzierung zwischen dem Mystiker Eckardt und dem »Mystiker« Hanussen oder Weißenberg.
Es ist aber ein nicht mehr unterschlagbarer Unterschied zwischen der Prophezeiung aus Kaffeesatz und jener anderen Meister Eckardts, im Sermon von der Geburt, über die verborgene Herrlichkeit des Menschen:

> »Ich werde in mir etwas gewahr, das erglänzt in meiner Vernunft; ich empfinde wohl daß es etwas ist, aber was es ist, das kann ich nicht erfassen; nur soviel dünkt mich: könnte ich es erfassen ich wüßte alle Wahrheit.«

Es ist das gleiche menschliche *Herrlichkeitsgefühl*, welches später Thomas Münzer, den Jünger Eckardts, Taulers, Susos, zum Ideologen des Bauernkrieges gemacht hat; welches über Hunger und Skorbut hinaus gegen die Verhältnisse protestieren ließ, worin der Mensch, nach Marxens Worten, ein gedrücktes, verächtliches, verschollenes Wesen geworden ist.

Die deutsche Mystik des Mittelalters mit ihrer Laienpredigt, ihrem praktischen Christentum, ihrem Drang nach der »Offenbarung der Freiheit der Kinder Gottes« stammt aus frührevolutionären Bewegungen des Bürgertums. Und der vorhandene Nebel war keiner des gesamten Inhalts; dieser enthielt vielmehr zielsetzendes Licht, dasselbe, das Münzer sagen ließ:

> »So anders die Christenheit soll recht aufgerichtet werden, so muß man die wuchersüchtigen Bösewichter wegtun.«

Derart ist der Nebel durchaus nicht ein und alles in den alten Träumen (seien es die politisch-chiliastischen, seien es die nur scheinbar individuellen der mystischen Knechtzerbrechung, Sohnwerdung, der Ladung mit immanenter Herrlichkeit). So paradox es daher klingen mag: ein großer Teil des revolutionären Stolzes kam erst durch die deutsche Mystik in die Welt, und christlich-humane Utopie spielte ihr vor.

Immer wieder freilich muß zwischen Nebel und Licht unterschieden werden, und das Licht berichtigt sich auch. Das gilt besonders für die weitere Folge der utopischen Träume, für die Verengung, welche sie in den sogenannten Staatsmärchen der Neuzeit gefunden haben. Diese sind fast zu Spaß geworden, und obwohl das Wort Utopie vom ersten ihrer herstammt, haben sie mit der Utopie im alten joachitisch-glühenden, gar im neuen konkreten Sinn wenig gemein. Schon die technisch-pedantische Ausmalung, schon die romanhafte Einkleidung gibt ihnen einen gewissen verspielten Charakter, macht aus ihnen eine Art revolutionäres Kunstgewerbe.

Über die Hälfte ist diese konstruktive Form der Utopie subjektives Besserwissen gewesen, undialektisches Postulat, mythologische Übertragung eines unbewußten Klasseninteresses in die »Endzeit« oder in ein »Fernland« überhaupt. Aber der Antrieb wie Hintergrund dieser Gebilde ist hier gleichfalls ein anderes wie die Hülle, in die sie sich kleiden.

So sicher daher die Mängel des abstrakten Wesens feststehen, so ehern der Sozialismus von solcher Art Utopie zur Wissenschaft fortgeschritten ist, so wenig darf doch auch hier der Kern mit der Hülle verwechselt werden, so wenig wird er mit ihr vernichtet. Lenin hat sogar im Begriff der *Ideologie* einen guten Kern herausgearbeitet, einen Kern ohne Nebel und Betrug, und er hat ihn pointiert, als er den Sozialismus die Ideologie der Arbeiterklasse nannte.

Ebenso fällig aber ist die Rettung des guten Kerns der *Utopie* (als eines Begriffs, der höchstens im Nebel, niemals im Betrug lag), *die konkret dialektische, die in der wirklichen Tendenz erfaßte und lebendige Utopie des Marxismus* ist diese Rettung.

Die undialektische herangebrachte Träumerei war der Nebel der Sache, und im Nebel lagen – bis Weitling und Fourier – alle die Wunschzeiten und Wunschträume der alten Utopie. Auch enthielten sämtliche Phantasmagorien, welche die Sehnsucht nach einer besseren Welt in Zukunftszeiten oder ferne Inseln oder unzugängliche Täler projizierte, immer nur die befreiten *Klasseninhalte* der jeweils unterdrückten Klasse (wenn auch transparent für klassenlose Ahnungen überhaupt). Auch standen die meisten alten Utopien in der ihnen gegebenen Wirklichkeit still, sie schlugen aus ihr gleichsam nur das Phlegma und destillierten Spiritus heraus, sie kannten keinen *Prozeß* und keine *Totalität* der Erneuerung.

Die *konkrete Utopie des Marxismus* dagegen läuft mit dem Prozeß der Produktivkräfte und seiner heute schlechthin klassenlosen Tendenz; sie ist Produktions-, nicht Konsumtions-Kommunismus und stößt durchaus ins noch nicht Bewußte, noch nicht Gekommene, noch nicht Verwirklichte vor.

Das Proletariat, sagt Lenin, ist »die einzige bis zu Ende revolutionäre Klasse«; das heißt, sie hebt nicht nur als einzige das Privateigentum auf, sondern auch die mit ihm immer noch tingierten »Zukunftsträume«. Selbst das Glück, das marxistisch seine Laufbahn hat, ist nicht das einer bereits vorhandenen und nur reichlicher zugeteilten Art, wie die »Seligkeit« in den geistlichen Utopien, wie die Langeweile eines dauernden Sonntags in den bürgerlichen. Das alles ist statische, ja ganz eigentlich phantasielose Mythologie; das Schlaraffenland, Märchenland entsteht hier wesentlich nur durch Substraktion des gegebenen Übels, durch Wegnahme des »Jammertals« oder – in den bürgerlichen Utopien – des All- und Werktags.

Die marxistische Hoffnung dagegen ist auch hier so produktiv, daß sie sich auf bloße mythologische Verlegungen eines bereits Gegebenen, wenn auch relativ besser Gegebenen, nicht einläßt. Der Marxismus lehrt, daß alles bisherige Glück in der bloßen Vorgeschichte, bestenfalls in der Andeutung des Rechten steht; er lehrt sein Diesseits, sein lebhaftiges Diesseits als ebenso offenes wie noch unermessenes.

Gerade *das* aber ist echte Utopie, und *das* holt aus den Staatsmärchen, wie erst aus den Reichsträumen bleibende Velleïtät, humane Phantasie heraus; steht im engsten Zusammenhang mit allem, was in der alten Utopie an Echtheit enthalten war, an nachwirkend befeuerndem Traum; steht jenseits des subjektiven Besserwissens, des undialektisch an die Wirklichkeit herangebrachten Postulats, jenseits der mythologischen Fernverlegung fertiger Wunschinhalte. Doch die Sphäre selbst ist von der des Joachim von Floris nicht absolut verschieden, noch ist sie absolut verlassen. Mit anderen Worten: das Reich der Freiheit kritisiert die Ideologien der undurchschauten Notwendigkeit, indem es sie durchschaut und vernichtet, aber die Utopien der undurchschauten Freiheit, indem es sie durchschaut und erfüllt.

Die rechten Träume vergehen und vergehen nicht, sobald sie erfüllt werden. Wie am sittlichen Wollen geht auch am utopischen die Frage eines Erbes auf. Eines Erbes besonderer Art; denn es ist vom kulturellen, von der Übernahme eines bereits *gestalteten* Reichtums verschieden. Übernehmbar ist hier nur der Wille, nicht irgendeine Form, nur der feurige Umriß und Tiefsinn, nicht die jeweilige

Ausmalung. *Die* ist vergänglich, ja vielfach nur Übermalung des Rechten, das beerbbar zugrunde liegt und noch nirgends konkret geworden ist. Dies Erbe wurde vom selber noch abstrakt-utopischen Sozialismus, etwa vom französischen aus der ersten Hälfte des vorigen Jahrhunderts, keineswegs bemerkt; im Gegenteil, es wurde hier sehr oft durch Skurrilitäten, zu denen keine Zeit mehr war, verdächtig gemacht. Der Traum vom Tausendjährigen Reich nimmt kein gutes Ende, wenn Fourier etwa, in seiner »théorie des quatre mouvements« das Meer zu Limonade versüßt und die Löwen nicht minder gezähmt werden läßt, oder auch ein Nordlicht lehrt, das gleichzeitig leuchtet, wärmt und duftet. Gar die frivolen Dilettantismen, die der alte Traum sich in bürgerlichen Phantastereien seitdem gefallen lassen mußte, bis zu Wells und ähnlichen Neukopien des Thomas Morus, fallen gänzlich unter den Tisch.

Daß aber das *Original* des Traums nicht abgegolten, zeigt ein Brief aus Engels' Frühzeit (1842) mit noch viel Feuerbach darin, auch mit ungewohnter Pathetik, doch mit einer des ursprünglichen Impulses und selbstverständlich keiner der Dekoration. Die Stelle lautet:

»Das Selbstbewußtsein der Menschheit ist der neue Gral, um dessen Thron sich die Völker jauchzend versammeln. Das ist unser Beruf, daß wir dieses Grals Templeisen werden... und unser Leben fröhlich einsetzen in den letzten heiligen Krieg, dem das *tausendjährige Reich der Freiheit* folgen wird.«

Hier ist der alte Terminus zu einem Bild geworden, doch zu einem mit der Sache eng verbundenen, und das »Reich der Freiheit« selbst, dies hegelianische Fürsichsein, steht gar nicht innerhalb der Hegelschen Kontemplation, sondern fühlbar bei den alten Reichsträumen, auch Durchbruchsträumen der Freiheit.

Im Marxismus ist das alles auf den Weg der Wirklichkeit gebracht worden und an ihr vom Nebel befreit. Was immer wert ist, behalten, wert und fähig ist, verwirklicht zu werden, hat der Marxismus gerettet und auf die Füße gestellt, damit es gehe. Aber die konkreszierten Träume werden besser sichtbar, die feurigen Erbinhalte dringen propagandistisch wie theoretisch deutlicher vor, wenn ihre ersten Erscheinungen erinnert werden. Sie selber greifen in die Gegenwart, damit sie berichtigte Gültigkeit erlangen und durch konkrete Revolution endlich verwirklicht werden.

Arthur *Moeller van den Bruck,* 1876–1925, Schriftsteller, Kunstwissenschaftler, befaßte sich mit Geschichtsphilosophie und Politik, Gegner von Parlamentarismus und Liberalismus, bemühte sich um einen sozialen Nationalismus, Einfluß auf die jungkonservative Bewegung. Sein Buch »Das dritte Reich« erschien 1923 im Ring-Verlag, Berlin.

»*Vivit, non vivit*« (lat.): Er lebt, er lebt nicht.

Hitler, der Sieger von Potempa: Ermordung des mit der KPD sympathisierenden Landarbeiters Konrad Pietczuch in Potempa durch Nationalsozialisten in der Nacht zum 10. August 1932. Als ein Sondergericht fünf der Mörder gemäß der Notverordnung des Reichspräsidenten gegen politischen Terror vom 9. August 1932 zum Tode verurteilte, rechtfertigten die Nazis ihre Morde öffentlich und entfesselten eine Kampagne gegen die Papen-

Regierung. Die Mörder wurden zu lebenslangem Zuchthaus begnadigt und am 23. März 1933 von der Hitler-Regierung freigelassen.
»*Nemo audit verbum nisi spiritu intus docente*« (lat.): Man versteht das Wort nur durch den innerlich unterweisenden Geist.
Hitlers Stilübung: Gemeint »Mein Kampf« von Hitler, geschrieben 1924 und im Dritten Reich in Millionenauflage verbreitet.
Rosenbergs Kompilation: Gemeint »Der Mythos des 20. Jahrhunderts« von Alfred Rosenberg, 1893–1946 (hingerichtet in Nürnberg), das, 1930 erschienen, zur Grundlage der »völkischen« Weltanschauung des Nationalsozialismus wurde.
»*Omnia sint communia*« (lat.): Alles sei Gemeineigentum.
Wilhelm *Weitling,* 1808–1871, utopischer Kommunist, Mitglied des Bundes der Gerechten, Vertreter des Gleichheitskommunismus: Abschaffung des Geldes, Gütergemeinschaft, »gleiche Lebenslage aller«, Aufhebung der nationalen Grenzen, allgemeine Verbrüderung.
Charles *Fourier,* 1772–1837, französischer utopischer Kommunist, scharfer Kritiker der Konkurrenz und des privaten Handels, den er durch die Wiedervereinigung von Erzeugung und Verbrauch in Produktionsgemeinschaften (Phalanges) überwinden wollte, die er sich bis in teilweise skurrile Details ausmalte.
Martin Buber, 1878–1965, jüdischer Religionsforscher, Religionsphilosoph und Lehrer, einer der geistigen Führer im deutschen Zionismus.
Graf Hermann *Kayserling,* 1880–1946, vertrat in seinen ersten, naturphilosophischen Schriften die Auffassung, die Welt sei essentiell irrational und daher mit wissenschaftlichen Begriffen nicht hinreichend zu beschreiben. Das seinerzeit vielgelesene »Reisetagebuch eines Philosophen« (1919), auf einer Asienreise entstanden, forderte dazu auf, durch schöpferische Intuition den »Sinn« fremder Kulturen, wie der chinesischen und indischen, zu erfassen.
Der Berliner Hellseher Erik *Hanussen* hatte Beziehungen zu höheren SA-Offizieren; er soll, laut »Braunbuch«, den Reichstagsbrand vorhergesehen haben und später, wohl weil er zuviel wußte, ermordet worden sein. (Vgl. Braunbuch über Reichstagsbrand und Hitler-Terror, Basel 1933, S. 114f.)
Josef *Weissenberg,* geb. 1855, Gründer der apokalyptisch-eschatologischen Sondergemeinschaft der sog. »Weissenberger« (»Evangelisch-Johannische Kirche nach der Offenbarung St. Johannes«), schrieb »Das Fortleben nach dem Tode und geistige Inspiration von medialer Seite« (1912), Bloch kannte ihn wohl über das Buch »Unsere Sekten« von H. Petrich (1928).

Hans Günther
»Erbschaft dieser Zeit«?*

Die »Erbtante«

Kaum, daß er Anhänger des Marxismus geworden, verwendet Bloch auch schon den Ausdruck »Vulgärmarxismus«. Oft, und richtig, bezieht er ihn auf irgendwelche sozialdemokratischen Entstellungen. Mitunter zeichnet er aber damit auch die Meinungen wirklicher Marxisten aus, sobald sie nicht zugleich – seine eigenen sind. Und da er glaubt, die Arbeiterklasse könne aus der philosophischen Konkursmasse der heutigen Bourgeoisie gewisse Stücke übernehmen, bekommt auch hier die gegenteilige Ansicht das »vulgäre« Etikett.

Dies schon ist ein Irrtum Blochs. Gerade die gegenteilige Ansicht, und nur sie, darf sich auf die Begründer der proletarischen Weltanschauung selbst berufen. Ihre prinzipielle Stellung sei kurz skizziert (wobei ich mich freilich im wesentlichen auf die Gebiete der Philosophie und sogenannten Geisteswissenschaften beschränken muß; im Bezirk der Literatur treten einige Kompliziertheiten hinzu, die zu entwickeln es hier an Raum gebricht).

Marx hat sehr wohl unterschieden zwischen einem revolutionären Bürgertum, das im Kampfe gegen den Feudalismus den Fortschritt auf seiner Seite hatte, und jener späteren Bourgeoisie, die, bereits an der Macht, den bestehenden Zustand gegen den nunmehrigen Feind, gegen ein erstarktes, organisiertes, klassenbewußtes Proletariat zu erhalten, zu verewigen und zu verherrlichen sucht. Die Entwicklung des Proletariats läutet »die *Totenglocke* der wissenschaftlichen Ökonomie«. »Soweit sie bürgerlich ist, d. h. die kapitalistische Ordnung statt als geschichtlich vorübergehende Entwicklungsstufe, umgekehrt als absolute und letzte Gestalt der gesellschaftlichen Produktion auffaßt, kann die politische Ökonomie nur Wissenschaft bleiben, solange der Klassenkampf latent bleibt oder sich in nur vereinzelten Erscheinungen offenbart. Nehmen wir England. Seine klassische politische Ökonomie fällt in die Periode des unentwickelten Klassenkampfes.« Später, bei Entfaltung des Klassenkampfes, trat »an die Stelle uneigennütziger Forschung ... bezahlte Klopffechterei, an die Stelle unbefangener wissenschaftlicher Untersuchung das böse Gewissen und die schlechte Absicht der Apologetik«.

Ähnlich, wie hier im Nachwort zur zweiten Auflage des »Kapital«, hatte sich Marx schon in der »Deutschen Ideologie« ausgesprochen: »Je mahr die normale Verkehrsform der Gesellschaft und damit die Bedingungen der herrschenden Klasse ihren Gegensatz gegen die fortgeschrittenen Produktivkräfte entwickeln, je größer daher der Zwiespalt in der herrschenden Klasse selbst und mit der be-

* Hans Günther: Die »Erbtante«, Abschnitt aus dem Artikel »Erbschaft dieser Zeit«?, in: Internationale Literatur, Jg. 6 (1936), H. 3, S. 87–90.

herrschten Klasse wird, *desto unwahrer* wird natürlich das dieser Verkehrsform ursprünglich entsprechende Bewußtsein, d. h. es hört auf, das ihr entsprechende Bewußtsein zu sein, *desto mehr* sinken die früheren überlieferten Vorstellungen dieser Verkehrsverhältnisse, worin die wirklichen persönlichen Interessen als allgemeine ausgesprochen werden, zu *bloß idealisierenden Phrasen*, zur *bewußten* Illusion, zur *absichtlichen Heuchelei* herab.« *(Von mir hervorgehoben.)*
An diesen Sätzen von Marx gibt es nichts zu drehen und zu deuteln: hier wird alle »spätbürgerliche« Ideologie unzweifelhaft *abgelehnt*, und *scharf* abgelehnt. Bedeutet dies, daß die Marxisten *überhaupt kein* bürgerliches Erbe anerkennen? daß sie Kulturen nur »zerstören«, aber selber keine aufbauen, selber keine fortführen können? Ein absurder Gedanke, gewiß; ein vollendeter Unsinn, den nur die schlimmsten Verleumder unserer Weltanschauung verzapfen können. Wer auch nur wenig von der Sowjetunion weiß, kennt doch die Riesenauflagen der klassischen Literatur und Philosophie aller Länder, hat gehört von dem unglaublichen Ernst und Eifer, mit dem die breitesten Massen sie studieren.
Und doch will es scheinen, als ob Ernst Bloch zu seiner *durchaus unmarxistischen* Theorie, man könne die *heutige, reaktionäre* Bourgeoisie beerben, gekommen ist, aus einer gewissen Angst vor einer *leeren* Zukunft, in der das ganze reiche Erbgut der Vergangenheit unausgenützt bleibe. Nur daß der Kommunismus einem solchen »Sektierertum«, einem solchen Barbarismus nie gehuldigt hat. Vielmehr war hier gerade die scharfe *Ablehnung* der »spätbürgerlichen« Ideologie stets untrennbar verbunden mit der *Anerkennung* der bürgerlich-revolutionären Geisteserrungenschaften als eines proletarisch brauchbaren Erbes. Nicht nur haben sich Marx und Engels selber als Fortsetzer der klassischen deutschen Philosophie, der klassischen englischen Nationalökonomie und des französischen Sozialismus gefühlt; auch Lenin hat wiederholt (vor allem in seinem Artikel »Drei Quellen und drei Bestandteile des Marxismus«) auf diesen engen Zusammenhang hingewiesen und (in seinen Thesen über Proletkult) die weltgeschichtliche Bedeutung des Marxismus gerade darin erblickt, »daß er die wertvollsten Errungenschaften des bürgerlichen Zeitalters durchaus nicht ablehnte, sondern, im Gegenteil, sich alles Wertvolle der mehr als zweitausendjährigen Entwicklung des menschlichen Denkens und der menschlichen Kultur aneignete und verarbeitete«.
Was aber ist dieses »Wertvolle«, das allein als unser Erbe gelten darf, und wie wird es bestimmt? Durch subjektiven Geschmack? Laune? Willkür? durch Gelegenheitszwecke? Ganz entschieden: nein! Marx und Lenin haben, was wertvoll für uns sei, für *objektiv* bestimmt gehalten. Das wichtigste Kriterium war für sie, wieweit die Philosophie, Ökonomie, Staatstheorie usw. der Vergangenheit die objektive, vom Bewußtsein unabhängige Wirklichkeit ihrer Epoche wenigstens relativ richtig und wahr widergespiegelt haben, wieweit sie also tatsächliche Entwicklungsstufen im historischen Prozeß der Annäherung unserer Erkenntnis an die objektive, absolute Wahrheit bedeuteten. Zweitens stand aber auch für Marx wie für Lenin fest, daß diese Annäherung an die absolute Wahrheit, der

progressive Charakter einer Ideologie also und folglich auch ihre Brauchbarkeit als Erbe wiederum an bestimmte objektive, nämlich historische, gesellschaftliche, klassenmäßige Voraussetzungen gebunden seien. An welche, darüber haben die zitierten Sätze erschöpfende Auskunft gegeben. Soll es also ein Zufall gewesen sein, daß derselbe Lenin, der das Erbe der klassischen deutschen Philosophie bejahte, zugleich die »moderne« Philosophie des Machismus, und nicht nur diese, *auf der ganzen Linie* bekämpfte?

Dagegen nun Ernst Bloch! Löst er denn nicht sofort in einer noch subjektivistischen, noch idealistischen Weise, das »Wertvolle« wie von der Frage seines objektiven Wahrheitsgehaltes so auch von seinen ganz bestimmten historisch-gesellschaftlichen Voraussetzungen los, versichernd, es könne nicht nur auf dem aufsteigenden, nein, auch auf dem absteigenen Ast einer kulturellen Phase gedeihen? Ja, gleich darauf engt er sogar diese seine eigene These noch mehr ein, verkündet: »*Gewiß muß die Tante erst tot sein, die man beerben will;* doch vorher schon kann man sich sehr genau im Zimmer umsehen.«

Man kann also bürgerliche Philosophie – das heißt der Satz jetzt im Grunde – sogar *nur* bei der Bourgeoisie von *heute* eben! Die *heute* noch *lebende* Tante soll Verwahrerin des für uns brauchbaren Geistesgutes sein!

Ist sie das wirklich? Als ob das klassische Erbe, im Gebrauch der Trustmagnaten und ihrer Advokaten, im faschistischen Gebrauch, nicht *verfälscht* und *entstellt* wirken würde – wenn es noch wirkt! Als ob die Arbeiterklasse das *brauchbare* bürgerliche Erbe, dialektisch umgearbeitet, »umgestülpt«, nicht *schon längst* übernommen hätte, schon seit Marx' und Engels' Zeiten! Als ob sie nicht Tag um Tag die erfolgreichsten Anstrengungen machte, es wieder neu zu »erwerben, um es zu besitzen«!

Technik gleich Ideologie?

Bloch indes entdeckt in unserer Auffassung vom Erbe einen Haken, einen Widerspruch. »Daß die jeweils letzte Maschine, welche die spätbürgerliche Technik erzeugt, die beste ist, wird marxistisch nicht bestritten. Jedoch fast gar kein Erbe wird an den ideologischen Erscheinungen und Produkten der Spätzeit aner kannt.«

Bei dieser Gleichsetzung von »spätbürgerlicher« Ideologie und Technik, im Hinblick auf ihre Brauchbarkeit, läßt Bloch offenkundig die *durchaus ungleichmäßige Entwicklung* der kapitalistischen Technik und »Weltanschauung« außer acht, wie sie ihren vielleicht deutlichsten philosophischen Ausdruck in jener *Methodentrennung* fand, die um die Jahrhundertwende auf agnostizistisch-neukantianischer Grundlage erfolgte.

Die Trustbourgeoisie, versteht sich, bleibt aus Gründen der Technik und Kriegstechnik, der Produktivität und Rentabilität, an einer axakten Naturwissenschaft interessiert. Was ihre Bedürfnisse erheischten, wurde ihnen hier geliefert –

gleich, ob die philosophischen Lieferanten um diese Zusammenhänge nun wußten oder nicht –: die Naturbetrachtung wurde in die »Isolierbaracke« manövriert; für sie, aber auch *nur* für sie, ließ man die kausale, »generalisierende«, »nomothetische«, »mechanische« Forschungsmethode nach wie vor *gelten*. Um desto radikaler für die Gesellschafts- und Geisteswissenschaften einen ganz »neuen Typ des Denkens« zu proklamieren: ein unkausales, »individualisierendes«, »idiographisches«, später auch ein »verstehendes«, »einfühlendes« oder »intuitives«, auf alle Fälle aber ein *irrationalistisches* Verhalten. Womit die Wissenschaft vom gefährlichen Terrain der gesellschaftlichen Welt energisch vertrieben war. So energisch vertrieben, daß sich an den heutigen Ideologen des Dritten Reiches das bittere Wort des Helvetius bewahrheitet: »Hätte die Pest Orden und Pensionen zu vergeben, so würden sich Juristen (und Philosophen, und Soziologen, *H. G.*) genug finden. die so niedrig wären, zu behaupten, daß die Herrschaft der Pest von Gott und Rechtswegen bestehe, und daß sich ihr zu entziehen, ja ihren bloßen Einflüssen zu entziehen, Hochverrat sei.« Was die Hakenkreuzler tagtäglich behaupten.
Aber sie betreiben diese Barbarei – und darauf kommt es hier an – als »Geistes«-Politik *mit doppeltem Boden.* Wie einstmals die Neukantianer Windelband und Rickert, wie der Lebensphilosoph Dilthey, so auch erklären sich wieder die Hitlerianer für getrennte Methoden. Baeumler etwa, gegen Nietzsches, des sonst so hochverehrten Meisters Erkenntnistheorie polemisierend, steht nicht an, zu bestreiten, daß die Bewußtseinstätigkeit *unbedingt* die Wirklichkeit, das »Zeugnis der Sinne« verfälsche; *er* läßt lieber zwei verschiedene Grundfunktionen des Erkennens gelten: eine »sinnlich-organische« (die Lüge also, für Politik und Gesellschaftstheorie), aber daneben doch auch die kausale Forschung (eben für Naturwissenschaft, Technik und Kriegstechnik). Und so auch lehnt sogar Alfred Rosenberg die »hundertprozentige« Geistesfeindschaft eines Ludwig Klages ziemlich brüsk ab, stellt dessen »Leib-Seelen«-Prinzip die Scheidung zweier Welten bei Imanuel Kant (!) gegenüber und proklamiert dann, folgerichtig, zwecks »Überwindung der syrisch-jüdisch bestimmten Dogmen« das »Frei-Werden unseres polar-bewußten dynamischen Lebens: *Freiheits-Mystik und Natur-Mechanistik*«.
Freiheits-Mystik *und* Natur-Mechanistik! Kann die ungleichmäßige Entwicklung »spätbürgerlicher« Technik und Ideologie noch drastischer demonstriert werden? Bedarf es noch weiterer Gründe, *warum* die Marxisten (ohne vulgäre Gänsefüßchen) glauben, bei den Gesellschafts- und Geistes-»Wissenschaften« aus der Periode des verfaulenden Monopolkapitalismus *keine* Anleihen machen zu können, es sei denn allenfalls, und auch dies nur mit größter Vorsicht, bei Sammlungen rein faktischen Materials?
Ernst Bloch kennt das philosophische Hauptwerk Lenins, darin auch das Kapitel über die neueste Revolution in der Naturwissenschaft. Man sollte meinen, es hätte ihn stutzig machen können. Er selber berichtet, daß Lenin *genau unterschieden* habe zwischen dem »eigentlich *physikalischen* Relativismus (der die

mechanisch geschlossene und einheitliche Starre lockerte)« und »dessen miserabler *Philosophie*, nämlich dem Empiriokritizismus (der überhaupt keinen Begriff auf Natur konkret anwenden ließ)«. Er selber berichtet weiter, wie Lenin in dem modernen »Elastischwerden *physikalischer* Begriffe und Prinzipien durchaus einen Übergang, einen forschenden Übergang zum dialektischen Materialismus« erkannte, dagegen gerade den »ganzen physikalischen *Idealismus*, die ganze empiriokratische *Philosophie* samt dem Empiriosymbolismus, Empiriomonismus und dergleichen mehr« unbarmherzig als »Abfälle« in die Kehrichtgrube fegte.

So berichtet Bloch. Wir könnten, ergänzend, bekräftigend, noch einen weiteren Satz Lenins hinzufügen: »*Keinem einzigen* dieser Philosophen, die imstande sind, auf Spezialgebieten – Chemie, Geschichte der Physik – die wertvollsten Arbeiten zu liefern, *darf man auch nur ein einziges Wort glauben, sobald von der Philosophie die Rede ist.*«

Auch diesen Satz kennt Bloch. Und will dennoch nicht nur die »letzte Maschine« erben, nein, auch die »letzte Philosophie« (wenngleich dialektisch verarbeitet). Eben das heißen wir eine »Korrektur«, die uns mit der Lehre des Marxismus-Leninismus unverträglich scheint.

Natürlich, auch unsere Theorie will nicht schematisch begriffen werden. Obzwar wir eine progressive Philosophie, Ökonomie, Soziologie unsw. auf Grundlage des imperialistischen Parasitismus für *vollkommen unmöglich* halten, dekretieren wir doch nicht, es müsse nun auch *jeder einzelne* Philosoph, Wissenschaftler oder Schriftsteller, der bürgerlicher Abstammung, in seinem *persönlichen* Schaffen *nur* reaktionäre Momente vereinen.

»In Zeiten endlich, wo der Klassenkampf sich der Entscheidung nähert« – erklaren Marx und Engels im »Kommunistischen Manifest« – nimmt der Auflösungsprozeß innerhalb der herrschenden Klasse... einen so heftigen, so grellen Charakter an, daß ein kleiner Teil der herrschenden Klasse sich von ihr lossagt und sich der revolutionären Klasse anschließt... Wie daher früher ein Teil des Adels zur Bourgeoisie überging, so geht jetzt ein Teil der Bourgeoisie zum Proletariat über, und namentlich ein Teil der Bourgeoisideologen, welche zum theoretischen Verständnis der ganzen geschichtlichen Bewegung sich hinaufgearbeitet haben.«

Dieser Übergang kennt viele Stufen. Bis zur völligen Loslösung von der bürgerlichen Ideologie ist es ein weiter, weiter Weg. Unvermeidlich werden sich auf jeder dieser Etappen und im Kopfe jedes Einzelnen noch Widersprüche einstellen: ein Nebeneinander, Gegeneinander von progressiven und konservativen, materialistischen und idealistischen, proletarischen und bürgerlichen Denkelementen.

Aber die letzteren verlieren dadurch nichts von ihrer Schädlichkeit, daß sie sich im Bewußtsein dieser oder jener Menschen mit entgegengesetzten »paaren«, ja dort mitunter in der ehrlichsten Überzeugung und mit dem besten Willen noch besonders gehegt und gepflegt werden. Es kommt darauf an, dem Einzelnen die

Heterogenität solcher Elemente bewußt zu machen, ihm zu helfen, daß sich die einen von der verderblichen Nachbarschaft der anderen lösen. Jedoch die *Voraussetzung* dazu ist und bleibt gerade das klare Wissen um den vollkommen reaktionären, parasitären Charakter der großbürgerlich-imperialistischen Ideologie und Philosophie, ist und bleibt, als einziges Verhältnis zu ihr, konsequenter, uneingeschränkter Kampf.

Die Werke, die dieser Imperialismus hervorbringt, – schreibt André Gide –, »sind reif für den Tod, genau so wie die Gesellschaft, die sie gutheißt, und wenn wir das alles nicht abzuschütteln wissen, dann ist es aus mit uns.«

Abschütteln, nichts als abschütteln!

Auf diese ausführliche Kritik Günthers an Blochs soziokultureller Bestandsaufnahme »Erbschaft dieser Zeit« antwortete Ernst Bloch mit »Bemerkungen zur ›Erbschaft dieser Zeit‹« (Internationale Literatur, Jg. 6 [1936], H. 6, S. 122–135), die Günther wiederum zu einer Replik veranlaßten: H. G.: Antwort an Ernst Bloch, in: Internationale Literatur, Jg. 6 (1936), H. 8, S. 112–124. »Das innere Zentrum des Buches ist der Satz: die ›roten Geheimnisse‹ waren vernachlässigt worden« – schrieb Klaus Mann in seiner begeistert zustimmenden Kritik (Die Sammlung, Jg. 2 [1934/35], H. 4, S. 206–208).

Die Philosophen Wilhelm *Windelband,* 1848–1915, Professor in Zürich, Freiburg, Straßburg, Heidelberg, und Heinrich *Rickert,* 1863–1936, Professor in Freiburg und Heidelberg, begründeten die südwestdeutsche (badische) Schule des Neukantianismus und gelten als Urheber von deren Wertlehre. Grundlage von Windelbands einflußreicher Wissenschaftslehre war die Unterscheidung von Natur- und Geisteswissenschaften als »nomothetische« (gesetzgebende) und »ideographische« (individualisierend-beschreibende) Wissenschaften.

Wilhelm *Dilthey,* 1833–1911, Philosoph, Professor in Basel, Kiel, Breslau und Berlin. Entwickelte eine spezifische methodische Differenz zwischen Natur- und Geisteswissenschaften. Während die Natur nach dem Kausalitätsprinzip erklärt werden könne, stünden wir zu den Gegenständen der Geisteswissenschaften (Geschichte, Nationalökonomie, Rechts- und Staatswissenschaften, Religionswissenschaften, Literatur, Dichtung, Raumkunst, Musik, Philosophie, Psychologie) immer schon in einem Bedeutungszusammenhang, der sich im ursprünglichen und umfassenden Akt des Erlebens vermittle – die angemessene Methode der Geisteswissenschaften sei das Verstehen.

Alfred *Baeumler,* geb. 1887, Professor der Philosophie und Pädagogik, seit 1928 in Dresden; im Dritten Reich ab 1933 Ordinarius für politische Pädagogik in Berlin, Amtsleiter des Amtes für Wissenschaft beim »Beauftragten des Führers für die Überwachung der geistigen Schulung und Erziehung der NSDAP«, arbeitete auch an der »Reichsstelle zur Förderung des deutschen Schrifttums« mit. Ursprünglich den Bündischen und den Jungkonservativen nahestehend, Nietzsche-Herausgeber, versuchte, Nietzsche für die deutsche Bewegung und den Nationalsozialismus zu reklamieren, trat für eine Wiederbelebung der Werke Bachofens ein. Von Rosenberg geschätzt. Veröffentlichte u. a. »Alfred Rosenberg und der Mythos des 20. Jahrhunderts«, München 1943, Männerbund und Wissenschaft, Berlin 1937.

Ludwig Klages, 1872–1956, Philosoph und Psychologe, versuchte, die Graphologie zu einer Wissenschaft auszubauen, schuf eine allgemeine Ausdruckslehre und Charakterkunde, lehnte die Vorherrschaft begrifflichen Denkens ab.

Das philosophische Hauptwerk Lenins: Gemeint »Materialismus und Empiriokritizismus« von W. I. Lenin, erschienen 1909.

Thomas Mann
Nietzsches Philosophie im Lichte unserer Erfahrung*

[. . .] Wir haben die Erfahrung gemacht, daß es um den unbedingten Pazifismus unter Umständen eine mehr als fragwürdige, eine lügenhafte und niederträchtige Sache sein kann. Jahrelang war er über Europa und über die Welt hin nichts als die Maske fascistischer Sympathien, und wahre Friedensfreunde haben den Frieden von München, den 1938 die Demokratien mit dem Fascismus schlossen, angeblich um den Völkern den Krieg zu ersparen, als den tiefsten Punkt der europäischen Geschichte empfunden. Der Krieg gegen Hitler, oder vielmehr die bloße Bereitschaft dazu, die genügt hätte, ist ersehnt worden von diesen Friedensfreunden. Wenn man sich aber vor Augen stellt – und es stellt sich einem vor Augen! –, welches Verderben in jedem Sinne des Wortes selbst der für die Menschheit geführte Krieg zeitigt, welche Entsittlichung, welche Entfesselung gierig egoistischer und antisozialer Triebe; wenn man, belehrt durch das schon Erlebte, sich ein ungefähres Bild davon macht, wie die Erde erst nach dem nächsten, dem dritten Weltkrieg aussehen wird – aussehen würde –, so erscheinen einem Nietzsches Rodomontaden von der kulturerhaltenden und selektiven Funktion des Krieges als die Phantasien eines Unerfahrenen, des Sohnes einer langen Friedens- und Sekuritätsepoche mit »mündelsicheren Anlagen«, welche sich an sich selbst zu langweilen beginnt.

Da er übrigens mit erstaunlichem prophetischem Vorgefühl eine Folge ungeheuerer Kriege und Explosionen, ja das klassische Zeitalter des Krieges voraussagt, »worauf Spätere mit Neid und Ehrfurcht blicken werden«, so scheint es ja um die humanitäre Entartung und Verschneidung der Menschheit noch nicht so gefährlich bestellt zu sein, und man sieht den Grund nicht ein, weshalb sie zu dem selektiven Gemetzel noch philosophisch angespornt werden muß. Will diese Philosophie die moralischen Skrupel beseitigen, die den kommenden Greueln etwa im Wege sind? Will sie die Menschheit für das prachtvoll Bevorstehende in Form bringen? Aber sie tut es auf eine voluptuöse Weise, die – nicht etwa, wie beabsichtigt, unseren moralischen Protest hervorruft, sondern uns weh und bange macht um den edlen Geist, der hier wollüstig gegen sich selber wütet. Über bloße Erziehung zur Männlichkeit geht es peinlich hinaus, wenn mittelalterliche Formen der Folter aufgezählt, beschrieben und empfohlen werden mit einer Genüßlichkeit, die ihre Spuren in zeitgenössischer deutscher Literatur hinterlassen hat. Es grenzt ans Gemeine, wenn »Zärtlingen zum Trost« die geringere Schmerzfähigkeit niedriger Rassen, der Neger etwa, zu bedenken gegeben wird. Und wenn

---

* Thomas Mann: Nietzsches Philosophie im Lichte unserer Erfahrung, in: T.M.: Neue Studien, Stockholm, Bermann-Fischer 1948, S. 140–157. Auch in: T.M.: Gesammelte Werke, Frankfurt a.M., S. Fischer 1960/1974, Bd. 9.

dann der Sang von der »Blonden Bestie« sich erhebt, »dem frohlockenden Ungeheuer«, dem Typus Mensch, der »von der scheußlichen Abfolge von Mord, Niederbrennung, Schändung, Folter mit Übermut heimkommt wie von einem Studentenstreich«, so ist das Bild des infantilen Sadismus vollkommen, und unsere Seele windet sich in Pein.

[...]

Es wäre die letzte Inhumanität, all diesen schrillen und gequälten Herausforderungen mit Spott und Schimpf – und bloße Dummheit, ihnen mit moralischer Entrüstung zu begegnen. Wir haben ein Hamletschicksal vor uns, ein tragisches Schicksal über die Kraft gehender Erkenntnis, das Ehrfurcht einflößt und Erbarmen. »Ich glaube«, sagt Nietzsche einmal, »ich habe einiges aus der Seele des höchsten Menschen erraten – *vielleicht geht jeder zugrunde,* der ihn errät.« Er ist daran zugrunde gegangen, und zu vielfach sind die Atrozitäten seines Lehrens von unendlich rührendem lyrischen Leid, von tiefen Liebesblicken, von Lauten schwermütigster Sehnsucht nach dem Tau der Liebe für das dürre, das regenlose Land seiner Einsamkeit durchzogen, als daß Hohn oder Abscheu vor solchem Ecce Homo-Bilde sich hervorwagen dürften. Aber etwas in die Enge getrieben sieht unsere Verehrung sich freilich, wenn der von Nietzsche hundertmal verhöhnte und als giftiger Hasser höheren Lebens angeprangerte »Sozialismus der unterworfenen Kaste« uns nachweist, daß sein Übermensch nichts anderes ist als die Idealisierung des fascistischen Führers, und daß er selbst mit seinem ganzen Philosophieren ein Schrittmacher, Mitschöpfer und Ideensouffleur des europäischen –, des Weltfascismus gewesen ist. Unterhand bin ich geneigt, hier Ursache und Wirkung umzukehren und nicht zu glauben, daß Nietzsche den Fascismus gemacht hat, sondern der Fascismus ihn, – will sagen: politikfern im Grunde und unschuldig-geistig, hat er als sensibelstes Ausdrucks- und Registrierinstrument mit seinem Macht-Philosophem den heraufsteigenden Imperialismus vorempfunden und die fascistische Epoche des Abendlandes, in der wir leben und trotz dem militärischen Sieg über den Fascismus noch lange leben werden, als zitternde Nadel angekündigt.

Als ein Denker, der mit seinem ganzen Wesen von Anbeginn aus dem Bürgerlichen heraustrat, hat er die fascistische Komponente der nachbürgerlichen Zeit scheinbar bejaht und die sozialistische verneint, weil diese die moralische war, und weil er Moral überhaupt mit bürgerlicher Moral verwechselte. Aber dem Einfluß des sozialistischen Elements im Kommenden hat seine Empfindlichkeit sich gar nicht entziehen können, und das ist es, was die Sozialisten verkennen, die ihn als Fascisten pur sang verrufen. Es ist so einfach nicht, – so viel für diese Vereinfachung vorgebracht werden kann. Wahr ist es: seine heroische Glücksverachtung, die etwas sehr Persönliches und politisch schlecht verwendbar war, hat ihn verleitet, in jedem Willen zur Abstellung der entehrendsten sozialen und ökonomischen Mißstände, des vermeidbaren Leidens auf Erden das verächtliche Verlangen nach dem »grünen Weideglück der Herdentiere« zu sehen. Nicht umsonst ist sein Wort vom »gefährlichen Leben« ins Italienische übersetzt worden und in den Argot des Fascismus eingegangen. Alles, was er in letzter Überreiztheit gegen Moral, Humanität, Mitleid, Christentum und für die schöne Ruchlosigkeit, den Krieg, das Böse gesagt hat, war leider geeignet, in der Schund-Ideologie des Fascismus seinen Platz zu finden, und Verirrungen wie seine »Moral für Ärzte« mit der Vorschrift der Krankentötung und Kastrierung der Minderwertigen, seine Einprägung von der Notwendigkeit der Sklaverei, dazu manche seiner rassehygienischen Auslese-, Züchtungs-, Ehevorschriften sind tatsächlich, wenn auch vielleicht ohne wissentliche Bezugnahme auf ihn, in die Theorie und Praxis des Nationalsozialismus übergegangen. Wenn das Wort wahr ist: »An ihren Früchten sollt ihr sie erkennen«, so steht es schlimm um Nietzsche. Bei Spengler, seinem klugen Affen, ist der Herrenmensch seines Traumes zum modernen »Tatsachenmenschen großen Stils«, zu dem über Leichen gehenden Raub- und Profitmenschen, zum Geldmagnaten, Rüstungsindustriellen, zum deutschen Generaldirektor geworden, der den Fascismus finanziert, – kurz, Nietzsche wird bei ihm in stupider Eindeutigkeit zum philosophischen Patron des Imperialismus, – von dem er in Wahrheit nichts verstanden hat. Wie hätte er sonst dem Händler-, dem Krämergeist, den er für pazifistisch hält, auf Schritt und Tritt seine Verachtung erweisen und ihm den heldischen, den Geist des Soldatentums rühmend entgegenstellen können? Das Bündnis von Industrialismus und Militarismus, ihre politische Einheit, in welcher der Imperialismus besteht, und daß es der Geist des Verdienens ist, der die Kriege macht, das hat sein »aristokratischer Radikalismus« überhaupt nicht gesehen.

Man sollte sich doch nicht täuschen lassen: Der Fascismus als Massenfang, als letzte Pöbelei und elendestes Kultur-Banausentum, das je Geschichte gemacht hat, ist dem Geiste dessen, für den alles sich um die Frage »Was ist vornehm?« drehte, im Tiefsten fremd; er liegt ganz außerhalb seiner Einbildungskraft, und daß das deutsche Bürgertum den Nazi-Einbruch mit Nietzsches Träumen von kulturerneuernder Barbarei verwechselte, war das plumpste aller Mißverständnisse. Ich rede nicht von seinem verachtungsvollen Hinwegsehen über allen Nationalismus, seinem Haß auf das »Reich« und die verdummende deutsche Machtpolitik, seinem Europäertum, seinem Hohn auf den Antisemitismus und den gesamten Rasseschwindel. Aber ich wiederhole, daß der sozialistische Einschlag in seiner Vision nachbürgerlichen Lebens ebenso stark ist wie derjenige, den man den fascistischen nennen kann. Was ist es denn, wenn Zarathustra ruft: »Ich beschwöre euch, meine Brüder, bleibt der Erde treu! Nicht mehr den Kopf in den Sand der himmlischen Dinge stecken, sondern frei ihn tragen, einen Erdenkopf, der der Erde Sinn schafft!... Führt gleich mir die verflogene Tugend zur Erde zurück – ja, zurück zu Liebe und Leben: daß sie der Erde einen Sinn gebe, einen Menschensinn!«? Es bedeutet den Willen, das Materielle mit Menschlichem zu durchdringen, den Materialismus des Geistes, es ist Sozialismus.

Sein Kulturbegriff hat hie und da eine stark sozialistische, jedenfalls nicht mehr bürgerliche Färbung. Er wendet sich gegen das Auseinanderfallen von Gebildeten und Ungebildeten, und sein jugendlicher Wagnerismus meint vor allem dies: das Ende der Renaissance-Kultur, dieses Groß-Zeitalters der Bürgerlichkeit, eine Kunst für Hoch und Niedrig, keine höchsten Beglückungen mehr, die nicht den Herzen aller gemein wären.

Von Arbeiterfeindschaft zeugt es nicht, es zeugt vom Gegenteil, wenn er sagt: »Die Arbeiter sollen als Soldaten empfinden lernen: ein Honorar, ein Gehalt, aber keine Bezahlung. Sie sollen einmal leben wie jetzt die Bürger; aber *über* ihnen, sich durch Bedürfnislosigkeit auszeichnend, die *höhere* Kaste, also ärmer und einfacher, aber im Besitz der Macht.« Und er hat sonderbare Anweisungen gegeben, den Besitz moralischer zu machen: »Man halte alle Arbeitswege zum *kleinen* Vermögen offen«, sagt er, »aber verhindere die mühelose, die plötzliche Bereicherung, man ziehe alle Zweige des Transports und Handels, welche der Anhäufung *großer* Vermögen günstig sind, also namentlich den Geldhandel, aus den Händen der Privaten und Privatgesellschaften – und betrachte ebenso die Zuviel- wie die Nichts-Besitzer als gemeingefährliche Wesen.« – Der Nichts-Besitzer als bedrohliche Bestie in den Augen des philosophischen Kleinkapitalisten: das stammt von Schopenhauer. Die Gefährlichkeit des Zuviel-Besitzers hat Nietzsche dazugelernt.

Um 1875, vor mehr als siebzig Jahren, prophezeit er, nicht gerade mit Enthusiasmus, sondern einfach als Konsequenz der siegenden Demokratie, einen europäischen *Völkerbund*, »in welchem jedes einzelne Volk, nach geographischen Zweckmäßigkeiten abgegrenzt, die Stellung eines Kantons und dessen Sonderrechte innehat«. Die Perspektive ist damals noch rein europäisch. Im Lauf des folgenden Jahrzehnts weitet sie sich ins Globale und Universelle. Er spricht von der unvermeidlich bevorstehenden Wirtschafts-Gesamtverwaltung der Erde. Er ruft nach möglichst vielen internationalen Mächten – »um die Welt-Perspektive einzuüben«. Sein Glaube an Europa schwankt. »Die Europäer bilden sich im Grunde ein, jetzt den höheren Menschen auf der Erde darzustellen. Die asiatischen Menschen sind hundertmal großartiger als die europäischen.« Andererseits hält er für möglich, daß in der Welt der Zukunft der geistige Einfluß in den Händen des typischen Europäers sein könnte, einer Synthese der europäischen Vergangenheit im höchsten geistigen Typ. »Die Herrschaft der Erde – angelsächsisch. Das deutsche Element ein gutes Ferment, es versteht nicht zu herrschen.« Dann wieder sieht er das Ineinanderwachsen der deutschen und slavischen Rasse und Deutschland als eine vorslavische Station, einem panslavischen Europa den Weg bereitend. Das Heraufkommen Rußlands als Weltmacht ist ihm vollkommen klar: »Die Gewalt geteilt zwischen Slaven und Angelsachsen und Europa als Griechenland unter der Herrschaft Roms.«

Für einen Ausflug ins Weltpolitische, unternommen von einem Geist, dem es im Grunde nur um die Aufgabe der Kultur zu tun ist, den Philosophen, den Künstler und den Heiligen zu erzeugen, sind das frappante Ergebnisse. Er sieht, über annähernd ein Jahrhundert hinweg, ungefähr was wir Heutigen sehen. Denn die Welt, ein neu sich bildendes Weltbild, ist eine Einheit, und wohin, nach welcher

Seite immer eine so ungeheuere Reizbarkeit sich wendet und vortastet, erfühlt sie das Neue, das Kommende und zeigt es an. Nietzsche nimmt, rein intuitiv, Ergebnisse der modernen Physik vorweg durch seine Bekämpfung der mechanistischen Weltinterpretation, seine Leugnung einer kausal determinierten Welt, des klassischen »Naturgesetzes«, der Wiederkehr identischer Fälle. »Es gibt kein zweites Mal.« Es gibt auch keine Berechenbarkeit, nach der auf eine bestimmte Ursache eine bestimmte Wirkung folgen müßte. Die Auslegung eines Geschehens nach Ursache und Wirkung ist falsch. Es handelt sich um einen Kampf zweier an Macht ungleicher Elemente, ein Neuarrangement von Kräften, wobei der neue Zustand etwas Grundverschiedenes vom alten, keineswegs dessen Wirkung ist. Dynamik also statt Logik und Mechanik. Nietzsches »naturwissenschaftliche Ahnungen«, um Helmholtz' Wort über Goethe aufzunehmen, sind geistig tendenziös, sie wollen etwas, sie ordnen sich seinem Macht-Philosophem, seinem Anti-Rationalismus ein und dienen seiner Erhebung des Lebens über das Gesetz, – weil das Gesetz als solches schon etwas »Moralisches« hat. Aber wie es um diese Tendenz nun stehe – vor der Naturwissenschaft, der das »Gesetz« sich unterdessen zur bloßen Wahrscheinlichkeit abgeschwächt hat und die am Kausalbegriff weitgehend irre geworden ist, hat er recht behalten.

Wie mit jedem Gedanken, den er gedacht hat, tritt er mit seinen physikalischen Ideen aus der bürgerlichen Welt klassischer Rationalität in eine neue, in der er selbst seiner Herkunft nach der Fremdeste ist. Ein Sozialismus, der ihm das nicht zugut rechnen will, erregt die Vermutung, daß er selbst der Bürgerlichkeit weit mehr angehört, als er weiß. Die Beurteilung Nietzsches als eines zentrumslosen Aphoristikers ist aufzugeben: seine Philosophie ist so gut wie die Schopenhauers ein durchorganisiertes System, entwickelt aus einem einzigen, alles durchdringenden Grundgedanken. Aber dieser Grund- und Ausgangsgedanke ist nun freilich radikal ästhetischer Art, – wodurch allein sein Schauen und Denken in unversöhnlichen Gegensatz zu allem Sozialismus geraten muß. Es gibt zuletzt nur zwei Gesinnungen und innere Haltungen: die ästhetische und die moralistische, und der Sozialismus ist streng moralische Weltansicht. Nietzsche dagegen ist der vollkommenste und rettungsloseste Ästhet, den die Geschichte des Geistes kennt, und seine Voraussetzung, die seinen dionysischen Pessimismus in sich enthält: daß nämlich das Leben nur als ästhetisches Phänomen zu rechtfertigen sei, trifft genauestens auf ihn, sein Leben, sein Denk- und Dichtwerk zu, – nur als ästhetisches Phänomen ist es zu rechtfertigen, zu verstehen, zu verehren, bewußt, bis in die Selbst-Mythologisierung des letzten Augenblicks und bis in den Wahnsinn hinein ist dieses Leben eine künstlerische Darbietung, nicht nur dem wundervollen Ausdruck, sondern dem innersten Wesen nach, – ein lyrisch-tragisches Schauspiel von höchster Faszination.

Es ist merkwürdig genug, obgleich wohl verständlich, daß die erste Form, in der der europäische Geist gegen die Gesamtmoral des bürgerlichen Zeitalters rebellierte, der Ästhetizismus war. Nicht umsonst habe ich Nietzsche und Wilde zusammen genannt – als Revoltierende und zwar im Namen der Schönheit Revoltierende gehören sie zusammen, möge auch bei dem deutschen Tafelbrecher die Revolte ungeheuer viel tiefer gehen und ungeheuer viel mehr an Leiden, Entsagung, Selbstüberwindung kosten. Bei sozialistischen Kritikern, namentlich russischen, habe ich wohl gelesen, die ästhetischen Aperçus und Urteile Nietzsches seien oft von bewundernswerter Feinheit, in moralisch-politischen Dingen aber sei er ein Barbar. Diese Distinktion ist naiv, denn Nietzsches Verherrlichung des Barbarischen ist nichts weiter als eine Ausschweifung seiner ästhetischen Trunkenheit, und allerdings verrät sie eine Nachbarschaft, über die wir allen Grund haben, nachzudenken: die Nachbarschaft eben von Ästhetizismus und Barbarei. Diese unheimliche Nähe wurde gegen Ende des 19. Jahrhunderts noch nicht gesehen, gefühlt, gefürchtet, – sonst hätte Georg Brandes, ein Jude und liberaler Schriftsteller, den »aristokratischen Radikalismus« des deutschen Philosophen nicht als neue Nuance entdecken und Propaganda-Vorlesungen darüber halten können: ein Zeichen für das damals noch herrschende Sicherheitsgefühl, die Sorglosigkeit des zur Neige gehenden bürgerlichen Zeitalters, – ein Zeichen aber auch, daß der gewiegte dänische Kritiker Nietzsches Barbarismus nicht ernst, nicht eigentlich nahm, ihn cum grano salis verstand, – woran er sehr recht tat.

Durch Nietzsches Ästhetizismus, der eine rasende Verleugnung des Geistes ist zugunsten des schönen, starken und ruchlosen Lebens, die Selbstverleugnung eines Menschen also, der tief am Leben leidet, kommt etwas Uneigentliches, Unverantwortliches, Unverlässiges und Leidenschaftlich-Gespieltes in seine philosophischen Ergüsse, ein Element tiefster Ironie, woran das Verständnis des schlichteren Lesers scheitern muß. Was er bietet, ist nicht nur Kunst, – eine Kunst ist es auch, ihn zu lesen, und keinerlei Plumpheit und Geradheit ist zulässig, jederlei Verschlagenheit, Ironie, Reserve erforderlich bei seiner Lektüre. Wer Nietzsche »eigentlich« nimmt, wörtlich nimmt, wer ihm glaubt, ist verloren. Mit ihm wahrhaftig steht es wie mit Seneca, den er einen Menschen nennt, dem man immer sein Ohr, aber niemals »Treu und Glauben« schenken sollte. Sind Beispiele nötig? Der Leser des »Fall Wagner« etwa traut seinen Augen nicht, wenn in einem Brief an den Musiker Carl Fuchs vom Jahre 1888 plötzlich zu lesen ist: »Das, was ich über Bizet sage, dürfen Sie nicht ernst nehmen; so wie ich bin, kommt Bizet tausend Mal für mich nicht in Betracht. Aber als ironische Antithese gegen Wagner wirkt es sehr stark...« Das bleibt übrig »unter uns« geredet, von dem verzückten Loblied auf »Carmen« im »Fall Wagner«. Es ist verblüffend, aber es ist noch garnichts. In einem anderen Brief an denselben Adressaten gibt er Ratschläge, wie am besten über ihn als Psychologen, Schriftsteller, Immoralisten zu schreiben sei: nämlich nicht urteilend mit Nein und Ja, sondern charakterisierend in geistiger Neutralität. »Es ist durchaus *nicht* nötig, nicht einmal *erwünscht*, Partei dabei für mich zu nehmen: im Gegenteil, eine Dosis Neugierde, wie vor einem fremden Gewächs, mit einem ironischen Widerstande, schiene mir eine unvergleichlich *intelligentere* Stellung zu mir. – Verzeihung! Ich schrieb eben einige Naivitäten – ein kleines Rezept, sich glücklich aus etwas *Unmöglichem* herauszuziehen...«

Hat je ein Autor auf seltsamere Art vor sich *gewarnt*? – »Antiliberal bis zur Bosheit« nennt er sich. Antiliberal *aus* Bosheit, aus Drang nach Provokation, wäre richtiger. Als 1888 der Kaiser der hundert Tage, Friedrich III., der englisch verheiratete Liberale, stirbt, ist Nietzsche bewegt und niedergeschlagen wie der ganze deutsche Liberalismus. »Zuletzt war er ein kleines Schimmerlicht von *freiem* Gedanken, die letzte Hoffnung für Deutschland. Jetzt beginnt das Regiment Stöcker: – ich ziehe die Konsequenz und *weiß* bereits, daß nunmehr mein ›Wille zur Macht‹ zuerst in Deutschland konfisziert werden wird...« – Nun, es wird nichts konfisziert. Der Geist der liberalen Epoche ist noch zu stark, es darf in Deutschland alles gesagt werden. In der Trauer Nietzsches um Friedrich aber kommt unversehens etwas ganz Schlichtes, Einfaches und Un-Paradoxales – man kann sagen, es kommt die Wahrheit zum Vorschein: die natürliche Liebe des Geistesmenschen, des Schriftstellers zur *Freiheit*, die seine Lebensluft ist, – und auf einmal liegt das ganze ästhetische Phantasiewerk von Sklaverei, Krieg, Gewalt, herrlicher Grausamkeit irgendwo fern im Lichte unverantwortlichen Spiels und farbiger Theorie.

Er hat sein Leben lang den »theoretischen Menschen« vermaledeit, aber er selbst *ist* dieser theoretische Mensch par excellence und in Reinkultur, sein Denken ist absolute Genialität, unpragmatisch zum Äußersten, bar jeder pädagogischen Verantwortung, von tiefer Politiklosigkeit, es ist Wahrheit *ohne* Beziehung zum Leben, dem geliebten, verteidigten, über alles erhobenen, und nie hat er sich die geringste Sorge darum gemacht, wie seine Lehren sich in praktischer, politischer Wirklichkeit ausnehmen würden. Das haben auch die zehntausend Dozenten des Irrationalen nicht getan, die in seinem Schatten, über ganz Deutschland hin, wie Pilze aus dem Boden wuchsen. Kein Wunder! Denn nichts konnte im Grunde der deutschen Anlage genehmer sein, als sein ästhetischer Theoretizismus. Auch gegen die Deutschen, diese Verderber der europäischen Geschichte, hat er seine schweflichten kritischen Blitze geschleudert und schließlich kein gutes Haar an ihnen gelassen. Aber wer, zuletzt, war deutscher als er, wer hat den Deutschen alles noch einmal exemplarisch vorgemacht, wodurch sie der Welt eine Not und ein Schrecken geworden sind und sich zugrunde gerichtet haben: die romantische Leidenschaft, den Drang zur ewigen Ich-Entfaltung ins Grenzenlose ohne festen Gegenstand, den Willen, der frei ist, weil er kein Ziel hat und ins Unendliche geht? Als die Laster der Deutschen hat er den Trunk und den Hang zum Selbstmord bezeichnet. Ihre Gefahr liege in allem, was die Verstandeskräfte bindet und die Affekte entfesselt, »denn der deutsche Affekt ist gegen den eigenen Nutzen gerichtet und selbstzerstörerisch wie der des Trunkenbolds. Die Begeisterung selber ist in Deutschland weniger wert als anderwärts, denn sie ist unfruchtbar«. – Wie nennt Zarathustra sich? »Selbstkenner-Selbsthenker.« –

In mehr als einem Sinn ist Nietzsche historisch geworden. Er hat Geschichte gemacht, fürchterliche Geschichte, und übertrieb nicht, wenn er sich »ein Verhängnis« nannte. Seine Einsamkeit hat er ästhetisch übertrieben. Er gehört, allerdings in extrem deutscher Gestalt, einer allgemein abendländischen Bewegung an, die Namen wie Kierkegaard, Bergson und viele andere zu den ihren zählt und eine geistesgeschichtliche Revolte ist gegen den klassischen Vernunftglauben des 18. und 19. Jahrhunderts. Sie hat ihr Werk getan – oder nur insofern noch nicht vollendet, als seine notwendige Fortsetzung die Rekonstituierung der menschlichen Vernunft auf neuer Grundlage, die Eroberung eines Humanitätsbegriffs ist, der gegen den selbstgefällig verflachten der Bürgerzeit an Tiefe gewonnen hat.

[...]

Hermann *Helmholtz*, 1821–1894, Physiker und Physiologe.
Ecce homo (lat.): »Siehe, ein Mensch!«, Worte des Pilatus, mit denen er den gegeißelten, dornengekrönten Jesus dem Volke vorstellte; Titel einer sich selbst darstellenden Schrift Nietzsches (Ecce homo. Wie man wird, was man ist, posthum 1908).
Oswald *Spengler*, 1880–1936, lieferte mit seinem Werk »Der Untergang des Abendlandes« (2 Bde., 1918–1922) den Entwurf einer Geschichts- und Kulturphilosophie, die Ideen Nietzsches auf einen gängigen und publikumswirksamen Nenner brachte.
Zarathustra: gemeint ist Nietzsches »Also sprach Zarathustra. Ein Buch für Alle und Keinen« (1883–1885).
Georg Brandes, eigentlich Cohen, 1842–1927, dänischer Literaturhistoriker, Schüler Taines, Wegbereiter des Naturalismus in der dänischen Literatur.
»Der Fall Wagner«: Schrift Nietzsches (1893).
Adolf *Stoecker,* 1835–1909, evangelischer Geistlicher, Hof- und Domprediger in Berlin (1874–1889), kirchlich orthodox, politisch streng konservativ und antisemitisch. Gegner der Sozialdemokratie; die von ihm gegründete Christlichsoziale Arbeiterpartei versuchte, die Arbeiterschaft christlich-konservativ und monarchisch-national zu beeinflussen. Als Mitglied des preußischen Abgeordnetenhauses (1879–1893) Führer der Ultrakonservativen (Kreuzzeitungspartei).
Der Wille zur Macht. Versuch einer Umwertung aller Werte«: unvollendetes, aus dem Nachlaß herausgegebenes und von seinen Erben fragwürdig ediertes Werk Nietzsches.

B. Geschichte als Gleichnis – Geschichte als Herausforderung

Unter den literarischen Gattungen, deren die Exilschriftsteller sich bedienten, nahm der historische Roman von Anfang an eine gewichtige Stellung ein, ja für viele Autoren war er das bevorzugte Genre. Einige der bedeutendsten Werke der Exilliteratur wären hier zu nennen: Heinrich Manns *Henri Quatre* (1935/1938), Bruno Franks *Cervantes* (1938), Gustav Reglers *Die Saat* (Roman aus dem deutschen Bauernkrieg, 1936), Josef Roths *Die hundert Tage* (1936), Bertolt Brechts Fragment gebliebenes Werk *Die Geschäfte des Herrn Julius Cäsar* (1957; geschrieben 1938/39), Alfred Döblins *Südamerika-Trilogie* (1937–1948) usw. Zu nennen sind die abschließenden Bände des biblisch-mythologischen Erzählwerks *Joseph und seine Brüder* von Thomas Mann (1936 und 1943) und der *Josephus*-Trilogie von Lion Feuchtwanger (1935 und 1945). Feuchtwanger hatte sich mit der Mehrzahl seiner Romane freilich schon immer historischen Stoffen zugewandt, ähnlich wie es Emil Ludwig und vor allem Stefan Zweig mit jener Art belletristisch zurechtgemachten Biographien, die sich in den 20er Jahren beim Bildungsbürgertum so großer Beliebtheit erfreuten, getan hatten.

Der Trend zum Historischen, der übrigens nicht allein auf den Roman beschränkt war (vgl. Brechts *Mutter Courage,* 1949, Uraufführung bereits 1941, oder *Leben des Galilei,* 1953, Uraufführung 1943), blieb nicht unangefochten, ja er löste gelegentlich heftige Polemiken aus. So schrieb Kurt Hiller: »Wir sind Deutsche. (So sehr wir Proletarier oder Europäer oder Humanisten sind.) Für uns lautet daher das Kernproblem der Gegenwart: Wie reinigen wir den deutschen Augiasstall? Mit was für Besen kehren wir den Kot dort aus; mit welchem Mittel bringen wir das Ungeziefer fort, das in unsrer Heimat durch die Schuld schlechter Hausverwalter allmächtig wurde? Was in Deutschland ist, bedarf keiner Schilderung mehr; sich abfinden wäre verächtlich; wie der Zustand geändert werden soll, das ist die Frage. Jeder verantwortungsbewußte Deutsche, mehr, jeder instinktsichere Deutsche stellt sie sich. Der Intellektuelle im Exil hat da eine besondere Aufgabe. Sie ist bisher in schändlicher Weise vernachlässigt worden. Wen der Vorwurf nicht trifft, wird wissen, daß ich ihn ausnehme. (Ich nehme nicht nur die Verfasser der paar Denkschriften, sondern auch die dokumentarische Literatur der Seger, Langhoff, Hornung, Hinrichs, das Werk eines Rudolf Olden, Münzenbergs ›Braunbücher‹ und Verwandtes dankbar aus.) Die Bücherproduktion der emigrierten Deutschen als Totalität – ein zum Himmel brüllender Skandal! Sind nur die Verleger schuld? Um so schlimmer dann, daß Sozialisten, daß angebliche Revolutionäre sich derart zu Kreaturen von Jobbern machen ließen. [...] Über Machiavelli, über Ignatius von Loyala, über Moses Mendelssohn heute Bücher, über Cervantes, Offenbach, Marées [...] wenn es denn durchaus sein muß und ihr die innere Ruhe dazu habt, bitte schön; die Fragestellungen der Philosophie, die Probleme der Kunst bleiben ja gültig, scheinen ja ewig. Aber wenn das Belletristengezücht mit Büchern über Katharina von Rußland, Christine von Schweden, Josephine von Frankreich, über Ferdinand den Ersten, Philipp den Zweiten, Napoleon den Dritten, den falschen Nero und den echten Peter, mit dieser ganzen (du mein Hatvany!) Wissenschaft des Nichtwissenswerten dem Publikum Kleister ins Hirn schmiert und uns Verantwortungsschriftstellern, uns Denkmännern, uns Vorbereitern des Morgen die Luft nimmt, so treffe dies Pack von Gestrigen der saftigste Fluch! Fruchtet er nichts, dann macht nur weiter! Es gibt immer noch einige Isabellas, über die kein Roman vorliegt; und auch Ramses der Vierte, Pippin der Mittlere, Winrich von Kniprode, Sultan Suleiman, Melanie die Ausgefallene von Paphlagonien fanden bisher, soweit ich sehe, ihren Monographen nicht. Hitler wird übermorgen Kaiser von Europa sein, weil ihr heute geldgierig und feige vor der Forderung des Tages flieht [...][1].«

Dieser Ausfall, der bestimmten Werken gegenüber gewiß nicht der Berechtigung entbehrte, wurde der Gattung als solcher nicht gerecht. Nicht nur, daß eine allzu scharfe Trennung von Historizität und Aktualität den Tatsachen Gewalt antäte (Geschichte als noch nicht eingelöste Möglichkeit kann »aktueller« sein als die Faktizität einer Wirklichkeit, die sich längst überholt hat), sie würde sich auch eines künstlerischen Verfahrens leichtfertig begeben, das nicht nur als Vehikel des Eskapismus, sondern – gerade unter den Bedingungen des Exils – auch als ein solches der konsequenten Auseinandersetzung mit dem Gegner sich darbot. Denn entweder verstand der engagierte historische Roman sich als Spiegel der

---

1 *Kurt Hiller:* Profile. Prosa aus einem Jahrzehnt, Paris, Nouvelles Internationales 1938 (Nachwort: Schach dem Satan), S. 236.

Wirklichkeit (gelegentlich auch als Zerr- oder Lachspiegel) oder, abstrakter, als Parabel, als Gleichnis für die Fragen, die die Gegenwart dem Schriftsteller aufgaben. Hier etwa mag der Joseph-Roman von Thomas Mann mit seinem Blick auf das Vorgeschichtlich-Mythische anzusiedeln sein. Der historische Roman mochte die Wirklichkeit in die Geschichte hineinprojizieren (das Verfahren allein gab gewiß noch keinen guten Roman) oder aber diese aus jener herausdestillieren: sei es als Vorstufe, sei es als Parallelvorgang, sei es als das nicht zum Zuge gekommene Andere, das als Möglichkeit seinen Latenzcharakter (Bloch) auch unter der verkrusteten Wirklichkeit bewahrt.

Es versteht sich, daß das Unterstreichen äußerer Ähnlichkeiten, die billige Maskerade im historischen Kostüm, die Möglichkeiten der Gattung nicht ausschöpft; das gilt insbesondere für die Travestie (z.B. Feuchtwangers *Falscher Nero,* 1935, s.u.). Gleichwohl hatte das Verfahren seine Berechtigung. Freilich hatte die Gattung auch die Funktion eines Notbehelfs; sie kam der Hilflosigkeit mancher Autoren gegenüber einer Wirklichkeit entgegen, die konkreter zu definieren sie nicht oder noch nicht imstande waren und die deshalb gern auf Figuren wie Philipp II. (Hermann Kesten: *König Philipp der Zweite,* 1938) oder Napoleon III. (Alfred Neumann: *Neuer Cäsar,* 1934; *Kaiserreich,* 1936) zurückgriffen, mit denen sie sich auf sicherem Grunde (der Interpretation) zu bewegen wähnten. In ihren bedeutenden Schöpfungen jedoch lebt sie völlig aus sich selbst, d.h. nicht von den Schwächen des Genres, sondern von seinen Vorzügen: der Möglichkeit nämlich, bei der Gestaltung eines frei gewählten Gegenstandes ein Höchstmaß schöpferischer Phantasie mit der entschiedenen Wahrheitstreue in jene vollkommene Übereinstimmung zu bringen, in der Gegenwärtiges und Vergangenes nicht etwa zu einem unentwirrbaren Knäuel verschmelzen, sondern der aktuelle Impuls den historischen Stoff erst deutlich ins Licht setzt, bislang nicht beachtete Züge preisgibt und wesentliche Konturen aufscheinen läßt.

Ein entscheidender Aspekt war der der Selbstverständigung des Exilschriftstellers: sein Ringen etwa um solche Fragen wie Geist und Tat oder Humanität und Wirklichkeit oder schlicht die Verantwortung und Aufgabe des Intellektuellen in der Zeit. In Romanen wie Bruno Franks *Cervantes* (1934), Lion Feuchtwangers *Josephus-Trilogie* (1932–1945) oder *Goya* (1951), in Thomas Manns *Lotte in Weimar* (1939) und sehr vermittelt auch in Hermann Brochs *Der Tod des Vergil* (1945) wurde diese Problematik gleichermaßen – wenn auch mit sehr unterschiedlichen Akzentsetzungen und Schlußfolgerungen – angesprochen.

Der Geschichtsroman wie auch die literarisch aufbereitete Biographie bietet zudem (auch dies ein Grund für die Beliebtheit des Genres) die Möglichkeit, dem Grauen der Gegenwart positive Gestalten entgegenzusetzen, d.h. als Vehikel für die in die Vergangenheit projizierte (konkrete) Utopie zu fungieren. Das gilt für Thomas Manns Josephs-Tetralogie, Döblins *Südamerika-Trilogie* ebenso wie für Heinrich Manns *Henri Quatre*, dasjenige Werk der Exilliteratur und vielleicht der deutschen Literatur überhaupt, das die Gattung Geschichtsroman am reinsten verkörpert. Diesen legendären französischen Volkskönig zum Romanhelden zu machen, war ein Programm. Hier waren Geist und Tat in einer Person vereint, Humanismus und Politik auf einen Nenner gebracht. Volkstümlichkeit hatte hier mit Demagogie nichts mehr gemein. Demgegenüber verblaßt der rein geistige, abstrakte und unverbindliche Bildungshumanismus etwa Stefan Zweigs in *Triumph und Tragik des Erasmus von Rotterdam* (1934). Wer sich wie Zweig betontermaßen nicht dafür interessiert was in den Massen tatsächlich vorgeht, wird den Gegensatz von Geist und Macht bestenfalls erleiden, zu seiner Überwindung – zur »Aufhebung« der *Ideologie* des Humanismus in einer humaneren Welt – jedoch wenig beitragen. Es ist dieser Widerspruch, den Lukács meint, wenn er auf einen *Kampf zwischen Liberalismus und Demokratie im Spiegel des historischen Romans der deutschen Antifaschisten* verweist[2].

Zusätzliche Lesehinweise

Wilhelm Herzog: Der Kampf einer Republik. Die Affäre Dreyfus, Zürich 1933.
Wilhelm Speyer: Der Hof der schönen Mädchen (R.), Amsterdam 1935.
Kurt Kersten: Peter der Große (Biogr.), Amsterdam 1935.
Klaus Mann: Symphonie Pathéthique (R.), Amsterdam 1935.
Ludwig Marcuse: Ignatius von Loyala, ein Soldat der Kirche, Amsterdam 1935.
Emil Ludwig: Der Nil. Lebenslauf eines Stromes, 2 Bde., Amsterdam 1935–1937.
Vincenz Brun (d.i. *Hans Flesch-Brunningen*): Alkibiades (R.), Amsterdam 1936.
Stefan Zweig: Castellio gegen Calvin, Wien 1936.
Siegfried Kracauer: Jacques Offenbach und das Paris seiner Zeit, Amsterdam 1937.
Stefan Zweig: Magellan. Der Mann und seine Tat, Wien 1937.
Robert Neumann: Eine Frau hat geschrien, Zürich 1938.

2 *Georg Lukács:* Der Kampf zwischen Liberalismus und Demokratie im Spiegel des historischen Romans der deutschen Antifaschisten, in: Internationale Literatur, Jg. 8 (1938), H. 5, S. 63–68.

Martin Gumpert: Dunant (R.), Stockholm 1938.
Franz Theodor Csokor: Gottes General (Dr. über Ignatius von Loyola), Bilthoven 1939.
Willi Bredel: Der Kommissar am Rhein (Erz'n.), Moskau 1940.
Franz Werfel: Das Lied der Bernadette (R.), Stockholm 1941.
Ferdinand Bruckner: Simon Bolivar (Dr.), 1. Der Kampf mit dem Engel; 2. Der Kampf mit dem Drachen, New York 1945.
Stefan Zweig: Balzac, Stockholm 1946.
Lion Feuchtwanger: Waffen für Amerika (R.), 2 Bde., Amsterdam 1947.
Arthur Koestler: Die Gladiatoren, Hamburg 1948 (engl. Ausgabe u. d. T.: The Gladiators, London 1939).

Der historische Roman

Lion Feuchtwanger
Vom Sinn des historischen Romans*

Das Wort historischer Roman erweckt heute peinliche Assoziationen. Man denkt an den Grafen von Monte-Christo, man denkt an Ben Hur, an gewisse historische Filme, man hat die Vorstellung: Abenteuer, Intrigen, Kostüm, dicke, bunte Farben, pathetisches Gerede, Vermengung von Politik und Liebe, spielerische Rückführung großer Ereignisse auf kleine, persönliche Passionen. Soziale, politische Erwägungen tragen dazu bei, die Gattung weiter in Verruf zu bringen. Jemand, der sich daran macht, Vergangenes, Abgelaufenes darzustellen, gerät leicht in Verdacht, er wolle den Problemen der Gegenwart ausweichen, sei ein Reaktionär. Von der Schilderung der alten Zeit, argwöhnt man, sei der Weg zum Lob der alten Zeit nicht weit. Viele von den historischen Romanen, die heute erscheinen, geben auch wirklich nichts anderes als mehr oder minder geschickt zusammengestellte, überfärbte Bilder, dazu bestimmt, den Leser auf unterhaltende Art von der Not der Gegenwart abzulenken, das Lob der reicheren, bunteren, besseren alten Zeit zu singen.
Ich für mein Teil gestehe, daß ich den historischen Roman leidenschaftlich liebe. Ich verstehe das Vorurteil gegen diese Literaturgattung, aber es ist ein Vorurteil. Es hat mich von Jugend an nachdenklich gemacht, daß von den Dichtungen, die ihre Epoche überdauerten, ein so großer Teil von historischen Gegenständen handelt, nicht von zeitgenössischen. Homer etwa wünscht die Errichtung einer Diktatur und ersehnt für die Griechen eine starke Zentralregierung. Aber er gestaltet diese Sehnsucht nicht, indem er die Verhältnisse der Zeitgenossen schildert, sondern er stellt das Unglück dar, das vor Jahrhunderten aus den Streitigkeiten der partikularistischen Fürsten Griechenlands erwuchs, und er legt seine Forderung einem vor endloser Zeit verstorbenen König in den Mund. Der Tragödiendichter Aeschylus wünscht eine Reform des athenischen Prozeßverfahrens. Zu diesem Zweck gestaltet er die legendarischen Taten eines Mannes aus grauer Vorzeit namens Orest und den Prozeß der Götter und Menschen über diese Taten. Alle erhaltenen Tragödien der Griechen mit Ausnahme einer einzi-

* Lion Feuchtwanger: Vom Sinn des historischen Romans, in: Das Neue Tage-Buch, Jg. 3 (1935), S. 640–643.

gen sind in eine ferne, mythologische Frühzeit zurückverlegt. Die Autoren des Alten Testaments, wenn sie von ihren Zeitgenossen Neues, Revolutionäres verlangen, stimulieren sie, indem sie Geschichte schreiben, historische Romane, holen ihre Argumente aus einer sorgsam präparierten Vergangenheit. Die Autoren der vier Evangelien fühlten sich bestimmt als Verkünder einer neuen, umwälzenden Wahrheit. Sie begründeten diese ihre Wahrheit mit Ereignissen, die sie sechzig bis neunzig Jahre zurückdatierten. Wenn eine Epoche, dann fühlte die Renaissance sich revolutionär: von den Erzählungen der führenden italienischen Novellisten sind viele, von den Dramen Shakespeares fast alle in der Vergangenheit angesiedelt.

Ich habe mir oft die großen, gültigen historischen Dichtungen daraufhin angesehen, ob sie wohl Historie oder Mythologie um ihrer selbst willen haben darstellen wollen, ob ihre Urheber sich vom Kostüm, vom farbigen Hintergrund haben lokken lassen, ob sie historische oder zeitgenössische Inhalte haben gestalten wollen. Ich bin in jedem einzelnen Fall zu dem Schluß gekommen, daß der Künstler nichts anderes beabsichtigte, als sein eigenes (zeitgenössisches) Lebensgefühl, sein subjektives (keineswegs historisierendes) Weltbild so auszudrücken, daß es sich ohne weiteres auf den Leser übertrage. Wenn er die historische Einkleidung wählte, dann deshalb, weil er das Darzustellende aus der Sphäre des Persönlichen, Privaten herausheben, weil er es erhöhen, auf eine Bühne stellen, es distanzieren wollte. Der Tolstoi, der »Krieg und Frieden« schrieb, wollte bestimmt keine Geschichte der napoleonischen Feldzüge schreiben, sondern einfach seine (zeitgenössischen) Ideen über Krieg und Frieden darstellen, und August Strindberg wollte bestimmt auch in seinen historischen Dramen und Miniaturen nichts anderes geben als sich selber, seine Zeit, seine Ideen, genau wie in seinen autobiographischen Romanen. Wenn diese beiden in ihren historischen Werken ihre Menschen und Ideen zeitlich distanzierten, dann sicher nur um der besseren Perspektive willen, in der Überzeugung, daß man die Linien eines Gebirges aus der Entfernung besser erkennt als mitten im Gebirge.

Damit wären wir bei der Beantwortung der ersten der beiden Fragen, die an den Autor historischer Romane immer wieder gestellt werden. Diese erste Frage lautet: wenn Sie zeitgenössische Inhalte geben wollen, warum dann wählen Sie nicht zeitgenössische Stoffe, sondern Stoffe der Vergangenheit?

Erlauben Sie mir, diese Frage aus meinen eigenen schriftstellerischen Erfahrungen heraus zu beantworten. Ich habe zeitgenössische Romane geschrieben und historische. Ich darf, nach schärfster Gewissensprüfung, erklären, daß ich in meinen historischen Romanen die gleichen aktuellen Inhalte zu geben beabsichtigte wie in den zeitgenössischen. Ich habe nie daran gedacht, Geschichte um ihrer selbst willen zu gestalten, ich habe im Kostüm, in der historischen Einkleidung immer nur ein Stilisierungsmittel gesehen, ein Mittel, auf die einfachste Art die Illusion der Realität zu erzielen. Andere haben ihr Weltbild, um es klarer aus sich heraus zu projizieren, in eine größere räumliche Entfernung gerückt, es in

irgend einer exotischen Gegend angesiedelt. Ich habe mein (natürlich zeitgenössisches) Weltbild zum gleichen Zwecke zeitlich distanziert, das ist alles.
Ich kann mir nicht denken, daß ein ernsthafter Romandichter, der mit geschichtlichen Stoffen arbeitet, in den historischen Fakten etwas anderes sehen könnte als ein Distanzierungsmittel, als ein Gleichnis, um sich selber, sein eigenes Lebensgefühl, seine eigene Zeit, sein Weltbild möglichst treu widerzugeben.
Wenn ich mich veranlaßt sehe, einen zeitgenössischen Inhalt in ein historisches Gewand zu kleiden, dann spielen negative und positive Ursachen ineinander. Manchmal etwa gelingt es mir nicht, Teile meiner Handlung nach Wunsch zu stilisieren, sie bleiben, lasse ich sie im zeitgenössischen Gewand, Rohstoff, sie bleiben Bericht, Erwägung, Gedanke, werden nicht zum Bild. Oder ich habe, wenn ich das Milieu der Gegenwart setze, das Gefühl des mangelnden Abschlusses. Die Dinge sind noch im Fluß, die Annahme, ob eine gegenwärtige Entwicklung vollendet sei und wie weit, bleibt immer willkürlich, jeder gesetzte Schlußpunkt ist zufällig. Ich habe bei der Darstellung zeitgenössischer Verhältnisse das Unbehagen des fehlenden Rahmens; es ist Duft, der verraucht, weil die Flasche nicht geschlossen werden kann. Dazu kommt, daß unsere sehr bewegte Zeit jede Gegenwart sehr rasch zur Historie macht, und wenn das Milieu von heute doch schon in fünf Jahren ein historisches sein wird, warum dann soll ich, um einen Inhalt auszudrücken, von dem ich hoffe, daß er in fünf Jahren noch lebendig sein wird, nicht ebenso gut ein Milieu wählen dürfen, das eine beliebige Zeit zurückliegt? Zuweilen auch fürchte ich, ich könnte meine Darstellung, wenn ich zeitgenössische Menschen und Dinge verwerte, nicht frei von den Trübungen kleiner und kleinlicher privater Erfahrungen und Interessen halten, ich könnte das Gleichmaß verlieren, das die Voraussetzung jedes Kunstwerks ist.
Vor Jahren etwa lag mir einmal daran, den Weg eines Mannes zu zeigen vom Tun zum Nichttun, von der Aktion zur Betrachtung. Es lag nahe, diese Idee in der Entwicklung eines Mannes aus der Zeitgeschichte zu gestalten: Walther Rathenaus. Ich versuchte es: es mißlang. Ich legte den Stoff zwei Jahrhunderte zurück und versuchte, den Weg des Juden Josef Süß Oppenheimer darzustellen: ich kam meinem Ziele viel näher.
Ein Thema, das mich seit je von Grund auf bewegt hat, ist der Konflikt zwischen Nationalismus und Internationalismus in der Brust eines Mannes. Wenn ich dieses Thema in Form eines zeitgenössischen Romans darzustellen versuche, dann, fürchte ich, könnten persönliche Ressentiments meine Darstellung trüben und unrein machen. Ich zog es vor, den Konflikt in die Seele eines Mannes zurückzuverlegen, der ihn, wie mir scheint, in der gleichen Form erlebt hat wie heute so viele, allerdings vor 1860 Jahren, in die Seele des jüdischen Geschichtsschreibers Flavius Josephus.
Ich hoffe, mir eine relative Ruhe des Urteils bewahrt zu haben; trotzdem, glaube ich, kann ich die Leute, die vor 1870 Jahren einige zentrale Gebäude des Neronischen Rom in Brand gesteckt haben, trotzdem kann ich diese armen, törichten Werkzeuge der Feudalisten und Militaristen ihrer Zeit mit weniger Ekel und also

überzeugender darstellen als etwa die Leute, die vor zwei Jahren den Reichstag in Berlin angezündet haben, arme, törichte Werkzeuge der Feudalisten und Militaristen ihrer, unserer Epoche.

Soviel zu der ersten der beiden Fragen. Die zweite Frage, die unsereiner immer wieder zu hören bekommt, ist die: wenn ein Leser sich für die Vergangenheit, für Geschichte interessiert, tut er dann nicht besser, eine exakte wissenschaftliche Darstellung zur Hand zu nehmen statt des fiktiven Gebildes eines Romanschriftstellers?

Nun, der Leser, der im historischen Roman Belehrung sucht, begeht den gleichen Irrtum wie der Autor, der mit dem Historiker in Wettbewerb treten will. Was ist denn ein Historiker? Ein Mann, der an der Hand von Fakten Gesetze der Entwicklung der Menschheit aufzuzeichnen sucht. Der Autor historischer Romane aber will, wie wir gesehen, nichts dergleichen aufzeichnen, sondern nur sich und sein Weltbild. Es ist also zwischen dem ernsthaften Autor historischer Romane und dem ernsthaften Historiker der gleiche Unterschied wie etwa zwischen dem Komponisten und dem Forscher, der sich mit den Problemen der Akustik befaßt. Vom Autor eines historischen Romans historische Belehrung fordern, heißt vom Komponisten einer Melodie Aufschlüsse über die Technik der Radioübertragung verlangen.

Ich habe mich immer bemüht, das Bild meiner Wirklichkeit bis ins kleinste Detail treu wiederzugeben, aber niemals habe ich mich darum gekümmert, ob meine Darstellung der historischen Fakten exakt war. Ja, ich habe oft die mir genau bekannte aktenmäßige Wirklichkeit geändert, wenn sie mir illusionsstörend schien. Im Gegensatz zum Wissenschaftler hat, scheint mir, der Autor historischer Romane das Recht, eine illusionsfördernde Lüge einer illusionsstörenden Wahrheit vorzuziehen. Hindenburg tadelte seinen Porträtisten scharf, weil der die Knöpfe der Uniform nicht richtig wiedergegeben hatte: der Maler Liebermann hatte andere Meinungen von Porträtmalerei. Es ist unschwer zu beweisen, daß Homer, die Autoren der Bibel, Shakespeare und zahllose Autoren historischer Dichtungen bis herunter auf unsere Zeit mit der ihnen genau bekannten aktenmäßigen Wirklichkeit erstaunlich kühn umsprangen.

Der Erfolg gibt ihnen recht. Ihre Bücher, ihre erfundenen Legenden, Epen, Dramen, Romane, ihre erfundenen Menschen und Taten, ihre »Lügen« erweisen sich als lebendiger als die Tatsachen, wie sie die Wissenschaftler treulich, mit Hilfe kritisch gesichteten Materials, ermittelt haben. Der Zeitgenosse der Makkabäer, der die Geschichte von der Königin Esther erfand, hat eine stärkere Wirkung über die Zeit hinweg erreicht als die Chronisten, die die geschichtlichen Fakten der Wiedererstehung des jüdischen Nationalstaates aufzeichneten. Der erfundene Haman ist noch heute für zahllose Menschen ein viel lebendigerer Feind dieses Nationalstaats als der sehr tatsächliche König Ahasverus, ein historisches Original. Daß das historische Urbild des Landvogts Geßler ein bestimmter Feudalbeamter namens Peter von Hagenbach war, wissen außer mir vielleicht noch fünfhundert Menschen, und abgesehen von den zehn Pfund Sterling

Honorar, die ich für den Artikel erhielt, in dem ich diese meine Entdeckung mitteilte, hat diese Wissenschaft niemandem Nutzen gebracht. Den völlig frei erfundenen Wilhelm Tell aber kennt jedermann, und diese Kenntnis hat allerlei und recht spürbare Folgen gehabt. Eine gute Legende, ein guter historischer Roman ist in den meisten Fällen glaubwürdiger, bildhaft wahrer, lebendiger und lebendzeugender als eine saubere, exakte Darstellung der historischen Fakten. Übrigens ist die Wissenschaftlichkeit dessen, was man heute Geschichtsschreibung nennt, äußerst fragwürdig. Nichts gegen den Historiker, der auf der Basis der Hegel'schen Philosophie an Hand von Fakten Grundlinien der Entwicklung der Menschheit, Gesetze dieser Entwicklung, ihre Dialektik darzulegen sucht. Aber wer unter anderen Gesichtspunkten historische Fakten zusammenstellt, darf der Anspruch darauf erheben, ein Wissenschaftler zu sein? Gibt er nicht, wie immer er seinen Stoff anordnet, einfach durch seine Anordnung der Fakten ein subjektives Bild, gibt er nicht im besten Falle Kunst? Der alte Skeptiker Talleyrand hat seine Erfahrung auf diesem Gebiet in dem Satz zusammengefaßt: »Nichts läßt sich leichter arrangieren als Fakten.« Und Lytton Strachey formuliert glücklich: »Geschichte ist offenbar nichts als eine Zusammenstellung angehäufter Fakten. Werden diese Fakten aber ohne Kunst zusammengestellt, dann ergeben sie Geschichte so wenig wie Butter, Eier und Petersiele Anspruch darauf erheben können, eine Omelette zu sein.«

Soweit indes Geschichtsschreibung Kunst ist, ist sie nicht anders denkbar als nach den Prinzipien, die Friedrich Nietzsche aufstellt. Der, in seiner »Unzeitgemäßen Betrachtung vom Nutzen und Nachteil der Historie für das Leben« fordert, Historie sei nur zum Zweck des Lebens zu treiben. Wenn der historische Sinn autonom und universal werde, fresse er das Leben selber an; er müsse also von der plastischen Kraft des Lebens in Zucht genommen werden. Gesundes Leben forme das gültige Bild der Geschichte nach den Erfordernissen seiner Gegenwart und seiner Zukunft.

Der Wissenschaftler mag gegen diese Sätze schwere Bedenken haben: der Autor historischer Romane wird sie mit beiden Händen unterschreiben. Er sieht, mit dem Philosophen, seine Aufgabe darin, die natürliche, klare Beziehung von Leben und Historie herzustellen, das Vergangene, die Geschichte, für die Gegenwart und die Zukunft fruchtbar zu machen.

Benedetto Croce, auf den Fundamenten Nietzsches weiterbauend, kam zu der Formulierung: »Die Gegenwärtigkeit ist der eigentliche Charakter aller lebendigen Geschichte, im Gegensatz zur bloßen Chronik.« Er wurde verbannt; die Nationalisten nämlich finden nicht, daß der Sinn der Vergangenheit sei, Gegenwart zu werden, sie wollen vielmehr die Gegenwart in die Vergangenheit zurückführen. Theodor Lessing formulierte Nietzsches Ergebnisse zu dem Satze: »Geschichte ist die Sinngebung des Sinnlosen.« Er wurde von den Nationalsozialisten totgeschlagen. Diese berufen sich zwar auf Nietzsche, unter dessen Büste sich ihr Führer hat fotografieren lassen, aber ihr Mandat ist, das Sinnlose sinnlos zu erhalten.

Sowohl der Historiker wie der Romandichter sieht in der Geschichte den Kampf einer winzigen, urteilsfähigen und zum Urteil entschlossenen Minorität gegen die ungeheure, kompakte Majorität der Blinden, nur vom Instinkt Geführten, Urteilslosen.
Episoden aus den früheren Phasen dieses Kampfes darzustellen, scheint mir wichtig. Die Erinnerung an frühere Siege und Niederlagen, die Legende, der historische Roman scheint mir eine Waffe, die wir, in unserem Stadium dieses ewigen Kampfes, gut brauchen können. Übrigens wissen auch unsere Gegner von den Vorteilen dieser Waffe; sie münzen die Geschichte der Menschheit nach dem Vorbild ihrer Ideologen in blutige, sentimentale Mythen um und wärmen den historischen Roman in seinen altbackensten Typen wieder auf.

Walther Rathenau: s. Anm. S. 84.
Josef Süß Oppenheimer: Gemeint Reuchtwangers Roman »Jud Süß«, München 1925.
Flavius Josephus: Feuchtwangers Josephus-Trilogie (Bd. I: Der jüdische Krieg, Berlin 1932; Bd. II: Die Söhne, Amsterdam 1935; Bd. III: Der Tag wird kommen, London 1942, später u. d. T. Das gelobte Land) erzählt das Leben des jüdischen Geschichtsschreibers Flavius Josephus (37 bis um 100 n. Chr.).
Benedetto Croce, 1866–1952, italienischer Philosoph, Historiker und Politiker, 1920/21 und 1944 Unterrichtsminister, 1943–1947 Führer der Liberalen Partei.
Theodor Lessing: 1872–1933, Philosoph und Schriftsteller, bis 1926 Lehrstuhl an der TU Hannover. In Marienbad 1933 von Nationalsozialisten ermordet.

Alfred Döblin
Der historische Roman und wir*

[...]

VII

Der sonderbare Entstehungsprozeß eines historischen Romans

Wir werden nun, glaube ich, mehreres, was von Wichtigkeit ist – für die Frage nach der Realität im Roman und besondere nach der Echtheit –, noch klarer sehen, wenn wir einmal den Entstehungsprozeß eines historischen Romanes verfolgen.

---

* Alfred Döblin: Der historische Roman und wir, in: Das Wort, Jg. 1 (1936), H. 4, S. 67–71.

Durch ein Etwas, das in seiner persönlichen Situation und seiner gesellschaftlichen Lage begründet ist, wird der Autor vor eine Stoffmasse geschoben. Er bleibt daran hängen, etwa an dem alten Karthago und Salambo, an Spanien und der Judenvertreibung, an dem Bauernkrieg, Wallenstein. Jene Resonanz, von der ich sprach, hat geklungen, eine Affinität zwischen dem Autor und jener versunkenen Zeit ist bloßgestellt, oder hergestellt, und befestigt sich, je mehr ihm die Tatsachen zuströmen. Dem Autor kommt vor, er »verstehe« seine Epoche ausgezeichnet, er könne sie heraufbeschwören. Er hat nicht vor, in diesen Gräbern wie ein Archäologe zu wühlen, um ein Museum zu bereichern, sondern er will das Versunkene lebendig in die Welt setzen, den Toten die Münder öffnen, ihre vertrockneten Gebeine bewegen. Er fühlt sich dazu fähig, je mehr er ins Detail geht. Er ist im Stadium der Begeisterung, eines Zustands, der etwas vom Zustand des Siegfried aus dem Nibelungenlied hat, als er das Drachenblut schmeckte: er versteht die Sprache der Vögel. So kommt ihm vor, er »versteht« diese Zeit, und er wird sie in die Welt setzen, – beinah meint er, er wird sie wieder zur Welt bringen. In diesem Stadium ist er trotz alledem kein Narr, sondern enorm klar und hellhörig. Es setzt nun die sehr charakteristische Auswahl aus dem Stoff ein, wobei schon im großen und ganzen die Linie des Buches festgelegt wird. So sieht es im Beginn aus. Der Autor fühlt, er kann sich ins Boot setzen und abfahren. Und er fährt ab.

Es geschieht nun etwas, was sich nicht sehr unterscheidet von der Entdeckungsfahrt des Kolumbus, obwohl im Roman leider keine Goldfelder am Horizont erscheinen. Der Autor rudert lustig los, und siehe da: alles wird anders. Es wird so, wie er es nie vorausgesehen hat. Alles verändert sich, man hat bestimmte Richtlinien mitgenommen, die Historie schreibt dies und jenes vor, aber viele Punkte passen nicht und andere braucht man nicht. Gewaltig viel wird über Bord geworfen. Und was bringt man nun zur Welt? Bringt man wirklich jene versunkene Zeit, die vorher solche Begeisterung auslöste, wieder zur Welt? Man glaubte, den Wallenstein, den König Philipp, den Bauernführer gut zu haben und zu kennen. Und jetzt, wo alles anscheinend »nur« verkörperlicht zu werden braucht, »nur« verleiblicht wird, verändern sich der Wallenstein und die andern. Sie sind durchaus nicht mehr die, an denen man sich festlas und die man beim Projektemachen im Auge hatte. Was ist das? Der Übergang einer Realität in eine andere. Der Übergang einer übernommenen Realität, einer bloßen schattenhaften Überlieferung in eine echte, nämlich ziel- und affektgeladene Realität. Der Eingang eines bloßen Stoffes in eine feste Form und zugleich seine spezifische Umwandlung. Das ist der eigentliche Augenblick des Romans.

Und fragen wir, was hier geschieht, so sehen wir: hier erfolgt etwas, was dem Historiker nicht passieren kann. Gebot für den Historiker war: alle Fakten stehen lassen. Der Autor erhält andere Befehle: er durchlenkt und durchtastet Zug um Zug seinen Stoff, und wenn er zugreifen will und zugreift, so wird er nicht getrieben von einem wahnhaften Objektivitätsdrang, sondern von der alleinigen

Echtheit, die es für Individuen auf dieser Erde gibt: *von der Parteilichkeit des Tätigen.*

Die leidenschafterfüllte Nähe des Autors zu seinem Stoff ist da und läßt nicht mit sich spaßen. In dem Gegenüber mit dem Stoff wird dem Autor, wenn auch nicht hell, bewußt, was ihm eigentlich dieser Stoff bedeutet und was hier erfolgt: nämlich eine *Auseinandersetzung* auf besondere Art und Weise, nämlich so, daß sie *nicht getrennt vom Stoff* ist, sondern *in den Figuren* und *mit dem Handlungsablauf* erscheint. Wir wissen, daß im Traum die Auseinandersetzung im Traummaterial und an ihm genau so erfolgt. Dem Autor wird nicht ganz bewußt, was ihm eigentlich dieser Stoff bedeutet, warum er hier seine Zähne hineinbohrt, warum er dieser und jener Figur seine Stimme leiht, warum er so merkwürdig diese und jene eigentümliche Situation lebt. Je mehr der Stoff wirklich in guter Wahl gefunden wurde, um so mehr und voller kann er sich selber, seine ganze tätige Menschlichkeit in ihn hineinentfalten. Die Stücke der Geschichte, die Teile, die er übernommen hat, werden Stücke von ihm selbst, die herausgestellt werden, und zwar hintereinander, und so ist dies eine wirklich sich hinlebende und auslebende Welt.

Und mit dieser Belebung nach erfolgter Identifizierung zwischen Autor und Stoff ist noch etwas zweites erfolgt. Denn wenn der Autor ein geöffneter und ganzer Mensch ist, so hat er keine private Auseinandersetzung mit dem gewählten Stoff vorgenommen, sondern er hat das Feuer einer heutigen Situation in die verschollene Zeit hineingetragen. Hier haben wir das, wonach wir immer suchten, die Realität und Echtheit des historischen Romans. Je mehr diese verschollene Zeit wirklich in ihm ihren Mann und Schlüsselträger gefunden hat, um so williger gibt sie sich ihm hin. Ungezwungen reihen sich die Ereignisse, und es ist so, als ob die blind hingestürzten Steine nur auf diesen Stab, den Stab des Lebenden, Leidenden, des Tätigen gewartet haben, um sich wieder zu einer Säule zu erheben.

So weit Menschliches reicht, menschliches Denken, Fühlen, gesellschaftliches Leben, so weit ist Echtheit in der Dichtung, also wahrer Zugang möglich. Denn wir sind aus keinem andern Holz als jene drüben in den Gräbern, und die Zustände und Einrichtungen, unter denen wir leben, machen es möglich, daß uns, zeitweise, auch die scheinbar ganz abweichenden drüben beherbergen.

VIII

Die beiden widersprüchlichen Triebkräfte des heutigen Romans und ihre Träger

[...]

IX

Der historische Roman in der Literatur unserer Emigration. Welches ist heute die Parteilichkeit des Tätigen?

Es ist schließlich Zeit zu fragen, wie das Gespräch heute überhaupt auf den historischen Roman kommt.

Viele von uns leben in der Emigration. Eine Gesellschaft, mit deren Schicksal wir verwachsen sind und deren Sprache die unsrige ist, umgibt uns nicht. Wir sind aus dem Kraftfeld der Gesellschaft, in der wir lebten, wenigstens physisch, physikalisch, entlassen und in kein neues eingespannt. Da finden sich wenige Dinge, die der Tätige braucht und die ihm als Lebensreiz dienen. Ein großer Teil des Alltags, der ihn umgibt, bleibt ihm, wenigstens lange Zeit, stumm. Das ist so in allen Emigrationen. Hier entsteht ein gewisser Zwang zum historischen Roman, für den Erzähler. Es ist eine Notlage. An sich ist der historische Roman selbstverständlich keine Noterscheinung. Aber wo bei Schriftstellern die Emigration ist, ist auch gern der historische Roman. Begreiflicherweise, denn abgesehen vom Mangel an Gegenwart, ist da der Wunsch, seine historischen Parallelen zu finden, sich historisch zu lokalisieren, zu rechtfertigen, die Notwendigkeit, sich zu besinnen, die Neigung, sich zu trösten und wenigstens imaginär zu rächen.

Wir hatten auch schon vor der Zeit unserer Auswanderung Emigration zu Hause. Man kann Emigrant im eigenen Lande sein. Und solche Emigranten waren nicht nur viele Schriftsteller in Deutschland, sondern ganze Volksteile, nämlich die, die in gewollter oder gemußter politischer Abstinenz lebten. Wir hatten in Deutschland sehr viel mystische, religiöse und märchenhafte Literatur, die Literatur der Verklärer, der Skeptiker, der Untätigen, viele scheinobjektive Darstellungen. Wir hatten wenig aktive Literatur, die der Parteilichkeit des Tätigen entstammte, welche neu aufgedeckte Gegenwart persönlicher oder gesellschaftlicher Art oder Auseinandersetzung mit ihr gab. Historische Romane gab es in Deutschland viel, von Leuten, die keine Emigranten waren, aber was waren das für welche? Da waren die Erfolgsromane des Ägyptologen Ebers, dann die Romane aus der Römer- und Gotenzeit von Felix Dahn, dann die historischen Bücher von Gustav Freytag: »Die Ahnen«. Warum sind diese Bücher so verstaubt? Nicht wegen der literarischen Unfähigkeit ihrer Verfasser, denn es waren ausgezeichnete Könner dabei. Sondern weil die Autoren durch die politische Kastration, der der Deutsche unterlag, unfähig wurden, historische Stoffmassen zu mobilisieren. Sie drangen daher nicht zu jener einzigen Echtheit vor, die dazu befähigt, nämlich zu der kraftvollen Parteilichkeit des Tätigen, zum Willen des Leidenden und Aggressiven, sie wollten ja nur billigen und verherrlichen. Sie waren einverstanden.

Wir sind nicht einverstanden. Und ich habe vom historischen Roman gesprochen. Mein Thema lautet: »Der historische Roman und wir.« Ich hebe jetzt noch das *Wir* hervor.

Der Leser und Hörer setzt sich zum Roman hin, und es ist *seine* Sache, die er da erfahren will. Es geht um ihn, mehr oder weniger deutlich. Der Autor ist ihm genehm, wenn er ihm *seine* Sache vorträgt. Welches ist heute unsere Sache, die des Autors und des Lesers, welches sind die Prinzipien, mit denen man historische Stoffe wählt, durchdringt und tätig gestaltet? Wenn wir nur einen Augenblick um uns blicken, sind wir darüber im klaren.

Schon drüben im Lande, das wir verlassen haben, wie haben wir nicht nur die Wirtschaftsanarchie, den blödsinnigen Kampf aller gegen alle gesehen, sondern dabei die Ratlosigkeit und Haltlosigkeit der Menschen, ihre innere Leere, den schauerlichen Nihilismus, der alle Gebiete durchdrang und dahin führte zu leben, wie man es konnte, gleichgültig gegen den Nächsten, faul, bequem bei sich selbst. Dabei dieses immense Hinkümmern großer und kräftiger Volksmassen, die voll des Besten stecken, aber abgeschnitten waren nicht nur von einem wirklich politischen Leben, sondern auch von der Teilnahme an der Kultur und vergiftet durch das quälende Gefühl, enterbt zu sein und ohne Hoffnung enterbt zu bleiben. Da konnte nur Haß und Rachsucht wachsen. Und diesem schrecklichen, aber natürlichen Haß gegenüber lebte der Herrenstandpunkt. Die absterbende Herrenklasse warf ihre frechen und hochmütigen Urteile über die Masse des Mittelstandes, des Bürgertums, das sich diese Urteile zu eigen machte. Die Masse erfuhr niemals, was wirklich eine Gesellschaft ist, weder in der Schule noch draußen. Statt dessen fing man sie ein und berauschte sie mit Vorstellungen aus der Sphäre des Herren und des Knechtes, mit den Vorstellungen der Gewalt, des Kriegs, der Technik, des Erfolges, des Rekords. Die natürliche Liebe jedes Menschen zu dem Boden, auf dem er lebt, zu den Menschen, mit denen er aufwächst, fälschte man um in einen Haß auf Nachbarn, in die Besitzwut um Grenzen.

Die Entlarvung und Anprangerung dieser ungeheuerlichen Entartung, das ist das Eine, was dem, der heute schreiben will, mit auf den Weg zu geben ist, – als Aufgabe und Kraft, die den Zauberstab bewegt. Es ist das Negative.

Positiv: die Autoren haben sich weit aus der Sphäre der Gewalt, der Menschenverachtung und der Grausamkeit zu entfernen. Sie haben die Feigheit und die bequeme Unklarheit zu vermeiden. Das Schreckliche ist nicht um seiner selbst willen aufzusuchen, sondern als abscheulich und entartet zu zeichnen. Der unermüdliche Kampf aller Menschen, besonders der Armen und der Unterdrückten, um Freiheit, Frieden, echte Gesellschaft und um Einklang mit der Natur, gibt genug Beispiele für Tapferkeit, Kraft und Heroismus. Und wer sie aufsucht, wird in jeder Epoche mehr davon finden, als die toten Menschen drüben, die armseligen Gehäuse der Gewalt, ahnen.

Jene Resonanz, von der ich sprach: Im vorhergehenden Abschnitt des Essays heißt es: »Stellen Sie den richtigen, nicht verblödeten Künstler nun vor eine Realität oder stellt er sich selbst vor oder in einen historischen Stoff, so denken Sie, fürchten Sie, er wird dichten, was man so dichten heißt, nämlich ins Blaue phantasieren? Keine Spur, der Kerl ist kalt, unbestechlich und hat einen durchdringenden Blick. Und er beharrt dabei. Mit dem Begriff Resonanz kann man da einiges verstehen. Er hat in sich einen besonders feinen und entwickelten Resonator. Und wenn bestimmte, ihm gut liegende historische Dinge (sie müssen ihm gut liegen) dicht genug an ihn herankommen, so schwingt in ihm der Resonator, und er, der Wissenschaftler, ist ein Schriftsteller oder Dichter, wenn er nun die Resonanz in Sprache und Bilder umsetzen kann. Nicht die Beherrschung einer neuen oder alten Form, sondern die Intimität mit der Realität macht den guten und bessern Autor, also sein Resonator. Mit jedem gelungenen Werk ist wieder einmal die Erde größer geworden, unser Reichtum ist vermehrt, eine neue Kolumbusfahrt ist geglückt, ein neues Indien entdeckt.«

Georg *Ebers,* 1837–1898, schrieb u.a. die Romane »Eine ägyptische Königstochter«, 3 Bde. (1864), »Uarda«, 3 Bde. (1877), »Kleopatra« (1894).

Felix Dahn, 1834–1912, schrieb »Ein Kampf um Rom«, 4 Bde. (1876–1878).

Gustav Freytag, 1816–1895, Kulturhistoriker und Schriftsteller, Vertreter des deutschen Liberalismus, schrieb die Romane »Soll und Haben«, 3 Bde. (1854), und »Die Ahnen«, Romanzyklus, 6 Bde. (1873–1881).

Georg Lukács
Der Kampf zwischen Liberalismus und Demokratie im Spiegel des historischen Romans der deutschen Antifaschisten*

I

Es ist eine bekannte und auffallende Tatsache, daß in der deutschen antifaschistischen Literatur der historische Roman eine führende Rolle spielt. Es wäre vollständig falsch, hierin eine Abkehr von der Gegenwart und von ihren Kämpfen zu erblicken. Im Gegenteil. Diese historischen Romane sind fast ausnahmslos kriegerische Pamphlete gegen den deutschen Faschismus. Das ist am deutlichsten sichtbar in Feuchtwangers letztem Roman (»Der falsche Nero«). Das ganze historische Milieu spielt hier sozusagen nur die Rolle von Kostüm und Kulisse: Feuchtwanger entlarvt unmittelbar mit beißender Satire in treffenden Karikaturporträts die menschliche und politische Minderwertigkeit Hitlers und die seiner unmittelbaren Mitarbeiter Göring und Goebbels. Ein ähnliches Bild erhalten wir im historischen Roman Gustav Reglers (»Die Saat«). Der Bauernaufstand im Deutschland des XV. Jahrhunderts gibt dem Verfasser die Möglichkeit, die brutalen Greuel der Gegenrevolution, die außerordentliche Heldenhaftigkeit der illegalen Kämpfer vor uns lebendig hinzustellen. Und sogar bei Heinrich

---

* Georg Lukács: Der Kampf zwischen Liberalismus und Demokratie im Spiegel des historischen Romans der deutschen Antifaschisten, in: Internationale Literatur, Jg. 8 (1938), H. 5, S. 63–66. Auch in: G. L.: Probleme des Realismus, Berlin, Aufbau-Verlag 1955.

Mann, der unter den antifaschistischen Schriftstellern die historische Wirklichkeit am tiefsten und wahrsten erfaßt, begegnen wir Stellen, wo er die Geschichte der Vergangenheit beiseiteschiebt, um den wirklichen, den heutigen Feind, um Hitler frontal anzugreifen. So ist z.B. die Figur des Herzogs von Guise in dem ausgezeichneten historischen Roman »Die Jugend des Königs Henri IV.« in manchen Szenen nichts anderes als ein satirisches Bild des »Führers« und seiner demagogischen Mittel, auf das Volk einzuwirken.

Aber all dies umschreibt nur den oberflächlichsten Teil des Problems. Würden diese historischen Romane wirklich nichts weiter bieten als farbig kostümierte politische Pamphlete, dann hätten sie nur eine aktuelle politische Tagesbedeutung. Sie haben ohne Zweifel auch diese, und sie ist keineswegs zu unterschätzen. Wir glauben aber, daß damit noch bei weitem nicht die wirkliche literarische und politische Bedeutung des antifaschistischen historischen Romans erschöpft ist. Wir glauben vielmehr, daß jene Umschichtung, die heute in der deutschen Literatur vor sich geht, nicht nur politisch, sondern auch literarisch eine internationale Bedeutung hat. Es scheint deshalb nicht unwesentlich, einige Hauptmomente dieser Umwandlung kurz zu skizzieren.

Ein Hauptmoment liegt in der allgemein bekannten Tatsache, daß der historische Roman des deutschen Antifaschismus zur Verteidigung der humanistischen Ideale entstanden ist, welche die tierische Barbarei des Faschismus theoretisch und praktisch auszumerzen versucht. Und dieser historische Roman begnügt sich keineswegs mit der Verteidigung, sondern geht zur Offensive über, will die weltumwandelnde Wirksamkeit der humanistischen Ideale gestaltend aufzeigen. Dieser offensive Charakter bezeichnet eine Wendung im Verhalten der deutschen Intelligenz. In der Vorhitlerzeit war es nämlich eine ihrer Hauptschwächen, daß sie nie mit wirklicher Entschlossenheit ihre humanistischen Ideale verteidigt hatte. Gerade jener beträchtliche Teil der deutschen Intelligenz, der von der antihumanistischen Demagogie der faschistischen Propaganda nicht ergriffen wurde, hat auf diese vornehm herabgeblickt, hat sie still ironisiert, hat sie sogar oft überhaupt nicht zur Kenntnis genommen. Selbstverständlich gab es hier Ausnahmen, sogar sehr bedeutende Ausnahmeerscheinungen – man denke nur an Ossietzky oder Heinrich Mann –, wir sprachen aber hier von dem Grundton des Verhaltens der linken Intelligenz in dieser Zeit.

Mit der Machtergreifung Hitlers, mit der Emigration des besten Teils der deutschen Intelligenz, des deutschen Schrifttums hat sich diese Lage gründlich verändert. Aus der vorsichtigen, in abgedämpftem Ton gehaltenen Verteidigung ist ein immer schärferer Angriff geworden. Der historische Roman der deutschen Antifaschisten ist eine monumentale Verherrlichung des humanistischen Typus, der besten Traditionen des deutschen Volkes, der deutschen Geschichte; ein Gegenbild zur Barbarei des »Dritten Reiches«. Und dieses monumentale Bild ist zugleich ein dichterisches Bild. Der Faschismus wird von dem Schrifttum der Emigration auch pamphletisch bekämpft, und dieser Kampf hat die deutsche politische Kampfprosa auf ein lange unerreichtes hohes Niveau erhoben. Die beiden Sammlungen der publizistischen Arbeiten Heinrich Manns aus der Emigration bezeichnen hier einen Höhepunkt, der nur mit ziemlich weit in der Vergangenheit liegenden Leistungen verglichen werden kann. Die Bedeutung des historischen Romans der deutschen Antifaschisten liegt aber gerade im »Dichterischen«: sie gestalten und verlebendigen in konkreten dichterischen Bildern jenen humanistischen Typus des Menschen, dessen gesellschaftlicher Sieg zugleich den gesellschaftlichen und politischen Sieg über den Faschismus bezeichnet. Jenen Typus des Menschen, dessen Allgemeinheit, dessen Vorherrschaft die kulturelle Rettung der Menschheit mit sich bringt; jenen Typus, um dessentwillen der Kampf gegen den Faschismus zu einer kulturellen Pflicht für jeden wird; jenen Menschentypus, in dessen Zeichen der Kampf gegen den Faschismus, der Kampf der Volksfront vor sich gehen soll.

Dieser historische Roman geht also darauf aus, den Typus eines positiven Helden zu schaffen. Und er hat ihn auch in einigen bedeutenden Romanen geschaffen. Das bedeutet nicht nur in der deutschen Literatur eine neue Lage für den Roman. In den Romanen der letzten Jahrzehnte konnten die positiven Gestalten nur tragische oder tragikomische Helden sein. Wenn ein Schriftsteller die kapitalistische Gesellschaft ohne Lüge oder Schönfärberei gestalten wollte, so konnte er nur ein solches Bild geben, in dem der Mechanismus dieser Gesellschaft jede aufs Wahre oder Große gerichtete Bestrebung unbarmherzig zertreten hat. Wir haben uns bereits daran gewöhnt, in allen nicht tragischen positiven Helden eine akademische Konvention oder sogar einen bezahlten Apologetismus zu erblikken.

Es genügt, auf den historischen Roman Heinrich Manns hinzuweisen, um die gründlich veränderte Lage klar zu sehen. In Heinrich Manns Hauptthelden gibt es keinen konventionellen, banalen oder schönfärberischen Zug. Er ist ein echter Mensch, aber gleichzeitig auch ein echter Held. Er ist ein kämpferischer und kluger Vertreter der humanistischen Ideale. Gleichzeitig jedoch die zentrale Gestalt eines Kampfes, in welchem das humanistische Ideal nach Überwindung fürchterlicher Widerstände, nach Bestehung einer ganzen Reihe heroischer Kämpfe, mit Hilfe einer weitsichtigen Politik endlich doch triumphiert. Daß dieser Sieg in einer fernen Vergangenheit ausgefochten wurde, nimmt nichts von der Aktualität des Pathos dieser Dichtung weg. Die antifaschistischen Schriftsteller sehen den Inhalt und die Möglichkeit des Erfolges im Kampf gegen den Faschismus in einer großen historischen Perspektive; bei Heinrich Mann ist diese Perspektive die weiteste und die richtigste. Die Herrschaft des Faschismus ist in ihren Augen nicht eine plötzliche Katastrophe, noch weniger, wie es die Faschisten verkünden, der Abschluß einer ganzen historischen Epoche, sondern ganz im Gegenteil nur ein Abschnitt eines Kampfes, der seit Jahrhunderten, ja seit Jahrtausenden vor sich geht: des Kampfes der Menschheit, des werktätigen Volkes um die ökonomische, politische und kulturelle Befreiung. Die längst vergangenen Siege des Königs von Navarra eröffnen also eine Perspektive in die weite Zukunft: wie auf die Bartholomäusnacht das humanistische Regime Heinrichs IV. gefolgt ist, wie der Zerfall des mittelalterlichen Regimes weder mit Gift noch mit Massenmord aufgehalten werden konnte, so muß nach der Konzeption Heinrich Manns auf die schreckliche, blutige, aber vorübergehende Herrschaft der faschistischen Inquisition der endgültige Sieg des werktätigen deutschen Volkes folgen. Die Folterkammer und die Konzentrationslager werden den imperialistischen Monopolkapitalismus ebenso wenig retten, wie der sterbende Feudalismus durch die Massenmorde der Bartholomäusnacht gerettet werden konnte.

Diese positiven Helden des antifaschistischen historischen Romans bringen aber zugleich eine strenge Selbstkritik, die die besten Vertreter der deutschen Intelligenz an sich selbst ausüben. Eine Selbstkritik jenes zaghaften und feigen Verhaltens, das im Kampf gegen den Faschismus ein großer Teil der deutschen Intelligenz vor Hitlers Machtergreifung gezeigt hat. Und diese Selbstkritik geht in den besten Fällen weit über eine Kritik der Mentalität der Intelligenz in den letzten Jahren hinaus. Die besten Vertreter der deutschen Intelligenz befinden sich auf dem Weg, die wahre, gesellschaftliche Ursache dieser Schwäche zu erkennen. Diese ist: die Abgerissenheit der Literatur, der Schriftsteller, der Intelligenz vom Leben der Massen, die Entfremdung der Literatur vom Volksleben, die uneingestandene, in hochmütige oder ironische Worte gehüllte Furcht der Schriftsteller vor den Massen, vor dem Volke.

Eine schöne Gestalt dieser Selbstkritik, ihre reine, positive, am wenigsten offen polemische Erscheinungsweise finden wir im Cervantes-Roman Bruno Franks. Für die neuere deutsche, ja für die ganze internationale moderne Literatur war die Gestalt des Dichters jahrzehntelang die eines exzentrischen Egoisten, der in einem einsamen Leben, abgerissen von allen unmittelbaren menschlichen und gesellschaftlichen Beziehungen seine allersubjektivsten Träume zu verwirklichen versuchte. Vom Professor Rubek des Ibsenschen Epilogs bis zum Tonio Kröger Thomas Manns finden wir in der modernen Literatur eine ganze Reihe von wahren und erschütternden, tragischen oder tragikomischen Porträts, die diesen Menschentypus gestalten. Im schroffen Gegensatz dazu zeichnet Bruno Frank die Figur des Cervantes deshalb so breit und liebevoll, um einen Dichter von wirklicher Weltbedeutung vor uns zu stellen, dessen Lebenswerk wirklich und organisch aus dem Schicksal des Volkes herauswächst, der nur darum ein so großer Dichter werden konnte, weil er das Schicksal des Volkes mit allen seinen Freuden und Schrecken tief, innig und als persönliches Schicksal durchlebt hat. Eine Selbstkritik dieser Art erscheint wiederholt nicht nur in der Form einer derart positiven Gestaltung eines solchen nicht ausgesprochenen Kontrastes, sondern auch in ganz klarer, offen selbstkritischer Sprache. So in dem Roman Feuchtwangers über Josephus Flavius, über den wir später ausführlich sprechen werden. So in der Biographie Stefan Zweigs über Erasmus von Rotterdam.

Stefan Zweig geht am wenigsten weit von allen hervorragenden antifaschistischen Schriftstellern. In vieler Hinsicht hat er am wenigsten die politischen und ideologischen Schwächen der deutschen Intelligenz aus der Vorhitlerzeit überwunden. Sein Erasmus ist in vieler Hinsicht der Typus des alten und nicht des neuen, jetzt heranwachsenden Humanisten, die Verherrlichung des Resignierens, des Kompromisses und nicht des Kampfes. Jedoch wir finden trotz alledem in diesem Roman die schärfste Formulierung der Schwächen der deutschen Intelligenz, der deutschen Humanisten der Vorhitlerzeit. Stefan Zweig charakterisiert seinen Erasmus und mit ihm einen ganzen Typus der Humanisten folgendermaßen: »Aber ... was in den Tiefen der Massen urgründig waltet, das wissen sie nicht und wollen sie nicht wissen.«

[...]

Das in der Überschrift angekündigte Thema behandelt Lukács in den hier weggelassenen Teilen II und III seines Aufsatzes. Dort beschreibt er die Geschichte der Bourgeoisie, die vom revolutionären Repräsentanten der Interessen des ganzen Volkes zur Verteidigerin von Klasseninteressen gegen das Volk geworden sei, als »Entartung der revolutionären Demokratie zu einem bloßen Liberalismus«, zu einer liberalen Ideologie, einem »›Vorwärtsschreiten‹ auf dem vorsichtigen Zickzackweg der ununterbrochenen Kompromisse mit der Reaktion« aus »Angst vor der radikalen Durchführung der demokratischen Umwandlung der Gesellschaft«. Vollends der Faschismus aber könne nicht durch Kompromisse oder sogenannte Realpolitik gestürzt werden, sondern »nur durch die demokratische Revolution des deutschen Volkes«. Die entscheidende Wendung nun, die Lukács in der antifaschistischen Emigrationsliteratur der Jahre 1933 bis 1938 sich abzeichnen sieht, besteht eben im Bruch mit der liberalen Ideologie, im Versuch, die Entfremdung des Schriftstellers vom Volksleben aufzuheben, und im Willen, den alten, kämpferischen, durchaus nicht kompromißlerischen Humanismus wieder neu aufleben zu lassen: »aus Deutschland sind etliche liberal-pazifistische Humanisten vor Hitler geflohen – und erst in der Emigration begannen sie den Weg der revolutionären Demokratie zu betreten.« »Der Kern der Wendung ist also: die Wendung zum Volk.« »Die bedeutendsten deutschen Schriftsteller fühlen immer tiefer die Notwendigkeit einer wirklichen und konkreten Verbundenheit mit dem Volk, und zwar nicht nur politisch, sondern gerade künstlerisch, gerade als Lebensfrage für die Literatur. Der neue historische Roman ist die Gestaltung dieser Sehnsucht. Das Wesen der Wendung besteht vorläufig noch nur darin, daß dieses Problem sehr ernst gestellt wird: mit großer künstlerischer Kraft, auf einem hohen Niveau der schriftstellerischen Gestaltung. Aber wir würden die heutige Lage unrichtig bewerten, wenn wir die Tatsache übersehen wollten, daß vorläufig vorwiegend diese Sehnsucht, diese richtige Einsicht gestaltet wird und nicht der wirklich volkstümliche Heroismus selbst.«

Professor Rubek des Ibsenschen Epilogs: Henrik Ibsen, »Wenn wir Toten erwachen. Ein dramatischer Epilog in drei Akten« (1899; dt. 1900).

Falscher Nero, neuer Cäsar

Lion Feuchtwanger
Der falsche Nero*

Fabrikation eines Kaisers

Der kluge Partherkönig Artaban zögerte, den Nero anzuerkennen. Geschickt bediente er sich in seinen Briefen der blumigen östlichen Umschreibungen, um jede Festlegung zu vermeiden. Die Agenten Mallukhs und Varros saßen herum in den Vorzimmern der parthischen Minister. Allein das Äußerste, wozu Artaban sich verstehen wollte, war die Entsendung einer Karawane mit Ehrengeschenken, Teppichen und Gewürzen, mit der zweideutigen Bestimmung: ›Für den Mann, der sich Kaiser Nero nennt.‹ Das konnte man als Anerkennung ausdeuten oder als Nichtanerkennung. Für die Sache des Nero aber war es ungeheuer wichtig, daß der Großkönig sich endlich entschied. Wenn er nicht bald zu Gunsten Neros eingreift, wird man sich weder militärisch noch finanziell halten können. Sicher hat der ganze Osten aufgeatmet, als die Adler des Kaisers wieder sichtbar wurden: aber steigen, fliegen können diese Adler nur, wenn Artaban sie füttert.

Varros Agenten, von ihm angetrieben, arbeiteten fieberhaft. Allein die parthischen Minister blieben schwierig, umständlich, zum Verzweifeln langsam. Endlich, nach zwei Monaten, erhielt Varro faßbaren Bescheid.

Der König der Könige, teilte ihm der Großkanzler und Marschall Artabans mit, sei bereit, seinem Freunde, dem Kaiser der Römer, dreißigtausend Mann Hilfstruppen zu stellen, darunter sechstausend Panzerreiter, Elitetruppen. Auch eine Anleihe von zweihundert Millionen Sesterzien wolle er ihm gewähren. Voraussetzung aber sei, daß Kaiser Nero von der Bevölkerung nicht nur des Zwischenstromlandes, sondern auch Römisch-Syriens anerkannt werde. Wenn eine genügende Anzahl befestigter Städte des römischen Reichsterritoriums, Städte jenseits des Euphrat, zu Nero übergegangen seien, sodaß er sie fest in der Hand habe, dann wolle Artaban ihm das Geld und die Truppen schicken.

Als Varro diese Bedingungen des Großkönigs das erste Mal überlas, strahlte er;

---

* Lion Feuchtwanger: Der falsche Nero, Roman, Amsterdam, Querido 1936, S. 191–204, 207–215.

er fand sie maßvoll, vernünftig. Doch je länger er über sie nachdachte, so schwieriger schien es ihm, sie zu erfüllen. Natürlich konnte man, wie der tollkühne Trebon vorschlug, in Römisch-Syrien einfallen und ein paar Grenzstädte nehmen. Aber das wäre Wahnsinn. Auf eine solche Provokation hin kann Cejon mit Billigung des Palatin und mit gutem Grund über den Euphrat vorrücken, mit zwei Legionen oder auch mit drei, und den Nero zerschmettern, ohne die Gefahr eines Partherkrieges heraufzubeschwören; wenn nämlich die Römer provoziert sind und nicht als Angreifer, sondern als Verteidiger vorgehen, kann Artaban seine Parther nicht zum Krieg gegen sie einigen. Nein, so einfach, wie sich ein Trebon das vorstellt, ist das nicht zu machen. Die römischen Städte müssen schon von selber zu Nero übergehen, freiwillig. Das ist offenbar auch der Sinn der Bedingung, die der schlaue Artaban gestellt hat.
Nun waren zwar mehrere der römischen Grenzstädte mit Geld bearbeitet und gut vorbereitet. Aber alle zögerten. Es fehlte der rechte Anlaß, von der Regierung von Antiochien abzufallen, und Cejon hütete sich, einen solchen Anlaß zu geben. Varro suchte, arbeitete sich ab. Wie konnte man diese Städte stimulieren? Wie konnte man sie zum Losschlagen bringen, zur Meuterei gegen den römischen Gouverneur? Das ganze Land zwischen Euphrat und Tigris und die Commagene dazu hat Varro seinem Nero zubringen können. Soll das großartige Unternehmen an der lächerlich geringfügigen Aufgabe scheitern, ein paar römische Grenzstädte zum Übertritt zu bewegen? Er suchte, schlief nicht, zerquälte sich. Kostbare Zeit verstrich. Er fand nichts.
Knops stellte sich ein. Seine hurtigen Augen glitten über die etwas zerknitterten Züge des Senators. Weidete er sich an seiner Hilflosigkeit? Anmerken ließ er sich nichts. »Die parthischen Bedingungen scheinen maßvoll und sind hart«, meinte er sachlich. »Sehr richtig, mein Junge«, höhnte Varro. »Man muß nachdenken«, konstatierte Knops. »Tun Sie das, lieber Knops«, erwiderte Varro. »Ich habe es getan«, entgegnete Knops. »Ich habe eine Idee.« »Ich höre«, sagte höflich der zermürbte Varro und lächelte skeptisch, ohne Hoffnung.
Er konnte sein skeptisches Lächeln nicht lange festhalten. Was dieser tolle Bursche Knops ausgeheckt hatte, war niederträchtig frech, doch bei aller Phantastik logisch und versprach Erfolg. ›Das Volk hat eine fruchtbare Phantasie‹, stellte Varro in seinem Innern fest, während er dem munter schwatzenden Knops mit Abscheu und Bewunderung zuhörte.
Der Plan des Knops ging so. Um die Grenzbevölkerung Römisch-Syriens zu bewegen, von der Regierung des Cejon abzufallen und zu dem rechtmäßigen Kaiser Nero überzugehen, bedurfte es nur eines äußeren, jedermann eingängigen Anlasses; denn innerlich war die Bevölkerung dazu bereit. Es ging also darum, einen der Anlässe, die faktisch vorhanden waren, für alle deutlich sichtbar zu machen, ihn ins Licht zu heben. Das war nicht schwer. Zählte nicht zum Beispiel an der syrischen Grenze der Gott, der sich Christus nannte, zahlreiche Anhänger, sogenannte Christen, die den rechtmäßigen Kaiser Nero fanatisch haßten? Hatten nicht diese Christen aus purem, verbrecherischem Haß und Fanatismus

vor sechzehn Jahren die Stadt Rom in Brand gesteckt? Es war wahrscheinlich, mehr als das, es war gewiß, daß sie sich jetzt mit ähnlichen frevelhaften Plänen trugen, unterstützt von der Regierung des Cejon, welche die Nero-treue Bevölkerung Syriens züchtigen wollte. Wer die Mentalität dieser Christen, wer die Haß- und Rachsucht des Usurpators Titus und seiner Beamten kannte, der konnte sich leicht vorstellen, in welcher Richtung die verbrecherischen Pläne dieser Christen und ihrer Anstifter gingen. Naheliegend zum Beispiel war es, daß diese Fanatiker eine der Sperren oder Schleusen des Euphratstroms oder eines Euphratkanals verbrecherisch öffneten oder sonstwie beschädigten, um eine der insgeheim dem Nero anhangenden syrisch-römischen Grenzstädte unter Wasser zu setzen und zu zerstören. Wäre es aber nicht so gut wie gewiß, daß, wenn wirklich ein solches Verbrechen zur Ausführung käme, die ganze Grenzbevölkerung wie ein Mann gegen die Regierung in Antiochien aufstünde? Nero könnte sich dann, gestützt auf die eingeborene Bevölkerung, zumindest ein paar Monate lang in den zu ihm übergegangenen Grenzstädten behaupten, die Bedingung des Artaban wäre erfüllt, und wir erhielten die versprochenen Truppen und das versprochene Geld.

Varro starrte reglos auf Knops, der hurtig daherschwatzte, als ginge es um die Vorbereitung eines Picknicks. Der Bursche hatte recht. Was er da auseinandersetzte, das war wirklich eine Idee, ein Fund. Ja, der Plan war in seiner verblüffenden Simplizität ebenso großartig wie niederträchtig. Er mußte glücken. Er mußte in den Massen die gewünschten Assoziationen auslösen. Knops brauchte das dem Varro nicht erst auseinanderzusetzen.

Wer seinerzeit, vor sechzehn Jahren, Rom wirklich angezündet hatte, war niemals ermittelt worden. Varro nahm mit gutem Grund an, es hätten damals gewisse Terrainspekulanten den Brand legen lassen. Die dem Nero feindliche republikanische Adelspartei hatte behauptet, der Kaiser selber habe den Brand gestiftet, aus schierer Lust am Bösen und um sich des großartigen Schauspiels zu erfreuen. Die Meinung der breiten Massen war geteilt. Viele hielten den Kaiser für den Urheber des Brandes; doch sogar bei ihnen hatte das Verbrechen um seiner Großartigkeit willen dem Nero mehr Bewunderung als Haß geschaffen. Die meisten aber waren der Überzeugung, es hätten wirklich jene Christen den Brand gestiftet, die Nero vor Gericht gestellt hatte, weil er irgendwelche Schuldigen finden mußte. Wie immer, wenn jetzt wirklich eine römisch-syrische Stadt durch eine von Verbrechern herbeigeführte Flut zugrunde geht, dann werden, damit hat dieser Knops bestimmt recht, die Massen zunächst mit der Assoziation Nero reagieren. Sie werden die Tat für neronisch halten; der Glaube, Nero lebe, Nero sei da, wird zur Überzeugung werden. Ohne viel Mühe wird man dann dem Volk, das ja jeder Logik bar ist, einreden können, die fanatischen Christen, angestiftet von den Beamten des Titus, hätten, wie damals den Brand, so jetzt die Flut verbrecherisch entfesselt. Daß die Leute des Cejon lediglich aus Haß gegen die Syrer eine Stadt ihres eigenen Gebietes zerstören lassen sollten, das war freilich eine absurde Vorstellung. Aber gerade weil sie so absurd war, hatte sie Aussicht, den Massen einzuleuchten. Und diese Massen werden jubeln, wenn Nero dann ein zweites Mal die Christen des Verbrechens überführt und sie zerschmettert.

›Ein verruchter Plan‹, anerkannte in seinem Innern Varro, ›ein Plan, ungeheuer sachverständig auf die Seele des Pöbels berechnet. Was für eine fruchtbare Phantasie das Volk hat‹, dachte er. Laut sagte er: »Tragen Sie nicht ein bißchen sehr dick auf, lieber Knops?« »Natürlich trage ich dick auf, mein Varro«, entgegnete Knops, und Varro zuckte ein wenig zusammen, daß nun auch dieser sich erlaubte, die vertrauliche Anrede ›mein Varro‹ zu gebrauchen. Knops aber fuhr fort: »Das ist doch gerade der Witz an der Sache, daß wir dick auftragen. Je dikker eine Lüge ist, so sicherer wird sie geglaubt«, schloß er, tief überzeugt.

Varro pflichtete ihm insgeheim bei. »Und wo, mein Knops«, fragte er, und dies ›mein Knops‹ erfüllte den Knops mit ungeheuerm Stolz, »könnte Ihrer Meinung nach eine solche Flut am folgenreichsten steigen?« »Wo immer Sie wollen«, erwiderte mit Überzeugung Knops. »Überall am Euphrat gibt es Kanäle, Schleusen und Sperren, überall gibt es Freunde des Nero, überall Beamte des Titus, Christen, Kontingente der vierzehnten Legion, überall syrische Heiligtümer, deren Untergang die Bevölkerung besonders erbitten müßte, überall Räder und Hebel, den Euphrat und seine Kanäle zu regulieren, überall Enthusiasmus, überall mangelnde Urteilskraft und überall Arme und Hände, die Räder und Hebel der Sperren beliebig zu bedienen. Nehmen Sie Byrtha oder Apamea oder Europos oder Dagusa. Jede dieser Städte wird sich, wenn ein Teil von ihr in einer verbrecherisch entfesselten Flut versinkt, gegen die Verbrecher erheben. Und wer nach einer solchen Flut erscheint, wer ihr im rechten Augenblick entsteigt, wird als Erlöser begrüßt werden. Wenn gar dieser Erlöser sich Kaiser Nero nennt«, – er vollendete nicht, begnügte sich mit einem kleinen, überzeugten, pfiffigen Lächeln.

Wie dem Varro, so leuchtete auch den andern Räten des Kaisers das Projekt des Knops sogleich ein. Vor allem dem Trebon schwellte die bevorstehende Flut des Euphrat das Herz. König Philipp freilich, als er von dem Plan hörte, bekam ein trübes Gesicht. Und König Mallukh fand, er habe jetzt wieder einmal lange genug regiert, um sich eine seiner Exkursionen in die ferne Wüste erlauben zu dürfen; still und unscheinbar brach er mit wenigen Begleitern zu einem Ritt in die Einsamkeit auf. Am meisten Bedenken hatte Erzpriester Scharbil. Er hegte den nicht unberechtigten Verdacht, die Christen möchten sich für ihre verbrecherischen Zwecke einen Tempel der Göttin Tarate aussuchen; wie es schien, hatten sie es auf das uralte Heiligtum der Stadt Apamea abgesehen. Sein Gewissen regte sich. Der Tarate-Tempel von Apamea war am ältesten Fischteich der Göttin errichtet worden, an einem großen, früh vom Strom abgespaltenen Tümpel, und lag infolgedessen sehr tief, einer allenfallsigen Flut hoffnungslos preisgegeben. Durfte man ein so teures Haus ungewarnt seinem Schicksal überlassen? Allein Scharbil sagte sich, wenn man auf weite Sicht dachte, konnten die Folgen für die Göttin nur vorteilhaft sein; denn unter Nero wird sie von ihren Gläubigen

ganz anders geehrt werden können als unter Titus. Auch war Scharbil neugierig und sehr alt und hatte die Überschwemmung eines Tarate-Tempels noch nie erlebt. Zudem – und das vielleicht gab den Ausschlag – flüsterte ihm eine Stimme, die er freilich kaum ins Bewußtsein dringen ließ, zu, es werde wohl, wenn das beliebte Heiligtum in Apamea auf längere Zeit ausgeschaltet sei, der Pilgerstrom nach seinem eigenen Tempel in Edessa anschwellen. Von jeher hatte man dem Erzpriester Scharbil prophetische Gaben zugeschrieben. Jetzt begann er aus den Bewegungen der heiligen Fische und aus den Eingeweiden der Opfertiere böse, dunkle Ereignisse vorauszusagen, finster flutendes Geschehen, geeignet, seine Göttin tief zu kränken.
Trebon und Knops machten sich mittlerweise beflissen an die Ausführung des Planes. Trebon bereitete das Technische vor, Knops das Psychologische, die Stimme des Volkes. Trebon war fast so stolz wie Knops selber, daß, als die feinen Herren versagten und nicht mehr ein noch aus wußten, Knops die rettende Idee gefunden hatte. Der Hauptmann träumte Tag und Nacht davon, wie er als erster die Mauern der im Euphratstrom ersaufenden Stadt Apamea ersteigen und sich die Mauerkrone holen werde, die Auszeichnung, die ihm noch fehlte.
Dem Kaiser machte man nur vage Andeutungen, daß seine Popularität reißend ansteige, und daß eine große und glückliche Wendung in nächster Zukunft bevorstehe. Es genügte, wenn man ihn veranlaßte, sich im rechten Augenblick in der versinkenden Stadt zu zeigen. Wenn er ahnungslos ist, wird er seiner Empörung über die Gemeinheit des Verbrechens umso wirkungsvoller Ausdruck geben.

Das große Verbrechen

Das Gebiet der Stadt Apamea erstreckte sich über beide Ufer des Euphrat. Am rechten Ufer stieg langsam der neuere Stadtteil Seleukia einen Hügel hinauf, der von der Zitadelle gekrönt wurde. Am linken Ufer auf ebenem Terrain lag die ursprüngliche Stadt. Hier befand sich jener älteste Fischteich der Tarate, der in den Erwägungen Scharbils eine Rolle gespielt hatte, ein vom Euphrat abgespaltenes Brackwasser, und an ihm der uralte, kleine und hochheilige Tempel der Göttin. Die beiden Stadtteile waren durch eine Schiffsbrücke verbunden. Die Bevölkerung der Altstadt am linken Ufer war rein syrisch, die des neueren Stadtteils Seleukia zum größeren Teil; die Stadt war durch eine starke römische Garnison gesichert.
Etwas oberhalb Apameas zweigte vom Euphrat der große ›Kanal des Gorbates‹ ab, der die ganze Gegend mit Wasser versorgte. Kanal und Strom wurden von Urzeiten her durch Sperren und Schleusen reguliert, die von der sagenhaften Königin Semiramis angelegt sein sollten, jetzt den Namen ›Die Sperren des Gorbates‹ trugen und als technisches Wunderwerk angestaunt wurden. Geübte Wärter bedienten den raffinierten und doch sehr einfachen Mechanismus dieser

Sperren; seit Menschengedenken erinnerte man sich nicht, daß hier ein ernsthafter Unfall vorgekommen wäre.
Umsomehr entsetzt waren die Bewohner der Altstadt von Apamea, als in einer Aprilnacht unversehens der Euphrat in ihre Straßen und Häuser einbrach und sie jäh und gewaltig überschwemmte. Bevor man es recht glauben konnte, war das ganze Gebiet der Altstadt ein einziger, gelber, sanft plätschernder See. Das seit Urzeiten getrennte Brackwasser der Fische der Tarate vereinigte sich mit dem Strom, von dem es abgespalten war, fort schwammen die heiligen Fische, der ganze untere Teil des Tempels verschwand in der gurgelnden Flut. Auf dem See, der früher die Altstadt Apamea war, schwammen zwischen eilig gerüsteten Booten Hausrat, Vieh, schon trieben die ersten Leichen den Strom hinunter. Schauerlich kam aus der sanften Flut das Geschrei der überraschten Menschen, das Brüllen und Blöken des Viehs. Flöße, zusammengestückt aus Hammelhäuten, besetzt mit nackten und halbbekleideten Menschen, ruderten jetzt durch die Straßen, die gestern von Sänften, Fahrzeugen, Reitern bevölkert gewesen waren.
Niemand begriff, wie das Unheil so jäh hatte hereinbrechen können. Nach mehreren Stunden erst fand man irgendwo stromabwärts am Euphratufer gebunden und geknebelt einen Wärter der ›Sperren des Gorbates‹. Befreit, halbtot noch vor Erschöpfung und Entsetzen, erzählte der Mann, einer seiner Angestellten sei mit mehreren Unbekannten unversehens über ihn hergefallen; sie hätten ihn überwältigt, gefesselt, in den Fluß geworfen; was weiter geschah, wisse er nicht, es sei ein Wunder und eine ungeheure Gnade der Götter, daß er lebendig ans Land getrieben und gerettet worden sei. Der Angestellte, der über ihn hergefallen und dann offenbar aus Narrheit oder böser Tücke den Strom über Apamea habe hereinbrechen lassen, sei ein gewisser Simlai, ein Christ.
Ebenso schnell wie sich vor wenigen Stunden in der tief gelegenen Altstadt die Flut verbreitet hatte, verbreitete sich im rechten, hochgelegenen Stadtteil Seleukia die Kunde, verbrecherische Hände hätten diese Flut entfesselt. Schon hatte der Christ Simlai eingestanden, er sei zu solchem Zweck von dem Regierungsschreiber Ariston gedungen worden. Eine ungeheure Wut bemächtigte sich der ganzen Einwohnerschaft. Noch vor dem Mittag war es Gewißheit, daß die Christen, der Abschaum der Menschheit, sich von der Verbrecherregierung des Usurpators Titus hatten bezahlen lassen, um das Heiligtum der ›Göttin Syrien‹ und ihre schöne Stadt zu zerstören, weil die Syrer entschlossen waren, dem Titus den Gehorsam aufzusagen und zu ihrem rechtmäßigen Kaiser Nero zurückzukehren.
Daß die Christen Umstürzler waren, wußte alle Welt. Sie feindeten das Eigentum und die Familie an, jede Schandtat war ihnen zuzutrauen. Die Leute von Apamea stürzten sich auf sie, drangen in ihre Häuser, erschlugen, wen sie fanden, zerstörten das dürftige Mobiliar.
Die römischen Soldaten sympathisierten offensichtlich mit der Bevölkerung. Mühten sich tatkräftig, den Bedrohten zu helfen. Schafften auf Booten und Flö-

ßen Gefährdete ans sichere rechte Ufer, retteten, was zu retten war, arbeiteten sich ab, die Schiffsbrücke, die sogleich gerissen war, wiederherzustellen. Diejenigen, die in der Zitadelle hatten zurückbleiben müssen, – sie sicherte das rechte Ufer des Stromes – standen auf den Wachtürmen und Bastionen und starrten neugierig hinaus auf die Flut. Gestern noch war ihre Zitadelle am Ufer eines Flusses gestanden, heute stand sie am Ufer eines weiten Sees. Sonderbar lag dieser gelbliche See unter dem blauen Himmel und den weißen, dicken Frühlingswolken. Grotesk ragte der höhere Teil der Häuser aus dem Wasser. Reiher standen einbeinig, würdevoll und komisch auf den Dächern, und zwischen dem gelben Gewässer und dem hellen Himmel flogen in Scharen schreiende Wasservögel. Auf dem See, in dem die Altstadt Apamea versunken war, zwischen den Dächern der Häuser stakten immer mehr Boote und aus Hammelhäuten zusammengestückte Flöße, geschäftig, besetzt mit Rettenden, Plündernden, Verzweifelten und Gesindel. Seltsam aber sah es in dem Tempel der Tarate aus. Die Soldaten konnten in seine ungedeckte ›Zelle‹ hineinsehen. Die unzüchtigen Symbole der Göttin, die hohen Steinmale, die den Phallus darstellten, ragten gerade noch mit der Spitze aus der Flut. Ihr riesiges, uraltes, häßliches Bronzebild selber aber, das in einer Halbnische über dem Altar stand, war bis über die nackten Brüste hinauf überschwemmt; aus dem Wasser schaute ihr Kopf mit der Mauerkrone und hob sich die eine Hand mit der Spindel, und dazwischen schwamm Holz und allerlei heiliges Gerät. Merkwürdig stand so die Göttin und bedrohlich, und als einer der Soldaten einen Witz riß über ihren Fischschwanz, den sie jetzt gut brauchen könne, wagten die andern nicht zu lachen.

Was aber schwimmt dort heran, in den großen Booten, vom Norden kommend? Das sind römische Waffen und Uniformen, das sind Kameraden. Ja, das sind endlich die Kameraden von den andern Detachements ihrer Vierzehnten, die von Edessa und Samosata. Das ist er selber, der große, beliebte Hauptmann Trebon mit seinen Leuten. Tausendmal hat man sich die Frage vorgelegt, neugierig, hoffnungsvoll, ängstlich: wird er nicht kommen? Wird er nicht bald kommen? Wird er es wagen? Und was wird man tun, wenn er kommt? Wird man gegen ihn kämpfen? Wird man ihm das Tor aufmachen?

Und jetzt also ist er da. Mit der großen Flut ist er gekommen. In welch kurzer Zeit sie die Riesenstrecke gemacht haben. Seine Pioniere gesellen sich ohne weiteres zu den Pionieren der Garnison, legen mit Hand an, die Schiffsbrücke zu reparieren. Gerüste tauchen in die Flut, schwimmen, Stricke, Säcke verbinden sich, Taue gleiten ins Wasser, strecken sich, ziehen, heben. Lachend, gestikulierend steht Trebon dabei, ruft, flucht, schreit, treibt an. Die Schiffsbrücke ist der einzige Zugang zur Zitadelle.

Sie scheinen fertig mit ihrer Arbeit. Die Brücke ist länger geworden, sie krümmt sich, sie schwimmt, schwankt, aber sie hält. Und jetzt, als Erster, frech, dick und kühn, macht er sich daran, der Hauptmann Trebon, der Liebling der Armee, der Held, sie zu überschreiten, groß, schwer, in Waffen, auf seinem Pferde Victor. Ungedeckt reitet er, allen voran. Er braucht keinerlei Vorsicht; lässig an der

Seite hängt ihm der Schild. Mit den Geschützen könnte man mühelos ihn und seinen Trupp zerschmeißen. Hilflos müßte er im Wasser ersaufen. Schon braucht man kein Geschütz mehr, schon kann man ihn mit Pfeilen, bald wird man ihn mit dem Wurfspeer erledigen können. Ruhig reitet er auf den dröhnenden Planken über das gelbe Wasser; auf seinem Panzer, am Gehäng seines Pferdes, unter dem hellen Frühlingshimmel flirren seine Auszeichnungen.
Da sind sie am diesseitigen Brückenende, unmittelbar vor dem großen Festungstor, das hier den Weg versperrt. Was soll man tun? Noch hat man, eine Minute noch, die letzte, den Entschluß frei. Soll man der Vorschrift gemäß auf den ›Feind‹ die Steine hinunterwerfen, die gewaltigen, immer zur Hand liegenden, um ihn zu zerschmettern? Soll man das Pech, das siedende Öl, das immer bereit gehaltene, auf ihn hinabgießen? Der Befehlshabende, hilflos, unschlüssig, statt klare Weisung zu geben, wendet sich an seine Leute. Die verlangen stürmisch, man solle das Tor öffnen, den großen Hauptmann einlassen.
So aber liegt es nicht im Plane des Trebon. Er will nicht einfach durchs Tor. Er will die Stadt erobern, ihre Mauer ersteigen. Die auf der Bastion machen große Augen. Er läßt seine Mannschaften die Schilde über den Köpfen zusammenschuppen, läßt sie die ›Schildkröte‹ bilden. Das ist verdammt schwer auf der schwankenden Schiffsbrücke, das ist ein Kunststück, meine Lieben. Und jetzt, Hölle und Herkules, schwingt er sich, wer hätte ihm das zugetraut, auf die Schilde des letzten Gliedes, der schwere Mann in der schweren Rüstung. Ächzend, ungeschlacht über die krachenden, schwankenden Schilde, breitbeinig, tappt er vor. Die Leiter hinauf reicht man ihm. Er legt sie an. Beginnt, die Mauer zu ersteigen.
Oben stehen sie in heller Ratlosigkeit um ihren jungen Befehlshaber. Ein paar haben Hand an den schweren Steinblock gelegt, ihn hinabzuwerfen. Doch sie wagen es nicht im Angesicht der andern, die dem großen Hauptmann winken, rufen, zujauchzen. Es ist aber auch ein überwältigender Anblick, wie er heraufsteigt. Sprosse um Sprosse. Alles schwankt, die Schiffsbrücke, die Mannschaften auf ihr mit ihren Schilden, die ganze Schildkröte, die Leiter schwankt, aber er fällt nicht, er wahrt das Gleichgewicht. Lachend, ächzend steigt er herauf. Schreit den alten Schlachtruf der Vierzehnten: ›Mars und die Vierzehnte.‹ Steigt. Legt die Hand auf den obern Rand der Mauer. Schwingt sich herauf. Steht. »Da wären wir, Kinder«, sagt er in dem guten, heimatlichen, dalmatinischen Dialekt, und hell schallt seine berühmte, fette Lache.
Kein Mensch denkt daran, daß das ganze Bravourstück eigentlich überflüssig war, daß Trebon, wie die Dinge nun einmal lagen, viel sicherer, gänzlich ungefährdet durch das große Tor hätte einziehen können. Jubelnd vielmehr begrüßen die Soldaten, jubelnd die ganze Stadt Apamea den Repräsentanten des Kaisers Nero, den großen Soldaten und General Trebon, wie er so dem Strom entsteigt, sie vor weiterem Unglück zu erretten. Ohne erst den Befehl abzuwarten, riß die Garnison die Bilder des Titus von den Feldzeichen und ersetzte sie durch die des Nero, die die Kameraden mitgebracht hatten. Der Kommandant der Festung

beglückwünschte den Trebon, daß dem, der sich die Anwartschaft schon früher erworben, jetzt, nach dieser vor aller Augen vollbrachten gewaltigen Leistung, die Mauerkrone endgültig sicher sei. Es war eine große Minute. In ihr prägte sich allen und für immer das Bild des Trebon ein, wie er, aus der Flut herauf, über die Schilde, die Leiter hinauf die Mauer der Zitadelle von Apamea ersteigt, ein Symbol des Soldatenspruches: ›Lebe gefährlich.‹
Drei Stunden später erschien auch Staatssekretär Knops in Apamea. Auf dem Marktplatz des unversehrten Stadtteils Seleukia hielt er eine Ansprache. »Die große Wende ist angebrochen«, verkündete er. »Die Zeit der Verbrechen ist vorbei. Kaiser Nero wird seine treuen Untertanen vor den Schandtaten der Kreaturen des Usurpators Titus zu schirmen wissen.«

Der Sänger der großen Flut

Der Kaiser selber traf gegen Abend ein, von den Truppen und der Bevölkerung stürmisch akklamiert. Nachdem er sich flüchtig gesäubert hatte, erstieg er mit Varro, Trebon, Knops und einigen andern den Turm der Zitadelle. Der Turm stieg in acht sich verjüngenden Stockwerken hinan, jedes Stockwerk hatte seinen Mauerumgang. Vom höchsten Stockwerk aus beschaute der Kaiser die in der Flut versinkende Altstadt von Apamea. Die Herren erklärten ihm den ganzen Umfang des Unheils und Verbrechens, bezeichneten ihm die wichtigsten Gebäude, beschrieben die getroffenen Rettungsmaßnahmen.
Nach einer Weile schickte der Kaiser seinen Hof fort. Die Herren sammelten sich auf dem Mauerumgang des nächstniedrigen Stockwerks. Auf der Spitze des Turmes wollte er allein bleiben. Er hoffte, erklärte er, der Anblick der untergehenden Stadt werde ihn inspirieren, sodaß er vielleicht in seinem Versroman von den ›Vier Zeitaltern‹ den Gesang von der Großen Flut, der Flut des Deukalion, erweitern könne.
Einsam also stand er oben auf dem Turm. Auf den Mauerumgängen der Stockwerke unter ihm drängten sich seine Hofleute und seine Soldaten; am Fuß des Turmes drückte sich scheu und neugierig die Menge, und von den Booten und Flößen her, die über das gelbe Gewässer, die ehemalige Altstadt, hinzogen, schauten viele tausend Augen ehrfürchtig und gespannt zu ihm herauf. Er aber genoß den schaurigen und erhebenden Anblick der versinkenden Stadt.
[...]

Die Woche der Messer und Dolche

Das schauerliche Verbrechen, das die von Kaiser Titus angestifteten Christen begangen hatten, erregte Empörung überall in Syrien. In mehreren Garnisonen rissen die Soldaten die Bilder des Titus von den Feldzeichen und ersetzten sie durch die des Nero. Der größte Teil der vierzehnten Legion und erhebliche Kontingente der fünften, sechsten, zwölften gingen zu Nero über. Die einheimische Bevölkerung schäumte Wut gegen Titus, Streckmännchen, das übrige Verbrechergeschmeiß. Die Regierung hatte Mühe, Unruhen zu bekämpfen, die in verschiedenen Städten, selbst in einzelnen Vierteln der Stadt Antiochien, ausbrachen, und sie durfte vorläufig nicht daran denken, mit den unsichern Truppen gegen die Festungen am Euphrat vorzugehen, die dem Terenz in die Hand gefallen waren.

Varro konnte dem Großkönig Artaban mit Recht melden, daß fast der vierte Teil der kaiserlichen Provinz Syrien mit mehreren großen Städten und Forts fest in der Hand des Nero sei. Seinem Versprechen gemäß schickte Artaban Truppen und Geld für seinen Freund, den römischen Kaiser.

Knops war stolz darauf, daß die Idee, die diesen ungeheuern Erfolg bewirkt hatte, in seinem Kopf gewachsen war. Er glaubte, Anspruch darauf zu haben, daß auch in andern Dingen sein Rat befolgt werde und nicht der der feinen Herren, des Varo und des Philipp. In der nächsten Kabinettsitzung schlug er vor, der Kaiser möge, um den erreichten Erfolg richtig zu untermauern, die Zeit der Milde wieder einmal unterbrechen und ihm und dem Trebon eine Woche der schnellen und harten Gerechtigkeit bewilligen. »Es muß«, führte er aus, »denjenigen Anhängern des Kaisers, deren Treue über jeden Zweifel erhaben ist, gestattet werden, mit seinen übelsten Gegnern kurzen Prozeß zu machen. Ich schlage vor, daß dem General Trebon und mir Vollmacht eingeräumt werde, zu diesem Zweck eine Art freiwilliger Polizei zu organisieren. Vorbereitungen dazu sind getroffen, wir sind im Besitz zuverlässiger Listen. Mit Hilfe dieser unserer Polizeitrupps wollen wir, wenn der Kaiser es gestattet, die gefährlichsten seiner Feinde schlagartig erledigen.«

Varro und König Philipp schauten unzufrieden vor sich hin. »Warum«, meinte flüsternd König Philipp zu Varro, »sagt der Mensch ›schlagartig‹, und nicht ›mit einem Schlag?‹« »Weil er«, erwiderte Varro, »mit sicherem Instinkt immer das häßlichere Wort wählt und das mehr vulgäre.« Trebon mittlerweile pflichtete den Plänen des Knops stürmisch bei. Der Kaiser lächelte huldvoll und zerstreut; ihm gefiel die finstere, tapfere und bedrohliche Wendung: ›Die Woche der Messer und Dolche.‹ Auch war er dem Knops dankbar für jene stolze Nacht auf dem Turm von Apamea. »Eine Woche der Messer und Dolche«, sagte er träumerisch vor sich hin. Varro und König Philipp aber schwiegen; es war keine Aussicht, gegen das Pack durchzudringen. Wer den Pöbel zu Hilfe ruft, muß ihm Konzessionen machen.

Der Kaiser unterzeichnete die Dokumente, die Knops und Trebon vorlegten, und sie bildeten also, Knops in Edessa, Trebon in Samosata, kleine Trupps, die sie ›Rächer Neros‹ nannten, und mit denen sie über ihre Feinde herfielen. Es war nicht schwer, jeden, dem man übel wollte, als einen Gegner des Kaisers zu brandmarken, als einen Anhänger des Titus oder gar des Christus, des Gottes jener verruchten, umstürzlerischen Sekte. Überall in den Städten am Euphrat, in

der Commagene und im Gebiet von Edessa brachen die ›Rächer Neros‹ in die Häuser der Mißliebigen ein, schlugen tot, zerstörten, verhafteten, mißhandelten, vergewaltigten, machten Beute und Leibeigene.
Von den Christen des Zwischenstromlandes ließ Knops nicht viele erschlagen. Die Mehrzahl sparte er aus Gründen der Propaganda auf. Er wollte gegen sie vor den Augen der ganzen Welt einen großen, wirkungsvollen Prozeß führen. Es sollte sich erweisen, daß der Usurpator Titus und seine Beamten gegen die guten, ehrlichen Syrer ein Komplott von äußerster Niedertracht geschmiedet hatten, um sich an ihnen für ihre Treue zu dem legitimen Herrn, dem großen Kaiser Nero, zu rächen.
Eine überhebliche Laune verleitete ihn, auch den Joannes von Patmos für diesen Prozeß aufzusparen. Der Schauspieler war ihm tief zuwider. Es hätte nicht erst seiner verächtlichen Äußerungen über den Terenz bedurft, um Knops gegen ihn aufzubringen. Sein bloßes Wesen verdroß ihn, seine Stimme, sein Gesicht, sein Christentum. Er wollte ihn in der Hand haben, mit ihm spielen, ihn verhöhnen. Er gab einer Abteilung der ›Rächer Neros‹ Auftrag, ihm diesen Menschen unter allen Umständen unversehrt zu übermitteln.
[...]

Demut und Stolz

Als die verbrecherischen Christen vor dem Prätor erschienen, waren sie ein beträchtlicher Haufe, kleine, mickerige, einfältige Leute zumeist. Man hatte sie für die Verhandlung präpariert, sie mißhandelt, auf jede Weise eingeschüchtert. Sie zitterten denn auch; doch nur im Fleische, im Herzen waren sie voll Vertrauen auf ihren Gott. Ihre Priester und Ältesten hatten sie überzeugt, es sei eine Auszeichnung, daß Gott gerade sie zu seinen Blutzeugen auserwählt habe. Vielen gelang es auch, vor dem Prätor festzubleiben und voll Demut und Gottvertrauen ihre Unschuld zu behaupten. Einige freilich schrien um Gnade und waren bereit, alles einzugestehen, was man von ihnen wollte. Übrigens war das überflüssig. Gewisse Beamte des Gouverneurs, der Schreiber Ariston an der Spitze und andere, auf frischer Tat Ertappte, ihren Lohn im Beutel und wissend, daß man glimpflich mit ihnen verfahren werde, hatten bereits nach Wunsch gestanden. Das Komplott war bis in seine letzten Verästelungen aufgedeckt.
Knops hatte sich darauf gefreut, in diesem Prozeß aufzutreten. Die Sekte der Christen, die anstelle eines mächtigen Wesens einen armen Gekreuzigten zu ihrem Gott erwählt hatte, war ihm von jeher höchst lächerlich erschienen, er verachtete sie aus tiefstem Herzen. Als Leibeigener geboren, war er erfüllt von einer ungeheuren Verehrung für alles Mächtige, Herrenhafte, und es erschien ihm idiotisch, einen Armen und Unterdrückten selig zu preisen und zum Gott zu erheben. Sein scharfer, bösartig ironischer Mutterwitz hatte von jeher, gerade wenn er sich die Christen vornahm, große Erfolge erzielt. Er verstand sich ausge-

zeichnet auf die Seele des Pöbels. Es konnte nicht schwer sein, den Massen die Christen als sanfte, heuchlerische, verbrecherische Brüder erscheinen zu lassen, die am liebsten den ganzen Erdkreis in der Flut ersäuft hätten. Vor allem freute sich Knops darauf, es dem Joannes zu geben. Er wollte, bevor er den Verhaßten zerschmetterte, noch gründlich seinen Spaß an ihm haben und den Burschen erst nach einer possierlichen Katz-und-Mausjagd abtun lassen.

Er sorgte also dafür, daß die Vernehmung des Joannes in seinem Beisein stattfand. Weit offen standen an diesem Tag die Tore der Gerichtshalle, und der Platz davor war schwarz von Volk, das mit anhören wollte, wie der Schauspieler sich vor Knops und dem Prätor wegen seines ungeheuern Verbrechens verantwortete.

Es begann aber Knops mit seiner berühmten, scharfen Höflichkeit: »So, mein Joannes, und jetzt sagen Sie mir, warum eigentlich haben Sie und Ihre Leute den Tempel der Tarate durch Ihr großes Wasser vernichtet?« »Genau das möchte ich Sie fragen, Knops«, erwiderte mit finsterm Behagen Joannes. »Warum wirklich sollte ich oder irgend einer von uns eine so ungeheure Eselei begangen haben, die nur dir und deinesgleichen und deinem sogenannten Nero nützen kann?« »Nun, mein lieber Joannes«, entgegnete sanft, ja lustig Knops, »es ließen sich da eine ganze Menge Motive denken. Ihr könntet es zum Beispiel getan haben, um die Göttin Tarate ihres Hauses zu berauben, sie außer Landes zu treiben und so ihr syrisches Volk schutzlos zu machen. Ihr könntet auch angenommen haben, eine solche Zerstörung und verbrecherische Haßtat werde wie ein Signal auf alle schlechten Elemente des Landes wirken, sodaß sie wie eure Flut gegen den legitimen Kaiser Nero losbrächen. Vielleicht auch habt ihr es einfach aus Haß gegen die Zivilisation getan, aus Haß gegen alles Hohe und Schöne, aus Haß gegen Eigentum, Ordnung, Familie, aus Haß gegen alle Götter außer gegen euern eigenen, den gekreuzigten.«

Die Worte des Knops machten Eindruck. Joannes hatte sich vorgenommen, vor diesem Gericht wenig zu sprechen. Allein er sah, daß seine mitangeklagten Glaubensbrüder auf seine Antwort warteten, er sah die Menge der Zuhörer, die an seinen Lippen hingen. Er mußte erwidern. »Wir eifern nicht gegen fremde Meinung«, belehrte er also ruhig und mit Würde seinen Widersacher und sein Auditorium, »auch wenn wir sie für falsch halten. Unser Gott rottet die irrigen Glaubenslehren ohne unser Zutun aus, wenn die Zeit gekommen ist. Auch sind wir keine Gegner der Zivilisation. Was wir hassen, ist nur die Üppigkeit, die Gefräßigkeit, das Maßlose. Wir glauben, Zivilisation ist Maß, Zivilisation ist Fügsamkeit in die göttliche Ordnung. Wir wollen niemandem seinen Gott wegnehmen. Behalte ein jeder seinen Gott und uns lasse man den unsern.«

»Sieh einmal an, mein lieber Joannes«, erwiderte mit liebenswürdiger Tücke Knops, »ihr seid also keine Gegner des Eigentums. Und doch hat ein gewisser Joannes auf sein Eigentum verzichtet, hat es abgetan, weggeworfen.« »Das werde ich dir nicht erklären, Knops«, sagte verächtlich Joannes. »Das verstehst du nicht mit deinem Knechtsverstand.« Knops verlor nicht seine Ruhe. »Ich denke«, sagte er mit freundlicher Verwunderung, »ihr seid für die Armen und Unterdrückten.« »Wir sind es«, entgegnete Joannes. »Aber es gibt Arme und Knechte, die wir verachten, das sind jene Armen, die reich werden wollen, und jene Knechte, die nach Herrentum gieren. Auf solches Geziefer wie dich zielte unser Meister und Gott, als er lehrte: ›Knecht soll Knecht bleiben.‹« Und er schaute so verächtlich auf Knops, daß dieser trotz seiner Dreistigkeit Mühe hatte, den Blick nicht niederzuschlagen.

Doch er schlug ihn nicht nieder, sondern erwiderte schon nach einem ganz kleinen Augenblick mit einer höflich tückischen, sanften Stimme, die dennoch allen vernehmbar war: »Ich an deiner Stelle, Joannes, würde nicht mit solchem Übermut darauf hinweisen, daß der Himmel durch seine Einordnung in Hoch und Niedrig, in Herren und Knechte seinen Willen bezeige und die Berufung des einzelnen. Denn wenn es das äußere Wohlergehen ist, wodurch er andeutet, wer gesegnet ist und wer verflucht, dann gehörst du, Joannes, bestimmt nicht zu den Berufenen. Wo ist dein Sohn Alexai, Joannes? Und wie stehst du selber da?« Es war alles Gift und aller Triumph der Welt in seiner leisen Frage.

Die Zuhörer standen und lauschten atemlos. In Joannes arbeitete es. Den mächtigen, olivfarbenen Kopf mit dem verwilderten Bart stieß er gegen Knops vor, mit den finsteren Mandelaugen glühte er ihn an, seine gewaltige Brust hob und senkte sich. Aber er bezwang sich. »Armer Mensch«, sagte er. »Das sind deine Triumphe. Ja, du hast ihn umgebracht, meinen Sohn, den Unschuldigen. Das ist also dein Beweis dafür, daß wir die Flut entfesselt haben? Armer Mensch. Es war einmal ein Brand in Rom. Da wußte ein gewisser Nero auch nichts Besseres, als unsere Brüder zu bezichtigen, sie hätten ihn angestiftet. Und der einzige Beweis, daß sie es getan hätten, war, daß er sie hinrichten ließ. Wo ist er jetzt, dieser Nero? Jämmerlich umgekommen ist er.« Er hatte sich vorgenommen, nicht zu reden. Aber nun war er in Glut, und es riß ihn fort. Er verzichtete auf alle Logik, ungeordnet mußte er es ihnen sagen, diesen Richtern und diesem Knops und diesen Zuhörern, was ihm durch den Kopf und durchs Herz ging. »Gebt gut acht«, wandte er sich an die Richter, »ihr, die ihr dasitzt im Namen dessen, der nur ein trauriges Abbild ist jenes Nero, der wenigstens der echte Kaiser war. Richtet nicht, auf daß ihr nicht gerichtet werdet. Denn das große Gericht steht bevor. Eine Welt«, und er wandte sich wieder an Knops, »in der Wesen zu Gerichte sitzen wie du und dein Herr, das amrselige Abbild des großen Untiers, eine solche Welt muß untergehen. Es wird heraufkommen, es wird sehr bald da sein, das Letzte Gericht, das Jüngste. Dann werden die vor dem Richter stehen, die in Wahrheit die böse Flut entfesselt haben, und die heute klein und niedrig sind, werden Zeugnis ablegen. Du aber, Knops, und deinesgleichen, ihr werdet arm und schlotterig dastehen in der Nacktheit, in der ihr geboren seid. Arme, Arme, Getriebene und Verurteilte, du und dein Terenz und dein Trebon.« Er sprach, ohne die Stimme zu heben. Er schimpfte nicht, doch seine Verachtung, sein mit Ekel gemischtes Mitleid war so leibhaft in seiner geübten Stimme, malte sich so

deutlich auf seinem zerklüfteten Gesicht, daß alle, Richter, Angeklagte, Zuhörer, voll spürbaren Grauens und Widerwillens auf den Knops schauten.
Knops, da er vor all diesen in seiner ganzen Jämmerlichkeit nackt stand, konnte sich nicht halten; seine Würde, sein ganzer, erborgter Prunk fiel von ihm ab. Rot angelaufen, mit überkippender Stimme, begann er zu keifen und zu fluchen wie in der Kneipe: »Du Hund, du Aas, du Bettelprophet, du Hurensohn. Glaubst du, wir haben Angst vor deinem traurigen Gott, dem gekreuzigten? Du wirst bald vor ihm stehen, du Verbrecher und Lügenhund, und vor seinem famosen Jüngsten Gericht. Du glaubst wohl, dir sei das Paradies der Seligen bestimmt? Sehr bald wirst du sehen und riechen und schmecken, wie dein Paradies ausschaut. Sehr genau wirst du es ausmessen können. Groß wird es nicht sein. Eine Elle breit wird es sein und drei Ellen lang, genau so lang und so breit wie der Platz, den dein verdammtes Aas auf dem Schindanger einnehmen wird und weithin riechen wird man es können.« Es dauerte eine gute Zeit, bis er zu schimpfen aufhörte und sich wieder in der Gewalt hatte.
Die Menge ging ihm ehrfürchtig aus dem Weg, als er sich entfernte, kein böses Wort wurde gegen ihn laut, ja, einige riegen ihm zu: »Sei gegrüßt, Knops, du sehr guter, sehr großer Richter.« Dennoch fühlte er, voll ohnmächtiger Wut, daß sein Abgang kein rühmlicher war.

Die hier abgedruckten Kapitel aus Feuchtwangers »ins späte Rom projizierte[n] satirische[n] Karikatur des Hitlerismus« (Georg Lukács) ist eine Persiflage des Reichstagsbrandes und des Reichstagsbrandprozesses (vgl. S. 118 ff.). Ihr Hintergrund in der Erzählung ist folgender: Der im Osten des römischen Reiches, im mesopotamischen Edessa lebende Exsenator *Varro* inszeniert einige Jahre nach *Neros* Tod ein raffiniertes Betrugsmanöver: Er gibt den Töpfer Maximus *Terenz* für den toten Herrscher aus. Die Situation in den syrischen Provinzen Roms scheint einem Aufstand günstig, denn im Volk, das unter Nero besser behandelt wurde als unter seinen Nachfolgern Vespasian und dem derzeit regierenden *Titus*, hält sich die Legende, Nero sei nicht tot und erscheine eines Tages wieder. Wie die Bewegung um den falschen Nero zur Massenbewegung wird, entwindet sich Terenz/Nero (Hitler) dem Einfluß Varros, dessen Instrument er ursprünglich war, und etabliert zusammen mit *Trebon* (Göring) und *Knops* (Goebbels) seine eigene Herrschaft. Jetzt geht es darum, die Grenzbevölkerung *Römisch-Syriens* dazu zu bewegen, von ihrer Regierung in *Antiochien* unter *Cejon* abzufallen und zu Nero/Terenz überzulaufen.
Lebe gefährlich: Vivere pericolosamente, Devise des italienischen Fascismus.
Die Woche der Messer und Dolche: Anspielung auf den Verhaftungs- und Terrorfeldzug der Nationalsozialisten nach dem Reichstagsbrand (27./28. 2. 1933).

Alfred Neumann
Rubikon*

Der erste Dezember war ein Montag. Der übliche Abendempfang bei dem Präsidenten der Republik unterschied sich wenig von den früheren Montagabenden. Es hatte Soirees gegeben, die stärker, und wieder andere, die schwächer besucht waren. Der Besuch also war mittelmäßig, auch die Besucher waren mittelmäßig, wenn man will; denn die großen parlamentarischen Namen blieben schon seit dem Sommer fort, seit der Revisionsverwerfung. Die elysäischen Montage waren keine Zwischenakte der Neutralität mehr, beim besten Willen nicht. Aber die Stimmung der anwesenden Mittelmäßigen war vorzüglich, von einer leichten Heiterkeit wie im Zwischenakt eines Lustspiels. Denn der berühmte Staatsstreich war im Begriff, ein Komödienstoff zu werden, und in der Höhle des sanften Löwen zu spazieren, war ganz vergnüglich und brachte zum wenigsten den politischen Witz der Woche ein. Wetten-ja? Wetten-nein? Ach, es wurde schon langweilig, eine dreijährige Gewitterwolke ist eine abgestandene Drohung. Nun ja, die literarischen Seher unter dem Oberbefehl des Propheten sahen neuerlich ganz wirksame Gespenster: das rote Gespenst der Kommune, geführt vom roten General Cavaignac und den roten Parteihäuptlingen, und das weiße Gespenst der Restauration, geführt vom weißen General Changarnier und den lilienhaften Herren Thiers und Berryer, tauchten mordbrennerisch oder reaktionswütig im Rücken des Désiré auf, dem die Stricke der Verfassung Arme und Beine fesselten. Nun ja, nun ja, er sprenge die Stricke, es geht so nicht weiter, wir wissen es, aber wir wissen es schon zu lange, wir haben keine Lust mehr zu wetten – nur die Wetter aus Leidenschaft wetteten jetzt, mit Rücksicht auf Weihnachten, auf den Januar –, wir sprechen schon mehr vom Erdbeben von Saloniki oder vom neuen italienischen Tenor oder vom neuen Lotterieskandal als vom Staatsstreich: er mache in Gottes Namen endlich seinen abgestandenen Staatsstreich!
»Wann setzt ihr uns endlich vor die Tür?« fragte ein Spaßvogel von einem Abgeordneten einen Dezembristen – und gewiß wußte er, daß der neue Cäsar in der Nähe stand.
»Bald, lieber Freund, ich hoffe, recht bald«, tröstete der Dezembrist den Witzigen und klopfte ihm herzlich auf die Schulter. – Louis stand in der Nähe mit dem alten Grafen Flahaut, er war heute kein finsterer Präsident, er trug sein dünnes Lächeln hierhin und dorthin, er hörte mit seinen scharfen Ohren dies und jenes, die Witzbolde bewiesen ihm ziemlich dreist ihre Ahnungslosigkeit, das war gewiß gut; aber der Unernst dieses Abends, der einen schweren Ernst in den Falten seiner Nacht verbarg, kränkte ihn heimlich. Es war die alte Kränkung für den ernsten Mann, der Unernst klebte an ihm so hartnäckig wie das Glück; aber sein

* Alfred Neumann: Rubikon. Schlußkapitel aus dem Roman »Neuer Cäsar«, Amsterdam, de Lange 1934, S. 618–637.

Glück war doch so humorlos wie er. Der alte Flahaut, der so viel Glück erlebt hatte, wunderte sich über jedes neue Glück, jetzt über das unausbleibliche Glück des Staatsstreiches. Er war gefühlsselig und erinnerungssüchtig und wußte doch so wenig wie die Spaßmacher, was die nahe Nacht verbarg. »Wenn ich Sie sehe, Monseigneur«, gestand er bewegt, »denke ich immer an...«
»... an Napoleon, nicht wahr?« half Louis freundlich.
»... an Horten... an die Königin«, sagte der Alte inständig, »sie war die mutigste Frau und einmal...« Flahaut führte das Taschentuch an den Mund und biß vorsichtig mir seinen falschen Zähnen in den Stoff, so lebendig war die Erinnerung an Hortense, wie sie damals neben ihm von St. Leu nach Paris fuhr, im letzten Augenblick vor der Geburt seines Kindes, und wie sie mit den Zähnen das Spitzentuch zerriß, wenn die Wehen kamen, wie sie, lautlos, mit den Zähnen den Schmerz zerriß – doch das konnte er dem Präsidenten nicht sagen, natürlich nicht – aber wie hieß nur die Straße, die schreckliche Straße, in der sie seinen Sohn bekam und mit maßloser Härte beide von sich stieß, den Sohn und den Vater: wie hieß nur die Straße? Er fand die Straße nicht.
»Wo ist eigentlich mein Sohn, Hoheit?« fragte er; denn er fand auch den Grafen Morny an diesem Abend nicht, er war sehr stolz auf seinen Sohn.
»Im Theater«, sagte Louis zerstreut, um seinen trüben Kopf stand Zigarettendampf, sein Kopf war umwölkt wie seine Augen. Der Bruder war im Theater, in der Opéra-Comique, zur Premiere von »Blaubarts Schloß«, um sich in seiner gewohnten Orchesterloge zu zeigen, um aller Welt zu zeigen, wie harmlos dieser Montagabend sei. Gewiß, er wird nur bis zur großen Pause bleiben, er hat kurz nach zehn Uhr hier zu sein: aber das wußte niemand, das gehörte zum anderen Theater. Louis kniff die Augen zusammen, Flahaut schwätzte greisenhaft gerührt, er konnte ihm nicht verbieten, von Hortense zu sprechen, der großen und wachsamen Mutter, er konnte ihm nicht verbieten, ihr Geliebter gewesen zu sein, die Komödie rührte bis an ihren heiligen Ernst. Der große Speisesaal war lustig, bis auf die feierlichen Lakaien, die Punsch und belegte Brötchen servierten. Selbst die Landschaften an den Wänden waren heiter: da war das Schloß Benrad am Rhein bei Düsseldorf, heiter und prächtig, – und der Rhein war doch für ihn ein ernster, gar ein unleidlicher Strom – und im Vordergrund des Bildes spielten Murats Kinder. Alle Gäste waren guter Dinge, und die Wissenden schienen gerne mitzumachen. Der Prophet saß bei seinen süßen Herzoginnen, rotbäckig und glücklich, und man sah ihm den Esprit an, den er entwickelte. Mathilde war hübsch, klug und heiter, dieser Dreiklang gehörte zu ihr, man sah ihr keine Unruhe an, sie kannte ja auch nicht den Inhalt dieser Nacht, sie wußte nur, daß es bald geschehen würde, sie hatte Geld flüssig gemacht und sogar einen Schmuck verkauft, damit der Milchbruder Reserven habe; denn die gute und zuverlässige Stimmung der stark vermehrten Garnison Paris kostete viel Geld – sie sorgte sich gewiß für ihn und für seine Seele, die sie nicht für kräftig hielt, und für sein Herz, das sie für sehnsüchtig hielt und dennoch niemandem gönnte, auch nicht der vorsichtig fernen Eugenie – doch sie zeigte es nicht, sie ließ ihren Drei-

klang spielen und lachte mit ihrem bärtigen Antinous. Der General Vaudrey federte ewig jung und aufgepolstert umher, Kavalier des Empire, des alten und des neuen, blitzender Feldherr des kalten Büfetts, und er kommandierte die Lakaien wie einst die vierte Artillerie, glorreich, aber im Grunde überflüssig. Der Kriegsminister unterhielt sich mit dem berühmten Novellisten, der trotz seiner kalten Augen die »Carmen« geschrieben hatte und zudem ein alter Freund der Familie Teba war; und konnte man aus ihren heiter besinnlichen Gesichtern schließen, was sie sprachen, so ging es wieder um gefährliche Frauen. Der Polizeipräsident stand bei dem neuernannten Stabschef der Nationalgarde, mit dem der Präsident der Republik vorhin eine wenig beachtete Unterredung gehabt hatte, die Hand an einem Uniformknopf des Obersten – die beiden Eingeweihten standen zusammen; aber auch sie waren nicht ernst, wie es diese Nacht verlangte, sie lachten sogar laut, sie erzählten sich vielleicht Staatsstreichwitze. – Gibt es heute keinen ernsten Menschen außer mir?

Aus dem angrenzenden Salon des aides-de-camp (in dem der große N Sonntags zu speisen pflegte) trat ein ernster Mensch in den spaßigen Saal und blieb verschüchtert stehen. Es war der Lehrer Le Bas.

Louis eilte zu ihm. Es ging so schnell, daß der alte Graf Flahaut noch eine Weile ins Leere schwatzte. Wer aufmerksam war – es waren nicht viele –, der konnte sehen, wie der kalte Cäsar einen fremden Mann sehr innig umarmte. Der Prophet gehörte zu den Aufmerksamen, er hielt sich immer so, daß er den Präsidenten nicht aus dem Auge verlor, er war der Riese Atlas, der alles trug, er war der Christophorus, der den schweren und unwägbaren Herrn auch über den Rubikon zu tragen hatte, er trug selbst die Verantwortung für die Seelenlast des neuen Cäsar und er kannte den umarmten Fremdling. Die Beiden schritten schon aus dem Saal, Arm in Arm. Er holte sie ein. »Welch seltener Gast, verehrter Professor!«, und er schloß sich ihnen an. Doch Louis sagte freundlich, aber mit unfreundlichen Augen: »Bleiben Sie ruhig bei den Damen, lieber Persigny.«

»Ja, Philipp, es ist beschlossen, unwiderruflich. Es geschieht bald, sehr bald. Es ist die Erfüllung des souveränen und immer ungeduldigeren Volkswillens. Es geschieht, um die Anarchie zu vermeiden.«
Le Bas lächelte bitter, er war gealtert. »Ich sehe, Hoheit, daß Sie sich die bekannten Schlagworte zu eigen gemacht haben.«
»Nennen Sie mich bei meinem Namen«, bat Louis, »weiß Gott, wann wir uns wiedersehen.«
»Weiß Gott«, sagte Le Bas, »und selbst die Hoheit gilt nicht mehr lange, selbst der Name, mit dem ich Sie nennen soll, gilt nicht mehr lange; denn Sie wollen doch nicht, daß ich Sie Napoleon nenne?«
»Nein, Philipp«, antwortete Louis; »aber verhöhnen Sie nicht Ihr eigenes Herz. Sie leiden ja mehr als ich. Sie dürfen Ihr ganzes Leid aussprechen, Ihre Bitterkeit, Ihre Angst, Ihren Abscheu, Sie dürfen sogar anklagen. Ich werde mich we-

nig verteidigen; aber ich werde zuhören und uns nicht stören lassen und Ihr liebes Gesicht anschauen. Weiß Gott, wann wir uns wiedersehen.«
»Louis!« flehte Le Bas, »ich bitte Sie, verteidigen Sie sich! Machen Sie mich nicht noch unnützer und vergeblicher, als ich schon bin!«
»Was wollen Sie, ohne Anklage, für eine Verteidigung hören, Philipp? Ich lasse unmittelbar nach der Aktion das Volk, dem ich das uneingeschränkte Wahlrecht wiedergebe, über meine Zwangsmaßnahmen und meine Verfassungsvorschläge abstimmen. Ich tue nichts ohne die Autorisation des Volkes. Ich tue alles, weil das Volk es so will.«
»Louis, darf man den Eid brechen, weil das Volk es so will?«
»Ich habe darüber drei Jahre nachgedacht, und inzwischen hat das Volk meinen Eid zerbrochen, und jetzt reißt es den zerbrochenen Eid von mir ab.«
»Das ist keine edle Erklärung, Louis, keine mutige Verteidigung. Das riecht nach den bekannten Fleckwassern Ihrer Komplizen.«
»Ich habe nur einen Komplizen, Philipp, einen gewaltigen Anstifter, einen unwiderstehlichen Antreiber und Wegbereiter: die Nation.«
»Und warum lassen Sie nicht lieber sich als Ihren Eid in Stücke reißen, Louis?«
»Weil mit mir Vernunft, Ordnung und Wohlfahrt des Staates in Stücke ginge.«
Le Bas bedeckte die Augen mit der Hand, er konnte den kühlen und sicheren Mann nicht mehr ansehen. – Früher, dachte er, berief er sich auf seinen Stern, heute ist er selber Stern, Volksstern, und beruft sich dreist auf sich. – »Louis«, sagte er, »Sie sind nicht aufrichtiger geworden.«
Louis schwieg.
»Louis, jetzt muß ich weiter reden; denn unsere Wege trennen sich ja ganz und gar und ich muß meine verfehlte Sendung bei Ihnen abschließen, ich bin ein schlechter Lehrer, aber dennoch gewissenhaft. Es gibt auf dieser Erde keinen, der Sie länger und besser kennt als ich, und ich kenne Sie nicht gut. Die Undeutlichkeit ist Ihre Kunst, Ihre Waffe und eines der Geheimnisse Ihres Erfolges. Ich bin also nicht hergekommen, weil ich mir einbilde, Sie in zwölfter Stunde von dem Weg abzubringen, auf dem Sie zeitlebens gehen, für den Sie geboren sind und auf dem schon Ihre große Mutter ging, als sie Sie trug. Es muß eine Kraft der Mutterschaft geben, die auch das schwunglose Kind im Schwung des vorgefaßten Schicksals erhält. So erklärte ich mir Ihr erstaunliches Leben, seinen mittelbaren Trieb und sein indirektes Glück. Denn Sie sind kein Cäsar und heißen doch nun so. – Ich bin gekommen, um Ihnen Abschiedsworte zu sagen, ich hatte zwanzig Jahre lang Zeit, sie zu überlegen. Es sind überlegte Worte, Louis, es sind harte Worte. Ich leide dabei mehr als Sie, wie Sie wissen.«
Louis schwieg.
»Louis, ich weiß, Sie sind populär. Sie werden die Absolution für den Staatsstreich erhalten, Sie werden Ihre neue Zweikammverfassung mit der Präsidialspitze mühelos erreichen, Sie werden durch Senatskonsulat das Kaisertum vorschlagen und es wiederum durch das Plebiszit mühelos und sogar mit großartiger Mehrheit erreichen, in einem halben Jahr oder in einem Jahr. Das ist der techni-

sche Weg, wie ihn Ihre ungeduldigen Freunde schon oft skizziert haben. Sie können mit dem Volk machen, was Sie wollen. Aber man kann zu Ihrer Rechtfertigung sagen: das Volk kann mit Ihnen machen, was es will. Was sind Sie also für ein brüchiger Cäsar, Louis – haben Sie darüber schon nachgedacht? Warum sind Sie der Désiré? Weil Sie zur richtigen Zeit da sind. Gut, das ist schon ein Verdienst, das ist das passive Genie der meisten Volkstribunen, das ist die gute Position aller Revolutionsgewinnler. Denn, nicht wahr? jede Revolution schlägt immer höhere Wellen des Radikalismus, die Große Revolution gebar fünf, sechs Springfluten von Blut und Terror, dann kam der Große Napoleon, der Mann der Vorsehung, die das entsetzte Volk immer vor die leichte Wahl stellt: Selbstvernichtung oder Vernichtung des Wahnsinns. Das Volk war gewitzt und im Grunde revolutionsfeindlich geblieben. Achtundvierzig schlug zwei kleine blutige Ringe: dann kamen schon Sie, namens Napoleon. Denn ich sage Ihnen: der echte Bonapartismus ist eine einmalige Exaltation gewesen, der letzte und gänzlich unfranzösische Wahnsinnsring der Großen Revolution. Unser Volk liebt nicht und nie mehr das Kolossalische, das Übertriebene, Maßlose, das Irrationale. Wie also kamen die zwei Spekulationen so trefflich zusammen: das Ordnungsbedürfnis und die Vernunftsgier der Nation mit dem bewußten Trieb Ihrer Existenz? Nicht durch Zufall, Louis, nicht nur durch die grimmige Mathematik der Zeit, wahrhaftig nicht durch Ihre persönliche Leistung, Louis, sondern durch einen zugleich verlegenen, höhnischen und gewissenlosen Kompromiß der Zeitgeschichte. Unser Volk hat eine religiöse Liebe für die Tradition, sie ist das einzige, vor dem unsere ironische Vernunft verstummt, und unsere Gloire ist eigentlich unübersetzbar. Die Traditions-Gloire unseres Jahrhunderts ist Napoleon, keineswegs der unfranzösische echte Bonapartismus. Sie, Louis, erscheinen in dem wunderbar richtigen, verhängnisvoll richtigen Zeitpunkt, wo eine Generation zwischen uns und der Gloire steht. Das heißt: die Alten haben die Menschenhekatombe vergessen, die sie gekostet hat, und die Jugend kennt nur die Aureole. Die gewitzigte Zeitgeschichte aber findet Sie, einen reizenden, liebenswürdigen, maßvollen, gänzlich unnapoleonischen Menschen namens Napoleon. Sie zieht Ihnen die Traditionsuniform an, und das Volk glaubt an die Wiederauferstehung. Ihr habt euch auf den Kompromiß des unechten Bonapartismus geeinigt. Glaubt ihr denn, daß es gut gehen wird? – Um Gott, Louis, glauben Sie denn, daß es gut gehen wird?«

Louis schwieg.

»Louis, der erste Bonapartismus war das Verhängnis der ersten Jahrhunderthälfte, nicht nur für uns. Der unechte Bonapartismus, der prompt mit der Säkularmitte anhebt, wird das Verhängnis der zweiten Hälfte sein, und die Dritte Republik, die einmal sein schweres Erbe antreten wird, wird noch darunter zu leiden haben, sicherlich auch Europa. Sie haben Achtundvierzig verdorben, Louis, nicht nur in Frankreich, sondern in aller Welt, aber Sie verderben noch mehr, viel mehr. Sie verderben alles, was Sie an Tugenden aufzeigen; denn auch Ihre Tugenden sind unecht. Sie sind liberal und werden den Liberalismus verderben;

denn Sie werden als liberaler Kaiser, lächelnd und liebenswürdig, zur Tyrannis kommen, um sich halten zu können, zur offenen oder versteckten. Und Ihr verdorbener Liberalismus wird weiter wirken, weil er sich als handlich und praktisch erwiesen hat, und vielleicht noch das zwanzigste Jahrhundert unglücklich machen. Sie wollen den Frieden, Sie lieben ihn sogar; denn Ihr Wesen ist unkriegerisch und Ihr Herz, Ihr gutes Herz, kann sich wohl verschließen, aber vielleicht nicht verhärten. Doch Sie prägen die falsche, die blasphemische Formel: das Imperium ist der Friede, und Sie verderben damit den Frieden; denn Sie züchten damit den anspruchsvollen Nationalismus, der bald, Louis, sehr bald an Ihrer Traditions-Uniform und der musealen Gloire sich übergesehen haben wird. Der Kompromiß wird an der furchtbaren Gloire scheitern, die man von Ihnen verlangt, früher oder später. Sie werden mit Ihren Kriegsgottrequisiten Kriege machen müssen, um den Sturm der Enttäuschung von innen nach außen zu lenken. Sie werden mit Ihren weichen Händen das harte französische Schicksal versuchen müssen, das jenseits des Rheins ist, Sie werden gegen das rätselhafte Land ziehen müssen, das Ihnen das erste Wissen und die erste Sprache gegeben hat, vielleicht auch den sanften und eigensinnigen Traumwandel Ihrer Geduld. Sie, der blutscheue Mann, werden Blut säen und Blut ernten, Sie werden den furchtbaren Wechselhaß vom Sieger und Besiegten auslösen und den unabsehlichen Wechselgang von Triumph und Revanche, der über die Generationen hinzieht und sie vernichtet oder für die nächste Vernichtung aufspart. So wie Sie diesen Staatsstreich machen: so unwillig-willig, so vergewaltigt-gewalttätig, so gequält rabulistisch werden Sie die Welt vergiften müssen, mit dem Verhängnis Ihrer Unechtheit und mit den Drogen Ihrer Liebenswürdigkeit, und wenn es Gottes Zorn will, wird das Gift noch hundert Jahre wirken. Und da Sie klug sind, sehr klug, so klug wie schwach gegen den Trieb Ihres Lebens, da Sie immer klüger werden, immer schwächer auch gegen die Strömung, so werden Sie vielleicht der Einzige sein, der erkennen wird, wohin Ihr Zeitstrom geht. Sie sind nicht zu beneiden, Louis; denn Sie werden sehenden Auges sein, immer hellsichtiger, immer nebliger und immer willenloser. Sie sind kein Cäsar, Louis; denn Ihr Glück ist keine Sonne, sondern ein Grubenlicht.«
Louis schwieg.
»Louis, ich liebe Sie seit mehr als dreißig Jahren, und dies jetzt ist der Epilog. Ich sollte mich damit begraben lassen, aber dazu bin ich noch zu jung. Wäre ich maßlos und rabiat wie die Brutusse und Catos aus meines Vaters Kreis, so käme ich bis zur heroischen Konsequenz, Sie zu töten, um der Nation und um Ihnen selber den Cäsar zu ersparen, oder mich zu töten, damit ich aus dem alten Dilemma herauskomme. Aber ich tue weder das eine noch das andere, ich habe nicht das Zeug dazu, ich bin skeptisch gegen derlei und ich bezweifle auch, ob jene merkwürdige Frau Gordon, die möglicherweise der einzige Held unserer Zeit ist, an Cato dachte, als sie neulich das andere getan hat; denn sie war doch, schien mir immer, vom Cäsar besessen.«
Louis schwieg, ja, er schwieg auch jetzt noch, er empfing stumm Stoß um Stoß, er

mußte doch bluten – er ließ die schweren Lider hängen und rauchte schon geraume Zeit nicht mehr, das war alles.
– Er ist unheimlich, dachte der Lehrer, er ist, wenn er will, unmenschlich, er kann sich doch verhärten, rings um das weiche Herz herum, ich spreche gegen einen Stein, wenn er will.
»Louis, wozu habe ich dann noch das Zeug, wenn ich nicht groß handeln und nicht klein beigeben will? Ich habe im Sommer für die Revision gestimmt, um Ihnen den Meineid zu ersparen. Es war umsonst und wohl auch nicht nötig; denn Sie sind auch damit fertig geworden. Jetzt, Louis, gehe ich zu den Feinden über; denn Sie haben ja noch Feinde, glauben Sie mir. Der Widerstand ist organisiert, und dient er auch nur dazu, der Truppe die gute Gelegenheit zum Schießen zu geben. Ich gehe auf die Barrikade, Louis, vielleicht komme ich dann aus dem Dilemma.«
Louis schwieg und der Lehrer war fertig, er war ausgepumpt und leer und sehr unglücklich. Louis sah aus wie ein kummervoller Schläfer.
»Sprechen Sie doch ein Wort!« flehte Le Bas verzweifelt.
»Lieber, lieber Feind«, sagte Louis weich und gehorsam.
Le Bas rief erschüttert: »Das genügt nicht, Louis – nach alledem!«
»Nach alledem...« sann Louis und hielt den Kopf etwas schief. »Philipp, ich habe unser Arenenberg verkaufen müssen, – aber ich werde es zurückkaufen, wenn ich Kaiser bin.«

Persigny war zerstreut und sein Esprit ließ nach. Endlich erschien Louis wieder im Saal, allein. Der Prophet hatte scharfe Augen: Louis' Gesicht war unverändert, er zeigte sein schläfriges Lächeln jedem, der es sehen wollte. Persigny war beruhigt und wieder galant bei der Sache; aber er hatte die Uhr im Kopf. Er suchte mit den Augen den Kapitän Laity, der den Blick auffing und leicht nickte. Louis winkte dem eleganten Kommandeur eines Versailler Kavallerieregiments. »Sie fahren heute noch zurück, Herr Oberst?« – »Ich wollte eigentlich im Hotel übernachten, Hoheit.« – »Sie haben die Freundlichkeit, zurückzufahren und die Nacht in der Kaserne zu bleiben. Es könnten Orders kommen.« – »Zu Befehl, Hoheit.«
Louis lehnte an einer Säule, plötzlich müde. Irgend jemand redete auf ihn ein. »Ja ja«, sagte er hin und wieder. Er sah zu Persigny hinüber. – Was soll ich ihn fragen? dachte er. Soll ich ihn fragen, warum sich die Gordon das Leben genommen hat? Was für eine dumme Frage! Denn er wird nicht antworten: um Ihretwillen. Warum soll ich fragen? Wenn ich so verhängnisvoll bin, wie Le Bas sagt, muß ich mir die Neugierde gänzlich abgewöhnen. – Sporen schlugen leicht zusammen, Louis sah auf, Kapitän Laity sagte: »Zehn Uhr, Herr Präsident.« – »Danke, mein Lieber«, sagte Louis und sah ihn an. – Er hat auch die Gordon schon vergessen, dachte er, und tanzte doch auch in ihrem Reigen mit.
Als er sich auf stille Art zurückziehen wollte, sah er Mathildens ernsten Blick. Er

ging zu ihr, sie kam ihm entgegen. »Ich muß noch etwas arbeiten«, sagte er lächelnd, »ich darf mich verabschieden, Liebe.«
»Ich gehe auch«, sprach sie, und sie setzte leise hinzu: »Wenn Sie es nicht bald wagen, Louis, nimmt man es nicht mehr ernst.«
»Mein Ernst genügt«, sagte er, »und Sie dürfen mir für diese Nacht alles Gute wünschen.«
»Lieber Gott...« flüsterte sie und wurde blaß. Aber dann sagte sie laut und lustig: »Also gute Nacht, Louis, gute Nacht!« Denn es waren Leute in der Nähe. Kapitän Laity sagte zum Kriegsminister: »Es ist zehn Uhr, Exzellenz.« Dann ging er zum Polizeipräsidenten. »Es ist zehn Uhr, Herr de Maupas.« Der Minister mußte noch ins Ministerium, der Präfekt ins Präsidium. Es waren fleißige Leute, und sie verursachten den allgemeinen Aufbruch. Es geschah ein wenig früher als gewöhnlich; aber man hatte sich nichts mehr zu sagen und auch nichts mehr zu witzeln. Der Präsident hatte sich schon zurückgezogen, man drängte aus der Höhle des sanften Löwen. – »Wette Januar!« rief der Spaßvogel in der Garderobe. Man sah den Kriegsminister und den Polizeipräsidenten das Palais durch das helle Hauptportal zur St. Honoré verlassen.
Der Schloßhof war dunkel. Die beiden Herren schlugen einen überraschenden Haken nach links und drückten sich in eine Kellertür, die nur angelehnt war. Dahinter stand Thelin mit einem Windlicht.

Das Arbeitskabinett war sehr hell, auf Befehl des Präsidenten, gegen den Regiewunsch des Propheten, der von seiner halbdunklen Verschwörerbeleuchtung nicht lassen konnte. Louis saß am Schreibtisch, auf dem zum Überfluß noch ein siebenarmiger Leuchter brannte, die anderen standen. Er zeigte ein kaltes Gesicht und gar keine Feierlichkeit. Persigny, der dramatische Mann, war damit nicht recht einverstanden; ihm brannten gewaltige Worte auf der Zunge, lapidare Napoleon-Worte; denn es war doch schließlich eine große Stunde. Der neue Cäsar sagte: »Also!«, weiter nichts, öffnete ein Geheimfach und entnahm ihm einen großen grauen versiegelten Umschlag, auf dem mit mächtigen Versalien: RUBIKON stand. Das Kennwort hatte der Prophet erdacht und geschrieben, ein klassischer Mann.
»Rubikon«, sagte Louis leichthin, sogar etwas spöttisch, und tat, als läse er es zum ersten Mal. Dann erbrach er die Siegel und öffnete den Umschlag. Es enthielt die offiziellen Dokumente des Staatsstreiches: das Dekret der Parlamentsauflösung und der Wiederherstellung des unbeschränkten Wahlrechtes, die Verhängung des Belagerungszustandes über das Seine-Departement, die Proklamation des Kriegsministers an die Armee, den Aufruf des Polizeipräsidenten an die Pariser Bevölkerung und die Ernennung des Grafen Morny zum Minister des Innern mit außerordentlichen Vollmachten. Louis unterschrieb Akt für Akt mit rascher und leichter Feder. Der Kriegsminister wünschte die Spezialorders für sich und den Kommandierenden General schriftlich und in doppelter Ausfertigung, er war ein mutiger, aber auch ein genauer Mann. Louis diktierte sie klar

und knapp seinem Kabinettschef und unterschrieb sie dann. Der Kriegsminister nahm sie an sich und war immer noch nicht zufrieden; er wünschte zum Auflösungsdekret die gesetzliche Gegenzeichnung eines Zivilministers. Die gesetzliche Gegenzeichnung zu einem ungesetzlichen Akt? Louis lächelte. Der Prophet meinte: »Die Zivilminister schlafen bekanntlich, Exzellenz.« Louis sah den Bruder an und sagte: »Herr Minister des Innern, paraphieren Sie.« Der Bruder war im Frack und weißer Binde, er trat an den Schreibtisch und schrieb, weiß behandschuht und nachlässig, seinen Namen in die vorgeschriebene Ecke. Ein Ordonnanzoffizier nahm die für die Nationaldruckerei bestimmten Dokumente an sich.

»Ich wiederhole die Generallinie«, sagte Louis. »Um Mitternacht erfolgt die militärische Besetzung der Nationaldruckerei, der Telegraphen und aller Glockentürme. Um drei Uhr empfängt der Kommandierende General im Kriegsministerium den Aktionsbefehl und übernimmt die vollziehende Gewalt. Um drei Uhr dreißig beginnt der Truppenaufmarsch, der bis fünf Uhr dreißig beendet zu sein hat. Um sechs Uhr setzt die Polizeiaktion ein, um sechs Uhr dreißig müssen alle Verhaftungen erfolgt sein. Um sieben Uhr besetzt Graf Morny mit einer Infanteriekompagnie das Innenministerium und übernimmt die Amtsgewalt. Zur gleichen Zeit besetzt Vicomte de Persigny als Regierungskommissär mit zwei Bataillonen Infanterie das Palais Bourbon, evakuiert die Nationalversammlung und schließt den Staatsrat. Die Verantwortung für alles, was geschieht, trage ich allein, für Gegenwart und Zukunft.«

Jetzt war es eine Weile still. Louis legte den Kopf an die hohe Rückwand des Schreibtischstuhls, blinzelte in das Licht der Kerzen und tastete mit der Hand nach dem Zigarettenkasten. – Er ist unheimlich ruhig, dachte Persigny und reichte ihm Feuer, er ist unheimlich.

Louis zog den Rauch tief in die Lunge. Dann sagte er: »Herr de Maupas, die Liste.«

Der junge Polizeipräsident fuhr ein wenig zusammen; denn er erwartete nicht, daß er noch aufgerufen würde, und hielt gerade im Geist eine Rede an die Pariser Polizeikommissäre, die im Präsidium auf ihn warteten, und diese Rede war von der leisen kühlen sachlichen Rede des neuen Cäsar stark beeinflußt, ja, sie kopierte sie sogar bis auf den berühmten fremden Akzent und das unbewegliche Gesicht. Der große Präsident war imponierend, der kleine strebsam. Er zog ein schwarzledernes Notizbuch aus der Tasche. »Die Haftbefehle sind bereits ausgeschrieben, werden von mir um zwölf Uhr unterzeichnet und ausgegeben. Die fraglichen Straßen werden durch Polizei und republikanische Garde gesichert, soweit sie nicht schon militärisch besetzt sind. Punkt sechs Uhr fünf Minuten werden verhaftet: General Changarnier, rue du Faubourg St. Honoré 3, durch Kommissar Lerat und Kapitän Baudinet; General Cavignac, rue du Helder 17, durch Kommissar Collin; Herr Adolphe Thiers, Place St. Georges 1, durch Kommissar Hubaut I...« Es war eine ziemlich lange Liste.

Louis rauchte schöne blaue Ringe in die Luft. Der Präfekt war am Ende, es war sehr still. Louis warf die Zigarette fort. »Setzen Sie ferner auf die Liste«, sagte er und sah in die Luft, »Professor Philipp Le Bas, rue du Sentier 12.«

Es war so still im Raum, daß man die Kerzen brennen hörte. Selbst der Prophet senkte den Kopf. Nur der Bruder lächelte vor sich hin: es war eine sonderbare Familie.

Louis lag im Bett und las Oden von Victor Hugo. Sie schläferten nicht ein, zum Unterschied von den monotonen Edelversen des anderen großen Dichters; aber Louis wollte sich nur prüfen, ob er in dieser Nacht Gedichte lesen könnte. Nun, er las sie recht aufmerksam, wenn auch mit müden Augen. – Meine Feinde sind treffliche Poeten, dachte er, ich bin das Verhängnis auch für die großen Dichter – das hatte Le Bas vergessen zu erwähnen.

Thelin kam mit zwei Gläsern, einem Glas milchigen und einem Glas klaren Wassers, und stellte das Tablett auf den Nachttisch. Das war das Schlafmittel. Louis schaute vom Buch auf und sah ihm in das Gesicht mit den eingebügelten Falten. – Ob er weiß, daß Miß Gordon tot ist? Ich könnte ihn doch fragen – ich möchte doch gerne von ihr sprechen... – Thelin ließ die Lider hängen wie er und sah immer etwas abweisend aus; Louis wußte auch, daß ihm undienstliche Gespräche unangenehm waren. – Warum soll ich von ihr sprechen? Es läuft ja doch auf die dumme Frage hinaus... Thelin öffnete ein Fenster auf den vorgeschriebenen Spalt und fragte dann wie an jedem Abend (ganz als wäre diese Nacht wie jede andere Nacht): »Was ziehen Hoheit morgen an?«

»Ja«, lächelte Louis, »was ziehe ich wohl morgen an?«

»Zivil natürlich«, sagte Thelin und machte Zeitgeschichte, »denn man kann es keine Parade nennen.«

»Richtig, mein Lieber, ganz richtig. Und Sie wecken mich morgen wie gewöhnlich, gute Nacht.«

Louis schloß die Augen. Jetzt werden die Gedanken anmarschieren, Le Bas hat den Generalmarsch geschlagen, und es sind wahrhaftig nicht lauter neue Gedanken, die er alarmierte. Wenn Louis das große Verhängnis ist, für die Gordon, für Les Bas, für das Parlament, für Frankreich, für Europa, für die Gegenwart, für die Zukunft, wird er füglich in dieser Nacht nicht schlafen können. Aber sieh, das Verhängnis ist die vertraute Wolke und segelt mit ihm sanft in den Raum. – ›Angesichts Gottes und vor dem französischen Volk... schwöre ich...‹ Das ist der Schwur, von weit her, Fetzen des Schwures aus sanfter Ferne, kaum ein Nachruf: so schnell schwebt er davon. Das Leben ruht gut und weich in der Wolke. Gott ist still, sein Schweigen kann Lob sein oder Tadel oder auch nur Geduld gegen den Geduldigen oder Langmut gegen das schwere Herz. Louis schlief ein, ohne das Schlafmittel.

Es marschiert, es marschiert, es sind doch die aufgewirbelten Gedanken, die gegen die Bastei des Schlafes rennen: Louis wacht auf, durch den schwarzen Raum klappt leiser Laut immerzu, trockner Takt, trockner Takt, es ist mein Herz, es ist

das laute Herz dieser Nacht, es ist Massenschritt, die Bataillone hämmern herrlich durch die Straßen, sie marschieren auf, sie marschieren!
Louis lächelt. Er will ein guter Kaiser sein. Er marschiert mit, in der Wolke des Schlafes.

Louis wachte auf. Die Sonne von Austerlitz schien nicht, wie aus Trotz, es war ein kalter grauer Tag. Thelin brachte eine Depesche des rührigen Polizeipräsidenten. Sie lautete napoleonisch:
»Sieg auf der ganzen Linie.«
Es war eine komische Depesche; denn im Programm des Staatsstreiches war keine Schlacht vorgesehen. Das neue Reich begann unernst.
Paris wachte auf und las die Proklamationen. Nun gut und endlich! Niemand weinte dem Parlament eine Träne nach. Aber was für eine schreckliche Kriegsmaschine setzte der liebe alte Staatsstreich in Bewegung? Paris konnte sich nicht rücken und nicht rühren und kaum atmen: ein so großmächtiger Waffenpanzer lag plötzlich auf der Stadt. Eine Soldatenmauer stand von den Tuilerien bis zum Elysée, auf den Boulevards, um alle öffentlichen Gebäude, auf allen irgendwie strategischen Punkten; Kanonen auf dem Konkordienplatz, vor der Madeleine, auf dem Bastilleplatz, auf dem Bourgogneplatz: will Désiré mit seinen vielen Kanonen auf die vielen Spatzen schießen? Paris ist eine ironische Stadt. Aber die vielen neuen Staatsstreichwitze kamen so wenig auf wie die Barrikaden. Der Panzer war zu dicht.
Louis ritt aus, mit cäsarischem Prunk, in einer Wolke von Generälen, zwischen Soldatenmauern. Der Staatsstreich war eine Parade, nichts als eine neue Parade; ganz im Hintergrund das Publikum sah es nicht anders. Louis kehrte mittags zurück und war sehr ernst. Der Glockensturz seiner Macht war über das große Gelächter gestülpt. Das Rumpfparlament, das in einer Mairie tagte und den Präsidenten der Republik dramatisch und sinnlos außerhalb des Gesetzes stellte, wurde zusammengetrieben wie eine Schafherde und interniert. Der Tag war still, viel zu stille. Die Stadt war viel zu still.
Im Elysée war es still. Der neue Cäsar saß unter dem Glockensturz seiner fugenlosen Macht und wird vielleicht ersticken. Es wäre der schaurigste Witz seiner Zeitgeschichte.
Wir haben zu reinen Tisch gemacht«, sagte der Bruder. »Paris ist an seine Dreitagerevolution mit den bekannten Steigerungen gewöhnt. Wir werden uns danach richten müssen, sonst glaubt man uns nicht, daß wir ernst gemacht haben.«
»Wo sind denn«, rief Louis, »die polizeinotorischen Terrorgruppen, die Anarchisten und Kommunisten?«
»Sie sind schon da, Louis; aber sie finden leider nicht das kleinste Plätzchen, sich zu entfalten.«
»Selbst Le Bas sagte, daß der Widerstand organisiert sei. Ich bemerke nichts.«
»Fürchten Sie, Louis«, lächelte Morny, »daß Sie Ihren fürsorglich verhafteten

Freund Le Bas ganz umsonst von den Barrikaden und dem Standrecht bewahrt haben?«
»Ich fürchte den Unernst, Morny!«
Am 3. Dezember sagte der Innenminister zum Kommandierenden General: »Der Plan des Gegners ist, sich totzustellen und die Truppe zu ermüden. Sie haben nicht nur die Generalvollmacht, Exzellenz, sie haben auch unser Vertrauen.«
Am Nachmittag und gegen Abend zog der Chefgeneral die Truppen aus der Innenstadt zurück. Am Abend und in der Nacht sprangen die Barrikaden aus der Erde.
Die Nacht war sehr unruhig, die regelrechte Nacht vom zweiten auf den dritten Revolutionstag. Die Gerüchte, die quer durch die Häuser wehten, waren die Sturmzeichen. Das Elysée sei gestürmt, der Prinz verhaftet, der Prinz erschossen. Man glaubte es nicht; aber man fröstelte. Der Ernst strich kalt über die Stadt.
Louis sagte zu Conneau: »Eine Preisfrage, Doktor. Was geschähe, wenn ich mir, sozusagen aus purer Bosheit, heute Nacht das Leben nähme?« Der Arzt sah ihn bestürzt an. Louis sah gelb aus, aber er lächelte. Er schlief mit Schlafpulver. Conneau und Thelin wachten abwechselnd im Nebenzimmer.
Der Chefgeneral saß über dem Plan von Paris und zeichnete die Barrikaden ein, die man ihm laufend meldete. Dann teilte er die Stadtviertel unter seine Divisionäre auf. Er kam aus der alten Garde und hatte keine Nerven. Er sagte zum Innenminister: »Ich lasse der Kommune bis zum frühen Nachmittag Zeit. Dann dürfte ich sie beisammen haben. Neugierige soll der Polizeipräsident warnen. Hoffentlich hat der Prinz gute Nerven.« – »Er hat gute Nerven«, bestätigte Graf Morny.
»Sie haben gute Nerven, Louis«, sagte er am Vormittag des 4. Dezember zum Bruder, »aber ein weiches Herz.«
»Unsere Mutter hatte ein zähes Herz«, sprach Louis.
»Heute ist der berüchtigte dritte Revolutionstag«, sagte der Bruder, »wir tragen ihm Rechnung und bleiben dennoch bei der bewährten Pünktlichkeit. Punkt zwei Uhr beginnt der Ernst.«
»Es ist nicht der blutige Ernst, den ich meine«, flüsterte Louis.
»Monseigneur«, sprach der Bruder, »man darf sich gewiß Handschuhe anziehen, wenn man Revolution macht. Aber die Handschuhe, es ist nun einmal so, verhindern nicht, daß Blut an die Finger kommt und ein wenig auch unter die Nägel.«

Louis saß an seinem Schreibtisch, der auch der Schreibtisch des großen N gewesen war. Ein Fenster stand offen. Draußen schien die Sonne, verspätete Austerlitzsonne, eine eigenwillige, ungehörige und tückische Sonne; denn sie lockte die Neugierigen auf die gefährliche Straße, trotz der Warnung, die überall angeschlagen war. Die Luft war kalt, aber Louis fror nicht. Vor ihm lag seine

Taschenuhr, zwischen seinen flachen Händen, die er auf die Tischplatte drückte. Punkt zwei Uhr begann die Luft zu trommeln und dann zu pauken und dann zu krachen. Seine Hände flogen auf, er drückte sie auf die Platte zurück, er schwitzte vor Anstrengung, so schwer war es, die Hände im Zaum zu halten. Es wurde auch mit Kartätschen geschossen, er hörte es, er war gelernter Artillerist. Es dauerte stundenlang, schien es ihm; er gewöhnte sich schließlich daran. Die Hände wurden ruhig.

»Zweitausend Tote und Verwundete, vorsichtig gerechnet«, meldete der Bruder, »der amtliche Bericht wird noch viel vorsichtiger rechnen. Der Ernst ist auf der ganzen Linie gewonnen.«
Der Kaiser sah zum ersten Mal die Wolken vor seinen Augen. Der Anblick nahm den Atem und auch die Sicht auf das Leben; denn die Wolken waren rot. Aber das Herz hatte nur einen Augenblick ausgesetzt. Dann schlug es weiter.

»Der Versuch, in der Gestalt des dritten Napoleon das 19. Jahrhundert episch zu formen, beschäftigt mich seit vier Jahren. Die Niederschrift des ›Neuen Cäsar‹, des ersten Romans, erfolgte von Ende 1931 bis Mitte 1933« (Alfred Neumann: Zu meinen Romanen um den dritten Napoleon, in: Jahrbuch 1934/35, Amsterdam, de Lange 1935, S. 41ff.). Was die Aktualität des Romans betrifft, so spricht Neumann von »frappante[n] Analogien der Handlung mit den Ereignissen unserer Zeit«, von »Wiederholungen des Symptomatischen, Taktischen und Technischen der großen politischen Praktiken«, von »heimlich-unheimliche[r] Regelgültigkeit der Staatsaktionen« (ebda., S. 41f.): Dabei entgeht er allerdings nicht der Gefahr, den Hitlerfaschismus zu einseitig als neuen Bonapartismus oder neuen Cäsarismus zu interpretieren und damit zu verfälschen und zu verharmlosen. Die weiteren Teile der Romantrilogie um Napoleon III. sind: »Kaiserreich«, Amsterdam, de Lange 1936, und »Die Volksfreunde«, Amsterdam, de Lange 1940 (vernichtet); neu u. d. T. »Das Kind von Paris«, Köln, Kiepenheuer und Witsch 1952. Das vorliegende (letzte) Kapitel des Romans »Neuer Cäsar« schildert den Staatsstreich Louis Bonapartes am 2. Dezember 1851.

Charles *Louis Napoléon Bonaparte,* 1808–1873, Neffe Napoleons I., Sohn von Louis Bonaparte und Hortense de Beauharnais, nach Staatsstreichversuchen gegen Louis-Philippe eingesperrt, Flucht nach London, Rückkehr nach Frankreich nach der 48er Revolution, wurde am 10. Dezember 1848 Präsident der Republik, unternahm am 2. Dezember 1851 einen *Staatsstreich*, den er durch ein Plebiszit bestätigen ließ, und wurde am 2. Dezember 1852 nach neuerlichem Plebiszit Kaiser der Franzosen (Second Empire) bis zum Jahre 1870 (Gefangennahme durch die Preußen bei Sedan, Absetzung).
Revisionsverwerfung: Der Versuch Louis Napoleons, den Artikel 45 der Konstitution, der die Wiederwahl des Präsidenten nach vierjähriger Amtszeit ausschloß, zu ändern, scheiterte am 19. Juli 1851 im Parlament, da sich die nötige Zweidrittelmehrheit nicht fand: Louis Napoleon stand vor der Alternative, den Staatsstreich zu wagen oder sich nach der Neuwahl vom April 1852 ins Privatleben zurückzuziehen.
Louis Eugène *Cavaignac,* 1802–1857, in Algerien geschulter General, vom Parlament 1848 angesichts der zunehmenden Arbeiterdemonstrationen in Paris mit der gesamten Exekutivgewalt ausgestattet, zerschlug äußerst blutig den Juniaufstand der Pariser Arbeiter (»Junischlacht«), unterlag als Präsidentschaftskandidat im Wahlkampf gegen Louis Napoleon.

General Nicolas *Changarnier,* 1793–1877, befehligte, obwohl dies gesetzlich unmöglich war, sowohl die Militärdivision als auch die Nationalgarde, d. h. die Gesamtheit der Truppen von Paris; rivalisierte mit Louis Napoleon, von diesem am 9. Januar 1851 durch Aufhebung des doppelten Oberbefehls teilweise entmachtet.
Adolphe *Thiers,* 1797–1877, Staatsmann und Historiker, beteiligt an der Etablierung der Juli-Monarchie, während der er dann Innenminister und Präsident des »Conseil« wurde. 1848 Chef der »parti de l'ordre«, 1851 verhaftet und verbannt, kehrte 1852 zurück, wurde Abgeordneter, 1871 zum Chef der Exekutive ernannt, unterdrückte die Commune, Präsident der Republik 1871–1873, danach Chef der republikanischen Opposition gegen Monarchisten und Konservative.
Antoine *Berryer,* 1790–1868, Advokat, Sprecher der Legitimistischen Partei, Gegner des Second Empire.
Dezembrist: Hier Anhänger Louis Napoleons, der seinen Staatsstreich nicht zufällig auf den 2. Dezember gelegt hatte; es war dies ein historisches Datum (Kaiserkrönung Napoleons und Schlacht bei Austerlitz).
Auguste comte de *Flahaut* de la Billarderie, 1785–1870, General und Diplomat, Sohn von Talleyrand, unterhielt eine geheime Liebschaft mit der Königin Hortense und wurde so Vater des Duc de *Morny*, der sich am Staatsstreich Louis Napoleons beteiligte.
Hortense de Beauharnais, 1783–1837, Königin von Holland, heiratete Louis Bonaparte, König von Holland, und wurde so Mutter von Napoleon III.
Joachim *Murat,* 1767–1815, Gemahl von Caroline Bonaparte, König von Neapel 1808–1815, nach seinem Sturz gefangengenommen und erschossen.
Eugenie de Montijo, 1852–1870, Frau Nopoleons III.
Der *berühmte Novellist, der die Carmen geschrieben hatte:* Prosper Mérimée.
Der große N: Napoleon I.
Victor Fialin duc de *Persigny,* 1808–1872, Politiker, Vertrauter Napoleons III., während des Second Empire Innenminister und Botschafter in London.

Zeitenwende

Stefan Zweig
Triumph und Tragik des Erasmus von Rotterdam*

[...] Erasmus war für sein Jahrhundert mehr als eine literarische Erscheinung, er wurde und war der symbolische Ausdruck seiner geheimsten geistigen Sehnsucht. Jede Epoche, die sich erneuern will, projiziert ihr Ideal zunächst in eine Gestalt, immer wählt sich der Zeitgeist, um sein eigenes Wesen selber sinnfällig zu begreifen, einen Menschen als Typus, und indem er dieses einzelne und oft zufällige Individuum weit über sein Maß erhebt, enthusiasmiert er sich gewissermaßen für den eigenen Enthusiasmus. Neue Gefühle und Gedanken sind immer nur einem auserlesenen Kreise verständlich, die breite Masse vermag sie in abstrakter Form niemals zu erfassen, sondern ausschließlich sinnlich und anthropomorph; darum setzt sie gerne an die Stelle der Idee einen Menschen, ein Bild, ein Vor-Bild, dem sie sich gläubig nachzubilden sucht. Dieser Zeitwunsch prägt sich für eine kurze Spanne in Erasmus vollkommen aus, denn der »uomo universale«, der Nichteinseitige, der Vielwissende, frei in die Zukunft Blickende ist der Idealtypus des neuen Geschlechts geworden. Im Humanismus feiert die Zeit ihren eigenen Denkmut und ihre neue Hoffnung. Zum erstenmal wird geistige Gewalt der bloß ererbten und überlieferten vorangestellt, und wie stark, wie schnell diese Umwertung sich durchsetzt, beweist die Tatsache, daß die alten Machtträger sich selbst freiwillig den neuen unterordnen. Es ist nur Symbol, wenn Karl V. zum Schrecken seiner Höflinge sich bückt, um dem Hirtensohn Tizian einen herabgefallenen Pinsel aufzuheben, wenn der Papst, gehorsam Michelangelos grobem Befehl, die Sixtina verläßt, um den Meister nicht zu stören, wenn die Prinzen und Bischöfe statt Waffen plötzlich Bücher und Bilder und Handschriften sammeln; unbewußt kapitulieren sie damit vor der Erkenntnis, daß die Macht des schöpferischen Geistes im Abendlande die Herrschaft angetreten hat und daß die künstlerischen Schöpfungen die kriegerischen und politischen Zeitbauten zu überdauern bestimmt sind. Zum erstenmal sieht Europa

* Stefan Zweig: Triumph und Tragik des Erasmus von Rotterdam, Wien, Reichner 1935, S. 96–106 und 117–121.

seinen Sinn und seine Sendung in der Vorherrschaft des Geistes, im Aufbau einer einheitlichen abendländischen Zivilisation, in einer vorbildlich schaffenden Weltkultur.

Für diese neue Gesinnung wählt sich die Zeit Erasmus zum Bannerträger. Als den »antibarbarus«, den Bekämpfer aller Rückständigkeit, alles Traditionalismus, als den Verkünder einer erhobeneren, freieren und humaneren Menschlichkeit, als den Wegweiser eines kommenden Weltbürgertums stellt sie ihn allen anderen voran. Wir von heute allerdings empfinden das Verwegen-Suchende, das Großartig-Ringende, das Faustische jenes Jahrhunderts in einem andern tieferen Typus des »uomo universale« unendlich großartiger ausgeprägt, in Lionardo und Paracelsus. Aber gerade, was im letzten der Größe des Erasmus Abbruch tut, seine klare (oft allzu durchsichtige) Verständlichkeit, sein Sichbegnügen mit dem Erkennbaren, sein verbindlich urbanes Wesen, machte damals sein Glück. Und instinktiv wählte die Zeit richtig: jede Welterneuerung, jede völlige Umpflügung versucht es zunächst mit den gemäßigten Reformatoren statt mit den rabiaten Revolutionären, und in Erasmus sieht die Zeit das Symbol der still, aber unaufhaltsam wirkenden Vernunft. Einen wunderbaren Augenblick lang ist Europa einig in dem humanistischen Wunschtraum einer einheitlichen Zivilisation, die mit einer Weltsprache, einer Weltreligion, einer Weltkultur der uralten, verhängnisvollen Zwietracht ein Ende machen sollte, und dieser unvergeßliche Versuch bleibt denkwürdig gebunden an die Gestalt und den Namen des Erasmus von Rotterdam. Denn seine Ideen, Wünsche und Träume haben für eine Weltstunde Europa beherrscht, und es ist sein und zugleich unser Verhängnis, daß dieser reingeistige Wille zur endgültigen Einigung und Befriedung des Abendlands nur ein rasch vergessenes Zwischenspiel blieb in der mit Blut geschriebenen Tragödie unseres allgemeinsamen Vaterlands.

Dieses Imperium des Erasmus, das zum erstenmal – denkwürdige Stunde! – alle Länder, Völker und Sprachen Europas umfaßte, war eine milde Herrschaft. Weil gewaltlos errungen, einzig durch die werbende und überzeugende Kraft geistiger Leistung, verabscheut der Humanismus jede Gewalt. Weil einzig per acclamationem erwählt, übt Erasmus keinerlei rechthaberische Diktatur. Freiwilligkeit und innere Freiheit sind die Staatsgrundgesetze seines unsichtbaren Reiches. Nicht mit Unduldsamkeit, wie vordem die Fürsten und die Religionen, will die erasmische Geisteshaltung die Menschen ihrem humanistischen und humanitären Ideal untertänig machen, sondern wie ein offenes Licht das im Dunkel sich herumtreibende Getier in seine Sphäre lockt, sanft überzeugend die noch Unwissenden und Abseitigen in ihre Klarheit ziehen. Der Humanismus ist nicht imperialistisch gesinnt, er kennt keine Feinde und will keine Knechte. Wer dem erlesenen Kreise nicht angehören will, möge außen bleiben, man zwingt ihn nicht, man nötigt ihn nicht gewaltsam in dieses neue Ideal; jede Unduldsamkeit – die ja immer einem innern Unverstehen entstammt – ist dieser Lehre der Weltverständigung fremd. Aber anderseits wird niemandem der Zutritt in diese neue geistige

Gilde versagt. Humanist kann jeder werden, der nach Bildung und Kultur Verlangen trägt; jeder Mensch jeden Standes, Mann oder Frau, Ritter oder Priester, König oder Kaufmann, Laie oder Mönch hat Zutritt zu dieser freien Gemeinschaft, an keinen wird die Frage nach Herkunft aus Rasse und Klasse, nach Zugehörigkeit zu Sprache oder Nation gestellt. Damit erscheint ein neuer Begriff im europäischen Gedanken: der übernationale. Die Sprachen, die bisher die undurchdringliche Scheidewand zwischen den Menschen waren, sollen nicht länger die Völker trennen: eine Brücke wird geschlagen zwischen ihnen allen durch die Gemeinschaftssprache des allgültigen humanistischen Lateins und ebenso soll das Vaterlandsideal als ein unzulängliches, weil zu enges Ideal, überwunden werden durch das europäische, das übernationale Ideal. »Die ganze Welt ist ein gemeinsames Vaterland«, proklamiert Erasmus in seiner »Querela pacis«, und von dieser überragenden Stufe europäischer Schau scheint ihm die mörderische Zwietracht der Nationen, jede Gehässigkeit zwischen Engländern, Deutschen und Franzosen ein Widersinn: »Warum zertrennen uns alle diese närrischen Namen mehr, denn uns der Name Christi vereint?« Alle diese Zwistigkeiten innerhalb Europas sind für den humanistisch gesinnten Menschen nichts anderes als Mißverständnisse, verschuldet durch ein zu geringes Verstehen, durch eine zu geringe Bildung, und die Aufgabe des kommenden Europäers soll es werden, statt auf die eitlen Ansprüche der Duodenzfürsten, der Sektenfanatiker, der Nationalegoisten sich gefühlsmäßig einzulassen, immer das Bindende und Verbindende zu betonen, das Europäische über dem Nationalen, das Allmenschliche über dem Vaterländischen, und den Begriff der Christenheit als einer bloßen Religionsgemeinschaft zu verwandeln in den einer universalen Chistlichkeit, einer hingegeben dienenden und demütigen Menschheitsliebe. Die erasmische Idee zielt also höher als auf eine bloße kosmopolitische Gemeinschaft, in ihr wirkt bereits ein entschlossener Wille zu einer neuen geistigen Einheitsform des Abendlands. Zwar hatten vordem schon einzelne Menschen eine Vereinheitlichung Europas versucht, die römischen Cäsaren, Karl der Große, und später wird es Napoleon tun, aber mit Feuer und Eisen hatten diese Autokraten getrachtet, die Völker und Staaten zusammenzuschließen, mit dem Hammer der Gewalt hatte die Faust des Eroberers die schwächeren Reiche zertrümmert, um sie den stärkeren zu verketten. Bei Erasmus aber – entscheidender Unterschied! – erscheint Europa als eine moralische Idee, als eine vollkommen unegoistische und geistige Forderung; mit ihm beginnt jenes noch heute nicht erfüllte Postulat der vereinigten Staaten Europas im Zeichen einer gemeinsamen Kultur und Zivilisation.

Die selbstverständliche Vorbedingung für Erasmus, den Vorkämpfer dieser und aller Verständigungsideen, ist die Ausschaltung jeder Gewalt und insbesondere die Abschaffung des Krieges, dieses »Schiffbruchs aller guten Ding«. Erasmus ist als der erste literarische Theoretiker des Pazifismus zu betrachten; nicht weniger als fünf Schriften hat er in einer Zeit fortwährender Kriege gegen den Krieg geschrieben; 1504 die Aufforderung an Philipp den Schönen, 1514 jene an den Bischof von Cambrai, »sie möchten sich als christliche Fürsten, um Christi willen, des Friedens annehmen«, 1515 in den »Adagia« den berühmten Aufsatz mit dem ewig wahren Titel: »Dulce bellum inexpertis« (»nur denen, die ihn nicht erfahren haben, scheint der Krieg schön«). 1516 spricht er in seiner »Unterweisung eines frommen und christlichen Fürsten« den jungen Kaiser Karl V. mahnend an, und schließlich erscheint 1517 die in allen Sprachen verbreitete und bei allen Völkern doch ungehörte »Querla pacis«, die »Klage des Friedens, der bei allen Nationen und Völkern Europas verworfen, vertrieben und erlegt worden ist«.

Aber schon damals, fast ein halbes Jahrtausend vor unserer Zeit, weiß Erasmus, wie wenig ein beredter Friedensfreund auf Dank und Zustimmung zu rechnen hat, »es ist dahin kommen, daß er als thierlich, nerrisch und unchristlich gilt, daß man den Mundt wider den Krieg öffnet«, was ihn aber nicht hindert, mit immer wiederholter Entschlossenheit im Zeitalter des Faustrechtes und der gröbsten Gewalttätigkeiten seine Angriffe gegen die Streitsucht der Fürsten zu eröffnen. Nach seiner Meinung ist Cicero im Recht, wenn er sagt, daß »ein ungerechter Friede noch besser sei als der gerechteste Krieg«, und ein ganzes Arsenal von Argumenten, aus dem noch heute reichlich geschöpft werden könnte, hält der einsame Streiter dem Krieg entgegen. »Wenn die Tiere einander anfallen«, klagt er, »so verstehe ich's und verzeihe es ihrer Unwissenheit«, aber die Menschen müßten erkennen, daß der Krieg an sich schon notwendigerweise Ungerechtigkeit bedeute, denn er trifft gewöhnlich nicht diejenigen, die ihn anfachen und führen, sondern fast immer falle seine ganze Last auf die Unschuldigen, auf das arme Volk, das weder von Siegen noch von Niederlagen zu gewinnen habe. »Der meiste Teil erreicht die, die der Krieg gar nichts angeht, und selbst wenn es im Kriege auf das allerbeste glückt, so ist doch die Glückseligkeit eines Teils der andern Schad und Verderben.« Die Idee des Krieges sei also niemals mit der Idee der Gerechtigkeit zu verbinden, und dann – so fragt er abermals –, wie könne überhaupt ein Krieg gerecht sein? Für Erasmus gibt es weder im theologischen noch im philosophischen Bezirk eine absolute und alleingültige Wahrheit. Wahrheit ist für ihn immer vieldeutig und vielfarbig und ebenso das Recht, deshalb solle »an keinem Ort der Fürst bedächtiger sein, als sich zum Kriege zu bewegen, und nicht unbedingt auf sein Recht pochen, denn wer sieht nicht sein Sach als die gerechte an?« Alles Recht habe zwei Seiten, alle Dinge seien »gefärbt, angestrichen und durch Parteien verderbt«, und selbst wenn einer sich im Rechte dünkte, so sei das Recht nicht durch Gewalt entschieden und auch niemals durch Gewalt beendet, denn »ein Krieg wachse aus dem andern, aus einem zween«.

Für geistige Menschen bedeutet also Entscheidung durch Waffen niemals moralische Lösung eines Konflikts; ausdrücklich erklärt Erasmus, daß im Kriegsfall die Geistigen, die Gelehrten aller Nationen ihre Freundschaft nicht aufzukündigen hätten. Ihre Einstellung darf niemals sein, die Gegensätze der Meinungen, der Völker, der Rassen und Klassen durch eifernde Parteilichkeit zu verstärken, unerschütterlich haben sie in der reinen Sphäre der Menschlichkeit und Gerechtigkeit zu verharren. Ihre ewige Aufgabe bliebt, der »ungütigen, unchsristlichen und thierisch wilden Unsinnigkeit des Krieges« die Idee der Weltgemeinsamkeit und Weltchristlichkeit entgegenzusetzen. Nichts wirft Erasmus der Kirche, als der höchsten moralischen Stätte, darum heftiger vor, als daß sie die große augustinische Idee des »christlichen Weltfriedens« um irdischer Machterhöhung willen preisgegeben habe. »Es schämen sich die Theologen und die Meister des christlichen Lebens nicht, Hauptanfacher, Entzünder und Beweger der Sache gewesen zu sein, die der Herr Christus so groß und sehr gehaßt hat«, ruft er zornig aus und: »Wie kommt der Bischofsstab und das Schwert zusammen, der Bischofshut und der Helm, das Evangelium und der Schild? Wie geht es an, Christus zu predigen und den Krieg, mit einer einzigen Trompet Gott und den Teufel?« Der »kriegerische Geistliche« sei also nichts als Widersinn gegen Gottes Wort, denn er verleugne die höchste Botschaft, die ihm sein Herr und Lehrer zugesprochen, als er sagte: »Friede sei mit euch!«

[...]

Denn dies war die tiefste Tragik des Humanismus und die Ursache seines raschen Niederganges: seine Ideen waren groß, aber nicht die Menschen, die sie verkündeten. Ein kleines Gran Lächerlichkeit haftet diesen Stubenidealisten wie immer den bloß akademischen Weltverbesserern an, dürre Seelen sie alle, wohlgesinnte, bonette, ein wenig eitle Pedanten, die ihre lateinischen Namen tragen wie eine geistige Maskerade: eine schullehrerhafte Pedanterie verstaubt bei ihnen die blühendsten Gedanken. Rührend sind diese kleinen Genossen des Erasmus in ihrer professoralen Naivität, ein wenig ähnlich den braven Menschen, die man auch heute in den philanthropischen und Weltverbesserungsvereinen versammelt erblickt, theoretische Idealisten, die an den Fortschritt wie an eine Religion glauben, nüchterne Träumer, die an ihren Schreibpulten eine sittliche Welt konstruieren und Thesen des ewigen Friedens niederschreiben, während in der wirklichen Welt ein Krieg dem andern folgt und eben dieselben Päpste, Kaiser und Fürsten, die ihren Verständigungsideen begeistert Beifall zollen, gleichzeitig mit- und gegeneinander paktieren und die Welt in Brand setzen. Wird ein neues Cicero-Manuskript gefunden, so glaubt der humanistische Clan, das Weltall müsse in seinen Fugen vor Jubel erdröhnen, jedes kleine Pamphletchen versetzt sie in Feuer und Leidenschaft. Aber was die Menschen der Gasse bewegt, was in den Tiefen der Massen urgründig waltet, das wissen sie nicht und wollen sie nicht wissen, und weil sie in ihren Zimmern verschlossen bleiben, verliert ihr wohlgemeintes Wort jede Resonanz in die Wirklichkeit. Durch diese verhängnisvolle Absonderung, durch den Mangel an Leidenschaft und Volkstümlichkeit ist es dem Humanismus niemals gelungen, seinen fruchtbaren Ideen wirkliche Fruchtbarkeit zu geben. Der großartige Optimismus, der im Grunde ihrer Lehre enthalten war, vermochte nicht schöpferisch aufzuwachsen und sich zu entfalten, weil sich unter diesen theoretischen Pädagogen der Menschheitsideen kein einziger befand, dem die ungebrochene Naturkraft des Wortes gegeben war, um bis hinab ins Volk zu rufen. Ein großer, ein heiliger Gedanke verdorrt für ein paar Jahrhunderte in einem matten Geschlecht.

Aber doch, diese Weltstunde, da die heilige Wolke des Menschheitsvertrauens mit ihrem milden unblutigen Schein unsere europäische Erde überglänzte, sie war schön, und wenn ihr Wahn, schon seien die Völker im Zeichen des Geistes befriedet und vereint, auch ein voreiliger war, wir sollten ihr Ehrfurcht und Dankbarkeit entgegenbringen. Immer waren der Welt Menschen notwendig, die sich weigern, zu glauben, die Geschichte sei nichts als eine stumpfe, monotone Selbstwiederholung, ein in veränderter Gewandung sich gleich sinnlos erneuerndes Spiel, sondern die unbelehrbar darauf vertrauen, daß sie moralisch Fortschritt bedeute, daß auf unsichtbarer Stufenleiter unser Geschlecht aufsteige von Tierhaftigkeit zu Göttlichkeit, von brutaler Gewalt zum weise ordnenden Geist, und daß die letzte, die höchste Stufe der völligen Verständigung schon nahe, schon beinahe erreicht sei. Die Renaissance und der Humanismus schufen eine solche weltgläubige optimistische Minute: lieben wir darum diese Zeit und ehren wir ihren fruchtbaren Wahn. Denn zum erstenmal erwuchs damals unserem europäischen Geschlecht das Selbstvertrauen, alle früheren Epochen zu überholen und eine höhere, wissendere, weisere Menschheit zu formen als sogar Griechenland und Rom. Und die Wirklichkeit scheint diesen ersten Verkündern des europäischen Optimismus recht zu geben, denn geschehen nicht Herrlichkeiten in jenen Tagen, die alles Frühere übertreffen? Sind nicht in Dürer und Lionardo ein neuer Zeuxis und Apelles erstanden, in Michelangelo ein neuer Phidias? Ordnet nicht die Wissenschaft die Gestirne und die irdische Welt nach klaren und neuen Gesetzen? Schafft nicht das aus den neuen Ländern strömende Geld unermeßlichen Reichtum herbei und dieser Reichtum neue Kunst? Und ist nicht die Zaubertat Gutenbergs gelungen, die jetzt das schöpferische, das bildungszeugende Wort vertausendfacht über die Erde streut? Nein, es kann nicht mehr lange dauern, so jubeln Erasmus und die Seinen, und die Menschheit, so verschwenderisch von ihrer eigenen Kraft belehrt und beschenkt, muß ihre moralische Mission erkennen, in Hinkunft nur mehr brüderlich zu leben, sittlich zu handeln und alle Rückstände ihrer bestialischen Natur endgültig auszurotten. Wie Trompetenstoß dröhnt das Wort Ulrichs von Hutten über die Welt: »Es ist eine Lust zu leben«, und gläubig und ungeduldig sehen von den Zinnen des erasmischen Reichs die Bürger des neuen Europa einen Lichtstreif am Horizont der Zukunft erglänzen, der nach langer Geistesnacht endlich den Tag der Weltbefriedung zu verkünden scheint.

Aber es ist nicht das heilige Morgenrot, das über der finsteren Erde dämmert: es ist der Feuerbrand, der ihre idealische Welt zerstören wird. Wie die Germanen ins klassische Rom, so bricht Luther, der fanatische Tatmensch, mit der unwiderstehlichen Stoßkraft einer nationalen Volksbewegung in ihren übernationalen, idealistischen Traum. Und noch ehe der Humanismus sein Werk der Welteinigung wahrhaft begonnen hat, schlägt die Reformation die letzte geistige Einheit Europas, die ecclesia universalis, mit eisernem Hammerschlag entzwei.

Erasmus von Rotterdam, 1465 oder 1466 (Rotterdam) bis 1536 (Basel), der bedeutendste der Humanisten, zuerst Augustinermönch, hat die Aufklärung entscheidend beeinflußt. Bekämpfte die kirchlichen Mißbräuche, die Veräußerlichung der Religion und den Dogmenzwang, legte den Hauptwert auf die ethisch-moralische Seite der Religion. Zur Reformation stand er zuerst freundlich, wandte sich aber von Luther ab, als dieser in einen unüberbrückbaren Gegensatz zur Kirche geriet. Endgültiger Bruch mit Luther über Streit betreffend den freien Willen. Zeitweilig galt und wirkte er als das Haupt einer dritten, zwischen den Bekenntnissen stehenden Partei.

Heinrich Mann
Das Edikt*

Die Festlichkeiten zu Ehren des großen Vertrages, so viel Volk herbeilief, um zu staunen, in einem enttäuschten sie. Die schönste Frau blieb ihnen fern. Ihr Zustand erlaubte kein öffentliches Auftreten mehr. Sobald der König sie begleiten konnte, reisten diese beiden nach der Stadt Nantes, dort gebar seine teure Herrin ihm den zweiten Sohn, Alexander. Nach einem Cäsar ein Alexander, und erhielt den Titel Monsieur wie ein Kind Frankreichs.
Burg und Stadt Nantes waren gerade erst den Königlichen ausgeliefert. Da er nach seiner Ankunft sogleich seinen Alexander Monsieur bekommen hatte, unterschrieb König Henri das Edikt von Nantes – hingerissen vom Vaterglück. So sah es aus und wurde kaum bezweifelt. Aber kurz vorher ging der große Vertrag, wobei das Verlöbnis zweier Kinder die Zurücknahme seiner letzten Provinz einschloß und verkleinerte – dies wohl überlegt. Wer aufgeschrien hätte, blieb still, fragt sich nur immer, wie lange. Jetzt sind wir angelangt in einem anderen Saal, unterschrieben wird das Edikt von Nantes.
»Jetzt sind wir angelangt«, sprachen untereinander die katholischen Herren. »Hierher hat dieser König uns haben wollen. Die Besiegten sind wir.«
Der Kardinal von Joyeuse: »Er gibt Gewissensfreiheit. Heute erfüllt sich sein Tag. Ist er nun der Hugenott, der er war? Oder glaubt er seither gar nichts?«
Der Connétable von Montmorency: »Mich nennt er seinen Gevatter. Aber ich kenn ihn nicht.«
Der Kardinal: »Einst bei Coutras schlug und tötete er meine beiden Brüder. Sein Freund kann ich nicht sein. Ich bewundere seine Hartnäckigkeit.«

---

* Heinrich Mann: Das Edikt. Kapitel aus dem Roman »Die Vollendung des Königs Henri Quatre«, Hamburg, Claassen 1962, S. 501–507. Erstausgabe: Amsterdam, Querido 1938.

Der Connétable: »Wollen wir die Größe dieses Königreiches? Nur um den Preis der Gewissensfreiheit schließen wir in Vervins den Frieden als Sieger. Was er sonst meint, weiß ich nicht.«

Der Kardinal: »Gewissensfreiheit: wer als Christ dächte anstatt weltlich wie unsere heilige Kirche, der gäbe sie selbst. Indessen müssen wir weltlich denken, um zu bestehen.«

Der Connétable: »Er will bestehen, das ist gewiß. Er nennt sein Edikt unumstößlich.«

Der Kardinal: »Es ist aber unumstößlich nicht mehr und nicht weniger als er selbst.« Hier drehte der Kardinal die offene Hand um, den Rücken nach oben. Der Connétable verstand, daß ein Gestürzter am Boden läge.

»Wir sind die Besiegten«, sagten die Katholiken, wenn sie nicht vorzogen, es nur zu denken. »Der König gibt die Ketzerei frei, aber wenn das alles wäre. Eure festen Plätze, ihr Protestanten behaltet sie. Wo sind unsere festen Plätze?« fragten sie einen aus der anderen Partei, der wegen der Enge des Saales von den Seinen fort und bis in ihre Nähe vorgeschoben war. Sonst hatte man oft vergessen, welchem Glauben dies und jenes Gesicht gehörte. Heute trennten sich die Religionen.

»Ihr sollt in vielen katholischen Städten euren Gottesdienst ausüben dürfen: wir bei euch nicht. Ihr sollt alle bürgerlichen Rechte haben, Beamte sollt ihr sein, Richter sogar.«

»Seid ihr es nicht?« entgegnete über mehrere hinweg Agrippa d'Aubigné. »Wer hat dem König sein Blut hingegeben, und leben wir noch, liegt's nicht an uns. Andere kenn ich, die waren eifrig dabei, diesen Staat zugrunde zu richten Arm in Arm mit den Spaniern. Da jetzt unser König der Herr ist dank unseren gewonnenen Schlachten, wer verlangt alle Ämter und die Staatskasse für sich allein? Die ihn verraten hatten und täten es wieder.«

Das Wort »verraten« sprach Agrippa etwas zu gehoben; übrigens stritt man, aber dämpfte die Stimme: der König erließ sein Edikt. Für das Wort »verraten« würden die Herren, denen Agrippa es zurief, ihm gern eine Lehre erteilt haben. Der kurze Wuchs des mutigen Agrippa verhinderte es, da man ihn hinter den längeren Protestanten nicht entdeckte, und diese stießen ihn rückwärts, damit er verschwände.

Bei den Protestanten sagte Marschall de Roquelaure zu Herrn Philipp Du Plessis-Mornay: »Sie blicken darein wie Bitterwasser. Ist dies nicht der fröhliche Tag?«

»So nannten wir den Tag von Coutras«, sagte Mornay. »Damals waren wir das Heer der Armen. Das Heer der Verfolgten um der Gerechtigkeit willen.«

Roquelaure: »Unser König hatte hohle Wangen, ich seh ihn noch.«

Mornay: »Sie brauchen sich nur hinzuwenden, seine Wangen sind hohl geblieben, seine Schlacht geht weiter.« Mornay hätte gern hinzugesetzt: Und ich hab es mit Herrn de Saint Phal zu tun auf Tod und Leben. Schlimmer: wenn mein Trak-

tat über die Messe erscheinen wird, verlier ich die Gnade des Königs. Der Marschall unterbrach ihn.
Roquelaure: »Der König erfüllt uns heute sein Wort, aber auch nur gerade das. Wir hätten im Staat die Ersten sein sollen, jetzt bekommen wir die Rechte der Geduldeten und keine Bürgschaft, daß es vorhält. Zwanzig Jahre gekämpft zu haben für die Gewissensfreiheit!«
Mornay: »Die ist errungen unumstößlich. Der König spricht wahr.« Mornay dachte aber: ›Es ist die Gewissensfreiheit ein inneres Gut. Werden Zeiten kommen, da wir sie allein bewahren können im Herzen und in der Verbannung.‹
Zwischen den beiden Protestanten entstand ein merkwürdiges Schweigen, es war gemacht aus Einblicken, die gewöhnlich stumm sind. Roquelaure äußerte zuletzt dennoch:
»Einst hatte er das Königreich nicht und war nicht groß. Er und wir brachen trockenes Brot und beteten: Alle Heiden umgeben mich, aber im Namen des Herrn will ich sie zerhauen. Wer ist jetzt zerhauen? Wär auch umsonst. Die Erfüllungen lohnen nicht« – sprach mit verlegenem Gesicht Herr de Roquelaure, der bei Hof bekannt war durch seine Lachlust und leichtfertigen Spott.
Philipp Mornay, ein Mensch voll Qual, erwiderte, ohne daß sie einander ansahen:
»Man darf nicht altern. Einen haben wir, der altert nicht.« Er wendete Brust und Gesicht nach seinem Herrn, ihn hat er erwählt in seiner Jugend.
König Henri, auf den Stufen, unter dem Baldachin, verkündet sein Edikt. Läßt keinen Notar es lesen; spricht es auswendig als seinen Willen und freies Belieben. Wer den richtigen Ton einhält zwischen Befehl und Gnade, könnte beim Anhören der eigenen Stimme vergessen, was er in Wirklichkeit hier wiedergibt unter dem Baldachin: ein unvollkommenes Ergebnis, entstellt und aufgehalten bis in die letzte Stunde. ›Verhandlungen und Zugeständnisse zum Schein; Streit, Abbruch, neue Fühlung der Parteien, vorn die schönen Reden, hinten die bösen Ränke, der Eigensinn, Haß und die eingefleischte Sucht nach Vorteil: viel ist meinem Edikt vorhergegangen. Auch meine zwanzig Jahre Kampf. Als kleiner König von Navarra, höchst ungewiß meines Lebens und des Thrones von Frankreich, hab ich vor Augen diesen fernen Tag gehabt. Dies wär ein mäßiges Auftreten unter dem gewohnten Baldachin und das Edikt wäre nichts: dennoch ist das Königreich mehr als Geld und Gut, mehr als die gemeine Macht über euch Menschen. Endlich weiß ich mich stark genug euch zu sagen: Ihr sollt frei sein zu glauben und zu denken. Daß doch einer hier wäre und mich hörte, dessen Augen und Ohren schon mit Erde gefüllt sind. Herr Michel de Montaigne, wir sprachen zueinander einst am Meeresstrand. Was weiß ich? war Ihr Wort. Wir tranken Wein in einem zerschossenen Haus, wir sangen den Horaz, Sie und Ihr geringster Schüler, der jetzt unter dem Baldachin steht und sein Edikt verkündet. Sie würden sich freuen. Ich freue mich.‹
Er war der einzige, Genugtuung zu empfinden und bemerkte es wohl. Keine der Parteien war zufrieden, sie nahmen nur hin, was er ihnen beschied, weil er end-

lich stark genug war: die Gewissensfreiheit – mitsamt ihren Folgen. Zu seinem erhöhten Platz starrten sie von allen Seiten, als wäre die Majestät allein genug, um die Veränderungen der Gesellschaft hervorzubringen, und Wechselfälle des Kriegs und Friedens lägen keine vor diesem Tag. Henri denkt: ›Die Mühen sind lang, der Erfolg ist zweifelhaft, die Freude kurz. Seien wir kurz und kommen zum Schluß, bevor sie recht erstaunt sind. Das Verlöbnis der Kinder, die Geburt meines Sohnes, das feiern wir, und aus lauter Vaterglück mach ich euch alle gleich, den Herren nehm ich ihre Provinzen, ihre Macht. Die Religionen unterscheiden euch nicht länger im Staat und demnächst kaum die Stände. Hört nicht zu genau hin, wir machen's kurz.‹

»Ich teile die Protestanten meines Königreiches in zehn Gebiete, deren jedes über sich selbst bestimmen soll durch seine Vertreter: zwei Pastoren, vier Bürger und Bauern, vier Edelleute. Ihre Anliegen und Unstimmigkeiten entscheide ich selbst.«

Der König hat gesprochen. Er nimmt von seinem Kanzler, dem alten Cheverny, das Pergament, unterschreibt es und grüßt die Versammlung zum Abschied. ›Das haben sie dahin‹, denkt Henri. ›Nachher die Milde und der Ausgleich, damit sie sich gewöhnen.‹

Die meisten hatten einfach die Majestät angestarrt. Einige, die begriffen hatten, erklärten einander:

»Vier Edelleute gegen sechs vom dritten Stande. Bei den Protestanten fängt er an.«

»Das ist die Herrschaft der Gemeinen.«

»Wenn es nicht die Allmacht der Majestät ist.«

Henri war unter der Tür, da wurde gerufen:

»Der große König lebe!«

Er ging aber hinaus, als meinten sie einen anderen.

Henri IV., 1553–1610, König von *Navarra*, Calvinist und Haupt der Hugenotten. Bei seiner Heirat mit Margarete von Valois, der Tochter Katharinas von Medici, kommt es 1572 zur »Bartholomäusnacht«. Gefangenschaft am Hof Katharinas, Flucht, Führer der Hugenotten, langjährige Kämpfe (Hugenottenkriege) gegen die katholische *Liga*, die Vertreterin der alten Feudalinteressen, die sich mit *Spanien* und dem Papst verbündet hatte. 1593 tritt Henri zum Katholizismus über, 1594 Krönung in Chartres. 1598 Friede von *Vervins* (Sieg über die Spanier) und *Edikt von Nantes* (Gewissens-, weitgehende Kultfreiheit und sicheren Rechtsstatus für die Hugenotten in Frankreich). Nach der Pazifizierung bedeutendes Friedens- und Aufbauwerk, soziale und andere Reformen. Unter Henri wurde die Kolonisierung Kanadas *(Neu-Frankreich)* gefördert (Gründung von Quebec 1608).
Heinrich Mann hat den in die Legende eingegangenen »bon roi« zu einer der wenigen ungebrochen positiven Figuren der Weltliteratur geformt. Henri überwindet mit seiner Politik die Zwietracht des französischen Volkes, die Schrecken der Bartholomäusnacht, der Hugenottenkriege und der Tyrannenatmosphäre am Pariser Hof der Katharina von Medici; er besiegt die moralische und sittliche Verrohung, welche Tyrannei und 40 Jahre Krieg im Volke hinterlassen haben. Zum Katholizismus tritt er über, einfach um seinem Volke weitere Kriege und unnörige Leiden zu ersparen. Er ist ein echter Volksführer: Ausdruck

des Volkes, das er genau kennt und immer wieder erforscht – aber auch Vorkämpfer für die fortgeschrittensten Positionen im Interesse des Volkes. Auch als Individuum ist er reich und vielseitig, originell und fortschrittlich gezeichnet. Seine Religion ist die Humanität, er vertritt und verkörpert die entwickeltste Position eines revolutionären Humanismus in der Exilliteratur (vgl. S. 884): »Das muß man wissen: wer denkt, soll handeln, und nur er. Dagegen gibt es das sittliche Ungeheure außerhalb der Grenzen der Vernunft. Das ist die Sache der Unwissenden, die gewalttätig werden durch ihre ausschweifende Dummheit. Ihre Versuchung und Gelegenheit ist die Gewalt. Seht den Zustand des Königreichs! Es verwahrlost, es wird ein Morast aus Blut und Lüge, und kein gerades, gesundes Geschlecht könnte auf einem solchen Boden noch heranwachsen, wenn nicht wir Humanisten auch ritten und zuschlügen. Das werden wir Sorge tragen. Verlaßt euch, daß wir reiten und zuschlagen!«

Die schönste Frau: Henri, der in seiner Jugend eine politische Zweckheirat hat eingehen müssen, liebt eine junge Frau aus einer der berühmtesten französischen Adelsfamilien: Gabrielle d'Estrée, 1571–1599.

Der Große Vertrag: Gemeint der Friede von *Vervins* mit Spanien.

Coutras: Henri, damals noch König von Navarra, besiegte während der Hugenottenkriege bei Coutras im Jahre 1587 den duc de Joyeuse, Bruder des *Kardinal von Joyeuse*, 1562–1615.

Connetable de Montmorency: Henri Ier, 1534–1614, aus der berühmten Familie der Montmorency.

Agrippa d'Aubigné, 1551–1630, protestantischer satirischer Schriftsteller, Waffengefährte von Henri IV.

Marschall von Roquelaure: Der Baron von Roquelaure, 1544–1625, wurde Marschall von Frankreich unter Louis XIII.

Philipp du Plessis-Mornay, 1549–1623, Führer der Protestanten, Freund von Henri IV. und Verfasser seiner Manifeste.

Herr Michel de Montàigne: In einer für die Entfaltung der Humanismus-Konzeption entscheidenden Szene trifft Henri den Philosophen Michel de Montaigne, 1533–1592. Auf Henris Frage, welche Religion die rechte sei, gibt Montaigne die Antwort: »Was weiß ich?« und bestätigt den König in seiner Überzeugung, daß ein streitbarer Humanismus jenseits der Kirchen steht.

Heinrich Mann
Die Größe, wie sie umgeht*

Der König begab sich früher als die Herzogin von Beaufort des ländlichen Aufenthaltes, in seinem Louvre hielt er Musterung unter dem Hof. Den Edelleuten, die ihm den Verfall ihrer Güter klagten, sagte er geradeheraus, daß sie auf seine Freigebigkeit nicht rechnen dürften. Sondern sie sollten nach ihrer Provinz zurückkehren, anstatt in seinem Vorzimmer die Truhen zu drücken. Am schwersten hatte er es hierbei mit seinen Landsleuten aus der Gascogne. Sie waren der

* Heinrich Mann: Die Größe, wie sie umgeht, Kapitel aus dem Roman »Die Vollendung des Königs Henri Quatre«, Hamburg, Claassen 1962, S. 551–562. Erstausgabe: Amsterdam, Querido 1938.

Ansicht, da der Ihre auf dem Thron saß, hätten sie ausgesorgt. Einer hielt ihm die Kerze, während Henri einen Brief seiner Liebsten las. Der Gascogner hätte mitlesen können, er verdrehte aber den Kopf bis auf den Rücken. Dafür bekam er, der landsmännischen Rührung wegen, eine Zusage, die nicht gehalten wurde. Seinesgleichen mußte zuletzt erkennen, daß nichts zu machen war, weder auf dreiste noch auf feine Art, bei einem König, der lange arm gewesen war und den Wert des Geldes kannte. Hätte er ihn vergessen, im Gewühl der Gassen fragte er die Leute aus, bis er wußte, was man für einen Pfennig bekommt und wie er verdient wird.

Das sind schwere Vorwürfe: erstens, nichts zu verschenken, und dann, zuviel zu wissen. Den geistlichen Abgeordneten, die kamen, um sich über sein Edikt von Nantes zu beschweren, antwortete er mit der Herzählung ihrer Mißbräuche – die er wohlverstanden nicht ihnen vorwarf, nur den Zeitläuften. Wollten sie aber mit ihm zusammenarbeiten, dann werde er die Kirche herstellen in ihrem alten Glanz wie vor hundert Jahren. Sie dachten: ›Gab es damals die Mißstände nicht?‹ Und dasselbe meinte der König.

Hart verfuhr er mit dem Bürgertum, das die Plätze im Staat erstürmte, um sich zu bereichern. Noch härter mit den Richtern, die das Recht für die Reichen sprachen. Denen von Bordeaux sagte er auf den Kopf zu: bei ihnen gewänne den Prozeß immer nur der dickste Beutel. Und er hatte seine Rechtsgelehrten geliebt und ausgezeichnet beinah vor allen anderen. Seither war sein Königreich groß geworden über Erwarten – durch ihn selbst. Wurden jetzt aus aufopfernden Menschen begehrliche, und aus rechtlichen sogar käufliche, die Schuld traf eigentlich ihn selbst, daher sein Zorn. Auf einer Jagd geriet er allein und unerkannt an ein Wirtshaus, dort gab es für einen schlicht gekleideten Herren nichts mehr zu essen. Gerichtsbeamte, die droben tafelten, wiesen ihn durch den Kellner ab, obwohl der Fremde sich erbot, sein Gedeck zu bezahlen. Er ließ sie herunterholen und durchprügeln, ein neues Verfahren für einen König, der sonst das meiste leicht genommen und gern gelacht hatte.

Von denen, die den König nicht wiedererkannten, sagten die einen, er wäre undankbar. Andere meinten, daß er sich überhebe und nehme in seine beiden Hände alle Dinge auf einmal. Wozu denn Tuch-, Glas- und Spiegelmanufakturen errichten, wenn er schon in seine Seidenraupen mehr als billig vernarrt ist. Für die Raupen und Graupen des Königs läuft Geld um; ja, der Überfluß an Seide muß unter die gemeinen Leute geworfen werden: in Seide gehen die Mägde der Schänken, je schlechter beleumdet Schänken und Mägde sind. An einem Abend erhielt der König eine Lehre.

Er saß in seinem Zimmer am Kartentisch, denn, leider, auch beim Spiel ist er unverdrossen, trotz ständigem Verlieren. Seine Gedanken sind meistens anderswo. Das Zimmer war erfüllt, hinter dem König sahen viele ihm in die Karten. Sein Blatt war schlecht, einen Ausruf der Freude rechtfertigte es nicht. Er aber stieß lachend seinen bekannten Fluch aus – warf hin, was er in der Hand hielt, sprang auf und sprach:

»Einen Handwerker hab ich hier in meinem Louvre, der macht sie ohne Naht.« Wie denn? Was denn? Dies erfuhr man alsbald. Der König stellte einen Fuß auf den Stuhl, er strich über seinen seidenen Strumpf und zeigte allen, die eifrig ihre Rücken krümmten, das Gewebe wäre völlig glatt. Sie wollten an soviel Kunst nicht glauben und bewunderten ihn wie den Erfinder selbst.

»Wer hat etwas Besseres?« fragte er. »Meine Untertanen sollen hervorbringen und fruchtbar sein. Großmeister, Sie haben etwas.«

Es war einfach eine Pflaume, die zog Rosny hervor und erklärte seinem Herrn, daß sie lange wäre gezüchtet worden an der Loire, nahe Schloß Sully, bis sie die neue gelb und rote Farbe und eine unvergleichliche Süßigkeit annahm. Die Bauern der Gegend hatten sie die Rosny-Pflaume genannt. Da jetzt andere Landstrecken sie anbauten und ihre Herkunft schon vergessen war, hieß die Pflaume Rouny. »Denn das Volk entstellt die Namen«, sagte der Großmeister.

»Ob richtig oder entstellt«, erwiderte ihm König Henri, »der Ihre wird bei diesem Volk fortleben durch die Zeiten – unter dem Bild einer Pflaume«, schloß er mit Ironie. Indessen, schnell steckte er seine Füße mit den nahtlosen Seidenstrümpfen unter den Tisch und gab sich den Anschein, er wäre ganz und gar beim Kartenspiel. Hatte aber eine Lehre bekommen.

Man meinte, daß auch diese neben anderen ihm seine unbesonnenen Neuerungen hätte verdächtig machen können. Entlassene Soldaten waren der Schrecken der Straßen, wurden eingesperrt oder sanken zu demütigen Bettlern herab. Seine Soldaten die Hand hinhalten zu sehen, sollte einen König mehr beschämen, als wenn sie Bauern ausgeplündert hätten oder den wohlgenährten Bürgersmann an einer Ecke niederschlugen. Dieser König verlangte, daß sie arbeiteten und ihm hülfen, seine Industrien zu vergrößern. Er hatte nichts im Sinn außer dem Wohlstand aller werktätigen Stände. Ein höchst anstößiger Wohlstand, er machte die Leute übermütig und veränderte von Grund auf das Verhältnis von arm und reich, hoch und niedrig. Die geschuldete Unterwürfigkeit der Gemeinen wurde vergessen. Die handgreifliche Verhaltungsregel, die der Herr vom Hof dem Gewerbetreibenden erteilte, der Mann erwiderte sie mit der Faust. Schickte man ihm ein Dutzend Lakaien, dann kam auch er mit seinen Söhnen und Gesellen auf ein Dutzend. Da es aber aus der Küche fett duftete, setzten mehrere hungrige Bediente sich mit zu Tisch bei dem Tuchmacher, anstatt feindlicher Handlungen. Dies sind die Wirkungen einer unerlaubten Neigung, die Menschen glücklicher zu machen, während gerade die Dürftigkeit ihnen gesund ist und sie in Zucht und Ordnung erhält.

Wer gewohnt ist, daß die weltliche Ordnung, genau wie die göttliche, um ihrer selbst willen, nicht aber für die Glückseligkeit der Menschen fortbesteht, erkennt in der Herrschaft des Königs Henri vielleicht sogar das Erscheinen des Antichrist. Das wenigste ist, daß er sie wegen ihrer gesellschaftlichen Folgen verwirft. Nicht jeder wegen sämtlicher Folgen, denn manche kommen mir, manche dir zustatten: wir denken über sie verschieden. Andere nützen niemandem, kosten aber unser Geld. Die ehrbaren Leute sahen nur mit Mißbilligung zu, wie ihren

eigenen Gewerben der Königsplatz erbaut und eingerichtet wurde. Um so eher erhoben sie Einspruch, daß die Schiffe des Königs bis nach der anderen Hälfte der Welt reisen sollten – wozu? Gold, das eingebildete Gold aus Reichen, die auf der Karte weiß bleiben, so unbekannt sind sie, kalt, leer und ungewiß beschaffen? Wir werden dies Gold mit Augen nie sehen, und auch der König nicht.
Ein Herr de Bassompierre, neugierig von Natur, verfügte sich in ein Wirtshaus, wo von vielerlei Gästen öffentliche Dinge verhandelt wurden. Man merkte ihm den Herrn vom Hof nicht an; er sagte, er wäre ein Fremder. Da erfuhr er denn die wahre Meinung der ehrbaren Leute, nicht gerechnet, was die weniger ehrbaren beitrugen. Als er einige Zeit hingehört hatte, äußerte Bassompierre: »Die weiß gebliebenen Länder, von denen man hier spricht, ich war dort.«
Eingeladen, näherzurücken, fragte er, ob die Gerüchte wahr wären. »Der König von Frankreich hat die kältesten Teile der neuen Welt ausgesucht, um euch dort anzusiedeln?«
Dies sagte er nicht in der Absicht, den König bei ihnen herabzusetzen, sondern einfach, um die Stimme des Volkes zu vernehmen, damit hätte er bei Hof geglänzt. Übrigens hatte er die fernen Indien nie betreten, noch irgendeine Reise zur See gemacht.
Die ansehnlichen Bürger am Tisch enthielten sich vorsichtig der Entrüstung, die gewiß angebracht war. Ein windiger Kunde, der sauren Wein trank und seine Ärmel waren geflickt, dieser verwahrte sich im voraus, falls er mit Frau und sechs Kindern sollte verschifft werden. Er entrichtete unter Entbehrungen, so schrie er, was er dem König schuldete. Fehlte nur noch, daß ein Kahn des Königs ihn und die Seinen am Rande der Wüste aussetzte, um hiernach getrost von dannen zu segeln.
Der neugierige Herr unterließ nicht, die Gesinnung der Leute gründlicher zu prüfen. Gerade die kältesten Indien besäßen Minen, er habe sich durch Augenschein überzeugt, behauptete er; bis zum Rand wären sie voll von Gold. Den Zeichen des Unglaubens, die ihm begegneten, antwortete er mit dem Hinweis auf Spanien, das seine ganze Macht den Schätzen von Peru verdankte, und hätte ohne sie nach diesem Königreich, eurem Lande, die Hand nie ausgestreckt.
»Dafür hat unser König Henri die Spanier geschlagen, keine Reichtümer des Indiens, das Sie da nennen, halfen ihnen.« Dies sprach ein gesetzter Mann im Schurzfell des Gerbers. »Der König ist der Freund unserer redlichen Arbeit, das hab ich selbst erfahren und weiß es. Er schickt nicht Abenteurer in die Weite, damit sie das unverdiente Gold holen.«
An einem Ende des Tisches tafelte ein Gerichtsschreiber, hatte am Morgen von einer Partei ein Trinkgeld bekommen, und am Abend verzehrte er es. War ohnedies gerötet, aber sein Kopf schwoll heftiger vom Zorn an, er kollerte: »Immer noch besser, sie schlagen drüben die Wilden tot, als daß die Hungerleider uns vor den Türen unserer eigenen Häuser auflauern.«
Der Schreiber hatte in Wirklichkeit kein Haus, um so eifriger war er für den Besitz. Ihm wurde zugestimmt. Der Neugierige, der genug gehört hatte, wollte auf-

stehen und weitergehen. Nun war während des ganzen Gesprächs ein Unbeteiligter zugegen, saß an der Wand auf einer Bank, dort machte er sich mit einem Blatt Papier zu schaffen. Da er jetzt in das Licht trat, wurde bemerkt, daß er alt war. Seine vielgetragene Kleidung schien nicht durch körperliche Verrichtungen abgenutzt sowenig wie die Gestalt, denn sie war straff geblieben. Das Gesicht bewahrte Züge, wie sie wohl vom Lernen und Wissen entstehen, aber Menschen, die mit ihren Händen arbeiten, halten sie leicht für die Spuren von Traurigkeit.
»Herr de Bassompierre«, sagte er zu dem Neugierigen. »Auch Sie nennen sich einen Seefahrer, daher wage ich anzunehmen, daß mein Name Ihnen bekannt ist. Ich bin Marcus Lescarbot.«
Der Angeredete wurde hier recht verlegen, denn allerdings wußte er von dem Mann. Ohne an Böses zu denken, erwiderte er:
»Sie sind noch aus der Umgebung des Admirals Coligny.« Die Leute am Tisch verständigten einander. Ein Protestant.
»Ich war wirklich«, sprach der Hinzugekommene, »unter den ersten Franzosen, die nach Neufrankreich gereist sind. So heißen die nördlichen Küsten Amerikas, seit wir sie bertraten. Das ist ein Reich mit Ufern von tausend Meilen, dahinter ein Erdteil, und wir haben ihn erforscht. In diesen schnellen Entwurf, den ich bei wenig Licht machte, sind eingezeichnet die Bodenschätze, Fischereien, Pelzjagden und das fruchtbare Land, nebst der Wärme der Jahreszeiten. Nicht vieles ist weiß geblieben auf meiner Karte. Ich reiche sie denen, die sie nicht erkennen und die Reise nach den kalten Indien niemals unternahmen, obwohl sie gar nicht kalt sind.«
Der Mann, der sich Lescarbot genannt hatte, legte das Blatt auf den Tisch, sah aber weiter in die Augen des Herrn vom Hof. Während alle Gäste über der Karte die Köpfe zusammensteckten, bat Bassompierre leise:
»Setzen Sie mich nicht länger in Verlegenheit, weil ich gelogen habe. Es geschah, um zu erforschen, wie die Leute denken, und es dem König zu berichten, denn er muß es wissen.«
»Indessen«, sagte der andere, »wichtiger wäre, daß die Leute wüßten, wie der König denkt.«
Der Höfling gab sich ehrfürchtig, ja, bescheiden. »Niemand darf sich dessen rühmen. Ein großer König erwägt vom Für und Wider mehr als wir fassen können. Die Majestät hat Sie angehört. Leugnen Sie es nicht«, verlangte er, da der Mann abwehrte. »Oder ich würde Sie auf einer Lüge ertappen, wie Sie mich. Die Majestät hat Sie angehört, dann aber hat sie auch ihrem Minister das Ohr geliehen.«
»Dem berühmten Herrn de Sully.« Diesen Namen sprach Marcus Lescarbot anders als jedes vorige Wort. Es war ein Ton der Bitterkeit, des geistigen Hasses, einer Feindschaft, die tiefer geht als jede persönliche. ›Warum verstellt er sich nicht?‹ dachte Bassompierre. Seine Gefühle für Rosny treten in all ihrer Blöße hervor, und der Gelehrte hat auf einmal das Gesicht eines Kannibalen.
»Berühmt, einflußreich, und ohne ohn geschieht nichts«, warf der Herr vom Hof

leicht hin. Der Alte, weit Umgetriebene ließ ihn stehen, er wendete sich an die Gäste dieser Schänke, die seine Karte lasen. Ihnen erklärte er Nordamerika mit einem Feuer, einer wilden Inbrunst – sie glaubten auf dem Jahrmarkt zu sein und hörten mit offenen Mündern einen Wunderarzt sein Allheilmittel anpreisen.
»Was soll es kosten?« fragten mehrere. »Die Schiffe auszurüsten, das Gold abzuholen, und wenn die Flotte scheitert?«
»Sie scheitert nicht«, bestimmte der Fremde, bleich vor Leidenschaft und dadurch noch verdächtiger. »Auch schlagt euch endlich das Gold aus dem Kopf. Ihr redet wie ein unfähiger Minister, ihn bekümmert nichts außer den Schätzen, die glänzen. Segensreich sind aber nur die Schätze, mit denen die Natur unsere Arbeit belohnt. Der Goldschacht, den ich kenne, heißt Brot und Wein mitsamt dem Viehfutter. Hab ich das, hab ich Geld.«
Die Leute bedachten sich. Die Kleidung des Mannes war abgetragen. Er hatte noch kein Viehfutter heimgebracht aus den kalten Indien. Gleichwohl machte einer am Tisch seine Stimme frei, es war der Gerber, er sagte:
»König Henri wird nicht Abenteurer in jene Länder schicken, ich kenne ihn, er hat in meiner eigenen Werkstatt mit zugegriffen, wie allbekannt. Können Sie ihm zeigen, daß dort drüben die Arbeit lohnt, dann sind Sie sein Mann.«
»Ein Glas!« rief Lescarbot der Seefahrer aus der Zeit des Admirals. »Ich bin noch nüchtern. Mit dem Gerber will ich anstoßen.«
Er trank in einem Zuge aus. Endlich setzte er sich und sprach ihnen allen vertraut in die Gesichter.
»Der König will es«, sagte er. »Beginnt hiermit, wie in vielen anderen Sachen, was er sich vorgesetzt hat seit seiner Jugend. Kein Minister wird ihn abschrecken, der mag ihm erzählen, daß oberhalb des vierzigsten Grades nichts wächst und gedeiht. Der König weiß eins: es gedeihen dort Menschen. Die sind wild und kennen die Heilslehre nicht: um so eher sollen wir hinfahren und sie retten – auf die Gefahr, selbst zu scheitern. Denn Menschen sind drüben und hier, sie verdienen, daß wir für sie sogar scheitern. Hört ihr mir zu?«
Je ernster sie lauschten, um so dringlicher seine Frage. Ein Tischgenosse unter vielen hatte den Kopf zwischen seine Hände genommen, er starrte mit aufgerissenen Augen nach etwas, das nicht hier war. »Ich höre«, murmelte er, ohne die Lippen zu bewegen. In der völligen Stille sprach Lescarbot.
»Menschen sind hier, die keine Arbeit finden und nicht satt essen – entlassene Soldaten und der Überschuß der Handwerker. Sogar von unseren weltbekannten Tuchfabriken liegen manche noch still.«
»Wem sagen Sie's«, murmelte der Gast mit dem Kopf zwischen den Händen.
»Menschen sind drüben, sie verstehen kein Gewerbe und beackern wenig Boden. Dazu sind sie Heiden. Auch ihretwegen sollen wir zur See fahren. Die Menschen drüben, die Menschen hier, unser König hilft beiden; das ist seine Meinung, wenn wir zur See fahren. Wir haben gefragt und er mit uns anderen, zu der Zeit, als er Navarra hieß und war ein Hugenott: Dürfen wir die Länder, die Neufrankreich genannt werden, seitdem wir zu ihnen die Fahrt nahmen, dürfen wir

sie denn besetzen, ihre Bewohner berauben? Nein. Sondern wir wollen ihre Freundschaft erobern, bis sie unseresgleichen sind. Sie ausrotten, wie der Spanier getan hat, wir haben es nicht im Sinn mit den fernen Völkern. Wir halten das Gesetz der Gnade und des Mitleids, nach dem Wort unseres Heilands: ›Kommt zu mir alle, die ihr mühselig und beladen seid.‹ Ich will euch trösten, nicht aber euch ausrotten, das ist die Meinung des Herrn, und keine andere hat unser König.«

Völlige Stille und bestürzte Gesichter – immer wieder ist schwer zu begreifen, daß wirklich gehandelt werden soll nach dem Gesetz der Menschlichkeit, und derart handeln will der König. Dem Gast, der den Kopf zwischen den Händen hielt, wurde der Blick von Tränen verdunkelt, um so besser sah er, was innen war. Ihm erschien die Brücke im Regenguß, das Geländer, er selbst schon halb hinüber, hatte angefangen zu gleiten, sollte alsbald stürzen. Einer riß ihn zurück. War vorher weithin niemand in Sicht gewesen, und anstatt der Menschenleere, die er schon für endgültig gehalten hatte, reißt einer ihn zum Leben zurück. Bedeckt seine Blöße mit dem eigenen Mantel, läßt ihn von einem Soldaten nach dem Hospital begleiten, läßt ihn heilen, gibt ihm Arbeit, und aus dem verlorenen Studenten der Gottesgelehrtheit wird der Tuchmacher, der hier sitzt, einer der wiedererstandenen Tuchmacher in den Fabriken, die eröffnet sind.

Der ehemalige Selbstmörder will reden, zum erstenmal drängt es ihn, mitzuteilen, was er weiß. Es ist ihm bis jetzt nicht rühmlich erschienen, auch nicht besonders wissenswert. Plötzlich geht ihm eine Welt auf: übervoll von Geschehen, er aber hat hineingeblickt. Er stammelt, bekämpft die Erregung, er spricht. Hingewendet ist er zu dem Gerichtsschreiber, den hat er ausgesucht, unbekannt warum. Dem Schreiber, der bestochen und vollgefressen, bleibt vollends unbewußt, warum er andächtig zuhört. Ist denn dies ein Prozeß und geht um viel Geld?

Marcus Lescarbot hatte seinen Zweck erfüllt, er machte sich leise davon. Dicht hinter ihm war Herr de Bassompierre, er war entschlossen, diesem wichtigen Mann nicht von den Fersen zu weichen. Jetzt ist kein Zweifel mehr, wie der König entschieden hat. Der königliche Statthalter für Neufrankreich ist ernannt und mit Glanz soll er eingesetzt werden. Das nächste Bild in Sachen der Kolonien, wie es bei Hofe sich zutragen und prunkvoll dartun wird, der Neugierige errät und kennt es. Das vorige hat in der Schänke beim Volk gespielt, und daraus folgte das letzte. Dabeigewesen sein ist für den Neugierigen alles.

Die Abgehenden wurden aufgehalten durch mehrere Musiker, die in die Schänke drangen. Geige, Harfe und ein Sänger, hier fanden sie alles versammelt, was Ohren hatte, den Höfling, den Gelehrten und Seefahrer, die seßhaften Bürger, ehrbar, weniger ehrbar, ganz windig, und solche, die gestohlen hatten, und solche, die gerettet waren. Vor all dem Volk ließen sie erklingen:

Reizende Gabriele.

Rosny, Herzog von Sully: Der Baron von Rosny, 1560–1641, Jugendfreund, Ratgeber und Kampfgefährte von Henri IV. aus den Tagen der Hugenottenkriege. Von Henri zum Finanzminister ernannt und mit dem Titel eines Herzogs von Sully belohnt, sanierte er die Ökonomie des Reiches und kümmerte sich in starkem Maße um die Landwirtschaft.
Admiral von *Coligny,* 1517–1572, Führer der Protestanten, eines der ersten Opfer der Bartholomäusnacht.
Henris Besuch in der Werkstatt des *Gerbers:* Bezugnahme auf ein vorhergehendes Kapitel.
»*Reizende Gabriele*...«*:* s. das Kapitel »Das Lied« in: H. M.: »Die Vollendung des Königs Henri Quatre«, a.a.O., S. 516–525.

C. Spuren

Versäumte Lektionen heißt eine vielbeachtete Anthologie, die 1965 als eine Art Gegen-Lesebuch veröffentlicht wurde und Texte enthält, die von der Schul-Germanistik dem Schüler in der Regel vorenthalten wurden[1]. Es waren Texte des literarischen Jakobinismus ebenso darunter wie Texte des »Jungen Deutschland«, Texte der Aufklärung ebenso wie Texte der literarischen Moderne. Gestalten und Ereignisse wurden vorgestellt, die – anders als die üblichen Haupt- und Staatsaktionen – für das geförderte deutsche Geschichtsbewußtsein bis auf die jüngste Gegenwart als nicht tradierungswürdig galten.
Auch das vorliegende Kapitel wird mit »versäumten Lektionen« eingeleitet, zwei Darstellungen von Gestalten aus dem deutschen Bauernkrieg, jenem in der deutschen Geschichtsschreibung immer noch zu Unrecht gegenüber der Reformation und dem Dreißigjährigen Krieg vernachlässigten wahrhaft epochalen Ereignis. Zwar hatte sein Ausgang die Entstehung des deutschen Nationalstaates verhindert und die Entfaltung eines bürgerlichen Selbstbewußtseins nachhaltig gehemmt; seine Signalwirkung bleibt dennoch nicht zu verkennen. Signale haben freilich auch andere Ereignisse der deutschen Geschichte gesetzt, etwa das Jahr 1848. Sie wurden überhört und gingen im Strom konträrer Entwicklungen unter.
Politisch ohne unmittelbare Folgen, hatten sich Spuren der nicht zum Zuge gekommenen Alternativen jedoch bereits tief in das Werk der klassischen deutschen Dichtung und Philosophie eingegraben. Einige Profile sollen dies stellvertretend deutlich machen.
Der erste Weltkrieg war das Ereignis, das auch die bürgerliche Intelligenz endgültig aus ihrem Dornröschenschlaf riß und den Traum von einer auf dem europäischen Gleichgewicht beruhenden äußeren (und bedingt auch inneren) »Sekurität« für immer zerstörte. Die »machtgeschützte Innerlichkeit« (Thomas Mann) mußte einer Politisierung des

[1] *Peter Glotz* und *Wolfgang R. Langenbucher* [Hrsg.]: Versäumte Lektionen. Entwurf eines Lesebuches, Gütersloh 1965.

Bewußtseins in dem Maße weichen wie das neue Zeitalter (erst mit seinen kriegerischen Materialschlachten, dann mit seinem Nachkriegselend, aber auch mit neuen Hoffnungen) von ihm Besitz ergriff. Die Novemberrevolution 1918, wiewohl von Anbeginn verraten, war eine Manifestation solcher Hoffnungen, deren Signale das Jahrhundert bis heute in Bewegung gehalten haben.

Zusätzliche Lesehinweise

Max Brod: Heinrich Heine (Biogr.), Amsterdam 1934.
Berthold Jacob: Weltbürger Ossietzky. Ein Abriß seines Werkes (u. Biogr.), Paris 1936.
Kurt Kersten: Unter Freiheitsfahnen. Deutsche Freiwillige in der Geschichte, Straßburg 1938.
Hertha Pauli: Nur eine Frau. Berta von Suttner. Biographischer Roman, Wien, Leipzig 1937.
Paul Frölich: Rosa Luxemburg. Gedanke und Tat, Paris 1939.
Hans Mayer: Georg Büchner und seine Zeit, Wiesbaden 1946.
Ernst Sommer: Die Sendung Thomas Münzers, Berlin 1948.

Hans Marchwitza: Die Kumiaks (R.), Zürich 1934.
Johannes R. Becher: Abschied. Einer deutschen Tragödie erster Teil. 1900–1914 (R.), Moskau 1940.
Willi Bredel: Verwandte und Bekannte (R.), Bd. 1: Die Väter, Moskau 1941; Bd. 2: Die Söhne, Berlin/DDR 1949; Bd. 3: Die Enkel, Berlin/DDR 1953.
Anna Seghers: Die Toten bleiben jung (R.), Berlin/DDR 1949 (entstanden im Exil in Mexiko).

Versäumte Lektionen

Gustav Regler
Hungerwinter, Hitzesommer*

Ein kurzes Aufatmen brachte dieser Herbst, da man an den Abenden wieder die Aveglocken hörte und in der Sonntagsfrühe geweckt wurde vom Gepolter sämtlicher erzenen Stimmen der Türme. Wie trug man die Martinsgans gern ins Pfarrhaus, wenn nicht der Hof schon gar zu verarmt war. Sagen wir die Wahrheit: die Bauern konnten ihr Glück nicht so bekunden, wie es sie an jenem ersten Sonntag erfüllt hatte. Elend tötet auch Festfreuden, Kummer würgt die Dankbarkeit, und wenn wir einige Urkunden recht gelesen haben, so gab es genug Bauern, die offen bekannten, daß ihnen die eine Messe nicht soviel Aufhebens wert erscheine: ein Schluck Weihrauch, eine unverständliche Singerei, was wäre das gegen die vielen bösen Pfennige, die man jetzt wieder ohne Widerstand geben müsse.
Solche Bauern hatten zweifellos von jenen neuerungssüchtigen Menschen gehört, die da herumredeten, das Volk müsse die Meßgesänge verstehen, müsse sich in seiner Sprache mit seinem Gott unterhalten können.
In Joehlingen erhob ein Pfarrherr seine mächtige Stimme gegen solche Ketzerei; er war eine rühmliche Ausnahme. Die anderen fühlten sich sicher auf der Rampe ihres Altars. Die Kommunionbank schien ihnen ein nie zu nehmender Graben, der alle Murrenden fernhielt. Die lateinische Sprache nährte ihren dummen Stolz, und angetan mit den bunten Gewändern der Kirchenbräuche hielten sie es für höchst überflüssig, den Fragen der dürftig Gekleideten zu antworten. Der Genuß fetter Pfründe ließ keine Angst in sie dringen, Geiz machte sie blind, und wenn ein aufrührerischer Gesell gar zu dicht an sie herangetreten war und seine Anklage selbst ihr Ohr getroffen hatte, so half man sich ohne Zögern mit einem Befehl an den Profosen, mal hier nach dem Rechten zu sehen.
Damals gingen aber Flugblätter durchs Land, auf denen der Vers zu lesen war: »Was brauchen wir das mönchisch Leben? Wir können alle selber beten und wann uns gelüstet zur Kirchen treten.«
Der Pfarrer von Joehlingen schwenkte ein solches Blatt über seine Pfarrkinder: »Riecht ihr den Höllengestank, den der Zettel verbreitet? Da hab ich dich an den Ohren, kleiner Teufel«, sagte er und kniff das Blatt wie einen Schulbuben, »was

---

* Gustav Regler: Hungerwinter, Hitzesommer, in: Internationale Literatur, Jg. 6 (1936), H. 4, S. 27–45. Kapitel aus dem Roman »Die Saat«, Amsterdam, Querido 1936. – Abdruck mit frdl. Genehmigung der Büchergilde Gutenberg, Ffm/Wien/Zürich ©.

winselst du nicht? Hast die Sprache verloren, weil ich dich hierher geschleppt vor den Herrn? Willst in die Häuser schleichen wie ein Blütengeruch und bist doch nur ein Pfurz, ein elender, pestiger. Was kitzelst du da den Leuten die Haut, die nicht juckt?« Er drehte das zerknitterte Blatt vor seine Augen, als wenn er lesen wollte: »Wir wollen eins mit dem anderen teilen – daß ich nicht lache! Teilen, und morgen schon wieder hat der Hintz mehr als der Jakob. Eins mit dem anderen teilen – und wie die Katze mit Mäusen geilen. Möchte dir passen, würdest dir ins Fäustchen lachen, wenn sie uns da die Krallen ins Fleisch zwicken. Das gefiel den Narren alles, daß ihnen kein Bosheit würd vergolten. Hast dich getäuscht mit meinen Kindern. Nur die Bösewichter und Tagediebe plappern dein krummes Gefasel nach.« Er zitierte wieder: »Und soll kein Bauer kein Geld mehr geben, denn Christus hat für alle gegeben sein Leben – hoho, hört das hinkende Stinkteufelchen! Er nimmt des Herren Namen in sein schleimiges Maul. Hört sich wie Beten an und ist doch nichts denn ein Rülpsen aus giftigem Magen. Tust so recht mager und fromm und bist doch runder und voll von Dreck, auch beschissener denn das Galgenholz.« Er las nocheinmal: »Wir wollen einmal uns selber regieren – da seht ihr den Kerl mit dem Pferdefuß! Will euch die Diener des Herrn madig machen und ließe euch dann allein, würde hier herumfuhrwerkeln, ins Tabernakel hineinspucken und sich bemachen vor unserer lieben Frauen Maialtar.«

Sein Gesicht war rot angelaufen vor Zorn, die Faust knüllte das Papier, er beugte sich tief über die Kanzel:

»Ich weiß wohl, daß seine Sendboten herumschleichen bei euch. Sie klagen sich mit großen Mären, als ob sie hart gefangen wären. Aber ich sage euch: ließ man den Kindern ihren Willen, man könnte bald ihr Weinen stillen. Was denn wollen sie euch geben, wenn sie euch den Herrn genommen haben? Was denn soll aus eurem Acker werden, wenn der Ochse abwirft sein Joch, das Pferd seinen Kummet vom Hals schüttelt, wenn der Bauer wegläuft von seinem Pflug, ja da kommt denn wohl so ein Faulenzer und Hundesohn und bestellt euch den Acker?! Mißwurz wird er euch säen und Knollen wird er euch ernten. Faulheit wird er euch in die Adern gießen. Dürren wird die Frucht auf den Bäumen und verfaulen die Rübe im Acker. Verbrennen wird das Gras im Halm und austrocknen die Rebe am Stamm. Die Kinder werden die Hand gegen euch heben und der Hund wird seinem eigenen Herrn an die Waden fahren. Was sind's denn für Herrchen, die euch da in den Ohren liegen? Haben sie je den Pflug in der Hand gehabt, wissen sie, wie man den Mist ausstreut über die Felder, hat einer von ihnen schon eine Kuh gemelkt, ein Kalb herausgezogen aus dem Leib der Mutter, sind sie euch begegnet, wenn ihr im Schweißhemd in den Furchen gingt, hatten ihre Hände Schwielen wie die euren, wo sind die Kinder, für deren Brot sie sich sorgen, wer gab ihnen das Geld, diese Pestzettel so säuberlich mit ihren Lügenhieroglyphen vollzuschmieren, sind sie denn von hier und wollen sich vielleicht rühmen, eine Buchrainer Bäuerin hätte sie geboren?«

Die Gemeinde hörte mit offenen Mäulern zu. Nah der Tür standen einige Bundschuhbauern, es waren die einzigen fast, die den Blick geradeaus hielten zu dem tobenden Priester. Das dürfte wohl feststehen, daß wir hier geboren sind, dachten einige zur gleichen Zeit. »Wo denn bist du hergekommen?« Mit halblauter Stimme hatte es einer von ihnen gesagt. Eine Frau drehte sich empört zu ihm um. Der Bauer sah ihr in flammendem Trotz ins Gesicht: »So sag's ihm doch!« Unter seinem Blick erschrak das Weib und wandte schnell den Kopf zurück zum Priester, der seine Strafpredigt mit einer pathetischen Geste abzuschließen sich entschieden hatte.

Er streckte die Hand mit dem Papierknäuel weit aus über die Gemeinde: »So mögen denn alle, die da für gut halten, in Teufels Gemeinschaft zu leben, wissen, wie ihnen geschieht. Und wenn niederbricht über alle der Zorn Gottes und da darben wird das Vieh und die Kinder und der Herr unerbittlich sein wird, wie alle flehen und jammern, bis ausgemerzt sind die Bösewichter, dann soll sie erwürgen der Schrei der Hungernden, dann soll sie ersticken die Reue, die zu spät kommt, und lebendig sollen sie verschlungen werden vom höllischen Feuer wie Korah und seine Spießgesellen.«

Er warf den Arm nach hinten und schleuderte das erwürgte Pamphlet, das ihn so erzürnt, in den Gang des Mittelschiffs. Die dort standen, wichen erschrocken zurück und ließen einen schnellen Kreis entstehen um das weiße Knäuel. Der Priester aber ergriff die Kerze neben seinem Missale und stieg hinab.

Damit verbrennst du nur das Papier, dachten die Bundschuhbauern. Sie waren sehr erregt, als sie den Priester sich niederbücken sahen mitten in der Kirche, um das Papier wie ein Reptil mit Gesten des Ekels und der Rachsucht anzusengen. Ihre Fäuste ballten sich. »Apage Satanas«, rief der Priester, unter ihm brannte das kleine Flämmchen auf den Steinfliesen wie ein sterbendes Irrlicht.

Ahnte der Priester, daß mitten in der Gemeinde ein gutes Dutzend Männer standen, die er mit dem winzigen Flämmchen seines Autodafé aufs neue entzündete? Spürte er plötzlich im Genick die Hand eines Rächers, den man nicht mehr mit Zauberformeln und Kerzenfeuer vernichten konnte? Er wandte sich etwas auffallend um, betrachtete die Umstehenden und ging dann schnell zu seinem Altar zurück. Es war, als fühle er sich erst sicher, als er das abgelegte Meßgewand wieder über die Schulter geworfen hatte.

Im Hintergrund ging einer der Bundschuhbauern, ohne ein Knie zu schlagen, aus der Kirche. Es war im Augenblick, als der Priester vorn die Handflächen zur Gemeinde aufhob, um ihnen allen seinen Segen auszuteilen.

Dann kam ein Winter, wie er seit Jahren nicht gewesen. Die Menschen zitterten in den Kirchen, wie sie beim Blasen der Trompeten des Jüngsten Gerichts nicht gezittert hätten. Durch die Nächte heulten die Winde wie gierige Bestien. Es half wenig, in den Betten zusammenzurücken, die Kälte pfiff schneidend in die undichten Häuser und fraß alle warmen Dünste. Am Tag mußte man mit dem halben Rücken gegen den Wind gehen, die Lunge weigerte sich, den eisigen Atem einzuziehen. Die Kinder, die versucht hatten, im Freien zu spielen, kamen mit

klammen Fäusten und tränenden Augen zu den Müttern gelaufen, erschrocken über so ungewohnte Feindschaft der Natur. Hustend saßen Frauen am Spinnrocken und dachten, die schnurrende Spindel könne den Wettlauf mit dem Wetter noch aufnehmen: mit Fieber in den Augen legten sie sich bald nieder. Und überall bei den Bauern fehlte es an Kleidern für den Tag, an Decken für die Nacht, an Schuhwerk und an Brennholz.
Das Vieh brüllte in das Heulen der Winde hinein. Wölfe wurden in Scheunen gefunden, wo sie nichts als Wärme gesucht. Das Stroh reichte nicht aus, um die Ställe zu stopfen. Man fand im Frost erstarrte Hühner unter ihren Stangen liegen. In den Kaminsteinen der Dächer, wo immer noch Rauch zu sehen war, verkrochen sich die Meisen und Sperlinge nach verzweifelten Kämpfen um die wenigen Löcher. Marder und Wiesel erschienen in den Bauernstuben, verhofften zitternd vor den erstaunten Menschen, und ihre Furchtlosigkeit war ein grauenerregender Hinweis auf den Schrecken der Wildnis, aus dem die scheuen Räuber geflüchtet waren. Auch Rehe und Hirsche standen plötzlich auf den Höfen. Geängstigt und in Voraussicht kommender Jagdvergnügen befahlen einige Herren ihren Fronbauern, das Damwild in den Ställen zu beherbergen, bis die garstige Zeit vorüber sei. In Neudorf führte diese vorsorgliche Anordnung zu einem Mord:
Ein Bauer hatte zu spät entdeckt, wie tief der Frost in die Erde eingedrungen war. Nun hackte er an dem Erdhügel, der wie Granatstein seine Kartoffelvorräte deckte. Zweimal schon war ihm der Stiel der Hacke gebrochen. Der Wind biß Tränen aus seinen Augen. Da lag sie vor ihm, die graue Erde, unbeweglich, und gab die Nahrung nicht mehr heraus, die er ihr anvertraut. Wie vor einem Grab stand er, und er schlug den dunklen Hügel, wie ein Mörder sein Opfer schlägt, das nicht sterben will; ängstlich schlug er, und je hoffnungsloser er wurde, desto wütender traf die Spitzhacke das erbarmungslose Erdreich.
In diesen Augenblicken traf der Bote des Schloßherrn ein und richtete seine Weisung aus. Hirsche, Rehkühe, Böcke, die sich auf den Höfen zeigen sollten, seien einzufangen, zu füttern und im warmen Stall einzustellen. Der Bauer verstand zuerst nicht, er wischte sich das Wasser aus den Augen. Der Bote, der einen dicken Schafpelz trug, hatte es eilig: »Bei Todesstrafe«, sagte er noch, da verstand der Bauer, verstand und verlor die Besinnung: schon pfiff die Hacke durch die Luft in den Schädel des Boten. Das blutige Gerät lag noch neben der Leiche, als man sie entdeckte, den Schafpelz fand man an dem Bauern selbst zwei Tage später. Die erste Nacht war der Mörder wohl herumgelaufen, und am nachfolgenden Tag hatte er eine Scheune entdeckt, die ihn verbarg; aber in der zweiten Nacht mußte ihn der Schlaf verführt haben, sich niederzusetzen. Er hatte das traumreiche Lächeln der Erfrorenen noch auf den Lippen. Sein Grab – in einem fernen Kirchhof – mußten sie mit scharfen Eisen herausmeißeln. Die Natur zeigte sich keinen Augenblick nachgiebig.
Wenn etwas die Schrecken dieser Tage hätte mildern können, so war es der Gedanke an den linden Frühling und die Ernte des kommenden Jahres. Aber auch

dieser Traum ging unter in der grausamen Kälte: Bauern wagten einen Gang in die Weinberge und kamen erschüttert zurück. Alle Rebstöcke waren erfroren, auf Jahre war nicht an Weinlese zu denken. Und die Winde heulten weiter über ein trostloses Land.

Endlich fiel Schnee und schien wie ein freundliches Tuch, das eine zu harte Erde zudeckte und die schlimmste Kälte aufgefangen hatte. Aber die weiße Decke wurde dicker und dicker. Niemand konnte sich auf die Straße wagen, die Dörfer lagen bald vergraben, als sei eine weiße Mauer rings um sie aufgerichtet, um sie für immer von aller Welt zu trennen. Die Nachtglocken, die irrenden Boten und Vaganten den Weg leichter machen sollten, klangen durch den Flockenwirbel wie aus abgelegenen Bergen kommend. Schon stürzten unter der Last des Schnees die Dächer elender Kätnerhütten ein. Fuhrwerke versackten mit Pferd und Mann in zugewehten Holzwegen. Die Hilflosigkeit der Menschen wurde von Stunde zu Stunde größer, und man wußte nur eins sicher, wenn man sich doch entschloß, zum nächsten Dorf aufzubrechen: in den Wäldern lag der Tod; und fast begriff man die Räuber, die in diesen Tagen niemand schonten, der ihnen ins Gehege kam.

Joss war, als die Kälte einbrach, gerade auf der Burg jenes Ritters, zu dem er sich vor Monaten einmal geflüchtet. Er hörte, daß das Unwetter auch sein Gutes hatte: die Vögte zeigten keine Lust, ihre Häuser zu verlassen und die noch fälligen Abgaben einzutreiben. Vielleicht ahnten sie, auf welch gefährliche Reizbarkeit sie stoßen würden in den ungeheizten Bauernstuben. Joss sah die Bauern vor sich, ihre Verzweiflung, die so schwer Worte fand, die sinnlosen Gesten, mit denen sie durch die Ställe gingen und das brüllende Vieh zu beruhigen suchten, die trüben Blicke aus den Spalten der verhängten Fensterluken; er sah sie wachliegen neben ihren Weibern in den winddurchtobten Nächten. Er wußte, sie dachten an den jüngsten Tag, er wußte wie bitter ihr Elend sie gemacht, er kannte sie alle, ihr Zögern und Zweifeln, aber auch ihre Sehnsüchte und ihre Glaubenstreue. Was dachten sie vom Bundschuh? Konnte ihr Glaube diesen Frost überstehen? Joss saß am Kamin des Ritters vor dem Schachbrett und grübelte. An den bleigefaßten Fenstern klirrte der Wind. Der Ritter bedachte übertrieben lange jeden Zug, hielt es als zum Spiel gehörig. Jetzt gerade muß etwas geschehen, dachte Joss. Gegen die adligen Wölfe hetzen kann jeder Tagedieb. Die Pfaffen entlarven, ist leichter als die Hosen aufknöpfen. Aber dasein, wenn der Himmlische seinen Unsinn macht, das haben sie noch nicht erlebt. Und man kann alle drei schlagen, wenn man jetzt auf dem Plan erscheint.

Er fieberte in seinem neuen Entschluß. Die Schachpartie ging bald zu Ende. Joss ließ seinen Gastgeber gewinnen, nicht ohne es ihm schwergemacht zu haben. Revanche wollte er ihm morgen geben. Ob er übrigens, da es ihm gerade einfiel – einen Boten ins Dorf schicken könne noch diesen Abend. Er wünsche am nächsten Tag den Bauern Ratz, mit dem er Geschäfte gehabt, hier oben zu sprechen. Der Ritter studierte noch seine Siegesstellung: »Hättet Ihr früher die Rochade gemacht, wäre Euer Turm frei gewesen und meine Dame hätte Euch nicht so zusetzen können. Natürlich könnt Ihr den Boten haben. Tatsächlich: schachmatt.« Joss hatte in der Frühe eine Besprechung mit Ratz. Alle Ortsgesellen – so befahl er dem Verschworenen, der sich nicht wenig wunderte, in der Burgkemenate plötzlich Joss gegenüber zu stehen – waren sofort zu benachrichtigen. Das Wetter war zu nutzen, um in jedem Dorf in einer gut geheizten Stube alle Bundschuhbauern zusammenzurufen. Jeder war zu befragen nach seinem Befinden und Notstand. »Kein Bundschuhbauer leidet in diesen Wochen mehr als der andere.« Joss gab genaue Ratschläge. Es handle sich nicht um Aufstandsgedanken, es handle sich darum, ein Schiff durch einen Sturm zu steuern, dessen Besatzung am jenseitigen Ufer – »am Ufer vielleicht schon des nächsten Frühjahrs«, sagte Joss – eine Schlacht zu schlagen habe. »Und die Grind soll uns auf dem Kopf wachsen, wenn wir in diesem Frostgeheul nicht beweisen, daß wir schon vor dem Sieg zusammenstehen. Denn nichts anderes hast du geschworen und ich und alle.«

Der Bund bestand die Probe. Nie war soviel Bereitschaft zu gegenseitiger Hilfe in Bruchrain gesehen worden. Als es galt, ein gestürztes Haus aufzustützen, waren alle Verschworenen des Dorfes nach erstem Ruf zur Stelle.

Die Dörfer, in denen der Bund besonders stark war, hatten als erste ihre Wege und Häuser von den Schneelasten freigeschippt.

Sie hatten längst verzichtet, einen Arzt aus der Stadt an die Krankenlager zu holen, aber als jetzt überall die schweren quälenden Kältekrankheiten einsetzten, brachten sie sich Tee und Decken und stärkende Nahrung. Die Erinnerung an den Schwur wurde wie ein Feuerstein, den jeder mit einem Male auf der Brust liegen fühlte. Sie waren stolz, daß Joss an sie gedacht, und billigten seinen Befehl, der sie ehrte. Ihr natürlicher Geiz war schon längst vom Elend erwürgt, nun erwachte eine Freude am Geben, die dem tödlichen Winter ein gut Teil seines Schreckens nahm.

»Der Pfefferminztee macht trotzdem die Seele nicht warm«, sagte Martin. Er war bis jetzt in der Stadt gewesen bei einem Bäcker, der zum Bund gehörte. Sie hatten den großen Familientisch in die Backstube gestellt und hausten auch dort mit allen Kindern um das warme Maul des Ofens. »Man muß ganz andern Brennstoff in die Häuser tragen.« Er schmiß das Buchenscheit, das er aufgegriffen, zu dem Holzstapel zurück und erhob sich: »Seid bedankt, Brüder, ich muß ins Dorf. Und wen ich euch schicke, sei er noch so zerlumpt und durchsichtig, nehmt ihn auf im Namen der Gerechtigkeit Gottes.«

»Ihr wollt in das Wetter hinaus?«

»Ich werde rascher reiten als die Winde, dann geht's.«

Von jenem Nachmittag an hörte man in den Nächten aus allen Wäldern um die frierenden Dörfer das Klingen der Äxte und das Schrämmen der Sägen. »Es ist genug da, um zehn Winter in Sommer zu verwandeln«, hetzte Martin.

Die Kälte kam ihnen bei den ersten Gängen zu Hilfe. Die Forstmeister hüteten ihre Zimmer in den Vogteien noch mit mehr Ausdauer als die Bauern, denn ihre

Kamine waren Tag und Nacht versorgt, und die Wachen, die vom Knarren eines Holzwagens an die Fenster ihrer Stuben gerufen wurden, hatten fürs erste keine Lust, in das Eis der Nacht hinauszutreten und große Untersuchung anzustellen. Und auch als der Befehl kam, mit allen Mitteln gegen die Holzdiebe einzuschreiten, gab es genug Knechte, denen der Frost die Seelen angerührt, so daß sie es nicht übers Herz brachten, Bauern festzuhalten, die sich in dieser mörderischen Winterwüste etwas Brand geholt hatten.
Schon waren ganze Dörfer in den Wäldern und warteten auch die Dunkelheit nicht mehr ab.
Es gibt ein Elend, das mutig macht, wenn man Gleichgültigkeit gegenüber Gefahr schon Mut nennen kann. Die Holzfäller dieses Winters von 1501, die mit klappernden Zähnen und die Füße brennend im verzweifelten Kampf der erstarrten Blutgefäße die Bäume schlugen, hatten die finstere Entschlossenheit des Tiers, das seinen Jäger anspringt. Sie fürchteten den Henker nicht mehr, da der Tod schon viel näher stand. Sie vertrauen auf die Beile, die sie in den Händen hatten, und unterschätzten doch die Gefahr.
Martin erkannte es und nicht erst, als sie einen Bauern fanden, den der Forstmeister auf der Stelle gerichtet. Aber dieser Bauer, den die anderen flüchtig betrachteten – breit war die Blutlache, in der sein Kopf lag –, gab Martin den Stoß, offen mit ihnen zu reden.
Es sei sinnlos, allein loszuziehen. Nur ihre Gemeinschaft fürchte man. Er gab genaue Anweisung für die Holzfahrten. Er erinnerte die Zögernden noch einmal daran, daß man nichts stehle. Man hole gestohlenes Gut zurück, der Gemeindewald sei immer Besitz der Mark gewesen. Er sprach, als handle es sich gar nicht mehr um die Not der Frierenden und um die warme Suppe, sondern um den Kreuzzug für alte Rechte.
Die Forstmeister hörten in diesen Tagen das Splittern der Späne und das Klingklang an vielen Stellen. Liefen sie mit wehendem Atem und schmerzenden Lungen in eine bestimmte Richtung, so fanden sie wohl eine gefällte Eiche, aber keine Bauern mehr. Im gleichen Augenblick rief sie ein neues Singen von Äxten in andere Richtung. Dort angekommen, fanden sie auch nur die geschlagenen Bäume. Und wieder zurückkehrend zum Ort des ersten Frevels, entdeckten sie den Platz, aber nicht mehr den Baum. Noch lag kein Schnee, der die Spur des weggeschleppten Holzes verraten hätte, und ein neues Klingen jagte den wütenden Wächter des Waldes auch schon zum Norden. Und wieder begann das gleiche Spiel; Martin verglich es gern, wenn sie am Abend an einem viereckigen Kamin, dessen Qualm die Frische des Holzes verriet, zusammensaßen, mit der Geschichte vom Swinegel und dem Hasen, die er im Türkenzug von einem friesischen Bauernsohn gehört. »Eck bin all do«, kullerte er los und schlug sich lachend auf die Schenkel. Die Bauern lachten mit, besonders die Frauen zeigten Martin, wie sehr sie seine Ideen billigten. Und der Wind hatte gut heulen um die Wände, es pufften wieder Rauchschwaden aus den Schornsteinen, und am glosenden Feuer unten warb Martin nun auch die Weiber für den Bund.

Er vergaß dabei seine Freunde nicht. Die Vaganten waren, sobald sie nur konnten, in die Stadt geflüchtet. Immer erschien die wallumgürtete Ansammlung von Häusern als ein besserer Schutz denn das flache Land. Stadtluft macht frei, sagte ein Sprichwort der Zeit und wurde mit dem Aufblühen des Bürgerstandes sogar zu einem Gesetz. Die Bettler schmuggelten sich auf jede nur denkbare Art hinter die Mauern, an deren Toren die Winde vergebens rüttelten, aber es war doch ein Irrtum gewesen zu glauben, daß die Häuser der Bürger im dichten Zusammenrecken mehr Wärme für arme Landstreicher gewährten. Sie waren verschlossener als die Häuser der ärmsten Bauern und unter den Brücken und den Kolonnen der Markthäuser schlich der blaue Tod auf noch eiligeren Pürschsohlen an die Schlafenden heran als in dem Strohecken verlassener Scheunen.

Martin empfahl die besten Vaganten an Bundschuhbrüder und enthüllte ihnen Handzeichen und Losung. Er war sicher, daß keiner von ihnen mit Verrat die Lebensrettung lohnen würde, und wirklich kam auch der Verräter des Frühjahrs 1503 nicht aus ihren Reihen. Er nannte ihnen Klöster, wo sie Pelzwaren finden konnten, er schickte sie zu Bürgermeistereien, die sich entschlossen hatten, Bettelsuppen zu verteilen. »Ihr habt ein Recht auf alles, denn man hat euch alles vorenthalten.« In Bruchsal stiftete er sie an, einen Schafpelz in den Kirchen zu fordern: Es war kurz nach dem ersten Advent. Von den Kanzeln las man aus dem Evangelium des Lukas das 21. Kapitel und es schien wie gemacht für den Tag: »In jener Zeit sprach Jesus zu seinen Jüngern: Es werden Zeichen sein an Sonne, Mond und Sternen; auf Erden wird große Angst sein unter den Völkern wegen ungestümen Rauschens der Meere und der Fluten; die Menschen werden vergehen vor banger Erwartung der Dinge, die über den ganzen Erdkreis kommen; denn die Kräfte des Himmels werden erzittern...«

Die Gläubigen hörten die düsteren Drohungen, aber ihre kalten Lippen sprachen kein besonderes Gebet; doch die Bettler heimsten am Ausgang mehr Angstpfennige als sonst. Machten die Spenden sie mutiger?

Am Abend in der Adventsandacht hatten sich alle eingefunden im Grund des Mittelschiffs, das im Schein der Kerzen und im Dunst des Weihrauchs einen angenehmen Kontrast gab zu den leeren Straßen, in denen die Winde bis aufs Gebein bliesen. »O komm, o komm Emmanuel«, sang die Gemeinde, sichtbar stieg aus allen Mündern der Atem des Gesangs, und es war wenig Glaube in den Stimmen. In unpassender Eile beendete der Priester die Gebete und verschwand vom Altar, als habe er Angst vor der frostigen Gottheit, die ihn auf eisigen Treppen solange beten ließ. Er wurde wieder zurückgerufen von dem Küster, der ihm aufgeregt mitteilte, daß er beim Schließen der Kirche auf allen Bänken schlafende Vaganten gefunden habe.

Die Bettler rührten sich nicht, als der Geistliche sie ermahnte, das Haus zu verlassen. Nur einer erklärte, daß Gott nichts dagegen haben könne, wenn die Seinen einmal besser schliefen als das Kind Jesu im Stall Bethlehem.

»Stehlen wollt ihr, sonst nichts«, tobte der Pfarrer und schlug den sich öffnenden pelzgefütterten Mantel wieder um die Schulter. Er ließ sie einzeln greifen und vor die Tür bringen.

Dort lag am Morgen ein alter einbeiniger Vagant, unter dem Relief der heiligen drei Könige, blau erfroren. Die Stadt erfuhr davon. Trotz der grimmigen Kälte begleiteten Hunderte von Bruchsalern die Totenkiste. Der Pfarrer eröffnete eilig eine Suppenküche für die Armen, aber er mußte sie schnell wieder schließen, denn am gleichen Tag, da er großspurig von der Kanzel herab seine eigene Güte gepriesen, erschienen Hunderte von Bettlern an der Tür, wo die Glocke hing, rissen die Stricke, als gelte es Sturm zu läuten, und hielten ihre Näpfe an das Lukenfenster. Martin hatte, soviel er nur finden konnte, aufgetrieben und zu dem gütigen Herrn geschickt. Nach der Roheit hatte der Pfarrer nun auch Gelegenheit zu enthüllen, daß nur Angst ihn zur guten Tat geführt.

Mitten im Mißmut der Tage kam ein Lachen auf in den Häusern, und Martin warb neue Pfaffenfeinde. Keiner von ihnen wies in diesem Dezember einen Bettler von der Tür und an vielen Tischen sprach man von dem Tag, da jeder zum anderen Bruder sagen werde und nicht mehr hungere.

Der Winter aber blieb weiter ohne Sonne. Aus unermüdlichen Lungen bliesen die Winde über den Bruchrain. In den Vogteien und Forstmeistereien nahm man die Hunde ins Haus, wo sie tief atmend und glücklich niederkauerten unter den Käfigen der Falken, für die man in höchster Besorgnis Tag und Nacht den Kamin glühend hielt. Vom Hochgericht waren die Raben verschwunden; es gab kein Menschenaas mehr; selbst das Richtschwert schien eingefroren, der Profos traute sich nicht ins Freie. Aber die Verließe lagen voll von rebellischen Bauern, Vaganten und Landsknechten, die marodiert hatten.

Joss und Martin hatten fast zur gleichen Zeit an die Unglücklichen gedacht. Martin kam in sichtbarer Erregung auf der Burg an, wo er den Freund wußte. »Ich sitze beim Herd in Weingarten, einer liest aus der Bibel, von der Hure des Herodes liest er und von Johannes dem Täufer und mit einemmal gibt es mir einen Stich ins Herz. O Joss, man tut nie genug und man vergißt immer das nächste.« Sie saßen lange in der Trauer der schrecklichen Vorstellungen und fühlten im Heulen der Winde und im Schweigen ihre Ohnmacht.

»Dein Lorenz ist draußen?« fragte Joss. Martin verneinte. »Diesmal meine ich nur die Gefangenen«, sagte er. Besser wär's, sie hätten sie niedergestochen, dachte er. Das Getier der Wälder kann weglaufen vor dem Wind, und wär's ein Lauf in den Tod. Sie aber sitzen im Eisen und ziehen den Tod mit jedem Atemzug langsam ins Herz. Aus dem Boden steigt er in die Füße, aus den Wänden kriecht er. Sie schlafen nicht mehr und fiebern schon. Und können nicht einmal die Hände um die Schultern schlagen, nur den Kopf an die Mauer rennen. Sie verrecken im Dunkeln und hören sterbend den Nachbarn, der im Wahnsinn heult. Und im Land sitzen Tausende und vergessen sie, kuscheln sich in die Betten, ja, ja, sie blasen auch in die Hände und zittern, wenn das letzte Holzscheit im

Ofen verschwindet, ich tadle euch ja nicht, aber die anderen, denkt keiner denn an die anderen?

»Man müßte wenigstens damit anfangen«, sagte Joss in das Schweigen hinein. »Ich denke an Dieffenborn, wo der Turm nicht im Schloß liegt.«

Zwei Tage später fuhren in die Vogtei von Dieffenborn zwei Karren, mit Heubündeln beladen. Als die Bauern die Bündel vorsichtig herunterhoben und in einer Ecke absetzten, ging ein Fenster auf im Herrenflügel und jemand fragte in den dämmernden Abend, was so spät da noch ankäme. Das Unterdorf lieferte sein Heu, entgegneten die Bauern. »Muß ein schöner Dreck drin sein, daß ihr's so spät anbringt. Wartet, ich steige hinunter.« Der Vogt!

Er kam mit klirrenden Sporen im dicken Mantel aus dem Haus. Ein Schlüsselbund klirrte an seinem Gürtel. Die Bauern führten ihn zu den Ballen, die im düsteren Hof wie unförmige Schemen standen. Er umging sie mit mißtrauischen Blicken, stocherte mit seiner Peitsche darin herum, griff sich eine Handvoll heraus und beroch sie. »Macht das mal auf«, und zerrte schon selbst an der Schnur. Sie standen jetzt mit ihm mitten in den Ballen, in der Sicht gegen das Haus gedeckt. Zögernd löste der eine Bauer die Schnur, während der andere hinter den Vogt trat.

Was dann weiter geschah, hat Martin den besten Freunden in den nächsten harten Monaten immer wieder erzählt, wenn sie ungeduldig wurden und müde.

»Es war hohe Zeit, daß wir alle aus unserem Futteral herauskamen. Wir hätten am Ende noch angefangen, Heu zu kauen wie die Hasen. Trotz des eisigen Windes draußen kochte ich am ganzen Leib. Aber ich wurde entschädigt durch das feige dumme Gesicht des Vogts, der wahrhaftig das Kreuz schlug, als ich mich aus meinem Nest freischüttelte. Aber da hatten wir ihn auch schon am Kragen. Der Bauer hinter ihm stieß ihn mir zu und dann fraß er Heu. Außer einem ängstlichen Wind konnte er keinen Laut von sich geben. Es ging sehr leise zu, selbst das Schlüsselbund nahmen wir ihm leise und gingen dann vorsichtig auch zum Turm. Ihr versteht, daß wir vorher auch aus den anderen Bündeln noch die Heupferdchen herausspringen ließen. Zehn blieben neben dem verwüsteten Futterhaufen als Wache bei dem gefesselten Vogt. Er war eine gute Geisel, wenn irgendwo Alarm geschlagen worden wäre. Ihr wißt, daß wir nur Erfrorene fanden, und kennt den einen, den wir noch lebend herauszogen. Er hat die Fahrt gelohnt – trotzdem. Lohnt es nicht für jeden, den diese da in den Klauen haben?«

Immer wieder mußte Martin die Geschichte erzählen, und da war es schon Sommer, und neue furchtbare Heimsuchung war dem Bruchrain widerfahren.

Das Frühjahr Anno 1502 war nur eine schmale Trauminsel gewesen, in dessen linden Lüften die vereisten Seelen auftauten, um nach kurzem Glück in der Glut eines unmenschlichen Sommers auszudörren.

Das Heu wurde eingefahren ohne die Störung eines Gewitters; es war reichlich gewachsen; goldgelb stand die erste Grasbutter auf den Tischen der Bauern. Aber der Grummet verbrannte und lohnte schon kaum noch die Mahd. Vergebens schauten die Bauern am Abend nach der Färbung der untergehenden Sonne. Kein Wölkchen am Horizont. Monate nichts als das grausam strahlende Tagesgestirn.

Das Laub der Rüben lag tief und matt auf dem Boden, und der Bauer, der zur Prüfung eine Pflanze herauszog, erschrak vor der Ärmlichkeit der Knolle. Die Bäume, die den Frost überstanden hatten, färbten sich nach mäßiger Blüte herbstlich und schüttelten die winzigen Fruchtstempel ab, als wenn sie eingesehen hätten, daß der Saft nicht reiche, die Kerne mit Fleisch zu umhüllen. Das Korn stand so niedrig, daß Kinder kopfhoch die Ähren überragten; die Rispen dürrten taub in den windlosen Tag.

Verzweifelt wehrten sich die Bauern gegen die neue Plage. Sie trugen aus den immer schwächer fließenden Bächen Wasser auf die Gemüsefelder – aber was bedeuteten die wenigen Eimer für die fiebrige Erde!

Joss hatte das Frühjahr dankbar hingenommen; er entdeckte, daß ihm die Linderung schon wie ein Geschenk vorkam. Wer aber schenkte? Er sah sich die Priester an, die ihre Osterpredigt hielten, als seien auch die Erfrorenen des Winters wieder in den Kirchenbänken erschienen und der auferstandene Gott habe von dem Grauen der überwundenen Monate nichts gewußt. Wie schnell beruhigte sich die erschrockene Seele? Joss ritt durch die milden Maitage mit der Güte eines Genesenden. In solchem Frühjahr braucht man jemand, ihm zu danken, man hat Bedenken, zu hassen. Man könnte an diesen Abenden voll Vogelsang und beim Lächeln dieser Geretteten nicht töten – und hat doch nicht vergessen, daß tausend Hälse da sind, die das Messer besser heute als morgen findet, tausend Bäuche, für Bauernspieße nur so gemacht. Seltsame Weichheit! Man findet keine heißen Worte, der Winter hat sie zu Eis gefroren, der Frühling taut sie nicht auf. Und der Bauer genießt sein Glück. Ein dürftiges Glück, aber ein Glück, das man ihm nicht neiden darf.

Er sprach mit den Bauern; während sie vor den Hütten saßen, bauten Schwalben über ihren Köpfen Nester unter den Dachfirst.

Dann kamen die heißen Tage. Joss erwachte und sah die gleiche harte Sonne hochsteigen Tag um Tag, Woche um Woche. Es wird nicht lange dauern, beruhigte er sich und hatte schon den Zweifel in allen Nerven. Einen schrecklichen Zweifel, der ihm das Gesicht seines Gottes verändern sollte. Nach diesem Sommer hat er kein Kruzifix mehr angesehen, doch wir eilen voraus!

Martin erschien wieder bei Joss in der Burg des Ritters, der inzwischen in den Bund geschworen. Er war vollbedeckt mit Staub, seine Kleidung hatte Risse, sein Haar war ratzekal vom Schädel geschnitten, als habe er die Grind gehabt. Er war erst zum Reden zu bringen, als man ihm Wein auf den Tisch setzte. Lange trank er, lächelte dann vor sich hin, als sei niemand im Zimmer, und schwieg wieder. Joss drängte nicht, er wußte, der Freund sprach im richtigen Augenblick. Die Ritterstube stand in ärmlicher Vornehmheit um sie herum. Die dicken Mauern gaben Kühle. Hier läßt sich leben, dachte Martin und trank noch einmal. Er zögerte mit der Wahrheit, derentwegen er gekommen. Aber schließlich wurde

ihm das Schweigen zu dick: er ging zum Fenster und sagte mit abgewandtem Gesicht:
»Langsam werden mir die ägyptischen Plagen zu viel, der Wein ist um zehn dicke Pfennige teurer geworden. Was soll diese Schinderei endlich bedeuten? Soll man sich auch noch gegen den Himmel auflehnen, Joss?«
»Wir sind nicht da, um Rätsel zu raten. Es ist nicht mehr weit bis hin. In Bruchsal zählt der Schuh 400 Männer und Weiber. Soldaten sind drunter. Ein Bürgermeister. Die Zeit hat Fieber, aber sie wird gesund sich brennen. Sei es denn unsere Sorge, daß die alles richtig deuten, auf die es ankommt.«
Martin hörte die Zahlen, die Zuversicht, sah die Augen, in denen kein Zweifel flackerte, aber ihn ging das nichts an in diesem Augenblick: »Da sind sie kaum aus ihren Frostbeulen heraus«, sagte er, »und schon hat sie das Hitzefieber am Kragen. Willst du übrigens, daß sie mit hängenden Zungen in den Kampf ziehen?«
»Sie finden in den Klosterkellern genug, ihren Durst zu stillen.«
»Gerade einen solchen Keller habe ich gefunden«, sagte Martin und wunderte sich, daß Joss nicht aufmuckte. »Du findest mich bei Dertzingen als Bücherwart der Dominikaner. Kannst jederzeit bei mir einkehren.« Er war zur Tür gegangen. Er fürchtete einen ernsthaften Abschied, den er nicht wollte. »Versteh mich recht, Joss, es gibt nur eins, was mich in die Winkel jagt, wo ich die Krallen einziehe und wo ich nicht mehr mag. Das ist, wenn er anfängt, gemein zu werden, ein Menschenschinder. Und dieser Sommer ist eine Sauerei von ihm. Außerdem: was heißt hetzen, wo sie alle das Hirn verbrannt haben? Bei solcher Sonne dörrt der rebellische Saft. Leere Scheunen stürmt kein Bauer. Die Klöster müssen vollgestopft sein und der Bauer etwas satter. Ich ziehe mich in eine stille Ecke zurück. Ich kann nicht anders.«
Joss stand lange, als der Freund weggegangen war, noch im Erker der Burg, von wo er ihn über die Fallbrücke hatte reiten sehen. Vor den bleigefaßten Fenstern glühte der Mittag; das Flimmern der Luft ließ die Konturen der Felder im Tal zittern, als krümmten sie sich unter den Strahlen der Sonne, die in diesen Monaten über alles wie ein Schmerz war, von dem man nicht reden mochte.
Joss riß das Fenster auf und suchte die Sonne. Er konnte sie nicht sehen und warf das Fenster wieder zu. Martin hatte da eine neue Frage in die Stube gebracht, die man nicht so leicht wieder hinaustreiben konnte. Er hatte den Herrn der Sonne genannt. Joss lief in der Stube umher, ein Feldherr vor einer neuen Gefechtslage. Martin hatte recht: wer schickte den glühenden Ball und vergaß die schützenden Wolken? Wem war die weiße Folterscheibe aus der Hand geglitten? Ihm, der Himmel und Erde betreute. Warum aber griff er nicht wieder danach und beendete die sinnlose Folter?
Plötzlich stand Joss vor einem kleinen Kruzifix, das am Fensterbalken hing; er sah sich den silbernen Leib des Erlösers mit kalten Augen an: Willst du sie in Verzweiflung treiben? Glaubst du, sie werden erst reif, wenn du sie jetzt auch noch ausdörrst? Sie sind reif! Sie kommen, wenn ich sie rufe!

Joss faßte das Kruzifix an: »Das ist nicht nötig!« sagte er laut, »das hat keinen Sinn. Was willst du? Sie werden sein wie das Land: Risse wird ihre Seele bekommen, Schlamm wird ihr Blut sein. Ungeziefer wird in ihren Gedanken sitzen, austrocknen werden sie wie die Bäche.«
Er drehte sich schroff herum. Mit einemmal hatte er geglaubt: es stehe jemand hinter ihm. Er ließ das Kruzifix los und sah in den Abgrund vor dem Fenster. Meinte er denn diesen Mann am Kreuz? War da nicht hinter ihm, unter ihm ein ganz anderer, ein Mächtiger, ein Schrecklicher?
Martin hatte sich vor dem Schrecklichen verkrochen. Aber Joss ging jetzt, ihn zu suchen. Eine halbe Stunde nach Martin verließ er die Burg. Zu einem gefährlichen Ritt. Er ritt seinem Glauben nach, vielleicht schon mehr seinem Zweifel, jedenfalls suchte er die Spuren des furchtbaren Gottes in dem erbarmungslosen Sommer.

Er kam nach Weingarten und begegnete gleich am Anfang des Dorfes einer Fuhre des Todes. Fette Säue, rötlich angelaufen, einige schon schwarz, die meisten noch atmend, lagen gehäuft auf einem Leiterwagen. Vor jedem Haus hielt der Wagen, man erwartete ihn schon. Aus der offenen Stalltür schleift dann ein Bauer die sterbende Masse eines Schweins. Bestürzt standen Frauen an den Türen, die Schürzen in den Händen knitternd. Man warf das stöhnende Tier zu den anderen, der Wagen rollte einige Schritte weiter und hielt wieder.
Joss brauchte nicht zu fragen, wer den Wagen führte; er sah auch, zu welchem Anger er fuhr; während der Sommer noch um die Bauern war, schleppte man ihnen schon den Speck des Winters weg zur Aasgrube. *Was denkst du dir dabei?* fragte er und spürte zum erstenmal, daß er die Richtung nicht wußte, in die er fragen wollte. Er hatte den Kopf nicht zur Sonne gehoben, er hatte sich zu dem Wagen mit der stinkenden faulenden Kreatur vorgebeugt, als sei der Schinder, der dem Wagenpferd den Zügel hielt, der gesuchte Gott und promeniere seinen Leichenwagen durchs Land.
Die Bauern sahen den Ritter auf seinem Pferd in der Dorfstraße stehen. Sie griffen sich Stroh vom Boden und wischten die Hände ab. Ein saurer Verwesungsgeruch brodelte in der heißen Straße. Stumm gingen dann alle in die Häuser zurück. Der schwere Wagen verließ knarrend das Dorf. Joss konnte glauben, ein Spuk sei aus der Hitze aufgestiegen. Aber dann hörte er im Weiterreiten aus einer Hütte ein fassungsloses Schluchzen. Kurz danach kam er in die Kirche. Er stieg ab, band das Pferd am Friedhofsgitter fest und trat in den kühlen muffigen Raum. Die Helligkeit hob Farben und Gold der Figuren aufdringlich hervor, das ewige Licht glühte vor einem schneeweißen Altar. Joss ging kaum vier Schritte, dann wandte er sich um, schroff und sich entschuldigend, wie man es tut, wenn man einen Irrtum einsieht. Die Lieblichkeit der Kirchenhelle erzürnte ihn nicht, sie war einfach zu fremd und zu fern seinen Gedanken. Wer sagte denn da, daß Gott überall und allgegenwärtig sei? Im Jammer der Bauern war er, im Tod der Flur, aber nicht hier in der stillen Unberührtheit. »Oder weiß hier jemand, was

da draußen vor sich geht?« Er hatte es laut in den menschenleeren bemalten Raum hineingerufen und sich auf ein leises Geräusch doch noch einmal herumgedreht, ein verirrter und zu gläubiger Christ.

Dann ritt er an ausgetrocknetem Sumpfgelände vorbei gen Germersheim. Sein Pferd zitterte schon lange in den Bissen zahlloser Mücken, er selbst trug seit Mittag im Gesicht den gelben Stich einer Schmeißfliege. Jetzt war das peinigende Geziefer wie eine Wolke um Mann und Roß. Er wehrte vergebens ab; die schwarze Gier hüllte die Hände ein, stieß in die Augen, saugte an Hals und Ohren. Das Gift der Stiche traf die Adern und ließ sie anglühen, als hätten Ruten sie gepeitscht. Beizend floß der Schweiß aus allen Poren und rief immer neue blutige Schwärme. Endlich scheute das Pferd, Joss blieb im Sattel, aber es wurde eine irrsinnige Hetze durch die Felder, ein Teufelsritt, denn die Schwärme blieben zuerst noch zäh in den Wunden des Pferdes und auf den Händen des Mannes. So kamen sie in Germersheim an, überritten die Schranke, die den Dorfeingang sperrte, und waren nur glücklich, daß die Peiniger inzwischen von ihnen abgelassen hatten und sich in den Häusern schon neue Nahrung suchten. Man könnte glauben, ich solle gestraft werden, dachte Joss und band das Pferd am Wirtshausfenster fest. Er lachte, wischte sich das Blut vom gedunsenen Gesicht und packte die Türklinke. Die Tür war geschlossen. Er rief, klopfte ans Fenster. Keine Antwort. Er ging zum Nachbarhaus, es war ebenfalls verschlossen. Er sah die Straße hinab, sie war menschenleer. Schließlich hörte er aus nahem Stall Tiere brüllen, Kühe, Ochsen. Er achtete nicht auf das unruhige Schnauben seines Pferdes und ging dem Tiergebrüll nach. Er fand drei Kühe und ein Kalb vor leeren Raufen. Er schrie, ein lächerliches Echo kam aus den Sparren der Scheune. Er rüttelte an den Türen, erbrach eine Fensterluke. Die Stille würgte ihn jetzt. Als er in die Stube einstieg, fuhren fette Ratten nach allen Seiten auseinander, suchten winselnd eine Ausflucht. Er zertrat eine unter dem Stiefel, die andern fanden ein Loch unter einer Bettstelle. Joss gewöhnte sich jetzt an das Halbdunkel, er roch eine Fäulnis, die ihm Brechreiz in die Gurgel jagte, aber etwas fesselte ihn. Er trat näher an das Bett heran, von dem die Ratten herabgesprungen waren, und schlug die Decke zurück. Der Pestgeruch kam wie eine Wolke, Joss hustete, spie aus und hielt doch noch die Decke in der Hand. Er stand von Entsetzen angeheftet. Im Halbdunkel lag die Leiche eines halbwüchsigen Mädchens. Die Augen des Kindes starrten zur Decke, der weiße Leib zeigte die Muster eindeutiger Flecken, die dünnen Arme krallten in den zum Kinn gezogenen Knien, an den Zehen dunkelten die Bißlöcher der Ratten. Joss ließ die Decke langsam niederfallen, er wußte, er hatte die Krankheit jetzt an den Händen, er stieg wie betäubt aus dem Fenster, sah sich in dem Hof um, als erkenne er nichts mehr, ging schweren Schritts auf die Dorfstraße, die immer noch menschenleer war, und hier erst schien er aus seiner Erstarrung zu erwachen. Er betrachtete seine Hände. »Das also bist du«, murmelte er. »Eine Krankheit.« Und nach diesem verächtlichen Satz ging er an alle Bauernhäuser heran, um gewaltsam die Türen zu öffnen. Er fand nur Tote; eingehüllt in ihren Gestank hockten sie vor den Öfen, lagen neben und in den Betten (nirgends fehlten die schwarzen langbeschwänzten Fresser), sie standen wohl auch angelehnt an einen Holzstapel oder im Grund eines Kleiderschrankes, wohin sie sich aus irgendeiner verzweifelten Hoffnung gerettet hatten. Joss erkannte in einem Toten einen Bundschuhbauern; er fand ihn auf dem Weg zum Stall, eine Axt lag in der kalten Faust. Joss bückte sich und zog dem Verschworenen die Lider über die offenen Augäpfel. Die Axt am Boden glühte in der Sonne. »Hast du dein Vieh mitnehmen wollen? Oder wolltest du ihn selber totschlagen?«

Das war kein Gespräch mehr über Aufstand. Joss trieb seine rebellischen Gedanken über die Klostertürme und Burgzinnen hinaus. Hat er vielleicht auch in den Hof zu Speyer seine Cholera hinuntergeblasen?

Er griff eine Pferdedecke von einer Leiter und legte sie sorgfältig über den Toten.

Meine Dörfer entvölkert er. Germersheim hatte fünfundzwanzig Geschworene. Soll das etwas Besonderes heißen?

Wieder hatte er den Blick aus dem verlassenen Hof zur Scheune gehoben, aber als er die Augen weglenkte von ihrem blendenden Strahlenkranz, fühlte er noch böser, zorniger, daß es sinnlos war, dort ans Firmament seine Klagen zu richten. Es gab keine Richtung, in der man sich beschweren konnte. Ohnmächtig war man im tödlichen Eiswind des Winters, ohnmächtig in der Glutkammer dieses Sommers, *ein Unsichtbarer wütete,* mit Frost und Hitze, mit Pestatem und Rattenschwärmen. Wie die Mücken war er giftig und gierig, wie die Ratten war er feige und gefräßig, im Dunkeln winselnd und nicht zu fassen wie der Wind, unbarmherzig und fern wie der gelbe Glutball. Joss fand nicht mehr die Kraft der Anklage. Alles was er gedacht über die Verfressenheit der Mönche, die Frechheit der Grundherren, die Käuflichkeit der Kaiser, den Geist des Papstes – was blieb von dem Zorn über sie alle angesichts dieser Bauernleichen? Kein Grundherr hatte sie erwürgt, keine Fehde, keine Fronarbeit, kein gieriger Papst, kein kriegsbesessener König. Dieses Elend – Joss hatte kein Haus ohne die stinkende Totenecke gefunden – schien die Herren freizusprechen und belastete den anderen, den Joss bis dahin als den größten Herrn geachtet und anerkannt hatte.

Er verließ das Dorf, nachdem er einige Sterbende mit Wasser gelabt hatte und ihnen weitere Hilfe für den Abend versprochen. Vor jedem der zusammengekrümmten Körper, die in letzter Not sich noch entleert hatten, war Joss schließlich gestanden wie vor einem neuen Lebenszeichen des furchtbaren Gottes, den er zu suchen aufgebrochen war und der sich jetzt in seiner äußersten Grausamkeit zu erkennen gab. Joss wich ihm nicht aus. Hin- und hergerissen vom Trotz bis zur Bitte, vom bitteren Verzicht bis zum leise hoffenden Nichtbegreifen anerkannte er schließlich, daß er jemand gegenüberstehe, der nicht verstanden sein wollte. Oder mußte man ihn jeden Tag anders sehen? Im Totendorf hatte er ihm geflucht, vor den brennenden Türmen des Klosters Weilborn, das er nächsten

Tag in die Hitze des Mittags rettungslos aufflammen sah, mit allen Reliquien und dem Raub von Monaten, stand er wieder erstaunt. Strafte er doch die Tagediebe.

Aber ein von Mäusen überwimmeltes Feld, in dem ein rot erhitztes Kind saß und jämmerlich schrie, gab ihm wieder das Gefühl absichtlichen Wahnsinns in allem Geschehenen. Er nahm das Kind auf sein Pferd und brachte es ins Dorf. Er ging von Haus zu Haus, keiner antwortete ihm, keiner nahm das Kind. Er sah, wie die Gesichter trocken von Bosheit waren, alle Augen hatten den Fieberglanz, den verzweifelte Mörder zeigen. Er mahnte sie um der Gerechtigkeit Gottes willen, sie schlugen stumm die Türen zu. Kalter Hohn in einer einzigen Geste. Joss ging alle Häuser ab. Das Kind auf seinem Arm schnappte plötzlich nach Luft, schrie einen kläglichen Laut, schlug eine schwache Faust gegen das Wams von Joss und hing dann mit verdrehten Augen den Kopf nach hinten. Joss sah in das langsam sich verfärbende kleine Gesicht. In der Bewegung der Färbung erkannte er wieder seinen geheimnisvollen Gegner. Er hob den Kopf ganz nah an sich, sprach in das Huschen des Todes hinein: Warum hast du ihm Atem gegeben? Warum hast du nicht früher schon dich in diesen Augen festgesetzt? Warum hat es einen ganzen Winter noch leiden müssen? Wird dir nicht Angst in dem kleinen Körper? Ist gar keine Scham in dir? Das klagt dich doch mehr an als die ganze verbrannte Flur? Das hat gewiß keine Schuld und keinen strafst du mit seinem Tod. Warum also, warum immer neue Erfindungen? Ach, nun verschwindest du wieder!

Das Gesicht des Kindes wurde gelb und still, Joss sah es noch eine kurze Zeit an, dann drückte er das tote Gesicht gegen sein Wams und ritt zum Kirchhof. Er fand die Totengräber nicht. Waren sie geflohen vor zuviel Arbeit? Die Kirchentür war angelehnt. Joss betrachtete sie scheu, dann nahm er das Kind wieder auf und trat in die Kirche. Vor dem Hochaltar legte er es nieder unter das Kreuz des Tabernakels. Der kleine Körper schien sich auszustrecken, die Totenstarre machte ihn schon fest. Seltsames Opfer auf dunklem Altar! Joss trat einen Schritt zurück, ihm fiel ein, daß er beten müsse. Nein, kein Vaterunser. Er lachte höhnisch. »Gegrüßt seist du Maria«, begann er. Die Madonna hatte noch nicht verloren bei ihm. Er spürte es in seiner Erschütterung, als er nun betete. »Du bist gebenedeit unter den Weibern«, betete er und dachte, daß sie niemals solche Härte zeigen könne wie Er. »Und gebenedeit ist die Frucht deines Lebens, Jesus.« Auch er nicht, auch er nicht, schrie er seinem Beten nach und sah zu dem Kind auf der Altarbank. Er hätte sich nicht gewundert, wenn es plötzlich hinabgerollt und klatschend auf die Treppe geschlagen wäre. Er traute seinem Gegner jede Brutalität zu.

»Heilige Maria Mutter Gottes bitte für uns Sünder jetzt und in der Stunde unseres Todes: Amen.« Eine Welle weicher Kindlichkeit durchzog ihn, er hatte an der Flanke der Altarnische eine Marienstatue entdeckt und sich mit den Schlußworten des Gebetes auch schon an sie gewandt. Er sah die Mutter, die einen gesunden, nach einem Ball greifenden Knaben auf dem Knie hielt, sah das leichte Lächeln um ihren Mund: Hast du die Fäuste nicht geballt, als man ihn dir nahm?

Das lustige Kinn schien ja zu nicken, Joss hob in einer matten zögernden Geste die Hand und zeigte zum Altar. Über die steinerne Mutter und das Kind fiel die Sonne, das grausame tödliche Licht der Flur, auf der runden faltenlosen Stirn der Maria lag es wie ein zärtlicher Schein, belebte die dicken Finger des Knaben, glänzte sinnlich und lebenweckend von den nackten Schenkeln des so gut Behüteten. Wir hätten uns mehr an sie wenden sollen, dachte Joss, und wie so oft packte ihn der Einfall in seiner ganzen Bedeutung, kaum, daß er ihn zu Ende gedacht. Es ist noch nicht zu spät. Sie kann es heute hören, sie wird es morgen hören. Sie weiß, was es heißt: leiden und nicht verstehen. Sie wird sich erinnern. Sie wird das Golgatha nicht dulden. Sie wird stärker sein als der andere. Er stutzte. »Als wer? Als wer?« rief er.

Sein neuer Entschluß kam wie ein Sturzbach in ein trockenes Gebirgsbett. Er riß den ganzen unfruchtbaren Wust seiner Gedanken mit hinweg. Joss achtete nicht darauf, was alles fortgeschwemmt werden könnte. Er verließ die Kirche im Fieber eines Glücks, das jedoch zu plötzlich kam, um nicht schon am Abend von alten Zweifeln angenagt zu werden.

Er war in das Choleradorf zurückgeritten, verbissen und unduldsam: hier wollte er beginnen. Aber die letzten Überlebenden, so sehr ihre traurigen Augen sich aufhellten, als er seinem Versprechen gemäß doch wiederkam, hörten seinen Plan mit Müdigkeit und ohne Glauben an. Sprach er mit unpassender Leidenschaft? Merkten sie, daß er mehr sich selbst einen Boden suchte als Hilfe für alle? Er verstand ihre Gedanken nicht mehr und konnte sich auch nicht zu geduldiger Werbung aufraffen. Er beschloß, Martin aufzusuchen.

»Wir müssen Bittprozessionen mit allen Heiligen und der Mutter des Herrn durch die Felder gehen. Ich suche dich, damit du mir noch einmal hilfst.«

Sie saßen im Klostergarten von Dertzingen. Schattige Bäume wehrten die Sonne von dem moosigen Laubengang, in den Martin den Freund geführt. Eine Quelle sang an einer nahen Mauer.

»Ich wollte dich nicht stören, aber das ist eine Frage, die ich nur dir vorlegen kann.«

»Ich freue mich, daß du kommst«, sagte Martin; er trug die Kleidung eines Laienbruders. »Aber erst will ich zu trinken holen.«

Er tat, als wäre er der Abt und regiere über 100 Fässer.

»Laß doch, das brauchst nicht.« Joss war ungeduldig. Die Fragen saßen ihm zu hoch in der Kehle. Martin war schon fort durch die Bäume.

Hier ist es leicht, zu Gott zu beten, dachte Joss und sah in das grüne Viereck des Gartens. Blumen wie Kindsköpfe so dick, ein Quell, der der Hitze standhielt, ein Schattendach wie ein Keller kühl, und im Rundgang kein quälendes Geschmeiß. Da ist so wenig von dem da draußen, von dem Schinder und Schrecker, daß man das Brevier vor die Augen halten kann und nicht aufzuwachen braucht.

Im Wandelgang promenierte mit flüsternden Lippen ein Mönch. Sie beten, sie

glauben. Sie wandeln im Schutz dieser Mauern und haben keine Proben zu bestehen. Ein leichter Glaube!
Martin kam mit zwei Flaschen und einem Becher. Joss wunderte sich über die Sicherheit, mit der Martin sich hier bewegte. Wie hatte er so schnell Eingang bekommen?
»Ich weiß, was du denkst. Aber erstens gehöre ich ja eigentlich ins Haus, zweitens liebt mich der Abt seit langem. Ich erzähle ihm aus aller Welt, er ist krank, liegt im Rollstuhl, haßt alle die Brüder hier und empfängt mich aus Trotz. Außerdem führe ich ihnen die Bücher, daß der Bischof ruhig kontrollieren kann. Er bekommt doch nur die Hälfte. Man hat nicht umsonst beim Fugger die Feder geführt. Aber was schwätze ich. Hier, trink und erzähl mir vom Land. Bist lustiger geworden beim Ritt durch die Choleradörfer?«
Joss trank. Seit er Martin in der Nähe wußte, war er ruhiger. Er wußte, er wüde das Kloster nicht verlassen, ohne auch klarer geworden zu sein.
»Weißt du, warum er wütet? Ich meine, da draußen. Hier scheint er ja vorbeigegangen zu sein.«
Martin bemerkte den verächtlichen Blick: »Hier war er nie«, sagte er, »und als ich soweit war, das zu bemerken, kam ich eines Tags auf den Gedanken, es gäbe ihn nicht.«
Joss überhörte die gottlose Andeutung; er war noch nicht bereit zu dieser letzten Erkenntnis. »Man muß ihm Paroli bieten, man muß ihn zwingen, einzuhalten. Martin, ich habe bisher Menschen aufgehetzt. Ab heute will ich Heilige aufwiegeln. Er muß sich schämen, wenn sie durch die Fluren ziehen und nichts als Brand und Verwüstung sehen. Aus allen Kirchen will ich sie herausholen. So wahr mein Vater sein Leben lang hinter dem Pflug ging, bis zum Jahr, da er auf dem Schinderkarren stand, ich erspare seinen Heiligen nicht den Anblick dessen, was er angerichtet. – Was will der Pfaffe hier?«
Joss war puterrot aufgesprungen; aus der Tiefe des Wandelgangs war wieder ein Mönch aufgetaucht. Er hörte das Schimpfen von Joss, sah in betonter Würde zu den beiden Männern hinüber und drehte sich um.
Martin schlug Joss auf die Schenkel: »Verdirb mir das Quartier nicht! Immerhin sind es meine Gastgeber.« Er lachte aber aus vollem Hals. Joss selbst begriff, daß er völlig vergessen, wo er saß. Lächelnd beruhigte er sich: »Und was sagst du zu meinem Vorschlag?«
Martin schnalzte verlegen mit der Zunge und griff wieder nach dem Wein. Wenn ich dir sage, daß auch deine Heiligen die Quellen nicht öffnen und dem Himmel den Spund nicht ausschlagen? Wenn ich dir sage, daß auch deine Madonna nicht ihren Mantel vor die Feuerkugel hält? Wenn ich dir sage, daß unsereins sich vom Betteln gar nichts mehr versprechen soll, aber nur vom Nehmen, so wirst du mir antworten und wirst recht haben: daß der Mensch sich in diesem Unwetter nichts mit Gewalt nehmen kann. Weinen wirst vor Wut und wirst sein wie ein Kind und hast doch mehr Kraft und Saft als ich ungläubiges Tier.
Martin fühlte in der Kehle die Rührung, die ihn nie verlassen, seit er den unruhi-

gen klugen Bauernsohn vor dem Frauenhaus angesprochen. Er goß schnell einen Becher hinunter. Ich hätte lieber vom Aufstand mit dir gesprochen, dachte er. Aber der Mummenschanz muß wohl stärker sein als ich weiß.
»Ich soll heute in drei Vogteien reiten, die Bücher nachzusehen. Kann also den Verschworenen Bescheid geben, daß sie überall die Prozessionen verlangen.« Ganz trocken hatte er es vorgeschlagen.
»Obschon du dir nichts davon versprichst?« fragte Joss überraschend.
»Aber wer sagt denn das?«
»Dein Blick. Dein Hiersein. Die Feiertage, die du dir nahmst. Deine Arbeit unter diesen Schurken. Widersprich nicht! Ich weiß, daß du die Bauern liebst. Aber man muß heute mehr tun: man muß jeden hassen, der sie quält. Und man soll sich auch nicht zurückziehen von ihm. Er braucht Feinde, und ich bin ab heute sein Feind. Ich bleibe es, bis er unserer Fahne wieder zulächelt, bis ich wieder ehrlich sagen kann: euer die Gerechtigkeit Gottes! Ich sehe dich vorher noch, ich sehe dich eher, als du denkst, so scheint mir.«
Martin sah ihn so schnell verschwinden, daß ihm kein Wort des Abschieds blieb. Er kann keinen anderen Weg gehen, dachte er bekümmert und mit jenem leisen Stolz, den er für den Freund hegte...
Über die Buchen des Klosterparks kam, die Stille unterbrechend, das Gebimmel der Aveglocke.
Jetzt wird er auf der Landstraße angelangt sein und zur Madonna beten, dachte er und sah den Freund vor sich. Nicht einmal eine ganze Flasche haben wir geleert.
Wollte Joss wirklich ein Wunder?
Er wollte Regen. Um den Preis jeder Demütigung: Regen, Regen, Regen! Er sprach in den Tagen, bis der Sonntag der Prozession kam, von nichts anderem. Das Elend der Kreatur hatte ihn gepackt. Der ganze Bruchrain war ihm wie die eigene Familie und er wollte glauben, daß er einen mächtigen Verwandten herbeiführen könne, der die Not der Seinen mit einem Schlag beheben würde. Er war überall, sprach in einigen Fällen sogar mit dem Pfarrherrn, hetzte in anderen Fällen gegen die zögernden Geistlichen, erzählte kuriose Legenden und überzeugte Hunderte, daß die Zeit der Wunder noch nicht vorüber sei. Er warb seinem Glauben wie seinem Zweifel gleich viele Helfer. Sie sprachen an den Abenden, da sie vor den Häusern saßen, von dem sich nähernden Sonntag. Martin, der wirklich ins Land hineingeritten war, fand sich am Sonntag einem Fieber der Erwartung gegenüber, daß er es für gut hielt, sich in letzter Stunde mehr hineinzumischen. Er deutete an, daß ein Versagen des beabsichtigten Bittganges mehrere Gründe haben könne; der wichtigste aber sei die Minderwertigkeit der Priester: Gott habe keinen Anlaß, diesen Fettbäuchen noch irgendeinen Gefallen zu tun. Vermutlich seien sie sogar die Ursache aller Plagen.
Der Sonntag kam und war am Mittag schon eine Hölle. Aber nach dem Magnifikat der Vesper stellten sich vor den Kirchen doch die Gemeinden auf und erwarteten hier das Sakrament, dort den kleinen Reliquien-Kasten. Die Priester er-

schienen unter dem Schutz des Baldachins, umgeben von Ministranten in rotweißen Chorhemden, vor den Portalen. Einige schreckten zurück vor dem glühenden Flimmern auf den Kirchplätzen, doch die stumm wartenden Reihen der Menschen zogen sie dann doch ins Freie. Ihnen folgten, schwankend über den Köpfen der Träger, die bunten Figuren der Heiligenbilder. Joss hatte seine Geschworenen verpflichtet, auf die Anwesenheit der Heiligenbilder zu bestehen, sie nach Möglichkeit selbst zu packen und hinauszutragen. Noch wurde nicht gesungen. Schwach begannen die Vorbeter ihre Sprüche. Ohne Umwege ging der Zug sofort in die Flur.

Einige Priester, gute Zeremonienmeister, hielten für Augenblicke an, wenn sie an den Dorfbrunnen vorbeikamen, aber die Bauern achteten nicht auf die Feinheit der Feste. Galt es nicht eine mächtigere Quelle aufzuschlagen? Was war der kleine schwarze Wasserkeller gegen die Schleusen des Himmels, die zu öffnen sie doch in die Glutkammer zogen.

In den Feldern angekommen, wuchs der Lärm der Gebete. Da lag die verkümmerte Frucht, heiße Hände streiften die Ähren jetzt. Da dörrten die Wiesen, in Staub würde jedes Kuhmaul greifen. Da hängten die Bäume ihre Äste herab wie sterbende Arme. Indem die Bauern in geschlossener Prozession dicht an allem vorüberzogen, kam ihnen der Schrecken in seiner ganzen Ausdehnung erneut ins Bewußtsein. Sie wandten die Blicke zu der goldenen Sonne der Monstranz, die die große Sonne besiegen sollte. Mußte man ihr nicht alles, alles zeigen, alles benennen? Sie schrien jetzt laut. Wie man Wild aufscheucht, so weckten sie den Gott der Monstranz, die Heiligen im Holz und den Patron, dessen Knochen der Priester öfter in die Fluren hinausstreckte.

Joss, der in dem damals sehr bevölkerten Dorf Untergrombach an der Prozession teilnahm, hörte den Schrei und fühlte sich stark unter so vielen Kampfgenossen. In aller Demut war schon Herausforderung, er hätte sich nicht gewundert, wenn einer seine Armbrust mitgebracht und wütend in den Himmel geschossen hätte. Wie in einer Kriegsschar stapfte Joss, die über allen schwankenden Holzbilder waren Feldzeichen. »Gegrüßt seist du, Maria«, sang Joss, mehr als er sprach. Er sah die Madonna in ihrem weißen Mantel und dem blauen Unterkleid dem Zug voranschweben und genoß die Freude, daß die Zarte den trotzigen Zug der Bauern guthieß.

Sie überschritten ausgetrocknete Bäche, an den starren Flügeln von Windmühlen gingen sie vorbei, Heuschreckenschwärme surrten über ihnen und schlugen sich die Köpfe ein an den Heiligenfiguren, ihre Füße traten auf Vögel, die der Durst getötet, das Gewimmel der Mäuse pfiff tiefer in die Kornfelder, wenn sie sich näherten. Und die Sonne brannte und bohrte.

Plötzlich begannen einige zu tanzen. Joss spürte die Bewegung, eh er sie sah, der Zug stockte und während der Baldachin mit dem Pfarrer weiterging, hielten die Bauern an und riefen den vom Tanzfieber Befallenen ihre Gebete zu. Auch die Männer mit den Heiligenbildern drehten sich um. Joss sah das helle Gesicht der

Madonna zu ihm sich wenden. Er trat aus der Reihe und lief im Graben der Straße nach vorn.

Ein Kreis war gebildet um die Springenden. Joss erkannte die Bundschuhbauern, die ernst und stumm dastanden, die Fäuste an den Tragbalken der Figuren. Was erwarteten sie von der Narretei der Tänzer? Aus den dichten hinteren Reihen kam stärker und wilder das Gebet. Die Tanzenden stampften den Boden. Joss bemerkte jetzt auch unter ihnen Verschworene. Er faßte sich an die glühende Stirn. Wollten sie Quellen aus dem Boden keltern? Hatten sie die Richtung vergessen, in die man Gebete schickte?

Die Heiligen blickten einfältig und unbewegt herab. Der Baldachin mit dem Priester zog an der Spitze schon allein durch die Felder.

»Vater unser, der du bist im Himmel«, klagte die Menge.

Die Tanzenden rissen sich jetzt die Gürtel von den Hüften. Der Kreis um sie erweiterte sich in Angst und Ergriffenheit. Die Schnüre und Riemen pfiffen durch die Luft, als gelte es, den Regen wie Pferde anzutreiben. Dann aber schlugen die Männer sich selbst.

Sie schlugen sich, wie Wind die Wolken peitscht, sie schlugen sich, wie die Knechte des Pilatus den Christus geißelten. Schaum kam vor ihre Lippen, »Evangeli!« schrien sie, »Evangeli!« Joss stand mit dem Hut in der Hand, der heiße Reifen, der seinen Kopf umspannte, wurde enger. Er starrte zu den Bildträgern, hob langsam den Blick zu den Heiligen selbst, schweifte zu dem Himmel, der ohne Wolken blieb, und hörte in dem Beten und Stöhnen und Klatschen der Riemen wieder Martins Worte: »Bei solcher Hitze dörrt der rebellische Saft.« Er überlegte, ob er zwischen sie fahren solle. Schleier liefen über seine fiebernden Augen. In den Feldern zog der Pfarrer vorwärts ohne seine Gemeinde. Warum schlagen sie ihn nicht? Warum zertrümmern sie nicht die volle Tonne?

Der Geistliche in der Ferne schien mit einem Male von Angst gepackt. Joss sah, wie er die Männer antrieb, die den Baldachin trugen. Noch hielt er die Monstranz ehrfürchtig vor dem Gesicht, aber seine Füße hetzten unter dem Gehrock, und schon lief er mehr als er ging, ein stolpernder Feigling, der dem Gott nicht traute, den er in den Händen hielt.

Die Prozession war gesprengt. Das Sakrament rannte nach Hause. Die Heiligen standen still. Und aus den Tanzenden fiel einer nach dem anderen auf den Weg, in Krämpfen zuckend, die Faust um den Gürtel gekrallt.

Joss blickte ein letztes Mal zum Himmel hinauf. Seine Pulse hämmerten. Er begriff nicht mehr, was er gewollt. Die weißblaue Kuppel über den Fluren war ohne Wolken geblieben. Das einzige verstand er noch, während sein Herz immer matter klopfte. Schon lief ein Frösteln über sein Gesicht. Nacht wünschte er sich, tiefe schwarze Nacht.

Die Bauern zogen inzwischen weiter, schlugen einen Bogen um die ohnmächtigen Tänzer, einer stimmte ein Lied an. »Preis dem Todesüberwinder«, sang er sinnlos und aus staubiger Kehle.

Joss taumelte. Der Reifen um seine Stirn schien abzufallen, nach allen Seiten drängte sein Schädel auseinander.
Er betrachtete den Haufen der stumm gewordenen, zuckenden Tänzer auf der Landstraße. Eine nutzlose Ernte lag da im Staub. Und der Himmel blieb geschlossen wie eine metallene weiße Kuppel.
So werden wir andere Schleusen öffnen, dachte Joss. Ein unheimlicher Trotz überkam ihn. Ich werde regnen lassen. Rot wird es regnen, und die ganze Ernte wird unser sein.
Er sah über die Felder zur Burg Grombach hinüber. Blutströme sah er den Feldweg herabfließen. Nicht nur die Sonne brannte. Aus den Zinnen schlugen die Flammen.
Wir antworten mit Brand von unten. Bald. Und regnen wird es, wie das Land es nie hat regnen sehen.

»Der Roman [...] nimmt sich, mit klugem Takt, nicht den eigentlichen, den ausgebrochenen Bauernkrieg zum Gegenstand, mit Münzer als Helden. Er siedelt vielmehr poetisch exakte Gesichte in Dämmerungen an, in der knappen Vorzeit des Bundschuh, nimmt als Helden Joss Fritz, den unbeschriebenen Bauernführer. Der Dichter hat dadurch wünschenswerte Freiheit, ohne sie mißbrauchen zu können, ohne aber auch ein Ausmaler, Restaurator, Essay-Bedenker ›historisch unbekannter‹ Einzelheiten zu sein, ein Ersatz-Ranke für Romanleser. Vor allem gibt der Anfang einer Bewegung, worin so vieles ist, was später nicht oder anders ward, aktuellen Bezügen (Impuls-Bezügen) Raum.« (Ernst Bloch: Reglers Bauernkriegsroman, in: Die neue Weltbühne, 1936, H. 27, S. 759–760. Nachdruck in: E. B.: Vom Hazard zur Katastrophe, Frankfurt a. M. 1972.)

Joss Fritz, ein Schwarzwälder Bauer, wiegelte um 1500 das Elsaß, den Bruchrain und den Breisgau für die Sache des Bundschuh auf; nach zahlreichen Siegen und Niederlagen sucht er Zuflucht im Türkenheer Maximilians. Nach dem Zusammenbruch der Hoffnungen, die er in den Kaiser gesetzt hatte, kehrt er zu seinen Bauern zurück und wirbt wieder für den Bundschuh. *Martin,* ein entlaufener Priester und Freund der Landstreicher, begleitet ihn. Das Land wird mit dem Interdikt belegt, es folgen der Hungerwinter und der Hitzesommer.
Bundschuh: In der Zeit von 1493–1517 Sinnbild, Feldzeichen und Name der aufständischen Bauernbünde in Südwestdeutschland.
Ernst Bloch hebt als »besonders bemerkenswert« hervor, daß Reglers Joss Fritz »dem Traum ein Lied« singt, und zitiert »dem Spießbürger der Revolution ins Album« die Worte des Romanhelden: »›Es gibt welche, die hat Langeweile weggetrieben aus ihrem Drecksdorf, die hat ein Traum weggelockt – und die nimmst du nicht ernst? Weil sie träumen, weil sie fabulieren, weil sie den Tag nicht ernst nehmen, aber ihre Träume. Geh, ich weiß schon, die neue Freiheit soll nach Ordnung stinken wie die alte nach Blut.‹« Weiter schreibt Bloch: »Auch ist es keineswegs nur vergangene Geschichte, wenn Joss Fritz, im ›Hungerwinter und Hitzesommer‹ anno 1502 (einem grausigen Schmuckstück des Buches) Gott preisgibt, doch nicht so rasch die Jungfrau und den Sohn. Gnostische Gedankengänge laufen hier durchs Bauerngemüt, unwahrscheinliche gewiß, doch wieder solche mit der Tiefe des – – Traums.« (E. B., a.a.O.)
Ludwig Marcuse nennt Reglers Roman »belehrend«, »weil hier ein Besiegter für Besiegte die schwere Frage beantwortet: was hat der Kämpfer nach der Niederlage zu tun?«. Dieser »Mythos vom großen illegalen Kämpfer« sei »genährt mit dem Blut unserer zeitgenössi-

schen Joss Fritz«. Daß Regler »die politische Verwertbarkeit religiöser Energien« erkannt habe, sieht er als Verdienst des Romans. Was jedoch das Kapitel ›Hungerwinter, Hitzesommer‹ betrifft, so steht seine Einschätzung in Gegensatz zu derjenigen Blochs: »... nun verwirren sich die klaren Linien der Hauptfigur. Die Geschichte wird untypisch; der Kämpfer gegen das Unrecht tritt in einen fremden Bezirk ein. Aus dem politischen Streiter wird ein Prometheus. Aus der Kampfansage gegen die Fürsten und Pfaffen wird eine Attacke gegen den ›Unsichtbaren‹, der in eiskalten Hungerwintern und siedendheißen Cholera-Sommern gegen die Menschen wütet – – schlimmer als alle Fronvögte der Welt. Worauf will diese neue Wendung hinaus? Zum Beispiel auf einen pessimistisch fundierten Konservativismus? Der Held Joss Fritz zieht aus der Einsicht, daß die sichtbaren Tyrannen Waisenkinder sind gegen den unsichtbaren Tyrannen, keine politische Konsequenz. [...] Der Roman endet im Jahre 1502 mit einem Verrat, der die Arbeit des Joss Fritz vernichtet.Es wäre nicht nur im politischen, auch im künstlerischen Sinne geschickter gewesen, nicht mit einem Unglücksfall zu schließen. Der Erfolg der revolutionären Aufbau-Arbeit hängt nicht von einem Zufall ab.« (Ludwig Marcuse: Die Odyssee eines Aufrührers, in: Das Neue Tage-Buch, Jg. 4 [1936], H. 19, S. 452f.)
Regler hat in seinem Roman noch einen anderen politisch aktuellen Streitpunkt verarbeitet: Wenn seine Gestalten erbittert die Frage diskutieren, warum die schweizerischen Bauern, die sich vor Jahren schon selbst befreit haben, den aufständischen Brüdern am Oberrhein nicht solidarisch zu Hilfe kommen (oder nur mit »guten Wünschen«), so ist damit das Ausbleiben sowjetischer Hilfe im Jahre 1933 gemeint: Verschlüsselt wird hier auf die internen Parteidiskussionen, die Zweifel an Stalins Politik des »Sozialismus in einem Lande« und die Auseinandersetzung zwischen Trotzkismus und Stalinismus angespielt. Marcuse hält diese Anspielung für eine »künstlich aufgesetzte Aktualität«, Ernst Bloch erwähnt nur die Abfuhr, die die »Raunzer« durch Joss Fritz, der die Haltung der Schweizer verteidigt, erhalten.
Profos oder Profoss: In Deutschland seit Beginn des 16. Jahrhunderts Bezeichnung des mit der Polizei im Heere betrauten Beamten, auch Ankläger im Kriegsgericht und Vollstreckungsbeamter.

Johannes Wüsten
Jakob Rohrbach*

Porträt eines Bauernkriegsführers

Die Ausrottung aller revolutionären Tradition in den Jahrhunderten nach 1525 ist so vollkommen geglückt, daß vom Bundschuh nicht viel mehr als der Name sich erhielt. Wie einst nach der Völkerwanderung weite Gebiete des Wissens und das hohe Können der Antike in Vergessenheit gerieten und erst neu entwickelt werden mußten, so auch hier: weder die Jakobiner noch die Sozialisten haben vom Bundschuh lernen können. Alles mußte von neuem erprobt werden, jeder

* Johannes Wüsten: Jakob Rohrbach. Porträt eines Bauernkriegsführers, in: Das Wort, Jg. 3 (1938), H. 4, S. 51–55.

Fehler wiederum mit Strömen von Blut sich ins Gedächtnis einwaschen, ehe das moderne Europa eine dem Bundschuh vergleichbar starke Organisation schaffen konnte. Und nun erst – vergleichend – sieht man tief betroffen, was der Verlust des historischen Erbes zu bedeuten vermag. Nun erst begreifen wir, daß Deutschland noch immer ein Thomas Münzer fehlt. Münzer ist uns, durch Ernst Blochs noch immer zu wenig beachtete Biographie, ausgedeutet, Joss Fritz durch Gustav Regler nahegebracht worden. Unausgedeutet, aber wenigstens populär wurde Florian Geyer. Der militärisch und politisch größere Michael Gaismayer ist heute noch fast unbekannt, und der gewaltigste von allen, Jakob Rohrbach, verdankt sein Andenken nur dem glühenden Haß, den die Sieger durch Jahrhunderte gegen ihn wach hielten. Alle waren ihnen erträglicher als dieser eine. Es haßten ihn die, welche eine Reichsreform durch Verhandeln erstrebten – es haßten ihn die Fürstenknechte von Wittemberg. Rohrbach ist es, der Luther die widerliche Schrift gegen die aufrührerischen Bauern entlockt hat. Und auch in späteren Zeiten war das liberale Bürgertum sich darin einig: Ehre zwar für Geyer, Verständnis für Karlstadt, Achtung immerhin vor Münzer – aber nieder mit Rohrbach, diesem viehischen Mordbrenner!

Das aber heißt: nieder mit dem konsequentesten Politiker, den das revolutionäre Deutschland bis jetzt hervorgebracht hat. So wie es einst hieß: nieder mit dem beliebtesten Führer des Bundschuh! Damals allerdings vergeblich – kein Wendel Hipler, kein Götz vermochten ihn zu stürzen.

Im Gegensatz zu den meisten Führern hat sich von Rohrbach viel Biographisches erhalten, auch aus der Zeit in der er noch nicht öffentlich bekannt war. Es ist mit der gleichen »Liebe« geschrieben, wie etwa die Nazis über Liebknecht oder Dimitroff berichten. Doch man sucht in der Kette von »Untaten« vergeblich nach Belastungen, die den Charakter als minderwertig offenbaren. Oder ist der Vorwurf, dieser Rohrbach habe jederzeit seine Steuern an seinen Herrn zu zahlen sich geweigert – ist dieser Vorwurf stechend? Oder der, daß sein alter Vater mit ihm unzufrieden war? (Wäre er es nicht gewesen, der Alte hätte stracks am nächsten Baum gehangen.) Oder der, daß Rohrbach obrigkeitswidrige Schriften gelesen und verbreitet habe? Wahrlich ein »böslicher Mensch«!

Wir besitzen als kostbare Reliquie von diesem »böslichen Menschen« einen handgeschriebenen Brief, der sich zufällig erhalten hat. Dieser Brief ist, wie Zimmermann schreibt, in Stil, Inhalt und Schrift eine der schönsten Urkunden, die er unter etwa tausend zeitgenössischen, die er gelesen hat, fand. Und Zimmermann ist nicht gerade ein Verehrer von Rohrbach.

Was aus allem hervorgeht, ist: Rohrbach, der sich früh gegen seine Ausbeuter zu wehren begann, war schon Jahre vor dem Aufstand der illegale Leiter des Bundschuh im Neckartal. Er war kein Leibeigener, sondern sein Geschlecht hatte sich reichsfrei zu erhalten gewußt. Unter den Massen, die mit dem Bundschuh sympathisierten, muß er schon bald großes Ansehen genossen haben, in der Bundschuhleitung selbst galt er als einer der fähigsten Köpfe, und das, wie sich bald zeigen sollte, mit vollem Recht.

Schon gleich zu Beginn des Aufstandes ist es sein Gau, in dem alles mustergültig und den zwölf Artikeln gemäß abläuft: am Stichtag löst er die bewaffnete Erhebung aus, mit einer eindeutigen programmatischen Erklärung an die Bevölkerung. Er verhaftet sofort alle Regierungsvertreter und beschlagnahmt die Guthaben der Klöster, Stifte und des schwäbischen Städtebundes. Das war am 2. April.

Wenige Tage später wird die erste Bauernarmee bei Leipheim vernichtet. Sie hat sich aus guten Positionen heraus vom General des schwäbischen Bundes, dem berüchtigten Truchseß von Waldburg, in Verhandlungen locken lassen, die dieser dann zu einem Überfall benutzt. Der politische Rückschlag am Anfang der Erhebung ist sofort spürbar: überall stockt der Zuzug, und die neutralen Städte, ja selbst sympathisierende, beginnen ihre Tore zu schließen. Schon wenige Tage später muß es die Bauernkanzlei unter Wendel Hipler erleben, daß der Kommandant von Weinsberg ihre Delegation zusammenschießen läßt.

Da greift Rohrbach ein. In einem erregten Kriegsrat gewinnt er Florian Geyer für den Bundschuh – gegen die Bauernkanzlei – und erzwingt den Sturm auf Weinsberg. Geyer, für solche Aufgaben offenbar besonders geeignet, hat das Schloß in kurzer Zeit erstürmt, Rohrbach selbst erobert das Untertor und damit die Stadt, an der die Bauernkanzlei am liebsten vorübergezogen wäre. Der erste große Sieg ist errungen, der Bauer hat erkannt, wie stark er ist.

Hat er es wirklich erkannt? Und wissen es nun auch seine Gegner? Rohrbach ist für eindeutige Siege. Dem Sturm folgt das Gericht. Das erste Revolutionstribunal des modernen Europa tritt zusammen. Der eidbrüchige Kommandeur von Weinsberg, Graf Helfenstein, Schwiegersohn des Kaisers Maximilian, wird mit vierzehn Offizieren seines Stabes zum Tode verurteilt. Das Urteil wird sofort vollstreckt, ohne Folterungen, wenn auch ohne Gnade.

Man macht sich heute kaum noch eine Vorstellung von der Erregung, die diese Exekution in Deutschland hervorrief. Daß Luther nun auf dem Plan erschien, wurde schon erwähnt. Die Weinsberger Hinrichtung – mit einer Ausnahme die einzige des ganzen Bauernkrieges – hat sich in der späteren Geschichtsschreibung vervielfältigt, bis sie als typischer Beweis bäuerlicher »Mordbrennerei« in alle Schullesebücher Eingang fand. Nur die Enthauptung Ludwigs XVI. hat Europa in eine ähnliche Erregung versetzt und hat ähnliche Folgen gehabt.

In der Hinrichtung Helfensteins hatte die Revolution über die Reformation gesiegt. Das Ansehen des linken Flügels in der Kanzlei (Münzer, Geyer, Rohrbach) wuchs in jenen Tagen bei den Massen zu blindem Vertrauen. Und die Kanzlei zerbrach in ihre Bestandteile. In den Dokumenten klafft hier eine Lükke, die nicht mehr ausfüllbar ist. Wir kennen nur das Ergebnis dieser letzten Plenumsitzung der Exekutive: an Stelle Geyers, des Siegers, wird Götz von Berlichingen mit dem militärischen Oberbefehl betraut, ein Mann, der in seinem Tagebuch später offen bekannte, er habe es als seine Aufgabe angesehen, die Bauern zu verraten. Geyer, durch die Wahl vermutlich tief betroffen, ist politisch uneinsichtig genug, sich selbst zum Partisanen zu erklären. Vielleicht, wofür manches

sprechen könnte, war selbst für Geyer die Hinrichtung von vierzehn Rittern unerträglich. Er hätte damals ohne weiteres mit Rohrbachs Hilfe die militärische Leitung an sich reißen können, ja er hätte das tun müssen. Sein Resignieren war ein schwerer Fehler.
Rohrbach hingegen, nicht Soldat, sondern Politiker, weiß, daß er der Kanzlei nicht den Gefallen tun darf, freiwillig zu verzichten. Sein einzigartiger Einfluß auf die Massen und seine Verankerung im Bundschuh geben ihm die Macht, die er sofort ausnutzt. Kaum ist Weinsberg gefallen, steht er schon mit dem Vortrupp bei der mächtigen Reichsstadt Heilbronn. Dort hat die Tat von Weinsberg bereits gewirkt: die Stadt ergibt sich ohne Schuß.
Rohrbachs Name ist im Munde aller Deutschen vom Allgäu bis nach Westfalen. Sein Tatendrang wetteifert mit der Leidenschaft für die zwölf Artikel, die er immer bei sich trägt. Von Heilbronn aus setzt er Stoßbrigaden ein und zerstört den gesamten Ausbeutungs- und Terrorapparat der Gegner durch Schleifen der Klöster und Schlösser. Er verteilt den Boden der Rittergüter an die landhungrigen Bauern. Er setzt an Stelle der alten Behörden Bauernräte ein. (Das Wort stammt aus dieser Zeit.) Das Furioso seiner Aktionen kann man heute noch staunend am Kalender ablesen: am 17. April erstürmt er Weinsberg, 48 Stunden später besetzt er Heilbronn, am 25. hat er bereits Stuttgart in seiner Gewalt!
Denn kaum gelangt die Nachricht nach Heilbronn, daß die Schwaben im Aufstand begriffen sind, sitzt Rohrbach schon im Sattel und jagt hinunter. Die schwäbische Armee, eben in der Bildung, wird von Matern Feuerbacher geleitet, einem Reformierer, zu dessen friedfertiger Gesinnung Kirchenfürst wie Ritter das vollste Vertrauen haben durften. Rohrbach unterstellt Feuerbacher sofort Bauernkommissaren, die den Versöhnler späterhin verhaften mußten, als er frischfröhlich am Verraten war.
Was aber war auf die Dauer einer gegen die ganze Kanzlei? Besonders, nachdem sich Geyer selbst kaltgestellt hatte und Münzer ohne militärische Fachleute einen Schlag nach dem andern erhielt. Man isolierte Rohrbach von seiten der Kanzlei, man sperrte ihm die Zufuhr, die Reserven, man drohte, ihm das Kommando zu entziehen, und als alles nichts half, ließ man die Maske fallen und setzte die zwölf Artikel außer Kraft.
Das war der offene Verrat an der Revolution. Die Bauern handelten danach, kein Mitglied der Kanzlei war in diesen Tagen sichtbar, es wäre unweigerlich erschlagen worden. Rohrbach entwickelte eine fieberhafte Gegenpropaganda, er eilte durch Städte und Dörfer, mobilisierte überall die Massen im Sinne Münzers und der zwölf Artikel. Ein neuer Sturm wurde entfesselt, von überallher zogen Aufgebote heran. Die Bauern versuchten mit Rohrbach an der Spitze die Revolution zu retten.
Doch der Verrat hat sich schon zu tief eingefressen, und das wird auch der neuen Aktion zum Verhängnis. Die schwäbische Armee wird vom Truchseß angegriffen. Rohrbach kann sich auf seinen General Bernhard Schenk verlassen. Schenk ist ein ausgezeichneter Stratege, was selbst die Gegner anerkennen. Aber die

Stadt Böblingen, das Zentrum seiner Armee, ist im geheimen Vertrag mit dem Truchseß und fällt den Bauern während der Schlacht, als sie schon siegen, in den Rücken. Rohrbach, der gerade Reserven heranführt, stemmt sich den Fliehenden entgegen und wird gefangen.

»Der Mörder von Weinsberg« wird nach adligem Kriegsbrauch nicht etwa abgeurteilt; man führt ihn im Triumph von Ort zu Ort, bis alle Herren beisammen sind. Zimmermann gibt folgende Beschreibung:

»Rohrbach, das war ein vornehmes Wild für den Rachehunger des Adels, und sie beschlossen, ihn zu braten. Am schönen Neckargelände lagerte der Truchseß, um das große Autodafé des Adels zu feiern. Ringsum in den Dörfern war kein Bauer vorhanden. Abends wurde Jakob Rohrbach in Weidach an eine Felbe mit eiserner Kette gebunden und mit Feuer umlegt, daß er langsam bratend mit lebendigem Leibe den gräßlichsten Todestanz in dem Feuerkreis um den Baum tanzen mußte, unter Trommeln und Pfeifenschall. Kinder auf den Achseln der Kriegsknechte sahen zu, und umher standen die Edlen, bis sein letzter Ton verseufzte, bis er, nicht mehr er selbst, keine Gestalt mehr, zusammensank.«

Das war am 20. Mai; tags darauf wurde die Stadt Weinsberg dem Erdboden gleichgemacht »für ewige Zeiten«, was weniger wörtlich zu nehmen war, als das Todesurteil gegen alle waffenfähigen Männer, die man ermordete, gleichgültig, wo man sie fing.

Mit dem Tode Rohrbachs fiel der eigentliche Kopf des Bundschuhs. Ehe er in Gaismayer eine neue zentrale Leitung erhält, verliert er alle insurgierten Gebiete, soweit sie nicht in den Alpen liegen. Bald nach Rohrbach wird Florian Geyer ermordet. Der große Verrat der Bauernkanzlei führt zu tausend kleinen Verrätereien all derer, die nur auf eine Lockerung der straffen Führung lauerten. Allen voran bestätigt Götz von Berlichingen das stets vorhandene Mißtrauen gegen ihn, indem er offen zum Feinde übergeht. Danach fällt Münzers Haupt vom Richtblock, und nun beginnt ein Bauernschlachten ohnegleichen – die erste soziale Erhebung Europas wird im Blut ersäuft.

Man kann eine Biographie Rohrbachs, auch eine ganz kurze, nicht abschließen, ohne einer Frau zu gedenken, mit der er eng verbunden war. Seltsam unbeachtet von der bisherigen Geschichtsschreibung wandelt sie durch die Geschehnisse des Bauernkriegs, vom Volk unter dem Namen »Schwarze Hofmännin« wie eine Heilige verehrt. Sie hieß Margarethe Renner, der Gegner hat eine Menge Akten über sie auf unsere Tage gebracht, gehässiges Zeug, das trotzdem nichts anderes zuwege bringt, als die Bedeutung dieser Frau eindringlichst aufleuchten zu lassen. Am Sturm auf Weinsberg war sie aktiv beteiligt, ebenso an der Hinrichtung der vierzehn Ritter. Sie zog als eine der ersten in Heilbronn ein. Überall war sie die grimmigste Gegnerin des Götz von Berlichingen. Rohrbach stand sie zur Seite als »Freundin, Ratgeberin, Helferin, als Sporn und stets mahnender Geist«. Nach seinem Tod verliert sich ihre Spur, vergeblich sucht man sie unter den Toten, vergeblich unter den Emigranten.

Letzte Kunde vom großen Kämpfer: »Unter den Flüchtlingen zu Straßburg war namentlich Bernhard, Schultheiß Weldners Sohn. Der hatte einen Druck und verteidigte seine Partei, vor allen Jakob Rohrbach.«

Vor allen Jakob Rohrbach!

Bundschuh: s. S. 956.
Ernst Blochs noch immer zu wenig beachtete Biographie: Ernst Bloch: »Thomas Münzer als Theologe der Revolution« (1922, 1963).
Luthers widerliche Schrift gegen die aufrührerischen Bauern: »Wider die räuberischen und mörderischen Rotten der Bauern« von Martin Luther.
Zwölf Artikel: Die aufständischen Bauern des Allgäu und des Bodenseegebietes formulierten im Winter 1524/1525 ihre Forderungen in 12 Artikeln, die schnell von den meisten Aufständischen übernommen wurden.
Bauernkanzlei unter Wendel Hipler: Wendel Hipler, 1465–1520, nach Studium in hohenlohischen und kurpfälzischen Diensten. Er vermittelte im Bauernkrieg zwischen Bauern und Rittern, wurde 1525 oberster Schreiber der Odenwälder Bauern und zwang Götz von Berlichingen zur Übernahme der Hauptmannschaft. Im Mai 1525 berief er die Vertreter der benachbarten Bauernhaufen zu einer Tagung nach Heilbronn, auf der er das Ziel verfolgte, die Bewegung zu koordinieren und in legale Bahnen zu lenken. Er starb in pfälzischer Gefangenschaft.

Profile

Georg Lukács
Hölderlins Hyperion*

> O gäb es eine Fahne … ein Thermopylae, wo ich mit Ehre sie verbluten könnte, all die einsame Liebe, die mir nimmer brauchbar ist.
> *Hölderlin: Hyperion*

Hölderlins Ruhm: er ist der Dichter des Griechentums.
Jeder, der seine Werke liest, spürt, daß sein Griechentum anders, dunkler, schmerzzerwühlter ist als die strahlende Utopie von der Antike in der Renaissance und in der Aufklärung. Sein Griechentum hat aber weder mit dem langweiligen, inhaltsleeren, akademischen Klassizismus des XIX. Jahrhunderts noch mit der hysterischen Bestialisierung des Griechentums durch Nietzsche und den Imperialismus etwas zu tun. Der Schlüssel zu Hölderlins Verständnis ist also, das Spezifische dieses Griechentums gedanklich zu erfassen.
Marx hat die gesellschaftliche Grundlage für die Verehrung der Antike in der Periode der großen Französischen Revolution mit unnachahmlicher Klarheit aufgedeckt. »Aber unheroisch, wie die bürgerliche Gesellschaft ist, hatte es jedoch des Heroismus bedurft, der Aufopferung, des Schreckens, des Bürgerkriegs und der Völkerschlachten, um sie auf die Welt zu setzen. Und ihre Gladiatoren fanden in den klassisch strengen Überlieferungen der römischen Republik die Ideale und die Kunstformen, die Selbsttäuschungen, deren sie bedurften, um den bürgerlich beschränkten Inhalt ihrer Kämpfe sich selbst zu verbergen und ihre Leidenschaft auf der Höhe der großen geschichtlichen Tragödie zu halten.«
Die besondere Lage Deutschlands in der Übergangszeit der Bourgeoisie aus der heroischen Periode in die unheroische besteht darin, daß das Land selbst zu einer faktischen bürgerlichen Revolution noch lange nicht reif war, daß sich aber in den Köpfen seiner besten Ideologen die heroische Flamme dieser »Selbsttäuschungen« entzünden mußte; daß sich der tragische Übergang vom Heldenzeitalter der ins Leben geträumten Polis-Republik Robespierres und Saint Just's in

---

* Georg Lukács: Hölderlins Hyperion, in: Internationale Literatur, Jg. 5 (1935), H. 6, S. 96–107. Auch in: G.L.: Werke, Bd. 7: Deutsche Literatur in zwei Jahrhunderten, Neuwied, Luchterhand 1964.

die kapitalistische Prosa rein ideologisch, ohne vorangegangene Revolution, utopisch vollziehen mußte.
Im Tübinger Stift erlebten drei junge Studenten mit berauschtem Jubel die großen Tage der revolutionären Befreiung Frankreichs. Sie pflanzten mit jugendlicher Begeisterung einen Freiheitsbaum, umtanzten ihn und schwuren ewige Treue dem Ideal des großen Befreiungskampfes. Jeder dieser drei Jünglinge – *Hegel, Hölderlin, Schelling* – repräsentierte in seiner späteren Entwicklung eine typische Möglichkeit der deutschen Reaktion auf die Entwicklung Frankreichs. *Schellings* Lebensgang verlor sich am Ende im bornierten Obskurantismus der niederträchtigen Reaktion, der erneuerten Romantik, in der Vorbereitungsperiode der 48er Revolution. *Hegel* und *Hölderlin* sind ihrem revolutionären Schwure nicht untreu geworden. Aber die Verschiedenheit ihrer Auslegung, als es sich um die Verwirklichung dieses Schwurs handelte, bezeichnet deutlich die ideologischen Wege, die die Vorbereitung zur bürgerlichen Revolution in Deutschland einschlagen konnte und mußte.
Die gedankliche Bewältigung der Ideen der Französischen Revolution war bei Hegel und bei Hölderlin noch lange nicht vollendet, als in Paris bereits Robespierres Kopf gefallen war, als der Thermidor und nach ihm die napoleonische Periode ins Leben trat. Der Ausbau ihrer Weltanschauung mußte sich also auf Grundlage dieser Wendung in der revolutionären Entwicklung Frankreichs vollziehen. Mit dem Thermidor trat der *prosaische Inhalt* der antikisierend heroischen Form, die bürgerliche Gesellschaft in ihrer Fortschrittlichkeit und zugleich – unabtrennbar – in ihrer Scheußlichkeit, immer klarer in den Vordergrund. Und der verändert heroische Charakter der napoleonischen Periode stellte die deutschen Ideologen vor ein unlösbares Dilemma: das napoleonische Frankreich war einerseits ein leuchtendes Ideal für jene nationale Größe, die nur auf dem Boden einer siegreichen Revolution aufblühen konnte, andrerseits brachte dasselbe französische Imperium über Deutschland den Zustand der tiefsten nationalen Zerrissenheit und Erniedrigung. Da die objektiven Bedingungen für eine bürgerliche Revolution, die imstande gewesen wäre, der napoleonischen Eroberung eine revolutionäre Vaterlandsverteidigung à la 1793 entgegenzustellen, in Deutschland fehlten, bestand für die im Kern bürgerlich-revolutionäre Sehnsucht nach nationaler Befreiung und Vereinigung ein unlösbares Dilemma, das zur reaktionären Romantik führen mußte. »Alle gegen Frankreich geführten Unabhängigkeitskriege tragen den gemeinsamen Stempel einer Regeneration, die sich mit Reaktion paart« *(Marx)*.
Weder Hegel noch Hölderlin sind dieser romantischen Reaktion verfallen. Ihre gedankliche Auseinandersetzung mit der nachthermidorianischen Situation verläuft aber in diametral entgegengesetzter Weise. Kurz gesagt: *Hegel* findet sich mit der nachthermidorianischen Epoche, mit dem Abschluß der revolutionären Periode der bürgerlichen Entwicklung ab und baut seine Philosophie gerade auf der Erkenntnis dieser neuen Wendung in der Weltgeschichte auf. *Hölderlin* schließt kein Kompromiß mit der nachthermidorianischen Wirklichkeit, er

bleibt dem alten revolutionären Ideal der zu erneuernden Polis-Demokratie treu und zerbricht an der Wirklichkeit, in der für diese Ideale nicht einmal dichterisch-denkerisch ein Platz vorhanden war.
Beide Wege widerspiegeln die ungleichmäßige Entwicklung des bürgerlich-revolutionären Gedankens in Deutschland in einer widerspruchsvollen Weise. Und diese Ungleichmäßigkeit der Entwicklung – Hegel selbst bezeichnet sie idealistisch-ideologisch als »List der Vernunft« – äußert sich vor allem darin, daß Hegels gedankliche Akkomodation an die nachthermidorianische Wirklichkeit ihn auf jene große Heerstraße der ideologischen Entwicklung seiner Klasse geführt hat, von wo aus ein Weitergehen der gedanklichen Entwicklung bis zum Umschlagen der bürgerlich-revolutionären Denk-Methoden in proletarisch-revolutionäre möglich geworden ist. (Die materialistische Umstülpung der Hegelschen idealistischen Dialektik durch Marx.) Hölderlins Kompromißlosigkeit blieb eine tragische Sackgasse: unbekannt und unbeweint ist er als vereinsamter dichterischer Leonidas der Ideale der jakobinischen Periode am Thermopylae des einbrechenden Thermidorianismus gefallen.
[...]
Hölderlin hat sich stets geweigert, diesen Weg als richtig anzuerkennen. Freilich konnte auch sein Denken nicht unberührt von der nachthermidorianischen Wirklichkeit bleiben. Ist ja gerade die Frankfurter Periode Hegels, die Zeit seiner thermidorianischen Wendung, die Zeit ihres zweiten, gereifteren Zusammenlebens und Zusammenarbeitens. Aber für Hölderlin bedeutet die nachthermidorianische Entwicklung nur ein Ablegen der asketischen Elemente aus der Konzeption des Griechentums als Ideal. Nur die gesteigerte Betonung Athens als Vorbild gegenüber der starren spartanisch-römischen Tugend der französischen Jakobiner. Er bleibt weiter Republikaner. Noch in dem Spätwerk »*Empedokles*« antwortet der Held den Agrigentern, die ihm die Krone anbieten: »Dies ist die Zeit der Könige nicht mehr.« Und predigt – freilich in mystischen Formen – das Ideal einer vollständigen revolutionären Erneuerung der Menschheit:

> »Was euch der Väter Mund erzählt, gelehrt,
> Gesetz' und Bräuch', der alten Götter Namen,
> Vergeßt es kühn, und hebt, wie Neugeborne,
> Die Augen auf zur göttlichen Natur!«

Diese Natur ist die Natur *Rousseaus* und *Robespierres*. Der Traum von einer Umgestaltung der Gesellschaft, die – ohne daß Hölderlin die Frage des Privateigentums klar aufgeworfen hätte – die vollendete Harmonie des Menschen mit der ihm angemessenen, wieder zur Natur gewordenen Gesellschaft und damit gleichzeitig mit der Natur selbst wiederherstellt. »Ideal ist, was Natur war«, sagt Hölderlins Hyperion ein bißchen Schillerisch, aber an revolutionärem Pathos weit über Schiller hinausgehend. Und das Griechentum ist für Hölderlin eben dieses Ideal, das einst lebendige Wirklichkeit, Natur gewesen ist. »Von Kinder-

harmonie sind einst die Völker ausgegangen«, fährt Hyperion fort, »die Harmonie der Geister wird der Anfang einer neuen Weltgeschichte sein.«
»Alles für jeden und jeder für alle!« – das ist das gesellschaftliche Ideal Hyperions, wenn er in den revolutionären Kampf zur bewaffneten Befreiung Griechenlands vom Türkenjoche zieht. Es ist der Traum eines nationalrevolutionären Befreiungskrieges, der zugleich der Befreiungskrieg für die ganze Menschheit werden soll, ungefähr so wie es radikale Träumer in der großen Revolution selbst – etwa *Anacharsis Clootz* – von den Kriegen der französischen Republik erhofft haben. Hyperion sagt: »An der Fahne allein soll niemand unser künftig Volk erkennen; es muß sich alles verjüngen, es muß von Grund aus anders sein; voll Ernst die Lust und heiter alle Arbeit! Nichts, auch das Kleinste, das Alltäglichste nicht ohne den Geist und die Götter! Liebe und Haß und jeder Laut von uns muß die gemeinere Welt befremden, und auch kein Augenblick darf *einmal* noch uns mahnen an die platte Vergangenheit!«
Hölderlin geht also an der kapitalistischen Schranke, an den kapitalistischen Widersprüchen der bürgerlichen Revolution achtlos vorbei. Seine Gesellschaftstheorie muß sich deshalb in Mystik verlieren, freilich in einer Mystik der verworrenen Vorahnungen einer wirklichen Umwälzung der Gesellschaft, einer wirklichen Erneuerung der Menschheit. Diese Vorahnungen sind noch viel utopischer und mystischer als die einzelner Träumer des vorrevolutionären und revolutionären Frankreich. Denn im kapitalistisch unentwickelten Deutschland kann Hölderlin nicht einmal Keime und Ansätze von gesellschaftlichen Tendenzen konkret erblicken, die über die widerspruchsvolle Beschränktheit des kapitalistischen Horizontes hinausweisen. Seine Utopie ist rein ideologisch, ein Traum von der Wiederkehr des goldenen Zeitalters, ein Traum, in dem die Vorahnung der *Entwicklung* der bürgerlichen Gesellschaft sich mit der Utopie von einem *Jenseits* der bürgerlichen Gesellschaft, von einer wirklichen Befreiung der Menschheit, traumhaft verknüpft. Es ist sehr interessant zu beobachten, daß Hölderlin stets, und im »Hyperion« besonders scharf, gegen die Überschätzung des Staates kämpft, daß seine utopische Konzeption des kommenden Staates, auf ihren wahren Kern reduziert, ganz in der Nähe der Konzeption der ersten liberalen Ideologen Deutschlands, z.B. eines *Wilhelm von Humboldt,* liegt.
Der tragende Pfeiler der gesellschaftlichen Erneuerung kann deshalb für Hölderlin nur eine neue Religion, eine neue Kirche sein. In der gesellschaftlichen Entwicklung Deutschlands selbst konnten die Grundlagen für seine Utopien nicht sichtbar sein: objektiv, weil sie in der bürgerlichen Realität tatsächlich nicht vorhanden waren, subjektiv, weil die Ansätze zu einer Entwicklung über den Kapitalismus hinaus für Hölderlin unmöglich erfaßbar sein konnten. So war es für ihn unvermeidlich, den Quell der gesellschaftlichen Erneuerung in einer neuen Religion zu suchen. Die Unvermeidlichkeit einer Wendung zur Religion, bei vollem Bruch mit den alten Religionen, ist für alle Revolutionäre dieser Periode vorhanden, die die bürgerliche Revolution zu Ende treiben wollen, gleichzeitig aber vor ihrer notwendigen Konsequenz: ungehemmte Entfesselung des

Kapitalismus mit allen seinen gesellschaftlichen und kulturellen Folgen, zurückschrecken. Die Einführung des Kults des »*Etre suprême*« durch Robespierre ist das größte praktisch historische Beispiel für diese Unvermeidlichkeit.
Es ist klar, daß auch Hölderlin diesem Dilemma nicht entgehen konnte. Wenn sein Hyperion die Wirksamkeit des *Staates* beschränken will, so träumt er von der Entstehung einer neuen *Kirche*, die zur Trägerin seiner gesellschaftlichen Ideale werden soll. Die Unvermeidlichkeit und gleichzeitig der bürgerlich-revolutionäre Charakter dieser Konzeption zeigt sich ganz klar darin, wie auch Hegel noch zur Zeit seines Überganges zur vollständigen Anerkennung der thermidorianischen Wendung der Revolution ebenfalls von der Konzeption einer neuen Religion erfaßt wird. Von der Konzeption einer neuen Religion: »in welche der unendliche Schmerz und die ganze Schwere seines Gegensatzes aufgenommen, aber ungetrübt und rein sich auflöst, wenn es nämlich ein *freies Volk* geben und die Vernunft ihre Realität als einen sittlichen Geist wiedergeboren haben wird, der die Kühnheit haben kann, *auf eigenem Boden und aus eigener Majestät sich seine reine Gestalt zu nehmen.*«
Innerhalb dieses weltanschaulichen Rahmens spielt sich die Handlung des »*Hyperion*« ab. Den Ausgangspunkt der Handlung bildet der Aufstandsversuch der Griechen gegen die Türken im Jahre 1770, der mit Hilfe einer russischen Flotte zustande kam. Für Hölderlins geschichtliche Lage ist der widerspruchsvolle, revolutionär-reaktionäre Charakter dieses Themas sehr charakteristisch. Es ist aber für ihn ebenfalls sehr charakteristisch, daß er in die reaktionären Tendenzen der von ihm geschilderten Situation eine gewisse Einsicht hat, – eine Einsicht, die unvergleichlich viel höher steht und fortschrittlicher ist als die Illusionen der nationalen Revolutionäre des Befreiungskrieges in Hinsicht auf Rußland. Die kriegerischen Helden Hölderlins stehen illusionslos, machiavellistisch-realpolitisch zur russischen Hilfe: »So straft ein Gift das andere«, sagt Hyperion, als die türkische Flotte von den Russen vernichtet worden ist. Hölderlin ist also auch in dieser Frage kein romantischer Reaktionär gewesen.
Die innere Handlung des Romans bildet nun der weltanschauliche Kampf zweier Richtungen für die Verwirklichung der revolutionären Utopie Hölderlins. Der mit *Fichte*schen Zügen ausgestattete Kriegsheld Alabanda repräsentiert die Tendenz des bewaffneten Aufstands. Die Heldin des Romans, *Diotima*, verkörpert die Tendenz der religiös weltanschaulichen, friedlichen Aufklärung; sie will aus Hyperion einen Erzieher seines Volkes machen. Der Konflikt endet vorerst mit dem Sieg des kriegerischen Prinzips. Hyperion schließt sich Alabanda an, um den bewaffneten Aufstand vorzubereiten und durchzuführen. Der Ruf Alabandas weckt in ihm Selbstvorwürfe über seine bisherige beschauliche Untätigkeit. »Ich bin zu müßig geworden... zu himmlisch, zu träg. Ja! sanft zu sein, zu rechter Zeit, das ist wohl schön, doch sanft zu sein zur Unzeit, das ist häßlich, denn es ist feig!« Auf die Warnung Diotimas: »Du wirst erobern und vergessen, wofür«, antwortet Hyperion: »Der Knechtsdienst tötet, aber gerechter Krieg macht jede Seele lebendig.« Und Diotima sieht zugleich den tragischen Konflikt, der hier für

Hölderlin-Hyperion liegt: »Deine volle Seele gebietet's dir. Ihr nicht zu folgen, führt oft zum Untergange, doch ihr zu folgen wohl auch.«
Die Katastrophe tritt ein. Nach einigen siegreichen kleineren Schlachten nehmen die Aufständischen Misistra, das frühere Sparta, ein. Aber nach der Einnahme wird geplündert und gemordet, und Hyperion wendet sich enttäuscht von den Aufständischen ab. »In der Tat! es war ein außerordentlich Projekt, durch eine Räuberbande mein Elysium zu pflanzen.« Die Aufständischen werden bald danach vernichtend geschlagen und zerstreut. Hyperion sucht in den Kämpfen der russischen Flotte den Tod, aber vergebens.
Diese Stellungnahme Hölderlins zur bewaffneten Revolution ist in Deutschland nicht neu. Hyperions Reuestimmung nach dem Sieg erneuert auf höherem Niveau die Verzweiflung von *Schillers* Karl Moor am Ende der *»Räuber«:* »daß zwei Menschen wie ich den ganzen Bau der sittlichen Welt zugrunde richten würden.« Es ist keineswegs zufällig, daß der gräzisierende Klassizist Hölderlin bis ans Ende seines bewußten Lebens die Jugenddramen Schillers außerordentlich hoch geschätzt hat. Er begründet diese Schätzung mit kompositionellen Analysen; der wahre Grund liegt aber in der Verwandtschaft der Problemstellungen, in der Sehnsucht nach einer deutschen Revolution und gleichzeitig – und untrennbar davon – in einem Zurückschrecken vor den Fakten und vor den Folgen einer solchen Revolution. Bei der Verwandtschaft der Problemstellungen muß aber zugleich die Verschiedenheit hervorgehoben werden. Der junge Schiller schrickt nicht bloß vor der Härte der *revolutionären Methoden* zurück, sondern zugleich vor dem radikalen *Inhalt der Revolution selbst*. Er fürchtet, daß die sittlichen Grundlagen der Welt – der bürgerlichen Gesellschaft – in einer Revolution zusammenstürzen könnten. Davor hat Hölderlin keine Angst, er fühlt sich mit keiner ihm sichtbaren Erscheinungsform der bürgerlichen Gesellschaft innerlich verbunden. Er erhofft, wie wir gesehen haben, gerade eine vollständige Umwälzung seiner Welt, bei der von dem Gegenwärtigen nichts übrigbleiben würde. Sein Zurückschrecken bezieht sich auf die revolutionäre Methode, von der er, ganz im Stil idealistischer Ideologen der Revolution, befürchtet, daß sie gerade die Schlechtigkeit des Bestehenden in anderer Form verewigen würde. Dieser tragische Zwiespalt Hölderlins ist für ihn unüberwindbar gewesen, da er aus den Klassenverhältnissen Deutschlands entsprang. Bei allen geschichtlich notwendigen Illusionen über die Erneuerung der Polis-Demokratie schöpften die revolutionären Jakobiner Frankreichs ihren Schwung und ihre Tatkraft aus der Verbundenheit mit den *demokratisch-plebejischen* Elementen der Revolution, mit den kleinbürgerlichen und halbproletarischen Massen der Städte und mit der Bauernschaft. Auf sie gestützt konnten sie – freilich nur sehr zeitweilig und sehr widerspruchsvoll – die egoistische Niedertracht, die Feigheit und Habgier der französischen Bourgeoisie bekämpfen und die bürgerliche Revolution auf plebejische Weise weitertreiben. Der antibürgerliche Zug dieses plebejischen Revolutionarismus ist in Hölderlin sehr stark. Sein Alabanda sagt über die Bürger: »Man fragt nicht, ob ihr wollt! Ihr wollt ja nie, ihr Knechte und Barba-

ren! Euch will man auch nicht bessern, denn es ist umsonst! Man will nur dafür sorgen, daß ihr dem Siegeslauf der Menschheit aus dem Wege geht.« Solche Worte hätte ein revolutionärer Jakobiner in Paris *1793* unter dem Jubel der plebejischen Massen äußern können. Eine solche Gesinnung bedeutete in Deutschland *1797* eine hoffnungslose, trostlose Vereinsamung; es gab keine Gesellschaftsklasse, an die diese Worte gerichtet sein konnten, keine, in der sie auch nur ideologisch einen Widerhall hätten finden können. *Georg Forster* konnte sich nach dem Scheitern des Mainzer Aufstandes wenigstens ins revolutionäre Paris begeben. Für Hölderlin gab es weder in Deutschland noch außerhalb Deutschlands eine Heimat. Kein Wunder, daß sich Hyperions Weg nach dem Scheitern der Revolution in eine hoffnungslose Mystik verliert, daß Alabanda und Diotima am Scheitern Hyperions zugrunde gehen. Kein Wunder, daß das folgende, Fragment gebliebene, letzte große Werk Hölderlins, die Tragödie »*Empedokles*«, den mystischen Opfertod zum Thema hat.

An diese mystische Auflösung der Weltanschauung Hölderlins klammert sich von jeher die Reaktion an. Nachdem die offizielle deutsche Literaturgeschichte Hölderlin lange Zeit episodisch als Repräsentanten einer Nebenströmung der Romantik behandelt hatte *(Haym)*, wird er in der imperialistischen Periode in offen reaktionärer Weise neu entdeckt und für die ideologischen Ziele der Reaktion verwertet. *Dilthey* macht aus ihm bereits einen Vorläufer Schopenhauers und Nietzsches, mit dem einfachen Trick, daß er das Hellenentum und die Einflüsse der klassischen deutschen Philosophie von dem Eindruck der Französischen Revolution vollständig ablöst und den letzteren zur episodischen Bedeutung herabdrückt. *Gundolf* trennt bereits »Urerlebnis« und »Bildungserlebnis« bei Hölderlin. »Bildungserlebnis« ist alles Revolutionäre, alles »bloß Zeitbedingte«; und als solches kommt all dies bei der »wesentlichen« Beurteilung Hölderlins nicht in Frage. Das »Wesentliche« ist eine »orphische Mystik«. Auch bei Gundolf führen die Wege von Hölderlin zu Nietzsche und über Nietzsche hinaus zur Stefan Georgeschen »Vergottung des Leibes«. Der am verspäteten Jakobinismus tragisch zugrunde gegangene Hölderlin wird bei Gundolf zum Vorläufer des Rentnerparasitismus; die tragische Elegie Hölderlins über die verlorengegangene politische, gesellschaftliche und kulturelle Freiheit des Menschen soll in die dekadente Park-Lyrik Stefan Georges münden; der hellenistisch republikanische Freundschaftskult Hölderlins, bei dem seine Vorbilder die Tyrannenmörder Harmodios und Aristogeiton gewesen sind, verwandelt sich in ein Vorläufertum des ästhetenhaften, dekadenten, homosexuellen George-Bundes.
Dilthey und Gundolf bilden sich ein, den Wesenskern Hölderlins durch Weglassung der »zeitbedingten« Züge herausarbeiten zu können. Hölderlin selbst wußte genau, daß der trauervolle elegische Zug seiner Dichtung, seine Sehnsucht nach dem verlorenen Griechenland, mit einem Wort: das dichterisch Wesentliche an ihm vollständig zeitbedingt gewesen ist. Hyperion sagt: »Aber das, das ist der Schmerz, dem keiner gleichkommt, das ist unaufhörliches Gefühl der

gänzlichen Zernichtung, wenn unser Leben seine Bedeutung verliert, wenn so das Herz sich sagt, du mußt hinunter, und nichts bleibt übrig von dir; keine Blume hast du gepflanzt, keine Hütte hast du gebaut, nur daß du sagen könntest: ich lasse eine Spur zurück auf Erden ... Genug! genug! wäre ich mit Themistokles aufgewachsen, hätte ich unter den Scipionen gelebt, meine Seele hätte sich wahrlich nie von dieser Seite kennengelernt.«

Aber die Natur-Mystik? Aber die Verschmelzung von Natur und Kultur, von Mensch und Gottheit im Erlebnis des Griechentums? So könnte uns vielleicht ein moderner, von Dilthey-Gundolf beeinflußter Verehrer Hölderlins erwidern. Wir haben bereits auf den Rousseau-Robespierreschen Charakter des Naturkults und des Griechenkultus von Hölderlin hingewiesen. In seinem großen Gedicht »Der Archipelagus« (den Gundolf zum Ausgangspunkt seiner Hölderlin-Interpretation gewählt hat), wird die griechische Natur und die Größe der aus ihr herauswachsenden athenischen Kultur mit hinreißendem elegischem Pathos gestaltet. Gegen Ende des Gedichts spricht aber Hölderlin ebenso hinreißend pathetisch, ebenso anklagend elegisch über den *Grund* seiner Trauer über das entschwundene Griechentum:

»Aber weh! es wandelt in Nacht, es wohnt, wie im Orkus,
Ohne Göttliches unser Geschlecht. Ans eigene Treiben
Sind sie geschmiedet allein, und sich in der tosenden Werkstatt
Höret jeglicher nur, und viel arbeiten die Wilden
Mit gewaltigem Arm, rastlos, doch immer und immer
Unfruchtbar, wie die Furien, bleibt die Mühe der Armen.«

Und diese Komposition ist bei Hölderlin kein Zufall und nichts Einmaliges. Nachdem der griechische Freiheitskampf niedergeschlagen ist und Hyperion seine Enttäuschung erlebt hat, steht am Schlusse des Romans das fürchterlich anklagende *Kapitel über Deutschland,* die zornige Prosa-Ode über die Degradation des Menschen in der Miserabilität, in der philisterhaft engen – beginnenden – Entwicklung des deutschen Kapitalismus. Die Anrufung Griechenlands, als Einheit von Kultur und Natur, ist bei Hölderlin immer eine Anklage gegen seine Gegenwart, immer ein – vergeblicher – Aufruf zur Tat, Aufruf zur Zertrümmerung dieser miserablen Wirklichkeit.

Die »Verfeinerung« der Analyse durch Dilthey und Gundolf, das Vertilgen aller Spuren der großen gesellschaftlichen Tragik aus dem Leben und dem Werk Hölderlins bildet die Grundlage für die grob-demagogische, kraß-lügenhafte Schändung seines Andenkens durch die Braunhemden der Literaturgeschichte. Wie die faschistischen Ideologen mit der Verzweiflung der ihres Weges nicht oder noch nicht bewußten Kleinbürger Schindluder treiben, so besudelt die literarische SA das Andenken vieler ehrlich verzweifelter deutscher Revolutionäre, indem sie die wirklichen sozialen Ursachen ihrer Verzweiflung wegeskamotiert, indem sie sie daran verzweifeln läßt, daß sie das »erlösende« Dritte Reich, den »Erlöser« Hitler noch nicht erblicken konnten.

So ist es auch Hölderlin im deutschen Faschismus ergangen. Hölderlin als großen

Vorläufer des Dritten Reiches anzubeten, gehört heute zum guten Ton unter den faschistischen Literaten Deutschlands. Freilich macht ihnen die konkrete Durchführung dieser Linie, das konkrete Aufzeigen der faschistischen Ideologie bei Hölderlin große Schwierigkeiten. Sie sind viel größer, als sie für Gundolf waren, bei dem die inhaltsentleerten, formalistischen l'art-pour-l'art-Gesichtspunkte die Verehrung der Form Hölderlins, das Idealisieren seines angeblichen mystischen Griechentums ohne sofort augenfällige innere Widersprüche zuließen. (Der Widerspruch bestand »bloß« zwischen dem Hölderlin-Bild Gundolfs und dem wirklichen Hölderlin.)

Rosenberg macht nun auf dieser Grundlage aus Hölderlin einen Vertreter der germanisch-»arteigenen« Sehnsucht. Er versucht Hölderlin in die soziale Demagogie des Nationalsozialismus einzuspannen, indem er dessen Zeitkritik zu einer faschistischen Kritik »des Bürgers« verdreht. »Hatte nicht Hölderlin an diesen Menschen schon zu einer Zeit gelitten, als sie noch nicht als allmächtige Bürger walteten, damals schon, da Hyperion auf der Suche nach großen Seelen feststellen mußte, daß sie durch Fleiß, Wissenschaft, ja selbst durch ihre Religion nur barbarisch geworden waren: Handwerker, Denker, Priester, Titelträger fand Hyperion, aber keine Menschen, Stückwerk ohne Einheit der Seele, ohne inneren Auftrieb, ohne Lebensganzheit.« Aber Rosenberg hütet sich, diese Zeitkritik Hölderlins auch nur in der leisesten Weise zu konkretisieren. Der ganze große Anlauf endet mit einem Sprung ins Leere: Hölderlin wird nur zum Vertreter des Rosenbergschen Unsinns vom »ästhetischen Willen« gestempelt.

Dieselbe Mischung von bombastischer Großsprecherei und ängstlichem Ausweichen vor allen Tatsachen charakterisiert die spätere Ausführung des faschistischen Hölderlin-Bildes. In einer Reihe von Aufsätzen wird eine »große Wendung« im Leben Hölderlins entdeckt: seine Abkehr vom »achtzehnten Jahrhundert«, seine Bekehrung zum Christentum und mit ihr zur faschistisch-romantischen »deutschen Wirklichkeit«. Hölderlin soll in die zum Vorspiel des Faschismus zurechtkonstruierte Romantik, in die Reihe von Novalis bis Görres eingefügt werden. Den Wert dieser Geschichtsklitterung ersehen wir schon daraus, daß sie selbst von offizieller nationalsozialistischer Seite als »abwegig«, als »unrichtig« verworfen werden mußte. Dies geschieht in einem Aufsatz von *Matthes Ziegler* in den *»Nationalsozialistischen Monatsheften«,* wo Meister Eckhardt, Hölderlin, Kierkegaard und Nietzsche als die großen Vorläufer der nationalsozialistischen Weltanschauung präsentiert werden. Während es aber *Bäumler* zustandebringen kann, die romantisch-antikapitalistischen, irrationalistisch-mystischen Züge Kierkegaards ohne offenkundige Geschichtslügen, nur mit leisen braunen Retuschen nachzuzeichnen, bleibt der Aufsatz Zieglers ein klägliches Gestammel, freilich in der äußeren Form des forsch-apodiktischen Bombastes. Auch er bestand – in den Zitaten selbstredend alles Konkrete sorgfältig vermeidend – die Opposition Hölderlins gegen die zeitgenössische Kultur (gegen »die Bürgerlichkeit«), Hölderlins Sehnsucht nach einer Form der Gemeinschaft. Und er lügt nun diese Sehnsucht, deren wahre soziale Wurzel, deren wirklicher sozia-

ler Inhalt uns bereits bekannt ist, in die Sehnsucht nach – Hitler, in ein Vorläufertum des – Dritten Reiches um. Er sagt zusammenfassend: »Es war die Tragik Hölderlins, daß er sich aus der Gemeinschaft der Menschen lösen mußte, ohne daß ihm die Gestaltung der kommenden Gemeinschaft beschieden war. Er blieb ein Einsamer, ein Unverstandener in seiner Zeit, der aber die Zukunft als Gewißheit in sich trug. Er wollte keine Wiederbelebung, kein neues Griechenland, aber er fand im Griechentum die nordisch-heldische Lebenshaltung wieder, die in dem Deutschland seiner Zeit verkümmert war, aus der jedoch allein die kommende Gemeinschaft wachsen kann. Er mußte sich in der Sprache und in den Vorstellungen seiner Zeit ausdrücken, deshalb ist es uns heutigen Menschen, die alle das Erleben unserer Gegenwart geformt hat, oft schwer, ihn recht zu verstehen. Unser Kampf um die Gestaltung des Reiches aber ist das Ringen um die gleiche Tat, die Hölderlin nicht tun konnte, weil die Zeit noch nicht erfüllt war.«
Das sachliche Ergebnis ist, selbst mit dem Maßstab gemessen, den man an eine nationalsozialistische Literaturgeschichte anlegen kann, erschreckend kläglich; Ziegler entschlüpft ja das Geständnis, daß er Hölderlin nicht oder wenig versteht. Die nationalsozialistischen Literaten müssen das Bild Hölderlins noch über Dilthey und Gundolf hinaus abstrakt machen, noch entleerter von allen individuellen wie gesellschaftlich-historischen Zügen. Der Hölderlin der deutschen Faschisten ist ein beliebiger romantischer Dichter, er unterscheidet sich fast gar nicht mehr von dem – neuerdings ebenfalls wiederholt geschändeten – *Georg Büchner,* der seinerseits zum Vertreter des »heroischen Pessimismus«, also zum Vorläufer des Nietzsche-Bäumlerschen »heroischen Realismus« umgelogen wurde. In der geistigen Nacht der faschistischen Geschichtsfälschung ist eben jede Gestalt braun.

Aber die »Methodologie« dieser Umfälschungen zeigt trotzdem ein – ungewolltes – Ergebnis: nämlich den inneren Zusammenhang zwischen der liberalen Unfähigkeit zum Verständnis der deutschen Geschichte und ihrer imperialistisch-faschistischen, immer bewußteren Fälschung. Dilthey polemisiert gegen die Haymsche Auffassung Hölderlins als eines »Seitentriebs der Romantik«, aber nur, um Hölderlin unter die dekadenten, verspäteten Romantiker des Jahrhundertendes einzureihen, um aus ihm einen Vorläufer Nietzsches zu machen. Gundolf dehnt dieses Vorläufertum Hölderlins auf Stefan George aus. Und die Nationalsozialisten mißbrauchen die damals noch keineswegs eindeutig reaktionären, romantisch-antikapitalistischen Züge Hölderlins, um das entstellte Bild des tragischen Revolutionärs als Fassadenplastik am faschistischen Zuchthaus für das werktätige Deutschland anzubringen.

Hölderlin ist aber im Grundzug seines Wesens kein Romantiker, obwohl seine Kritik des beginnenden Kapitalismus manchen Zug des Romantischen trägt. Während aber die Romantiker von dem Ökonomen *Sismondi* bis zum mystischen Poeten *Novalis* aus dem Kapitalismus in die einfache Warenwirtschaft flüchten und dem anarchischen Kapitalismus das »geordnete« Mittelalter, der mechanistischen Arbeitsteilung die »Totalität« der Arbeit im Handwerk gegenüberstellen, kritisiert Hölderlin die bürgerliche Gesellschaft von einer anderen Seite. Auch er haßt in romantischer Weise die kapitalistische Arbeitsteilung. Das wesentlichste Moment der zu bekämpfenden Degradation ist aber in seinen Augen der Verlust der Freiheit. Und diese Konzeption der Freiheit strebt bei ihm – wie wir gesehen haben, in mystischen Formen und mit verschwommen utopischen Inhalten – über den engen Begriff der politischen Freiheit in der bürgerlichen Gesellschaft hinaus. Der Unterschied der Thematik zwischen Hölderlin und den Romantikern – Griechenland gegen Mittelalter – ist also kein bloß thematischer Unterschied, sondern ein weltanschaulich-politischer.

Wenn Hölderlin die Feste des alten Griechenland feiert, so feiert er die verlorengegangene demokratische Öffentlichkeit des Lebens. Er geht hier nicht nur dieselben Wege, die sein Jugendfreund Hegel vor der thermidorianischen Wandlung gegangen ist, sondern ist auch ideologisch auf den Wegen Robespierres und der Jakobiner. In seiner großen Konventrede zur Einführung des Kults des »Höchsten Wesens« führt Robespierre aus: »Der wahre Priester des höchsten Wesens ist die Natur; sein Tempel das Universum; sein Kultus die Tugend; seine Feiern die Freude eines großen Volks, vereinigt unter seinen Augen, um die Bande der universellen Brüderlichkeit enger zu knüpfen und um ihm die Verehrung der empfindsamen und reinen Herzen anzubieten.« Und in derselben Rede beruft er sich auf die Feste Griechenlands als auf das Vorbild dieser Befestigung der demokratisch-republikanischen Erziehung zur Tugend und Glückseligkeit eines befreiten Volkes.

Freilich geht die Mystik Hölderlins weit über die unvermeidliche und heroische Selbsttäuschung Robespierres hinaus. Sie ist noch dazu eine Flucht in die Mystik und eine Mystik der Flucht: eine Mystik der Todessehnsucht, des Opfertodes, des Todes als Mittel zur Vereinigung mit der Natur. Aber auch diese Natur-Mystik Hölderlins ist keineswegs einheitlich reaktionär.

Erstens ist in ihr stets ihre rousseauistisch-revolutionäre Quelle sichtbar. Der unmittelbare Ausgangspunkt für die Flucht in die Mystik liegt ja bei Hölderlin darin, daß er die *gesellschaftlich* notwendige, hoffnungslose Tragik seiner Bestrebungen als Idealist zwangsläufig zu einer *kosmischen* Tragik emporsteigern mußte. Zweitens aber enthält auch seine Mystik des Opfertodes einen klaren pantheistisch antireligiösen Charakter. Bevor Alabanda in den Tod geht, spricht er von seinem Leben, »das kein Gott geschaffen«. »Hat mich eines Töpfers Hand gemacht, so mag er sein Gefäß zerschlagen, wie es ihm gefällt. Doch was da lebt, muß unerzeugt, muß göttlicher Natur in seinem Keime sein, erhaben über alle Macht und alle Kunst und darum unverletzlich, ewig.« Und sehr ähnlich schreibt Diotima in ihrem Abschiedsbrief an Hyperion über die »Götterfreiheit, die der Tod uns gibt«. »Wenn ich auch zur Pflanze würde, wäre denn der Schaden so groß? – Ich werde sein. Wie sollt' ich mich verlieren aus der Sphäre des Lebens, worin die ewige Liebe, die allen gemein ist, die Naturen alle zusammenhält? Wie sollt' ich scheiden aus dem Bunde, der die Wesen alle verknüpft?«

Will der heutige Leser einen historisch richtigen Standpunkt zu der deutschen

Natur-Mystik am Anfang des XIX. Jahrhunderts gewinnen, so darf er nie vergessen, daß damals, freilich in idealistisch-mystischen Formen, die Dialektik der Natur und der Gesellschaft entdeckt und herausgearbeitet wurde. Es ist die Periode der Naturphilosophie *Goethes*, des jungen *Hegel* und des jungen *Schelling* (*Marx* spricht einmal über den »aufrichtigen Jugendgedanken Schellings«). Es ist eine Periode, in der die Mystik nicht bloß ein toter Ballast aus der theologischen Vergangenheit ist, sondern oft, und sehr oft in schwer trennbarer Weise, ein idealistischer Nebel, der die noch unerkannten zukünftigen Wege der dialektischen Erkenntnis verhüllt. Wie zu Beginn der bürgerlichen Entwicklung, in der Renaissance und im beginnenden Materialismus *Bacons*, der Rausch der neuen Erkenntnis überschwengliche und phantastische Formen annimmt, so auch jetzt im Rausch des Aufdämmerns der dialektischen Methode, einer Philosophie, »an der kein Glied nicht trunken ist« (Hegel). Was Marx über die Philosophie Bacons sagt: »Die Materie lacht in poetisch sinnlichem Glanze den ganzen Menschen an, die aphoristische Doktrin selbst wimmelt dagegen noch von theologischen Inkonsequenzen«, das gilt – mutatis mutandis – auch für diese Periode. Hölderlin selbst nimmt sehr aktiv teil an der Entstehung der dialektischen Methode; er ist nicht nur der Jugendfreund, sondern auch der philosophische Weggenosse Schellings und Hegels. In der großen Rede über Athen kommt Hyperion auf *Heraklit* zu sprechen. Und Heraklits »in sich selber unterschiedenes Eine« ist für ihn der Ausgangspunkt des Denkens: »Es ist das Wesen der Schönheit, und ehe das gefunden war, gab's keine Philosophie.« Die Philosophie ist also auch für Hölderlin identisch mit Dialektik.

Freilich mit einer idealistischen und sich in Mystik verlierenden Dialektik. Und die Mystik ist bei Hölderlin darum besonders kraß sichtbar, weil sie für ihn in steigendem Maße die Aufgabe hat, die gesellschaftliche Tragik seines Daseins kosmisch zu verklären, aus der historischen Ausweglosigkeit seiner Lage einen Scheinweg zu einem sinnvollen Tode zu weisen. Aber auch dieser sich in mystischen Nebeln verlierende Horizont ist ein gemeinsamer Zug der ganzen Epoche. Das Ende des Hyperion und des Empedokles ist nicht mystischer als das Schicksal der Makarie in »Wilhelm Meisters Wanderjahre«, als das Schicksal des Louis Lambert, als das von Seraphitus Seraphita bei Balzac. Ebensowenig wie dieser mystische Horizont sich aus dem Lebenswerk der großen Realisten Goethe und Balzac entfernen läßt, ebensowenig wie er die Realistik der Grundlinie ihres Schaffens aufzuheben vermag, ebensowenig kann die Todesmystik *Hölderlins* dem revolutionären Charakter der Grundlinie seiner heroischen Elegik Abbruch tun.

Hölderlin ist einer der tiefsten und reinsten Elegiker aller Zeiten. In seiner bedeutenden Bestimmung der Elegie spricht *Schiller* darüber, daß »bei der Elegie die Trauer nur aus einer durch das Ideal erweckten Begeisterung fließen darf«. Und mit einer vielleicht zu rigorosen Strenge verurteilt Schiller alle Elegiker, die über ein bloß privates Schicksal trauern *(Ovid)*.

In Hölderlins Dichtung fließen privates und gesellschaftliches Schicksal zu einer selten vorhandenen tragischen Harmonie zusammen. Hölderlin ist überall in seinem Leben gescheitert. Er ist nie über das damals allgemeine Übergangsstadium der Existenz mittelloser deutscher Intellektueller, über das Hauslehrertum hinausgekommen; ja selbst als Hauslehrer vermochte er sich keine Existenz zu schaffen. Als Dichter blieb er trotz wohlwollender Protektion Schillers, trotz des Lobes des bedeutendsten Kritikers der Zeit, *A. W. Schlegel,* vollständig unbekannt und ohne die Perspektive einer Existenz. Seine große Liebe zu Suzette Gontard endete in tragisch verzweifelter Resignation. Sein äußeres wie sein inneres Leben war so verzweifelt hoffnungslos, daß viele Zeitgenossen und Biographen auch in seinem Wahnsinn, mit dem seine Jugendentwicklung abschloß, etwas schicksalhaft Notwendiges erblickten.

Die elegische Trauer der Dichtung Hölderlins hat aber niemals den Charakter einer kleinlich privaten Klage über das gescheiterte persönliche Leben. Wenn Hölderlin auch die gesellschaftliche Notwendigkeit für das Scheitern seiner entscheidenden Bestrebungen kosmisch mystifizierte, so drückt sich in dieser Mystifizierung zugleich das Gefühl aus, daß das Scheitern seiner privaten Bestrebungen nur eine notwendige Folge dieses großen allgemeinen Scheiterns gewesen ist. Und die elegische Klage seiner Dichtungen geht deshalb stets von diesem Punkt aus.

Der Kontrast des verlorenen und revolutionär zu erneuernden Griechentums mit der Miserabilität der deutschen Gegenwart ist der ständige, immer variiert wiederholte Inhalt seiner Klage. Seine Elegie ist deshalb eine pathetisch-heroische Anklage gegen die Zeit und kein subjektiv lyrisches Bejammern eines wenn auch noch so beklagenswerten privaten Schicksals.

Es ist die Klage der besten bürgerlichen Intelligenz über die verlorengegangene revolutionäre »Selbsttäuschung« der heroischen Periode der eigenen Klasse. Es ist die Klage über eine Einsamkeit, der Notschrei aus einer Einsamkeit, die unaufhebbar ist, weil sie sich zwar in allen Momenten auch des privaten Lebens äußert, jedoch von der ehernen Hand der ökonomisch-gesellschaftlichen Entwicklung selbst geschaffen wurde.

[...]

»*Hyperion* oder Der Eremit in Griechenland«: erschien 1797–1799 (2 Bde.).

Thermidor: Monat im französischen Revolutionskalender; am 9. Themidor des Jahres II (27. Juli 1794) wurde Robespierre durch einen Komplott gestützt und zusammen mit 21 Freunden guillotiniert (Beginn der Reaktionsperiode).

Johann *Georg* Adam *Forster,* 1754–1794, Prosaschriftsteller, Politiker, Professor für Naturgeschichte und Naturwissenschaften, bedeutendster deutscher Jakobiner. Nahm an der zweiten Weltreise von James Cook 1772–1780 teil, deren realistische Beschreibung »Reise um die Welt« (englisch 1777; deutsch 1779/1780, 2 Bde.) ihn in ganz Europa berühmt machte. Nach der Besetzung der Stadt Mainz durch das französische Revolutionsheer am 10. 11. 1792 Mitglied und später Präsident des jakobinischen Klubs »Gesellschaft der Freunde der Freiheit und Gleichheit«. Wurde vom rheinisch-deutschen Nationalkon-

vent nach Paris entsandt, um der Nationalversammlung den Anschluß von Mainz an die Französische Republik vorzuschlagen. Da Mainz von den Preußen zurückerobert wurde, mußte Forster als politischer Flüchtling in Paris bleiben, wo er bis zu seinem Tode als Politiker und Schriftsteller tätig war. Literarisches Hauptwerk: »Ansichten vom Niederrhein, von Brabant, Flandern, Holland, England und Frankreich, Mai und Junius 1790« (1791–1794, 3 Bde.), Frucht einer Reise ins revolutionäre Westeuropa, die er mit Alexander von Humboldt unternommen hatte.
Rudolf *Haym,* 1821–1901, Philosoph und Literaturhistoriker, gründete 1858 die »Preußischen Jahrbücher« und schrieb Monographien über Feuerbach, Schopenhauer, Herder und Hegel (»Hegel und seine Zeit«, 1857).
Dilthey: s. Anm. S. 858.
Friedrich *Gundolf,* Schriftstellername des Literaturhistorikers F. Gundelfinger, 1880–1931, Professor in Heidelberg, gehörte zum Kreis um Stefan George.
Bäumler: s. Anm. S. 858.

Kurt Kersten
Kleist*

Als Heinrich von Kleist an einem grauen Novembertag des Jahres 1811 aus eigenem Entschluß »heitern Sinnes« seinem Leben ein Ende machte, erregte die Tat fast überall nur Schrecken und sogar Empörung. Die wenigen Freunde des Dichters verhielten sich kühl, in den »höheren Sphären« war man entrüstet über das schlechte Beispiel, das der einstige potsdamer Gardeoffizier, der sich erlaubt hatte, statt des Dienstes im Heere Friedrich II. »Verse zu machen«, mit seinem Selbstmord gab. Adam Müller, der schlechte Prophet der Totalitätsidee, der Propagandist des Ständestaates und Gegner der bürgerlichen Revolution, zwang sich zu einem reservierten Nachruf und bemerkte, Kleist, mit dem er eine Strecke Wegs gegangen war, habe ein »Unbehagen in der Welt« empfunden. Rahel Varnhagen allein war tief erschüttert und besaß Erkenntnis für die Motive, die den preußischen Junker in den Tod getrieben hatten. »Alles an und in ihm ist wahr«, notierte sich Rahel, als sie Kleist zum erstenmal begegnet war. Zehn Jahre später setzte sich Heinrich Heine für den Dichter des »Homburg« ein, der »gleichsam vom Genius der Poesie selbst geschrieben« sei. Aber die Junker, der Hof und der preußische König widersetzten sich der Aufführung des nachgelassenen Werkes; Heine berichtet, »eine edle Dame habe geglaubt, ihr Ahnherr erscheine in einer unedlen Gestalt«, die Szene, in der ein brandenburgischer General und Prinz von Todesschauern gepackt wird und um sein Leben bettelt, schien den Herren und Damen am Hofe unerhört, und der Preußenkönig legte keinen Wert darauf, daß einer seiner Vorfahren auf der Bühne erschiene, obwohl ihn

* Kurt Kersten: Kleist, in: Das Wort, Jg. 1 (1936), H. 6, S. 67–73.

Kleist verherrlicht hatte; der Ruf »In Staub mit allen Feinden Brandenburgs« wurde im Berlin der »Heiligen Allianz« ungern vernommen.

Kleists Feinde standen in den Reihen seiner eigenen Klasse, der er zu entrinnen versucht hatte. Die Junker, für die sich Kleist in seinem letzten Lebensjahr in den »Abendblättern« geopfert hatte, ließen ihn fallen, nachdem ihre Fronde gegen Hardenbergs Reformen gescheitert war. Die eigene Familie, die Schwester, mit der einst Kleist Deutschland und Frankreich durchwandert, der er wie einer Geliebten vertraut hatte, rückten in der Zeit höchster Not von ihm ab, behandelten ihn als lästigen, unbequemen Verwandten, der nur Unannehmlichkeiten bereitete. Die Freunde, zu denen er flüchtete, mieden ihn; wer aber würde heute noch die Namen Brockes und auch Pfuels kennen, wenn Kleists schwärmerische Briefe an sie nicht erhalten wären. Zu Lebzeiten verkannt und übersehen, im Tode geächtet, zur Strafe des Vergessens verurteilt – das sollte Heinrich von Kleists Schicksal sein. Jahrzehnte vergingen, bis man sich seiner Werke annahm, und es war Otto Brahm, der zuerst den Schatten Kleists heraufbeschwor, so daß er aufs neue Leben und dies Leben Sinn empfing.

Als Kleist in äußerster Verzweiflung, von Mißerfolgen heimgesucht, durch ein Leben der drückendsten Armut aufgerieben, noch einmal an den Türen der Mächtigen Preußens anklopfte, wurde ihm nicht geöffnet, und dem Versinkenden, aber immer noch Ringenden bot sich keine rettende starke Hand. Man ließ ihn untergehen, und ein verfallenes Grab an der Landstraße zeugte gegen die Schuldigen, die einen der größten deutschen Dramatiker als suspekt betrachteten. In seinem letzten Brief beteuerte Kleist: »Die Wahrheit ist, daß mir auf Erden nicht zu helfen war.« Ohne Anklage ging Kleist aus der Welt, zutiefst von ihrer »Gebrechlichkeit« überzeugt. Die Wahrheit ist, daß Kleist im Preußen des Feudalismus nicht zum Ziele gelangen konnte, und am Zwiespalt zugrunde ging, den die Auseinandersetzung mit den herrschenden Mächten in ihm erregt hatte. Das Leben und Wirken Kleists fällt in eine Zeit der schwersten Krise, der Zersetzung und beginnenden Auflösung des Feudalismus, und der, ach, nur zu schwachen, nicht ausreifenden jungen bürgerlichen Klasse Preußens; statt der Revolution kam es nur zu Reformen, und ihre Auslösung war nicht eine unmittelbare Folge der innern politischen Reife, sondern des militärischen und nationalen Zusammenbruches Preußens. Kleists eigene Reifezeit fällt in die Periode der Diktatur der französischen Großbourgeoisie, wie sie Napoleon realisierte, und dieser Ausgang der Revolutionen von 1789 und 1792 erregte eine ebenso tiefe Depression wie die Verwandlung der Revolutionskriege der Republik in die Eroberungskriege des napoleonischen Kaiserreichs. Die schwächliche Haltung der wirtschaftlich und politisch nicht reifen preußischen Bourgeoisie in ihrer Auseinandersetzung mit dem preußischen Feudalismus übte auf Kleist keine Anziehungskraft aus, obwohl er sich von der eigenen Klasse loszulösen suchte und in Widerspruch mit ihren Prinzipien geriet. Gundolf behauptet, die politischen Verhältnisse hätten auf Kleists Werden und Werke, auf seine Konflikte nicht den

mindesten Einfluß ausgeübt, und Kleists Schicksal könne nicht aus seiner Zeit heraus erklärt werden.
Aber der Fall Kleist wird immer problematisch bleiben und immer neue Rätsel aufgeben, wenn man sich nicht bemüht, die Wege zu erhellen, auf denen Kleist um die Gestaltung seines Verhältnisses zu den Klassen seiner Zeit rang. Kleist ging in Preußen zugrunde wie später Byron in England, Puschkin in Rußland. Aber Baron und Puschkin waren nicht nur jünger als Kleist, sondern lebten in einer reifern Zeit und waren ihm in der Erkenntnis ihrer Positionen und Aufgaben voraus, fanden vor allem gesellschaftliche Kräfte vor, mit denen sie sich verbinden konnten. Puschkin stieß zu den Dekabristen und Byron zur nationalen Revolution Griechenlands, zu den wahren aufstrebenden Volkskräften. Auch Kleist frondierte, aber seiner Auflehnung gegen den Feudalismus haftet der Geruch des Renegatentums an, und bei seiner Ablehnung sozialer Umwälzungen, der Ideen von 1789 überhaupt, bedingt durch die als Reaktion aufgefaßte napoleonische Diktatur, kehrte er am Ende seines Lebens, nicht zuletzt unter Adam Müllers Einfluß, zu seiner Klasse zurück, die er in den preußischen Hochtories der Marwitzgruppe verkörpert fand, hier übersteigerte er sich, erhitzte sich auf Renegatenart und verschärfte die Auseinandersetzung, um das Bewußtsein, eine Sache zu führen, die er selbst einst verworfen hatte, zu ersticken. Die Verzweiflung gab diesem letzten Kampf die Züge der Bitterkeit und des ätzenden Ressentiment. Als diese Opposition zerschmettert war, und keine Aussicht mehr bestand, sie zu erneuern, klagte Kleist im Trotz: »Was soll man doch länger bei dem König machen? Die Zeit ist ja vor der Tür, wo man wegen der Treue gegen ihn an den Galgen kommen kann.« Nie empfand er seine Isolierung, Verlassenheit, Vereinsamung stärker, bedrückender als in diesem Augenblick. Diese Einsamkeit rührte von der Stellung Kleists zwischen den Klassen her, deren Vorhandensein er zu ignorieren gemeint hatte, als ob er unabhängig, frei den eigenen Weg hätte gehen können, zum Widerstand gegen alle Kräfte entschlossen, von manischer Raserei erfüllt, um sich durchzusetzen, Goethe den Lorbeer vom Haupte zu reißen.
Als der junge potsdamer Gardeoffizier den Dienst freiwillig quittierte, schloß er sich mit diesem Akt aus seiner Klasse aus, die ihn fortan mit Argwohn verfolgte und ihm nicht traute. Er setzte sich mit seinen Anschauungen in Widerspruch zu den geltenden Prinzipien. Das war ihm voll bewußt, er war zu aufrichtig, zu wahrhaft, um ein Leben der Lüge führen zu können. Schon im Kriege am Rhein hatte der Junker aufgestöhnt: »Gebe uns der Himmel nur Frieden, um die Zeit, die wir hier so unmoralisch töten, mit menschenfreundlichen Taten bezahlen zu können.« Im Frieden, auf dem potsdamer Exerzierplatz kam der Konflikt zum Ausbruch: »Der Soldatenstand wurde mir so verhaßt, daß es mir nach und nach lästig wurde zu seinem Zwecke mitwirken zu können.« Kleist lehnte sich gegen das friderizianische System, gegen die Institutionen Friedrichs II. auf. Wenn er vor der Front stand, verfiel er in Zweifel, ob er »als Mensch oder Offizier handeln« müsse: »Die Offiziere hielt ich für so viele Exerziermeister, die Soldaten

für so viele Sklaven, und wenn das ganze Regiment seine Künste machte, schien es mir als ein lebendiges Monument der Tyrannei. Dazu kam noch, daß ich den üblen Eindruck, den meine Lage auf meinen Charakter machte, lebhaft zu fühlen anfing.« Wenn Kleist strafen sollte, zweifelte er am Grund und Recht zur Strafe; wie aber konnte ein Mensch Befehlen nachkommen, die als Unrecht zu bewerten waren?! Es war nicht nur ein moralischer Konflikt, in den Kleist geraten war, sondern auch ein politischer, aber Kleist, der sich gegen die »Verwirrung des Gefühls« (Goethe schrieb später, Kleist gehe in seinen Dramen auf die Verwirrung des Gefühls aus) wehrte, meinte den Konflikt in persönlicher Art zu lösen, er wollte sein eigenes Leben leben, ohne schädlich zu wirken. Bestehen bleibt, daß Kleist in jedem Fall »Potsdam«, die Autorität des Feudalismus ablehnte, in dessen Bau tiefe Risse klafften. Kleist brach aus und setzte den Konflikt mit den herrschenden Mächten auf anderer Basis fort, legte sich wie in einem peinlichen Selbstverhör die Frage vor: »Soll ein denkender Mensch der Überzeugung eines andern mehr trauen als seiner eignen?« Die Beantwortung erschreckte ihn, er ließ sie offen, wand sich in Zweifeln, und was Gewissenskonflikt war, wurde nie zur bewußten, klaren, konsequenten Auseinandersetzung. Aber der Knoten seines Lebensfadens begann sich zu verwirren, und die Verschärfung seiner Konflikte fiel in die allgemeine europäische revolutionäre Depressionsperiode um 1800, sie wirkt sich für schwankende, labile, von Stimmungen gesättigte Gemüter, die zum impulsiven Affront neigen, besonders verhängnisvoll aus, sie erliegen, leicht fiebernd, jeder Infektion. Ein von Leidenschaften verzehrter, von Unruhe erfüllter, aber auch von Ratlosigkeit erfaßter Mensch wie Kleist, der zwar die Tür hinter sich geschlossen hat, aber in einer Gesellschaftsklasse äußerster Ordnungsprinzipien aufgewachsen ist und sich an Disziplin gewöhnt hat, quält sich mit verdoppelter Kraft, ein Leben zu führen, das er vor jedermann rechtfertigen kann; er muß und will beweisen, daß sein Handeln und Denken richtig war. Unsichtbar bleibt ihm die Klasse gegenüberstehen, die er nicht zu bekämpfen vermag, aber nach deren Prinzipien er nicht länger leben kann. Er ringt um einen »Lebensplan«, der ihm den Übergang zur andern Klasse ersetzen soll, und bemächtigt sich des Studiums der Kantschen Philosophie. Die unheilvolle Wirkung Kants auf die deutschen Schriftsteller um 1800 wird am sinnfälligsten im Schaffen Schillers und Kleists. Kant als Versöhner der Klassengegensätze, als Verkünder des kategorischen Imperativs, raubt den Vertretern des jungen Bürgertums den Mut zur Offensive gegen die feudale Klasse; wieviel stärker noch muß er auf Menschen wirken, die ihrer Klasse entflohen sind und neue Fundamente suchen. Kleist liest mit dem Fieber des Entdeckers, vielleicht mehr noch mit der Sehnsucht des Schiffbrüchigen die Werke Kants und erfährt, man könne nichts wissen, es gebe keine objektive Wahrheit und Wirklichkeit. Der Skeptizismus Kants zerschlägt alle Hoffnungen Kleists, und es fehlt ihm an der Kraft, sich über Kants Agnostizismus zu erheben. Der Kampf um den »Lebensplan« ist gescheitert. Es ist die große entscheidende Krise in Kleists Leben, sie verhindert für immer Kleists Anschluß an die neuen Kräfte, erfüllt ihn mit tiefsten Zweifeln an den Aufstiegsmöglichkeiten der unterdrückten sozialen Schichten, nährt sein Mißtrauen gegen die Ideen von 1789, treibt ihn jahrelang in die Flucht durch halb Europa, mehrt die Widersprüche seines Denkens, kompliziert sein Fühlen, senkt Dämmerung über sein gesellschaftliches Bewußtsein, verführt ihn zu Abenteuern, belastet ihn mit dem Fluch des Entwurzelten. Von Potsdam hatte er sich lösen können, mit der Philosophie des Repräsentanten der schwachen, unreifen preußischen Bourgeoisie wurde er nicht fertig. »Potsdam« und »Kant« – diese oft und immer noch verkündeten Parolen deutscher Reaktionsperioden – waren Kleists größte und gefährlichste Gegner, im Gegensatz zu ihnen entstand das Werk Kleists: Dramen, Novellen, Lyrik, Essays, nicht zuletzt die Briefe. Aus Kant liest Kleist heraus, daß es keine festen Wahrheiten gibt; im Besitz dieses Nichts verliert er den Boden unter den Füßen und bricht verzweifelt in die Klage aus: »Man kann sich nicht über das Schicksal erheben, sein Schicksal nicht im richtigen Sinne leiten.« Aus dieser Grundstimmung der Verzweiflung, aus dieser nihilistischen Haltung erwächst die Tragik der kleistschen Gestalten und Kleists selbst. »Wir denken uns frei, und der Zufall führt uns allgewaltig an tausend feingesponnenen Fäden fort«, beteuert er, um bald darauf schon »gegen die schwankenden, ungewissen, zweideutigen Rechte der Vernunft« zu protestieren. So überläßt er nun sich und sein Leben – in einer in allen Fugen wankenden Zeit – den Wellen, Leidenschaften nachgebend, gewaltigen dunklen Trieben preisgegeben, auf die »Nachtseiten der Natur« flüchtend, Lockungen der Gefühle folgend, immer schwankend und oft in Gefühlsverwirrungen verstrickt, besessen und verkrampft, gehetzt und leicht ermattend, unmäßig im Trotz, ungesättigt, störrisch bald und bald sich der Ekstase opfernd, fromm und ausschweifend, zynisch und religiösen Anwandlungen nicht abgeneigt, aufbegehrend gegen sein Schicksal, das er sich selbst bereitet hat, und doch sich selbst erniedrigend, gewohnt, die höchsten Forderungen an sich selbst zu stellen, zugleich vom Ehrgeiz zerfressen, alle Lebenden durch Leistungen zu überragen (»Ihr Weiber versteht in der Regel ein Wort in der deutschen Sprache nicht, es heißt Ehrgeiz«) – persönlich der bescheidenste, schüchternste, immer ernste Mensch. »Es geht streng um ihn her«, bekannte Rahel.

Der Mensch, der von Ort zu Ort, von Land zu Land flüchtete, nirgends Boden und Halt fand, nährte die Überzeugung von der »Gebrechlichkeit der Welt« mit immer stärkern Injektionen, diese Überzeugung beherrscht den Michael Kohlhaas zutiefst und macht ihn unfähig, seinen revolutionären Weg zu Ende zu gehen. Der Zwiespalt Kleists erfährt hier seine dichterische Gestaltung; es war bedeutsam und ein großer Fortschritt in unserer Literatur, als Kleist den bürgerlichen Revolutionär im Kampf mit dem Feudalismus zu schildern unternahm, aber Kohlhaas geht sühnend zum Schafott und der Feudalismus erscheint gerechtfertigt. Später wird Puschkin zu Pugatschew eine ähnliche Haltung einnehmen und doch im Ganzen über Kleist hinaus vorstoßen. Wenn Puschkin sich beugte, war es nur Schein. Wenn Kleist sich beugt, geschieht es, weil er den Nabelstrang, der ihn mit seiner Klasse verband, nicht zu durchschneiden vermochte; und es ist qualvoll zu verfolgen, wie Kleist mit äußerster Anstrengung Ausbruchsversuche unternimmt, um sich zuletzt doch zu unterwerfen.

Die große formale Kunst Kleists, seine Sprachgewalt, die ehern gefestigten, wuchtig geballten Verse, die präzise Knappheit des Ausdrucks, die nie wieder erreichte Kunst seiner Anfänge, die Meisterung schwierigster Vorgänge, die scheinbare Kargheit bei einer Fülle innern Lebens, die unerhört große Begabung, stets die einzig zutreffende Formulierung zu finden, die Ausprägung eines in unserer Dichtung nur Kleist eigentümlichen Stils, die Leuchtkraft seiner Bilder, die Richtigkeit seiner Gleichnisse, die Prägnanz eines jeden einzelnen Wortes, die belebende elementare Kraft, die alles ausströmt, was Kleist geschaffen hat, üben auf den widerstrebendsten Leser ihren Bann aus, dessen man sich nicht erwehren kann und will.

Die Widersprüche und Konflikte, in die Kleist verstrickt war, und die den Inhalt seiner Lebenskämpfe ausmachten, die Zeit, mit der er rang und deren Aufgaben er nicht zu bewältigen vermochte, die Leidenschaften, die ihn beherrschten und umherjagten, drängten ihn zum Dramatiker; die Selbstzucht, die seinem eigenen Leben nicht die entscheidende Wendung zu geben vermochte, ließ er im Schaffen bis an die Grenze der Selbstvernichtung walten. Diese künstlerische Selbstzucht war keine Erbschaft Potsdams, sondern die Folge seines Bruches mit Potsdam und darf nicht mit einem Drill verwechselt werden, den Kleist selbst verdammt hat; sie erwuchs aus dem Verlangen, sich zu behaupten und seine Lebensführung zu verteidigen.

Die Tragik Kleists steht im ursächlichen Zusammenhang mit der Entwicklung der Klassenauseinandersetzungen unseres Volkes, das in entscheidenden Augenblicken seiner Geschichte wiederholt aus Gründen, die man ihm nicht leicht nachrechnen kann, keine revolutionäre Reife entfalte. Die Gestalten Kleists sind die Spiegelbilder seines eigensten Wesens, erleben seine Konflikte, bewegen sich am Rande oder in der Mitte zwischen den Klassen, geraten ins Niemandsfeld, werden Abseitige, Ausgestoßene, Verfluchte, Verbannte.

Das Grauen einer Gesellschaftsordnung, die sich gegen ihren Untergang bestialisch wehrt, erzeugt die Grundstimmung, aus der solche Werke erwachsen. Es sind Dichtungen in einer Verfallsepoche, und daß Kleist zuinnerst von der Notwendigkeit des Todes des Feudalismus überzeugt war, beweist nicht nur sein Werk, macht die Heftigkeit seiner dramatischen Konflikte, die in der Katastrophe münden, zur Gewißheit. Die Gewißheit des Unterganges erfüllte Kleist, den Menschen zwischen den Klassen und Zeitaltern. Der Tod war Kleist vertraut seit jenem Augenblick, da er sich entschloß, sich von seiner Klasse loszulösen, und er wurde zu einem ständigen Begleiter, dessen Schrecken er in Genuß zu verwandeln suchte. Die Heftigkeit des Lebensgefühls verleiht dem Todesgedanken Kraft, nicht Weichmut, nicht Melancholie. Wie Homburg litt Kleist grauenvoll unter dem Todesgefühl und mühte sich, seiner Herr zu werden. Freunden eröffnet er das Begehren, gemeinsam das Leben zu enden: »Komm' laß uns etwas Gutes tun und sterben.« Als Kleist in Paris unbefriedigt mit dem Resultat seiner

Anstrengungen verzweifelt das vollendete Guiskardmanuskript verbrannte (»Ich habe in Paris mein Werk durchlesen, verworfen und verbrannt«), eilte er wie in nachtwandlerischem Zustand nach Boulogne, um in Napoleons Heer einzutreten, das zur Überschiffung nach England zusammengezogen wurde. Wie triumphierend schreit Kleist auf: »Unser aller Verderben lauert über dem Meere. Ich frohlocke bei der Aussicht auf das unendliche Grab.« Die Aussicht, an einer ungeheuerlichen Katastrophe teilzuhaben, mit Tausenden zugrunde zu gehen, Zeuge der Vernichtung eines verhaßten Gegners und zugleich auch Opfer zu werden, trieb Kleist auf den Weg nach Boulogne. Und es bleibt ein Geheimnis, ob Kleist es als besondere Genugtuung empfand, mit dem Heere Napoleons unterzugehen, in dem die Zeit den Überwinder der Revolution sah, dessen Erscheinen und Aktionen so tiefe Enttäuschung bereitete. Sich selbst zu vernichten, sich – in Gemeinschaft mit andern – auszulöschen, waren Vorstellungen, die Kleist schon in früherer Periode nicht fremd waren, nachdem ihm das Studium Kants die Wege versperrt hatte. Als sich in Preußen der Kampf um die Reformen entspann, die nationale Bedrückung als unerträgliche Last, beleidigend und entwürdigend empfunden wurde, verdrängte Kleist die Begierde nach dem Untergang und wandte sich mit letzter, unerhörter Anspannung seiner Kräfte der nationalen Befreiungsaktion zu, als einer neuen Möglichkeit, seinen Wert unter Beweis zu stellen; der Abtrünnige kehrte unter Adam Müllers Einfluß zum Feudalitätsprinzip zurück und warf sich zugleich mit entsetzlicher Wut gegen den sichtbaren Feind, den nationalen Bedrücker, den »Höllensohn« Napoleon. Aber während dieses Ausfallversuches dichtet Kleist den »Homburg«, in dem Müllers Totalitätsprinzipien aufgelöst werden, und Kleist sich zur Humanitätsidee bekennt, indem es dem Bürger des Staates freigestellt wird, die Gesetze, die Autorität der herrschenden Klasse anzuerkennen oder abzulehnen. Und kein Faschist, kein Nationalsozialist kann sich auf einen Dichter berufen, der einen Staatslenker die Worte sagen läßt:

»Wenn er den Spruch für ungerecht kann halten,
Kassier' ich die Artikel: er ist frei!«

Kleist verlangt, daß der Mensch aus eigener Erkenntnis, aus eigenem freiem Entschluß zur Gemeinschaft stoßen muß, um sie lebendig zu machen, triebkräftig, fruchtbringend zu gestalten. Auch dies Werk ist von Widersprüchen nicht frei, und niemand vermag zu sagen, ob Kottwitz' Rebellenrede von Kleist nicht ernster gemeint ist als es den Anschein hat, und der Kurfürst nicht doch dem Druck der Revolte weicht. Gewiß ist, daß nie ein Hohenzoller diesem kleistschen Kurfürsten gleichkam und Kleist nicht jenes »Monument der Tyrannei« verherrlichte, das einst auf dem potsdamer Exerzierplatz seinen Abscheu erregt hatte. Den »Homburg« fand man im Nachlaß und Jahrzehnte vergingen, bis man ihn aufzuführen wagte, lange den Anstoß der herrschenden Mächte erregend, um endlich als »vaterländische Dichtung« falsch interpretiert zu werden. In diesem Werk setzte Kleist zu einer neuen künstlerischen und geistigen Entwicklung an, aber zur gleichen Zeit erfolgte der Zusammenbruch der Gruppe, mit der er sich politisch verbunden hatte. Preußen und Österreich kapitulierten vor Napoleon, der Krieg gegen Rußland war beschlossene Sache. Im Herbst scheiterten Kleists letzte Hoffnungen auf eine materielle Sicherung, aber auch auf die Fortführung seines Blattes; Familie, Freunde ließen ihn im Stich, er war als Mitläufer der Fronde »suspekter« denn je. Der Sieg der preußischen Reformer bestätigte Kleists Überzeugung vom sterbenden Feudalismus, aber ohne Zweifel würde der Vierunddreißigjährige sich neue Möglichkeiten erschlossen haben. Der »Homburg« ist für diese Annahme Beweis genug. Kleist war bereit, den Weg ins Lager der Reformer zu gehen, aber ein nächtliches Gespräch mit Gneisenau verlief ergebnislos. Gedemütigt, gemieden, ausgeschlossen wählte Kleist den Tod, ein Opfer Potsdams und Kants, ein Opfer im Kampf um die Erneuerung Deutschlands.

Adam Heinrich *Müller,* Ritter von Nitterdorff, 1779–1829, Staats- und Gesellschaftstheoretiker, Kontakte zu den Romantikern (Gebrüder Schlegel), verband sich 1808 mit Kleist zur Herausgabe der Kunst- und Literaturzeitschrift »Phöbus«. Ab 1813 im österreichischen Staatsdienst. Verfechter eines ständischen Korporativismus gegen Naturrecht und Universalismus, gegen die Theorien von Smith und Ricardo, gegen die Hardenbergschen Reformen.
Rahel Varnhagen von Ense, 1771–1833, eine der bedeutendsten Frauen der ausgehenden Goethe-Zeit, die das literarische Leben stark beeinflußte. Ihr Berliner Salon war Treffpunkt der Romantiker und der Anhänger des Jungen Deutschland; sie hinterließ Briefe und Aufzeichnungen.
»Prinz friedrich von *Homburg*«: Kleists Drama wurde 1810 geschrieben, jedoch erst 1821 gedruckt und kurz darauf uraufgeführt.
Hardenbergs Reformen: Karl August, Fürst von Hardenberg, 1750–1822, ab 1810 preußischer Staatskanzler, führte freihändlerisch-liberale Reformen im Geiste der Aufklärung und der Französischen Revolution durch: Aufhebung der Zünfte, Einführung der Gewerbefreiheit, Abschaffung der Frondienste; er machte die gutsherrlichen Bauern zu freien Eigentümern, die Juden erhielten staatsbürgerliche Rechte.
Otto Brahm, 1856–1912, Bühnenleiter und Literarhistoriker, Vorkämpfer Ibsens und Gerhart Hauptmanns, leitete in Berlin seit 1889 den von ihm mitbegründeten Verein »Freie Bühne«, 1890/91 die gleichnamige Zeitschrift. 1894–1904 Leiter des Deutschen, ab 1904 des Lessingtheaters. Schrieb u. a.: Heinrich von Kleist (1884).
Gundolf: s. Anm. S. 976.
Die preußischen Hochtories der Marwitzgruppe: Ludwig von der Marwitz, 1777–1837, preußischer General und Politiker, bekämpfte als konservativer Preuße die liberalen Reformen Hardenbergs. Er ist das Urbild der Figur des Bernd von Vitzewitz in Fontanes Roman »Vor dem Sturm«.
Pugatschew, der Führer des russischen Bauernaufstandes 1773–1775, ist die Hauptfigur in Puschkins Erzählung »Die Hauptmannstochter« (1836).

Ernst Fischer
Nachwort [zu] Heinrich Heine: Deutschland – ein Wintermärchen*

Im September 1844 hat Heinrich Heine sein Meisterwerk veröffentlicht: »Deutschland – ein Wintermärchen.« Diese politische Dichtung ist nicht veraltet; im Gegenteil: man liest sie heute mit gesteigerter Erregung, bis zur Atemlosigkeit. Ein großer und schauerlich einsamer deutscher Patriot und Demokrat hat damals gemahnt, gewarnt und kommende Generationen aufgerufen, aber nur wenige haben die Stimme der »klagenden Flamme« verstanden.

Deutschland 1844 – das war ein trübes Wintermärchen. Deutschland 1944 – das ist ein grausiges Inferno. Und aus dem Wintermärchen in das Inferno führt der Weg einer tragischen geschichtlichen Entwicklung. Die Elemente des Unheils, die der große deutsche Dichter in ihrer Keimform erkannte, sind riesenhaft aufgegangen; die Elemente der demokratischen Erneuerung, an die er sich wandte, sind in der Keimform steckengeblieben.

Im Lichte der gegenwärtigen welterschütternden Ereignisse vermögen wir besser als je das Wesen einer demokratischen deutschen Dichtung zu erkennen, aus deren Witz die Gewalt der Wahrheit, aus deren Phantasie die phantastischere Wirklichkeit, aus deren prophetischer Anklage millionenfach der Fluch der Völker emporsteigt.

Was kündet diese Dichtung?

Schon die ersten beiden Gesänge beschwören die deutsche Problematik herauf: es geht um die Überwindung eines gespenstischen Dämmerzustandes, es geht um die deutsche Freiheit, es geht um die deutsche Einheit. An der Schwelle der deutschen Heimat, in die er zu kurzem Besuch zurückkehrt, tritt dem Emigranten (Emigration, seit mehr als hundert Jahren das Schicksal der deutschen Demokraten und Patrioten) das romantische Harfenmädchen entgegen, die Verkörperung jenes gespenstischen Dämmerzustandes, jener sentimentalen Verquollenheit, die lieber ins Grenzenlose verdunstet, als auf dem Boden und in den Grenzen gesellschaftlicher Möglichkeiten und politischer Tatsachen feste Gestalt anzunehmen.

> Sie sang das alte Entsagungslied,
> Das Eiapopeia vom Himmel,
> Womit man einlullt, wenn es greint,
> Das Volk, den großen Lümmel.

Es muß nicht unbedingt das »Eiapopeia vom Himmel« sein, wie damals vor hundert Jahren; die deutsche Mystik hat noch manches andere Eiapopeia hervorge-

---

* Ernst Fischer: Nachwort [zu] Heinrich Heine: Deutschland – ein Wintermärchen, Berlin/Leipzig, Volk und Wissen Verlag 1949, S. 73–84. Zuerst 1945 erschienen (Berlin, Aufbau-Verlag).

bracht, viel Schlimmeres als jenes alte Entsagungslied, das Eiapopeia vom »Großhungern«, das Eiapopeia vom »Reich aller Deutschen«, das Eiapopeia von der »Herrennation«. Der Text hat gewechselt, die Weise ist geblieben: die Flucht aus dem Reiche der Vernunft in das Reich des vergötterten »Irrationalismus«, in dem es kein menschliches Maß mehr gibt, sondern nur das »Schicksal« oder die »Vorsehung« oder die »Intuition« mit ihrem ganzen Arsenal von Wunderträumen, Wundersalben und Wunderwaffen. Von dieser deutschen Mystik wird noch die Rede sein; sie gehört zu den Hauptmotiven von Heines Deutschland-Dichtung, mit allen Blitzen seines Witzes, seines Zornes und seiner politischen Leidenschaft hat der demokratische Dichter versucht, dieses bleierne Gewölbe auseinanderzusprengen.

Das Gegenmotiv wird angeschlagen, auch schon im ersten Gesang, gegen das einlullende Eiapopeia, das aufrüttelnde Freiheitslied:

Ein neues Lied, ein besseres Lied,
O Freunde, will ich euch dichten...
Wir wollen auf Erden glücklich sein,
Und wollen nicht mehr darben;
Verschlemmen soll nicht der faule Bauch,
Was fleißige Hände erwarben...

Das ist die große Hoffnung des Dichters: ein freies Deutschland in einem freien Europa. Doch während er seinen erstaunten Landsleuten den Morgengruß der Freiheit überbringt, durchsucht ein preußischer Zollbeamter seinen Koffer nach materieller und vor allem nach geistiger Schmuggelware, und ein Mitreisender, offenkundig ein deutscher Geschäftsmann, entwickelt ihm seine Gedanken über die deutsche Einheit. Die romantische Melodie des Harfenmädchens findet in den nüchternen Worten des hausbackenen Mitreisenden ihre merkwürdige Ergänzung:

»Der Zollverein« – bemerkte er –
»Wird unser Volkstum begründen,
Er wird das zersplitterte Vaterland
Zu einem Ganzen verbinden.

Er gibt die äußere Einheit uns,
Die sogenannte materielle;
Die geistige Einheit gibt uns die Zensur,
Die wahrhaft ideelle –

Sie gibt die innere Einheit uns,
Die Einheit im Denken und Sinnen;
Ein einiges Deutschland tut uns not,
Einig nach außen und innen.«

Nun sind mit genialer Einfachheit alle Grundmotive der Deutschland-Dichtung angeschlagen, das Harfenlied des deutschen Mystizismus, das Traumbild der deutschen Freiheit und die handfeste Wirklichkeit, der preußische Wachtposten und der deutsche Spießbürger, der aus ökonomischen Gründen die deutsche Einheit fordert, aber ohne den Freiheitsgenius, ohne demokratische Erneuerung, sondern die »Einheit im Denken und Sinnen« garantiert durch eine strenge Zensur, durch eine geistige Gleichschaltung. Aus diesen Grundmotiven wird nun mit höchster Kunst und reifster Meisterschaft die deutsche Problematik entwickelt, von der schmerzlichen Ironie der ersten Gesänge bis zu der angstverzerrten ungeheuerlichen Komik des vorletzten, bis zu der lodernden Anklage gegen das preußische Königtum und zu dem sehnsüchtig eindringlichen Aufruf an eine kommende freiheitsliebende deutsche Generation des letzten Gesanges.

Heine verstand: Das zerrissene Deutschland von 1844 braucht eine demokratische Revolution. Er verstand, daß damals die Frage der nationalen Einigung die Zentralfrage der demokratischen Revolution in Deutschland war. Er hält Umschau nach den Kräften und findet die ökonomischen Bedürfnisse des industriell und kaufmännisch aufsteigenden, aber engherzigen, provinziellen, philisterhaften deutschen Bürgertums, die verworrenen, romantisch verschleimten, an mittelalterliche Reichs- und Kaiservorstellungen anknüpfenden Einheitsideen des Kleinbürgertums und der Intelligenz und, als drohende Macht im Hintergrund, das reaktionäre Preußentum, das auf der Lauer steht, um Deutschland Stück für Stück aufzufressen und dadurch auf eine besondere Art zu »einigen«. Doch wo sind die Kräfte der Freiheit? Heine hebt den Blick in die Zukunft und hofft auf ein »neues Geschlecht ... mit freien Gedanken, mit freier Lust«, auf eine Jugend, die mit tapferem Bemühen die alte »Lügenkrankheit« überwindet; und er hofft, wenn auch mit der inneren Zwiespältigkeit und den unvermeidlichen Hemmungen eines geistigen Waffenträgers der bürgerlich-demokratischen Revolution, auf das deutsche Proletariat, auf den »verhüllten Mann der Zeit«, auf die »Tat von seinen Gedanken«. Es entsprach der deutschen Situation, der deutschen Misere, daß der aus Wolkenschleiern der Romantik hervortretende unerbittliche Realist Heine die Repräsentanten des deutschen Unheils in ihrer ganzen Korrektheit und Körperlichkeit darstellte, während die Repräsentanten eines neuen Deutschlands nur wie Genien der Morgenröte den Horizont der Dichtung umschweben.

Heine sieht das wirkliche Deutschland von 1844, das Deutschland einer zurückgebliebenen Kleinstaaterei, eines in tückischer Zwerghaftigkeit verkrüppelten Despotismus, eines mattherzigen, eingepferchten und untertänigen Philistertums, Stagnation der Wirtschaft, der Politik und des Charakters in den sechsunddreißig miteinander rivalisierenden Bundesstaaten. Und er sieht dieses wirkliche Deutschland durchwoben von einem unwirklichen, spukhaften, geisterhaft träumenden, von einem Deutschland unterirdischer Sehnsüchte, phantastischer Ahnungen, dämonischer Legenden. Er erinnert sich seiner alten Amme, die ihm von diesem Deutschland raunte und sang:

Sie war geboren im Münsterland
Und wußte in großer Menge
Gespenstergeschichten, grausenhaft,
Und Märchen und Volksgesänge.

In seinem Buche »Über Deutschland« hat Heine auf die besondere Grausigkeit der deutschen Volkssagen hingewiesen und sie mit »Mißgeburten« verglichen, »die aus Blut und Nebel bestehen und uns so grau und grausam angrinsen«. Er fügte hinzu: »Als Grundzug im Charakter der deutschen Dämonen sehen wir, daß alles Idealistische von ihnen abgestreift, daß ihnen das Gemeine und Gräßliche gemischt ist.« Man findet den Reflex dieser gräßlichen deutschen Dämonen in der gesamten deutschen Romantik und vor allem in den großartig-furchtbaren Dichtungen E. T. A. Hoffmanns, aus denen der Teufelshauch dieses unterirdischen Deutschlands uns am beklemmendsten entgegenweht. Hier ist einer, wie im »Goldenen Topf«, am Tage ein braver deutscher Provinzbeamter und des Nachts ein mächtiger Geisterfürst, ein König der Feuersalamander, am Tage ein Hökerweib und des Nachts eine Hexe, ein Dämon der Vernichtung. Es ist ein Doppelleben, eine tiefe Kluft zwischen Traum und Wirklichkeit, zwischen Theorie und Praxis. Und keine demokratische Revolution hat diese Gespenster hinausgefegt, keine politische Befreiung hat dieses Doppelleben überwunden und den gespaltenen Menschen mit sich selbst geeinigt. Das große Ereignis der Zeit, die bürgerlich-demokratische Revolution in Frankreich, ist an Deutschland vorbeigegangen und hat nur in wolkigen Höhen der Dichtung und der Philosophie, aber nicht auf dem Boden der gesellschaftlichen Wirklichkeit eine verwandte Bewegung hervorgerufen. Mit außerordentlicher Klarheit hat Heine diese Zwiespältigkeit erkannt:

Man schläft sehr gut und träumt auch gut
In unseren Federbetten.
Hier fühlt die deutsche Seele sich frei
Von allen Erdenketten.

Er spricht von der deutschen Herrschaft »im Luftreich des Traumes«:

Hier üben wir die Hegemonie,
Hier sind wir unzerstückelt;
Die anderen Völker haben sich
Auf platter Erde entwickelt.

Und Heine erkennt auch, wie sehr diese Form der Entwicklung nicht »auf platter Erde«, sondern nur in den Wolken der Dichtung und Philosophie auf den Charakter sogar der größten und progressivsten deutschen Dichter und Philosophen zurückwirkt. Er sieht an dem marmornen Götterhaupt Goethe *den peinlichen Philisterzopf*, er sieht die reaktionären Seiten Hegels, dessen Schüler er ist, die Kühnheit des freien Denkens vermischt mit der dienstbeflissenen Feigheit des königlich-preußischen Staatsphilosophen. Unerschrocken spricht er es in seiner Vorrede zu den »französischen Zuständen« aus:

»Dieses Preußen, wie es versteht, seine Leute zu gebrauchen! Es weiß sogar von

seinen Revolutionären Vorteil zu ziehen ... Hegel mußte die Knechtschaft, das Bestehende, als vernünftig rechtfertigen. Schleiermacher mußte gegen die Freiheit protestieren und christliche Ergebung in den Willen der Obrigkeit empfehlen. Empörend und verrucht ist diese Benutzung von Philosophen und Theologen, durch deren Einfluß man auf das gemeine Volk wirken will, und die man zwingt, durch Verrat an Vernunft und Gott sich öffentlich zu entehren.«
Es ist dies die unerbittlich gerechte Kritik an jenen bedeutenden Deutschen, die sogar in das Traumreich ihres Denkens den Unrat der Reaktion, der Knechtschaft, des Gehorsams vor einer schmachvollen Obrigkeit einschleppten. Und es gereicht dem Dichter zu dauerndem Ruhm, daß er dies nicht nur bemerkte, sondern auch brandmarkte. Da sich in Deutschland die fortschrittliche Entwicklung nicht auf »platter Erde« vollzog, da die großen Deutschen nicht auf platter Erde für die Freiheit kämpften, wurden die meisten von ihnen auf platter Erde zu platten Philistern und Untertanen.
Das vorüberziehende Wetterleuchten der Revolution in den Wolkenhöhen der Philosophie wurde nicht zum befreienden Gewitter. Die Philosophie des Durchschnittsdeutschen war und blieb ein verschwommener Mystizismus. Wir haben schon darauf hingewiesen, daß dieser ungelüftete Mystizismus in der geschichtslosen Kleinstaaterei seinen besonderen Nährboden fand. In der Enge des Lebens, in der dumpfen Ereignislosigkeit konnte die deutsche Phantasie sich nicht an großen Begebenheiten, Persönlichkeiten und Perspektiven entzünden, sondern nur an lokalen Sensationen und an den Märchen einer fernen Vergangenheit. Andere Völker erlebten ihre reale politische Geschichte, in Deutschland trat an Stelle der Geschichte die Sage, der Mythos, die Legende. Die große deutsche Zeit, das war im unhistorischen und unpoltischen Bewußtsein des Durchschnittsdeutschen das Mittelalter, das »Heilige Römische Reich« Karls des Großen und der Hohenstaufen, eine traumhafte Ahnung von verschollener Macht, erloschenem Glanz und kaiserlichem Gepränge. Das alles war maßlos, verworren und unbestimmt. Für andere Völker war Nation ein klarer politischer Begriff, für die Deutschen eine mystische Vorstellung, ein riesenhaftes weithin verfließendes Traumgespenst. Andere Völker kämpften um einen fest gegründeten Staat, die Deutschen träumten von einem »Reich«, so nebelhaft ausgedehnt wie die feudalen Reiche der Karolinger, der Hohenstaufen, »so weit die deutsche Zunge klingt und Gott im Himmel Lieder singt«. Und die deutsche Zunge klang, je nach Bedarf, bis nach Riga und Warschau, nach Prag und Budapest, nach Straßburg und Verdun. Und irgendwo in einer Fürstengruft, irgendwo in einer Berghöhle wartet ein alter deutscher Kaiser auf die Stunde des Aufbruchs, wartet in magischem Schlaf die niemals gestorbene Vergangenheit, um klirrend hervorzutreten und das »Reich« zu erneuern, das Reich mit seinen Panzern und Rittern, mit seinen Kriegszügen gegen West und Süd und Ost, gegen den »welschen Feind« und gegen die Slawenvölker.
Das ist das Wesen der Barbarossa-Sage, der deutschen Nationalsage von dem schlafenden Kaiser im Kyffhäuser, der das »Reich« erneuern soll, die Macht und

die Herrlichkeit. Mit dieser Nationalsage setzt sich der deutsche Demokrat Heine auseinander, hier zielt er nach dem Herzen des deutschen politischen Mystizismus.
Anfangs scheint er sich auf den Boden der Sage zu stellen, so wie die deutsche Amme sie ihm erzählte. Der Kaiser wird erwachen, die Fahne ergreifen und mit seinen Reisigen hinausreiten in die »klirrende Welt«, er wird die Mörder bestrafen.

Die Mörder, die gemeuchelt einst
Die teure, wundersame,
Goldlockichte Jungfrau Germania –
Sonne, du klagende Flamme!...

Das ist die Sage. Und dann enthüllt der Dichter mit unvergleichlicher Treffsicherheit ihre politische Bedeutung. Im Traume dringt er selbst in den Kyffhäuser. Der Kaiser kommt ihm entgegen, und aus dem mittelalterlichen Kaiserkostüm schält sich die bürgerliche Wirklichkeit von 1844. Das ist nicht mehr der Kaiser von der alten Amme, das ist ein fürsorglicher, selbstgefälliger Schloßverwalter und Traumverweser, halb Antiquar, halb Geschäftsmann. Er watschelt umher, er wedelt den Staub von Harnisch und Helm, er ist stolz darauf, daß keine Motte die Fahne zerfrißt, er steckt seinen schlafenden Soldaten den Sold in die Tasche, sparsam bemessen, einen Dukaten pro Jahrhundert, er berichtet, daß er leider nicht genug Pferde hat und daher Roßhändler ausschickte, um die Stallungen aufzufüllen.

»Ich warte, bis die Zahl komplett,
Dann schlag' ich los und befreie
Mein Vaterland, mein deutsches Volk,
Das meiner harret mit Treue.«

Unversehens hat sich der Kaiser in einen jener deutschen Bürger verwandelt, deren Wunschtraum er verkörpert, etwa in jenen kleinen Kaufmann oder Unternehmer, der einheitliche Zölle und eine einheitliche Zensur für unerläßlich hält. Seht ihr, sagt Heine seinen romantischen deutschen Zeitgenossen, hinter dem Kaisertraum steckt ein Roßhandel, das Mittelalter hat sich kommerzialisiert, es geht um viel realere Fragen als eure Phantasie sich ausmalt: Es geht nicht um Wiederkehr dessen, was war, es geht darum, ein neues Zeitalter anzufangen. In diesem neuen Zeitalter, berichtet der Dichter dem neugierigen Kaiser Barbarossa, gibt es eine ausgezeichnete Erfindung, die Guillotine. Auf dieser Guillotine köpft man Könige und Feudalherren. Das ist zum Beispiel in Frankreich geschehen, in jener großen Revolution, in der die Franzosen sich zur einheitlichen Nation zusammenschlossen. Und als der Kaiser darob in Angst und Wut gerät und sich in seinem Gottesgnadentum aufplustert, wird er in die letzten Winkel der deutschen Traumwelt zurückgescheucht.

»Herr Rotbart« – rief ich laut – »du bist
Ein altes Fabelwesen,

Geh, leg' dich schlafen, wir werden uns
Auch ohne dich erlösen.«

Das Volk muß sich selber erlösen. Es braucht keinen Kaiser, es braucht keinen »Führer«, es braucht keine mittelalterlichen Fabelwesen. Es braucht die Republik. Das ist Heines Antwort an den politischen Mystizismus. Das deutsche Volk soll endlich selber einmal seine Geschichte machen, als denkende und handelnde Kraft, und nicht darauf warten, als »Gefolgschaft« hinter einem kaiserlichen Gespenst oder sonstigen Inhabern eines mirakulösen Bergschlosses einherzutrotten. Nur die demokratische Aktion kann alle Gespenster, Dämonen, Nachtschatten, den ganzen Spuk einer verkrampften Phantasie, einer kranken Mystik aus Deutschland hinausfegen.

Aber Deutschland hat niemals den abergläubischen Mystizismus überwunden, denn niemals hat das deutsche Volk seine Geschichte selber gemacht. Die Revolution des Jahres 1848 scheiterte. Nicht durch demokratischen Zusammenschluß, sondern durch einen Machtspruch von oben ist die deutsche Nation entstanden. An der Wiege des neuen »Reiches« stand der Mythos von Versailles, die Kaiserkrönung im Spiegelsaal der Bourbonen, die Karikatur des erwachenden Barbarossa, der mit seinen Reisigen in die »klirrende Welt« hinausreitet: Helme, Säbel, Harnisch und Uniform, die Verschmelzung des mittelalterlichen Kaisertraums mit dem preußischen Militarismus.

Heine hat sie vorausgeahnt, die Gefahr der preußischen Lösung des deutschen Einheitsstrebens, der Eroberung Deutschlands durch das preußische »Gamaschenrittertum«. Mit echter demokratischer Leidenschaft, in tiefster Sorge um die deutsche Zukunft, hat er wieder und wieder das reaktionäre Preußentum angegriffen, vor dem »häßlichen Vogel« gewarnt, vor dem preußischen Adler, vor dem raubgierigen Geier, der die Brust der deutschen Nation zerfleischen wird, wie einst der Geier die Brust des gefesselten Prometheus. »Eine Handvoll Junker, die nichts gelernt haben als ein bißchen Roßtäuscherei, Volteschlagen, Becherspiel oder sonstige plumpe Schelmenkünste«, so charakterisierte er schon 1832 das »glorreiche Preußen«, das später ganz Deutschland übermeisterte. Und weiter: »Ich traute nicht diesem Preußen, diesem langen frömmelnden Gamaschenheld mit dem weiten Magen und mit dem großen Maule und mit dem Korporalstock, den er erst in Weihwasser taucht, ehe er damit zuschlägt. Mir mißfiel dieses philosophisch-christliche Soldatentum, dieses Gemengsel von Weißbier, Lüge und Sand. Widerwärtig, tief widerwärtig war mir dieses Preußen, dieses steife, heuchlerische, scheinheilige Preußen, dieser Tartüffe unter den Staaten.«

Dieser gesunde Haß gegen das reaktionäre Preußentum durchglüht die ganze Deutschland-Dichtung des Jahres 1844. Zu Aachen sieht er zum erstenmal wieder das preußische Militär:

Noch immer das hölzern pedantische Volk,
Noch immer ein rechter Winkel

In jeder Bewegung und im Gesicht
Der eingefrorene Dünkel.

Sie stelzen noch immer so steif herum,
So kerzengrade geschniegelt,
Als hätten sie verschluckt den Stock,
Womit man sie einst geprügelt.

Wurde das wirklich vor hundert Jahren geschrieben? In der Tat: Ein Jahrhundert ist über Deutschland hinweggegangen, und nicht ein Zug an diesem Bilde hat sich geändert, die Züge sind nur noch schroffer, noch eingefrorener, noch fratzenhafter geworden. Der Stock, den sie verschluckten, sie haben ihn niemals ausgespuckt, nein, sie sind stolz auf ihn, sie nennen ihn »soldatische Tugend« und »deutsche Disziplin« und »Führerprinzip«; und beispielloser Schläge bedarf es, um diesen Stock zu zerbrechen, bis er Stück für Stück herauskommt.

In Aachen, wo Heine den mit Pickelhauben ausgestatteten Stöcken wieder begegnet, liegt auch Karl der Große begraben, einer der unterirdischen Kaiser, und wieder beschleichen den Dichter die bangen Ahnungen, die preußischen Könige könnten sich der Reichsidee bemächtigen. Vor Jahren hat er geschrieben: »Mögen immerhin die gelehrten Knechte an der Spree von einem großen Imperator des Borussenreiches träumen und die Hegemonie und Schirmherrlichkeit Preußens prklamieren. Aber bis jetzt ist es den langen Fingern von Hohenzollern noch nicht gelungen, die Krone Karls des Großen zu erfassen und zu dem Raub so vieler polnischer und sächsischer Kleinodien in den Sack zu stecken. Noch hängt die Krone Karls des Großen viel zu hoch...« Wird es den langen Fingern der Hohenzollern am Ende nicht doch gelingen, die Krone in den Sack zu stekken, der immer praller wird von polnischem, litauischem, sächsischem, österreichischem und westdeutschem Beutegut? Der Angsttraum verfolgt den Dichter auf seiner ganzen Deutschlandreise:

Minden ist eine feste Burg,
Hat gute Wehr und Waffen!
Mit preußischen Festungen hab' ich jedoch
Nicht gerne was zu schaffen...

Und wieder, in Hamburg, warnt er die hanseatische Republik vor dem »häßlichen Vogel«.

Es ist kein Zufall, daß die mit höchstem Kunstverstand gegliederte Dichtung in eine gewaltige Anklage gegen den König von Preußen ausklingt, gegen den Allerhöchsten Repräsentanten des reaktionären Preußentums.

Kennst du die Hölle des Dante nicht,
Die schrecklichen Terzetten?
Wen da der Dichter hineingesperrt,
Den kann kein Gott mehr retten. –
Kein Gott, kein Heiland erlöst ihn je
Aus diesen singenden Flammen!

Nimm dich in acht, daß wir dich nicht
Zu solcher Hölle verdammen!

Mit echtem politischem Instinkt erkennt Heine in Preußen die größte Gefahr für Deutschland. Dort steht der Hauptfeind! ruft er den deutschen Zeitgenossen zu, dort ist der Inbegriff des ewigen Mittelalters, das sich mit der robusten Geschäftstüchtigkeit, mit der kapitalistischen Gefräßigkeit einer neuen Epoche verbindet, der Polizeistaat, der die deutsche Romantik an der Leine führt, Gendarmen, in Leichenlaken gehüllt, das ekelhafte Gemisch von gotischem Wahn und modernem Lug.

Hundertmal berechtigter als 1844 ist heute der Aufschrei des Dichters:

»Das Mittelalter, immerhin,
Das wahre, wie es gewesen,
Ich will es ertragen – erlöse uns nur
Von jenem Zwitterwesen,
Von jenem Gamaschenrittertum,
Das ekelhaft ein Gemisch ist
Von gotischem Wahn und modernem Lug,
Das weder Fleisch noch Fisch ist.«

Nehmt euch in acht, daß eure unterirdischen Kaiser, eure verworrenen und ins Grenzenlose schweifenden Sehnsüchte nicht eines Tages in die langen Finger des preußischen Tartüffe geraten, daß euer politischer Mystizismus nicht von junkerlichen Roßtäuschern schauerlich ausgenutzt wird! Hütet euch, daß die Dämonen eurer Sagen, in denen »das Gemeine und das Gräßliche gemischt« ist, nicht eines Tages aus der Traumwelt heraustreten und in preußische Uniformen gesteckt werden, daß sie nicht in gleichem Schritt und Tritt durch Deutschland, durch Europa marschieren! Jagt in die Hölle das reaktionäre Preußentum, damit es nicht eines Tages euch selbst in die Hölle hinabreiße.

Das reaktionäre Preußentum wurde nicht überwunden. Es hat sich mit der aufsteigenden deutschen Schwerindustrie versippt. Es hat sich allmählich über ganz Deutschland ausgedehnt, und nicht die Freiheit, sondern der Korporalstock ist zum Rückgrat der deutschen Nation geworden. Und diese Mischung von Preußentum und Schwerindustrie hat sich für Deutschland als ungeheures Verhängnis erwiesen.

Der niemals überwundene Mystizismus der Vergangenheit wuchs hinüber in den dekadenten imperialistischen Mystizismus, dessen extremste Verkünder Deutschland hervorgebracht hat: Schopenhauer, Nietzsche, Spengler. Mythos reiht sich an Mythos, »das Reich, der Kaiser, der Führer, das Schicksal, der Übermensch, die Rassenseele« usw., Mythos an Mythos bis in die jüngste Zeit. Die militärische Niederlage 1918 wird in einen »Dolchstoß im Rücken« umgefälscht. Die Wirtschaftskrisen werden damit erklärt, daß die deutsche Nation ein »Volk ohne Raum« sei, jeder Erfolg wird dem Genie eines übermenschlichen »Führers« zugeschrieben, jede Katastrophe einer geheimnisvollen »Verschwörung dunkler Feindmächte«, niemals sind es reale gesellschaftliche Faktoren, sondern immer nur irreale, phantastische Fügungen »schicksalhafter Gewalten«, auf die der Durchschnittsdeutsche das Weltgeschehen zurückführt. In einer entsetzlichen Scheu vor Erkenntnis und Verantwortung hat die deutsche Nation sich stets auf nicht existierende, märchenhafte Ursachen ausgeredet, mit »gotischem Wahn und modernem Lug«, wenn es gegolten hätte, aus eigenen Fehlern, Versäumnissen und Fehlentscheidungen endlich alle geschichtlich-politischen Konsequenzen zu ziehen. Wie lange noch?

Heine hat wie wenige seiner Zeitgenossen verstanden, daß nur in Schmerzen ein neues Deutschland entstehen kann, daß eine Revolution in Riesenformat not tut, um den aufgehäuften Dreck von Jahrhunderten aus Deutschland hinauszufegen. Er hat wiederholt eine solche Revolution vorausgesagt, mit Hoffnung und Furcht zugleich; was er fürchtete, war ihre Wildheit, ihre »Berserkerwut«, die er für unabwendbar hielt, wenn er sich den deutschen Augiasstall vergegenwärtigte. In seinem Buch »Über Deutschland« schrieb er: »Der deutsche Donner ist freilich auch ein deutscher und nicht sehr gelenkig und kommt etwas langsam herangerollt, aber kommen wird er, und wenn ihr es einst krachen hört, wie es noch niemals in der Weltgeschichte gekracht hat, so wißt, der deutsche Donner hat endlich sein Ziel erreicht... Es wird ein Stück aufgeführt werden in Deutschland, wogegen die französische Revolution nur wie eine harmlose Idylle erscheinen möchte.« Heine verstand: In dem so lange geschichtslos dahindämmernden Deutschland mit seinen Bergeslasten von ungelösten Problemen, in diesem Deutschland, das sich geschichtlich so sehr verspätete, ist die Frage der Befreiung aufs engste verknüpft mit der sozialen und mit der nationalen Frage. Er verstand, daß die Revolution vor allem die nationale Frage zu lösen hatte, er bejahte aus ganzem Herzen diese Aufgabe, sah aber zugleich die Gefahren eines verkrampften, in dumpfer Enge luftlos und lichtlos aufwuchernden Nationalismus, den er verabscheute.

Auch in eine deutsche Revolution, darüber gab sich Heine keinen Täuschungen hin, mußten unvermeidlich die trüben Gewässer nationalistischer Leidenschaften einströmen, und als Folge dessen war eine europäische Überschwemmung sehr wahrscheinlich, aber der Strom der Freiheit, der Demokratie konnte groß genug sein, um das schmutzige Beiwerk ins Meer hinauszuspülen und Europa nach revolutionären Erschütterungen großartig zu befruchten, wehe jedoch der deutschen Nation, wehe den Völkern Europas, wenn nicht eine demokratische Revolution die nationale Frage Deutschlands bereinigte, wenn nicht eine solche Revolution, und sei sie noch so wild, noch so »berserkerhaft«, zugleich mit der deutschen Freiheit die deutsche Einheit herbeiführte! Unheilvollste Entwicklung, wenn all die unterirdischen, finsterverworrenen Kräfte nicht als Diener der Revolution, sondern als Knechte der Konterrevolution hervorbrachen, wenn der deutsche Donner schließlich den »Nationalitäts-Repräsentanten« überlassen blieb!

Von solcher Ahnung war Heine gequält, als er im vorletzten Gesang seiner

Deutschland-Dichtung mit angstverzerrtem Witz die Zukunft voraussagte. In der Kammer der üppigen und liederlichen Hammonia, der Hamburger Stadtgöttin, wird als Erbstück zwar nicht der Thron, aber der Nachtstuhl Karls des Großen aufbewahrt, die Kehrseite also des deutschen Kaisermythos. Aus den Exkrementen der deutschen Vergangenheit magst du das Kommende enträtseln. Das ist nicht mehr die alte Amme, die das Kind mit Märchen einwiegt, das ist eine höchst moderne, höchst emanzipierte Schicksalsnorne, die dem erwachsenen Manne verkündet:

»O könntest du schweigen, ich würde dir
Das Buch des Schicksals entsiegeln,
Ich ließe dich spätere Zeiten sehn
In meinen Zauberspiegeln.
Was ich den sterblichen Menschen nie
Gezeigt, ich möcht' es dir zeigen:
Die Zukunft deines Vaterlands –
Doch ach! du kannst nicht schweigen!« ...

Ist es die Revolution, die, wie ein Herkules den deutschen Augiasstall reinigend, den Gestank verfaulter Jahrhunderte aufwirbelt? Heine schweigt, aber vielsagend singt Hammonia von einem »König in Thule«, der nach der deutschen Freiheit fahndet:

»Geh nicht nach Norden, und hüte dich
Vor jenem König in Thule,
Hüt' dich vor Gendarmen und Polizei,
Vor der ganzen historischen Schule.«

Wieder ist es die Warnung vor Preußen, vor dem einigen »Deutschen Reich preußischer Nation«, vor einem Kaiserreich auf dem Nachtstuhl der Vergangenheit. Er hat schon früher einmal, schon 1832, die Frage nach einem deutschen Brutus, möge er sich in »knechtischer Livree oder gar in Harlekinstracht« vermummen, mit ingrimmiger Verzweiflung beantwortet: »Der große Narr schützt euch vor den kleinen. Der große Narr ist ein sehr großer Narr, riesengroß, und er nennt sich das deutsche Volk ... Oh, das ist ein sehr großer Narr! ... Er ist wütend gegen jeden, der es gut mit ihm meint. Er ist der schlimmste Feind seiner Freunde und der beste Freund seiner Feinde. Oh, der große Narr wird euch immer treu und unterwürfig bleiben, mit seinen Riesenspäßchen wird er immer eure Junkerlein ergötzen, er wird täglich zu ihrem Vergnügen seine alten Kunststücke machen und unzählige Lasten auf der Nase balancieren und viele hunderttausend Soldaten auf seinem Bauche herumtrampeln lassen ... Der große Narr bleibt euch untertänigst gehorsam, und wollen euch die kleinen Narren ein Leid zufügen, der große schlägt sie tot.« Es ist, als sei das gestern oder heute geschrieben, in lodernem patriotischem Zorn über den großen Narren, der jedem Befehl seiner »Führer« gehorcht, der für sie mordet und sengt und brennt, der sich für sie totschießen läßt und totschlagen in wahnwitziger Untertänigkeit. Und doch sind hundert Jahre seit jener wahrhaft vaterländischen Anklage Heines vergangen, hundert Jahre, in denen Deutschland seine geschichtliche Chance verhunzte und verpfuschte, weil es in jedem entscheidenden Augenblick der schlimmste Feind seiner Freunde und der beste Freund seiner Feinde war, weil es kraftlos war in allen Stunden der Revolution und niemals gegen, immer nur für seine reaktionären Verderber die in ihm schlummernde »Berserkerwut« hervorbrechen ließ. Die wilden Kräfte des Furor Teutonicus, die »alten steinernen Götter« der Germanen, von denen Heine insgeheim hoffte, sie würden eines Tages für eine ungeheure demokratische Revolution in Deutschland in Bewegung geraten, wurden von den braven vorsichtigen, vor dem eigenen Schritt erschrekkenden Revolutionen 1848 und 1918 nicht wachgerüttelt; sie blieben für die Konterrevolution aufgespart. Sie haben Europa verwüstet und Deutschland zugrunde gerichtet in blinder dämonischer Raserei. Die dunklen Prophezeiungen Heines sind schauerlich in Erfüllung gegangen: »Wilde, düstere Zeiten dröhnen heran, und der Prophet, der eine neue Apokalypse schreiben wollte, müßte ganz neue Bestien erfinden, und zwar so erschreckliche, daß die älteren Johannäischen Tiersymbole dagegen nur sanfte Täubchen und Amoretten wären. Die Götter verhüllen ihr Antlitz... Die Zukunft riecht nach Juchten, nach Blut, nach Gottlosigkeit und nach sehr viel Prügeln. Ich rate unsern Enkeln, mit einer sehr dicken Rückenhaut zur Welt zu kommen.« (12. Juli 1842.)

Die atembeklemmende Zukunftsvision – das ist der vorletzte, nicht der letzte Gesang von Heines Deutschland-Dichtung. Der letzte Gesang schwingt sich in heiligem Haß und heiliger Liebe empor, singende Flamme eines geschichtlichen Gerichts über die preußisch-deutsche Reaktion, Mahnruf und Gruß an eine deutsche Jugend, die einmal doch kommen muß, um Deutschland von Grund auf zu erneuern.

Wächst diese Jugend heran, aus Schuld und Leid und schrecklicher Erfahrung, die fähig ist, die Stimme eines deutschen Dichters wie Heinrich Heine zu verstehen, eines großen einsamen deutschen Mannes? Die Stimme eines Dichters, der versucht hat, das »Fremdwort« Demokratie in Deutschland einzubürgern und der darum ausgebürgert wurde, und der seinen Gegnern erwiderte: »Vergebens sucht ihr die Freunde des Vaterlands und ihre Grundsätze in der öffentlichen Meinung herabzuwürdigen, indem ihr diese als ›französische Revolutionslehren‹ und jene als ›französische Partei in Deutschland‹ verschreit; denn ihr spekuliert immer auf alles, was schlecht im deutschen Volke ist, auf Nationalhaß, religiösen und politischen Aberglauben und Dummheit überhaupt. Aber ihr wißt nicht, daß auch Deutschland nicht mehr durch die alten Kniffe getäuscht werden kann, daß sogar die Deutschen gemerkt haben, wie der Nationalhaß nur ein Mittel ist, eine Nation durch die andere zu knechten...« Die Stimme eines Dichters, der Demokratie als Gebot der Vernunft proklamierte und den Raben und Spatzen der deutschen Mystik zurief: »Wie muß euch doch das Wort Vernunft fatal sein!« Wächst eine Jugend heran, die fähig ist, das Wesen des Menschen nicht mehr in einem Gemengsel von Blut und Rasse und Strammstehn und blindem Fanatismus, sondern in einer Vereinigung von Vernunft, Freiheit und Verantwortungs-Bewußtsein zu erblicken, und die Rettung Deutschlands nicht in Revanche, Nationalhaß, Gebietsansprüchen, Führermythos und Soldatentum, sondern in einem tiefen Umlernen, in einer gründlichen demokratischen Erneuerung? Wächst eine Jugend heran, die nicht mehr das »Schicksal« anklagt, sondern die deutsche Reaktion und nicht mehr mit kranker Phantasie Legenden spinnt, sondern mit entschlossener Wahrheitsliebe die deutsche Geschichte versteht und revidiert? Man muß es hoffen, man will es glauben, daß aus den Reihen dieser mißbrauchten, enttäuschten, durch eine Hölle von sinnlosem Opfer und maßlosem Frevel geschleiften Jugend der Wille zu einem wirklich jungen und wirklich neuen Deutschland hervorbricht, zu deutscher Selbstbesinnung, Umerziehung und Demokratie.

Die Hoffnung Deutschlands, das ist eine neue Generation, die in einer gereinigten Atmosphäre heranwächst und aus der dunklen Vergangenheit gelernt hat, eine hellere Zukunft aufzubauen.

»Französische Zustände«: Heine schrieb von Dez. 1831 bis Sept. 1832 aus Paris regelmäßige Berichte für die Augsburger »Allgemeine Zeitung«. Sie erschienen 1832 u. d. T. »Französische Zustände« in Buchform.

Die *Kaiserkrönung* Wilhelms I. fand am Ende des Deutsch-Französischen Krieges am 18. 1. 1871 im *Spiegelsaal der Bourbonen in Versailles* statt.

Kyffhäusersage: Vgl. S. 833ff.

Dolchstoß in den Rücken: Vgl. Anm. S. 65

Signale

Arnold Zweig
Erziehung vor Verdun*

Appell

Während der Arbeit am Nachmittag dieses denkwürdigen Tages läuft durch den ausgedehnten Park mit seinen Stapeln von Granaten, Rasenböschungen, Lauben und Zelten der Befehl: sechs Uhr Appell! Appell? Womit? Haben in den letzten vierzehn Tagen nicht vier solcher Besichtigungen stattgefunden – mit Stiefeln, mit Wäsche, mit Drillichzeug und mit Waffenrock und Halsbinde? Ist die riesige Schipper-Kompanie – fünfhundert Mann Nennstärke – ihres Garnisonspielens wegen nicht längst das Gespött der Artilleristen, Pioniere, Funker und Eisenbahner rundum? Bei ihnen weiß man, diese Kinder haben weder Vater noch Mutter, hier werden alte Leute, vorzügliche Arbeit leistend, wie dumme Rekruten behandelt, mitten in Frankreich: schöner Zirkus, Eintritt frei. An den Waggons, Benzolbahngeleisen, Stapeln und im Kartuschzelt Ärger und Geschimpfe. Kein Mann jedoch bringt diesen Befehl in Zusammenhang mit Vorfällen in der Mittagspause.

Appell heißt in der krausen Sprache des deutschen Heeres die feierliche Versammlung des Mannschaftsbestandes auf dem Kasernenhofe. Heran muß alles, was da kreucht und fleucht, selbst die Schreiber aus der Schreibstube und die Leichtkranken aus dem »Revier«. Punkt zehn Minuten vor sechs also füllt die Kompanie mit ihren drei Zügen hufeisenförmig den freien Raum, den die Baracken umschließen. Die Zeremonie des Abzählens ist beendet, alle Welt ist da, nur der Herr Kompanieführer läßt noch auf sich warten. Obwohl die Armierer peinlich ausgerichtet und der Größe nach geordnet stehen, vom Riesen Hildebrandt am äußersten lingen Flügel des ersten Zuges bis zu Vehse, Strauß und Naumann II, den Kleinen auf dem äußersten rechten, fehlt ihrer Erscheinung doch das Wesentlichste, und darüber wird Feldwebelleutnant Graßnick nie hinwegkommen: die Waffenröcke verderben das Bild. Plumpe Litewken, dunkelgrau mit rotem Spiegel – damit begann es in Küstrin. Hinzu kamen einige Dutzend fast milchgrauer Röcke, angefertigt aus Manteltuch für militärische Beamte. In Serbien empfing man einen Schub Infanterieröcke, braungrau und an den

* Arnold Zweig: Erziehung vor Verdun, Amsterdam, Querido 1935, S. 17–33 und 319–324.

Nähten gerötet von zahlreichen Entlausungen. In Rosenheim, Bayern, schließlich, auf der Fahrt hierher, spendierte das Depot noch einige Dutzend Artillerieröcke, grünliches Tuch, schwarze Biesen. Bei der Arbeit und in der Marschkolonne schadet das nichts; Paraden aber darf man mit solchem Farbenspiel nicht wagen... Weder die grauen Feldmützen noch die Achselklappen aus blauem Cord ändern daran etwas. Und so läuft mehr als eine halbe Million deutscher Männer herum – Landsturm ohne Waffe, Arbeiter, Kaufleute, Intellektuelle; körperlich nicht vollwertig, ein bißchen militärisch gedrillt, die Arbeitssklaven der Kampfeinheiten: Soldaten und doch nicht Soldaten, Gespött, Leidwesen und unentbehrliche Kerntruppe in einem.
»Achtung! Kompanie – stillgestanden! Die Augen – links!«
Die Kompanie erstarrt. Gelassenen Schritts naht Herr Feldwebelleutnant Graßnick, bei den Mannschaften der »Panje von Vranje« genannt, nach der kleinen serbischen Gebirgsstadt, in welcher er seine gute Zeit hatte. Die Kompanieschneider haben alles getan, um aus ihm einen wirklichen Offizier zu machen. Tadellos schmiegt sich sein Waffenrock dem Rücken an, die hohe graue Mütze mit der silbernen Kokarde sitzt eindrucksvoll über dem roten Gesicht, und seine Achselstücke sehen fast aus wie die eines echten Leutnants. Aber für die wirklichen Offiziere ist er doch nur ein avancierter Feldwebel, und so schwebt er einsam im leeren Raum zwischen den gehobenen Mannschaften und der Herrenklasse. »Rühren!« knarrt er, »mal herhören alle«; er nimmt Meldungen entgegen, empfängt ein Blatt Papier aus den Händen des Herrn Glinsky, dem es wiederum der Schreiber Sperlich devot und stramm gereicht hat, und verliest, was draufsteht, einen Korpsbefehl der fünften Armee. Da haben also, erfährt die lauschende Mannschaft, elsässische Überläufer den großen Angriff vom 5. Mai verraten, was gefangene Franzosen jetzt bestätigt hätten. Bei dieser Gelegenheit werde den Mannschaften erneut strengste Verschwiegenheit zur Pflicht gemacht, auch in Gesprächen, der Eisenbahn, Briefen nach Hause.
Die Kompanie steht da und verzieht keine Miene. Du lieber Gott, denkt sie. Natürlich haben die Franzosen, diese dummen Luder, noch nicht gemerkt, daß das deutsche Heer seinen fürstlichen Heerführern Geburtstagsgeschenke zu Füßen legt, geglückte Angriffe, eroberte Gräben. Und daß der Kronprinz am 6. Mai geboren wurde, weiß natürlich drüben niemand. Da müssen also Überläufer, und zwar elsässische, den General Pétain auf bevorstehende Attacken aufmerksam machen. In dieser Kompanie dienen zwei elsässische Männer, ein junger und ein älterer, beide besonders gute Arbeiter und beliebte Kameraden; da klingt »elsässische Verräter« besonders taktvoll. Ja, die Preußen haben den Takt mit Löffeln gefressen. Aber nun scheint der Panje von Vranje mit seiner knarrenden Leutnantsstimme ja fertig zu sein, Gott helfe ihm, Amen.
»Leider«, fährt Herr Graßnick jedoch fort, indem er seine Hände erregt schlenkern läßt, »leider hat sich auch in meiner Kompanie heute mittag ein unerhörter Vorfall ereignet. Armierungssoldat Bertin: dreißig Schritte vortreten, marsch, marsch!«

Ein Ruck durchläuft die Kompanie, so, als spitzten Pferde oder Hunde die Ohren. Achtung, heißt diese Bewegung, unsere Sache! Sehr empfindlich gegenüber Ehre oder Schande ist solch ein Riesenwesen aus fünfhundert Herzen, und jeder Einzelne vertritt unter Umständen das Ganze. Bertin braucht eine Sekunde, bis er begreift. Er errötet, dann erblaßt er unter seinem schwarzen Bart, und dann erst setzt er sich in Bewegung. Er war eben nicht darauf gefaßt, aus der Schar der Kameraden herausgepickt zu werden wie ein Frosch vom Schnabel des Storches. Aber ein Soldat hat auf alles gefaßt zu sein, und Herr Graßnick wird es ihm beibringen.

»Können wohl nicht hören?« trompetet er durch die große Stille, die einem Strafakt vorauszugehen pflegt. »Zurück, marsch, marsch!«

Gehorsam wie ein dressierter Hund macht der Referendar Bertin kehrt, umläuft in großem Bogen den rechten Flügel seines, des dritten Zuges und steht, angestrengt atmend, wieder auf seinem Platz. – »Armierungssoldat Bertin, dreißig Schritte vorwärts, marsch, marsch!« – In seinen sauber geschwärzten Stiefeln spritzt der Aufgerufene wieder vor, die Arme leicht in die Seiten gedrückt, und nimmt nach dreißig Schritten halb rechts vor dem Herrn Kompanieführer Stellung. – Graßnick betrachtet ihn mit schiefen Mienen, mustert ihn, dann befiehlt er: »Kehrt!« und der Soldat reißt sich herum. Schweiß ist ihm über die Brillengläser gelaufen, vielleicht auch pulst ihm das Blut in den Augen. Um ihn ragt jetzt die Kompanie wie die drei Wände eines eben angefangenen Saals – hellgrau, braungrau, milchblau, grüngrau die Reihen seiner Kameraden und die rötliche Schicht ihrer Gesichter, die von der Sonne angeleuchtet werden. Es steht sich anstrengend im Zentrum so vieler Blicke, aber da kannst du nichts machen, denkt Bertin. Warum auch hast du dir den verfluchten Bart nicht abschaben lassen, als Karl Lebehde es dir nahelegte – den schwarzen Sauerkohl, die Kennmarke? Also zahle für deinen Eigensinn. Im Übrigen aber laß den Kerl ruhig schnattern. Nach soldatischem wie nach menschlichem Gesetz war, was du getan hast, richtig. Gefangene trösten, steht in der Bibel, Durstige tränken. Was also immer jetzt erfolgen kann: man ist in Übereinstimmung mit sich selbst, mit dem Sittengesetz in seiner Brust. Ein leises Zittern in den Knien läßt sich dennoch nicht vermeiden; gut, daß die weite Hose es verdeckt.

»Dieser Mann«, kräht Herr Graßnick mit einer Stimme, die er künstlich knarren macht, »dieser Mann hier hat sich nicht entblödet, französische Gefangene aus seinem eigenen Kochgeschirr trinken zu lassen, obwohl der Herr Oberst deutlich seinen Unwillen dagegen kundgetan hatte. Ich überlasse es einem Jeden, solch ein unwürdiges Benehmen richtig zu benennen. Einen solchen Mann muß man als Schandfleck der Kompanie bezeichnen.«

Steht man also mal am Pranger, denkt der Schwarzbärtige und kann nicht hindern, daß Stirn und Nase gelblich ergrauen und seine Ohren, die leicht abstehen, sich anfühlen wie in Schülerzeiten, wenn der Lehrer Kosch daran gerissen hat. Da er aber mit sich im Reinen ist – was hindert ihn, den vorgesetzten Herrn da links von ihm zu bemitleiden? Ein als Offizier verkleideter Stadtschreiber aus

der Lausitz ist das, die Herrenklasse nimmt ihn nirgendwo für voll, und doch hat er hier mit gehackter Stimme und langen Pausen Sätze herzuschmettern, überzeugte Sätze, die zu ihm passen wie der Spinat zum Reibeisen. Ja, hört er ihn krähen, diese Handlungsweise sei um so schlimmer, als es sich um einen gebildeten Mann handele, von dem man Besseres hätte erwarten können. Ein schlechtes Vorbild gebe er für seine Kameraden. Zum Glück sei von ihm nicht auf die ganze Kompanie zu schließen. Der Geist der Kompanie sei gut, das sei höheren Orts wohlbekannt. Es werde also keiner schärferen Maßregel bedürfen, Vorfälle wie diesen ein für alle Mal abzustellen.
Kann man einen Vorfall abstellen? denkt Bertin; aber er atmet leichter. Ein paar neugierige Kanoniere aus der Parkmannschaft beäugen geringschätzig das Theater der Schipper. Von Westen her bringt ein leiser Wind den Geruch von Heu. Drüben, jenseits des Baches, werden in einem großen Zelt abgetriebene Artilleriegäule zurechtgepflegt, die Fahrer schneiden in den Wiesen das hohe, süße Gras, Vorrat für den Winter. Bertin verliert sich fast an dieses Trugbild friedlicher Welt, das umsäumt und gerahmt wird vom dumpfen Brodeln und Brocken der Geschützschlacht jenseits des Horizonts. Das also sind die Sorgen unserer Kompanie vor Verdun, denkt er; warum wird ein Mensch wie ich gerade in einen solchen Müllhaufen verschmettert? Da steht er vor der Front, schwarz und bleich, die Hacken zusammengeschlagen, die Hände an der Hosennaht und läßt das Geprassel der Schlußsätze über sich ergehen. Er wisse hoffentlich, daß er verdient hätte, vor ein Kriegsgericht gestellt zu werden. Aber er habe sich bisher leidlich geführt. Darum werde noch einmal Gnade für Recht ergehen, und das möge er sich hinter die Ohren schreiben. »Wegtreten!«
Hätte schlimmer ausgehen können, denkt die Kompanie, und auch Bertin denkt es, während er wie ein losgelassener Terrier auf seinen Platz zurücksaust, in die Lücke zwischen Otto Reinhold, das gutmütige Männchen, und den Setzer Pahl. Reinhold tupft ihn mit dem Ellenbogen und grinst unmerklich.
»Kompanie stillgestanden! Tretet – weg!«
Vierhundertsiebenunddreißig Männer machen kehrt und stürzen mit Brausen und Stampfen ihrer freien Abendstunde zu. Keiner verliert ein Wort über das Vorgefallene. Man muß Unterzeug waschen, eine Hose flicken, das Abendbrot in Empfang nehmen, Briefe schreiben oder Karten spielen – tun, was man will, Mensch sein, frei sein. Langsamer als die meisten schlendert Werner Bertin seinen Weg zur Baracke. Jetzt ist ihm vielleicht etwas flau ums Herz. Erst wird er sich eine halbe Stunde hinlegen und dann seinen Bart zum Barbier Naumann (Bruno) tragen. Weg damit, unauffällig aussehen – basta. Aus der Schar der Unteroffiziere, die noch zusammenstehen, streifen ihn die ausdruckslosen Kugelaugen des Herrn Glinsky. Rechts über der Höhe am Kronprinzeneck und links vorwärts, Romagne zu, hängen, golden angeleuchtet, die Würste der Fesselballons im Abendlicht.

Das Glimmende

Die Julinacht liegt schwer über der Baracke des dritten Zuges, in der an hundertdreißig Männer nach schwerer Arbeit schlafen. In drei Schichten übereinander, auf Drahtnetzen und Säcken voll Holzwolle, wälzen sie sich, stöhnen, dünsten aus, kratzen sich, ohne zu erwachen. Die Kompanie ist sehr verlaust. Sauber und wie neu geboren ging sie aus der großen Entlassungsanstalt Rosenheim hervor, und ehe sie die schmierigen Baracken hier bezog, hat sie preußisches Scheuerfest gehalten und Wagen voll Unrat iherer Vorgänger beseitigt. Aber die gelblichen Läuse saßen geduldig in den Nähten der gelblichen Schlafsäcke und erwarteten ihre Zeit, und nun haben sie ihre Zeit. Läuse sind, wie die Vorgesetzten und das Schicksal, höhere Wesen; man wehrt sich gegen sie, aber im Grunde muß man sich mehr oder weniger mit ihnen abfinden.
Die lange Baracke, nach außen völlig abgedunkelt, besitzt im Dach Lüftungsklappen, die Dr. Bindel, ein Zivilarzt in Uniform, auf die Vorstellungen des Armierers Bertin und des Sanitätsunteroffiziers Schnee von den Kompanietischlern anbringen ließ. Zwar fänden andere Menschen als Soldaten vielleicht, hier könne niemand schlafen und seine Kräfte erneuern. Aber der Zivilist würde irren. Man kann hier schlafen, hundertdreißig Leute beweisen es, und die Ratten, die munter durch die Gänge sausen, beweisen es auch, denn sie wecken niemanden, wenn sie nicht gerade mal jemanden in die große Zehe beißen. Im Allgemeinen aber ziehen sie den Aufenthalt unter der Baracke dem in der Oberwelt vor. Unten ist man sicherer.
An zwei Stellen glimmt Licht in diesem Raume. Umhängt von Waffenrock, Mantel und Rucksack, brennt eine Stearinpatrone, in eine Blechkapsel eingeschmolzen, zu Häupten des Armierers Bertin, der noch liest. Etwa vier Männer von ihm entfernt und ein Stockwerk höher liegt der Setzer Pahl und raucht eine Zigarre. Und das tut er, um ungestört denken zu können, und sein Denken umkreist den Armierer Bertin.
Der Kamerad da unten liest, aber nicht freiwillig. Er muß mal wieder Schriftsteller spielen, er liest Korrektur. Die Feldpost hat ihm am Abend die ersten Fahnen eines neuen Buches gebracht, das eben in Leipzig gedruckt wird. Er hat dem Kameraden Pahl, der ja vom Metier ist, die breitrandigen Druckspalten gezeigt, die von einer guten Offizin in der Ungerfraktur gesetzt werden. Ihm bleiben nur die Abende und Nächte, seinen Text auf Druckfehler durchzusehen und zu verbessern, am Rande der Seite, mit bestimmten Zeichen, die die Tradition der Buchdruckerkunst seit langem festgelegt hat. Zwar hat er geglaubt, nach dem blöden Appell von vorhin heute keine Sammlung zu finden. Aber da jetzt jeden Tag eine solche Sendung einlaufen wird, hat er sich das noch mal überlegt. Was die Schriftsteller mit ihren Kommas und Doppelpunkten angeben können, weiß Pahl zur Genüge, auch, wie scharf sie auf Wortwiederholungen Jagd machen. Und der Bertin tut recht daran, seine Sätze in Ordnung zu halten, selbst jetzt, wo seine Zeit und seine Kraft von Anderem beansprucht wird. Die Deutschen lesen

jetzt viel, auch jüngere Autoren und besonders diese; seit einem Jahrhundert, sagt er, habe es einen solchen Anteil an neuen Dichtern nicht gegeben. Sein Roman »Liebe auf den letzten Blick«, in schöner Breitkopffraktur gedruckt, hat dieses Frühjahr plötzlich eine große Neuauflage erlebt, und die Einkünfte aus dem Novellenband werden seiner Frau sehr gelegen kommen. So viel weiß der Setzer Pahl aus der Unterhaltung beim Abendbrot. Das Satztechnische interessiert ihn sehr: die vertrauten Namen der Schriftarten, die Frage, ob Hand- oder Maschinensatz vorzuziehen sei, der Vorgang des Korrigierens selbst. Aber noch viel mehr beschäftigt ihn der Verfasser – freilich in einem höchst willkürlichen und einmaligen Sinn. Hier liegt er, saugt an seiner Zigarre, die die Kompanie ihm liefert, und prüft in Gedanken den Kameraden Bertin auf seine Eignung, den Boxkampf durchzustehen, der ihm beschieden zu sein scheint. Unteroffizier Böhne, noch umgänglich aus Briefträgerzeiten her und mit der Partei sympathisierend, hat vor dem Schlafengehen ihm, Pahl, Andeutungen zugeraunt, die morgen früh eintreffen werden. Der Setzer Pahl denkt langsam und schrittweise. Seit er den Kameraden ganz allein im aufgestellten Viereck der Kompanie unter dem Geprassel der Graßnick'schen Phrasen hat stehen sehen, ist viel in ihm aufgewacht. Karl Lebehde hat also recht behalten, den Vollbart hat sich Kamerad Bertin ein paar Stunden zu spät abnehmen lassen – alle Achtung vor der Menschenkenntnis eines Gastwirts. Aber das sachliche Denken eines Setzers ist auch nicht zu verachten. Denn es bedient sich einer genauen Kenntnis des Militärischen, weil es auf einer genauen Kenntnis der menschlichen Gesellschaft beruht...

Von ihm aus gesehen ist der Zweck der menschlichen Gesellschaft der, immer genug Arbeiter für den mindest möglichen Lohn zur Verfügung zu haben, so, daß der Arbeiter vom Gewinn, der erzielt wird, selbst nicht profitiert, das Erzeugnis seines Könnens nicht kaufen kann und doch mit voller Hingabe dem Gang der Herstellung dient. Zu diesem Zweck müssen im Frieden vielfältige Voraussetzungen geschaffen und erhalten werden. Im Krieg vereinfachen sich diese auf eine geradezu geniale Weise: wer nicht vollwertige Arbeit leistet, kommt in den Schützengraben, mit der Aussicht auf Heldentod. Da er dies zeitig begriffen hat, hat sich der Setzer Pahl den Versuchen entzogen, ihn zu reklamieren, das heißt, im Heimatbetrieb des Zeitungshauses weiter zu beschäftigen. Er hat zugunsten verheirateter Kameraden verzichtet. Im Grunde aber hat er damals sorgfältig abgewogen, welcher Zwang ihm unerträglicher sei, und die verhältnismäßig größere Freiheit des Schippers der Knechtschaft im Zeitungshaus vorgezogen. Mögen andere die schmutzige Lügenflut der Kriegsverlängerer ins Volk schwemmen helfen.

Wilhelm Pahl empfindet sich ganz als das Erzeugnis von Klassenschichtung, ihrem Druck und Gegendruck. Er ist mit unschönem Körper und gequetschtem Gesicht zur Welt gekommen, das ist Schicksal, obwohl vielleicht Bergsonne und orthopädisches Turnen, also Wohlhabenheit der Eltern oder umsichtigere Fürsorge der Gesellschaft auch seine körperlichen Voraussetzungen verbessert hätten. Als eines unter sechs Kindern des Drehers Otto Pahl macht er die Volksschule durch, eine königlich preußische Volksschule in Schöneberg. Frühzeitig fällt der vorzügliche Kopf auf, den der kleine Kerl besitzt. Er könnte es weit bringen, wenn wohlhabende Eltern oder die umsichtigere Fürsorge der Gesellschaft sich dieses Vermögens, zu denken und zu lernen, angenommen hätten. Als Sohn des Drehers Pahl aber beendet er seine Schulbildung mit dem vierzehnten Jahr, und eine Lehrstelle in einer Druckerei ist das einzige, was die Fürsprache der Lehrer ihm vermittelt. Da er weder Forschungsreisender noch Naturkundiger werden kann, richtet sich seine Aufmerksamkeit früh auf die Voraussetzungen seines eigenen Daseins. Die Vermögenslage seiner Eltern kann er nicht mehr ändern: also muß er sich denen anschließen, die den Umbau der Gesellschaft planen. Er geht in die Schule der Arbeiterpartei, er wird bewußter Bestandteil einer Masse, der durch stets wachsenden Massenzudrang die Zukunft gehört. Um diese Masse im Zaum zu halten, bedient sich die Gesellschaft dieser Masse selbst: jedes Jahr steckt sie in Deutschland und überall hunderttausende Besitzloser in den Waffenrock und drillt sie, das Werk der Schulen fortsetzend, damit sie gegen ihre eigenen Interessen verwendbar werden und bereit, in Gestalt anderer Arbeiter sich selbst zu erschießen. In Friedenszeiten ist dies nur eine Möglichkeit; im Krieg grauenhafte, empörend dumme Wirklichkeit. Es bedarf also keiner Eklärung, daß der Setzer Pahl das Heerwesen haßt und den Krieg als eine Ausgeburt unerschöpflicher Dummheit der Massen verachtet. Gleichzeitig aber versteht er ihn; er ist der Gesellschaft im Streit um die Weltmärkte unentbehrlich, schaltet die Spannungen im Inneren der Staaten nach außen um und führt die Proletarierheere, die sich morgen gegen die herrschenden Klassen erheben könnten, heute zum gegenseitigen Abschlachten ins Feld der Ehre.

Der Setzer Pahl schließt die Augen. Es wäre gut, schon schlafen zu können, aber er kann noch nicht schlafen. Ihn regt die Richtigkeit seiner Thesen auf. Der Militarismus wird nervös, wenn auch nur das geringste Zeichen auftaucht, daß die Proletarier die schlaue Verschiedenheit ihrer Uniformen und Sprachen durchschauen. Weiß der Teufel, was sie von dem harmlosen Schlaf, dem Bertin, für eine Vorstellung haben. Aus der feierlichen Veranstaltung von vorhin geht jedenfalls hervor, daß sie sich seiner bedienen, um jede Verbrüderung mit französischen Gefangenen, denn so verstehen sie den Vorgang, zu ächten. Dabei hat dieser Bertin lediglich aus gutem Herzen gehandelt, aus einer anständigen, vielleicht sentimentalen Kameradschaft, und er denkt gar nicht daran, den Krieg als solchen etwa zu verneinen. Dazu ist er viel zu sehr das Produkt höherer Schulen und der Universität. Auch das hat Karl Lebehde genau erraten. Alle Achtung vor dem Genossen Lebehde.

Nun aber wird dem »Genossen« Bertin gar nichts weiter übrigbleiben, als ein wirklicher Genosse zu werden. Das sieht Wilhelm Pahl heute nacht, darum kann er nicht schlafen, und diesen Vorgang zu unterstützen, liegt er wach. Folgendes nämlich hat Unteroffizier Böhne ihm anvertraut. Morgen früh geht ein neues Kommando nach vorn. Es sind zwei langrohrige Geschütze in einer Senke zwi-

schen Fosses-Wald und Pfefferrücken stehen geblieben; die müssen morgen entfernt werden, bevor eine neue (bayrische) Haubitzenbatterie sich dort einrichten kann. Aber während sonst Frontkommandos aus den kräftigen Leuten des ersten und zweiten Zuges zusammengestellt wurden, soll sich das morgige sonderbarerweise aus den kleinen schwachen Leuten der neunten, zehnten und elften Korporalschaft zusammensetzen, die bisher im Kartuschzelt gearbeitet haben. Nun gehört der Sünder Bertin zur zehnten Korporalschaft, wie Pahl zur neunten, und die Unteroffiziere und Gefreiten, die mit nach vorn müssen, sind die drei Korporalschaftsführer. »Merken Sie was, Pahl?« hat Böhne gelacht, »wenn Sie ein gedienter Mann wären, würden Sie was merken.« Wilhelm Pahl ist kein gedienter Mann, aber er merkt es doch; es handelt sich um eine Gruppenbestrafung. Beim preußischen Militär fügt man in gewissen Fällen ganzen Gruppen Nachteile und Unannehmlichkeiten zu, wenn einer aus ihrer Mitte sich etwas hat zuschulden kommen lassen, um ihm die schlechte Laune seiner Kameraden zuzuwenden und so auf lange Sicht das Leben zu vergällen. Dazu hat Herr Glinsky die Gruppe der Unteroffiziere nach dem Appell um sich versammelt.
In anständigen Verhältnissen, zum Beispiel im Betrieb, erlischt eine Verfehlung, wenn sie durch eine Strafe gesühnt ist. In unanständigen Verhältnissen, also im Heere des Klassenstaates, beginnt mit einer solchen Strafe erst der Leidensweg eines Mannes. Von jetzt an wird sich der Bertin bei jeder Gelegenheit ins Unrecht setzen, aus einer mißlichen Lage wird er in die andere rutschen. Es wird schrittweise gehen, veilleicht Zögerungen erfahren, aber ruckweise, Stoß nach Stoß den Armierer Bertin mit der Härte des Lebens bekannt machen. Das ist so sicher wie die Fortpflanzung durch den Beischlaf. Bis jetzt hat er es bei seiner Kompanie nicht schlecht gehabt, seinen eigenen Angaben zufolge. Daß er nicht mehr sein will als irgendein anderer Schipper, gehört zu seinem Idealismus, und der Idealismus wiederum, weiß Wilhelm Pahl, gehört zu den feinsten Ködern, mit denen die Gesellschaft begabte Leute daran hindert, dem eigenen Interesse zu folgen, und sie vielmehr verführt, ohne Lohn, nur um der Ehre willen den herrschenden Klassen zu dienen. Denn wenn die Kompanie und die Parkleitung vermuten, ein jüdischer Schriftsteller und zukünftiger Rechtsanwalt sei Sozialist, so ist sie ja klüger als der Schipper Bertin selber und begreift besser, was sich für ihn schickt, und was er übrigens durch seine Gefühle und Kameradschaftlichkeit selber zum Ausdruck bringt. Etwas in diesem Herrn Bertin weiß offenbar Bescheid; nur sein Bewußtsein nicht. Von Bewußtseins wegen, das hat er oft verlautbart, glaubt er an die Notwendigkeit von Kriegen und an Deutschlans gute Sache. Und da sogar die Mehrheit der Partei so denkt, darf man ihm daraus wenig Vorwürfe machen. Gleichwohl bleibt Mißtrauen, ein wohlbegründetes, all solchen Jungen gegenüber als Grundhaltung so lange am Platze, bis sie durch Taten beweisen, zu wem sie gehören. Und doch wäre es in diesem Einzelfall äußerst wünschenswert, sich des Mannes zu versichern.
Da stand er also in der hellen Sonne am Pranger, ein Diener der herrschenden Klasse, und dachte immer noch aus Sachlichkeit die Dummheiten, die ihm vor-

geschrieben waren. Erziehung war, da sah man's wieder, mächtig und wichtig. Nun, jetzt würde ihm Erziehung zuteil werden. Der Glinsky, der Graßnick, der Oberst Stein, der ganze Apparat des Heeres würde dafür schon sorgen. Er aber, der Setzer Pahl, würde außerdem aufpassen, um solcher Erziehung den richtigen Dreh und die Spitze zu geben; das traute er sich zu. Ein Mann wie dieser Bertin konnte der Arbeiterklasse unschätzbare Dienste leisten. Er war ein Schriftsteller, von dem mitten im Krieg ein neues Buch gedruckt wurde. Wilhelm Pahl hatte zwar nichts von ihm gelesen, aber er hatte ihn reden hören. Der Mann konnte offenbar mit Worten ausdrücken, was er wollte; auch eine Versammlung von Menschen störte ihn dabei nicht. Pahl entsann sich gewisser Vorträge, die der Bertin in Serbien bei der Arbeit gehalten hatte, vierzig oder fünfzig durchaus kritisch gesonnene Armierer um sich herum. Er aber, Wilhelm Pahl, verstand nur, seine Gedanken vor einem oder zwei vertrauten Freunden auszubreiten; das Bewußtsein seiner Häßlichkeit, seines Buckels, seines kurzen Halses, seiner eingedrückten Nase und seiner Schweinsaugen, behinderte ihn zu sehr, öffentlich aufzutreten. Und nichts war so nötig, um die Arbeiterklasse weiterzubringen, als das. Die Gaben des Referendars Bertin und die Gedanken des Setzers Pahl zusammen: das wäre ein Werkzeug, nicht zu verachten! Der Haß in Pahl, seine Empörung über die verletzte Gerechtigkeit, die Klassengerechtigkeit: wenn die erst im Herzen eines Genossen Bertin brannte, wenn sein unbefangener Mut, seine Nichtachtung persönlicher Gefahr sich erst in der richtigen Richtung ansetzen ließ: dann war etwas da. Damit ließ sich arbeiten. Vielleicht schon im Krieg, bestimmt nach ihm. Jetzt lag alle Macht in den Händen der Herren. Die besitzende Klasse, welche die Offiziere stellte, verfügte über siebzig Millionen Deutsche und alles, was sie dachten, konnten und wollten. Daß sie diese Macht je wieder freiwillig aus den Händen geben würden, glaubten nur idealistische Schafe wie der Bertin. Aber was zu geschehen hatte, um sich ihr zu entwinden, war nicht die Sorge dieses Abends und der nächsten Woche. Nein, er, Wilhelm Pahl, würde Zeit genug haben, auf seine langsame Art auch hierüber Klarheit zu schaffen. Allerdings würde er die Frage nach dem Wie, Was und Wann nicht ins Belieben der Herren von der Parteimehrheit stellen. Nicht umsonst führte Wilhelm Pahl in der Kompanie den Ehrennahmen »Liebknecht«; über die Kriegskreditbewilliger urteilte er wie jener einsame Mann, der sein mutiges Auftreten im Reichstag und auf dem Potsdamer Platz am ersten Mai mit einem Zuchthaus-Urteil zu büßen hatte. In einigen Buden hatten die Genossen daraufhin zu streiken gewagt – kein schlechtes Zeichen. Vorläufig aber spielte man hier Schlacht vor Verdun und ließ sich den Kampf um die Herrschaft in Europa, ja auf der Erde, etwas kosten. Pahls Zigarre ging zu Ende, er war auch angenehm müde jetzt, Schlaf würde ihm gut tun und schnell kommen. Das waren so »Gedanken im Kriege«, andere freilich, als ehrwürdige Professoren sie aus Vaterlandsliebe in Zeitungsblättern hinlegten, wie Wilhelm Pahl eines vor ein paar Stunden der Unterwelt übergeben hatte, den raschelnden Maden in der großen Latrine. Der Zweiundvierziger schwieg auch, seit vorgestern schon, der bisher im Thilwald gebellt hatte, so laut,

daß hier die Baracke zitterte, achtzehnhundert Meter entfernt. Ein Rohrkrepierer, hieß es, hatte seinem Dasein ein Ende gemacht, ihm und der ganzen Bedienung. Wahrscheinlich waren sie überrascht, als plötzlich die Granate, so groß wie ein achtjähriger Junge, im Rohr zersprang, das Rohr zerriß, einen Krater von Stahl und Feuer spie – nicht erst bei den Franzosen drüben. Was war dieser Krieg hier? Ein gigantisches Unternehmen der Zerstörungsindustrie mit gehäufter Todesgefahr für alle Beteiligten. Und es bedurfte also nicht erst der französischen Flieger, die ja alle Tage frecher wurden, eine Kanone hinzumachen... Da: auch der andere löschte ein Licht. Der Zigarrenstummel fiel zischend in eine Blechbüchse, etwas Wasser hinderte ihn, zu stinken. Pahl paßte sich den Vertiefungen seines Holzwollsackes an, zog die Decke über sich, schmiegte die Backe in den zusammengelegten Waffenrock. Dem Bertin, das wußte er, diente für den gleichen Zweck ein feines Luftkissen aus Gummistoff. Ja, mein Guter, schlaf dir nur Schmalz in die Nerven, wirst es brauchen können. Zum ersten Mal spürte Pahl für den Kameraden eine Art grimmiger Sympathie.
Die Leute hier schnarchen lauter als die Geschütze draußen. Oder schweigen sie etwa? Hat die Gesellschaft ihr eisernes Maul wieder geschlossen? Rattern die Setzmaschinen nicht mehr da vorne, ist das Rollen der großen Druckerpresse verstummt, in der Tausende zu Buchstaben eines neuen Alphabets zukunftsschwangerer Sätze gepreßt werden? Es fahren keine Straßenbahnen mehr durch die Schöneberger Hauptstraße, jetzt ist Sonntagsruhe.

Signale

[...]
Bei Naumann Bruno (jeder Mann fügte dem Namen des Barbiers seinen Vornamen hinzu, um ihn von dem bedauernswerten Kompanietrottel Naumann Ignaz gebührend zu unterscheiden), in Naumanns Barbierstube herrschte Stille, Wärme, Helligkeit und der Duft von Mandelseife. Auf einem Stuhl saß Unteroffizier Karde, der sich die Haare hatte schneiden lassen. Der Leipziger Buchhändler, dessen kleiner Verlag zur Zeit brach lag, und der bestimmt Sorgen um Frau und Kind kannte, genau wie die Arbeiter, erfreute sich seines ernsthaften und menschlichen Wesens wegen beträchtlichen Ansehens bei allen urteilsfähigen Mannschaften, obwohl er politisch eher ihren Gegnern nahestand, den »Deutschnationalen«, wie sie sich nannten. Von den beiden Eintretenden erfüllte Karl Lebehde alsbald den Raum mit ein paar Späßen, so daß Karde lachen mußte, während er den gelungenen Haarschnitt in zwei Spiegeln begutachtete; dann setzte sich Lebehde zum Rasieren hin; Karde schnallte sein Koppel um, zahlte zwanzig Pfennige, grüßte und ging. »Schließ die Tür zu, Bruno«, sagte Lebehde so verbindlich, als komme das alle Tage vor. »Ich möchte dir hiermit einen Beweis meines Vertrauens übergeben, den du übermorgen nachmittag auf dem Bahnhof in Montmédy in den Ortspostkasten versenken sollst. Ich leg ihn dir

hier in die Schublade. Und nun zeig mal dem Genossen Pahl den Brief deiner Alten und das Stück Zeitung, das sie als Einwickelpapier mit deinem schönen Dachshaarpinsel geschickt hat. Denn, Wilhelm», erklärte er dem überraschten Pahl, »falls du's noch nicht gemerkt hast, Neuigkeiten fahren immer paarweise vorbei, wie die Elektrische, und diese hier lagert schon ein paar Tage bei mir.« – Das straffe rotbackige Gesicht des Barbiers zuckte, obwohl er an der Zuverlässigkeit Pahls, genannt Liebknecht, keinen Augenblick zweifelte. »Es war zu frech von der Alten! Jeden Abend will ich den Fetzen verbrennen, jeden Morgen sage ich mir, es wäre schade.« Er öffnete einen verbrauchten Karton, entnahm ihm sorgfältig geschichtete Briefe, las dann mit seiner halblauten Stimme aus der Mitte: »Es gibt viel Neues, aber nicht bei mir. Ich sitze mehrstens auf mein Zimmer. Wald und Feld sind ja jetzt kahl, doch was die Lebensmittel sind, bin ich immer auf dem Kien. Tal und Berg kommen ja nicht zusammen, aber die Leute. Was meinst du bloß zu Orje sein Gemecker? Schick ich dir mit dem Dachshaarpinsel, wirst dir nicht schlecht ärgern.« – Pahl hatte aufmerksam dagesessen, sehr bemüht, zu verstehen, warum ihm dieses harmlose Briefstück vorgelesen wurde. Er nahm es Naumann aus der Hand. Schweigend beugte sich der Barbier über ihn und zog mit dem Ende des Rasiermessers verbindende Bögen zwischen zwei Wortpaaren. Es entstanden, Pahl formte sie mit den Lippen, die Worte ›Zimmerwald‹ und‹Kiental‹. Mit einem Ruck sah er auf. »Donnerwetter!« sagte er. Die unterrichteten Arbeiter wußten: im vorigen Jahre und in diesem hatten sich Führer sozialistischer Minderheiten aus vielen Ländern in den schweizerischen Orten Zimmerwald und Kiental getroffen, Einzelne und Vertreter kleiner Gruppen, die die kriegsunterstützende Politik ihrer Mehrheitsparteien verwarfen. Zu ihnen hatte aus Deutschland der Abgeordnete Georg Ledebour gehört, ein älterer Mann, geachtet selbst bei seinen politischen Feinden. Die beiden gefährlichsten Köpfe der Unzufriedenen, der Abgeordnete Liebknecht und die Schriftstellerin Rosa Luxemburg, erhielten damals schon keine Visa mehr in die neu eingeführten Reisepässe oder saßen im Gefängnis. Schon 1915 hatte sich die Tagung mit einem Aufruf an die Arbeiterschaften aller Länder gewandt; für sie war der Weltkrieg nur die unbarmherzige Folge jener wirtschaftlichen Spannungen und der Eroberungsgier, die das Wesen der kapitalistischen Weltordnung ausmachten. Die deutschen Zeitungen jeglicher Richtung hatten diese »Zimmerwalder« ihrer verbohrten Wirklichkeitsfremdheit wegen nicht schlecht verhöhnt: während ringsum in Europa um Sieg oder Untergang gekämpft wurde, was der dümmste Bauernknecht begriff, dozierten diese Caféhäusler unbekümmert um das Weltgewitter, die Arbeiter gehe der Unterschied zwischen Krieg und Frieden wenig an. War ihre Lage mit dem Sieg des Unternehmertums im Frieden unvereinbar, so verschärfte der Krieg diesen Zustand noch, weil er sich von den Vätern und Söhnen der Arbeiterklasse Tag für Tag ernährte, vor allem also Schluß mit dem Kriege. »Sagen Sie das den Franzosen!« erscholl es in deutschen Blättern. »Predigen Sie das den Deutschen!« – in französischen. Und alsbald verschluckte Schweigen das unwichtige Ereignis, auf das die wackere Frau

Naumann hier anspielte. Mit zögernden Fingern öffnete jetzt der Barbier Naumann die Schublade des fichtenen Tisches, in der er seine Messer aufbewahrte. Sie war mit alten Zeitungen ausgelegt. Ein kleines Blatt nahm er heraus; es war leicht angegilbt, ganz unauffällig, war schon einmal zerknittert und wieder glattgestrichen worden. Pahl las: »Wo ist der Wohlstand, den man euch bei Kriegsbeginn versprach? Schon jetzt lassen sich die wirklichen Kriegsfolgen klar erkennen: Elend und Entbehrung, Arbeitslosigkeit und Tod, Unterernährung und Seuchen. Für Jahre und Jahrzehnte werden die Kriegskosten die Kräfte der Völker verschlingen, alle Errungenschaften vernichten, die ihr so schwer erkämpftet, um euer Leben menschenwürdiger zu gestalten. Geistige und moralische Verwüstung, Wirtschaftskatastrophen und politische Reaktion – das sind die Segnungen dieses entsetzlichen Völkerringens wie aller vorhergehenden...«
Pahls Gesicht ergraute. Seine häßlichen Züge wurden vor Ergriffenheit gleichsam durchscheinend, er tastete nach dem Herzen: das durfte irgendwo in der Welt, in der freien Schweiz, gedacht, gesagt und gedruckt werden! Nicht völlige Nacht umgab den Menschen. Ein Fünkchen Wahrheit glomm immer noch... Gebannt, gegen seinen Willen angezogen, hatte Naumann über Pahls Schulter die Zeilen mitgelesen. »Mensch, mach schnell«, damit schrak er auf, »jeden Augenblick kann einer kommen.« – Schweigend steckte sich Lebehde ein Handtuch in den Halsausschnitt der Wollweste, befeuchtete sein Gesicht. »Laß ihn allein lesen, Schaber«, sagte er. »Wir kennen es ja.« – Naumann trat zu ihm, seifte ihn ein, sagte zu Pahl: »Wir sind ja verrückt. Mach die Schublade zu. Schließ die Tür auf, lies für dich. Leg's in den Lokalanzeiger.«
Pahl tat so. Das gefährliche Papier überdeckte den Bericht des Journalisten Edmund Goldwasser über den huldvollen Besuch der Frau Kronprinzessin im Cäcilienlazarett, Potsdam. Er las: »In dieser unerträglichen Lage...« Er sah sie gleichsam um den Tisch sitzen, die Vertreter der leidenden Völker, mit zerdachten Gesichtern, zerpflügten Mienen, und ihre Kriegserklärung beraten, für die sie bereit waren, in die Gefängnisse zu wandern: sie erklärten Krieg der Völkerverhetzung, allem Nationalwahn, allen Kriegsverlängerern, sie riefen auf zum Zusammenschluß quer über die Grenzen, zu gegenseitiger Hilfe der unterdrückten Klassen. Sie gelobten, den Kampf um den Frieden aufzunehmen, um einen Frieden, der jeden Gedanken an Vergewaltigung von Völkerrechten und Volksfreiheiten verwarf. Sie stempelten ihr Verlangen mit dem Selbstbestimmungsrecht der Völker als unerschütterlichem Fundament und riefen den beherrschten Klassen zu, die Gesittung zu retten und die geheiligten Ziele des Sozialismus, ihre eigentlichste Aufgabe, im unversöhnlichen Klassenkampf mit demselben Todesmut durchzufechten, den sie seit Ausbruch des Krieges gegeneinander einsetzten.
Draußen putzte sich jemand umständlich die Stiefel ab, er war offenbar neben die Holzroste getreten – die allein den Lagerhof beschreitbar machten – in den rotbraunen Kleister, der ihn bedeckte. Pahl faltete ruhig die Zeitung zusammen, klemmte sie unter den Arm. »Gib sie mir«, sagte er zu Naumann, »ich heb sie gut

auf.« – »Behalt sie ruhig«, antwortete der, »ich bin froh, wenn ich sie los werde.« – Die Tür öffnete sich vor Unteroffizier Kropp. Gallig sah er umher, noch zwei Vordermänner zu finden. Aber der Setzer Pahl erklärte liebenswürdig, er komme später noch mal wieder, er habe mehr Zeit als der Herr Unteroffizier, und morgen sei ja auch noch ein Tag. »Du find'st ja allein nach Hause, Karl«, damit verabschiedete er sich. Draußen stockte er, schloß die Augen, atmete. Er hatte einen Ruf gehört und verstanden. Die Sterne waren dick von Wolken verpackt, aber sie hingen oben. So sicher sie oben hingen, so gewiß winkte der Sieg der Vernunft hinter der kämpfenden Arbeiterklasse, und das Wohl der Völker, wenn sie es richtig begriffen, war davon untrennbar. Ja, es war Zeit, zu handeln. Falls die Schreibstube zufällig nicht log und dienstfähige Mannschaften seit ein paar Wochen von keinem Heimatsbetrieb mehr angefordert werden durften, mußte man eben ein kleines Opfer bringen und nicht mehr dienstfähig sein. Ein paar Zehen oder ein Finger – mit aller Vorsicht selbstverständlich von wegen dem Militärgefängnis... Die Gesetze der herrschenden Klasse haben tausend Augen, aber die Intelligenz besitzt mehr: Flügel nämlich. Wärme strömte ihm von dem Zeitungsblatt zu, das er an sein Herz gepreßt hielt; er hätte laufen mögen, tanzen, schreien, singen: »Völker, hört die Signale...«

Als Karl Lebehde wenig später, strahlend rasiert, in der Baracke eintraf, berichtete er schmunzelnd: dieser Esel Kropp habe sich zugegebenermaßen die Haare nur schneiden lassen, um morgen mittag vor dem Herrn Kompanieführer proper aufzutreten, wenn er den Bertin zur Bestrafung vorführte. Die Dummheit der Menschen war unergründlich, immer wieder überraschte sie durch neue Feinheiten.

Die Handlung des Romans beginnt Mitte Juli 1916 mit den schweren Kämpfen um Verdun. Der Verweis vor versammelter Mannschaft ist für den Armierungssoldaten *Bertin*, der Hauptfigur des Buches, die erste Station seines Leidens- und Entwicklungsweges. Im Unterschied zu *Pahl* überlebt Bertin den Krieg.

»Erziehung vor Verdun« ist Teil des weit ausholenden Romanzyklus »Der große Krieg der weißen Männer«, dessen Grundstein Arnold Zweig 1927 mit dem epochemachenden Werk über den Weltkrieg »Der Streit um den Sergeanten Grischa« legte. Dieser Zyklus versucht, den Weltkrieg in seiner ganzen historischen Bedeutung, zu der auch die folgenreichen territorialen und gesellschaftspolitischen Veränderungen des europäischen Kontinents während der unmittelbaren Nachkriegszeit gehören, deutlich zu machen. Er umfaßt die folgenden Werke: 1. Die Zeit ist reif, 1957; 2. Junge Frau von 1914, 1931; 3. Erziehung vor Verdun, 1935; 4. Der Streit um den Sergeanten Grischa, 1927; 5. Die Feuerpause, 1954; 6. Einsetzung eines Königs, 1937. Ein abschließender Band »Das Eis bricht« wurde nicht vollendet.

Alfred Döblin
November 1918*

Niederlage in Ems und neuer Vorstoß

In Ems findet ein Kongreß statt, ein Berliner reist herüber, worauf alles anders wird, als sich einige vorgestellt hatten. Tief beeindruckt ist die Regierung. Man erfährt, wie einer eine Republik auf Generalsbeine stellen will und ihm jetzt angst davor wird, wie er aber weiter Deutschland betrügt und ihm die Früchte seiner Niederlage bringt.

Rückzug des Heeres

Die belgische Grenze überschritt in der Nacht zum 27. November der letzte geschlossene Trupp des deutschen Heeres. Ihr fester Schritt erschütterte Tag um Tag die Schiffsbrücke von Koblenz. Transparente riefen ihnen »Willkommen!« entgegen.
Das Band mit »Parole Heimat!« trug die ganze württembergische Division des Generals von Erff, die preußische Garde hatte es sich auf die linke Brust geheftet, ebenso die fünfte Armee. Diese fünfte Armee, die jetzt die alte Heimat grüßte, welche Kämpfe hatte sie hinter sich? In die Schlachten des August 1914 war sie mit Teilen des fünften und sechsten Reservekorps, mit Teilen des dreizehnten Armeekorps, dem Fußartillerieregiment 12, dem Pionierregiment 20 gezogen. Bei Verdun schlug sie sich im blutigen Stellungskampf vom August 1915 bis Ende Februar 1916, da umfaßte sie das fünfte Armeekorps, das fünfte Reservekorps, das sechste Armeekorps, das sechste Reservekorps, die dreiunddreißigste Reservedivision. Sie kämpfte im Sommer 1916 um Fleury, bei Zwischenwerk Thiaumont, 1917 immer Verdun, die Höhe 344. Sie lag zuletzt in der mörderischen allgemeinen Abwehrschlacht zwischen Champagne und Maas. Hier marschierten die Überlebenden.

Volksbeauftragter Emil Barth

So leicht gelang es ihnen nicht mit dem allgemeinen Soldatenkongreß, der an diesem 1. Dezember, wie gewünscht in Ems stattfand.
Das Große Hauptquartier wollte aufs Ganze gehen; seine Forderungen (hinter den Kulissen) waren: Beseitigung des Arbeiter- und Soldatenrats, völlige Wie-

---

* Alfred Döblin: Niederlage in Ems und neuer Vorstoß. Kapitel aus: A. D.: November 1918. Eine deutsche Revolution. Erzählwerk. Vorspiel und erster Band: Verratenes Volk, München, Alber 1948, S. 303–312. – Abdruck nach der Ausgabe München, Deutscher Taschenbuch Verlag 1978 (dtv 1389). Bd. 2, S. 255–264.

derherstellung der alten Offiziersautorität, sofortige Einberufung des alten Reichstags, der eine vorläufige Verfassung schaffen sollte, die endgültige Gestaltung könne eine Nationalversammlung übernehmen; weiter Waffenablieferung seitens der Zivilbevölkerung und, um dem Ganzen die Krone aufzusetzen, Auflösung aller revolutionären Formationen.

Aber der Radikale Barth, der unabhängige Volksbeauftragte, erschien wirklich in Ems, wo alles bis zu seiner Ankunft im schönsten Fahrwasser war: Man wetterte auf die Radikalen, lobte Ebert in allen Tönen, und wo sich Widerspruch meldete, wurde er prompt und programmgemäß zugedeckt. Und nun Emil Barth.

Der kleine wilde Volksbeauftragte stand auf, und es begann ein weitverbreitetes Zähneknirschen. Er nannte, dieser Metallarbeiter, einige Dinge bei Namen.

»Ihr werdet ganz falsch informiert. Was erzählt man euch von Berlin? Mord und Totschlag auf der Straße? Plünderungen? Von wem habt ihr die Nachrichten? Ich bin in Berlin, komme seit Monaten nicht raus. Es passiert da allerhand, wahrscheinlich in Ems und Kassel auch. Es gibt Leute, die noch immer das arme Volk provozieren und vor den Augen der Hungrigen schlemmen. Und wenn die hie und da mal eine Abreibung erfahren, so habt ihr wohl nichts dagegen. Man soll daraus keine Räubergeschichten machen. Sonst könnte das Volk auf den Einfall kommen, einmal einen offiziellen und allgemeinen Spaziergang in feine und feinste Wohnungen zu machen und da Haussuchungen vorzunehmen, wie es im Berliner Schloß bei Lehmann erfolgt ist.

Es herrscht Ordnung in Berlin: Die Reichen haben zu fressen und die Armen hungern. Wenn ihr's nicht glaubt, geht hin und überzeugt euch.

Man verbreitet Gerüchte über Berlin, Korruption, Bolschewikenherrschaft. Man erzählt Märchen von Streitereien zwischen den Volksbeauftragten und dem Vollzugsrat. Der Rat soll mit uns nicht zufrieden sein. Nun, die Volksbeauftragten haben untereinander, wie es sich von selbst versteht, über manche Dinge verschiedene Meinung. Wir sind Unabhängige und Mehrheitler. Aber wenn wir in irgendeiner Sache am selben Strick ziehen, so dann, wenn es gegen die Reaktion geht, die die Arbeiter und Soldaten spalten will.«

Er hielt ihnen vor, welche betrügerischen Parolen man ins Volk werfe. Man habe hier ein Mißtrauensvotum gegen den Vollzugsrat vorgeschlagen. Wem das zugute kommen wird? Den Volksbeauftragten? Nein. Die Volksbeauftragten wollen den Vollzugsrat nicht erschüttern, denn er stellt die Verbindung mit dem Volk her. Vielleicht haben aber Krautjunker, Kapitalisten und Offiziersbengel ein Interesse daran, uns vom Volk zu trennen, um uns dann bequemer den Hals umzudrehen.

Er tobte gegen die von Tag zu Tag größere Frechheit der Konterrevolution. Hinter diesem Mißtrauensvotum und dem Kampf gegen Berlin und den Vollzugsrat stecken gegenrevolutionäre Absichten. Er möchte der Katze die Schellen umhängen. »Wozu will man uns breitschlagen mit solchen Machenschaften, uns, die Volksbeauftragten, auf diesem allgemeinen Kongreß? Daß wir gefügige Instru-

mente in der Hand des Oberkommandos werden. Diese Herrschaften können noch immer nicht begreifen, was vorgefallen ist. Sie haben eine lange Leitung. Aber wir hoffen, sie bald zu verkürzen. Den Herrschaften steckt noch das Ludendorffregiment im Leibe. Sie vergessen nicht, wie sie einen Reichskanzler nach dem andern abgesägt haben. Und nicht mal ihren großen Lehmann, dem sie den Eid geschworen hatten, ließen sie aufkommen. Daß diese schöne Zeit vorbei ist, leuchtet ihnen nicht ein. Da wollen sie, daß wir alle, Volksbeauftragte, Ausschuß und der ganze Kongreß, nach ihrer Pfeife tanzen, und setzen noch frech ihre Vertreter mitten zwischen euch.«
Er erzählte vom Großen Generalstab, der rote Abzeichen verboten, aber vor drei Tagen klein beigegeben habe. »Jetzt erklären die großen Generale plötzlich: Die Soldatenräte sind Vertreter des Volkswillens. Wer lacht da? Und den Leuten traut ihr?«
Er gab noch mehr Daten und lud zuletzt die Soldatenräte ein, nach Berlin zu kommen.
»Es war zu schlau, euch in Ems zu versammeln, um euch Märchen zu erzählen.«
Der Zorn der Soldatenräte war groß. Von einem Mißtrauensvotum gegen den Vollzugsrat und gar von den Plänen Haeftens und des Oberkommandos war keine Rede.
Und um den Schlag noch härter zu machen, beschloß man, eine Gruppe von Soldatenräten nach Berlin zu schicken und den Machtbereich der Soldatenräte zu erweitern.
Dem kurznackigen Mann mit der schwarzen »Fliege« am Kinn, Ebert, dem Nußknacker, war bei den Meldungen aus Ems nicht wohl.
Er hatte Barth nichts in den Weg gelegt, nach Ems zu fahren. Aber Leute nach Berlin zu schicken, um sich hier »Zustände« anzusehen, war etwas viel. Wie sollte er da gegen die Ultralinken, die Spartakisten, auftreten, die ihm mißtrauten, die ihn haßten. Mit Recht, dachte er befriedigt; er selber verachtete die Dummköpfe. Da hatte noch eben Liebknecht in Berlin in den Prachtsälen des Westens (vor Gebildeten natürlich, Arbeiter fallen auf sein Gestottere nicht rein) die alten Sozialisten eine »Schwätzerbande« genannt, nach Moskauer Rezept, und die Nationalversammlung würde seine Fortsetzung sein, und auf das Frontheer, das jetzt zurückmarschiere, sollten die hohen Herren bloß nicht rechnen. Es könnte passieren, daß das Heer diese Bande davonjage.
Und die »blutige Rosa«, Genossin Luxemburg, wütete im Lehrervereinshaus gegen ihre Freunde, die Unabhängigen (das war nun schon eine Rasende, eine Frau, die vollkommen den Verstand verloren hatte); die sagte, man solle die Waffen gegen die Regierung erheben. (Sagt dieser armselige Krüppel, den man umblasen kann.) Und dann fordert sie: »Vernichtung des Kapitalismus, Annullierung aller Kriegsanleihen, Konfiskation aller Lebensmittel.«
Ebert in seinem schönen Zimmer, umgeben von Ordnung, befiel eine Wut, als er davon las. Er neigte zum Jähzorn. Wenn man solche unverantwortlichen Menschen weiter so rasen ließ, dann konnte man sich wirklich nicht wundern, wenn

eines Tages welche die Geduld verloren und sie derart zudeckten, daß sie das Hetzen vergaßen. Er sah förmlich rot. Die Buchstaben verschwammen ihm vor den Augen.
Scheidemann erschien, fröhlich, gut ausgeschlafen, geborener Optimist – wer möchte nicht in seiner Haut stecken? –, setzte sich zu ihm. Was hatte er in seiner Mappe? Munter blies er die »unerheblichen« Wolken, die aus Ems kamen, weg.
»Wir haben Glück«, meinte er, »du mußt dir aus Ems nichts machen. Wer wird schon da kommen?«
»Und diese Hetzereien des Liebknecht und der Luxemburg?«
»Das ärgert dich? Wundert mich. Liebknecht und Rosa können Steine vom Himmel reden, wenn sie wollen; ich rege mich darüber nicht auf. Setz dich mal in einen Saal, wenn sie reden, neben ein paar vernünftige Arbeiter.«
Ebert unterbrach: »Wer ist heute vernünftig?«
»Mehr als du denkst. Du müßtest sehen, wie sich die Leute vor Lachen biegen, wenn Liebknecht loslegt. Es ist für die meisten ein Affentheater.«
Ebert plinkerte mißtrauisch mit den Augen: »Der Mann zeigt Mut.«
»Wenn schon. Daraus macht man sich einen Dreck. Wenn er zu kreischen anfängt und die Augen verdreht – die Leute warten bloß darauf, nächstens kriegt er Schaum vor dem Mund –, dann stoßen sie sich an und platzen los.«
Ebert: »Stimmt das wirklich?«
»Du bist und bleibst ein Pessimist. Aber nun sollst du mal sagen, ob wir Glück haben oder keins.«
Und Scheidemann zog, süß lächelnd und des Effektes gewiß, aus seiner Mappe ein Blatt: ein Telegramm.
»An den Rat der Volksbeauftragten in Berlin. Man hat es mir übergeben. Wenn Haase eine Minute früher gekommen wäre vor mir, wäre es an ihn gelangt.«
Ebert runzelte die Stirn: »Welche Adresse?« »Rat der Volksbeauftragten Berlin.«
»Das ist alles?«
»Ja.« (Einen Augenblick wunderte sich Scheidemann: Er scheint mir vorzuwerfen, daß ich es geöffnet habe, ich werde doch ein Telegramm öffnen dürfen.)
»Also bitte«, sagte Ebert kurz.
»Ja, wir können von Glück sagen, daß ich es erwischt habe. Da telegraphierte ein Schreiber des Oberkommandos der achtzehnten Armee: Die Oberkommandos haben Geheimweisung von der Obersten Heeresleitung bekommen, die brauchbarsten Divisionen von unsicheren Elementen zu säubern, mit aktiven Offizieren auszustatten und zum Abtransport bereit zu halten.«
»Nochmals«, sagte Ebert, »erlaube. Ich möchte selbst lesen.«
Er las es und legte das Blatt von sich. »Wer hat das Telegramm sonst gelesen?« – »Nur du und ich. Ich sage ja, es ist ein Glück. Denn (er flüsterte und beugte sich zu Ebert) wenn es an Haase oder Dittmann gegangen wäre...«
Ebert spielte mit seiner Uhrkette und beendete den Satz trocken: »Unabsehbare Folgen. Man sieht, was bei unserer Desorganisation herauskommt.«

Ebert schien sich über den Glücksfall nicht zu freuen. Er zog sein Notizbuch und schrieb etwas ein, er sagte nicht, was, es war für das heutige Telefongespräch mit Kassel.
Wie er das schmale Büchlein wieder in die Brusttasche schob, nickte er Scheidemann zu: »Jedenfalls war es gut, daß du das Blatt abgefangen hast.«
Und plötzlich verstärkte sich seine Stimme: »Was machen die Kerle eigentlich? Was machen die in Kassel?« Er sagte nicht: Sie hintergehen mich. Aber er wurde stiller. Es wurde ihm jetzt klar, was vorlag: daß sich hinter seinem Rücken etwas abspielte, daß er von drüben betrogen werden sollte. Er hatte einen unruhigen Blick, rieb sich den Nacken und fragte mit unsicherer Stimme: »Vielleicht zeigt man das Telegramm doch Dittmann und Haase.«
Scheidemann staunte, Ebert zischte ihn förmlich an: »Damit die Bande in Kassel endlich lernt, nicht unverschämt zu sein.«
Das war nun die erfreuliche Nachricht Scheidemanns, die Glück bedeuten sollte. Ebert litt es nicht auf dem Stuhl. Er wanderte auf seinen kurzen Beinen erregt durch das Zimmer.
Scheidemann: »Vielleicht nimmst du die Sache zu ernst. Schließlich, wenn die Spartakisten überhandnehmen, muß doch was geschehen. Der Meinung warst du doch immer.«
Ebert: »Darüber hat man mit mir zu verhandeln. Dann bin ich zu informieren. Das ist ein Geheimbefehl.«
Er rupfte an seinem Kinnbart und flüsterte: »Um Gottes willen, Gottes willen.« (Dann haben die Unabhängigen also doch recht; die Generale in Kassel wollen mich übers Ohr hauen. Die haben mich schon aufs Glatteis gelockt, Liebknecht wird recht behalten, man wird mich wegfegen. Ich bin geliefert. Mir sind die Hände gebunden.)
»Was hast du bloß?« tönte die sanfte Stimme von Scheidemann. »Erstens wissen es nur du und ich, und zweitens, wir werden ihnen einen Dämpfer aufsetzen, dem Großen Hauptquartier – falls die Sache überhaupt stimmt.«
Ebert näherte sich wieder seinem Stuhle, zur Beruhigung Scheidemanns, und setzte sich. Er fragte Scheidemann: »Was ist also deine Meinung?«
»Sehr simpel«, sang der ehemalige kaiserliche Staatssekretär, »der Obersten Heeresleitung in Gestalt von Herrn Groener stoßen wir Bescheid. Und lassen ihn wissen, daß wir über alles genau unterrichtet sind.«
»Du denkst, damit erreichst du was.«
Scheidemann lachte: »Es ist schon gut, wenn sie merken, wir wissen was. Denn daß die Herren gern was möchten, versteht sich von selbst. Kann man ihnen auch nachfühlen.«
Ebert giftete: »Es sind Verräter.« (Er sagte nicht, wen sie verrieten.)
Scheidemann klopfte sein Knie: »Du bist ein so kluger Mann und solch gutgläubiges Kind, und dich wundert das.« Und er faltete die Hände über dem Leib und blickte zur Decke auf: »Das wissen wir doch, daß sie uns verraten wollen. Übrigens, einen Eid haben sie uns nicht geschworen.«

Ebert brütete über der Tischplatte: »Wir werden nachher in der Sitzung nichts von dem Telegramm erwähnen. Ich bitte drum. Und du überläßt mir das Telegramm.«
Scheidemann machte eine großzügige Bewegung gegen den Tisch hin: »Bitte unter keinen Umständen diesen Schreiber verraten. Er kann uns noch gute Dienste leisten.«
Ebert knurrte: »Auch so ein Kerl. Eine durch und durch verlogene Gesellschaft. Der Bursche wird die Sache noch andern erzählen und uns Schwierigkeiten machen.«
Am nächsten Tag erließ das Oberkommando gegen den Schreiber einen Haftbefehl wegen Aufwiegelung.

Aus Ems kam der Triumphator Barth zurück mit den Forderungen des Kongresses in der Tasche. In die Sitzung der Volksbeauftragten brachte er ferner eine andere sensationelle Neuigkeit: einen neuen Geheimbefehl der Obersten Heeresleitung zur Freiwilligenwerbung für die Ostgebiete, und diese Freiwilligen sollten sich auch für den Dienst in der Heimat verpflichten.
»Also«, donnerte er, »das sind die Früchte eures Entgegenkommens. Das Große Hauptquartier stellt eine weiße Armee auf. Gegen wen? Gegen uns.«
Die andern Unabhängigen unterstützten ihn. Darauf stellte Barth formelle Anträge. Er verlangte nichts weniger als die Verhaftung Groeners wegen Auflehnung gegen Verordnungen der Regierung und seine Vorführung vor ein Revolutionsgericht.
Aber man war nicht mehr in Ems. Hier rauchten und schrien keine Soldaten. Im weich ausgelegten Konferenzsaal mit geschnitzter Bibliothek saßen ruhige Männer um einen Tisch vor Akten. Das Wort »Revolutionsgericht« klang ganz falsch. Man war nicht Barths Meinung. Scheidemann warf hin: Groener wäre noch immer eine der sichersten Stützen der Regierung. Das schien Barth ungeheuerlich.
Ebert beugte sich über den Tisch: »Ja, will man es zu einem offenen Kampf zwischen Truppen, die noch in der Hand der Generale sind, und der Heimat kommen lassen? Was können wir ihnen im Ernstfall gegenüberstellen?«
Barth: »Massen bewaffnen. Der ganze Spuk ist in ein paar Tagen zerstoben.«
Ebert schwoll der Kopf glührot: »Während des Rückmarschs der Truppen, während wir uns vor Schwierigkeiten nicht bewegen können, vom Hunger, Unordnung, der Verkehrskalamität, von Eisner nicht zu reden, da sollen wir in der Heimat ein Blutbad anrichten. Mir genügt das Beispiel in Rußland. Ihre Revolution dauert zwei Jahre. Bei uns würde die Entente außerdem einfach einrücken und sich Pfänder holen.«
Barth grimmig: »Und wohin kommt ihr mit eurem Techtelmechtel mit Groener?«
Knurrend wünschte Barth eine formelle Erklärung von Ebert, daß er sich diesem Anschlag der Obersten Heeresleitung entgegenstellen werde.

Ebert ohne Zögern: »Wir werden eine Untersuchung einleiten, von wem in Kassel dieser Geheimbefehl ausgeht, und wer ihn gegengezeichnet hat. Und zwar sofort. Ich fürchte, unserm Groener entgeht da einiges. Man erzählt von Cliquen und Gruppen im Großen Hauptquartier. Man muß ihn darauf aufmerksam machen.«
Die Angelegenheit – verlief im Sand.

Geheimlinie 998

Am Telefon beklagte sich Ebert bitter gegen Groener wegen der Vorkommnisse. Groener kannte die Sache, aber auch die Natur des kleinen Volksbeauftragten. Ebert war Süddeutscher wie er. Man setzte diesem Mann, der an Einsicht und Kaltblütigkeit seine Umgebung turmhoch überragte, in Berlin furchtbar zu. Er tröstete Ebert und ermutigte ihn. Ebert bestand darauf, daß man ihn über alle, absolut alle militärischen Maßnahmen, Entlassungen, Umgruppierungen, Neuformierungen, die man vornehme, informiere. Er lasse sich unter keinen Umständen vor vollendete Tatsachen stellen.
Der General wiegte drüben den Kopf. Aha, er rebellierte wieder. Man war falsch vorgegangen. Er beruhigte den Mann am andern Ende der Leitung. Ebert habe von ihm wirklich keinen Versuch zur Wiederherstellung der Monarchie zu fürchten. Daß das Offizierskorps sich seine alte Ehre und Achtung wieder erwerben wolle, verheimliche er nicht und habe er nie verheimlicht. Aber da gingen ja ihre Interessen und Wünsche Hand in Hand.
»Oder wünschen Sie, mein lieber Reichskanzler, die Erweiterung der Macht der Soldatenräte, wie sie uns der Emser Kongreß bescheren will?«
Ebert verneinte bestimmt, bat aber, ihm jedes Unsicherheitsgefühl zu ersparen. Man hätte am 9. November ein Bündnis geschlossen. Da müsse jeder Partner auf die Empfindlichkeit des andern Rücksicht nehmen – was seinerseits pflichtgemäß immer geschehe.
Groener bestätigte es und besänftigte die Stimme wieder, deren Erregung er bedauerte: »Sie sollten einmal ernsthaft daran denken, aus Berlin wegzugehen. Auf die Dauer verlieren Sie drüben zwischen all diesen Barths, Liebknechts und Luxemburgs die Bewegungsfreiheit und zerreiben Ihre Nerven.«
»Exzellenz, ich tät's lieber heute als morgen.«
»Und?«
»Was würde in Berlin hinter meinem Rücken geschehen?«
»Was denn?«
»Das läßt sich wohl denken.«
»Bin nicht ängstlich. Sofort setzen sich die Radikalen an die Macht. Nicht wahr? Warum nicht? Da haben wir sie bequem und holen sie herunter.«
Sie sprachen sich freundlich, ja herzlich zu und belauerten sich. Groener kündigte an, daß er mit Oberst von Harbou und andern morgen über das Ergebnis

von Ems konferieren werde. Auch der Generalfeldmarschall habe um einen Vortrag über die Lage gebeten.

»Es kommt die Zeit, lieber Herr Reichskanzler, wo man Entschlüsse fassen muß. Ich behalte mir vor, Ihnen morgen abend das Ergebnis meiner Besprechungen mitzuteilen. Eine geruhsame Nacht.«

[...]

Zur Editionsgeschichte: 1939 erschien bei Bermann-Fischer in Stockholm und bei Querido in Amsterdam: »Bürger und Soldaten 1918. Eine deutsche Revolution. Erzählwerk in drei Bänden. Erster Band«. Nach dem Kriege verhinderten die Besatzungsmächte den Wiederabdruck dieses Bandes. Döblin erweiterte aus diesem Grunde den zweiten Band des inzwischen auf vier Bände konzipierten Werkes um ein »Vorspiel« und publizierte ihn als Band 1. Es erschienen nunmehr unter dem Obertitel »November 1918. Eine deutsche Revolution. Erzählwerk« beim Verlag Karl Alber in München: »Vorspiel und erster Band: Verratenes Volk« (1948); »Zweiter Band: Heimkehr der Fronttruppen« (1949) und als Abschluß »Karl und Rosa« (1950). 1978 veröffentlichte der Deutsche Taschenbuch Verlag in München unter dem gleichen Obertitel erstmals die ungekürzte Fassung des Gesamtwerks in vier Bänden: Band 1: »Bürger und Soldaten«; Band 2: »Verratenes Volk«; Band 3: »Heimkehr der Fronttruppen«; Band 4: »Karl und Rosa«.

Döblins breit angelegte Romantetralogie ist ein Versuch, historischen Zeitbericht und psychologischen Entwicklungsroman zu verbinden. Der Autor bekennt sich darin zur »Parteilichkeit der Tätigen«; das die Hauptfigur, den Lehrer Becker, vorzugsweise beschäftigende Problem ist die Frage, »wie er überhaupt zum Handeln gelangen soll«. Bei der Suche nach einem Standpunkt entfaltet sich das Panorama der Revolutionszeit. Döblin hat nach seinem Übertritt zum Katholizismus (1941) die ursprüngliche Konzeption des Romans verändert: Becker gelangt am Schluß zu einem christlichen Lebensideal, das die bewaffnete revolutionäre Tat nicht ausschließt.

Rat der Volksbeauftragten und Vollzugsrat: Um das Vakuum, das am *9. November 1918* durch die Abdankung Wilhelms II. und die Übertragung der Geschäfte des Reichskanzlers an Friedrich Ebert entstanden war, aufzufüllen, konstituierten SPD und USPD (Unabhängige Sozialdemokratische Partei, linke Abspaltung der SPD) am 10. November als provisorische Regierung den *Rat der Volksbeauftragten*, bestehend aus drei Mehrheitssozialisten (*Ebert, Scheidemann,* Landsberg) und drei Unabhängigen *(Haase, Dittmann, Barth).* Der Führer der äußersten Linken, Karl Liebknecht, und der Führer der radikalen »revolutionären Obleute«, R. Müller, verweigerten den Eintritt. Der Rat der Volksbeauftragten verkündete das allgemeine Stimmrecht für Frauen und Männer, den Achtstundentag und versprach die Sozialisierung der Industrie sowie die Beteiligung der Arbeiterräte an der Leitung der Fabriken. Nach den ersten blutigen Truppeneinsätzen gegen die Arbeiter (6. Dezember) und Matrosen (23./24. Dezember) in Berlin verließen die USPD-Mitglieder protestierend den Rat, an ihre Stelle traten SPD-Mitglieder, darunter Gustav Noske, Beauftragter für Militärangelegenheiten. Ebenfalls am 10. November 1918 traten im Zirkus Busch die von den Berliner Soldaten und Arbeitern gewählten Vertrauensmänner zusammen: Es bildete sich ein 28köpfiger *Vollzugsrat*, diesem gehörten zur Hälfte Soldaten, zur Hälfte Arbeiter – je sieben der SPD und der USPD – an, darunter H. Müller, G. Ledebour, E. Barth, R. Müller. Die Versammlung erklärte, die Regierung sei der Beauftragte des Vollzugsrates und der Vollzugsrat sei der Ausschuß der Arbeiter- und Soldatenräte, die sich als Ausdruck des revolutionären Volkswillens, als provisorisches Parlament, gebildet hätten. Der Rat der Volksbeauftragten wurde bestätigt.

Hans von *Haeften,* 1870–1937, preußischer Offizier und Militärschriftsteller, 1918 Ver-

bindungsoffizier der Obersten Heeresleitung (OHL) zum Reichskanzler, 1920 verabschiedet.
Geheimlinie 998: Noch vom Krieg her führte von der Reichskanzlei eine geheime Telefonverbindung zum Schloß Wilhelmshöhe in *Kassel*, dem Sitz des Hauptquartiers der OHL. General Wilhelm *Groener,* 1867–1939, war seit dem 26. 10. 1918 Erster Generalquartiermeister und Mitglied der OHL (Nachfolger Ludendorffs), er leitete 1918/19 den Rückmarsch und die Demobilisierung. Von 1920–1932 verschiedene Ministerposten.

Adam Scharrer
Maulwürfe*

Den Winter über hatte ich die größten Steine aus dem Acker auf der ›Höh‹ herausgegraben. Um diesen Acker läuft bereits eine Steinmauer, davon könnte man ein Haus bauen. Sie wachsen immer wieder aus dem Boden. Bärbel hatte die Kartoffeln geharkt und berichtete, sie kämen in diesem Jahr gleichmäßiger. Es gibt nun wieder festes Geld. Wenn der Hopfen einschlägt, bauen wir vier, vielleicht auch sechs Zentner. Vor dem Krieg kostete der Zentner bis zu zweihundert Mark. Die ›Große‹ wollen wir nach dem Kalben verkaufen. Wir rechnen für dreihundert Mark. Mit dem Eier- und Milchgeld muß Bärbel ihren Bedarf an Zucker, Kaffee, Salz und Gewürz decken. Hans und Max reißen Stiefel und Hosen entzwei, Wolfgang wächst rasch aus allen Sachen. Steuern, Schulgeld, Gemeindeumlage, Brandkasse, Lichtgeld. Die Ziegel des Scheunendaches sind morsch, die Latten brüchig. Der Stuck am Hause löst sich. Die Weinrebe läßt die Sonne nicht durch, so konnten nach nassem Wetter die Wände nicht austrocknen. Die Reparatur für Scheune und Haus ist auf sechshundert Mark veranschlagt. Ein Pfund frisches Fleisch für den Sonntag, manchmal eine Flasche Bier zum Abendbrot, einen Anzug für mich, ein Kleid für Bärbel, Schuhe für uns beide und Großmutter: vielleicht bringen die Kirschen etwas Geld. Vor dem Kriege kosteten sie vier, fünf, die besten sechs Pfennig pro Pfund. Bis zu fünfzehn Zentner betrug in guten Jahren die Ernte.
Das ist eine Rechnung, die geht nie auf, wird immer wieder von neuem begonnen.
Die ›Große‹ brachte im Verkauf nur zweihundertzwanzig Mark. Doch Hans kommt aus der Schule. Er soll Metzger werden. Er bekommt Kost und Logis und im ersten Jahr eine Mark die Woche. Einen Mann weniger zum Essen, das ist zu spüren! In ein paar Jahren kommt auch Max aus der Schule, wenn auch er gut unterkommt, haben wir es schon leichter. »Wird schon werden«, denkt der Bauer.

---

* Adam Scharrer: Maulwürfe, Prag, Malik-Verlag 1933, S. 137–153.

Zwischen erster Heu- und Roggenernte sind gewöhnlich ein paar stille Wochen. Wenn es mit dem Wetter gut paßt, reifen in dieser Zeit die Kirschen. Die meisten und die gute Sorte hatten wir heruntergebracht, die letzten hatte es verregnet. Wiesen, Kartoffeln und Rüben lagen jedoch schon wochenlang welk und saftlos in der Sonne. Der Regen hätte den Schaden an den Kirschen wohl aufgewogen, wenn es drei, vier, sechs oder vierzehn Tage geregnet und nicht mehrere Male so gewittert und gehagelt hätte, daß weitum kein Kornfeld mehr war, das es nicht in den Boden schlug. Nach vier Wochen klärte es sich wieder auf. Die Sonne stand knallend heiß am Himmel. Von dem Sommerkorn wäre noch viel zu retten gewesen; doch kaum war es abgemäht, da begann es von neuem zu regnen. Das Korn wuchs auf den Feldern aus. Der Hopfen hing verkümmert an den Stangen.
Die Kartoffeln sind noch nicht verloren. Auch das Stroh ist, wenn's Wetter gut wird, noch zu gebrauchen. Etwas kann der Hopfen vielleicht doch noch bringen? Hoffentlich bekommen wir das zweite Heu gut in die Scheune!
Noch einmal riß die Wolkendecke auf, ließ die Sonne durch. Auf allen Wiesen wurde gemäht. Noch einige Tage, dann war das Heu im Stadel, das Stroh trokken, wenigstens trocken Brot für das Vieh daheim.
Das meiste Heu lag schon in Haufen, den ganzen Grund am Mühlberg hin, als es von neuem gewitterte. Und so gewitterte und goß, daß wir das erste Heu vom Boden herunterholen und in die Werkstatt bringen mußten, weil der Sturm das halbe Scheunendach abgedeckt hatte. Acht Tage hielt das Wetter an, dann kam ein langer, noch warmer Sommer. Dem zweiten Heu hatte der Regen nicht allzuviel geschadet, soweit es, noch einmal auseinandergeworfen, trocknen konnte. Doch das meiste lag am Mühlbach. Über Nacht trat der Bach über die Ufer. Am Morgen schwammen die Haufen auf dem Wasser. Gegen Mittag war das gesamte Heu im Grund abgetragen. Das Wasser zog sich zurück und ließ eine Schicht Schlamm und Steine liegen. Der Hopfen wurde rot, es lohnte nicht, ihn abzupflücken. Korn und Stroh waren nur noch für Streu zu gebrauchen. Die Kartoffeln wurden zum großen Teil schon in der Erde wurmig und faul. Wir hatten kein Korn für Brot, kein Futter für das Vieh, und die Kuh war verkauft; die Färse gab noch keine Milch, war noch nicht einmal trächtig. Kein Hopfengeld. Salomon, Kleidergeschäft in Felben, hatte für Hans einen Anzug geliefert, für mich einen Mantel, den ersten seit meiner Heimkehr.
Aus unserem Wald an der Blankauer Straße ließen sich vierzig, auch fünfzig Tannen heraushauen. Man könnte von dreihundert Mark Heu und Korn kaufen, die dringendsten Rechnungen begleichen. Ich hing an diesem Wald mehr als an jedem Acker. Gar manches Mal bin ich mit Bärbel und den Kindern hinausgepilgert, wenn die Maiglöckchen blühten. Oft sind sie den Berg hinaufgeklettert, nach Elstern- und Krähennestern suchend, und ich blieb zwischen den Tannen sitzen. Kein kleiner Bauer im Dorf hatte einen solchen Wald. Am Abhang war die Streu meist trocken, wenn im März die erste warme Sonne ein paar Tage durchkam. Die Bauern ohne Wald mußten auch Streu pachten. Unter dreißig Mark im Jahr gab's auch die nicht.

Ohne Wald muß der Bauer jedes Brett bezahlen, jeden Balken für Reparaturen an Haus, Scheune oder Stall. Wir rechneten und überlegten, bis auch uns Mitte Oktober die Gutsverwaltung die Mahnung für die Pacht zugehen ließ. Siebenundsechzig Mark. Auf vornehmem Briefbogen geschrieben, unterstempelt: ›Baron von Eich‹.
Das gab böses Blut. Die Gutsverwaltung drohte, bei Zahlungsverweigerung die Pachtverträge zu lösen. Sie konnte ja die Wiesen im nächsten Jahr mähen lassen und das Heu verkaufen. Die Bauern brauchen jedoch nicht nur Heu, sondern auch Gras für den Sommer. Die Zeitungen waren schon wochenlang voll von Berichten über die trostlose Lage der Bauern. Der Bayerische Landtag debattierte tagelang, aber von einer Hilfe war nichts zu spüren.
Mein Vorschlag, uns an den ›Bund der Frankenbauern‹ zu wenden, dessen Vorsitzender Dornbusch war, wurde daher von vielen unterstützt.
Dornbusch war der Sohn einer Häuslerin von Kirchenweiher, einem Dreigehöft im Niedertrimmbacher Tal. Er hat einige Jahre auf der Landstraße verbracht, ein paar Jahre im Krieg, und war nun Redakteur und M. d. L.
Am Sonnabend darauf kam Dornbusch. Es regnete. Er war zu Fuß über den Berg gekommen, Stiefel und Hosen schmutzig und naß. Er hatte auch in den Dörfern Wildberg und Silberflecken einige Bauern aufgesucht und ihnen den Vorschlag gemacht, Delegierte zu einer Konferenz der Bauern aus dem Hochwassergebiet zu wählen.
»Ihr seid doch einverstanden?« fragte er mich.
»I glaub, da sans all einverstandn! Die Klan gwiß. Den stehts Wasser bis an Hols.«
»Um wos handelts sichs denn?« fragte Bärbel und Großmutter.
»Bauernversammlung.«
»Ob dös wos hilft? Da werdn si die Herrn viel draus machn!«
»Habt ihr den Wießner gekannt aus Silberflecken?« fiel Dornbusch ins Gespräch.
»Recht gut«, meinte Bärbel. »Sei Frau is mit mir in die Schul ganga. Vor a paar Wochen hats doch an schwern Leibschodn davotrogn, is mit an Kartoffelsack gfalln und ins Spital kumma.«
»Der Wießner ist die Nacht ins Wasser gegangen.«
»Dös ka doch net sa! Dös tut doch der Wießner seiner Frau net a. Ist doch jede Wochn nüberglaufn und hat gsagt, daß alles wieder wird. Ho doch öfter mit n gsprochn.«
»Hom doch nu an Haufn klane Kinder«, meinte Großmutter.
Wießner hatte nicht nur Unglück mit der Frau, erzählte Dornbusch weiter, sondern auch mit einer Kuh, die ihm eingegangen ist. Es ist ihm nicht nur Heu und Korn verdorben, sondern durch einen Dammbruch hat das Bergwasser von zwei Äckern den Humus fortgespült bis auf die Steine. Die Frau noch nicht transportfähig, aber er sollte zahlen. Da wollte er den ›Bummel‹ verkaufen. Er hatte sich aber mit Wechseln eingelassen. Der Gerichtsvollzieher ist ihm zuvorgekommen.

»Kann mirs schon denken«, fuhr Dornbusch fort, »die vielen Kinder, eine kranke Frau, nichts versichert, da ists kein Wunder, wenn ein Mann den Kopf verliert. Aber, Bauern, so kanns doch nicht gehn!« Dornbusch stand lang und klotzig auf. »Ins Wasser gehen und das Land liegen lassen, für die anderen, die Großen?«
Am Abend versammelten wir uns beim Blechner. Dornbusch kam zurück aus Hohensprung und Blankau. Er berichtete, daß dreißig Bauern zusammengewesen seien. Der Bürgermeister wurde als Delegierter gewählt. Aus Steinernlaibach wurden Habakuk und ich gewählt. Die Konferenz wurde für den kommenden Sonntag festgesetzt.

Erst nach Mittag konnte die Sitzung beginnen. Viele Bauern waren von weit hergekommen, die meisten zu Fuß. Da sich die Stube als zu klein erwies, wurde die Scheune ausgeräumt und die Tore geöffnet. Die vor die Scheune geschobenen Wagen, Pflüge und Schubkarren verwehrten von der Straße her die Sicht.
»Die Bauern müssen selbst ihre Stimme erheben, wollen sie nicht rettungslos verschulden und von Haus und Hof getrieben werden!« war die Meinung der Delegierten.
Sie forderten: «Befreiung von den Steuern, Bewilligung ausreichender Kredite, Übernahme der Schulden der Kleinbauern durch die Regierung, Lieferung von Saatgetreide und Saatkartoffeln.«
Dann wurde beschlossen, für das Blankauer Gebiet einen Bauernkrongreß einzuberufen und in den Dorfversammlungen Delegierte zu wählen. Als Ort der Tagung wurde Steinernlaibach bestimmt und als provisorisches Komitee die Delegationen aus Steinernlaibach und Blankau.
Das ging jedoch nicht ganz reibungslos ab. Habakuk war als alter Landbündler für Schutzzölle. Wir müßten, wenn die Bauernarbeit sich wieder lohnen solle, eine ›weitsichtige‹ Bauernpolitik betreiben, meinte er. ›Weitsichtige‹ sagte er mindestens zehnmal. Da ihm einige zustimmten, reckte er sich immer länger, sein alter Kopf auf dem dürren Hals drehte sich nach allen Seiten.
Der Bauer Holländer aus Spitzwinkel war anderer Meinung: »Daß dös weitsichti sa soll«, sagte er, »will net in mein Kupf nei! Die Herrn von Aar und Halm und die von Eisen und Stahl, die werfn sich doch gegenseiti die Báll zu. Wenn ober der kla Bauer a mal an Metzn Kurn oder a Kanna Milch, a bißl Butter oder a Sau verkauft, muß er doch a überlegn, wos er kauft. Für den Zoll an Zucker, Kaffee, Gwürz, Tabak, Kleider, Schuh, Werkzeig wird ihm doppelt und dreifach wieder gnumma, wos er durch n Zollpreis für sei War kriegt hat.«
»Und die Butter ka der Bauer scho suwieso bald alla essn, die Arbeitslosn in der Stadt könn s ja nimmer zohln«, sagte ein anderer. »Und wos der Bauer kaufn muß, wird immer teirer, weil durch die Zöll a War durch die ander mitgrissn wird. Und s Ausland macht s nacha gnau su. Es haut auf die deitsch War Eifuhrzöll drauf, daß zletzt überhaupt niks mehr über die Grenz naus geht, die Arbeitslosigkeit nu größer wird und der Absatz für unser War vollständi erdrosslt wird. Da

ka aner sogn, wos er will, der Gedankengang ist immer richti: ›Arbeiternot ist des Bauern Tod‹!«
Habakuk gab sich aber noch nicht geschlagen. »Wenn die Grenzn vollständi aufgmacht werdn, könna mir uns all aufhänga. A solche Konkurrenz wie in Amerika, mit den weitläuftign Flächn Ackerland, Traktoren drauf, mit tausndn und abertausndn Stück Mastvieh in aner Hand, Fleisch- und Wurstfabriken, da würed uns in Deitschland bal s Schnaufn vergeh. Gegn den Gedankngang hast niks vorbringa könna und drum bleib i dabei!«
Dornbusch ergriff noch einmal das Wort. »Gegen Maschinen und Fabriken zu kämpfen, um die Hemden selber zu wirken, einen Schlüssel, den man für zehn Pfennig kauft, vom Schmied machen zu lassen, der drei Stunden Arbeit daran hat, Bauern, das ist nicht weitsichtig, das ist kurzsichtig. Die Arbeiter in den Fabriken sind ja eure eignen Söhne und Töchter, die ihr fortschicken müßt, weil ihr kein Land habt. Doch wozu jetzt der Streit, ob Zoll oder Freihandel, wo die meisten kein Geld und kein Brot, nur Schulden haben?«
»Sehr richti!«
»Die Sachn san wichtiger!«
»Itz därf man net uneini werdn, sunst san mir verlorn!«
»Itz müssen mir zsammhaltn, sunst is alles gfahlt!«
Es wurde ein Aufruf verfaßt, der die Forderungen der Konferenz enthielt, und beschlossen, ihn an alle Fraktionen des Landtags und Zeitungsredaktionen zu senden.
Viele Bauern trugen ihre ausgewachsenen Ähren auf dem Hut wieder mit heim. Viele mir bekannte waren darunter. Wir sahen uns vordem öfter im Wirtshaus, in diesem oder jenem Dorfe. Ein Gruß aus alter Gewohnheit, das war alles. Hier erkundigten sich alle näher nach dem Leben, dem Schicksal des Kameraden. Hoffnung belebte die steifen Knochen und Rücken.

In den folgenden Tagen brachten viele Zeitungen fast aller politischen Richtungen unseren Aufruf. Es schien ein wahrer Wettstreit zu entbrennen, den Bauern zu helfen. Da meine Adresse für Anschriften galt, bekam ich mehr Post als der Bürgermeister.
Viele Bauern erfuhren erst durch die Zeitungen von der Bauerntagung in Kirchenweiher und der geplanten in Steinernlaibach, und fragten schriftlich beim Komitee an. Diese Briefe mußten beantwortet, Zeitungen sortiert und aufbewahrt werden. Es waren Mappen nötig und ein Schrank. Wir mußten Geldsammlungen vornehmen und ein Büro in der Kammer von Blechner einrichten. Blechner machte den Kassierer, Habakuk den Schriftführer, seine Tochter, die Lene, arbeitete in Felben im Büro der ›Fränkischen Kunststeinwerke‹, konnte stenographieren und auf der Maschine schreiben. Das Komitee beschloß, eine gebrauchte Schreibmaschine zu kaufen. Abends und Sonntags herrschte im ›Komptor‹ Hochbetrieb. Die ›Arbeiterstimme‹ druckte die immer häufiger eingehenden Bauernbriefe ab. Sehr oft fuhr Hanni noch am Abend mit dem Rad

nach der Redaktion der ›Arbeiterstimme‹, um ›Manuskripte‹ hinzubringen. Am anderen Tag waren sie gedruckt.

»Da kast halt sehn«, meinte Blechner, »wenn ma a Zeitung hat, was nacha a Wurt wert is. Wenn i dös alles richti überdenk, s regiern is lang net su schwer, wie ma sich's oft vorstellt.«

Nicht nur in Bayern, sondern in ganz Deutschland horchten die Bauern auf. Wir erhielten viele Briefe aus dem Reiche, darunter Begrüßungsschreiben vom ›Verein kleiner Landwirte und ländlicher Gewerbetreibender des Kreises Heilsberg‹ (Ostpreußen),

vom ›Reichsbund für Siedlung und Pachtung, Bezirk Mecklenburg-Schwerin‹,

vom ›Bund der Klein-Landwirte, Mecklenburg-Strelitz‹,

fast all übereinstimmend in Wunsch und Willen, wie der ›Bund schaffender Landwirte, Bezirk Württemberg‹ es in seinem Schreiben zum Ausdruck brachte:

»An die notleidenden Frankenbauern!

Kameraden!

Wir erfuhren von Eurer Not, in welche Ihr durch das dort herrschende Unwetter geraten seid. Ferner nahmen wir mit Entrüstung davon Kenntnis, daß seitens der maßgebenden regierenden Stellen bisher nichts getan worden ist, diese Eure Not zu lindern und zu beheben, ja, daß man sogar nicht davor zurückgeschreckt ist, zu Zwangsmaßnahmen zu schreiten, wenn Ihr Euern steuerlichen Verpflichtungen usw. dem Staate gegenüber nicht nachkommt, wozu Ihr unseres Erachtens nach Lage der Sache einfach nicht in der Lage seid. Wir begrüßen es daher, daß Ihr gewillt seid, diesen Euren Worten eventuell auch Taten folgen zu lassen, vor denen diejenigen erzittern werden, die die Schuld an Eurem Elend tragen. Wir blicken daher mit Spannung auf Eure am 15. d.M. stattfindende Kundgebung, und Ihr könnt gewiß sein, daß Eure Sache unsere Sache, Euer Kampf unser Kampf ist, und daß wir jederzeit bereit sind, Euch in Eurem gerechten Kampf zu unterstützen, soweit wir hierzu von hier aus in der Lage sind.

Bedenkt und begreift jedoch das eine: Mit unserer Macht ist nichts getan, wir sind gar bald verloren, schreitet mit uns nicht der Arbeitsmann, so wird sich's nicht verlohnen!

Restlose Befreiung von aller Ausbeutung, ein siegreiches Ende unseres Kampfes wird uns also erst dann winken, wenn wir mit den Schaffenden in Stadt und Land in gemeinsamer Front gegen diejenigen vorgehen, die uns heute wirtschaftlich knechten und ausbeuten, die uns alle Lebensfreude nehmen, uns die Welt zum Jammertal machen, die um uns und unsere Kinder Sklavenketten geschmiedet haben.

Helft also auch Ihr mit, die gemeinsame Front aller Arbeitenden herzustellen und zu kräftigen.

In Treue fest! Der Bundesvorstand.«

Diese Briefe wurden nur in der ›Arbeiterstimme‹ abgedruckt. In den anderen Zeitungen wurde die bevorstehende Bauerntagung nicht mehr erwähnt. Senßmann trat aus dem Komitee aus, angeblich, weil es seine Befugnisse überschritten und auf eigene Faust Politik mache, und er erfahren habe, Dornbusch sei Kommunist. Diese Rücktrittserklärung brachten alle Zeitungen.

»Dös kummt ma bald vur«, meinte Habakuk, »daß ma die letzte Sau erst dragebn muß, eh ma furtwalzt und Ja und Amen dazu sagt, sunst is ma a Kommunist? Da waß ma net, soll ma lachen oder soll ma su an Menschn, der sò daherred, ins Gsicht neihaua.«

Einige Tage später wurde Habakuk vom ›Landbund‹ aufgefordert, sein Amt niederzulegen, widrigenfalls er sich als ausgeschlossen zu betrachten habe.

Habakuk setzte ein Schreiben auf, in dem er dagegen protestierte. Statt einer Antwort erschien im ›Felbener Anzeiger‹ eine Notiz: ›Habakuk aus dem Landbund ausgeschlossen‹, weil er durch seine Mitarbeit an dem von einem gewissen ›Landwirt‹ Dornbusch geleiteten ›Komitee‹ der Politik des Landbundes entgegenhandle. Den Bauern könne nur geholfen werden, wenn sie ihre Forderung den maßgebenden Stellen unterbreiten! Vertrauen gegen Vertrauen, Treue gegen Treue, sei die Losung jedes wahrhaft vaterländisch gesinnten Bauern. Sein Platz sei nicht in der roten, sondern in der grünen Front.

Eine Woche vor unserem Kongreß brachten der ›Felbener Anzeiger‹ und der ›Bayerische Beobachter‹ einen Aufruf, in dem zu einem Kongreß in Felben aufgefordert wurde. Der Aufruf war von Senßmann und Haas, den Vorsitzenden des ›Bayerischen Bauernbundes‹, unterzeichnet. Doch die Bauern vom Blankauer Gau waren mißtrauisch, und Bertl machte Senßmann stark zu schaffen. »Die Blankauer kumma auf Steinernlaibach!« erklärte Bertl siegesgewiß. Es wäre im Wirtshauf beinahe zu Handgreiflichkeiten gekommen. Senßmann ist ausgerissen, um nicht verprügelt zu werden.

Jetzt griff die Gegenpartei zu der Taktik, Bertls Vergangenheit auszugraben, um daran zu beweisen, von welchen Elementen das Komitee in Steinernlaibach beherrscht werde. Ob Zerrach ein Bauer sei? hieß es dann weiter. Ob Hanni Drechsler ein Bauer sei? Ob Ignatz ein Bauer sei? Wer da so genau aufpaßte, wann Ignatz, Bertl oder Hanni zu uns kamen, erfuhren wir von Wastl. Der Beck lag immer auf der Lauer, um Hanfstengel Bericht zu erstatten.

In einem weiteren Artikel im ›Felbener Anzeiger‹ wurde aufgefordert, dem ›verderblichen Treiben der Brendl, Zerrach und Konsorten‹ endlich Einhalt zu gebieten, da sonst Schlimmes zu befürchten sei. Die Bauern würden nicht dulden, daß in Steinerlnaibach Zustände Platz griffen, wie sie sich in den letzten Jahren auf dem Schwelmhof abgespielt hätten. »Deutlicher zu werden«, hieß es in dem Artikel, »müssen wir uns angesichts der Achtung vor dem Andenken des verstorbenen Tischlermeisters Heinrich Schwelm versagen.«

»Schorsch«, bat Bärbel, »laß dei Finger davo, mir und den Kindern und der Mutter zum Gfalln!«

»Die Bauern hom in mi s Vertraue gsetzt, itz därf i die Flintn net ins Korn werfn!«
Bärbel schwieg.

Wir trafen die letzten Vorbereitungen. Blechner sollte die Versammlung eröffnen, Habakuk den Bericht geben. Beide waren als rechtschaffene Menschen bekannt. Ihre Worte wogen bei den Bauern. Dornbusch sollte das Referat halten. Lene versprach, sich noch eine Hilfe aus Felben zu beschaffen, um alles zu stenographieren.
Da hielt vor dem Haus ein Auto mit sechs Schutzpolizisten. Sie nahmen alle Briefe und Zeitungen mit, stellten eine Quittung aus und fuhren davon.
Der ›Felbener Anzeiger‹ meldete:

»Endlich zugegriffen!

Wie wir hören, ist der Polizei umfang- und aufschlußreiches Material über die wahren Hintergründe dieses Bauernkomitees in die Hände gefallen, dessen Sichtung einige Tage in Anspruch nehmen dürfte. Daß sich die maßgebenden Stellen noch immer nicht zu einem Verbot der in Kürze geplanten Veranstaltung entschließen können, erscheint allerdings völlig unbegreiflich.«

Wir setzten noch an demselben Abend einen Bericht für die ›Arbeiterstimme‹ auf und beschlossen, durch den Verlag die Nummer mit unserm Bericht an alle uns bekannten Adressen verschicken zu lassen. Sie kamen noch am Freitag an.
Am Sonnabend kamen fünfzehn Radfahrer von Felben, Kollegen von Ignatz. Sie fuhren die Dörfer ringsum ab, um noch einmal einzuladen.
Am Sonntag, schon in der Frühe, sah man auffällig viele ›Kirchgänger‹ den Rödel- und Kettenberg herunterkommen. Bald war der Blechnerhof voll Bauern.
»Brav habt's eier Sach gmacht. Allen Respekt!«
Blechner und ich schrieben Ort und Namen der Delegierten auf. Von einigen Dörfern waren die Bürgermeister gekommen, das gesamte Dorf stand hinter ihnen. Um einhalb neun Uhr lief der zweite Zug von Felben ein. Er war voll besetzt. Von dreiviertel neun Uhr bis nach der Kirchzeit mußte das Büro geschlossen bleiben.
Der ›Bayerische Beobachter‹ und der ›Felbener Anzeiger‹ erschienen mit dicken Überschriften:

»Dem Landvolk zum Gruß!
Der Bauer erwacht!«

In langen Artikeln wurde die Bauernkonferenz in Felben besprochen, unsere mit keinem Wort erwähnt.
Als wir den Blechnerhof verließen, kam uns Wastl entgegen. Er hatte einen Brief vom Bürgermeister an mich abzugeben. Ich riß den stark versiegelten Brief auf und las:

»Steinernlaibach, den 15. Oktober.

Herrn Georg Brendl, hier.
Ich mache Sie, und zwar in Ihrer Eigenschaft als Vorsitzender des Bauernkomitees in Steinernlaibach, darauf aufmerksam, daß die für heute, den 15. Oktober, geplante Bauernversammlung im Gasthaus zum ›Neuen Wirt‹ nicht stattfinden darf, da der Herr Regierungspräsident die Genehmigung hierfür zurückgezogen hat.

Bürgermeisteramt, Hanfstengel.«

Wastl winkte mich beiseite und erzählte:
»Die ganz Gschicht ist telefonisch ogmacht wordn. I ho ghört, wie der jung Hanfstengel und Adele drüber gsprochn hom.«
In diesem Augenblick tauchte Ignatz auf. »Wißt ihr schon? Beim ›Neuen Wirt‹?«
»Wos is?«
»Der ganze Saal voller Schutzleut!«
Wir beschlossen, beim Bürgermeister vorstellig zu werden.
Wenn er um dreiviertel neun Uhr einen so wichtigen amtlichen Brief befördern läßt, wird er um neun Uhr wohl zu sprechen sein.
Er war es nicht. Er und Adeles Mann gehörten der Delegation der ›Vaterländischen Bauernvereine‹ aus Steinernlaibach an und waren um acht Uhr mit dem Auto nach Felben gefahren. Es war ein Fehler in der Rechnung, die alte Hanfstengel nicht zu unterrichten, was sie mir zu antworten hatte. Gutmütig, lang und laut plauderte die alte, etwas schwerhörige Frau von dem großen Ereignis. Der neuen Fahne mit der großartigen Goldstickerei. Der junge ›Herr von Eich‹ war auch dabei. Hochwürden und der Postmeister fahren mit dem zweiten Schub. Auch der junge Maßhebel, der Nagelbauer und seine Frau.
»Wos ma so hört, Schorsch, daß vielleicht wieder a Mordsrauferei gebn soll, allerhand fremde Leit auf Steinernlaibach kumma san, is denn da wos dra? Weil halt so viel Gendarm kumma san, scho heit in der Früh: O mei: wos is dös für a Welt heitzutag.«
Vielleicht hätte die Alte noch weiter gesprochen, aber nun ging die Küchentür auf. Adele trat ein. Ein trällernder Ton eines lustigen Liedes brach glucksend ab. Himmelblauer Mantel, glitzernde Ringe an den Fingern, beseidete Beine und Schenkel, Schlitzrock, lange Gehänge in den Ohren, blaß erstarrtes Gesicht, stand Adele, stumm vor Schreck, drehte sich dann um und verschwand.
Ich bedankte mich bei der Alten für die freundliche Auskunft und ging.
Von dem Leutnant der im ›Neuen Wirt‹ stationierten Polizei erfuhren wir, sie hatten Befehl, die geschlossene Tagung auf jeden Fall zu verhindern.
»Das ist ein grober Mißbrauch von Amtsgewalt und eine ebenso grobe Irreführung der Öffentlichkeit«, erklärte Dornbusch. »Ich werde diese Schweinerei nach Gebühr anprangern. Die Bauern werden nicht unverrichteter Sache fort-

gehen. Wir werden getrennt beraten. Provozieren Sie diese Leute weiter, tragen Sie die Verantwortung.«
Blechner lud einen Teil der Bauern als Gäste zu sich. Ein anderer Teil fand im Zinshaus Unterkunft. Vom Tennen gingen drei Stuben ab, die der Familie Drechsler, die vom Schustergörg und die des blinden Bernhard. Tennen und drei Stuben faßten gut fünfzig Mann. Der Rest war im Schwelmhaus. Dort wurde auch das ›Komptor‹ aufgeschlagen.
Die Tagung dauerte bis in die späten Abendstunden. Die Forderungen der Kirchenweiher Konferenz wurden ins Land hinausgetragen. Um acht Uhr fuhren auch Ignatz und Dornbusch ab.
Bärbel war empört über den Pfarrer. »Den hat man gar nimmer kennt«, berichtete sie. »Ganz rot is er allaweil worn vor Zurn und mit die Händ hat er gfuchtelt und gschänd über falsche Propheten und gschriea dabei, daß s uns nu viel schlechter geh soll! I ho grod denkt, der Teifl steht leibhafti selber auf der Kanzel.«
Wir gründeten eine Ortsgruppe ›Bund der Frankenbauern‹. Ihr gehörten an: Blechner, Habakuk, Zapf und ich. In den Fällen der verzweifeltsten Not wurden den Bauern die Steuern gestundet; manche mußten teure Hypotheken aufnehmen, nachdem die Inflation sie erst von den Schulden befreit hatte.
Als die Waldarbeit auf dem Gut begann, meldete ich mich bei dem Verwalter. Der erzählte, daß in diesem Winter ›Net recht viel sa wird‹.
»San denn scho Leit festgmacht?«
»Ja, aber du bist net dabei. Der Förster hat di gstrichn.«
[...]

Scharrers Romen zeigt die sozialen Auseinandersetzungen auf dem Lande vom Weltkrieg bis zum Machtantritt der Nationalsozialisten. Hauptschauplatz ist das Dorf *Steinernlaibach* in Franken. Im Mittelpunkt der episoden- und figurenreichen Romanhandlung steht das Schicksal des Kleinbauern *Georg Brendl* von seiner Geburt um die Jahrhundertwende bis zum Kampf gegen den Faschismus. Neben ihm stehen seine Frau *Bärbel*, die sich mit dem armen Georg gegen den Willen ihres Vaters, des *Tischlermeisters Schwelm*, verheiratet hat, der Gleisarbeiter *Ignatz Wipping* und der Tagelöhner August *Habakuk*, der später von den Nazis erschlagen wird. Ihnen gegenüber die »Großkopfeten«: die vielfach verschwägerten und verbundenen *Hanfstengel* (Bürgermeister), Wolfenhöh (Bierbrauer, Besitzer eines reichen Hofes) u. a. Die hier wiedergegebene Episode spielt im Frühjahr 1921. *Felben* ist die nahegelegene Kreisstadt.

D. Zeit der Bewährung – der deutsche Widerstand

»Bei Kriegsausbruch befanden sich etwa 300000 Menschen, vorwiegend Deutsche, in den Konzentrationslagern. Bis dahin hatten bereits etwa 1 Million Menschen die Lager bevölkert. In den Kriegsjahren nahmen die ›Zugänge‹ (auch von Ausländern) enorm zu. [...] Die Schätzungen gehn in die Millionen.« Diese Feststellung aus der Einleitung Günther Weisenborns zu der von ihm herausgegebenen Dokumentation *Der lautlose Aufstand. Bericht über die Widerstandsbewegung des deutschen Volkes 1933–1945*[1] straft die leichtfertige These von der deutschen Kollektivschuld, die gegen Ende des Krieges vor allem in den angelsächsischen Ländern an Boden gewann, Lügen. Es war vor allem das Verdienst jener Männer und Frauen, die sich im deutschen Widerstand engagierten, daß das deutsche Volk nicht einfach mit den Verbrechen identifiziert werden konnte, die in seinem Namen begangen wurden. Diese Männer und Frauen waren vielmehr die ersten Opfer dieser Verbrechen und damit Teil jenes »anderen Deutschland«, das durch die Herrschaft des Nationalsozialismus zwar dezimiert werden konnte, aber – als Versprechen und Verpflichtung – nie aufgehört hat, zu existieren.

Die Exilliteratur hat sich früh dieses Themas angenommen. Langhoffs *Moorsoldaten* (1935) oder Gerhart Segers *Oranienburg* (1934) wurden in anderem Zusammenhang bereits dokumentiert (s. S. 228ff.). Zu nennen sind hier vor allem die Romane von Liepmann (*... wird mit dem Tode bestraft,* 1935), von Schönstedt (*Auf der Flucht erschossen,* 1934, s. S. 232f.) von Bredel (*Die Prüfung,* 1934, und *Dein unbekannter Bruder,* s.u.), oder von Billinger (*Schutzhäftling 880,* s.u. das Kapitel ›Der Student Michaelis‹). Dazu kommt eine Vielzahl von Erzählungen und Gedichten. Sie

---

[1] *Günther Weisenborn* [Hrsg.]: Der lautlose Aufstand. Bericht über die Widerstandsbewegung des deutschen Volkes 1933–1945, Hamburg 1953; 4. verb. Aufl., Frankfurt a. M. 1974, S. 16.
Vgl. auch: Der deutsche antifaschistische Widerstand 1933–1945 in Bildern und Dokumenten, Frankfurt a. M. 1975.

alle versuchen, der Tapferkeit derjenigen, die jeden Augenblick gewärtig sein mußten, verhaftet, gefoltert oder gar »liquidiert« zu werden, ein Denkmal zu setzen.

Der Widerstand war an erster Stelle von den Arbeiterparteien ausgegangen, die, zwar geschlagen, im Untergrund versuchten, sich in kleinsten Zellen noch einmal zu organisieren. Die KPD und die Splitterparteien brachten schon aufgrund der ihnen eigenen straffen Organisationsstruktur hier bessere Voraussetzungen mit als eine Massenpartei wie die SPD. Hier im Untergrund – wie übrigens auch in den KZ – wichen die Gegensätze zwischen den Parteien viel schneller vor der tätigen Solidarität, die die Gefahr ihnen abverlangte, als draußen in der Freiheit des Exils. Soweit unter den Bedingungen des sich entfaltenden Terrors Widerstand noch möglich war, wurde er jedenfalls an der Basis in »volksfront«-mäßigen Formen praktiziert. In dem Maße, in dem dieser (frühe) Widerstand gebrochen wurde, wuchsen ihm allerdings neue, wenn auch quantitativ bescheidenere Kräfte zu: vorwiegend durch die wachsende Zahl ethisch-religiös motivierter Einzelner, die der um sich greifende und vor allem auch die Kirchen bedrängende totale Machtanspruch des Regimes in die Opposition getrieben hatte. Die im Schoß des Machtapparates selbst, genauer: innerhalb der an ihm partizipierenden konservativen Gruppierungen (wie einem Teil der Wehrmacht), sich formierende Opposition ist erst im Zeichen des sich andeutenden Zusammenbruchs sichtbar in Aktion getreten (20. Juli 1944). Es war die einzige Form von Widerstand, die auch in der Adenauer-Ära öffentliche Anerkennung fand. Der große Publikumserfolg von Zuckmayers Stück *Des Teufels General* (1947) in der Frühzeit der BRD beruht auf eben diesen Umständen.

Das deutsche Exil, soweit es sich politisch motiviert fühlte, verstand sich weitgehend als Teil des Widerstandes und versuchte die Kontakte mit den zurückgebliebenen Gegnern des Regimes aufrechtzuerhalten, ein sich als immer schwieriger herausstellendes Unterfangen. Nicht zu verkennen ist, daß der Mangel an unmittelbarer Kommunikation so manches Fehlurteil förderte, vor allem zu Beginn der NS-Zeit, als noch die naive Ansicht, daß das Regime bald zusammenbrechen werde, das Ganze nur ein kurzer »Spuk« sei, im Schwange war.

Der anfängliche Glaube der Exilschriftsteller an die Möglichkeit eines massiven Widerstandes unter den Bedingungen des Nationalsozialismus, wie er in frühen Texten immer wieder zutage tritt, mußte der bitteren Einsicht weichen, daß mit der Festigung der Gewaltherrschaft und ihres nahezu omnipotenten Apparates Widerstand im üblichen Sinne nurmehr unter Aufbietung des größten Einsatzes der je Einzelnen und damit nur noch punktuell möglich war. Als Widerstand unter so extremen Bedingungen hatte man deshalb immer mehr auch solche Handlungen anzusehen, die, unter normaleren Voraussetzungen alltäglich, im totalen Staat jedoch Mut erfordern und ungewöhnlich sind, Handlungen, mit denen der einzelne, ohne sich dem System frontal entgegenzustellen, sich dennoch nach Möglichkeit dem totalen Zugriff der Machthaber entzog. Anna Seghers hat in ihrem Roman *Das siebte Kreuz* (s. u.) alle Möglichkeiten des Widerstandes dargestellt, vom Heldentum (hier ist das pathetische Wort erlaubt) der Unbeugsamen bis zur tätigen Menschlichkeit jener »Stillen im Lande«, die auch in der Zeit des Unrechts nicht aus der Welt gekommen ist.

Auch wenn der (meßbare) Erfolg des Widerstandes nur gering war, so waren die für ihn gebrachten Opfer groß und die Anstrengungen der ihn tragenden Personen und Gruppen beträchtlich. Im Gegensatz zu anderen Nationen, in denen der Widerstand gegen die deutschen Okkupanten sich im Geschichtsbewußtsein verankert und sich überdies (wie etwa in Italien) mit einer breiten demokratischen Gegnerschaft gegen den eigenen Faschismus verbündet und einen demokratischen Konsensus von großer Dauer und beachtlichem Umfang begründet hat, hat die deutsche, jedenfalls in der BRD, den eigenen Widerstand bisher nur zögernd zur Kenntnis genommen, ihn lieber verdrängt, als sich seine Botschaft zu eigen zu machen. Die so gerne beschworene »Solidarität der Demokraten« erscheint auf diese Weise auffallend substanzlos; nur die anhaltende Verdrängung des antifaschistischen Widerstandes aus dem deutschen Geschichtsbewußtsein macht es überhaupt möglich, daß so einschneidende Eingriffe in das Wesen des Rechtsstaates, wie sie heute an der Tagesordnung sind, als Mittel zum Schutz einer Demokratie angeboten werden, die ernstlich gefährdet nach wie vor durch die restaurative Rechte ist.

Zusätzliche Lesehinweise

Heinz Liepmann: Das Vaterland. Aus der illegalen Arbeit (R.), Amsterdam 1933.
F. C. Weiskopf: Die Stärkeren. Episoden aus dem unterirdischen Krieg, Prag 1934.
Willi Bredel: Der Spitzel und andere Erzählungen, London; Basel; Moskau 1936.
Emil Ludwig: Der Mord in Davos, Amsterdam 1936.
Fritz Lieb: Christ und Antichrist im Dritten Reich. Der Kampf der deutschen Bekenntniskirche, Paris 1936.
Bernard von Brentano: Prozeß ohne Richter (R.), Amsterdam 1937.
Bruno Frank: Der Reisepaß (R.), Amsterdam 1937.
Kurt Kläber: Die Jungen von der Möckernbrücke (Erz.), in: Internationale Literatur, Jg. 7 (1937), H. 8, S. 30–42.
Stefan Wendt (Stephen): Insel im Vaterland (R.), Zürich 1938.
Friedrich Wolf: Zwei an der Grenze (R.), Zürich 1938.
Ernst Toller: Pastor Hall (Dr.), London, New York 1939.
Alfred Neumann: Es waren ihrer sechs (R.), Stockholm 1944.
Arnold Zweig: Das Beil von Wandsbeck (R.), Stockholm 1947/48.
Georg Kaiser: Der englische Sender. In: G.K.: Werke, Bd. 6, S. 373–426 (geschrieben 1942).

Die Illegalen

Fritz Brügel
Flüsterlied*

Man sieht uns nicht, man kennt uns nicht,
wir tragen keine Zeichen.
Die List des Feinds verbrennt uns nicht,
er kann uns nicht erreichen.

Man fängt uns nicht, man hört uns nicht,
wir leben nicht im Hellen.
Der Haß des Feinds zerstört uns nicht
das Netz der stummen Zellen.

Wir spinnen unsre Fäden fort,
das Netz wird immer dichter,
von Stadt zu Stadt, von Ort zu Ort
trotz Henker, Kerker, Richter.

Wir sind wie Atem, Luft und Wind,
der Feind kann uns nicht greifen.
Er starrt sich seine Augen blind
und fühlt nur, daß wir reifen.

Die heut im Grau des Dämmerlichts
die schmalen Wege graben:
sie haben nichts, sie haben nichts,
sie werden alles haben.

---

* Fritz Brügel: Flüsterlied, in: Das Wort, Jg. 1 (1936), H. 1, S. 43.

Bertolt Brecht
Auf den Tod eines Kämpfers für den Frieden*

Dem Andenken Carl von Ossietzkys

Der sich nicht ergeben hat
Ist erschlagen worden
Der erschlagen wurde
Hat sich nicht ergeben.

Der Mund des Warners
Ist mit Erde zugestopft.
Das blutige Abenteuer
Beginnt.
Über das Grab des Friedensfreundes
Stampfen die Bataillone.

War der Kampf also vergebens?

Wenn, der nicht allein gekämpft hat, erschlagen ist
Hat der Feind
Noch nicht gesiegt.

---

* Bertolt Brecht: Auf den Tod eines Kämpfers für den Frieden, in: Die neue Weltbühne, 1938, H. 20, S. 631. Wieder abgedruckt in: B. B.: Gesammelte Werke, Bd. 9, Gedichte 2, S. 681.

Erich Weinert
Edgar André*

Nehmt dies Gedicht und klebt es an,
Wo's jedem in die Augen fällt,
Daß keiner dran vorbeigehn kann,
Daß jedem es vor Augen hält:
Was dachtest du bei Tag und Nacht?
Hast du an diesen Mann gedacht?

Hast du an diesen Mann gedacht,
Und daß sie ihn zum Tod verdammt?
Daß, wenn die Welt ihn nicht bewacht,
Der Henker rüstet sich zum Amt,
Und seinen Kopf, den er noch trägt,
Den stolzen Kopf vom Leibe schlägt?

Bedenke, wenn du dies vergißt:
Du wirst an seinem Tod mit schuld!
Wenn dieser Mann zu retten ist,
Trotz seiner Henker Ungeduld,
Dann nur, wenn alles zu ihm hält,
Wenn alle Welt sich vor ihn stellt!

Für wen dort sprach er denn? Für sich?
Um seinen Kopf zu retten? Nein!
Er sprach für dich und dich und dich,
Denn für euch alle sprang er ein!
Erkennt ihr – es ist höchste Zeit –,
Wie sehr ihr ihm verpflichtet seid?

Wenn ihr's erkennt, dann schlagt Alarm!
Schreckt auf die Welt mit eurem Schritt,
Die Stumpfgewordnen, macht sie warm!
Weckt auf die Müden! Reißt sie mit!
Wenn einer hier noch schweigt und schwankt,
Ihm niemand als der Henker dankt.

---

* Erich Weinert: Edgar André, in: Deutsche Volkszeitung (Prag-Paris-Basel), 4. 10. 1936, S. 205.

Wer macht hier feig die Augen zu?
Wer läßt der Freiheit Freund im Stich?
Die Frage plag euch ohne Ruh!
Sie hämmre unablässig sich
In jedes Menschen Herz hinein:
Wer will des Henkers Helfer sein?

Edgar André, geb. 1894, Hafenarbeiter, Führer des Hamburger Roten Frontkämpferbundes, von den Nazis am 4. November 1936 in Hamburg zum Tode verurteilt, weil er angeblich Schuld am Tode eines Nationalsozialisten bei Zusammenstößen zwischen Kommunisten und Nationalsozialisten am 7. September 1931 trage. Der »Neue Vorwärts« schrieb dazu: »Es handelt sich um die bewußte Ermordung eines politischen Gegners mit Hilfe einer feilen Justiz. Dem Glauben, daß der nationalsozialistische Staat ein Staat sei wie andere zivilisierte Staaten Europas, hält das System mit zynischem Hohn den abgeschlagenen blutgen Kopf von André entgegen – ein Symbol des gewaltigen Verbrechens, das er gegen Europa plant.«

Alfred Kerr
Die Illegalen*

I
Die Welt erfährt kaum, wie sie heißen.
  Sie schweben dahin, dunkel und licht.
Man will den Hut vom Kopfe reißen,
  Sie tausendmal grüßen – sie sehn es nicht.
Sie schreiten und gleiten; Stürme tosen,
  Manchen packt es, er lebt nicht mehr;
Doch lebt der Bund der Namenlosen,
  Das unsichtbare Helferheer.
Die Folter droht, die Qual ist bitter –
  Der Kampf geht weiter unbeirrt.
Sie sind die Heiligen und die Ritter
  Des Menschenreichs, das kommen wird.

* Alfred Kerr: Die Illegalen, in: Die neue Weltbühne, 1937, H. 26, S. 818.

II
Uns ist die Heimat tief entehrt,
Längst hat sich mancher abgekehrt.
Wir sind Verbannte, Leid-Erkorene,
Ein Land erstirbt, ein Traum zerstiebt;
Ihr aber seid das Unverlorene,
Was wir an Deutschland einst geliebt.

Wir heben die Hände zum Lichtrevier.
Deutschland – seid Ihr.

[Jan Petersen]
Deutschland ist nicht Hitler*

Rede des illegalen westdeutschen Delegierten,
gehalten auf dem »Internationalen Schriftsteller-Kongreß«, Paris

Ich spreche im Namen der illegalen Schriftsteller Deutschlands. Die Tatsache allein, daß die westdeutsche Gruppe der antifaschistischen Schriftsteller mich zu diesem Kongreß entsandt hat, zeigt, welche Bedeutung wir dieser Kampftagung für die Freiheit des Geistes, für den Frieden und den Fortschritt beimessen.
Es ist schwer, im Dritten Reich für diese Ideale zu kämpfen. Das Wort der Wahrheit wird im Munde erstickt, und wer es ausspricht, wird gemartert. Die deutsche antifaschistische Schriftstellerbewegung ist wohl wie keine andere Organisation unter der Ära des Dritten Reiches von ihren besten Kräften und Köpfen entblößt worden. Alles, was in ihr Rang und Namen hatte, mußte emigrieren um der physischen Vernichtung zu entgehen. Einige der Besten schmachten heute noch hinter den Zuchthausmauern des barbarischen Dritten Reiches. Ich nenne nur zwei Namen: Ludwig Renn und Carl Ossietzky!
Trotz alledem! Es gibt eine illegale Literatur in Deutschland. Denn diese Wochen, in denen der deutsche Faschismus die Kämpfer und Ankläger der Feder vernichtet zu haben glaubte, wurden die Geburtsstunde eines neuen Typus in der antifaschistischen Literatur! Sie wurden die Geburtsstunde des unbekannten antifaschistischen Schriftstellers! Der junge, im Land zurückgebliebene Nachwuchs sah sich plötzlich vor eine ungeheure Aufgabe gestellt, er wurde sich der großen Verantwortung, die auf ihm lastete, bewußt, der Verantwortung, der

* [Jan Petersen:] Deutschland ist nicht Hitler, in: Neue Deutsche Blätter, Jg. 2 (1934/35), H. 6, S. 344–345.

Welt mit schriftstellerischen Mitteln das wahre Gesicht des Dritten Reiches zu zeigen. Und er begann diese Aufgabe zu erfüllen, er wuchs über sich selbst hinaus, er schuf: Die Stimme aus Deutschland!

Es ist schwer, mit nüchternen Worten zu erklären, welch ungeheuren Gefahren sich jeder Einzelne dabei aussetzt. Jede Zeile wird buchstäblich unter Lebensgefahr geschrieben. Es gibt in diesem Lande der Spitzel und Gestapoarmeen keinen sicheren Arbeitsort. Keinen Ort, an dem eine Schreibmaschine klappern kann, ohne daß man damit rechnen muß, daß die Tür aufgerissen wird und ein Gestapobeamter fragt: »Was schreiben Sie?!«

Doch ich will euch nicht das Leben in Hitlerdeutschland schildern. Davon sprechen die drei Romanmanuskripte und die 50 Kurzgeschichten und Gedichte, die ich mitgebracht habe, und von denen ein Teil bereits in der illegalen Presse erschienen ist.

Keine noch so hohe, keine noch so braune Mauer vermag uns von euch und wohl auch euch von uns zu trennen!

Als wir auf unzähligen Wegen, durch unsichtbare Kanäle die Zeitschrift der Pariser Gruppe des Schutzverbandes deutscher Schriftsteller mit Ihrem Leitartikel, Herr Heinrich Mann, erhielten, als wir die Aufrufe von Henri Barbusse und Romain Rolland an das deutsche Volk lasen, als wir erfuhren, daß André Malraux ein Buch über Deutschland geschrieben hat, da schlugen unsere Herzen höher. Wir fühlten aus jeder dieser Zeilen: wir kämpfen nicht allein, wir sind nicht isoliert, wir sind ein Glied in der Front der Geistigschaffenden, die für das Deutschland des Rechtes und der Freiheit kämpfen. Es wurde uns hier eine neue scharfe Waffe in Gestalt der »Anthologie der 43 emigrierten Schriftsteller« gereicht. Wir werden auch sie zu führen wissen. Wir werden diese Anthologie von Schriftstellern, die verbannt von der Heimat, aber nicht bar der Heimat sind, verbreiten.

Aus dem Lande der Dichter und Denker wurde das Reich der Heuchler und Henker. Aber Deutschland ist nicht Hitler!

Das Deutschland von morgen, das Deutschland der Freiheit ist im Aufbruch, es hat so tiefe, unterirdische Wurzeln geschlagen, daß sie auch der blutigste Terror nicht mehr herausreißen kann! Für dieses Deutschland schreiben wir! Für dieses Deutschland führen wir unseren Kampf!

Der (erste) *Internationale Schriftstellerkongreß* für die Verteidigung der Kultur tagte in Paris vom 21.–25. 6. 1935. Petersen nahm an diesem Kongreß als illegaler westdeutscher Delegierter teil, er war mit einfachen Mitteln unkenntlich gemacht. Eine Fußnote zu dem in den »Neuen Deutschen Blättern« erfolgten Abdruck der Rede bezeichnet ihn auch als illegalen Mitarbeiter dieser Zeitschrift.

Die Zeitschrift der Pariser Gruppe des SDS mit Ihrem Leitartikel, Herr Heinrich Mann: »Der Schriftsteller«, Zeitschrift des Schutzverbandes Deutscher Schriftsteller, Schriftleiter Rudolf Leonhard, Jg. 22 (1934), H. 3 (August 1934), Paris, Schutzverband Deutscher Schriftsteller Sektion Frankreich. »Der Schriftsteller« ahmt in der äußeren Aufmachung die in Deutschland erscheinende Zeitschrift gleichen Namens, herausgegeben von der

Reichsschrifttumskammer, nach und enthält außer dem Leitartikel »Das weiß eigentlich jeder« von Heinrich Mann die folgenden Titel: »Chronik des SDS«, »Erich Mühsam«, »Hilfsaktion des SDS für Carl von Ossietzky«, »Offener Brief nach Deutschland an den Hauptschriftleiter der Schleswig-Holsteinischen Tageszeitung Willy Ehlers« (von Bodo Uhse), »Geschlossener Brief aus Deutschland«, »Briefkasten«.
Aufruf von Romain Rolland: Gemeint vermutlich der Brief, den Romain Rolland Mitte 1933 an die »Kölnische Zeitung« richtete und der beantwortet wurde von R. G. Binding, E. G. Kolbenheyer u. a.
»Anthologie der 43 emigrierten Schriftsteller«: Gemeint ist die vom Schutzverband deutscher Schriftsteller 1935 in Paris herausgegebene Tarnschrift »Deutsch für Deutsche« (Reprint Frankfurt a. M.: Zweitausendeins 1978). Vgl. Anm. S. 684 f.

Halm [d.i. Jan Petersen] Die Straße*

Die Glut der Mittagshitze liegt flimmernd in der Luft. Die Häuser der engen Straßen stehen in eintöniger Flucht, wie ausgerichtete Soldaten. Als wollten sie sagen, seht her, wir haben ein Gesicht, Narben vom herausgefallenen Mörtel, Geschwüre vom abgeblätterten Putz. Auf der Sonnenseite ist ihr Grau unterbrochen, die langen Fensterreihen werfen das Sonnenlicht gleißend zurück. Einige schmutzige Kinder spielen auf dem Fahrdamm, sonst scheint die Straße ausgestorben zu sein. An der Ecke vor dem Schlächterladen steht angebunden an den Laternenpfahl ein Hund. Maikowskistraße steht in Frakturschrift über ihm auf dem blauen Straßenschild.
Am Knick der Straße neben dem Umformerwerk, das mit tiefem Brummen wie ein beutegieriges Tier im Hinterhalt liegt, schaut das frühere kommunistische Verkehrslokal mit leeren Schaufenstern auf die an der gegenüberliegenden Kneipe flatternde Hakenkreuzfahne. Diese Schaufenster sind wie Augen; Augen, in denen der Haß dunkel glimmt; Augen, deren Gesicht die Straße ist. Man muß lesen können in diesem Gesicht. Es zeigt nach Außen hin jene Gleichgültigkeit, hinter der momentan Schwächere ihre Wachsamkeit verbergen. Und doch strahlt es Wellen eisiger Ablehnung aus, auf denen die schlaff hängende Fahne wie der Hilferuf von Schiffbrüchigen schwimmt. Denn diese Fahne ist ein Stachel im Antlitz der Straße, die immer Fahnen getragen hat, rote, nie solche, die sich ihr Rot gestohlen haben. Sie hat sich geschmückt und zugejubelt, wenn der Freund, sie hat aufgebrüllt und die Zähne gezeigt, wenn der Gegner durchmarschierte.

* Halm [d. i. Jan Petersen]: Die Straße, in: Neue Deutsche Blätter, Jg. 1 (1933/34), H. 2, S. 106–107. Vgl. auch Jan Petersen: Unsere Straße. Eine Chronik, Berlin 1947.

Jetzt trägt sie neue Schilder und Hakenkreuzfahnen. Die sind wie Öl, das in Wasser gegossen, die Oberfläche schillernd verändert und doch nicht in die Tiefe zu dringen vermag. Denn der Herzschlag der Straße ist der alte geblieben. Sie läßt die Flugblätter und Zeitungen durch die Häuser flattern, sie schreibt mit unsichtbaren Händen Worte an die Wände. Bisweilen ist die Straße wie ein Tier, das sich in Gefahr zusammenrollt und regungslos verharrt, dann wieder wie ein Ameisenhaufen, in den man trat.

So war es, als sie Franz holten. Als der Lastwagen mit den braunen Uniformen kam, setzte der Pulsschlag der Straße, jener Pulsschlag, der die Papierschmetterlinge flattern ließ, blitzschnell aus. Vor den Haustüren standen die Weiber und gestikulierten, die Männer ballten die Hände in den Taschen, daß sie prall wie vollgestopft abstanden. Ein Haus war besetzt und abgeriegelt worden. Einige Stunden schon wurde vom Keller bis zum Boden alles umgedreht, die Ofenröhren wurden abgenommen, Dielen angehoben, ja selbst die Kleidersäume wurden durchleuchtet. Die Straße blieb stumm; doch die Köpfe in den Fenstern, die Gruppen vor den Türen sprachen für den, der zu hören wußte, die stumme Sprache der Solidarität. Die Braunen fanden nichts, trotzdem brachten sie Franz heraus, einfach, weil er als früherer Funktionär bekannt war.

Franz?

Jeder kannte das frische Gesicht mit den blonden Haarsträhnen, die hünenhafte Gestalt mit den breiten Schultern. Sie stoßen ihn auf das Auto. Schweigend nimmt die Straße von ihm Abschied. Es ist, als ob sich von allen Seiten Arme ausstreckten, ihm die Hand zu drücken. In seinem Gesicht steht ein lächelndes Verstehen.

Es war das letzte Mal, daß wir Franz sahen. Wie das kam? Das weiß niemand genau. Nur daß kurze Zeit darauf ein Schreiben ins Haus flatterte:

»Gestorben im Staatskrankenhaus. Todesursache: Lungenentzündung. Besichtigung nicht gestattet. Zur Beerdigung freigegeben am ...«

Die Straße trauert. Nichts Schwarzes ist zu sehen. Aber in den Gesichtern steht der Tod des Kameraden. In den Gesprächen ist er, in den stummen Blicken. Und in diesen Stunden nimmt der tote Franz Abschied von seiner Straße. Er geht in die Häuser, steigt die winkeligen, knarrenden Treppen empor. Klopft nirgends an, keine Tür öffnet sich, doch überall tritt er lautlos ein.

Ein Mütterchen reicht ihm ihre zittrige Hand, Tränen rinnen über das welke Gesicht. Hat ihr oft geholfen, der gute Junge. Etwas getragen, Kohlen geholt.

Ein Kamerad tritt zu ihm. »Weißt du noch? Friedrichshain, Saalschlacht? Neukölln-Reichstreffen, weißt du noch? Leb wohl, Franz, warst einer der Besten...«

Die Straße ist lang, der Häuser sind viele, überall nehmen sie Abschied von Franz, für immer. Und aus den nassen Höfen, den engen Zimmern schwanken rote Punkte, ziehen zur Straße, fließen zusammen, werden eine rote Fahne. Die hängt unsichtbar und doch riesengroß inmitten der Häuserfronten, auf und nieder schwankt der schwarze Flor an der Spitze. Über ihr leuchtet ein Transparent:

Die Straße kämpft weiter!

Dein unbekannter Bruder

Willi Bredel
Die Fahne*

Gegen Abend sickert ein sprühfeiner Regen herab, der die Wimpern verklebt und sich auf Gesicht und Zeug legt. Eine feuchte Kälte frißt sich durch die Haut, daß die Knochen schmerzen.

Arnold hat seinen Mantelkragen hochgeschlagen und die Hände tief in den Taschen. Sein Gesicht glänzt vor Nässe. Er kommt die Wendenstraße herauf und kann aus ziemlicher Entfernung die Straßenecke unter Obacht nehmen. Doch nicht ein einziger Mensch ist, soweit sich die Straße überblicken läßt, zu sehen. Auch Karl nicht...

Bei der nächsten Straßenlaterne wirft er im Vorübergehen einen Blick auf die Uhr. Gleich halbeins. Eine Minute vor der verabredeten Zeit. Er ist vorsichtshalber kurz vor Mitternacht schon einmal hier vorübergegangen, bemerkte jedoch nichts Verdächtiges. Wo bleibt Karl? Ausgeschlossen, daß der ihn sitzen läßt. Wenn er nun hochgegangen ist? Vielleicht vor wenigen Minuten?... Unter keinen Umständen auffallen. Nicht stehenbleiben, weitergehen. Was sage ich, wenn man mich fragt, wohin ich wolle? Was kann man sagen? Was klänge plausibel? Es ist nach Mitternacht... Hm! Ich habe meinen Schlüssel verloren, will bei einem Freund übernachten. Bei welchem Freund? ... Hugo Kolz wohnt Nagelsweg. Nagelsweg 21. Das ginge... Also ohne Verzug in den Heidenkampsweg einbiegen.

Arnold steht vor der Werkmauer. Kein Karl ist zu sehen. Ein wenig verlangsamt er seine Schritte.

»Pst! Hallo! Arnold!«

Das sind Flüsterrufe; Arnold, mit allen Sinnen wach, hört sie. Karl steht im Treppeneingang. Er grinst breit, wie Arnold auf ihn zukommt und ihm die Hand reicht.

»Alles in Ordnung?«

---

* Willi Bredel: Die Fahne, in: Das Wort, Jg. 2 (1937), H. 4–5, S. 89–94. Vorabdruck aus W.B.: Dein unbekannter Bruder, Roman aus dem Dritten Reich, Prag, London, Malik-Verlag; Basel, Universum-Bücherei 1937.

»Klar!«
»Hast du's bei dir?«
»Paß auf!« zischt es statt einer Antwort. Karl sieht angestrengt nach dem kleinen, schwach erleuchteten Fenster der Pförtnerstube. »Hörst du?«
Arnold hört schwaches Läuten.
»Jetzt ist es halb«, flüstert Karl. »Siehst du, jetzt macht er seine Runde. In drei, höchstens vier Minuten ist er zurück. Wir haben ausgesprochenes Schwein; er hat die Hunde reingeholt. Davor hatt' ich noch Schiß. Nun ist die Sache glatt.«
»Und das Wetter? Dieser eiskalte Regen? Wenn es dir zu gewagt erscheint, laß uns davon absehen.«
Karl Vischer dreht langsam den Kopf herum und sieht mit runden Augen auf Arnold. »Da – von ab – sehen? Heißt das abgeblasen?«
»Unsinn! Ich meine, wenn es dir bei diesem schlechten Wetter zu riskant erscheint, dann... Du darfst dich nicht leichtfertig gefährden.«
Karl holt erleichtert Atem. »Und ich dachte schon, alles sei umsonst gewesen. Klappt doch wie am Schnürchen.«
Sie stehen nur wenige Minuten, starren auf das Pförtnerfenster und horchen in die Dunkelheit; aber diese Minuten wollen kein Ende nehmen. Unmittelbar vor ihnen ragt der hohe schwarze Schlot empor. Beide blicken sie an ihm hinauf, Arnold mit hartem, unbeweglichem Gesicht, Karl mit leichtem Lächeln. »Wie eine Katze werde ich an dir hochklettern und morgen werden dich Tausende anstaunen.«
Sie hören Schritte. Der Alte kommt zurück. Seine Worte sind vernehmbar. Mit wem spricht er? Mit den Hunden? Natürlich, er hat ja die Hunde bei sich. Jetzt betritt er die Stube, hantiert am Ofen, setzt sich.
»So, los!« Karl holt hinter sich einen hohen Marmeladeneimer hervor und geht voran. Arnold folgt. Bis in alle Einzelheiten ist jeder Schritt, jede Handreichung festgelegt; jegliche Fragen sind überflüssig; jeder kennt genau seine Aufgabe. Er sollte den Eimer nicht mitnehmen. Wie will er den hinaufbekommen? Arnold möchte abraten, aber das ist auch nicht gut, so im letzten Augenblick.
Karl trägt eine grüne Joppe und darüber fest geschnürt einen breiten Riemen. An seiner Seite baumelt etwas. Arnold betrachtet es genauer. Einen Doppelhaken hat er im Gürtel stecken, einen gewöhnlichen Schlächterhaken. Das Fahnentuch wird er unter der Joppe haben.
Sie gehen schräg über die Straße, dorthin, wo der Materialschuppen an die Fabrikmauer stößt. Arnold blickt sich um; niemand ist zu sehen und in den Wohnhäusern liegen alle Fenster im Dunkeln. Karl sieht weder nach rechts noch nach links, tritt an eine bestimmte Stelle der Mauer, stellt den Eimer vor sich hin und sagt unmittelbar: »Hilf mir!«
Tagelang haben sie es geübt und es ging zuletzt ausgezeichnet; warum sollte es also in diesem entscheidenden Augenblick mißlingen. Doch Arnolds Knie zittern. Überhaupt ist er recht aufgeregt und weiß es, was ihn nur noch mehr erregt
Karl macht einen absolut ruhigen Eindruck; seine Entschlüsse sind wie seine

Griffe fest und sicher. Er steht auf Arnolds Schultern, wartet und flüstert dann ärgerlich: »Los doch, los!«
Einen kurzen Augenblick überlegt Arnold, ob er ihm nicht den Eimer verweigern und noch raten solle: Geh so! Er nimmt aber dann doch, mit der linken Hand an der Mauer Halt suchend, den Eimer hoch. Er ist noch schwerer als Arnold vermutet hatte. Mein Gott, damit kann er doch nicht den Schornstein hinauf. Der reißt ihn unweigerlich in die Tiefe. Es ist reinster Selbstmord.
»Der ist zu schwer, Karl, laß ihn unten!«
»Klein bißchen verrückt, was?« knurrt es über ihm. »Los, gib her!«
Arnold reicht den Eimer hinauf. Er muß alle Kraft zusammenreißen. Karl, der sich herabbeugt und ihm den Eimer abnimmt, wirft ihn fast um; Arnolds Schulterknochen schmerzen, daß er aufschreien möchte.
Der Eimer verschwindet hinter der Mauer. Gleich darauf zieht sich Karl hoch. Arnold ist nur von dem einen Gedanken beherrscht: Wenn das man gut geht!? Gegen jede Vereinbarung bleibt er noch an der Mauer stehen, nachdem Karl dahinter verschwunden ist. Etwas benommen, mit merkwürdigem Angstgefühl im Halse, geht er auf die andere Straßenseite, stellt sich in ein Treppenhaus und sieht Karl klein und behende über das Dach des Schuppens kriechen. Er wischt sich in Gedanken mit dem Handrücken über die Stirn und erschrickt. Dicker Schweiß ist ihm ausgebrochen.
Tagelang hat Karl diesen Weg über Mauer und Dach zum Schlot studiert; jeden Schritt ist er in Gedanken dutzende Male gegangen. Er weiß auch, daß auf halber Höhe eine Eisensprosse fehlt und andere brüchig sein können; dieser Schlot ist alt und seit langem außer Betrieb.
Und nicht nur tags, auch nachts spukte die Bezwingung des Schornsteins ihm im Kopf herum. Einmal stand er hoch oben und winkte, alles war schon getan. Von tief unten leuchteten die Feuer der Kokerei von Billwärder herauf. Die Stadt schlief. Und plötzlich, er konnte sich nicht entsinnen, wieso eigentlich, stürzte er, fiel, fiel immer schneller, immer tiefer, er spürte die Luft als kompakte Masse, riß den Mund auf, rang, jappte nach Atem, fühlte sich aufschlagen – und erwachte von einem Stoß, der seinen Körper hochschleuderte. Das war scheußlich. Schwindlig lag er im Bett, als sei er wirklich gefallen. Nur gut, daß er nicht abergläubisch ist.
Nun, wo er die erste Sprosse erklimmt und über sich den unheimlich hohen schnurgeraden Schlot sieht, muß er daran denken.
Er klettert mühelos. Alles Sache der Nerven. Nur die Nerven nicht verlieren, ruhig Blut bewahren und nicht übereilen. Sprosse um Sprosse steigt er hinauf. Der Eimer, den er hinter sich am Haken hängen hat, ist zwar eklig schwer und möchte ihn in die Tiefe reißen, aber den wird er ja bald los. Ohne ihn würde das Steigen ein Vergnügen werden.
Karl ist überaus vorsichtig. Bevor er eine neue Sprosse ergreift, prüft er ihre Festigkeit und nie faßt er eine mit beiden Händen zugleich. Er muß an Arnold denken. War der komisch heute. Aufgeregt und zerfahren. Dabei ist der doch sonst

so kaltblütig. Der steht nun unten und zittert vielleicht. Karl muß lächeln. Wann kommt endlich die Lücke, wo die Sprosse fehlt? Er hält ein wenig inne und sieht am Schlot hoch. Er kann keine Lücke erkennen. Da blickt er nach unten und unwillkürlich verstärkt er den Druck seiner Hände. Herrjeh, er hat schon eine anständige Höhe erreicht, weit über Häuserhöhe; die Straßen sind schmal geworden. Wie mit dem Lineal gezogen liegt die Wendenstraße unter ihm. Wenn ich jetzt losließe ... Quatsch! Weiter. Dieser verfluchte Eimer, der hat ein Gewicht. Also los, weiter.

Karl steigt weiter. Seltsam, als wären es strichdünne Schlangen, krabbeln blödsinnige Gedanken ihm in den Schädel: wenn ich jetzt losließe, einfach losließe, dann wäre alles aus. Aus und vorbei! Hm! Nur loslassen. – Er will diese Gedanken verjagen, aber es gelingt nicht, sie bleiben und bohren weiter, krabbeln vom Kopf in Arme und Beine, peitschen das Blut, zaubern kalte Schauer hervor, ihm ist, als zerfließe der Halt unter seinen Füßen.

Karl steigt schneller, greift hastiger Sprosse um Sprosse, als entkomme er so diesen Gedanken, als gäbe es oben Sicherheit. Soll er nicht lieber schon hier den Eimer abhängen? Ist er nicht schon hoch genug? Ohne den Eimer wäre es bedeutend einfacher. Ihm ist, als zöge ihn ein langer Arm nach unten. Da – greift die Hand ins Leere. Er bekommt einen tüchtigen Schrecken, der aber sogleich in Erleichterung umschlägt. Das wäre erreicht.

Er nimmt den Haken mit dem Eimer daran aus seinem Gürtel und hakt ihn über eine Sprosse. Eine kleine Pause will er einlegen, stellt sich bequem und verschnauft sich.

Wie lange klettere ich schon? Drei, vielleicht vier Minuten. Nicht länger? Ihm ist, als seien inzwischen Stunden verstrichen.

Um wie vieles stärker hier oben der Wind weht. Dabei ist er erst auf halber Höhe. Ob Arnold ihn sieht? Schwerlich. Schade, daß er der Erika nichts erzählen darf. Na, die würde Augen machen. Schietbütel hatte sie gestern gesagt... Schietbütel... Gut, daß der Regen nachgelassen hat. Das Eisen ist trotzdem feucht, direkt glitschig. Einschmieren hinterher. Richtig, das hat er auch noch vor sich. Wenn das Deisen erführe? Nein, der würde es einfach nicht glauben. Aber wenn ihn jetzt einer von denen sähe, der würde ein hübsches Geschrei erheben und im Nu würden sie sich ansammeln, wie eine Meute blutgieriger Wölfe. Dann, – ja, dann sich schon lieber hinabstürzen.

... Hinabstürzen. Da war es wieder. Das würde ihm gar nicht mal so schwerfallen. Einen Augenblick nur loslassen, einen winzigen Augenblick nur...

Er sagt laut zu sich selber: »Ich habe Nerven wie Schiffstaue. Meine Nerven halten aus. Und was ist diese Kletterpartie schon. Ich bin doch nicht der erste, der so was macht.« Er erinnert sich seines Traumes. Haha, nur gut, daß er nicht abergläubisch ist.

Er überwindet die Lücke und steigt weiter. Zuerst leichter, ihn zerrt nichts mehr in die Tiefe. Er will nicht nach unten sehen, kann aber doch nicht widerstehen, möchte wissen, wie hoch er schon ist. Meine Güte, nimmt das gar kein Ende? Er

blickt aufwärts und möchte fast glauben, der Schlot sei gewachsen, sei länger, höher geworden. Hilft nun alles nichts, weiter.
Karl steigt und steigt. Die Winde umpfeifen das Gemäuer und ihn. Es sind bösartige, schneidende Winde, und sie zausen ihn, als hätten sie es gerade auf ihn abgesehen.
Erschrocken hält er inne – der Schornstein schwankt. Bestimmt, der Schornstein schwankt hin und her. Ganz deutlich ist es zu spüren. Ein unheimliches Gefühl. Ob der stets schwankt?
Er hat große Lust umzukehren. Umkehren? Zurück? Ohne Ergebnis? Und Arnold? Die Genossen? Der Appell? Bin ich ein Feigling? Hab' ich mir zuviel zugemutet?
Scheißegal, weiter. Nicht nach unten, nicht nach oben sehen, nur klettern. Und Karl blickt starr auf das Mauerwerk vor sich und klettert und klettert...
Und höher und höher und hö-öher. Erst denkt er es, dann summt er es. Schließlich singt er, leise erst, dann immer lauter: ... Wir steigen trotz Haß und Hohn... Dies Singen tut gut. Das erleichtert das Klettern ungemein... und höher und höher und hö-öher...
Karl spürt nicht mehr die kalten Winde, merkt nicht mehr das Schwanken des Schlotes, braucht nicht mehr gefährliche Gedanken verscheuchen, er singt und steigt und steigt...
Ein zweites Mal greift die Hand ins Leere; diesmal ist es keine Lücke, sondern das Ende. Vorsichtig tastet er das obere Mauerwerk ab. Die Wand ist stärker als er vermutet hatte. Nur jetzt im letzten Augenblick nicht kleinmütig werden, nicht nachlassen. Er zieht sich hoch, umklammert das Gestein und sitzt rittlings auf dem Schlot.
So, erreicht. Runter wird's leichter sein; wir kennen ja den Weg. Aber hier auf dem Rand stehen und winken, wie... Schluß mit diesen blöden Gedanken; Aufgabe erledigen und zurück.
Oben fühlt sich Karl vorerst erstaunlich sicher und gut gelaunt. (Er ist doch raufgekommen. Und die Fahne wird wehen!) Vorsichtig wickelt er das rote Tuch ab, das er unter der Joppe wie eine Schärpe um den Leib trägt und macht sich sogleich daran, es am Blitzableiter zu befestigen. Unten verknotet er es, für oben hat er eine starke Klammer, die das Tuch an der glatten Eisenstange in gleichbleibender Höhe hält.
Karl hat sich für schwindelfrei gehalten, doch wie eine dämonische Lust, die den Körper in wellenartige Schauer versetzt, kommt immer wieder die Versuchung über ihn hinunterzuspringen. Mit heißem Kopf, den Blick gewaltsam von der Tiefe abgewendet, ganz auf die Befestigung des Fahnentuches konzentriert, hockt er oben in einsamer Höhe.
Nur schnell zurück; das rote Tuch ist bestimmt in der ganzen Stadt zu sehen. Das Einschmieren muß flink gehen. Ob Arnold ihn sieht und ob er wohl noch immer Angst hat? Noch ein flüchtiger Blick auf die flachen Schuppen und Hallen, den Gasometer, die Kokshügel und die aneinanderklebenden Wohnbauten der Stadt

schwingt er sich über den Schornsteinrand, gibt das Fahnentuch dem Winde frei und gleitet hinab.
Der Abstieg geht bedeutend leichter. Er möchte wieder singen, diesmal nicht aus Furcht, sondern vor Freude. Das Schwierigste ist getan.
Schon hat er die Lücke erreicht. Dort hängt der Eimer. Karl reißt den Fetzen ab, den er über den Rand des Eimers gebunden hat und steckt ihn ein. Mit der linken Hand hält er sich, die rechte taucht er in die Schmierseife und verschmiert die Sprossen, immer zwei zugleich. Möge derjenige, der hinaufsteigt die Fahne zu holen, das Genick brechen.
Karl arbeitet in fieberhafter Hast. Von den Sprossen kleckst Schmierseife herab. Der Eimer wird leerer und leichter. Trotz Nässe und Kälte fühlt er, wie er schwitzt, wie die Unterkleider ihm am Körper kleben…
Den leeren Eimer hakt er wieder an den Gürtel. Wie er auf das Schuppendach springt, durchströmt ihn ein starkes Glücksgefühl. Alles geschafft. Alles überstanden. Nicht schlappgemacht.
Er beugt sich über die Mauer. Da steht Arnold, wie vereinbart. Karl reicht ihm den Eimer, schwingt sich hinüber und läßt sich lautlos hinuntergleiten. Ohne Zaudern, aber auch nicht übermäßig hastig überschreiten sie die Straße.
Arnold flüstert: »Großartig!«
»Wie lange hat es gedauert?« Das ist es, was Karl im Augenblick am meisten interessiert.
»Sechs Minuten etwa.«
Sechs Minuten? Sechs Minuten? Unsinn, der wird sich irren. Das hat bestimmt bedeutend länger gedauert.
Schweigend gehen sie dahin. Arnold trägt immer noch den leeren Eimer. Vor ihnen tauchen zwei Personen auf. Der Eimer könnte verräterisch werden.
»Ich nehme die Richtung Süderstraße. Mach's gut!«
»Gib mir den Eimer. Ich werf ihn in den Kanal.«
»Hier! Was ich noch fragen wollte: Hast du oben gesungen? Das Fliegerlied?«
Karl nickt lachend: »Ja – wegen – nun, ich hatte Angst.«
»Angst? So!« Arnold blickt auf den Freund, wird nicht recht klug aus dessen Antwort. Er verabschiedet sich mit einem verlegenen: »Na, gute Nacht denn!«
»Gute Nacht!«
Bevor Karl in den Ausschlägerweg einbiegt, blickt er noch einmal auf den Schornstein. Selbst in der Nacht deutlich erkennbar, lodert oben das rote Tuch im Winde.

Das Hissen der roten Fahne an Fabrikschornsteinen oder Kirchtürmen war ein häufig wiederkehrendes Motiv der frühen Widerstandsliteratur. Die mehr symbolische als effektive Geste verrät allerdings eher die Schwäche eines Widerstandes, der reale Veränderungen nicht bewirken konnte. Vgl. hierzu etwa auch: Bertolt Brecht: Rapport von Deutschland, in: B.B.: Gesammelte Werke 9, Gedichte 2, Frankfurt a.M. 1967, S. 545–546; F.C. Weiskopf: Der rote Fetzen, in: F.C.W.: Die Stärkeren, in: Neue Deutsche Blätter, Jg. 1 (1933/34), H. 3, S. 166.

Jan Petersen
Verdacht*

Aus dem Tagebuch eines Illegalen

... Wir haben im Einverständnis mit der Stadtteilleitung (nur durch ihre zentralen Verbindungen konnten wir Rothacker mit seiner Familie so schnell weiterleiten) jede Zeitung- und Flugblattpropaganda in unserer Straße eingestellt. Die Genossen der Stadtteilleitung, auch Franz mit dem ich sprach, sind wie wir überzeugt, daß unsere letzten Verluste nicht auf Zufälle zurückzuführen sind. Unser Spitzelverdacht, den wir schon bei der Verhaftung unseres Zeitungsausträgers hatten, ist uns jetzt zur Gewißheit geworden. Wie kommt die SA auf Rothacker, auf ein Mitglied der Gruppenleitung? Ja, nach Rothackers Verschwinden sind wieder zwei Genossen verhaftet worden. Sympathisierende, die nur Zeitungsabonnenten waren. Es ist jedoch nichts bei ihnen gefunden worden.
Wir haben mit Schwiebus und Teichert die Situation gründlich durchgesprochen. Wir sind bei der Durchsicht der einzelnen Genossen auf zwei gekommen, die uns nach den letzten Vorkommnissen nicht mehr »waschecht« erscheinen. Wir haben sie vorläufig stillschweigend abgehängt und werden sie jetzt genau beobachten. Dann sind wir zu den zuverlässigen Genossen gegangen und haben sie angewiesen, sich vorläufig auf mündliche Propaganda zu beschränken. Wir haben für die Verbindung mit ihnen, ja sogar mit der Stadtteilleitung, neue Treffs vereinbart und auch die dafür bestimmten Genossen ausgewechselt. Wir haben jedem noch einmal eingeschärft, sich keinerlei Notizen zu machen. Telefonnummern, Tage und Stunden der Treffs, müssen im Kopf behalten werden. Nur im äußersten Fall dürfen für Notizen schmale Seidenpapierzettel verwandt werden, die man schnell verschlucken kann...
Wir beobachten nun schon zwei Wochen lang die beiden, die wir wegen Spitzelverdacht stillschweigend abgehängt haben. Der eine heißt Robert und ist ein junger Schlosser. Er ist erst kurz vor der Machtübernahme der Faschisten aus dem Jugendverband in die Partei übernommen worden. Er war in der ganzen illegalen Zeit bei schwierigen Arbeiten dabei, ja, er bettelte immer darum, bei gefährlichen Aktionen mitmachen zu dürfen. Das hatten wir stets seinem jugendli-

* Jan Petersen: Verdacht. Aus dem Tagebuch eines Illegalen, in: Internationale Literatur, Jg. 6 (1936), H. 5, S. 27–32.

chen Elan zugeschrieben. Doch schon in der Zeit, als unser Zeitungsausträger und seine fünf noch zu beliefernden Abonnenten verhaftet wurden, und wir zum erstenmal an Spitzelei dachten, waren wir auf Robert aufmerksam geworden. Obwohl wir allen Genossen eingeschärft hatten, jetzt doppelt vorsichtig zu sein, blieb er weiter ein Draufgänger. So fuhr er in dieser Zeit mit dem Fahrrad spätabends an einer Baugrube vorbei und warf blitzschnell einen Packen Flugblätter hinein. Jetzt aber, nach dem mißglückten Versuch der SA, Rothacker zu fassen, macht uns Roberts Drang nach illegaler Arbeit besonders mißtrauisch. Vor allen Dingen sein Umgang. Er diskutiert nämlich viel mit SA-Leuten. Jetzt noch, stellen unsere Genossen fest. Von diesen Diskussionen wußten wir zwar immer. Robert berichtete uns jedesmal über diese Gespräche, brachte manchmal wichtige Stimmungsbilder über die SA. Er kennt viele SA-Leute. Von der Lehre her, von der Fortbildungsschule. Sie wissen sogar, daß er früher bei den Kommunisten war. Doch die alte Bekanntschaft überbrückte das, auch erzählte Robert diesen SA-Leuten, daß ihm die Ereignisse klargemacht hätten, wie falsch und nutzlos seine Arbeit für die Kommune gewesen sei. Das klinge denen durchaus plausibel, erzählte uns Robert. Der Führer habe ja auch erklärt, daß er jeden verführten Volksgenossen zur Versöhnung die Hand reichen wolle, sagten sie. Er sei ja aus Idealismus bei der Kommune gewesen, aus solchen Kerlen wie er würden noch brauchbare Volksgenossen werden.

Jetzt aber sahen wir plötzlich Roberts SA-Gespräche in einem anderen Licht. Es lag zwar gegen ihn nichts Greifbares vor, trotzdem wurde er abgehängt. Die Beobachtung würde alles weitere ergeben. Ich habe nun in diesen zwei Wochen Robert einige Male getroffen. Ich kann und kann das Gefühl nicht loswerden, daß wir ihm unrecht tun. Er weiß nichts Genaues über meine Arbeit, nur daß ich ein zuverlässiger Genosse bin – oder war. Denn ich habe ihm bei unserem ersten Zusammentreffen erklärt, daß ich mich um nichts mehr kümmere und mit der Politik Schluß gemacht habe. (Er fragte nämlich gleich, wieso er keine Zeitung mehr bekomme, wann wir ihn wieder mal für eine »Sache« holen.) Ich bereue jetzt die verlorenen Jahre, habe ich ihm gesagt. Die viele Mühe und Kraftanstrengung hätte ich für mein persönliches Vorwärtskommen einsetzen sollen, dann wäre ich heute weiter. Überhaupt, gegen die heutige gewaltige Staatsmacht anzukämpfen, sei völlig nutzlos, sei Wahnsinn. Robert machte ein verzweifeltes Gesicht, packte mich auf der Straße an der Schulter und schüttelte mich. Ob ich überhaupt wüßte was ich rede, sagte er aufgeregt. Ich zwang mich, kühl zu bleiben. Das wüßte ich sehr wohl, die Geschichte sei über unsere Theorien hinweggegangen, sagte ich. Roberts Gesicht hatte sich verzerrt und er redete lange auf mich ein. Ich blieb bei meiner Meinung. Jedes Wort tat mir selbst weh, doch ich bezwang mich eisern. Es stand mehr auf dem Spiel.

Gestern habe ich Robert nun wieder getroffen. Und wieder waren in mir Zweifel an unserem Beschluß. Roberts junges Gesicht ist in den zwei Wochen direkt eingefallen. Was ist bloß mit dir, mit den Genossen, sagte er. Er begreife das alles nicht. Die Genossen sprächen alle ähnlich wie ich, niemand wolle mehr arbeiten.

Er packte dabei meinen Arm und sah mich so verzweifelt an, daß ich vollends irre wurde. Ist das nun eine besonders raffinierte Spitzeltour, dachte ich krampfhaft. Aber so kann der doch nicht schauspielern. Du hast doch in diesen illegalen Monaten für die Beurteilung der Menschen ein Fingerspitzengefühl bekommen. Hat dich doch nie betrogen. Der ist doch echt. Dann aber kämpfte ich meine Empfindung nieder, blieb bei meiner alten Meinung. Das sei für mich ein für allemal vorbei, erklärte ich ihm wieder. Robert schluckte ein paarmal. Ich sei doch einer der besten Genossen gewesen, man könne verzweifeln, sagte er dann mit tonloser Stimme. Er redete dann wieder erregt auf mich ein. Mensch, Jan, du bist zwölf Jahre in der Arbeiterbewegung, du kannst doch nicht plötzlich den Verstand verloren haben, sagte er. Ich trennte mich schnell von ihm. So grotesk es ist. Robert benimmt sich auf der Straße so aufgeregt, daß er mich noch gefährden kann. Mich, der ich vor ihm den Indifferenten spiele. Ja, gestern war ich nahe daran, mit ihm richtig zu sprechen. Dann dachte ich wieder, ein Provokateur würde genau so sprechen wie Robert. Du verstößt gegen alle Disziplin, du darfst deinem Gefühl nicht nachgeben. Der Gedanke ernüchterte mich wieder.

Drei Tage später. Die Genossen beobachten Robert weiter. Er geht und kommt allein von der Arbeit. Abends verläßt er selten das Haus. Mal muß sich die Sache mit ihm doch klären.

Der zweite Ausgeschaltete heißt Kranz. Er ist Bauarbeiter, lange arbeitslos und hat Familie. Er muß viel eher als Robert abschätzen können, welche Genossen jetzt verantwortliche Arbeit leisten. Denn er war lange Jahre in der Partei. In der illegalen Zeit hat er nur immer Zeitungen zum Vertrieb bekommen, aber auch das haben wir in den letzten zwei Monaten eingestellt. Kranz war völlig unzuverlässig geworden. Er holte die Zeitungen oft nicht ab, war stets unpünktlich und wurde so für den Genossen, der zu ihm die Verbindung hielt, zu einer Gefahrenquelle. Diesen Genossen aber haben wir bei unserem ersten Verdachtsmoment sofort von jeder Arbeit entbunden. Wir wissen, ist Kranz wirklich ein Spitzel, so wird die Gestapo nicht gleich seinen von uns gestellten Verbindungsmann verhaften. Sie würde Kranz dann sofort vor uns bloßstellen. Die verhafteten Genossen bleiben fast ausnahmslos bei den »Verhören« der Gestapo fest. Es liegt der Gestapo deshalb jetzt nichts mehr daran, einzelne Genossen sofort zu verhaften. Vielmehr ist es ihr Prinzip geworden, Genossen wochen- ja monatelang zu beobachten. Sie will so hinter die einzelnen Verbindungen kommen, um dann mit einem Schlag die ganze Organisation aufrollen zu können. Deshalb wenden wir auch ein Arbeitssystem an, bei dem auch der beste Genosse nur die Genossen kennenlernt, mit denen er durch die praktische Arbeit in Berührung kommen muß. Andere Dinge erfährt er nicht. Ich selbst wehre mich ständig, mehr zu erfahren als ich unbedingt wissen muß. Wir wissen, nicht alle halten physische Martern aus. So verhindern wir bei jedem einzelnen, daß er überhaupt ausführliche Aussagen machen kann. Sich damit selbst und auch uns belastet. Kranz könnte also bei uns anderen nur von unserer Tätigkeit aus der legalen Zeit Schlüsse ziehen. Kranz ist arbeitslos. Aber in den Kneipen ist sein kahler, buckliger Schädel

mit den wie welke Blätter zusammengerollten Ohren (sie sind ihm in einem kalten Winter erfroren) zu jeder Tages- und Nachtzeit zu sehen. Es ist rätselhaft, woher er das viele Geld für Bier und Schnaps und zum Kartenspielen hat. Seine Familie sah zwar von seinen Unterstützungsgroschen nie viel. Die Frau ging immer mit den Kindern, das Jüngste noch auf dem Arm, an den Zahltagen zum Wohlfahrtsamt mit, wenn sie überhaupt Wirtschaftsgeld bekommen wollte.
Unsere Genossen beobachteten nun auch Kranz. In seinen Stammkneipen, auf dem Arbeitslosennachweis, überall. Das ist schwierig genug. Niemand darf sich dabei verdächtig machen, wenn unser Verdacht wirklich auf Kranz zutrifft.
Kranz führt sein Säuferleben weiter. Er versuchte niemals wieder, an uns Anschluß zu bekommen. Es sieht doch aus, als sei er nur ein ausgebrannter Schwächling. Einer, der völlig indifferent geworden ist…
Heute ist etwas Furchtbares geschehen. Roberts Mutter lief weinend in ihrem Haus umher und erzählte, daß ihr Junge verhaftet sei und im Polizeipräsidium Alexanderplatz sitze. Er sei gestern morgen wie immer zur Arbeit gegangen und nicht wiedergekommen. Sie sei spätabends voller Angst in die Fabrik gelaufen. Der Nachtportier konnte sich entsinnen, daß Robert die Fabrik verlassen hatte. Auf dem Polizeirevier bekam sie dann Bescheid. Robert ist gestern Nacht verhaftet worden. Beim Malen kommunistischer Parolen.
Wir sind tief erschüttert. Wir haben an einem Treuen gezweifelt. Robert hat die Inaktivität nicht mehr ausgehalten. Er ist allein losgezogen, ohne abdeckenden Schutz. Wie muß er sich in den Wochen gequält haben, bis er sich dazu entschloß. Er wußte doch sicher wie wenig Chancen er hatte, nicht verhaftet zu werden, wenn er allein ging.
Ich mache mir die schwersten Vorwürfe. Hätte ich doch damals mit Robert richtig gesprochen, als mein Gefühl mir sagte, daß er doch echt sei. Gewiß, ich habe sein Abhängen nicht allein beschlossen. Wir sind auch nur Menschen, können irren. Die verworrene Zeit ist schuld, wir werden gejagt, keiner von uns weiß, ob er in der nächsten Minute noch sicher ist – das alles sage ich mir immer wieder. Aber das Gewissen läßt sich damit nicht beruhigen. Robert ist verhaftet – das bleibt – das ist nicht mehr gutzumachen. Jetzt nicht.
Das was auch geschieht, wir kämpfen: um das sozialistische Deutschland. Die Braunen haben die Liebe zu Deutschland in Erbpacht genommen. Sie kämpfen für das deutsche Volk sagen sie – und vernichten seine Besten.
Wie sollten wir Deutschland nicht lieben. Wir schaffenden Menschen. Wir haben seine Bahnen und Städte gebaut, seine Äcker kultiviert – und sind arm geblieben, haben nicht Teil an seiner Schönheit.
Robert. Wie doppelt schwer mußt du die Haft empfinden. Du sitzt jetzt in deiner dunklen Zelle und glaubst, daß wir alle abtrünnig geworden sind. Daß niemand deinen Platz ausfüllt. Daß dein Opfer sinnlos war. –
Immer werde ich dein eingefallenes, verzweifeltes Gesicht vor mir sehen. Deine Worte im Ohr haben… »Weißt du denn überhaupt, was du da redest, Jan! – Du warst einer der besten Genossen, Jan. Man kann verzweifeln…«

Nein! Wir verzweifeln auch jetzt nicht, Robert...
Alex drückt uns die Hand und geht. Alex ist der Genosse, der früher eine unserer Spieltruppen leitete. Mit dem mich die Stadtteilleitung schon vor vielen Wochen zusammengebracht hat. Alex hatte schon damals Verbindung mit Genossen der früheren sozialdemokratischen Abteilung in unserem Bezirk. Er wollte uns mit ihnen zusammenbringen. Seitdem traf ich Alex regelmäßig, aber das klappte nie. Er sagte mir jedesmal, daß die sozialdemokratischen Genossen jedem Neuen gegenüber mißtrauisch seien. Es wäre ein hartes Stück Arbeit sie davon zu überzeugen, daß sie mit uns Verbindung aufnehmen müßten. Ich solle nur nicht ungeduldig werden.
Vor zwei Tagen hat mir nun Alex Bescheid sagen lassen, daß es jetzt so weit ist. Er gab einen Treffpunkt an.
Jetzt geht der sozialdemokratische Genosse neben mir. Wir gehen langsam dem Tiergarten zu. Die mächtigen Bäume am Reitweg sind schon ganz kahl. Raschelnd fahren unsere Füße durch dürres Laub. Ich muß anfangen. – Ich spüre fast greifbar die Scheu des Genossen, das erste Wort zu sprechen.
»Wir müssen zuerst vereinbaren, woher wir uns kennen.«
»So? – Warum?«
»Falls doch mal etwas schief gehen sollte. Sie fragen danach meist zuerst. Wir müssen dann gleichlautende Aussagen machen.«
Der Genosse sieht mich an.
»Habe ich noch nicht gewußt«, sagt er ruhig.
Wir überlegen. Besprechen einige Möglichkeiten. Verwerfen sie wieder. Es muß ein plausibler »Bekanntschaftsgrund« sein. Dann mache ich einen neuen Vorschlag den wir beide gut finden. Ich sage dem Genossen, daß ich Karl heiße. (Ist schon genug, daß unsere Genossen Jan kennen.) Er heißt Ewald, sagt der Genosse. Wir verabreden dann noch, daß wir uns bei einer eventuellen Verhaftung nur mit »Sie« anreden. (Das »Du« rieche für die Nazis von vornherein nach »Kommune«, sage ich ihm.)
War das nicht schon zu viel Belastung für ihn, gleich zuerst von Gefahrenmomenten zu sprechen? – Er ist ja völlig ruhig geblieben, verwerfe ich den Gedanken sofort. Diese Vorsichtsmaßnahmen müssen auch sein.
Während wir sprachen, habe ich Ewald verstohlen gemustert. Den kenne ich doch schon von früher? – das rote Gesicht, die Tränensäcke unter den Augen, die Narbe auf der linken Wange. – Aber die grauen Haare an den Schläfen? – Ewald geht wieder schweigend neben mir her, ich grüble immer noch. Plötzlich fällt mir ein, woher ich ihn kenne.
»Du warst doch oft in unseren Versammlungen, Ewald? Im Türkischen Zelt. – Wohnst du nicht – –?«
»In der Rosinenstraße, im Volkshaus«, fällt er mir ins Wort.
»Ich habe auch schon immerzu überlegt, wo ich dich hinbringen soll. Ja, natürlich. Wir haben oft diskutiert, Karl.«
Ewald lächelt. Auch ich freue mich. Ich merke, er hat das Fremde, Abtastende,

jetzt abgestreift. Seine Augen haben einen wärmeren Ausdruck. – Im Volkshaus – der jetzigen Maikowski-Kaserne?!

»Du hast dich sehr verändert – etwas völlig Neues im Ausdruck –« Ewald nimmt den Hut ab, fährt sich über das Haar.

»Ich bin grau geworden«, sagt er. Er sieht sinnend geradeaus. »In der Rosinenstraße – –«

Schweigen. Dann sagt Ewald mit leiser, dunkler Stimme wieder:

»Unsere Fenster gehen auf den Hof. Sie beobachten die Fenster – aber wir können durch die Gardinen in die SA-Keller hineinsehen. Fast jede Nacht schreien die Genossen. Meine Frau kann nur noch mit Watte in den Ohren schlafen.«

Wir biegen in einen Seitenweg ein. Von der Charlottenburger Chaussee kommt das Autohupen nur noch ganz leise herüber. Auf dem Wasserarm links schwimmen Enten.

»Seit die SA-Hilfspolizei aufgelöst ist, wurde es noch schlimmer – wenn das Auto kommt, müssen die die Genossen hineinschleifen – –«

Ewald bringt sein Gesicht nahe an mich heran. Er preßt die Finger um meinen Arm, ihre Spitzen werden ganz hell. Seine Stimme ist heiser vor Wut.

»– Ich habe mir die Gesichter der SA-Leute eingeprägt – wenn es soweit ist – –«

Jeder unserer Genossen hat sich einige Schinder gemerkt – auch Ewald?

Er sagt wieder:

»Wir wollten den Staat friedlich erobern – *die* Illusionen haben sie uns ausgetrieben.«

(Mit dem habe ich Dezember zweiunddreißig noch diskutiert, da verteidigte er die Demokratie.)

»Erst habe ich das alles in mich hineingefressen«, fährt Ewald fort, »so ging es allen Genossen bei uns. Wir waren verzweifelt, völlig apathisch geworden. Von unserer Abteilung sind nur sieben treue Genossen übriggeblieben. Wir bekamen von der Parteileitung nie Material. Es war alles auseinandergefallen. Nur sieben blieben immer zusammen. Dann brachte einer den Alex mit. – Der erzählte uns von euch. Sagte, daß wir mit euch in Verbindung treten sollen. Wir haben lange geschwankt.«

»Ich weiß, er hat es mir erzählt.«

»Ja Karl. Wir haben uns immer gefragt, ob es sich überhaupt lohnt für solch Kroppzeug das Leben zu riskieren. Viele davon sind doch früher in unsere Versammlungen gelaufen, konnten das Maul nie genug aufreißen. Jetzt hängen sie Hakenkreuzfahnen raus, rennen bei den Naziaufmärschen mit. Wir haben damals an der Menschheit gezweifelt. – Sie haben trotz unserer Aufklärung Hitler gewählt, jetzt sollen sie die Sache ausbaden, dachten wir.«

Ewald atmet schwer. Ich bleibe stumm. Er sieht mich an.

»Von euch sind ja viele sogar zur SA gegangen. Einen kenne ich doch ganz genau. Wenn ich diesen Glatzkopp manchmal in die Maikowski-Kaserne gehen sehe...«

Glatzkopp? – Glatzkopp?! Sollte das...? Ich packe Ewalds Arm.

»Glatzkopp sagst du – wie sieht der aus?!«
»Wieso! Was ist denn mit dem?«
»Wie sieht der aus – beschreibe ihn genau – beschreibe ihn!«
»Er ist einer der so vornübergebeugt geht. Er hat einen ganz kahlen, eckigen Kopf und so verschrumpelte Ohren«, erklärt Ewald.
Kein Zweifel – das ist Kranz! Ich bin tief erregt.
»Und der...«
»Den habe ich mehreremal mit SA-Leuten über den Hof gehen sehen«, sagt Ewald. »Habt ihr das nicht gewußt?« ...

Georg Kaiser
Ein Arbeitsloser*

Inflation. Noch immer Nachkriegszeit. Die Kleinen sind noch kleiner geworden, weil die Großen die Macht haben. Ein Arbeitsloser, einer von Unzähligen, lebt mit seiner Familie in größter Armut. Noch ist Armut die Form einer Klasse, die aber zu denken beginnt. Der Arbeitslose hat sich durch die Nachkriegszeit gehungert. Mit ihm die Familie. Sie haben demonstriert. Ihre Partei ist verboten. Die Zeiten sollen sich gebessert haben. Nicht aber für ihn, weil er einmal Mitglied einer Partei war. Er steht vor einem Zeitungsaushang. Das Blatt hat einen Annonceteil. Dort liest er eine Flut von Stellen, die angeboten werden. Hinter jedem Satz ist ein Rufzeichen. Es sieht aus wie eine Bombe mit Flügel, wie ein Schwert. Es gräbt sich in seine Augen. Er liest und geht von der Not getrieben zum Arbeitsamt.
Er wird Dreher in einer Munitionsfabrik. Früher drehte er Werkteile für Landwirtschaftsmaschinen. Der Lohn ist reichlich. Der Hunger ist vorbei. Die Familie hat zu essen. Die Wohnung wird mit besseren Sachen aufgefüllt. Er ist ein Deutscher und arbeitet im Akkord. Er nimmt das Angebot an, Überstunden zu machen. Wohlstand tritt ein. Die Sonntage lohnen sich wieder, wenn man nach dem Frühstück mit Ei und Speck auf der Veranda die Zeitung lesen kann.

An einem Sonntag liest er die Nachricht vom Krieg in Spanien. Bürgerkrieg. Hilfe für die Armee Francos. Er legt die Zeitung weg. Sie liegt über seinem Bauch. Sein Kopf stört ihn, weil er nachdenkt. Die Schrecken des Krieges tauchen auf, den er selbst mitmachen mußte. Er denkt weiter. Während er denkt, kommt seine Tochter, indessen verheiratet, mit den Enkelkindern. Sie reißen

* Georg Kaiser: Ein Arbeitsloser, in: G. K.: Werke, hrsg. von Walther Huder, Bd. 4, Berlin, Propyläen Verlag 1971, S. 485–486.

ihm die Zeitung vom Bauch und machen sich Papierhelme daraus. Er sieht ihnen zu und betrachtet sie lange – –
Sie spielen Soldaten. Soldaten tragen Waffen, Soldaten wenden ihre Waffen an, ohne nach dem Grund des Schießbefehls zu fragen. Auf wen schießen sie? Auf Menschen. Sie töten Menschen – Menschen – Menschen. Was heute die Kinder spielen, werden morgen die Erwachsenen vollziehen. Früh übt sich, was ein Meister werden will. – – –
Und er selbst? Dreht er nicht Patronenhülsen? Verdient er nicht am Mord, der in Spanien Tag für Tag pfeifend in das zuckende Fleisch der Republikaner dringt? Fragen über Fragen, die alle in der einen Frage münden: wer trägt die Schuld? Ist er nicht auch an der Schuld beteiligt?
Er ist es.
Doch wenn er seinen Arbeitsplatz in der Munitionsfabrik aufkündigt, wird nicht ein anderer an seine Stelle treten, während er sich an seiner Familie vergeht, da er zum Wochenende nicht mehr die Lohntüte auf den Tisch schütten kann? Fragen über Fragen!!!

Er hat eine unruhige Nacht. Seine Frau mault mit ihm. Auch das noch! Mit ihr zu sprechen, ist sinnlos. Er steht auf. Er erhebt sich.
Mehr als er selbst erhebt sich mit ihm. Er hat einen Entschluß gefaßt. Entschlüsse sind etwas Gutes, wenn sie nützlich werden können. Er vergewissert sich, ob der Ausweis, der ihm den Zutritt zur Munitionsfabrik jederzeit verschafft, in der Tasche des Arbeitsanzugs steckt, den er anzieht.
Er ist vorhanden. Das ist gut so. Noch andere Dinge steckt er ein, Werkzeug und einen Sack mit Pulver
Er macht sich auf den Weg, von dem er nicht zurückkehren wird und der doch ein Weg sein wird, den einmal viele beschreiten werden, damit der Massenmord ein Ende hat.

Die Nacht war von dem Lärm einer mächtigen Detonation erfüllt.
Die Zeitungen meldeten am nächsten Tag die Sprengung der Munitionsfabrik durch das Verbrechen eines Wahnsinnigen, der bei seiner Tat ums Leben kam. Den spanischen Faschisten fehlten in der Folgezeit einige Tausend Patronen.

Die Erzählung »Ein Arbeitsloser« entstand 1938, sie bezieht sich – so berichtet Walther Huder im Nachwort zur Werkausgabe – auf ein Erlebnis Kaisers »im Zusammenhang mit der Entstehung seiner antifaschistischen Flugblätter von 1936, die später unter dem Titel ›Die Gasgesellschaft‹ zusammengefaßt wurden« (Georg Kaiser: Werke, Bd. 4, S. 743).

Karl Billinger
Der Student Michaelis*

Die Schutzhaft hatte den Studenten Michaelis über Nacht unter diese Arbeiter geworfen, deren Leben und Interessen ihm fremd waren. Hier im Lager, wo sie sich fast nur in Andeutungen und Wortfetzen untereinander verständigten, kam er sich erst recht als Fremder unter ihnen vor. Er fühlte sich einsam. Ihre Sorgen konnte er nicht teilen. Seine Nöte waren von anderer Art.
Michaelis gehörte zu den aufgeklärten bürgerlichen Intellektuellen der ersten Nachkriegsperiode. Sie waren gefühlsmäßige Pazifisten und verabscheuten den Krieg als Barbarei. Sie glaubten an den Fortschritt der Menschheit durch ein besseres Schulsystem, waren tolerant gegen Andersdenkende, sprachen anerkennend über die Sauberkeit der italienischen Hotels, seitdem Mussolini am Ruder war, verteidigten in Gesprächen das neue Rußland, forderten eine sozialere Steuerverteilung und größere Höflichkeit der Polizei- und Postbeamten im Verkehr mit dem Publikum. Von der Arbeiterbewegung kannten sie den Partei-Klatsch, und je nachdem sie Helmut von Gerlach oder Ivan Katz gelesen hatten, sprachen sie von der Wahnsinnspolitik der KPD oder vom Verrat Moskaus an der Weltrevolution.
Solche fortschrittlichen Auffassungen hatte auch der junge Wissenschaftler Michaelis vertreten. Im Grund war für ihn alles, was nicht mit seinem Fachgebiet zusammenhing, eine Angelegenheit zweiten und dritten Ranges. Die Fragen des öffentlichen Lebens überließ er gern andern. »Politik« verabscheute er. Sie war ihm »zu schmutzig«. Wenn die Arbeiter im Lager ihm klar zu machen versuchten, daß ihr ganzes Leben ein Element »der Politik« sei, so sagte er:
»Wo Ihr nicht überall den Klassenkampf entdeckt!«
Die Arbeiter behandelten ihn anfangs mit gutmütigem Spott, und er ließ sich den »Doktor«, »Professor« und »Gedankenathleten«, wie sie ihn anredeten, mit der milden Freundlichkeit eines Mannes gefallen, der weiß, daß aus seiner Seelen-Einsamkeit keine Brücke zur stumpfen Masse führt.
Unter den Bedingungen der Gefangenschaft ging indessen die Überlegenheit des Studenten Stück um Stück zuschanden. Den nachhaltigsten Stoß erlitt sie durch die Arbeit. Es fiel ihm schwer, die dicken Bohlen zu schleppen, beim Pfähle-Rammen mit den Arbeitern Takt zu halten und beim Ausheben der Gräben nicht zurückzubleiben. In den Sümpfen wurde aus dem Olympier ein ungelernter Erdarbeiter, der sich nach den erfahrenen Proleten rat- und hilfesuchend umsah.

---

* Karl Billinger [d. i. Paul W. Massing]: Der Student Michaelis, Kapitel aus dem Roman »Schutzhäftling 880. Aus einem deutschen Konzentrationslager«, Paris, Editions du Carrefour 1935, S. 131–142.

Auch bei andern praktischen Fragen mußte Michaelis die Überlegenheit der Arbeiter anerkennen. In der Technik des Bettenbauens, Tabak-Beschaffens und der Umgehung der Schinderknecht'schen Appelle war er auf ihre Hilfe angewiesen. Da das Leben im Lager leider aus solchen irdischen Dingen bestand, so mußte der Student, ob er wollte oder nicht, schließlich einsehen, daß für die Zeit der Haft die Interessen der Arbeiter auch seine waren und daß er gut daran tat, ihrem Rat und Beispiel zu folgen. Gut, sagte er sich im Stillen, für die Zeit der Haft. Mit den Wölfen muß man heulen.

Das war der Anfang. Sobald er sich einmal der Führung der Arbeiter unterstellt hatte, soweit es sich um die *Technik* des Lagerlebens handelte, begannen natürlich auch ihre Ideen und Gedankengänge ihn zu interessieren. Je näher er sie kennen lernte, umso schneller gab er die alte Vorstellung auf, daß sie stur, langweilig und geistig träge wären. Er begann, ihre Geschicklichkeit und Schlauheit zu bewundern. Die undifferenzierte Masse der Arbeiter löste sich ihm auf in viele Einzel-Persönlichkeiten, und sie lehrten ihn, daß sein Schicksal kein außergewöhnliches war. Angesichts ihrer Verständnislosigkeit, das Leben »von einer höheren Warte« aus zu betrachten, gab er schließlich den Weltschmerz auf, der dem deutschen Intellektuellen so lieb ist.

Mit mir sprach er oft über Dinge, die er vor den andern nicht behandeln wollte. Er fürchtete ihren Spott. Mit mir könne man wenigstens wie mit einem normalen Menschen sprechen, meinte er. Ich sei »nicht so fanatisch«, wie Dick und die meisten Kommunisten.

Was er in diesen Gesprächen äußerte, habe ich im folgenden möglichst wortgetreu festzuhalten versucht.

Heute sind es fünf Monate und noch immer keine Mitteilung, warum ich in Haft gehalten werde und noch immer keine Aussicht auf Entlassung. Die Geschichte spielt mir einen Streich, sie schlägt mich mit meinem Argument: meiner Parteilosigkeit. Hätten die Kommunisten gesiegt, wäre ich vielleicht auch eingesperrt worden, mit ebensoviel Recht und Unrecht. Ich bin beiden Seiten verdächtig, weil ich keiner angehöre. Die anderen Häftlinge wußten im Voraus, was ihnen bevorstand, wenn ihre Feinde siegten. Mir geht es wie den kleinen neutralen Staaten im Krieg, die von den großen solange geprügelt werden, bis sie sich einer Seite anschließen. Auch im Bürgerkrieg scheint es keine Neutralität mehr zu geben.

Und doch besser hier zu sitzen, als sich an diesem unmenschlichen Treiben zu beteiligen. Ein Teil der Menschen tötet den anderen, beraubt ihn seiner Freiheit, quält ihn. Und sie finden Argumente, daß sie im Recht sind und im Recht handeln. Grauenhaft, wie diese Nation »Dichter und Denker« produziert, die jede Scheußlichkeit verherrlichen.

Die alten Gedanken über den Sinn des Lebens gewinnen wieder Kraft über mich. Zu lächerlich, den endlosen Zirkel noch einmal zu durchwandern. Else hat geschrieben, daß ihre Schwester jetzt gestorben ist und wir zusammen leben kön-

nen, wenn ich frei bin. Was hätte mir noch vor einem halben Jahr diese Aussicht bedeutet: Studium, Liebe, gleichgesinnte Freunde – eine Welt offen vor mir. Statt dessen jetzt Knebelung des Geistes und der Wissenschaft; die Religiosität mißbraucht von dem übelsten Zuhälter der Gewalt, dem Feldprediger; die Philosophie im Dienste des Militarismus und die Erziehung der Jugend in den Händen der Soldateska. Was erwartet mich draußen »in der Freiheit«? Ein anderes Konzentrationslager, nicht weniger mörderisch für Geist und Gewissen und tausendmal hoffnungsloser durch den Anblick »bekehrter« Gegner und die Begeisterung der geistig Armen. Auswandern? Wohin? Gibt es noch Oasen der Freiheit? Die ganze Welt geht schwanger mit Gewalt und Vergewaltigung.
Was hält mich und die anderen, die sich nicht verkauft haben, noch am Leben? Hatte ein Gespräch mit B. Es fing an mit einer Diskussion über Remarque. Er gab die formal-literarische Qualität des Buches zu, behauptete aber, es sei inhaltlich ein vollkommener Versager. Zeige keinen Weg zu einem neuen Leben. Er glaubt nicht, daß es genügt, den Menschen die Sinnlosigkeit und das Verbrechen des Krieges zu zeigen, um neue Kriege zu verhindern, nennt mich einen »Idealisten«, was in seinen Augen gleichbedeutend ist mit Utopist, Sterngucker und potentiellem Knecht der »Bourgeoisie«. Ich sagte ihm, daß er damit das Todesurteil über den menschlichen Geist, die Vernunft, die Philosophie, kurz über alles das spreche, was den Menschen zum Menschen macht und vom Tier unterscheidet. Aber er ist einer von den Kommunisten, die auf jedes Argument mit einem heiligen Zitat antworten. Die herrschenden Gedanken einer Zeit seien immer nur die Gedanken der herrschenden Klasse gewesen, die Philosophien Klassenphilosophien, die Wissenschaft eine Klassenwissenschaft. Als ich einwandte, daß also auch der Marxismus eine Klassenwissenschaft sei, gab er das stolz zu. Ja, aber das Proletariat sei die aufsteigende Klasse und seine Wissenschaft daher die fortgeschrittenste der Zeit. Ich antwortete ihm, daß das Proletariat bisher nur in einem einzigen Lande aufgestiegen sei und in allen anderen Ländern eine Niederlage nach der anderen erlitten habe. Und es sei mir nicht bekannt, wodurch sich die Wissenschaft in diesem proletarischen Lande bisher so bewunderungswürdig überlegen gezeigt habe. Für meine »bürgerliche« Vorstellung, daß die Aufgabe der Wissenschaft in der Erforschung von Wahrheiten liegt, die für alle Gesellschaftsteile gültig sind, hat er nur Spott.

Das Lager ist eine unerschöpfliche Fundgrube für den Psychologen. Hier kann man den wirklichen Arbeiter studieren, nicht die farblose Idealfigur »proletarischer« Romane. Vorigen Freitag brachte die SS einen Ziegeleibesitzer, der angeblich verhaftet wurde, weil er seinen Arbeitern untertarifliche Löhne zahlte. Ein Teil der Häftlinge hier aus der Gegend kennt den Mann. Er ist tatsächlich berüchtigt als Halsabschneider und Leuteschinder. Die SS-Offiziere machten Stimmung unter den Häftlingen, den »Kapitalisten« hochzunehmen. Ein Teil der Arbeiter fiel prompt auf die Provokation herein. Sie zogen ihm seinen guten Anzug aus und trieben in Gegenwart der SS ihre derben Späße mit ihm. Gleichgültig, warum der Mann verhaftet wurde (er selbst erzählt, daß seine Frau ein Verhältnis mit dem Nazi-Ortsgruppenleiter seines Dorfes hat und die beiden ihn für eine zeitlang los sein wollten) – hier im Lager ist er ein Gefangener wie alle, und der »Klassenkampf« zwischen ihm und den Arbeitern eine billige Demagogie der SS.

Das Proletariat ist sicher die Klasse, die am sozialen Fortschritt am brennendsten interessiert ist. Es war auch die einzige Kraft, die den Faschismus auf seinem Wege wenigstens eine zeitlang aufgehalten hat. Das alles zugegeben. Aber wie trostlos, die Zerrissenheit dieser Klasse zu sehen! Das läßt sich schwer mit dem Glauben an die »historische Rolle« der Arbeiterschaft vereinbaren.
B. würde jetzt zweifellos mit dem Begriff »Klassenbewußtsein« ankommen. Aber ist nicht auch der sozialdemokratische Arbeiter klassenbewußt? Er ist organisiert, er kennt die Bedeutung der Arbeiterpartei und Gewerkschaft. Welches Klassenbewußtsein ist das richtige? Und wie kann ein und dieselbe Klasse ein richtiges und ein falsches Bewußtsein hervorbringen?

Was ist der Mensch?
Nimm den Scharführer Kall. Er hat buchstäblich die ganze Welt bereist, ist Kriegsteilnehmer, spricht fünf bis sechs Sprachen. Jetzt sitzt er hier im Lager, stiehlt Wurst aus der Küche, die für die SS-Wache bestimmt ist, liest begeistert die Platitüden des »Angriff« und läßt sich mit »Herr Unteroffizier« ansprechen. Die Erfahrungen seines ganzen Lebens reichen gerade aus, daß er sich in der Rolle eines subalternen Beamten wohl fühlt, der Lagergelder unterschlägt und sich an der erniedrigendsten Arbeit beteiligt, die ein Mensch tun kann, seine ihm wehrlos ausgelieferten Gegner umzubringen. Wie kann ein Mensch so seine ganze Vergangenheit vergessen und schänden? Sollen es wirklich die paar Mark sein, die er vom Lager bekommt? So niederschmetternd es ist, ich finde keine andere Erklärung.

Gestern entstand bei der Arbeit eine Diskussion über sexuelle Fragen. Der kleine Dreher gab das Stichwort, als er in seiner schnoddrigen Art plötzlich sagte: »Ich weiß nicht, er steht mir nicht mehr.« Alle versicherten, die gleiche Erfahrung zu machen. Es ist tatsächlich so, daß von einer sexuellen Not nicht die Rede sein kann. Eigentlich erstaunlich, nach allem, was ich über Gefängnispsychose gelesen habe. Die Gründe wurden lang und breit erörtert. Der praktische Verstand der Arbeiter sucht nach handgreiflichen Erklärungen und begnügt sich mit ihnen. Die elende Kost und die schwere Arbeit wurden allgemein als Ursachen angesehen. Eine Streitfrage war, ob Soda in die Speisen gemischt würde oder nicht, auch ganz materialistisch. Aber kein einziger kam auf den Gedanken, daß der seelische Druck, der auf uns liegt, eine wichtige und vielleicht entscheidende Rolle spielt.

Der Verstand der Arbeiter ist völlig aufs Praktisch-Reale gerichtet. Psychologische Erörterungen hören sie sich ziemlich ratlos und stumm an, falls sie nicht einfach herauslachen. Sie gehen zum Lager-Gottesdienst, um Tabak zu bekommen. Sie machen sich über die Pfarrer lustig, die glauben, sie mit Tabak ködern zu können. Aber wenn ich ihnen sage, daß eine solche Handlung sich nicht mit der Ehre eines Freidenkers verträgt, spotten sie über »meine empfindliche Seele«. »Mensch, laß doch den Pfaffen Tabak für uns koofen«, sagen sie mir lachend.

Der Gleichmut, mit dem die Arbeiter die Haft tragen, ist bewunderungswürdig. In all den Monaten habe ich noch nicht ein einziges Wort der Klage von ihnen gehört. Wird einer oder der andere entlassen, so packt er äußerlich ganz ruhig und langsam seinen Pappkarton, den »Persilkoffer«, wie sie ihn nennen. Er würde nie seiner Freude überschwänglichen Ausdruck geben. – »Kannst mal bei meinen Leuten vorbeigehen und ihnen einen Gruß ausrichten.« Das ist die übliche Form, in der sie ihren heimkehrenden Kollegen einen Auftrag mitgeben. Sie sind sehr spröd, wo es sich um persönliche Dinge handelt. Ein paar, denen das Schreiben Mühe macht, haben mich gebeten, ihnen den monatlichen Brief zu schreiben. Sie diktieren mir:

»Liebe Frau!
Es geht mir gut, was ich auch von Dir hoffe. Hast Du diesen Monat die Unterstützung gekriegt? Vater soll ein Gesuch machen, daß das Wohlfahrtsamt die rückständige Miete bezahlt. Habe das Päckchen mit den zwei Hemden und dem Tabak bekommen. Vorige Woche ist August Heckmann entlassen worden. Denke, daß ich jetzt auch bald dran bin.
Nun Schluß für heute. Grüß die Kinder.

Mit Gruß ...«

Das Verhältnis der verheirateten Arbeiter zu ihren Frauen hat mich überrascht. Sie sind stolz auf sie, zeigen gern Familienphotos, besonders wenn sie kleine Kinder haben. Von ihren Töchtern sprechen sie zärtlicher als von ihren Jungen. Auch in ihren familiären Angelegenheiten sind sie ganz praktisch-materialistisch. Ihr Stolz äußert sich zum Beispiel so: ein paar Häftlinge waschen ihre schmutzigen Hemden am Brunnen mit kaltem Wasser. Ein anderer macht beim Vorübergehen eine Bemerkung. Die Hemden würden doch nicht sauber, sie sollten sie besser nach Hause schicken.
»So, und das Porto«, sagt einer der Wäscher. »Meine Frau kriegt sechs Mark Wohlfahrt die Woche.«
»Meine hat auch nicht mehr«, entgegnete der andere, »aber sie schickt mir jeden Monat ein Paket mit sauberer Wäsche und zwei Päckchen Tabak.«
Ein Häftling stopft seine zerrissene Wolljacke.
»Hab ich nicht nötig«, sagt sein Nachbar, »macht Mutter zu Hause für mich.«
Vielleicht liegt in diesem Stolz auch ein gutes Teil Kleinbürgerlichkeit, aber ich

würde doch sagen, daß es vor allem das Gefühl ausdrückt: Auf die Frau kann ich mich verlassen. Die schlägt sich auch durch, wenn ich ihr nicht helfen kann.

Die Frage, die für mich in den letzten Jahren die brennendste war, existiert für den Arbeiter nicht: das Verhältnis zwischen dem Individuum und der Gesellschaft. Er fühlt sich als Teil einer Millionenmasse, und es kommt ihm gar nicht in den Sinn, daß hier Probleme liegen, die einem Intellektuellen vielleicht wichtiger sind als das tägliche Brot. Der Arbeiter sieht seine Kraft in der großen Zahl. Die Klasse ist für ihn der millionenfache Arbeiter. Wo sollten da Konflikte liegen? Je entwickelter das Individuum, umsomehr kann es zur gemeinsamen Sache beitragen. Was mir so wesentlich ist, meine Persönlichkeit, meine Eigenart, ist in ihren Augen eine Beigabe, gut, wenn verwertbar. Andernfalls ein Schnörkel oder eine Marotte. Sie verstehen mich nicht, wenn ich ihnen sage, daß Tausenden von Intellektuellen der Weg zu ihnen so schwer wird, weil sie fürchten, alles das preisgeben zu müssen, was ihnen teuer ist: Wissenschaft, Kunst, Literatur, die Freiheit des Gedankens, ein gewisser Lebensstil. Die Uniformierung, die Eintönigkeit und Grauheit des Massenlebens erschreckt uns. Dann antworten sie, das sei der alte Quatsch, hinter dem nichts anderes stecke als die Phantasielosigkeit von Kleinbürgern, die jetzige Welt als ewig zu betrachten und ihre Angst am revolutionären Kampf teilzunehmen. Kein Arbeiter werde sich darum kümmern, was ich lese, ob ich ins Theater oder zu Konzerten gehe, was ich studiere. Wichtig sei allein, daß ich ein zuverlässiger Genosse sei, der sein Wissen und Können nicht nur für sich, sondern für die Sache der Arbeiter benutze. Wenn ich einwende, daß sie doch keine Gedanken- und Meinungsfreiheit anerkennen und doch jeden zwingen, den dialektischen Materialismus als die einzig wahre Philosophie zu akzeptieren, so erwidern sie, die Wahrheit einer Theorie erweise sich in der Praxis, und die Praxis des Klassenkampfes werde auch mir zeigen, daß der dialektische Materialismus die einzig brauchbare Philosophie für den Befreiungskampf der Arbeiterklasse sei. Daß Brauchbarkeit für einen Kampf noch kein Argument für die Wahrheit einer Theorie ist, wollen sie nicht einsehen. Gut, gut, auf dem Mond solle ihretwegen Schopenhauer oder Nietzsche recht haben, aber hier auf der Erde hätten Marx und Lenin recht. Und wovor ich sonst noch Angst habe, fragen sie. Ich könne mir ruhig blauseidene Krawatten kaufen und Pyjamas tragen, niemand werde meinen persönlichen Geschmack kritisieren, sie seien keine kleinbürgerlichen Tugendhelden. Aber als ich, um sie zu provozieren, fragte, wie es mit seidenen *Hemden* stehe, kam ihre Großzügigkeit in sichtbaren Konflikt mit ihrem proletarischen Gefühl. Das hat mir sehr gefallen.
Im übrigen muß ich sagen, daß ich niemals eine so geschlossene Weltanschauung und ein solches Interesse für Theorie gesehen habe, wie bei diesen Arbeitern. Die Durchschnittsstudenten unserer Universitäten können sich nicht mit ihnen vergleichen. Sie fragen mich tausenderlei Fragen, fast immer intelligent, und manchmal so raffiniert, daß ich in Verlegenheit komme, zu antworten. Die Kommunisten sind den Sozialdemokraten auf philosophischem, ökonomischem

und politischem Gebiet weitaus überlegen. Aber die Sozialdemokraten kennen die Geschichte der Arbeiterbewegung besser, besonders die des vorigen Jahrhunderts.

Meine Mutter hat heute geschrieben, daß Hermann jetzt auch in der Hitler-Jugend ist und seine neue Uniform am liebsten Tag und Nacht anbehalten möchte. Hoffnungslos. Vier von ihren Verwandten sind im Krieg gefallen, darunter ihr einziger Bruder. Und sie ist stolz, daß ihr Jüngster auch schon für das Schlachthaus hergerichtet wird. Dazu die übliche Lamentation, wie ich nur... usw. Meine Beziehungen zu daheim sind, wenn ich sie unsentimental betrachte, nicht mehr vorhanden. Dieses ganze Verwandtenpack ist zum Kotzen. Verarmt, aber stolz auf ihre Vergangenheit, reaktionär, aber vierzehn Jahre Pensionär der »Juden-Republik«, voll Ressentiment gegen die Reichen, und geschmeichelt, eines Gespräches von ihnen gewürdigt zu werden und voll Haß gegen die Roten, die ihnen auch noch das Letzte nehmen wollen, was sie von Proleten unterscheidet, ihre »Kultur«. Jetzt atmen sie alle Morgenluft. Auf dem Schindanger der Geschichte regt sich neues Leben. Aber es ist das Leben des Schindangers. – Gegen diese verweste Gesellschaft zögere ich nicht, die Sache der Arbeiter mit ganzem Herzen zu unterstützen.

Ob Becker noch lebt? Wenn ich entlassen bin, muß ich ihn unbedingt ausfindig machen. Ich war doch sehr beschränkt. Wie wir ihn von oben herab behandelt haben, als »guten Kerl« und »Menschenfreund«. Und mit welcher Ruhe er unsern Spott ertrug. Sonnabend um Sonnabend unterwegs mit seinen billigen Schriftchen, schlecht aufgemachten »Fanfaren« und »Rote Hilfe«-Blättchen und was nicht alles. Und wenn wir sie ihm abkauften, dann so, daß er merken mußte, es ist aus Gefälligkeit für ihn. Ich glaube nicht, daß ich die Sachen ein einziges Mal gelesen habe. Ich habe mir nie die Mühe gemacht, mich zu fragen, was diesen fleißigen, beschäftigten Mann veranlaßte, seine Zeit für so eine Tätigkeit zu opfern. Ein Spleen. Damit war der Fall für uns erledigt. Wir lebten in getrennten Welten. Als er einmal behauptete, die Arbeiterklasse sei nicht nur die fortschrittlichste, sondern auch die fortgeschrittenste Gesellschaftsklasse, haben wir ihn laut und kräftig ausgelacht. Mit welchem Recht? Was wußten wir von den Arbeitern? Soviel wie vom Mond. Sicher war meine Sympathie auf ihrer Seite, wenn sie um bessere Lebensbedingungen kämpften. Meine Sympathie. Das war aber auch alles. Sollten sie selbst für ihre Sache sorgen. Ich habe nicht begriffen, daß ihre Sache die Sache aller fortschrittlichen Kräfte ist. Der Faschismus hat mich aus meiner kleinen Welt in die große geworfen. Ich werde Becker sagen, daß ich manches gelernt habe.

Ich glaube, die Arbeiter mögen mich leiden. Sie haben ein Gefühl dafür, ob man ehrlich ist oder nicht...

Wurde heute zum Sturmführer Nolte gerufen. Er sagte mir: »Gegen Sie liegt nichts mehr vor, Herr Michaelis. Sie werden morgen entlassen. Ich hoffe, daß Sie sich in Zukunft vorbehaltlos hinter unsern Führer Adolf Hitler stellen.«
Gegen mich liegt nichts mehr vor?
Gegen mich *lag* nichts vor.
Das war meine Schuld.
Mittlerweile habe ich neun Monate nationalsozialistische Erziehung genossen.
Und revolutionäre Arbeiter kennen gelernt.
Gegen mich wird noch mancherlei vorliegen, Herr Nolte.

Hellmut von Gerlach: s. S. 787 ff.
Dr. jur. *Ivan Katz,,* 1889–1956, Redakteur in Hannover, Mitglied der KPD, als solches 1921–1924 Mitglied des Landtags von Preußen und 1924–1928 Mitglied des Reichstags, bis zur Befreiung im KZ Auschwitz.
Erich Maria *Remarque,* 1898–1970, errang mit seinem Kriegsroman »Im Westen nichts Neues« (1929) Welterfolg.

Anna Seghers
Das Verhör*

Overkamp schloß hinter sich ab, um ein paar Minuten vor Wallaus Verhör allein zu sein. Er ordnete seine Zettel, sah seine Angaben durch, unterstrich und verband Notizen durch ein bestimmtes System von Linien. Seine Verhöre waren berühmt. Overkamp könnte einer Leiche noch nützliche Angaben entlocken, hatte Fischer gesagt. Seine Anlagen zu den Verhören seien nur mit Patituren zu vergleichen. Heute aber betrachtete Fischer die Vorbereitung zu dem Verhör mit unmerklichem Lächeln.
Er stand plötzlich auf und öffente das Fenster. »Sie bringen den Wallau. Entschuldigen Sie, wenn ich Ihnen jetzt einen Rat gebe, Overkamp.« – »Der wäre?« – »Lassen Sie sich aus der Kantine ein rohes Beefsteak kommen.« – »Wozu?« – »Weil Sie eher aus diesem Beefsteak eine Aussage herausklopfen werden als aus dem Mann, den man Ihnen jetzt vorführt.« Fischer hatte Recht. Das wußte Overkamp sofort, als der Mann vor ihm stand. Er hätte die Zettel auf seinem Tisch ruhig zerreißen können. Diese Festung war uneinnehmbar. Ein kleiner, erschöpfter *Mensch*, ein häßliches kleines Gesicht, dreieckig aus der Stirn gewachsenes dunkles Haar, starke Brauen, dazwischen ein Strich, der die Stirn spaltete.

---

* Anna Seghers: Das Verhör, in: Freies Deutschland, Jg. 1 (1941/42), H. 6, S. 21–22. Auszug aus: A. S.: Das Siebte Kreuz. Roman, Mexiko, El libro libre 1943.

Entzündete, dadurch verkleinerte Augen, die Nase breit, etwas klumpig, die Unterlippe ist durch und durch gebissen.
Overkamp heftet seinen Blick auf dieses Gesicht, den Ort der kommenden Handlung. In diese Festung soll er jetzt eindringen. Wenn sie, wie man behauptet, der Furcht versperrt ist und allen Drohungen, so gibt es doch andere Mittel, um eine Festung zu überrumpeln, die ausgehungert ist, ausgelaugt vor Erschöpfung. Overkamp kennt diese Mittel alle. Er weiß sie zu handhaben. Wallau seinerseits weiß, daß dieser Mann vor ihm alle Mittel kennt. Er wird jetzt mit seinen Fragen anfangen. Er wird zuerst die schwachen Stellen der Festung herausfragen. Er wird mit den einfachsten Fragen beginnen. Er wird dich fragen, wann du geboren bist, und schon verrätst du die Sterne deiner Geburt.
Overkamp beobachtet das Gesicht des Mannes wie man ein Gelände beobachtet. Er hat sein erstes Gefühl bei Wallaus Eintritt vergessen. Er ist zu seinem Grundsatz zurückgekehrt: es gibt keine uneinnehmbare Festung. Er sieht von dem Mann weg auf einen seiner Zettel. Dann sticht er mit dem Bleistift ein Pünktchen hinter ein Wort. Dann sieht er Wallau wieder an. Er fragt höflich: »Sie heißen Ernst Wallau?«
Wallau erwidert: »Ich werde von jetzt ab nichts mehr aussagen.«
Darauf Overkamp: »Sie heißen also Wallau? Ich mache Sie darauf aufmerksam, daß ich Ihr Schweigen jeweils für Bejahung nehme. Sie sind geboren in Mannheim am achten Oktober achtzehnhundertvierundneunzig.«
Wallau schweigt. Er hat seine letzten Worte gesprochen. Wenn man einen Spiegel vor seinen toten Mund hält, dann wird kein Hauch diesen Spiegel trüben.
Overkamp läßt Wallau nicht aus dem Auge. Er ist fast ebenso reglos wie der Gefangene. Um einen Ton bleicher ist das Gesicht dieses Wallau geworden, ein wenig schwärzer der Strich, der die Stirn spaltet. Gradeaus ist der Blick des Mannes gerichtet, *quer* durch die Dinge der Welt, die plötzlich gläsern geworden ist und durchsichtig, quer durch Overkamp durch und die Bretterwand und die Posten; die draußen lehnen, quer durch auf den Kern, der nicht mehr durchsichtig ist und den Blicken der Sterbenden standhält. Fischer, der ebenfalls dem Verhör beiwohnt, wendet den Kopf in der Richtung von Wallaus Augen. Er sieht aber nichts als die saftige pralle Welt, die undurchsichtig ist und kernlos.
»Ihr Vater hieß Frank Wallau, Ihre Mutter heißt Elisabeth Wallau, geborene Enders.«
Statt Antwort kommt Schweigen von den durchgebissenen Lippen. – Es gab einmal einen Mann, der Ernst Wallau hieß. Dieser Mann ist tot. Sie waren ja eben Zeuge seiner letzten Worte. Er hatte Eltern, die so hießen. Jetzt könnte man neben den Grabstein des Vaters den des Sohnes stellen. Wenn es wahr ist, daß sie aus Leichen Aussagen erpressen können, ich bin toter als all Ihre Toten.
»Ihre Mutter wohnt in Worms, Mariengäßchen acht, bei ihrer Tochter Margarete Wolf, geborene Wallau. Nein, halt, wohnte –. Sie ist heute morgen in das Altersheim an der Bleiche sechs überwiesen worden. Nach der Verhaftung ihrer

Tochter und ihres Schwiegersohnes wegen Fluchtbegünstigungsverdacht ist die Wohnung Mariengäßchen acht versiegelt worden.« –

Als ich am Leben war, hatte ich Mutter und Schwester. Ich hatte später einen Freund, der die Schwester heiratete. Solange ein Mann lebt, hat er allerlei Beziehungen, allerlei Anhang. Aber dieser Mann ist tot. Und was für merkwürdige Sachen auch nach meinem Tod mit all diesen Menschen dieser merkwürdigen Welt passiert sind, mich brauchen sie nicht mehr zu kümmern. –

»Sie haben eine Frau, Hilde Wallau, geborene Berger. Aus dieser Ehe sind 2 Kinder hervorgegangen. Karl und Hans. Ich mache Sie noch einmal darauf aufmerksam, daß ich jedenfalls Ihr Schweigen für Ja nehme.«

Fischer streckt die Hand aus und verschiebt den Schirm der hundertkerzigen Lampe, die Wallau jetzt ins Gesicht strahlt. Das Gesicht bleibt wie es war im trüben Abendlicht. Auch kein tausendkerziges Licht könnte Spuren von Qual oder Furcht oder Hoffnung enthüllen in den spurlosen endgültigen Gesichtern der Toten. Fischer schiebt den Schirm zurück. – Als ich noch am Leben war, habe ich auch eine Frau gehabt. Wir hatten damals auch Kinder miteinander. Wir zogen sie auf in unserem gemeinsamen Glauben. Da war es für Mann und Frau eine große Freude, wie ihre Belehrungen anschlugen. Wie die kleinen Beine beim ersten Aufmarsch weit ausholten! Und Stolz und Ängstlichkeit in den kleinen Gesichtern, die schweren Fahnen könnten in ihren Fäusten umkippen! Wie ich noch am Leben war in den ersten Jahren von Hitlers Machtantritt, als ich noch all das tat, wozu ich am Leben war, da konnte ich unbesorgt diese Knaben meine Verstecke wissen lassen, in einer Zeit, in der andere Söhne ihre Väter den Lehrern verrieten. Jetzt aber bin ich tot. Mag die Mutter allein sehen, wie sie sich mit den Waisen durchschlägt. –

»Ihre Frau ist gestern gleichzeitig mit Ihrer Schwester wegen Beihilfe zur Flucht verhaftet worden – Ihre Söhne wurden der Erziehungsanstalt Oberndorf überwiesen, um im Geiste des nationalsozialistischen Staates erzogen zu werden.« –

– Als der Mann noch am Leben war, von dessen Söhne hier die Rede ist, versuchte er nach seiner Art für die Seinen zu sorgen. Jetzt wird es sich bald herausstellen, was seine Fürsorge wert war. Da sind schon ganz andere umgefallen als wie zwei dumme Kinder. Und die Lüge so saftig und die Wahrheit so trocken. Starke Männer haben ihr Leben abgeschworen. Bachmann hat mich verraten. Aber zwei junge Knaben, auch das soll vorkommen, sind kein Haarbreit gewichen. Meine Vaterschaft jedenfalls ist zu Ende. –

»Sie haben den Weltkrieg als Frontsoldat mitgemacht?« –

Als ich noch am Leben war, zog ich in den Krieg. Ich war dreimal verwundet, an der Somme, in Rumänien und in den Karpathen. Meine Wunden heilten und ich kam schließlich gesund aus dem Feld. Bin ich jetzt auch tot, so bin ich doch nicht im Weltkrieg gefallen. –

»Sie sind dem Spartakusbund im Monat seiner Gründung beigetreten.«

Der Mann, da er noch am Leben war, im Oktober neunzehnhundertachtzehn, trat dem Spartakusbund bei. Was soll das aber jetzt? Sie könnten ebenso gut Karl

Liebknecht selbst zu einem Verhör bestellen, er würde ebenso viel, ebenso laut antworten. Laßt die Toten ihre Toten begraben. –
»Nun sagen Sie mir mal, Wallau, heute bekennen Sie sich doch nicht mehr zu Ihren alten Ideen?« –
Das hätte man mich gestern fragen sollen. Heute kann ich nicht mehr antworten. Gestern hätte ich Ja rufen müssen, heute darf ich schweigen. Heute antworten andere für mich: die Lieder meines Volkes, das Urteil der Nachlebenden – – –
Es wird kühl um ihn herum. Fischer fröstelt. Er möchte Overkamp bedeuten, das nutzlose Verhör abzubrechen.
»Sie haben sich also, Wallau, mit Fluchtplänen getragen, seit Sie der besonderen Arbeitskolonne zugeteilt wurden?«
Ich habe in meinem Leben öfters vor meinen Feinden fliehen müssen. Manchmal ist die Flucht geglückt, manchmal daneben gegangen. Einmal zum Beispiel, ist es schlimm ausgegangen. Da wollte ich aus eurem Lager Westhofen fliehen. Jetzt aber ist es geglückt. Jetzt bin ich entkommen. Umsonst schnuppern die Hunde an meiner Spur, die sich ins Unendliche verloren hat.
»Und dann haben Sie Ihren Plan zunächst mal Ihrem Freund Georg Heisler mitgeteilt?« –
Als ich noch ein lebendiger Mensch war in dem Leben, das ich lebte, traf ich zuletzt einen jungen Burschen, der hieß Georg. Ich hing an ihm. Wir haben Leid und Freude geteilt. Er war viel jünger als ich. Alles in diesem jungen Georg war mir teuer. Alles, was mir im Leben teuer war, fand ich an diesem Jungen wieder. Jetzt hat er nur noch soviel mit mir zu tun wie ein Lebender mit einem Toten zu tun hat. Mag er sich zuweilen meiner erinnern, wenn er Zeit dazu hat. Ich weiß, das Leben war dicht besetzt. –
»Sie haben die Bekanntschaft des Heisler erst im Lager gemacht?«
Kein Schwall von Worten, eine eisige Flut von Schweigen bricht aus den Lippen des Mannes. Die Wachtposten selbst, die draußen an der Tür horchen, zucken beklommen die Achseln. Ist das noch ein Verhör? – Das Gesicht des Mannes ist nicht mehr bleich, sondern hell. Overkamp wendet sich plötzlich ab, er macht einen Punkt mit dem Bleistift, wobei ihm die Spitze abbricht. –
»Sie mögen sich selbst die Folgen zuschreiben, Wallau.« –
Was kann es für einen Toten für Folgen geben, den man aus einem Grab in das andere wirft? Nicht einmal das haushohe Grabmal auf dem endgültigen Grab hat Folgen für den Toten. – Wallau wird abgeführt. In den vier Wänden bleibt das Schweigen zurück und will nicht weichen. Fischer sitzt regungslos auf seinem Stuhl, als ob der Gefangene noch da stände, und sieht weiter auf die Stelle, auf der er gestanden hat. Overkamp spitzt seinen Bleistift.

Das Gewissen gegen die Gewalt

Hans Marchwitza
Der Priester*

Das junge Gesicht bleich und übernächtigt, in einem am Hals eng geschlossenen, bis an die Knie herabreichenden schwarzen Rock, schritt er in dem kleinen Garten betend auf und ab. Etwas erhöht stand die frischgekalkte kleine Kirche, aus deren Turm eben die letzten leisen Klänge der Glocke nachhallten. Er blickte abwesend hinauf, dann wanderten seine Augen von der Kirche über die Bauernhütten, die sich zu seinen Füßen, schief, hutzlig, oft mit allzu grellen Farben angestrichen und von einigen engen, gewundenen Gassen durchkreuzt, bis an den Waldrand ausbreiteten.
Die frische Morgensonne sog die letzten weißlichen Nebeldünste hinweg, enthüllte die sorgfältig voneinander abgegrenzten Wiesen- und Ackerstücke der Dorfbewohner und traf deren schon frühzeitig gebeugte Rücken.
Aus dem Dorf trottete, von lauten Rufen angetrieben, das Vieh auf die Weiden; es erscholl das vielstimmige Geschnatter der Gänsescharen und all der mannigfaltige Lärm des übrigen Dorfgetiers. Dazwischen das helle Geläute der Schulglocke und die kraftlosen Scheltworte der alten Leute, denen die Betreuung der Kinder überlassen war.
Das war sein Dorf, in dem er geboren und bis zur Vorbereitung zu seinem geistlichen Berufe die Kindes- und Jugendjahre verbracht hatte, und wo vor zwei Jahren unter Beteiligung fast der gesamten Dorfbevölkerung sein schönster Tag begangen worden war: die Einführung in seine Pflichten als Kaplan der Bauerngemeinde. Nur der Ortkas, einer der ärmsten Bauern und eine geringe Anzahl anderer – die Dreßlers, Siepmanns und der Westmann – hatten damals ihre Hütten nicht geschmückt und waren abseits stehengeblieben; mit gleichgültigen oder gar feindseligen Gesichtern hatten sie zugesehen und nur unmutig an ihren Mützen gerückt, als die Prozession vorbeigekommen war. Er hatte ihnen aber, trotz der Andacht, die ihn umgab, doch einen langen, fragenden Blick zugeschickt. Und gleich in den ersten Tagen seines neuen Amtes hatte er bei Ortkas angepocht.

* Hans Marchwitza: Der Priester, in: Das Wort, Jg. 2 (1937), H. 7, S. 6–14.

»Gehört ihr nicht zur Gemeinde? Weshalb sondert ihr euch denn ab?«
Ortkas war rot geworden und hatte ihm unsichern Blicks geantwortet:
»Im Evangelium heißt es: es soll nicht einer nach des anderen Fleiß und Habe trachten. Und doch bleibt alles so ungleich und ungerecht! Alles was uns von der Wiege an als heilig und unantastbar gepredigt worden ist, wird gerade durch die, die uns stündlich zum Gehorsam ermahnen, geschändet und entweiht; gerade sie betrügen uns um unsere Früchte.« Der junge Priester war dem Bauer ins Haus gefolgt und hatte dort eine wahrhaft einzige Armut erblickt. Er war zu verständig, um nicht einzusehen, daß hier gute Worte und Ratschläge nicht zu helfen vermochten. So war sein erster Entschluß, da ihm Ortkas seine ganzen Sorgen offenbart hatte, nach bestem Vermögen dieser Armut zu steuern.
Er hatte sich zum Makler Sudermann begeben, der, breit und behäbig, ihn sogleich gastlich empfangen und von der schönen und erhabenen Feier des Sonntags lobend zu reden begonnen hatte. Dann aber, als der Priester von Ortkas' Notlage zu erzählen begann, war das rote, behagliche Gesicht des Händlers plötzlich in einen einzigen Unwillen verwandelt.
»Hat er Sie hergeschickt, Herr Kaplan, damit die Geschichte von neuem beginnt? Soll sich unsereiner durch die störrischen Kerle noch in den Ruin wirtschaften? Ich hab's einfach dem Gericht übergeben, und das hat mir mein Recht zuerkannt!«
Ruhig und eindringlich hatte er erwidert: »Wir haben trotzdem die Pflicht, mit den Ärmeren und Schwächeren Nachsicht zu üben.«
»Nachsicht üben?« war der Händler aufgefahren, »Nachsicht üben, wo er schon bis über die Ohren drinsteckt und noch tiefer reingerät, wenn man ihn so weiterwirtschaften läßt!«
Da hatte sich der Kaplan tief beschämt aufs Bitten verlegt – vor einem Menschen, der nur eine Handbewegung zu machen brauchte, um die drückende Last von Ortkas' Schultern zu wälzen. Der Makler aber hatte ihm auf die Schulter geklopft:
»Lieber Kaplan, ich gebe Ihnen den gutgemeinten Rat: seien Sie gescheit und mischen Sie sich nicht in die Dinge, für die Ihnen jede Erfahrung fehlt. Überlassen wir das den Richtern, die sich darin besser zurechtfinden. Sie können doch unmöglich verlangen, daß unsereiner sein Geld verschleudert! Und wer sich schon voraus Gedanken darüber macht, ob das Zurückfordern vielleicht ein Unrecht ist – nun, der kann mit dem Geschäft einpacken. Nein, da kann es keine Gnade geben, wenn man nicht um sein Geld geprellt sein will...«
Der Kaplan hatte dann keinen Mut mehr, nochmals bei Ortkas vorzusprechen. Aber es mußte dennoch etwas für ihn getan werden; und so hatte er eine Bittschrift an die nächste vorgesetzte Behörde aufgesetzt, darinnen er eindringlich das Elend und die Bedrängnis der Bauern schilderte. Unterdes schloß er seine Schützlinge in seine täglichen Gebete ein und wartete; denn es vergingen Wochen und Monate, und die Antwort blieb noch immer aus. Er wiederholte sein Schreiben – es kamen wohl Vertröstungen, aber keine Hilfe.

Inzwischen hatte Ortkas seine Sense geschliffen und sich damit die Kehle durchschnitten.

An der niederen Steinmauer des alten Friedhofes lag der Selbstmörder nun schon seit fast zwei Jahren begraben. Und in dieser Zeit hatte sich im Dorfe manches verändert. Auf dem Dache der Schule wehte eine rote Fahne mit einem Hakenkreuz und am Gemeindehaus eine zweite. Bei dem Makler gingen täglich uniformierte Leute ein und aus. Vor ein paar Wochen hatten sie auf einem Ochsen den Dreßler herumgeführt, des toten Ortkas Nachbar, von dem man wußte, daß er Kommunist war. Mehrere Knechte, die mit Dreßler befreundet waren, saßen im Gefängnis in der Stadt. Auf dem Friedhof war ein frischer Hügel aufgeworfen, darunter lag der junge Bauer Siepmann, der sich gegen das Fortschleppen zur Wehr gesetzt hatte und durch Schüsse niedergestreckt worden war.
Eine Schar uniformierter Burschen war auch zu ihm, dem Kaplan gekommen, um ihn aufzufordern, eine Hakenkreuzfahne auszuhängen.
»Das Pfarrhaus bleibt davon verschont!« hatte er ernst geantwortet. Als sie aber gegen seinen Willen eine ihrer Fahnen an dem Hause anbrachten, stieg er hinauf und holte sie herunter.
Seither waren sie seine erbitterten Feinde geworden.
Nun ging er, nach einer durchwachten Nacht, sinnend in seinem Gärtchen auf und nieder. Seine Gedanken irrten immerzu vom Gebet ab; er starrte verquält in die blaue Ferne. Erschütternde Nachrichten kamen aus dem Lande: die Reden von der erwachten Nation, vom Beginn des tausendjährigen Reiches, das Triumphgeschrei der neuen Machthaber. Auch im Dorf glaubte die Mehrzahl der Bauern, daß ihre Rettung und Befreiung nun begonnen hätte; sie stimmten blindlings jeder neuen Maßnahme der Führer zu, brachen in die Häuser der Nachbarn, die nicht gleichen Sinnes waren, schlugen sie blutig, zerrten sie gedemütigt und gelästert im Siegeszuge durch die Straßen. Und wenn er dazwischentrat und Einspruch erhob, brüllten sie drohend:
»So geht man mit Staatsfeinden um! Und so wird mit jedem verfahren, der sie in Schutz nehmen will!«
Ja, sie gingen noch weiter und führten offene Schmähreden gegen ihn, die er tiefverletzt anhören mußte, ohne ihnen wirksam wehren zu können.
Die wenigen Bauern, die nicht von dem allgemeinen Taumel erfaßt waren, hockten verängstigt in ihren Kotten und atmeten erst befreit auf, wenn sie der Frieden ihrer Kirche aufnahm. Bedrückt und hilfeheischend sahen sie zu ihm auf. »Schaffe Rat und Hilfe – erlöse uns von dem Übel und Schrecken!« flehten ihre bekümmerten Blicke. Und er vermochte nur, sie zur Geduld zu ermahnen, zumal er immer mehr einsah, wie schwach sein Trost gegen die sinnlos entfesselte Gewalt anschlug. Die verhetzten SA-Bauern verrannten sich in ihre Tollwut; die Großbauern begrüßten ihre Ausschreitungen mit Lächeln und riefen ihr »Heil!«, wenn wieder einmal einer, der sich von Versammlungen und Umzügen

fernhielt, aus seiner Wohnung geschleppt wurde, um all die Schande und Qual über sich ergehen zu lassen, die andere bereits durchgemacht hatten.

Erst gestern, am Nachmittag, war wieder eine Abordnung bei ihm erschienen, um ihn zu zwingen, in seinen Predigten die neue Staatsform als die einzige, alleinmaßgebliche anzuerkennen. Mit Pistolen in den Händen waren sie vor ihn getreten. Darunter einige, die noch vor zwei Jahren als seine Freunde im Prozessionszuge mitgegangen waren. Jetzt waren ihre Blicke fremd und von Haß getrübt, wie sie ihm Volksverrat vorwarfen, wenn er sich dem Willen ihres Führers nicht fügte. Nach schwerem innerem Kampf hatte er sich von ihnen Bedenkzeit ausgebeten, um zu überlegen, wie weit er mit einem Nachgeben seiner Gemeinde schaden oder nützen könne. Diese Bedenkzeit hatte ihn eine schlaflose Nacht voll tiefer seelischer Verzweiflung gekostet; und als der Morgen endlich diese schreckliche Nacht ablöste, als die Sonne die tödliche Angst milderte – da stand es in ihm fest: »Ich gehorche nur meinem Gewissen!«

Die Ortkas-Bäuerin kam vom Friedhof, wo sie am Grabe ihres Mannes gebetet hatte, zurück. Sie hob den vergrämten Kopf über die Hecke, starrte den Kaplan aus kleinen, glasigen Augen an. »Werden wir wohl noch zu unserem Frieden kommen?« fragte sie leise. »Oder sollen wir andern auch zur Sense greifen? Alles hat man uns genommen, Herr Kaplan, nicht ein Fleckchen Erde, nicht ein Brett unserer Hütte gehört uns mehr... Hätt' er nicht gerettet werden können, damals, als es noch Zeit war?« Ihr Kopf machte eine schwache Gebärde nach der Friedhofsmauer.

Er schwieg. Hier hätte nur sofortiges Geben helfen können ... geben, aufrichten, neues Selbstvertrauen schaffen! Aber woher Hilfe nehmen? Bei dieser abgrundtiefen Ungerechtigkeit! Wie beispringen? Und so sagte er nur: »Haltet den Kopf hoch, wenn es noch so hart ist!« Aber seine Worte hatten, das fühlte er, keine Überzeugungskraft. »Laßt uns wenigstens in dieser Trübsal zusammenhalten!« fügte er plötzlich fest hinzu.

Sie blickte ihn lange und mit unverminderter Bitterkeit an:

»Jetzt müssen wir es schon tun, wo sich die Schafe in Wölfe verwandelt haben...«

Sie ging mit einem harten Kopfnicken. Er starrte ihr über die Hecke hinweg nach und gedachte der anderen, die gleicher Not und Bedrängnis ausgesetzt waren. Als er noch immer in sich versunken auf derselben Stelle stand, schlüpfte ein Bauer durch die Pforte herein. Es war Westmann, der auch manches durch die SA auszustehen hatte, denn er zählte ebenfalls zu jenen, die sich lieber durchs Dorf schleifen ließen als vor der neuen Macht den Nacken zu beugen. Er pflegte dem Kaplan des öfteren Nachrichten aus dem Lande zu bringen, die er auf Umwegen erlangt hatte; durch ihn erfuhr der Geistliche von den zehntausenden Gefangenen, von der weiteren Menschenhatz und all den Scheußlichkeiten, die begangen wurden, von abertausenden zerstörten Familien und dem Weinen schutzloser Waisen, von hunderttausenden dem grausamen Haß und Vernich-

tungswillen ausgesetzten Menschen. Sein schönstes Bild dieser Erdenschöpfung, das Heiligste, das ihm unverletzlich war, schwebte in Gefahr – der Mensch!
Der Kaplan fuhr beim Anblick des Bauern zusammen, von dem er, wie immer, wenn er kam, nur neue Unglücksbotschaften vernehmen würde; er war aber einer der wenigen, der sich von Haus zu Haus schlich und ermahnte, zusammenzuhalten und von dem Bitterwenigen, das geblieben war, für die noch härter Betroffenen herzugeben.
»Was gibt es, Westmann?« fragte er ihn.
»Wir brauchen Ihre Hilfe!« sagte Westmann einfach.
»Meine Hilfe? Welcher Art Hilfe denn – Geld? Nahrung? Vermag das geringe, was ich hergeben kann, dieses Elend zu lindern, dann nehmen Sie –.«
Der Bauer schüttelte lächelnd den Kopf. »Nicht so. Wir brauchen Sie selbst, Ehrwürden, Ihre Person. Uns ist der Zutritt zu den Häusern unsagbar erschwert. Hinter jedem unserer Gänge lauert die Gefahr, gefaßt und erschlagen zu werden. Die Bauern sind scheu, mißtrauisch. Und die vielen Feindschaften... alte, aber noch mehr neue – Nachbar gegen Nachbar, Bruder gegen Bruder, der Sohn gegen die Eltern verhetzt! Wir müssen sie wieder zusammenbringen... ja, das müssen wir! Ihnen die Augen öffnen, den wirklichen Feind zeigen, daß sie sich nicht länger beargwöhnen und gegenseitig zerfleischen!« Seine Augen bekamen einen seltsamen, heißen Glanz. »Wir haben nicht mehr zu verlieren als diejenigen, die bereits alles verloren haben. Helfen Sie mit, Ehrwürden!«
Der Kaplan blickte ihn sinnend an. Dann sagte er bewegt:
»Wißt Ihr, Westmann... Ist es nicht eine merkwürdige Fügung, daß wir, die in vielen Dingen so ganz auseinander strebten, heute gleichen Sinnes sind?«
»Es trennen uns noch manche Gegensätze«, erwiderte Westmann nachdenklich, »Ihr Glaube und Ihre Hoffnung richten sich nach *oben*, wir müssen uns aber auf der *Erde* umsehn, wo unser Land, Haus, Brot und unsere ganze Mühe bleibt. Und wenn wir uns heute dennoch zusammenfinden, so ist es der Mensch in uns, der sich finden muß... jetzt, wo sinnlose Gewalt herrscht und alle Menschlichkeit bedroht ist, erstickt zu werden!«
»So ist es!« nickte der Kaplan und blickte den Bauer erschüttert an. »Ich will mein bestes tun... Was ich vor meinem Gewissen verantworten kann... Laßt mir Bedenkzeit bis Sonntag...«
Als der Bauer gegangen war, wurde der Kaplan viel ruhiger, er nahm etwas Nahrung zu sich und begann darauf, sich auf den Sonntag vorzubereiten. Er ahnte, daß es kaum ohne Kampf abgehen würde – die Widersacher würden wie immer da sein und über seine Worte wachen. Aber der Abscheu, daß die Blindwütigen sich schon so weit vergaßen, die Kirche zur Stätte ihrer verbrecherischen Gewalt zu mißbrauchen, bestärkte ihn in seinem Mute, die Wahrheit nicht zu scheuen.
Am Nachmittag unternahm er einen Gang durch das Dorf. Die ihm gutgesinnt waren, zogen grüßend ihre Kopfbedeckung und nickten ihm mit betonter Freundlichkeit und dankbar zu; die ihm feindlich gesinnt waren, taten es nur wi-

derwillig, oder sie kehrten ihm den Rücken; die Feindseligsten aber starrten ihn herausfordernd an, ob er nicht endlich die Hand zum Heilgruß erhöbe. Er blickte ihnen unerschrocken in die Augen, grüßte alle in gewohnter Weise, einerlei, ob sie antworteten oder nicht und ging aufrecht seines Weges weiter. Die in den braunen Hemden versammelten sich hinter seinem Rücken zu Gruppen, steckten ihre Köpfe zusammen und tuschelten; die Dreisteren, darunter des Maklers junge, gewalttätige Burschen, lachten laut und drohend hinter ihm drein: »Dem werden wir's auch noch beibringen, wie wir's den andern beigebracht haben, dem Schwarzrock!«

Er wandte sich nicht um, obwohl nun auch noch andere, durch die Maklerburschen ermuntert, ihm gehässige Bemerkungen nachschickten.

Er ging, durch keine Drohung eingeschüchtert, innerlich aber angewidert, mit dem gleichen, ruhigen Lächeln durchs Dorf, während man ihn als ungehorsamen Pfaffen, als Abtrünnigen und Feind des Führers beschimpfte. Und immer zwingender kam ihm diese unheilvolle Macht, die die einst so vernünftigen Bauern schier besessen machte, zum Bewußtsein: nein, solange hier nicht wieder die Vernunft durchbrach, war der Schreckensweg der Gerechten noch nicht zu Ende! Mitten in seine Betrübnis schlug ein häßliches Wort an sein Ohr: »Volksverräter!«

Seine Augen suchten empört den Dreisten. Der aber drückte sich in den Haufen der Jungen – es war einer der Maklersöhne. Als er weiterschritt, hob ein anderer einen Stein auf, um ihn ihm nachzuschleudern. Da wagten sich die besonneneren, älteren Bauern endlich heraus, um ihn vor den wildgewordenen Burschen zu schützen.

»Das ist nicht nötig!« wehrte er, »sie schlagen nur sich selbst, wenn sie uns schlagen.«

Ein paar Bäuerinnen schickten ihm ihre Kinder entgegen, oder sie liefen selber hinzu, um ihm die Hand zu drücken und ein gutes Wort zu sagen.

»Sehn Sie, so geht es hier täglich zu!« begann eine zu wehklagen.

»So haben sie auch meinen Jungen umgebracht!« jammerte die alte Siepmann.

Die Frauen liefen unter dem Hohngelächter der Uniformierten eine Strecke mit ihm, die Kinder an ihren Röcken, die bekümmerten Augen tränenerfüllt.

»Was haben wir getan, daß diese Geißel uns so schlägt?«

»Alles nur, weil wir nichts haben! Alles nur, weil wir uns nicht auch noch in dieses Unrecht schicken!«

Am Ausgang des Dorfes blieb er bei einem dumpf dreinstarrenden Bauer stehen. Dieser hub an:

»Früher hat man uns wohl ausgezogen, aber heutzutage wird uns das bißchen jämmerliche Dasein auch noch durch die zwangsweise Abgabe unserer Produkte und durch lauter Schikanen zur Hölle gemacht. Und in jeder Versammlung kriegt man einen neuen Maulkorb vorgehangen! Ich sag Ihnen, Ehrwürden: der Ortkas hat noch den vernünftigsten Ausweg gewählt... ich glaub, den werden bald noch mehr von uns wählen...!«

Der Kaplan wurde bleich vor Entsetzen. »So dürft ihr nicht reden!« sagte er eifernd, und seine Augen flammten auf in jähem Zorn.
Der Bauer lachte grämlich und bitter in sich hinein. In seinen Augen stand das Flackern der Verzweiflung.
»Was soll man denn anfangen? Alles reißt auseinander, der eine glaubt im andern seinen Todfeind zu sehen. Wie wollt ihr das verhindern?«

Die Sonne versank in Dämmerung. Die zweite Nacht hüllte das Dorf und sein Unglück in wohltätiges Dunkel, nur aus dem Gemeindehaus lärmte noch Trommel- und Pfeifenklang und rauher, soldatischer Gesang. Der Kaplan starrte durch das Fenster seiner Stube, ruhelos wie in der vergangenen Nacht. Sein Blick wanderte über die Friedhofsmauer. Hell hob sich dort der Grabhügel des ermordeten jungen Siepmann im Mondlicht von den anderen ab. Die Phantasie des Kaplans, durch die wochenlangen Schrecknisse fieberhaft erregt, schuf schaudervolle Vorstellungen: verzagte Bauern, die ihre Sensen schliffen, um Ortkas zu folgen! Die undeutlichen Laute des Viehs im Dorf – das gedehnte Brüllen einer Kuh, das Wiehern eines Pferdes, das langgezogene Heulen eines Hundes – war das nicht wie Hilfeschreie gequälter Menschen? Und das Geknatter der Trommeln – waren das nicht Signale zu neuen Menschenjagden und Grausamkeiten?
Wirrer Lärm klang jetzt vom Dorf herauf; er lauschte voll Angst, denn durch den Trommellärm drang verworrenes Geschrei. Ein Umzug? Oder eine neue Übeltat? Roter Flackerschein von brennenden Fackeln erhellte nun die Kotten an der Dorfstraße und beleuchtete einen johlenden Haufen.
Da vernahm er schrille Rufe und ein Rütteln an der Gartentür. Es war die Westmannsche, knochig, aufgestört, mit den Augen einer Irrsinnigen.
»Meinen Mann haben sie rausgeholt!« ächzte sie und sank in die Knie. »Halt!« rief der Kaplan entschlossen, als die Bäuerin sich aufraffte und in wilder Hast wieder davonstürmen wollte. »Ich komme mit Ihnen!«
Er warf den Rock über und stürzte ihr nach.
Auf halbem Wege kam ihm der Zug entgegen. Vorneweg die Burschen des Maklers, einer führte einen Ochsen am Strick. Auf dem Rücken des Tieres hockte, wächsern blaß, blutiggeschunden, der Bauer, um seinen Hals eine Papptafel: »Ich bin ein Lump und Staatsverbrecher!«
Sein Blick traf den Kaplan, unheimlich ruhig und fast warnend.
Ein Peitschenhieb klatschte auf das träge Tier, ein zweiter pfiff dem Reiter schneidend ins Gesicht. Die Haut platzte auf; Blut quoll aus dem Striemen und rann hinab in den zerzausten Bart. Der Kaplan wollte vorspringen, aber Westmann blickte ihn drohend an, als wollte er sagen: bleib weg.
Die Bande durchzog mit dem Gefolterten unter Trommelklang und Jubelgeschrei Gasse um Gasse und führte ihn den stumm und steif in den Türen verharrenden Bauern vor:

»Seht, so ergeht es jedem Volksfeind und Schädling, der sich nicht in das Volksganze einordnen will!«
Langsam verhallte das Geschrei; die zogen mit Westmann zum Gemeindehaus. Der Kaplan sah verzweifelt in Augen voll tödlicher Furcht.
»Man hat rausgekriegt, daß der Westmann für die Familien der Verhafteten sorgte!« flüsterte endlich einer.
»Jetzt stehn wir ganz allein da!« nickte die Dreßlersche und ihre stumpfen Blicke irrten über die Kinderschar, die sie umgab.
Der Kaplan schüttelte den Alp von sich und sagte: »Ihr bleibt nicht allein...«
Als er zu seinem Hause hinanstieg, murmelte er, als bereite er im Geiste eine Predigt vor:
»So trägt nur einer das Kreuz, der einen stärkeren Glauben hat als die, die ihn geißeln und kreuzigen!« Und ihm fielen Worte ein, die Westmann einmal bei einer Begegnung zu ihm gesagt hatte: »Wir haben nichts zu verlieren als unsere Ketten, aber eine glücklichere Zukunft, eine ganze Welt zu gewinnen!« Und um die Ketten zu verlieren, um ihre neue Welt zu gewinnen, bestiegen diese Menschen Schafotte, ließ sich damals Dreßler und jetzt der Westmann von den Verhetzten schmähen und bespeien! Und diese Verhetzten, Mißbrauchten erkannten nicht, daß all das Leid nur um ihretwillen ertragen wurde.

Der Sonntag brach an, voll Sonne. Köstlich und buntfarbig lag die Natur vor den sinnenden Augen des Kaplans, als er die paar Schritte zur Kirche hinaufstieg. Zwischen den Bauern und Bäuerinnen, die sich um die Kanzel scharten, erblickte er auch braune Uniformen. Die SA war gekommen, um ihn durch ihre Anwesenheit zu mahnen, daß er dem Willen des Führers gehorche... Ihm aber schwebte ein Gesicht vor: ein blutgeschundenes Gesicht mit einem Blick voll überirdischer Kraft. Das war sein Mensch, sein geliebter Mensch, der um der Gerechtigkeit willen Verleumdungen und Mißhandlungen auf sich nahm, um die Menschheit zu retten!
Die Schar der Uniformierten wurde größer, sie ballten sich zu einem Haufen, um ihn durch ihren Anblick einzuschüchtern. Sie wagten noch nicht, ihm entgegenzutreten, nur ihre Augen verrieten ihren sturen, blinden Haß. Auch die Großbauern verharrten abwartend, drohend. Die Unsicheren, Schwankenden rückten unwillkürlich ebenfalls zu einer Gruppe zusammen und streiften die Mächtigen des Dorfes mit scheuen Blicken. Aber die größere Menge der Bauern, Knechte und Weiber suchten in seinem Gesicht zu lesen, welchen Trost er ihnen zu spenden gedächte. Er lächelte ihnen ermunternd zu; und ihre verquälten Mienen verloren die Unrast...
Aus der Schar der SA-Leute erscholl Geflüster und schütteres Lachen, ein Zeichen ihrer Ungeduld. Ihre feindlichen Blicke bestiegen mit ihm die Kanzel.
»Der soll bloß nicht wagen, hier Hetzreden zu halten!« sagte einer laut. Das Murren wurde lauter und drohender.
Er blickte seine Gemeinde ruhig und furchtlos an, verweilte sogar einen Augen-

blick bei der Gruppe der SA-Leute und jungen Burschen. Dann begann er seine Predigt mit dem Gleichnis: Ein Vater hatte sieben Söhne; und da er vernahm, daß sie sich schon vor seinem Sterben stritten, wie groß der Anteil am Erbe für den einzelnen sei, rief er sie zu sich an sein Lager und bat sie, ihm ein Bündel mit sieben kräftigen Stäben zu reichen. Nun hieß er einen Sohn nach dem anderen, die gebündelten Stäbe mit seiner Hände Kraft zu zerbrechen. Die Söhne gaben sich alle Mühe, allein keinem von ihnen gelang es, den seltsamen Wunsch des Vaters zu erfüllen. Da nahm er ihnen das Bündel aus der Hand, zog jeden Stab einzeln heraus und zerbrach ihn mühelos.

»Sehet«, sprach der Kaplan fest, »so ergeht es euch, wenn ihr miteinander hadert und euere Eintracht zerfällt!«

Seine Stimme wurde hart und hallte wider in der kleinen Kirche:

»Sehet, so ergeht es uns, wenn wir dem Bösen unter uns Platz einräumen! Streit, Zwietracht und Haß werden sich unter uns einnisten und das köstlichste Gut, unsern Frieden, unser Leben, unsere Menschenwürde und Freiheit in einen Fluch verwandeln, an dem unsere Kinder und Kindeskinder noch schleppen werden!«

Aus der Schar der Uniformierten kam ein erstickter Wutschrei.

Die Menge der Bauern aber atmete erlöst auf. Sie rückten dichter um die Kanzel, wo der Priester zürnend und warnend gegen den Haß und die Finsternis rang, die sich des Dorfes bemächtigt; es war, als wollten sie ihn schützen.

Aus der Gruppe der SA-Leute flatterten erneut wütende Rufe empor, aber sie wurden erstickt von dem beifälligen Gemurmel der Menge.

Die Großbauern saßen da in eisigem Schweigen, mit bös verkniffenen Gesichtern.

»Rottet das Übel des Mißtrauens und Zwiespalts unter euch aus! Laßt uns einig sein gegen das Böse! Werden wir wie jenes Bündel Stäbe, das keine Gewalt brechen kann!« schloß der Priester leidenschaftlich, »schüttelt die Furcht ab und wehret dem Bösen, das euch überwältigen will, auf daß in unsere Herzen wieder Friede und Glück Einkehr halten!«

Sie holten ihn in den Abendstunden.

Er wies mit einer Handbewegung die zu Hilfe eilenden Bauern schmerzlich lächelnd zurück. »Beherzigt das Gleichnis, Freunde, und ich fürchte nicht um eure Zukunft!«

Die Braunhemden stießen ihn brutal vorwärts. Er aber war ruhig und sagte zu ihnen ohne Zorn:

»Toren! Jeder Schlag, den ihr gegen uns führt, ist ein Schlag gegen euch selbst…«

Das heimliche Deutschland

Ernst Ottwalt
Friseur Zenker hält Monologe*

Am 2. Mai 1933:
»Morjen, Herr Hegemeister. Setzen Sie sich, Herr Hegemeister. Einmal rasieren? Sofort, Herr Hegemeister... Großartig gewesen gestern, was? Diese Einigkeit! Wenn man das so bedenkt! Ich hab' gleich zu meiner Frau gesagt: nu seh' doch bloß mal die Einigkeit, hab' ich gesagt. Na, muß ja auch so sein, nicht wahr? Ich hab' mich ja nie um Politik gekümmert, niemals. Wissen Sie, so als kleiner Geschäftsmann muß man ja eklig aufpassen, daß man sich da nicht mal die Kundschaft verärgert. Ne, um Politik hab' ich mich nie gekümmert. Aber daß Einigkeit sein muß, das hab' ich immer gesagt. Na, und die haben wir ja nun ... Was sagen Sie? Natürlich, da sind nur die Marxisten dran schuld gewesen, daß wir keine Einigkeit gehabt haben. Jetzt, wo die Brüder nichts mehr zu sagen haben, da geht's auf einmal, auf einmal geht's. Hab' ich nicht recht, Herr Hegemeister? Das ist wirklich mal ein schöner Zug vom Führer, daß er den Klassenkampf so ganz einfach abgeschafft und so eine Einigkeit gebracht hat.
Da haben Sie aber wirklich recht, Herr Hegemeister. Noch nie ward Deutschland überwunden, wenn es einig war. Das haben Sie sehr schön gesagt, wirklich. Übrigens, haben Sie schon gehört, Bäckermeister Fritsche geht Wasser saufen. Tatsache! Na, was ich Ihnen sage! Wechsel über dreitausend Mark. Ist nicht viel? Herr Hegemeister, ich frage Sie, wer pumpt heute einem Gewerbetreibenden dreitausend Mark? Sie vielleicht? Na, sehen Sie. Ne, dem Mann ist nicht zu helfen, der kann die Bude zumachen. Ja, ja, schlimme Zeiten.
Was meinen Sie? Hitler wird's schon schaffen, na selbstverständlich. Der schafft's, der ganz bestimmt. Aber... sagen Sie mal, Herr Hegemeister, was ist denn nu eigentlich mit den Steuern? Ich höre und höre immerzu, aber von Steuerermäßigung höre ich überhaupt nichts. Muß doch endlich mal anfangen, wie? Ich meine, das ist doch keine Gerechtigkeit, wenn der Tittel, jawohl Major von Tittel, wenn der bare hundertachtzigtausend in seine alte Klitsche hereinkriegt. Glattweg geschenkt, von der Osthilfe, jawohl. Ich meine, das ist doch

---

* Ernst Ottwalt: Friseur Zenker hält Monologe, in: Deutsche Zentral-Zeitung (Moskau), 12. 4. 1935.

keine Gerechtigkeit, wenn der nun den baren Zaster kriegt, und ich zahl' mich schwarz an meinen Steuern. Ne, das ist keine Gerechtigkeit, und Gerechtigkeit muß sein, Herr Hegemeister.
Kommt noch, meinen Sie? Na schön, glaube ich ja auch, aber das muß bald mal anfangen. Denn sehen Sie: was ist denn nun mit den Bankzinsen? Ist doch Brechung der Zinsknechtschaft, nicht wahr? Warum werden denn da die Bankzinsen nicht ermäßigt? Geht nicht? Warum soll denn das nicht gehen? Is das vielleicht ne Gerechtigkeit, daß die Bankjuden soviel verdienen? Na, und wenn schon, wenn das schon kein Juden sind, Herr Hegemeister. Ne, ne, die Bankzinsen müssen runter, und das bald...
Was? Opfer bringen? Natürlich, Opfer müssen wir bringen. Ich hab' mich nie um Politik gekümmert, aber Opfer müssen sein. Nur ... na wissen Sie: von Opfern allein kann man nicht leben.
Ne, leben muß man können. Scharf nachwaschen? Gemeinnutz geht vor Eigennutz, da haben Sie wirklich recht, Herr Hegemeister, aber das müssen Sie Titteln sagen und nicht mir. Die Bankzinsen müssen runter und die Steuern auch, das ist klar.
Jawohl, selbstverständlich, da hab' ich volles Vertrauen, daß sie es schaffen werden. Hitler wird's schon schaffen, hab' ich meiner Frau immer gesagt.
Aber Sie, Herr Hegemeister, nein nein nicht so laut, wenn das jemand hört, also gerade ich als Geschäftsmann will mir da keine Unannehmlichkeiten machen. Aber sagen Sie mal, Herr Hegemeister, was ist denn nun, wenn er es nicht schafft? Was kommt denn dann? Das Chaos – so, so. Das Chaos, – Kommunisten meinen Sie, was? Ja, da muß man denn ja wohl doch noch 'ne Weile Opfer bringen, wie?
Na, Morgen, Herr Hegemeister. Da haut er ab. Der Mann kann gut reden, der hat seine Pension. Dem ist das egal, ob Brechung der Zinsknechtschaft ist oder nicht. Aber wer bezahlt mir meine Hypothekenzinsen? Kein Mensch. Aber Hitler wird's schon schaffen.«

Am 2. Mai 1934:
»Na, Herr Hegemeister, auch mitdemonstriert gestern? Ja, Sie haben's gut. Ich muß doch mit, mit der Innung, jawohl. Fällt sonst zu sehr auf, wenn man nicht da ist. Und wissen Sie, ich als Geschäftsmann, – also ich will mir da keine Läuse in den Pelz setzen. Ich hab' gleich zu meiner Frau gesagt, – na aber das gehört nicht hierher.
Einigkeit? Ja, ja, großartige Sache. Volksgemeinschaft? Sehr schön, Herr Hegemeister. Haben Sie gestern Titteln gesehen, Major von Tittel? Hat sich einen neuen Mercedes gekauft, acht Zylinder, Kompressor, alles da. Ja, ja, manche Leute verdienen ganz gut bei der Volksgemeinschaft. Wer? Ich? Ne, den Gehilfen hab' ich schon lange entlassen, das Geschäft gibt nicht soviel her. Kann mir das nicht mehr leisten. Ist jetzt im Arbeitsdienstlager, was soll er machen? Was müssen wir? Sie, ich versteh' immer Opfer. Müssen Sie Titteln sagen, Herr He-

gemeister. Mir langt das mit den Opfern schon lange. Gestern sind sie wieder gekommen: der Gauleiter macht Hochzeit, will ihm die NS-Hago was schenken. Wer schenkt mir eigentlich was? Kein Mensch. Heil Hitler! Was? Elektrische Rasierapparate? Ne, brauch ich nicht. Wollense umsonst hierlassen? Na also. Heil Hitler!
Der Mann hat früher mal ein schönes Geschäft gehabt. Jetzt läuft er rum mit diesen Dreckdingern. Ne, macht wirklich keinen Spaß mehr, da haben Sie recht, Herr Hegemeister. Ja, ja, ich denke auch, wird langsam Zeit, daß man was merkt von Besserung. Aber merken Sie was? Ich merk nichts. Da haben wir mal gedacht: Brechung der Zinsknechtschaft, Steuerermäßigung, die Hypothekenzinsen, – du lieber Gott, was ist davon geblieben? Herr Hegemeister, ich frage Sie: was ist davon geblieben? Nu sehen Sie, Sie schweigen. Ne, Herr Hegemeister, Spaß macht's wirklich nicht mehr.
Vom Tischlermeister Funke haben Sie gehört? Jawohl, vorgestern, einfach ins Konzentrationslager abtransportiert. Was? Mit Meckern und Miesmachen ist nichts geholfen! Bestimmt nicht, Herr Hegemeister. Aber ich weiß nicht: ist mit dem Konzentrationslager was geholfen? Meinen Sie, daß der Funke da nun wieder für die Volksgemeinschaft ist und für Opfer?
Wissen Sie, ich versteh nichts von Politik, ich sag' immer, das sollen die Leute machen, die das gelernt haben. Aber ich denke mir, gegen Meckern und Miesmachen gibt's ein gutes Mittel: wenn's allen Leuten gut geht, braucht keiner mehr zu meckern, stimmt's? Sie, Herr Hegemeister, ich möchte doch da kein Mißverständnis aufkommen lassen: also ich bin durchaus, ich stehe voll und ganz hinter meinem Führer. Sozusagen mit Gut und Blut, ja. Was kommt sonst? Ganz richtig, das Chaos kommt, wenn er's nicht schafft, das Chaos, das heißt also die Kommunisten. Scharf nachwaschen, Herr Hegemeister? Nein, nicht?? Na denn also Heil Hitler, Herr Hegemeister.
Jetzt spart der auch schon den lumpigen Sechser für das Eau de Cologne. Nicht mal scharf nachwaschen, und dabei hat der Mann doch seine schöne Pension. Von meinem Geld, versteht sich.
Nu ja, dann also das Chaos, die Kommunisten. Von mir aus.«

Als *Osthilfe* bezeichnete man die Maßnahmen des Deutschen Reiches und des preußischen Staates gegen die landwirtschaftliche Krise im deutschen Osten (ab 1928). Sie kam in erster Linie den Großgrundbesitzern zugute.
»Brechung der Zinsknechtschaft«: Wichtiger Programmpunkt der NSDAP, eine der typischen Mittelstandsforderungen; formuliert z.B. im Parteiprogramm von 1920.
Gemeinnutz geht vor Eigennutz: Eine der wichtigsten Propagandaparolen des Nationalsozialismus, welche die Opfer für die »Volksgemeinschaft« rechtfertigen sollte, sich gegen Klassenkampf und Interessenvertretung wandte und zugleich Ausdruck des demagogischen Antikapitalismus der NSDAP war.

Adam Scharrer
Warum der Traugott-Berthl in der »Waldschenke« einen Tobsuchtsanfall bekommen hat und alle, die ihm zugehört hatten, schweigsam nach Hause gegangen sind*

Heut' hab' ich wieder einen Tag hinter mir, der war so gpfeffert, daß es mich nur so geschüttelt hat. Gleich am Morgen, als ich einen Blick auf die Zeitung warf, packt mich schon ein ärgerlicher Verdacht. Da war nämlich wieder faustdick von unsern Siegen die Rede und recht oft war es schon so gewesen, daß an einem solchen Tag meine Post ausgeschaut hat, als wär' sie gleichsam die Quittung für unsere Siegerei. Und grad so war's auch heute. Gleich vier Todesnachrichten hab' ich dabei gehabt, und es ist also vollkommen begreiflich, daß die Leute, denen ich eine solche Post bring', und noch die Zeitung dazu, mich vor Schrecken und Fassungslosigkeit manchesmal anschauen, als wär' ich der herzloseste Mensch. Ich war also wirklich zufrieden, als ich mich endlich auf den Heimweg machen konnte, noch dazu, weil sich über den Bergen die Wolken verdächtig zusammenklumpten. Aber eh' ich das richtig wahrgenommen hab', kam auch schon ein Wind auf und dicke Tropfen fielen, und dann fing es an zu schütteln, daß mir nichts übrigblieb als zu versuchen, so schnell wie möglich zum Griesbacher in die »Waldschenke« zu kommen. Dort kam ich ziemlich zerzaust und ganz außer Atem an. »Hallo, Zwinkerer, hast wohl einen Dauerlauf gemacht und vielleicht gar ein bissel ›Sprungauf, marsch, marsch!‹ dabei…? Und vor Schreck ganz und gar deinen Rheumatismus vergessen?« fragte mich der Fixel höhnisch. Sogar der Griesbacher hat darüber lachen müssen, obwohl ihm seit einiger Zeit nicht mehr zum Lachen zumute ist, denn sein Sohn ist durch eine Verwundung rechtsseitig gelähmt und sein Schwiegersohn ist im Kaukasus gefallen, und deswegen hat der Griesbacher seine Tochter mit den beiden Kindern wieder zu sich nehmen müssen…

»Was Heldenhaftigkeit anbelangt, so will ich nicht mit dir wetteifern«, fertigte ich den Fixel ab, und er verstand sofort, worauf ich hinaus wollte. Der Fixel hinkt nämlich, wegen einem Hüftschaden, und je länger der Krieg dauert, desto stärker hinkt er, und mir hat er unter vier Augen auch anvertraut, warum. »Das ist noch ein Denkzettel von meinem Vater aus meiner Kindheit«, hat er gesagt.

* Adam Scharrer: Warum der Traugott-Berthl in der »Waldschenke« einen Tobsuchtsanfall bekommen hat und alle, die ihm zugehört hatten, schweigsam nach Hause gegangen sind. Aus: Der Landpostbote Ignaz Zwinkerer aus Eichendorf in Bayern erzählt, was er in seinem Dorf und auf seinen Gängen erlauschte und erlebte, in: A. Sch.: Der Landpostbote Zwinkerer und andere Erzählungen, Moskau, Verlag für fremdsprachige Literatur 1944, S. 61–66.

»Der hat in seinem Jähzorn mit einem Holzscheit nach mir geworfen und mich so unglücklich getroffen, daß ich's zeitlebens nicht vergessen werde, aber heut' bin ich ihm trotzdem dafür dankbar, sonst wär' ich vielleicht schon ganz anders getroffen worden.« Und obgleich die andern, die auch in der »Waldschenke« Zuflucht gesucht hatten, das nicht wußten, stimmten sie doch mit dem überein, was der alte Greiner jetzt sagte: »Soweit ich den Fixel kenn'«, sagte er bedächtig, »wird er grad heutigentags sein Gebrechen keinen Augenblick vergessen, und wenn der Blitz hinter ihm her wär'...«
Jetzt hatte der alte Greiner die Lacher auf seiner Seite und derweilen setzte ich mich und war froh, daß die Wirtin mir einen warmen Kornkaffee brachte. Der Diskurs betraf anfangs belanglose Alltäglichkeiten, bis der Fixel den Traugott-Berthl herausforderte: »Erzähl' uns wieder einmal eine schöne Heldentat, Berthl, aber eine, die Hand und Fuß hat...«
Jetzt wußte ich sofort, daß den Fixel wie so oft der Übermut plagte, denn wenn der Berthl ins Erzählen kommt, da weiß man nie, wie die Erzählerei ausgeht. Der Berthl war nämlich erst auf einem Unterseeboot und später bei einer Panzerkolonne in Afrika und dann an der Ostfront, und von da ist er wegen so einer afrikanischen Krankheit, wegen dem Tropenkoller, wie man so kurzerhand sagt, als kriegsuntauglich heimgeschickt worden. Er erzählt nicht immer, wenn er aufgefordert wird, aber wenn er erzählt, von einer Seeschlacht oder Panzerschlacht, von der Hitze, daß der ganze Panzer schier geglüht hat, von den heißen Sandströmen, und wie manch einer narrisch geworden ist vor Durst..., oder von Rußland, von der fürchterlichen Kälte und den russischen Partisanen, dann weiß man zwar nicht, ob so eine Geschichte wahr ist, aber daß einen das Grauen packt, ist meist sicher. Aber manchesmal kommt es so über den Berthl, daß er zu weinen anfängt, und auch dann weiß man nicht, ob er über seine Kameraden weint, die umgekommen sind oder über sich selber, weil sein Leben für immer ruiniert ist, obwohl er erst fünfundzwanzig Jahre alt ist. Und ich war ganz damit einverstanden, daß der Berthl so tat, als ob er gar nicht gehört hätte, daß er eine Geschichte erzählen soll. Da sagte aber auch der alte Greiner: »Wär' nicht schlecht, wenn uns der Berthl was zum Besten geben tät', denn bei dem Bier ward man ganz gemütskrank.«
Da sagte der Berthl schlagfertig: »Aber für eine Geschichte, die Hand und Fuß haben soll, ist so ein Gesöff auch nicht der richtige Ansporn.« Ganz vernünftig kam das heraus und auch sonst schaute der Berthl ganz normal aus, und deswegen sagte auch Talmaier, der Förster, der derweilen gekommen war: »Wenn ein Schlehenschnaps der richtige Ansporn ist, soll es mir nicht darauf ankommen.«
Jetzt war es also ausgemacht, daß der Berthl eine Geschichte erzählen wird, und ich weiß recht gut, warum auch der Talmaier und der alte Greiner dafür waren. Sie wurzeln nämlich noch mit all ihren Gedanken im Königreich Bayern und sie rechnen damit, daß das bayerische Königreich wiederaufersteht, wenn der Hitler den Krieg verliert, und daran zweifeln sie nicht mehr. Und der Griesbacher hat es außerdem in der eigenen Familie gespürt, was der Krieg einbringt, und der Fixel,

der so arm ist wie eine Kirchenmaus und von Anfang an gewußt hat, daß die ganze Hitlerei für seinesgleichen erst recht ins Verderben führt, spekuliert auf die Königsanhänger. Aber der Berthl wollte immer noch nicht und verlangte schließlich einen zweiten Schnaps und dadurch hat er die Neugierde erst recht aufgestachelt. Er trank das zweite Glas mit einem Zug aus, so daß ihm der scharfe Schnaps das Wasser in die Augen trieb. Aber er schaute auch so stier und starr vor sich hin, daß man sich darauf gefaßt machen konnte, daß sein Tropenkoller durchbrach und ein Tobsuchtsanfall fällig war, und in diesem Falle muß sich jeder in acht nehmen, daß er nicht niedergeschlagen wird. Deswegen schauten alle gespannt auf den Berthl und der Griesbacher brummte so was daher wie: »Ich glaub', die Geschichte fängt schon nicht gut an.« Aber das war doch ein Irrtum, denn der Berthl wischte sich die Augen aus, trank einen Schluck von seinem abgestandenen Bier hinterher und sagte dann: »Sie fängt halt so an, die Geschichte, wie ich sie erlebt hab', und zwar erst die vergangene Nacht im Traum. Ein schauerlicher Traum war's, der mich noch bis jetzt verfolgt wie ein Alpdruck, aber zum Glück war es nur ein Traum, aber doch, ich weiß nicht, er läßt mich nicht mehr los, und deswegen kann ich nur den Traum erzählen, alles andere in mir erstickt.« – »Erzähl' ihn uns halt, den Traum«, sagte der Griesbacher jetzt, ganz zufrieden, daß der Berthl wegen dem Schnaps keinen Anfall bekommen hat, und auch der Talmaier sagte aufmunternd: »Wir sind alle schon höllisch gespannt, was das für ein Traum war.«

Aber der Berthl hatte jetzt gar keine Aufmunterung mehr nötig, denn er erzählte frank und frei: »Also, ich war im Traum noch einmal dabei in Belgien und Frankreich und wie wir bis an den Kanal kutschiert sind mit unseren Panzern und die Engländer Reißaus genommen haben, und wie unsere Flieger auf ihre Schiffe gebombt haben, daß die Fetzen nur so geflogen sind – und manches ist mit Mann und Maus abgesoffen, und viele waren damals der Meinung: jetzt hinüber auf die Insel und ausräuchern und der Krieg ist aus und für immer gewonnen. Aber da ist plötzlich ein Mann aufgetaucht, ein Mann, der wie besessen dahergeredet hat, und die Augen hat er dabei verdreht wie ein Zirkusmensch. ›Nicht auf die Insel!‹ hat der Mann geschrien. Immerfort hat er von Großdeutschland geredet, bis wir alle hundsmüd' waren und uns zum Schlafen hingehauen haben. Und als wir aufgewacht sind, war es Winter mit schauerlichem Sturm und Nebel auf dem Meer. Wie gesagt – so war halt der Traum... Und hinter dem Sturm und dem Nebel waren die Engländer jetzt gerettet, aber wir haben kehrtgemacht und den Balkan überrannt bis nach Kreta... Und wieder sind wir in Haufen gestanden und haben zugeschaut, wie die Engländer Reißaus genommen haben nach Afrika und wieder galt es als ausgemacht: jetzt setzen wir ihnen nach und werfen sie aus Afrika hinaus und schneiden ihnen den Weg nach Indien ab und hungern sie auf ihrer Insel aus. Aber wieder ist der redselige Mann aufgetaucht, wie ein Gespenst war das wieder, denn im Traum ist das halt ein bissel anders... Und wieder hat er von Großdeutschland geredet. Und wieder hat er solange geredet, bis wir ganz marode und müde geworden sind. Und jetzt hat der Traum einen ganz schauerlichen Fortgang gehabt. Ein Soldat, dem die Füße fehlten und der auf seinen blutigen Schenkelstumpen herumgehumpelt ist, hat laut geschrien: ›Geht nach Haus', Kameraden, denn am Ende graben wir uns nur das eigene Grab und richten unser eigenes Land und unser eigenes Volk zugrunde…‹ Aber der Soldat wurde sofort gepackt und abgeführt und jeder Tritt mit seinen Beinstumpen hat ein großes Blutmal hinterlassen, denn im Traum ist das halt ein bissel anders… Und dann haben wir wieder unsere Siege gefeiert und sind wieder eingeschlafen, und wieder haben wir kehrtgemacht mit unsern Panzern und Bombern, aber jetzt sind wir mit den Russen zusammengestoßen und haben schauerliche Opfer bringen müssen. Und von da an war immer der Soldat mit den blutigen Schenkelstumpen um uns und hat jedem einzelnen von uns ins Ohr geflüstert: ›Laßt ab von eurer Wahnwitzigkeit… Geht nach Haus, Kameraden, ehe es zu spät ist, denn je weiter ihr von der Heimat abkommt, desto sicherer ist euch allen das eigene Grab.‹ Aber wieder war dann auch sofort der andere da, der Mann, der wie ein Zirkusmensch aussieht und wieder hat er die Augen verdreht wie ein Feuerfresser und geschrien: ›Der Sieg ist schon so gut wie sicher, dafür garantier' ich… Moskau ist schon in unserer Hand…‹ Und wieder sollte der andere Soldat gepackt und gebunden werden, aber er hat sich mit gewaltiger Kraft losgerissen, und grausig war's, wie er mit seinen blutigen Stumpen über den weiten weißen Schnee getappt ist und bei jedem Schritt ein Blutmal hinterlassen hat. Und so weit man schauen konnte, Leichen und nichts als Leichen unserer toten Kameraden, die erschossen und erfroren herumlagen, von manchen nur das Gerippe, das die Wölfe übriggelassen haben, und der eisige Wind hat einen Tanz darüberhin aufgeführt mit dem Schnee, und dabei gepfiffen und geheult und getobt, als wär' der leibhaftige Teufel selber mit im Spiel. Und dann hab' ich nur noch gesehen, wie sich das riesige Leichenfeld mit Schnee bedeckt hat, und dann bin ich aufgewacht… Aber der Traum läßt mich nicht los, ich bin auch jetzt noch grad wie hypnotisiert…«

Nun hockte der Berthl da und schaute so starr an die Wand, als wär' er wirklich hypnotisiert oder als ob sein Koller nun doch ausbrechen sollte. Die Männer in der Wirtsstube saßen so ratlos und schweigsam beieinander, als wär' ihnen der grausige Traum aufs Gemüt geschlagen und hätt' ihren Verstand verwirrt. Und vielleicht nur, um das Schweigen zu brechen, tat der Talmaier so, als wäre an der Geschichte gar nichts Grausiges, eher noch was zum Lachen. »Da hast du dich aber für die zwei Schnäpse nicht grad stark angestrengt, Berthl«, scherzte er. »Wir wollen doch von richtigen Heldentaten hören, nicht lauter Spuk, mit dem man im Höchstfall alte Weiber schrecken kann. Und daß ein Mensch mit blutigen Beinstumpen durch die ganze Welt läuft, das ist doch unglaublich. Aber vielleicht war es auch der Satan, der dich in der Nacht traktiert hat…«

Doch die Antwort Berthls erstickte sofort die ganze Witzelei des Talmaier. »Der Satan war's nicht«, sagte er, und er sagte es so, als redete er nur mit sich selber, sein Blick blieb stier auf die Wand gerichtet. »Der Satan war's nicht«, sagte er noch einmal, und dann: »Es war der Metzner-David.« Und vom Metzner-David wußten alle, daß er ein Ziegelbrenner war, der von den Nazis am Tage nach der Kriegserklärung gegen Rußland erschlagen und unter einen Eisenbahnzug geworfen worden war, weil er gesagt hatte: »Der Krieg gegen Rußland ist die größte Dummheit!« Jetzt war die Ratlosigkeit in der Wirtsstube noch größer, und aus der Ratlosigkeit heraus und in die Ratlosigkeit hinein sagte der alte Greiner: »Das kommt öfter vor, daß einem ein toter Mensch im Traum begegnet, im Traum hab' ich auch schon mancherlei grausige Sachen erlebt... Es wär' interessant zu wissen, wie der andere Mann ausgeschaut hat, der immer wieder aufgetaucht ist und die Soldaten angefeuert hat weiterzukämpfen. Oder kannst du die Figuren nicht mehr auseinanderhalten, Berthl?« Aber nun sprang der Berthl auf und sein starrer Blick auf die Wand und sein verkrampftes Gesicht und sein gefährliches Schnaufen ließen keinen Zweifel daran, daß jetzt nicht mehr mit ihm zu spaßen war. Und so war es auch. Vier Mann versuchten ihn festzuhalten, aber er wehrte sie ab und griff nach einem Bierseidel, und nun merkten alle, daß sein Blick starr auf das Hitlerbild an der Wand gerichtet war – und das war auch genau die Wurfrichtung, in der Berthl mit dem Bierkrug ausgeholt hatte.

»Das Führerbild weg!« schrie jetzt Fixel, und während die anderen Berthl zu bändigen suchten, riß Griesbacher, zu Tode erschrocken, das Hitlerbild von der Wand, bevor der Krug an derselben Stelle zerkrachte...

E. Die große Hoffnung

Die Sowjetunion selbst hat nie zu den bedeutenderen Exilländern gehört, wiewohl sie der deutschen KP-Führung sowie einer Reihe von kommunistischen oder mit dem Kommunismus sympathisierenden Intellektuellen Asyl gewährt und ihre Tätigkeit unterstützt hatte. Es war gewiß kein Zufall, daß die bedeutendste Exilzeitschrift *Das Wort* in Moskau erschien und daß eine Reihe von sowjetischen Verlagen Bücher deutscher Emigranten (vielfach übrigens auch in russischer Übersetzung) publizierte. Gleichzeitig hatte die Sowjetunion sich jedoch dem allgemeinen Flüchtlingsstrom weitgehend verschlossen. Daß sie nicht nur für die kommunistisch orientierten, sondern auch für eine Anzahl der als »liberal« oder »bürgerlich« einzuordnenden Schriftsteller eine bedeutende Anziehungskraft besaß, wurde bereits betont. Es war nicht nur der *Große Oktober* (Brecht, s.u.), dessen Nachhall fortwirkte, auch nicht allein die Unterstützung, die sie den deutschen Antifaschisten angedeihen ließ, nicht nur ihre, wie es schien, konsequente Außenpolitik (z.B. ihre Hilfestellung für die republikanische Seite im spanischen Bürgerkrieg) – es war vor allem auch die sowjetische Wirklichkeit selbst, der Versuch, erstmalig eine klassenlose und von Ausbeutung freie, dabei im positiven Sinne multinationale Gesellschaft aufzubauen, deren Mängel und Beschränktheiten man zwar wahrzunehmen glaubte, doch als unvermeidliche und allenfalls überwindbare Kinderkrankheiten ansah. Das wahre Ausmaß der preisgegebenen Menschenleben (als Folge etwa der übereilten Zwangskollektivierung) lag völlig im Dunkel. Mit der Verfassung von 1936 sollte die noch von der Bürgerkriegs- und Aufbau-Ideologie bestimmte Übergangsphase angeblich einer wahren Volksherrschaft weichen. Bezeichnenderweise begannen im gleichen Jahr die Moskauer Prozesse, die diese Verfassung auf einen Fetzen Papier reduzierten.

Die deutschen Exilschriftsteller reagierten unterschiedlich. Die Skala reicht von blinder Apologetik und eiferndem Antisowjetismus bis zum Bemühen das schockierende Ereignis (sei es positiver oder negativer Wertung, s. u. Bloch und Koestler) rational einzuordnen.

Weniger an den Prozessen selbst als an der zum »Fall« stilisierten Abkehr des französischen Schriftstellers André Gide von der Sowjetunion hatte sich die Auseinandersetzung unter den Exilschriftstellern entzündet. Gide hatte 1932 Tagebuchaufzeichnungen in der *Nouvelle Révue Française* erscheinen lassen, in denen er zum ersten Mal seinen Sympathien für den Kommunismus und die Sowjetunion Ausdruck gab. In den folgenden Jahren repräsentierte er die »Vereinigung revolutionärer Schriftsteller und Künstler« in Frankreich, unterzeichnete zahlreiche Erklärungen und Petitionen und nahm an diversen Kongressen teil. Im Juni 1936 reiste er auf Einladung der sowjetischen Regierung in die UdSSR, wo alsbald eine russische Ausgabe seiner Werke erschien. Auf dem Roten Platz in Moskau hielt er eine Rede zum Tode von Maxim Gorki. Ende 1936 erschien sein Bericht *Retour de l'U.R.S.S.*, worin er sich enttäuscht über die Sowjetunion äußerte[1]. Seine Kritik an der UdSSR verschärfte er 1937 in *Retouches à mon Retour de l'U.R.S.S.*[2]. Kurz darauf erschien der apologetische Reisebericht von Lion Feuchtwanger, *Moskau 1937* (1937).
Die Kontroverse, die diese Schriften in den wichtigsten Exilzeitschriften auslöste und an der Autoren wie Lion Feuchtwanger, Klaus Mann, Kurt Hiller, Walter Mehring u. a. teilnahmen, kann hier aus Raumgründen nicht dokumentiert werden. In ihr zeigte sich der Riß, den die bereits in Gang befindlichen Moskauer Prozesse unter den Schriftstellern verursachen mußten. Deren Ausgang (der den endgültigen Sieg der neuen Despotie anzeigte) und die damit verbundenen »Säuberungs«-Wellen, denen auch mehrere deutsche Exilschriftsteller (Ernst Ottwalt, Hans Günther, Karl Schmückle, Herwarth Walden u. a.) sowie KPD-Funktionäre oder auch die Brecht-Interpretin Carola Neher zum Opfer fielen, gehörten zum Scheußlichsten, was im Namen des Fortschritts sowohl den Einzelnen angetan wurde als auch der Sache, die man zu schützen vorgab. Der Blick auf die näherliegenden Aufgaben der Auseinandersetzung mit dem deutschen Faschismus und der durch ihn stetig wachsenden Bedrohung, die Schwierigkeiten der Kommunikation, die immensen Probleme der Wahrheitsfindung angesichts der gängigen Vorurteile in der Öffentlichkeit und eines zumeist unqualifizierten Antikommunismus in der Presse, aber ebenso auch eigene Unsicherheit,

---

1 *André Gide:* Zurück aus Sowjet-Rußland (Retour de l'U.R.S.S.), übers. von Ferdinand Hardekopf, Zürich 1937.

2 *Ders.:* Retuschen zu meinem Rußlandbuch (Retouches à mon Retour de l'U.R.S.S.), übers. von Ferdinand Hardekopf, Zürich 1937. Vgl. *Klaus Mann:* André Gide. Die Geschichte eines Europäers, Zürich 1948, S. 307ff.

Wunschdenken sowie der Hang, unbequeme Fakten wegzurationalisieren – all das machte diesen Riß zu einem langen und schmerzlichen Prozeß. Das deutsch-sowjetische Abkommen vom August 1939[3] zementierte ihn, wiewohl unter den gegebenen weltpolitischen Umständen (Nichtzustandekommen eines Paktes kollektiver Sicherheit) wohl auch einleuchtende Gründe für ein Abkommen dieser Art angeführt werden konnten.

Eine erstaunlich kritische Einschätzung des Paktes gab Hermann Budzislawski in einem *Die europäische Tragödie* überschriebenen Leitartikel in der letzten Ausgabe der (mit der KPD sympathisierenden) *Neuen Weltbühne* vom 31. 8. 1939. Budzislawskis differenzierte Beurteilung des sowjetischen Parts an dieser Tragödie, seine behutsame Distanzierung von der plötzlich auf die Linie der Neutralität und der Nichtintervention gegenüber Nazideutschland, wenn nicht gar einer ungewollten Komplizenschaft umgeschlagenen Sowjetpolitik dürfte der Grund dafür sein, daß die Rechtsinhaber einen Abdruck des Artikels in dieser Dokumentation untersagten[4].

Für Willi Münzenberg, ehemaligem prominentem KPD-Funktionär, seit 1937 aus der Partei ausgeschlossen und um neue Volksfrontinitiativen, jedoch unter Ausschluß der KPD, bemüht, schien diese Komplizen-

---

[3] Am 23. 8. 1939 unterzeichneten die Außenminister des Deutschen Reiches und der UdSSR Joachim von Ribbentrop und Wjatscheslaw Molotow den deutsch-sowjetischen Nichtangriffspakt sowie ein zusätzliches Geheimprotokoll. Der gegenseitige Verzicht auf Krieg und Gewaltanwendung (Nichtangriffspakt) war mit Abmachungen über eine Arrondierung u. a. der Gebiete Polens und der baltischen Staaten verbunden (zusätzliches Geheimprotokoll). Die Gebiete wurden von den Vertragspartnern beansprucht. Die Interessen der deutschen Seite wurden bereits wenige Tage später drastisch demonstriert: Am 1. 9. 1939 begann der Angriff Deutschlands auf Polen und damit der Zweite Weltkrieg. Die UdSSR, die den östlichen Teil Polens und bald auch die baltischen Staaten besetzte, rechtfertigte ihre Vereinbarungen mit Deutschland damit, daß sie auf diese Weise Koalitionen und Bündnisse Hitlers mit westeuropäischen Staaten zum Zweck eines Krieges gegen sie selbst verhindern konnte und zudem Zeit gewinnen wollte, um sich militärisch gegen einen Angriff durch Deutschland auf ihr Gebiet besser vorbereiten zu können.

[4] *Hermann Budzislawski:* Die europäische Tragödie, in: Die neue Weltbühne, 1939, H. 35, S. 1081–1086. Dort heißt es (S. 1086):

»Nur der Nationalsozialismus wird, wenn es dazu kommt, am Kriege schuldig sein. Auf Stalin würde jedoch alsdann die Verantwortung lasten, an der Abwehr des Krieges nicht mitgewirkt zu haben. Er könnte sich den Vorwurf nicht ersparen, den Krieg zwar nicht verursacht, aber den Frieden auch nicht erhalten zu haben – obwohl dies vielleicht in seiner Macht gelegen hätte. Sollte es für diese Haltung der Sowjetunion Gründe oder gar Rechtfertigungen geben, so könnte ich sie nur auf dem Gebiet der russischen Staatsraison sehen, und somit träfen diese Gründe für Menschen, die nicht Sowjetbürger sind, keinesfalls zu. Es gehört zur europäischen Tragödie, daß die große Sowjetmacht damit als Faktor zunächst ausscheidet.«

schaft nur folgerichtig. In einem *Der russische Dolchstoß* betitelten Artikel in seiner Zeitschrift *Die Zukunft* brandmarkte er Stalin als den Verräter, der dem Hitler-System »erst den Weg zu dem verbrecherischen Krieg gegen Polen frei gemacht und damit den neuen Weltkrieg ausgelöst« habe[5].

Der Bruch mit dem Sowjetkommunismus geschah, wo immer er vollzogen wurde, zumeist schubweise. Der Einsatz der Sowjetunion im Zweiten Weltkrieg war allerdings dazu angetan, im Gang befindliche innere Auseinandersetzungen bei ihren Parteigängern zu verlangsamen oder gar aufzuhalten und durch neugeschöpfte Hoffnungen noch einmal zu überlagern. Einige der ehemaligen Parteigänger entwickelten sich zu militanten Antikommunisten, andere blieben jenen Ansätzen treu, die in der Sowjetunion längst aufgegeben waren. Die mit der Sowjetunion nur sympathisierenden bürgerlichen Autoren hatten es in diesem Konflikt zweifellos leichter: Von übertriebenen Erwartungen ebenso wie von übertriebenen Enttäuschungen frei, konnte Thomas Mann etwa, dessen Wort vom Schreckgespenst des Kommunismus als der »Grundtorheit unserer Epoche«[6] in der DDR nachgerade zum geflügelten Wort geworden ist, sich bis an sein Lebensende ein kühl-distanziertes, die historische Bedeutung der russischen Revolution jedoch nie verkennendes Verhältnis zur Sowjetunion bewahren.
Im Maße übrigens, wie einerseits die Desillusionierung über die Sowjetunion zunahm, ein Teil des Exils sich andererseits nach Amerika verla-

---

[5] *Willi Münzenberg:* Der russische Dolchstoß, in: Die Zukunft, Jg. 2 (1939), H. 38, S. 1. Darin heißt es u. a.:
»Der Stalin-Hitler-Pakt und der Einmarsch in Polen demonstrieren in dramatischer Weise die Entwicklung Rußlands in den letzten Jahren. Die alte Ideologie, die Prinzipien der kollektiven Sicherheit und die nur als Tarnung mühselig mitgeschleppten sozialistischen und internationalistischen Doktrinen sind in Stalin-Rußland ein für alle Mal tot und begraben. [...]
So schwer und so ernst auch die Folgen dieses Überfalles sind, eins ist damit eingetreten, die Fronten sind klar geworden.
Frieden und Freiheit müssen verteidigt werden gegen Hitler und gegen Stalin, der Sieg muß gegen Hitler und Stalin erkämpft und die neue, unabhängige Einheitspartei der deutschen Arbeiter im Kampfe gegen Hitler und gegen Stalin geschmiedet werden.
Kein Zaudern und Schwanken gilt mehr, kein Ausweichen ist mehr möglich, es gibt nur noch ein Hüben und Drüben. [...]
Heute stehen in allen Ländern Millionen auf, sie recken den Arm und rufen, nach dem Osten deutend:
›Der Verräter Stalin bist Du.‹«
[6] *Thomas Mann:* Schicksal und Aufgabe, deutsch erstmalig in: Deutsche Blätter (Santiago de Chile), Jg. 2 (1944), H. 7 (auch in: T.M.: Gesammelte Werke, Frankfurt a.M. 1960/1974, Bd. 12, S. 918–939).

gerte, insbesondere jedoch durch den Kriegseintritt der Vereinigten Staaten die weltgeschichtlichen Gewichte sich verschoben, begann für eine Reihe von Exilschriftstellern das Licht der großen Hoffnung statt aus dem Osten nunmehr aus dem Westen zu leuchten. Nicht nur, daß der Neue Kontinent vielfach zum Land der Verheißung verklärt wurde, auch die Person des Präsidenten Roosevelt wurde gerne mit Zügen alttestamentarischer Würde versehen (vgl. S. 529ff.). Der abschließende Band der Josephs-Tetralogie von Thomas Mann, *Joseph der Ernährer* (1943), enthält deutliche Anspielungen auf das Amerika-Erlebnis seines Autors: Die Vorsorge Josephs für die »sieben mageren Jahre« verweist auf das Beispiel des New Deal, Joseph selbst, der »Herr über Ägyptenland«, auf das Vorbild Roosevelts. Lion Feuchtwanger versuchte, den Geist Amerikas aus der eigenen Geschichte zu rekonstruieren. Sein zweibändiger Roman *Waffen für Amerika* (1947) zählt gleichzeitig zu den eindrucksvollsten Werken, die das Genre des historischen Romans aufzuweisen hat.

Zusätzliche Lesehinweise

Otto Heller: Die rote Fahne am Pazifik. Zehn Jahre Sowjetmacht im fernen Osten, Moskau, 1933.
Hugo Huppert: Flaggen und Flügel. Skizzen, Reportagen, Geschichten, Engels, 1938.
Max Seydewitz: Stalin oder Trotzki, London 1938 (auch u. d. T. Die große Alternative).
Erich Weinert: Stalin im Herzen der Völker, Nachdichtungen, Moskau 1939.
Oskar Maria Graf: Reise in die Sowjetuinion 1934, hrsg. von Hans-Albert Walter, Darmstadt/ Neuwied 1974 (Erstausgabe).
Arthur Koestler: Der Yogi und der Kommissar, Eßlingen 1950 (engl. Originalausgabe bereits 1945 erschienen).
Manès Sperber: Wie eine Träne im Ozean (R.-Trilogie) Köln 1961 (Teile bereits früher erschienen; die ersten Abschnitte sind 1940 entstanden).

Emil Ludwig: Roosevelt, Amsterdam 1938.

Der große Oktober

Bertolt Brecht
Der große Oktober*

Zum zwanzigsten Jahrestag der Oktoberrevolution

O großer Oktober der Arbeiterklasse!
Endliches Sichaufrichten der so lange
Niedergebeugten! O Soldaten, die ihr
Endlich die Gewehre in die richtige Richtung gerichtet!
Die den Boden bestellten im Frühjahr
Taten es nicht für sich selber. Der Sommer
Beugte sie tiefer. Noch die Ernte
Ging in die Scheuern der Herren. Aber der Oktober
Sah das Brot schon in den richtigen Händen!

Seitdem
Hat die Welt ihre Hoffnung.
Der Kumpel in Wales und der mandschurische Kuli
Und der pennsylvanische Arbeiter, der unter dem Hund lebt
Und der deutsche, mein Bruder, der jenen
Noch beneidet: sie alle
Wissen, es gibt
Einen Oktober.

Selbst die Flugzeuge der Faschisten, die
Gegen ihn heraufkommen, sieht
Der Soldat der spanischen Miliz darum
Mit geringerer Sorge.

---

* Bertolt Brecht: Der große Oktober, in: Internationale Literatur, Jg. 7 (1937), H. 11, S. 150–151; auch in: B.B., Gesammelte Werke 9, Gedichte 2, Frankfurt 1967, S. 675–677.

Aber in Moskau, der berühmten Hauptstadt
Aller Arbeiter
Bewegt sich alljährlich über den Roten Platz
Der unendliche Zug der Sieger.
Mit sich führend die Embleme ihrer Fabriken
Abbilder der Traktoren und die Wollbüsche der Textilwerke
Auch die Ährenbündel der Getreidefabriken.
Über sich ihre Kampfflugzeuge
Die den Himmel verdunkeln, und vor sich
Ihre Regimenter und Tankgeschwader.
Auf breiten Tuchstreifen
Tragen sie ihre Losungen und
Die Bildnisse ihrer großen Lehrer. Die Tücher
Sind durchsichtig, so daß
All dies zugleich sichtbar ist.

Schmal, an dünnen Stecken
Wehen die hohen Fahnen. In den entfernteren Straßen
Wenn der Zug ins Halten kommt
Leben Tänze auf und Wettspiele. Fröhlich
Ziehen die Züge, viele nebeneinander, fröhlich
Aber allen Unterdrückern
Eine Drohung.

O großer Oktober der Arbeiterklasse!

Notizen und Skizzen

Klaus Mann
Notizen in Moskau*

Nach Moskau sind wir eingeladen, um den Ersten Schriftsteller-Kongreß der Sowjet-Union zu besuchen. Wir befinden uns also hier in unserer Eigenschaft als Schriftsteller, es ist ein literarisches Ereignis, zu dem wir gekommen sind. Aber von Anfang an wird uns klar, daß es hier gar kein »literarisches Ereignis« gibt, das nicht zugleich, im weitesten Sinn des Wortes, ein *öffentliches* – und damit auch offizielles – Ereignis wäre. Die verschiedenen Teilgebiete des öffentlichen Lebens sind hier in einem viel intensiveren Grade zusammenhängend als in andren Ländern. Die Literatur ist hier nicht eine schmückende Arabeske am Rand der Gesellschaft. Sie ist hier ein wirkender Teil des öffentlichen Lebens.

Die Demokratie manifestiert sich besonders dadurch, daß möglichst Viele möglichst nahe beteiligt sind am öffentlichen Leben. Dieses Interesse der Masse am öffentlichen Leben darf freilich kein von oben diktiertes, vorschriftsmäßiges, reguliertes sein; es muß sich äußern dürfen als ein echtes, leidenschaftliches, vitales.

Es ist ein echtes, leidenschaftliches, vitales Interesse der Masse an den Einrichtungen und Ereignissen des öffentlichen Lebens, was man hier in Moskau spürt – so stark, wie kaum in einer andren Stadt der Welt. Deshalb wird Moskau als eine demokratische Stadt empfunden.

---

* Klaus Mann: Notizen in Moskau, in: Die Sammlung, Jg. 2 (1934/35), H. 2, S. 72–83. Auch in: K. M.: Die Heimsuchung des europäischen Geistes, hrsg. von Martin Gregor-Dellin, München, Deutscher Taschenbuch Verlag 1973 (dtv 885). Die in der Taschenbuchausgabe »Die Heimsuchung des europäischen Geistes« erschienene Fassung enthält in Anmerkungen einige Abweichungen zu dem in »Die Sammlung« publizierten Text aus dem Typoskript und den Fahnenkorrekturen. Sie betreffen vor allem kritische Pointen zu Karl Radeks Rede. So heißt es z.B. an einer Stelle zusätzlich: »Was meint Karl Radek, wenn er das Wort ›Literatur‹ ausspricht? Meint er die Front des Geistes, der zukunftswillig, erhellend und sich bewußt bleibt seiner großen Aufgabe und Verantwortung in dieser Zeit? Oder meint er ein Propaganda-Instrument der Dritten Internationale?« (a. a. O., S. 145).

Es klingt paradox, denn hier herrscht eine Diktatur. Diese lügt aber nicht nur, wenn sie behauptet, daß sie ihre Kraft aus dem Volke beziehe. Der Aufbau des sozialistischen Staates ist hier wirklich die große, allgemeine Angelegenheit, welche die Herzen ergreift, die Gemüter bewegt, die Köpfe beschäftigt. Es gibt Abseitsstehende, Verbitterte – ohne Frage. Aber man spürt: sie sind eine verschwindende Minorität. Das riesige Geräusch des Aufbaus übertönt das, was sie etwa vorzubringen hätten.
Die Leistung einer Fabrik, der Ausfall einer Ernte sind Gegenstand erregter Diskussion, stolzer Genugtuung, grimmiger Kritik. Zu der großen allgemeinen Angelegenheit gehören Literatur, Film, Theater ebenso wohl wie das Flugwesen oder die Kollektivisierung der Landwirtschaft. Man ist ehrgeizig, man verlangt Rekorde, auf jedem Gebiet. Man ist entschlossen, den großen kapitalistischen Staaten gleichzukommen, wenn möglich, sie zu überflügeln. Alle diskutieren, wie weit man es schon gebracht. Die Leistung einer Rekord-Fallschirm-Springerin erweckt die allgemeinste Anteilnahme; dasselbe gelingt einem neuen Theaterstück, einem Roman.
Die Arbeit wird hier mit einem sportlichen Enthusiasmus betrieben; die Vergnügungen und Zerstreuungen mit demselben Eifer. Das öffentliche Leben ist komplex; der »Kulturpark«, wo man sich amüsiert und erholt, wo die Masse Tennis spielt und Wasserrutschbahn fährt, gehört ebenso dazu wie Fabrik und Kolchose.
In Moskau wird eine Untergrundbahn gebaut – das ist ein eminent öffentliches Ereignis, alle sprechen davon. Die überfüllten Trambahnen sollen entlastet werden, der Verkehr wird sich manierlicher abspielen. Moskau wird eine richtige Großstadt sein. Das hebt das allgemeine Selbstgefühl. Wenn ein großes Touristenhotel gebaut wird, wie eben jetzt, so ist das nicht die Angelegenheit einer Aktien-Gesellschaft, von der niemand was weiß. Es ist vielmehr die öffentliche Angelegenheit. Man schließt Wetten ab, welches Gebäude zerst fertig sein wird: das Touristenhotel oder ein andrer Riesenkasten, der gegenüber in Bau steht. Die Leute lachen viel; wahrscheinlich schimpfen sie auch viel – in gewissen Grenzen dürfen sie das. Die Eindrücke, die man gewinnt auf den Straßen und in den öffentlichen Veranstaltungen Moskaus, widerlegen den Satz, daß eine Diktatur genau so sei wie die andere.

Öffentliche Angelegenheit von allererstem Range ist das *Militärische,* man ist hier begeistert dafür. Es wäre sinnlos, diese Begeisterung wegzuleugnen, sie besteht. Man sagt, sie habe einen ausschließlich defensiven Charakter – was im Augenblick fraglos richtig ist, die sowjetische Außenpolitik beweist es. Man hat keine aggressiven Gelüste, man ist nur entschlossen, es den Angreifern nicht leicht zu machen – und die Welt weiß, mit welchem Angreifer Sowjet-Rußland rechnet. Die defensive Parole hat hier Substanz, während sie in anderen, tatsächlich unbedrohten Ländern nur eine demagogische Formel ist. – Trotzdem ist spürbar und übrigens bekannt, daß der militante Enthusiasmus in diesem Lande

nicht nur aus der Beunruhigung durch Japan zu erklären ist; er gehört zur allgemeinen Lebensstimmung, ja, geradezu zur ethischen Grundhaltung – und er ist mir an ihr der fremdeste, verwirrendste Teil. Der Haß gegen den imperialistischen Krieg schließt die allerfreudigste Sympathie für den Krieg, der gegen den Imperialismus zu führen sein wird, nicht aus.
Der Flugtag am 18. August gab Gelegenheit, dem Schriftsteller-Kongreß die Aviatik der Union vorzuführen. Man fuhr zum Flugplatz hinaus, von der Terrasse eines neuerbauten Hauses konnte man aufs bequemste alles genießen, was geboten wurde. Ich war imponiert, jedoch nicht begeistert. Die Vorstellung, daß aus diesen grauenhaft geschwinden Aeroplanen Giftgasbomben in die Straßen von Berlin und Tokio fallen sollen, hat für mich nichts Entzückendes – auch dann nicht, wenn ich weiß, daß das Giftgas schwelen wird im Dienste der einzig gerechten Sache.
Im Kongreß selber erschien eine Abordnung der Roten Armee. Die Korridore zwischen den Stuhlreihen füllten sich plötzlich mit gefährlich stampfenden Soldaten, ein Teil von ihnen eroberte sogar das Podium. Helle Wonne bei der Literatur. Dieses war der Moment, in dem ich mich am fremdsten in Moskau fühlte. Ich stand stumm, und ich konnte meine Hände nicht zum Beifall zwingen. Es muß – dachte ich – eine Rote Armee geben und sie muß stark sein –: harte Notwendigkeit, kein Pazifismus wagt sie mehr zu leugnen.
Aber warum die helle Wonne?
Freilich hat man sich vorzuhalten, daß die Rote Armee auf eine viel unmittelbarere Weise zum Volksganzen gehört, als die Armee in irgendeinem andren Lande. Sie ist auch Kulturträgerin, der Heeresdienst ist gleichzeitig geistige Schulung. Mehrfach war ich Gast im »Kulturhaus der Roten Armee«. Dort gibt es gute Filme und Theaterstücke zu sehen, es wird viel gelesen und in einem schönen Park wird Sport getrieben. – Die Rote Armee gehört zu den Repräsentanten des öffentlichen Lebens schlechthin, sie nimmt auf jede Weise Anteil an ihm, und sie ist populär, ihr Führer gehört zu den populärsten Männern des Landes. – Man vergesse weiterhin nicht, daß man hier nicht so sehr an die »Landesverteidigung« denkt, wenn man vom Defensivkrieg spricht, als an die Verteidigung einer Idee, die keine nationale ist sondern eine universale. Das gibt dem militanten Pathos sein moralisches Prestige. Zudem erinnert es an die kriegerische Tradition der Revolution – wie sie etwa im Revolutionsmuseum und im Bürgerkriegsmuseum aufs eindrucksvollste anschaulich wird.
Solche Überlegungen können mich aber jenen Moment des Schreckens nicht vergessen machen – den Moment, als die bewaffnete Macht eindrang in den Saal der Literatur und dort mit Jubel begrüßt ward.

Der *Schriftsteller-Kongreß* demonstriert vor allem Eines: den vitalen Zusammenhang, der hier besteht zwischen dem literarischen Produzenten und seinen Abnehmern, den Lesern; zwischen Schriftsteller und Publikum; zwischen Literatur und Volk.

Die Frage, die den Schriftsteller im Westen immer beängstigt, oft lähmt – die bittre Frage: Für wen arbeitest du eigentlich? –, sie beantwortet sich hier mit der schönsten Selbstverständlichkeit. Denn hier arbeitet der Schriftsteller, buchstäblich, für Alle: der Rotarmist liest und die Stoßbrigadlerin der Kolchose liest; die Fabrikarbeiter diskutieren über Bücher, Bücher werden gekauft von Ingenieuren, von Matrosen, Gymnasiasten und Telephonistinnen. Es wird erstaunlich viel gelesen in der Union. Eine Millionenmasse, gestern noch Analphabeten, stürzt sich heute auf die Literatur. Sie ist gierig nach ihr, sie verschlingt sie. Der Schriftsteller hat eine große Situation.

Von ihr profitiert schlechthin alles Literarische. Es gibt hier, zum Beispiel, eine sehr ernsthafte Beschäftigung mit den Klassikern – eine ernsthaftere, will mir scheinen, als im Westen. Die lebendige Beziehung zum »klassischen Erbe« gehört zu den Forderungen eines offiziellen Kulturprogramms – und mit dem klassischen Erbe sind nicht nur Puschkin, Gogol oder Tolstoi gemeint, sondern auch Cervantes oder Balzac. Die Bilder Goethes, Dantes und Shakespeares schmückten, mit den Bildern der russischen Großen, den Kongreß-Saal, in dem über Pflicht und Ziel den sozialistischen Schrifttums debattiert wurde. Vom Podium dieses Saales sprach Johannes R. Becher über das klassische Erbe, das wir nicht nur verwalten, sondern lebendig halten, weiterbilden sollen und an dem wir zu lernen haben. Der deutsche Dichter sprach mit eifervollem Ernst über Formprobleme der Lyrik. Es konnte nicht als Blasphemie empfunden werden, sondern es schien mir ein verheißungsvolles Echo zu geben, als der Name Hölderlins aufklang in diesem Saal.

Ich habe eine russische Publikation über Goethe gesehen, wie sie wahrscheinlich heute nicht hergestellt wird in dem Land, das die Sprache Goethes noch zu reden meint. Und es gibt eine Nachfrage nach solch anspruchsvollen Editionen, die hohen Auflagen, in denen sie erscheinen, sind gleich vergriffen. Man könnte dergleichen – sagte mir der Herausgeber – in einer doppelten Auflage auf den Markt bringen; nur die Papiernot verbietet es. Uns fehlt es an Lesern; diesen nur an Papier. Und wir sollten sie nicht beneiden?

Man steht hier nicht nur für seltene Lebensmittel Schlange, nicht nur vor Kinos oder Autobussen, sondern auch vor Zeitungskiosken. Es kann nicht genug hergestellt werden vom gedruckten Wort – während im Lande der Dichter und Denker das Interesse an ihm einfach verschwindet. Hier aber beschäftigt sich die allgemeine geistige Neugier mit der ganzen Weltliteratur. Céline und John dos Passos, Feuchtwanger und Heinrich Mann sind Begriffe; wenn du nach dem Titel des Buches schielst, in dem die schlichtgekleidete Frau neben dir auf der Gartenbank studiert, kannst du erleben, daß es ein Band Proust ist. Vor allem die Franzosen, die zum Kongreß nach Moskau gekommen waren, wurden aufs wärmste gefeiert, es waren André Malraux, Jean-Richard Bloch und Louis Aragon.

Zum Kongreß hatten 8000 Betriebe ihre Vertreter angemeldet; natürlich konnten nicht alle zugelassen werden. Der langen, prinzipiellen und übrigens akustisch schwer verständlichen Eröffnungsrede Gorkis folgte ein großer Teil prole-

tarisches Puplikum mit Andacht. Die Presse reservierte täglich Spalten, oft Seiten, ihrem Bericht über den Verlauf des Kongresses.
Der Saal, in dem über die Probleme der Literatur diskutiert wurde, lag inmitten der Stadt, deren Leben in den Sitzungsraum brandete. Es erschienen Deputationen der Arbeiter von der Untergrundbahn und Abgesandte der Matrosen, der Rotarmisten, der »Jung-Pioniere« (kommunistische Jugendgruppen), der Kolchosen und der Eisenbahner. Plötzlich stand ein Mann oder eine Frau in Uniform oder im Arbeitskittel auf der Tribüne, wo eben noch ein Schriftsteller gestanden hatte. Der Mann oder die Frau im Arbeitskittel begann zu sprechen, ohne Manuskript, frei, mit verblüffender Sicherheit. Der Proletarier richtete Grüße von seinen Kollegen an die Schriftsteller aus. Im Namen seiner Kollegen brachte er nicht nur Dank, sondern auch Forderungen. Dies und jenes wollte man anders haben, dies und jenes vermißte man noch. Der Matrose verlangte Seemannslieder, die martialisch aussehende Frau von der Kolchose eine epische Würdigung der landwirtschaftlichen Arbeiterin. Ans Werk, Genosse Schriftsteller!
Nachher sprach wieder ein Autor oder ein Kritiker. Man diskutierte über den Roman und über die Satire, über Gedicht und Drama, eigentlich aber immer über den »neuen Menschen« – den sozialistischen –, wie er am besten zu schildern und wie ihm am nützlichsten zu dienen sei. Diesem »neuen Menschen« – dem schon existenten; mehr noch dem heranzubildenden; dem, dessen Art und Wesen man erst von weitem erkennt –: ihm fühlt die Literatur sich ganz und gar verpflichtet, alles, was sie leistet, hat nur Daseinsberechtigung, wenn es ihn fördert, seine gegenwärtige und künftige Größe darstellt und dadurch deutlicher macht. – Daher der tiefe, verantwortungsvolle Ernst, mit dem man hier pädagogische Fragen erörtert und überlegt.
Während der ersten Kongreßtage standen im Mittelpunkt der Diskussion die Themen »Kinderliteratur« und »Literatur der nationalen Minderheiten«, von der Stalin verlangt hatte, sie solle »sozialistisch im Inhalt« sein, »national in der Form« (wobei freilich die Scheidung zwischen Inhalt und Form etwas bedenklich anmutet). – Gorki hatte in seiner großen Eröffnungsrede diese beiden Themen angeschnitten.

Die Stellung des Schriftstellers *Maxim Gorki* in der Sowjet-Union ist mit der Situation irgendeines andren Schriftstellers in irgendeinem andren Land nicht zu vergleichen. Es gibt auch hier, außer ihm, viele hoch geschätzte und besprochene Autoren: es gibt Serafimowitsch und A. Tolstoi, Panferow und Iwanow, Ilya Ehrenburg, Cholokow, Tretjakow, Fedin, den Lyriker Pasternak. Aber Gorki ist der Patriarch, der ehrwürdige Liebling, die hohe Instanz. Gorki gehört zu den populärsten, den verehrtesten Figuren des Landes. Sein eigensinnig-gütiges, bäurisch-durchgeistigtes Haupt sieht dich aus jedem dritten Schaufenster an: im Kongreß-Saal hing sein Bild in Riesenformat neben dem Bilde Stalins: der Dichter neben dem Leiter des Staates. Es wird mit ihm ein Kult getrieben, gegen den er selbst protestiert; er tat es auch im Rahmen des Kongresses: in seiner zweiten, abschließenden Rede warnte er ausdrücklich vo der Überschätzung eines Einzelnen. Als er das Podium betrat, wollten die Ovationen nicht aufhören. Während er sprach, mußte er sich der Photographen wie lästige Fliegen erwehren. Er redete lange und mit leiser Stimme. Ich wage es nicht, seine Rede zu beurteilen, die ich in vielleicht ungenügender Übersetzung und abgekürzt kennenlernte. Sie schien mir von einem etwas starren marxistischen Dogmatismus; ich spürte in ihrer Conzeption nicht die Größe, die man der Figur Gorki zugesteht – wie denn überhaupt die auf dem Kongreß gehaltenen Reden weniger interessant und in einem gewissen Sinn rückständiger waren, als andere, weniger offiziöse Äußerungen des öffentlichen Lebens.

Man bekommt hier viel berichtet von der erstaunlich vielseitigen, pädagogischen und produktiven Tätigkeit dieses gefeierten alten Mannes, Gorki. Die Legende seiner riesenhaften Leistung macht ihn ehrwürdig, auch für den Fremden. Mit einer echten Ehrfurcht betritt man sein Haus.

Wir sind einen Abend lang seine Gäste gewesen – ein großer Abend, der mit Diskussion begann und mit Trinksprüchen endete. – Der Schriftsteller Gorki empfing seine Schriftsteller-Gäste in einem fürstlichen Haus. Während man im ersten Stock um eine lange Tafel saß und Fragen an den Hausherrn richtete, der als ein etwas enerviertes Orakel in der Mitte thronte, erschienen einige sehr hohe Mitglieder der Sowjet-Regierung, es waren mächtige Männer, die mächtigsten vielleicht nach dem allermächtigsten: ihr Auftreten war nicht anders als das der Deputation einer Fabrik es gewesen wäre, an diesem Abend waren sie Gorkis Gäste und unsere Tischgenossen, es war eine Demonstration der Regierung für die Literatur.

Sie erschienen vielleicht grade in dem Augenblick, als Gorki gefragt wurde, was er von Céline oder von John dos Passos halte. Er äußerte sich ziemlich ablehnend über Beide; er bewahrt sich sich eine strenge Haltung dem gegenüber, was im Westen produziert wird – darin im Gegensatz zum großen sowjet-russischen Publikum –: es scheint ihm den Forderungen des sozialistischen Realismus nicht gerecht zu werden.

Die Diskussion wurde erregender, als der Franzose Aragon, mit einer gewissen nachlässigen Kühnheit, das große und gefährliche Thema in die Debatte warf: das Thema »Individualismus-Kollektivismus«. »Wie stehen Sie, Maxim Gorki«, fragte der Franzose Aragon, »zu dem Vorwurf, den man von liberaler Seite dem Kommunismus macht: er unterdrücke die Persönlichkeit und ihre freie Entfaltung?«

Nun ist auf diese Fragestellung schon eine Formel als Antwort da, die besagt: der Kommunismus sei zwar feindlich dem Individualismus, garantiere aber, als einzige Staatsform, die freie Entwicklung der Individualität. Sie vereinfacht wie alle Formeln. Das Problem behält, jenseits seiner etwas zu blendenden Lösung, tiefe Aktualität. Die Dringlichkeit dieser Problematik sollte sich, denselben Abend noch, in einer Diskussion zwischen Jean-Richard Bloch und Radek erweisen.

Zum dramatischen Höhepunkt des gesprächereichen Festes wurde die Rede einer jungen chinesischen Revolutionärin, die die Kerker ihrer Heimat und Europas kennt. Sie sprach in gebrochenem Deutsch. Mit einer ergreifenden Zwitscherstimme berichtete sie, wie in ihrem Land gelitten wird für die Sache der Zukunft. Junge chinesische Literaten – ihre Freunde – wurden lebendig begraben, weil sie Bücher übersetzt hatten von Maxim Gorki. »Ich darf hier bei alte Gorki sitzen«, rief die junge Kämpferin, und ihre Zwitscherstimme gab die erstaunlichsten Töne her. »Aber andere, die sich ihr Leben lang das gewünscht haben, sind tot.« Sie konnte nicht weitersprechen, vor Tränen. Niemand rührte sich. Als man den gesenkten Kopf wieder hob, sah man, daß Gorki weinte.

Die Rede *Karl Radeks* über die internationale Literatur war, nach dem einführenden Gorki-Referat, das zentrale Ereignis des Kongresses. Es ist fraglos, daß diese Rede enttäuschte. In der Diskussion, die nachher lebhaft einsetzte, wurde Radek von vielen Seiten attackiert, und oft heftig. Seine abschließende Erwiderung war konzentrierter und geistvoller, als seine Rede es gewesen war.
Karl Radek gilt für einen glänzenden Außenpolitiker. Nicht so zuständig scheint er mir in den Angelegenheiten des Schrifttums. Seine Darstellung der weltliterarischen Situation war roh und schematisch; übrigens enthielt sie Unrichtigkeiten. Sowohl was die Leistungen der deutschen proletarischen Literatur, – er hatte einige Namen wahllos herausgegriffen –, als auch was die Haltung der »links-bürgerlichen« Schriftsteller während des Krieges betrifft, widersprachen ihm deutsche Delegierte: Plivier und Willi Bredel. Die Diskussion zwischen J.R. Bloch und Radek über das zentrale Thema »Individualismus«, im Hause Gorkis begonnen, wurde im Kongreß-Saal fortgesetzt. Der deutsche Verleger und Schriftsteller Wieland Herzfelde antwortete Radek auf einen Angriff, den dieser gegen James Joyce unternommen hatte.
Dieser Angriff auf Joyce war typisch für Radeks gesamte Haltung. Er warnte vor dem Einfluß des großen Iren und nannte ihn kleinbürgerlich, weil der »Ulysses« nur individualistische, keine sozialen Inhalte habe. Der revolutionierenden psychologischen und stilistischen Leistung, die James Joyce zu einem Ereignis macht in der europäischen Literatur, gedachte er nicht. – Als noch peinlicher empfand ich einige Sätze, die er Marcel Proust widmete. Ein Gegenstand des Sarkasmus war ihm, daß Proust sieben Gerüche gleichzeitig voneinander unterscheiden konnte und daß seine Kritiker – auch seine sowjet-russischen – ein Rühmens davon machen. In Arbeiterwohnungen – meinte Radek – gebe es meistens nur einen Geruch, den nach Kohl; man täte besser daran, helle, saubre Arbeiterhäuser zu bauen. – Ausgezeichnet, wir sind für die Arbeiterhäuser. Aber sind sie ein Argument gegen Proust? Doch nur dann, wenn man der Kunst keinerlei Daseinsberechtigung zugesteht, solange die Arbeiterwohnungen nicht überall perfekt sind. So denkt und empfindet man jedoch nicht in der Sowjet-Union. Was sollte also die recht vulgäre Ironie Karl Radeks?
Von der Fähigkeit Marcel Proust, sieben Gerüche gleichzeitig von einander zu

unterscheiden, ist in der Tat viel Rühmens zu machen, da der also Überfeinerte, dank dieser Fähigkeit und dank anderen, dieser verwandten, aus dem Roman etwas gemacht hat, was er bis dahin nicht gewesen war. Proust entdeckte Neuland, auch er: er führte eine neue Sensibilität in die Literatur ein, er lieferte ein unerhörtes Beispiel dafür, mit welcher Präzision sinnliches Leben durch das Wort wiederzugeben ist.

Das Referat über die Weltliteratur hätte man lieber von einem Kompetenteren gehört, dessen Anwesenheit hier übrigens auf eine gewisse demonstrative Art gefeiert wurde: von Ilya Ehrenberg. Durch seinen Roman »Der zweite Tag«, aus dem viel zu lernen ist über die Problematik der Sowjet-Jugend, hat er sich das Vertrauen des Publikums und der Kritik in seinem Lande ganz gewonnen; früher hatte er zu denen gehört, gegen die man Bedenken hatte, wenngleich er niemals ein Verstoßener war. Seine Rede auf dem Kongreß schien mir die substanziellste, ernsthafteste und mutigste zu sein. Er brachte auch Kritik, man nahm sie mit Respekt zur Kenntnis – freilich unter der Voraussetzung, daß Ehrenburgs Grundeinstellung zum sozialistischen Staat eine durchaus positive sei. Kritik wird akzeptiert, wenn sie von einem wirklich Beteiligten kommt; wenn sie, genau betrachtet, also eigentlich Selbstkritik bedeutet. Dann freilich darf und soll sie scharf und gründlich sein – während man im faschistischen Staat zwar »positive Kritik« fordert, in praxi aber alles verbietet, was nicht Lobhudelei ist.

Mich beschäftigt die Frage, ob der Geist der *Opposition* ein der Literatur letztlich nützlicher oder schädlicher Geist ist. Sowohl der Fascismus als der Kommunismus behaupten, daß er schädlich sei. Dabei ist zu bedenken, daß die sowjetische Literatur vom Pathos der Anklage, der Oppostion doch noch profitiert, da sie die kapitalistische Umwelt als Objekt der sittlichen Verneinung hat. Dieser Zustand soll sich jedoch ändern, gemäß der Hoffnung und der Verheißung. Dann wird die Literatur mit dem gesellschaftlichen Zustand einverstanden sein, ihr Beruf wird es sogar werden, ihn zu feiern und höchstens noch Einzelheiten zu kritisieren. Wie wird ihr das bekommen?

Die Schriftsteller der bürgerlichen Epoche konnten sich – so heißt es hier – zu ihrer ganzen Größe keineswegs entwickeln, da sie – mindestens unbewußt – in einer ablehnenden Stellung sich befanden gegenüber der sie umgebenden, ausbeuterischen und schlechten gesellschaftlichen Realität und gelähmt waren durch diese Opposition. Der sozialistische Schriftsteller aber wird das höchste ihm mögliche Maß erreichen können, denn er ist nicht mehr gehemmt durch seine negative Stellung zur Gemeinschaft, deren Daseinsform und Ordnung er ja vielmehr glühend bejaht. Es wird deshalb hier streng unterschieden zwischen dem pessimistischen Realismus des 19. Jahrhunderts, der vor allem die Nacht- und Schattenseiten, das Furchtbare der gesellschaftlichen Wirklichkeit anklägerisch schilderte – und dem sozialistischen Realismus, der optimistisch ist und im Dienste des gesellschaftlichen Aufbaus steht.

Fraglos ist, daß der Schilderer einer geliebten sozialistischen Wirklichkeit subjektiv glücklicher sein darf, als der spottende und anklagende Gesellschaftskritiker es je war. Ein andres Problem ist es, ob dieses Glück auch gleichzeitig eine Steigerung seiner künstlerischen Potenz bedeuten wird. Vielleicht wuchs seine Kraft doch eben an der leidensvollen Spannung, die zwischen seiner Gesellschaftsvision und der sozialen Realität bestand. Die Frage ergibt sich, welchen Ersatz er finden wird für die schreckliche und große Stimulans solcher Spannung; oder ob diese Spannung – es ist die zwischen Idee und Wirklichkeit – nicht in einer veränderten Form immer und unter allen Umständen bestehen bleiben muß.

Die Literatur steht hier im Mittelpunkt des öffentlichen Lebens. Aber das erspart uns die Frage nicht: was ist denn hier die *Funktion der Literatur?* Was erwartet man, was will man von ihr? Will man wirklich nur, daß sie den sozialistischen Aufbau schildert, kritisiert, feiert? Ist damit ihre Aufgabe schon erfüllt? Wäre alles andre verspätet bürgerlicher Schnickschnack?
Ich akzeptiere jene Conzeption Max Brods, welche die menschlichen Schmerzen einteilt in heilbare und unheilbare, in verschuldete und unverschuldete, in unedle und edle. Die »heilbaren« Schmerzen sind alle jene, die aufzuheben sein werden durch eine bessere soziale Ordnung – durch eine Organisation der Gesellschaft also, die das Prinzip der gegenseitigen Ausbeutung nicht mehr kennt. Damit wären aber jene Schmerzen noch nicht getilgt, die andere Ursachen haben, als Organisationsfehler. Ist die Trauer jemals aufzuheben? Ist sie nicht immanent dem Phänomen des menschlich-individuellen Daseins, des irdischen, todgeweihten, vergänglichen Daseins überhaupt? Ist die Einsamkeit der Individuation, das gnadenlose Getrenntsein des Menschen vom Nächsten – der immer zugleich der Fernste ist –, wegzuschaffen durch die sozialistische Umorganisation? Ist das Bewußtsein für Vergänglichkeit und Einsamkeit nur die dekadente Stimmung spätbürgerlicher Generationen?
Die große Tat der sozialen Neuordnung – die sich in der Sowjet-Union verbindet mit der Tat der Industrialisierung, ja, Zivilisierung eines Teiles der Erdoberfläche, der rückständig war –, diese heroische Tat erzeugt bei den russischen Schriftstellern eine Stimmung von eclatantem Optimismus. Eine Beschäftigung mit metaphysischen Dingen kommt ihnen komisch vor, wenn nicht gar contrerevolutionär; für eine zu innige Beschäftigung mit dem Tode haben sie nur ein Achselzucken – der Tod ist der natürliche Abschluß eine Lebens, das Arbeit für die Gemeinschaft war. – Ich halte mir vor, was den sozialistischen Schriftsteller mißtrauisch machen muß gegen jede tragische oder metaphysische Stimmung: wir haben gar zu häufig ihren Mißbrauch gesehen, ihren Mißbrauch im Dienste der Reaktion, der fortschrittsfeindlichen Mächte. Man weiß, daß der Fascismus die tragischen Stimmungen protegiert. Sie sind ihm bei weitem bequemer als der klare, rationale Fortschrittswillen. Aber – schließt das Eine das Andre aus? Ist eine materialistische, optimistische Weltauffassung wirklich die Voraussetzung für den politischen guten Willen? Für die Verwendbarkeit im Dienste der guten

Sache? Ist der nicht-materialistische Schriftsteller wirklich schon reaktionär und arbeitet, ohne es zu wissen, im Dienst des Fascismus? – Es gibt heute keine andre Frage, die mich so tief beunruhigt wie diese. Deshalb setze ich sie in dieser zugleich vagen und vergröbernden Direktheit her. Ich weiß, daß man mir keine Antwort geben kann. Eine lange Entwicklung wird mir die Antwort geben.
Vielleicht ist diese Entwicklung in der Sowjet-Union schon im Flusse. Man hat dort schon viele Etappen hinter sich. Denn es gab dort eine Zeit, da die Literatur sich gleichsam selber ablehnte und die Daseinsberechtigung absprach. Poeten verkündeten damals, nur die Reportage passe in den neuen Staat. Kunst aber sei »Opium fürs Volk«. Heute verlangt die offizielle Kulturkritik von der Literatur nicht mehr nur Gesinnung, sondern vor allem künstlerische Qualität – und dies mit allem Ernst und allen Konsequenzen. Sie verlangt also Schönheit. Diese bedeutet aber nicht nur »saubere Arbeit«, Stalins Bezeichnung des Schriftstellers als des »Ingenieurs der Seele« ist überholt. Mit der Schönheit dringt das Geheimnis, das Irrationale ein.
Man wird auch die Etappe des »optimistischen Realismus« überwinden, es ist meine Überzeugung. Das wird man sich leisten können, wenn die Zeit des heroischen Aufbaus und der Gefährdung von außen vorüber ist – also in der Sowjet-Union vielleicht früher, als in irgendeinem andren Land. Wenn von den »heilbaren« Schmerzen die ärgsten geheilt sind, wenn die Neuordnung, auf die wir alle warten, auch nur zum schwersten Teile vollbracht sein wird – dann werden die »unheilbaren« Schmerzen sich wieder zum Worte melden, und jedes Kunstwerk wird ihre Stimme sein. Wenn die Erde ein wenig vernunftvoller geordnet sein wird, wird man wieder vom Geheimnis sprechen dürfen, ohne als ein Reaktionär zu gelten – und ohne einer zu sein.
Vielleicht darf diese kämpfende Generation nur den Optimismus kennen. Aber die nächste – des bin ich sicher – wird nicht mehr glauben, die menschliche Einsamkeit sei eine Verschuldung des Kapitalismus, der schauer- und liebevolle Blick auf den Tod eine kleinbürgerliche Marotte, der Schmerz der Liebe ein Ablenkungsmanöver vom Klassenkampf. Diese Generation wird von der Literatur etwas anderes wollen, als ein Hohes Lied auf die Kollektivisierung der Landwirtschaft. Sie wird durstig sein nach anderen Tönen und sie wird hören wollen Rufe aus einer anderen Tiefe. Ach, ich spüre es doch: ihr wird ein »Werther« geschrieben werden.

Die Eindrücke, die diese Stadt und ihre neue Kultur mir schenkt, sind groß und bewegend. Die großen Eindrücke bewegen mein Herz und meine Gedanken. In meinem Herzen und in meinen Gedanken wechseln Ergriffenheit und Widerspruch miteinander ab.
Die Ergriffenheit ist stärker als der Widerspruch.
Nachts, wenn ich aus dem Kongreß-Saal, aus dem Leben dieser halb noch asiatischen, halb schon amerikanisierten Stadt in mein Hotelzimmer komme, bin ich erregt – jede Nacht wieder: ich komme aus einem Abenteuer. Von dieser see-

lisch-intellektuellen Erregtheit sind die Notizen, die ich mir mache, nur ein matter Niederschlag.
Moskau hat die Kraft, alle unsere Gedanken auf die Zukunft zu konzentrieren – so zukunftsträchtig ist diese Stadt. Ja, auf die europäische Zukunft, auf *unsere Zukunft* konzentrieren sich meine Gedanken. Ich spüre, wie noch nie, ihren furchtbaren Ernst, die Größe der Entscheidungen, die sie bringen wird. Ich sehe ihr mit Grauen und mit Hoffnung entgegen. Ich frage mich, wie ich ihr standhalten werde. – Diese Beunruhigung ist tief und quälend; sie enthält aber auch Glück. Denn ich spüre doch wieder, daß es eine Zukunft gibt.

Der *Erste Schriftstellerkongreß der Sowjetunion* (I. Allunionskongreß der Sowjetschriftsteller): s. S. 740.
Louis Ferdinand *Céline* (eigentlich L. Destouches), 1894–1961, französischer Schriftsteller. Nach Reisen nach Afrika und in die USA schrieb er 1932 den Roman »Voyage au bout de la nuit« (dt. »Reise ans Ende der Nacht«), in dem der Desserteur Bardamu in Afrika den Kolonialismus erlebt und in den Fordfabriken von Detroit kapitalistische Unterdrükkung erfährt. Dieser Roman machte Céline in der UdSSR bekannt. Nach einer Reise in die Sowjetunion distanzierte er sich in »Mea Culpa« (1936) vom Kommunismus.
Die genannten Reden (*Becher, Gorki, Jean-Richard Bloch, Radek, Wieland Herzfelde, Ehrenburg* u. a.) sind abgedruckt in »Sozialistische Reralismuskonzeptionen«, hrsg. von Hans-Jürgen Schmitt und Godehard Schramm, Frankfurt a. M. 1974.

Lion Feuchtwanger
Ein Reisebericht*

Eigentlich müßten diese Seiten betitelt sein: Moskau Januar 1937. Denn es fließt in der Stadt Moskau alles so schnell, daß manche Feststellungen schon nach wenigen Monaten nicht mehr wahr sind. Ich bin mit Leuten dort herumgegangen, die ihr Moskau gut kannten; aber sie waren ein halbes Jahr fort gewesen, und sie schütteln den Kopf: ist das unsere Stadt? Trotzdem schreibe ich hin: »Moskau 1937«. Ich erlaube mir dieses Ungefähr, weil es nicht meine Absicht ist, ein objektives, präzises Bild zu geben; nach einem Aufenthalt von zehn Wochen wäre ein solches Unterfangen absurd. Ich will vielmehr lediglich meine persönlichen Eindrücke aufzeichnen für meine Freunde, die begierig fragen: »Was haben Sie in Moskau gesehen?«

---

*Lion Feuchtwanger: Ein Reisebericht, in: Die neue Weltbühne 1937, H. 14, S. 418–421.

Wie weit ist mein Bild falsch?

Da es sich also um subjektive Wahrnehmungen handelt, will ich klar machen, mit welchen Erwartungen und welchen Befürchtungen ich in die Sowjetunion reiste, damit jedermann von vornherein darüber urteilen kann, wieweit mein Blick durch Gefühle und vorgefaßte Meinungen getrübt sein mochte.

Bekenntnis zur Vernunft

Ich machte mich auf den Weg in die Sowjetunion als ein »Sympathisierender«. Ja, ich sympathisierte mit dem gewaltigen Experiment, das man dort vor zwanzig Jahren begonnen hat, mit dem Experiment, ein riesiges Reich einzigundallein auf Basis der Vernunft aufzubauen, ich ging hin mit dem Wunsch, es möge dieses Experiment gelungen sein. So wenig ich Gefühle, so wenig ich Prälogisches und Antilogisches aus dem Privatleben des Einzelnen gestrichen wünschte, so kahl ich ein Leben fände, das auf die nackte ratio gestellt wäre, so tief bin ich überzeugt, daß gesellschaftliche Einrichtungen, wenn sie gedeihen sollen, auf Urteil und Vernunft aufgebaut sein müssen. Wir haben es in Mitteleuropa schaudernd miterlebt, was daraus entsteht, wenn man Staaten und Gesetze auf Vorurteil und Gefühl basieren will statt auf Vernunft. Ich habe Weltgeschichte nie anders ansehen können denn als einen großen, fortdauernden Kampf, den die Minorität der Vernünftigen gegen die Majorität der Dummen führt. Ich habe mich in diesem Kampf auf die Seite der Vernunft gestellt, und aus diesem Grund sympathisierte ich von vornherein mit dem gigantischen Versuch, den man von Moskau aus unternommen hat.

Mißtrauen und Zweifel

Es war indes diese meine Sympathie von Anfang an gemischt mit Zweifeln. Praktischer Sozialismus konnte nur errichtet werden mittels der Diktatur einer Klasse, die Sowjetunion war also ein Diktaturstaat. Nun bin ich aber Schriftsteller aus Passion, das heißt, ich habe das leidenschaftliche Bedürfnis, das, was ich spüre, denke, sehe, lebe, ungehemmt auszudrücken, ohne Rücksicht auf Einzelne, ohne Rücksicht auf eine Klasse, eine Partei oder eine Ideologie, und darum war ich bei aller Neigung auch voll Mißtrauen vor dem Leben in Moskau. Zwar hatte die Sowjetunion eine demokratische, freiheitliche Verfassung vorbereitet; aber glaubwürdige Leute hatten mir gesagt, in der Praxis sei diese Freiheit beschränkt, zurechtgestutzt, verrenkt, und in diesen meinen Zweifeln hatte mich ein Büchlein bestärkt, das unmittelbar vor meiner Abreise der Schriftsteller André Gide veröffentlicht hatte.

Präparierung und potemkinsche Dörfer

So also kam ich an die Grenze der Sowjetunion, voll Neugier, Sympathie, Mißtrauen. Daß ich in Moskau ehrenvoll aufgenommen wurde, das verstärkte meine Unsicherheit. Freunde von mir, sonst ganz vernünftige Leute, waren von den deutschen Fascisten durch Ehrungen um ihr gesundes Urteil gebracht worden, und ich fragte mich, ob nicht auch ich mir den Aspekt der Dinge und Menschen durch die Brille der Eitelkeit verzerren lassen würde. Außerdem sagte ich mir, man werde mir bestimmt nur das Geglückte zeigen, und es werde mir, dem Sprachunkundigen, schwer fallen, durch die Oberfläche und die allenfalls arrangierte Hülle ins Innere hineinzuschauen.

Schlechte Laune infolge mangelnden Komforts

Andernteils wieder konnte man in Moskau leicht zur Ungerechtigkeit, zu einem allzu negativen Urteil verführt werden durch die vielen kleinen Unbequemlichkeiten, die einem dort das tägliche Leben erschweren und den Blick auf das Bedeutende verstellen. Sehr bald erkannte ich, daß zum Beispiel selbst dem großen Schriftsteller André Gide derartige kleine Peinlichkeiten das Urteil verzerrt hatten. Ich hatte also in Moskau meine liebe Not, meine Anschauungen immerfort zu kontrollieren und sie bald nach der einen, bald nach der andern Seite zu berichtigen, auf daß mein Urteil nicht getrübt sei von den Annehmlichkeiten und Unannehmlichkeiten des Augenblicks.

Weitere Schwierigkeiten der rechten Urteilsfindung

Manchmal auch erschwerte es mir der naive Stolz und der Eifer der Sowjetleute, das rechte, abgewogene Urteil zu finden. Die Zivilisation der Sowjetunion ist jung, unter beispiellosen Mühen und Entbehrungen errichtet, und wenn ein Gast zu den Moskauern kommt, auf dessen Meinung sie, zu Recht oder zu Unrecht, Gewicht legen, dann bedrängen sie ihn sogleich mit Fragen: wie gefällt Ihnen das, und was sagen Sie zu dem? Ich nun bin langsam von Urteil, ich prüfe gern Für und Wider still für mich. In der Union aber war ich manches Mal genötigt, meine Meinung zu fixieren, ehe sie fertig war. Obendrein war es eine erregte Zeit. Fascistische Führer hielten drohende Kriegsreden gegen die Sowjetunion, man kämpfte in Spanien und an den Grenzen der Mongolei, in Moskau selber fand ein politischer Prozeß statt, der die Massen aufrührte. Alles war verwickelt, und natürlich gab es das und jenes, was mir nicht gefiel. Als Schriftsteller aber setze ich meinen Ehrgeiz darein, unverfälscht zu sagen, was ich denke, eine Neigung, die mir schon manche Ungelegenheit verursacht hat. Auch innerhalb der Sowjetgrenzen also verschwieg ich nicht über dem vielen Licht, von dem ich füglich sprechen durfte, die mancherlei Schatten. Auf solche Schatten hinzuweisen, als geehrter Gast, in einer aufgeregten Zeit, nicht taktlos, doch entschieden, war nicht immer ganz einfach.

Offenheit um Offenheit

Ich durfte mit Genugtuung wahrnehmen, daß man mir meine Offenheit nicht verdachte. Die Zeitungen publizierten an sehr sichtbarer Stelle meine Einwände, auch solche, die führenden Stellen vielleicht nicht passen mochten, meinen Wunsch zum Beispiel nach größerer Toleranz auf einigen Gebieten oder meine Verwunderung über den zuweilen geschmacklos übertriebenen Kult Stalins oder mein Verlangen, es möchten die Motive, aus denen die Angeklagten jenes politischen Prozesses ihre Geständnisse ablegten, besser geklärt werden. Auch mit den führenden Männern des Landes konnte ich freimütig reden, sie vertrugen Kritik und gaben Offenheit um Offenheit. Gerade dadurch, daß ich Einwände unverblümt äußerte, erreichte ich Auskünfte, die ich sonst kaum erhalten hätte.

Soll man Gutes von der Sowjetunion reden?

Nach dem Westen zurückgekehrt, sah ich mich vor der Frage: soll ich sprechen über das, was ich in der Sowjetunion gesehen? Das wäre kein Problem gewesen, wenn ich, wie andere, in der Sowjetunion mehr Negatives gesehen hätte als Positives. Da hätte man gejubelt. So aber hatte ich mehr Licht als Schatten wahrgenommen, und man liebt die Sowjetunion nicht und wollte davon nichts hören. Innerhalb der Sowjetunion hatte ich über meine moskauer Eindrücke nicht viel veröffentlicht, noch keine zweihundert Zeilen, sehr wenig also, und selbst dieses Wenige hatte man skrupellos entstellt und war mit wüsten Anpöbelungen darüber hergefallen. Sollte ich also noch mehr von der Sowjetunion reden?

Besser nicht

Müde von den Anstrengungen des Schauens und Erkennens sagte ich mir in den ersten Tagen nach meiner Rückkehr, es sei meine Aufgabe, zu gestalten, nicht zu reden, und ich beschloß, zu schweigen und zu warten, bis meine Erlebnisse sich zu Gestaltetem verdichtet hätten.

Aber, als Schriftsteller tu ich es doch

Bald aber kam ich mit dieser Entschuldigung vor meinem Gewissen nicht weiter. Die Sowjetunion liegt im Kampf mit vielen Feinden, und ihre Bundesgenossen unterstützen sie nur lau. Dummheit, böser Wille und Herzensträgheit sind am Werk, was im Osten Fruchtbares geschieht, zu verdächtigen, zu verleumden, es nicht wahr haben zu wollen. Ein Schriftsteller aber, wenn er etwas Großes gesehen hat, darf sich nicht davor drücken, Zeugnis abzulegen, auch wenn dieses Große nicht populär ist und seine Worte vielen nicht angenehm klingen.

Ich lege also Zeugnis ab.

»Moskau 1937«: L.F. Moskau 1937. Ein Reisebericht für meine Freunde, Amsterdam 1937.

Büchlein…, das… André Gide veröffentlicht hatte: gemeint ist hier: A.G.: Retour de l'U.R.S.S. (1936) oder Retouches à mon Retour de l'U.R.S.S. (1937); s. S. 1083.

Vgl. hierzu auch: Oskar Maria Graf: Reise in die Sowjetunion 1934, hrsg. von Hans-Albert Walter, Darmstadt, Neuwied 1974 (vermutl. vor 1938 geschrieben).

Sonnenfinsternis

Ernst Bloch
Bucharins Schlußwort*

Wieso haben nur alle gestanden? Das ist etwas, was vielen nicht in den Kopf ging. Die Feinde Rußlands hakten hier ein, um das gesamte Verfahren zu verleumden. Erklären freilich konnten sie die Geständnisse auf ihre Weise auch nicht. Sie griffen zu den albernsten Fabeln, nur um nicht zugeben zu müssen, daß hier wirklich etwas zu gestehen war. Weshalb jedoch alle gestanden haben, und das zuweilen sich selbst bespeiend, wurde auch Gutgesinnten nicht ganz klar. Es blieb ein Rest, er mochte mit dem fremden Volk zusammenhängen.
Unterdessen hat sich hier etwas verändert. Im letzten Prozeß (sein ausführlicher Bericht ist erschienen) haben nicht alle ihre Schuld zugegeben, oder nur nachträglich, auf Beweise hin, die sie erdrückten. Und bis zuletzt, noch in ihrem Schlußwort haben nicht alle *alles* eingestanden. Das machte den Prozeß sogleich »westlicher«; die Angeklagten, die man sich gewohnterweise als verstockt vorstellt, wurden dem Ausland verständlicher. Hinzukommt aber das Wichtigste: daß ein Angeklagter, Bucharin, selbst ein westlicher Typ ist. Wendig, ein Meister der Parade, oft in jener Weise dialektisch, die mehr an Voltaires Witz und Behendigkeit erinnert als an Hegel, gar Lenin. Und Bucharin gerade hat – als einer, der es wohl wissen muß – über das Problem der Geständnisse in seinem Schlußwort sich verbreitet. Er berührt sogar die westlichen Bemühungen um diesen Punkt, bis herab zu böswilligen Kannegießereien; so sehr versteht Bucharin das Staunen außerhalb Rußlands. Hatte man selbst zuweilen das Gefühl: diese

* Ernst Bloch: Bucharins Schlußwort, in: Die neue Weltbühne, Jg. 34 (1938), H. 18. S. 558–563. Wieder herausgegeben in: E. B., Vom Hasard zur Katastrophe. Politische Aufsätze aus den Jahren 1934–1939, Frankfurt a. M., Suhrkamp 1972. Eine Vorbemerkung der Redaktion der »Neuen Weltbühne« lautet: »Vor mehr als einem Jahr (Neue Weltbühne 1937, Nummer 10) hat Ernst Bloch in dem Aufsatz ›Kritik einer Prozeßkritik – Hypnose, Mescalin und die Wirklichkeit‹ die absurden Hypothesen beleuchtet, die aufgestellt wurden, um die Geständnisfreudigkeit der in Moskau Angeklagten zu erklären. Inzwischen hat der Prozeß gegen ›Bucharin und Genossen‹ stattgefunden, ein ausführliches Protokoll von 872 Seiten wurde veröffentlicht, und der Wunsch des bekannten Philosophen erscheint berechtigt, die schwierige Materie noch einmal, mit neuem Material zu prüfen.«

Trotzkisten überbieten sich nur deshalb in Geständnisfreude, weil sie wissen, wie problematisch das auf den bürgerlichen Westen wirkt, weil sie die Sowjetunion damit diskretieren wollen – eine letzte Schädlingsarbeit –, so macht Bucharin für sich alles klar, und damit auch bei den anderen. Er kennt den Blick des Auslands auf die Prozesse, im Gefängnis hat er Feuchtwangers »Moskau 1937» gelesen und setzt sich mit ihm auseinander, selbst die Artikel antibolschewistischer Autoren scheint er genossen zu haben, mitsamt deren Gift und Hypnose.
Man höre derart folgenden Passus der Schlußrede:

Oft erklärte man die Reue mit verschiedenen, vollständig unsinnigen Sachen, wie etwa mit tibetanischen Pulvern undsoweiter. Von mir will ich sagen, daß ich im Gefängnis, in dem ich etwa ein Jahr gesessen habe, arbeitete, studierte, den Kopf bewahrte. Das ist eine tatsächliche Widerlegung aller Märchen und unsinnigen konterrevolutionären Dummheiten.
Man spricht von Hypnose. Aber ich habe vor Gericht auf dem Prozeß auch juristisch meine Verteidigung geführt, habe mich an Ort und Stelle orientiert, mit dem staatlichen Ankläger polemisiert, und jeder auch nicht besonders in den entsprechenden Zweigen der Medizin erfahrene Mensch wird zugeben müssen, daß es eine solche Hypnose überhaupt nicht geben kann.
Sehr oft erklärt man diese Reue mit Dostojewskitum, mit spezifischen Eigenschaften der Seele (der sogenannten »L'âme slave«), was man über Typen etwa in der Art wie Aljoscha Karamasow, der Helden des »Idioten« und der anderen Gestalten Dostojewskis sagen kann, die auf die Straße hinaustreten und schreien: »Schlagt mich, Rechtgläubige, ich bin ein Missetäter«.
Aber hier liegt die Sache ganz und gar nicht darin. In unserem Lande ist die sogenannte »L'âme slave« und die Psychologie der Helden Dostojewskis eine längst vergangene Zeit, ein Plusquamperfektum. Solche Typen existieren bei uns nicht, es sei denn in den Hinterhöfen kleiner Provinzhäuser, aber auch dort existieren sie kaum. Umgekehrt aber gibt es eine solche Psychologie in Westeuropa.

Nachdem Bucharin dergestalt Erklärungen à la Schwarzschild und auch noch das »tiefe« Feuilleton erledigt hat, wird er positiv. Er gibt den Schlüssel zum Problem der Geständnisse eines schuldhaften Kommunisten vor einem Sowjetgericht; und die Geständnisse hören danach wohl auf, ein Problem zu sein. Bucharin fährt fort:

Ich werde hier von mir selbst sprechen, von den Ursachen meiner Reue. Natürlich muß man sagen, daß auch die Beweisstücke eine sehr große Rolle spielen. Ich habe ungefähr drei Monate geleugnet. Dann begann ich Aussagen zu machen. Warum? Die Ursache liegt darin, daß ich im Gefängnis meine ganze Vergangenheit umgewertet habe. Denn fragt man sich: wenn du stirbst, wofür stirbst du? dann ergibt sich plötzlich mit erschütternder Deutlichkeit eine absolut schwarze Leere. Es gibt nichts, wofür man sterben müßte, wenn man sterben wollte, ohne bereut zu haben.

Und umgekehrt nimmt all das Positive, das in der Sowjetunion leuchtet, im Bewußtsein des Menschen andere Ausmaße an. Dies hat mich endgültig entwaffnet, dazu getrieben, meine Knie vor der Partei und dem Lande zu beugen. Und wenn man sich fragt: nun gut, du stirbst nicht – wenn du durch irgendein Wunder leben bleiben wirst, dann wieder: wofür? Isoliert von allen, ein Feind des Volkes in einer nicht menschlichen Lage, in voller Isolierung von allem, was das Wesen des Lebens ausmacht… Und in solchen Momenten, Bürger Richter, fallen alles Persönliche, aller persönliche Niederschlag, die Überbleibsel der Erbitterung, Eigenliebe und eine ganze Reihe anderer Sachen weg und verschwinden. Und wenn zu einem dann noch das Echo des weiten internationalen Kampfes gelangt, so tut all dies in seiner Gesamtheit seine Wirkung, und es ergibt sich ein voller innerer moralischer Sieg der UdSSR über ihre kniefälligen Gegner. (Stenographischer Prozeßbericht S. 846f.)

Bucharin verweist kurz vor diesen ergreifenden, durchdringend wahren und einleuchtenden Worten auf die Zerrissenheit seines vorherigen Zustands. Die meisten Angeklagten waren allmählich, vielleicht sogar reinen Willens, auf die schiefe Bahn geraten, und als sie dies erkannt hatten, kamen sie nicht mehr heraus. Halb hielt sie die Eitelkeit ihrer früheren Besserwisserei (Skepsis gegen den Fünfjahrplan, Ablehnung der Kollektivierung, Mitleid mit den Kulaken und dergleichen mehr) in Bann, halb die Schwierigkeit, ein Komplott mit so vielen Mitwissern zu verlassen. Aber das Bewußtsein wurde damals schon anfällig für Reue und die Erkenntnis des Rechten, es sah die Erfolge der Kollektivierung, es bemerkte den gewaltigen Fortgang des sozialistischen Aufbaus nach anfänglichen Rückschlägen, es begriff den Beweis der Konzeption Stalins an Hand des echtesten marxistischen Kriteriums: der Praxis; und die oppositionelle Psychologie wurde schwach. Bucharin bemerkt hierzu:

Auf dieser Grundlage scheint es mir wahrscheinlich, daß bei jedem von uns, die hier auf der Anklagebank sitzen, ein eigenartiger Zwiespalt des Bewußtseins bestand, keine Vollwertigkeit des Glaubens an seine konterrevolutionäre Sache… Es entstand eine doppelte Psychologie… Manchmal riß es mich selbst mit, daß ich zum Ruhme des sozialistischen Aufbaus schreibe, obwohl ich morgen schon dies durch meine praktischen Taten verbrecherischen Charakters ableugne. Hier bildete sich das heraus, was in der Philosophie Hegels das unglückliche Bewußtsein genannt wird. Dies unglückliche Bewußtsein unterschied sich von dem gewöhnlichen nur dadurch, daß es gleichzeitig ein verbrecherisches Bewußtsein war… Mir scheint, daß, wenn bezüglich der in der UdSSR vor sich gehenden Prozesse in einem Teil der westeuropäischen und amerikanischen Intelligenz verschiedene Zweifel und Schwankungen beginnen, diese in erster Linie deswegen auftreten, weil dieses Publikum nicht jenen grundlegenden Unterschied versteht, daß in unserem Lande der Gegner, der Feind, gleichzeitig dieses gespaltene, doppelte Bewußtsein hat.

Das »unglückliche Bewußtsein«, das der Philosoph Bucharin hier heranzieht, und das freilich den journalistischen Gifthändlern ferner liegt als Mescalin und Hypnose, wird in Hegels »Phänomenologie des Geistes« folgendermaßen definiert:

Hierdurch ist die Verdopplung, welche früher an zwei Einzelne, an den Herrn und den Knecht sich verteilte, in eines eingekehrt – und das unglückliche Bewußtsein ist das Bewußtsein seiner als des gedoppelten, nur widersprechenden Wesens. Dieses unglückliche, in sich entzweite Bewußtsein muß also, weil dieser Widerspruch seines Wesens ein *Bewußtsein ist, in dem einen Bewußtsein immer auch das andere haben und so aus jedem unmittelbar, indem es zum Siege und zur Ruhe der Einheit gekommen zu sein meint, wieder daraus ausgetrieben werden… Es ist damit ein Kampf gegen einen Feind vorhanden, gegen welchen der Sieg vielmehr ein Unterliegen, das eine erreicht zu haben, vielmehr der Verlust desselben in seinem Gegenteil ist. Das Bewußtsein des Lebens, seines Daseins und Tuns ist nur der* Schmerz *über dieses Dasein und Tun, denn es hat darin nur das Bewußtsein seines Gegenteils als des Wesens* – und der eigenen Nichtigkeit. *(Phänomenologie, Ausgabe Lasson, S. 139f.)*

Soviel zur vorliegenden Reue und dem Geständnis der Nichtigkeit, wie es schon vor dem Prozeß bei den Verschwörern vorgebildet war. Völlig erläuternd wirkt noch die bereits angegebene Stelle in Bucharins Schlußwort, worin er sich über die Sinnlosigkeit des Sterbens bei bewahrter Verstocktheit ausspricht. Bucharin fragte im Gefängnis selbst: »Wenn du stirbst, wofür stirbst du?« Und er erkennt: »Dann ergibt sich plötzlich mit erschütternder Deutlichkeit eine absolut schwarze Leere.« Eine Leere, die sich nur dann füllt, wenn man im Sowjetgericht sein *eigenes* Gericht erkennt, die Stimme aus seiner *eigenen* guten Vergangenheit und Überzeugung erfährt. Vor dem Gericht eines Klassenfeinds hätte diese Reue gar keinen Sinn, man käme durch sie nicht in Ordnung, sondern umgekehrt: sie wäre erst der Verrat an sich selbst und seiner Sache. Vor dem Gericht der *eigenen* Klasse aber ist das Geständnis – mit dem »unglücklichen Bewußtsein« all die Jahre vorher – das Ende der Isolierung. Es ist mitsamt dem Tod, der nachfolgt (und Bucharin hat nicht um sein Leben gebeten) die Rückkehr in die Sowjetunion. »Wofür stirbst du?« – für die Sowjetunion, und mit dem letzten Bekenntnis zu ihr; sie ist, vom Ende des individuellen Lebens aus gesehen, das Jenseits kommunistischer Atheisten.
Das hat Bucharin, hier allerdings kein »Westler«, all denen klar gemacht, die gläubige Menschen noch verstehen. Und da bei Gelegenheit der Prozesse soviel von Mittelalter die Rede war, so mag auch an ein Geständnis aus dem Mittelalter erinnert werden, das umso auffallender ist, als es von einer der größten Bestien ausging und dennoch überströmende, ja völlige conpunctio cordis, Umwälzung des Herzens bezeugt. Um 1440 lebte der Baron Gilles de Rais, ein ehemaliger Vertrauter der Jungfrau von Orleans, aber nachdem ein Lustmörder ohneglei-

chen, ein Ungeheuer, das seine Brunst durch Metzeleien ganz außerordentlich aufzufrischen verstand. Mehr als achthundert Knaben und Mädchen hat er zu diesem Zweck umgebracht; als er jedoch ergriffen wurde und vor dem Gerichtshof seines Standes, vermehrt um ein geistliches Gericht, sich zu verantworten hatte, bedurfte es keiner Tortur (tibetanisches Gift und Hypnose waren damals noch unbekannt), um den Baron und den ehemaligen Vertrauten der Jungfrau zum vollen Geständnis zu bringen. Er breitete alle Einzelheiten aus, er zählte die bekannten wie die unbekannten auf, er warf sich vor dem Kruzifix nieder, bat Gott um Barmherzigkeit und Verzeihung, seine irdischen Richter aber um den Tod, um sich durch den Scheiterhaufen von den Höllenflammen loszukaufen. Die Akten dieses ungeheuerlichen Verbrechers und seiner ebenso ungeheuerlichen Reue sind erhalten, auch die Erkenntnis des Gerichts, daß der Begleiter der Jeanne d'Arc in dem Geständigen wieder erwacht sei. Die russischen Angeklagten waren keine Verbrecher dieses Typs, und der theologische Hintergrund, vor dem Gilles de Rais zusammenbrach, ist erst recht verschwunden; dennoch bewegt eine gewisse Ähnlichkeit des Zusammenbruchs, wenn auch in völlig veränderten Maaßen. Niemand hatte das Geständnis des Barons bezweifelt; die Homogenität seines Standesbewußtseins mit dem des Gerichts, vor allem aber die Erinnerung an die Vergangenheit an der Seite Jeanne d'Arcs und das Leitbild, das von dorther kam, machten den Sieg der damaligen Welt über »ihren kniefälligen Gegner« verständlich. Sicher gibt es näherliegende historische Beispiele eines solchen Siegs, aber wenige mit solcher Prägnanz. Wird also schon das Mittelalter von gewissen Kritikern der Prozesse bemüht, so mögen sie sich statt an Iwan den Grausamen an gewisse Parallelen der Gläubigkeit, Bekehrung und Rückkehr halten. In dieser Hinsicht ist die Sowjetunion dem Geist gebundener Gesellschaften allerdings näher als dem Witz sich auflösender und als der Attrappe von »Prinzipien«, die die Hohlheit sich vorhält, und die die Skepsis anderen vormacht. Bucharin hat durch die Begründung seines Geständnisses viele Mißverständnisse behoben; den Hetzern gegen die Sowjetunion aber hat er eines der gefährlichsten Rezepte ihres profitgläubigen Skeptizismus unschädlich gemacht.

Zwar besteht seit längerem noch eine andere Gefahr. Die nämlich, daß nicht zu wenig, sondern zu viel geglaubt wird. Das entspricht den Interessen der Bourgeoisie ebenso gut, wo nicht besser, als der grundsätzliche Unglaube an die Geständnisse und ihren Inhalt. Wenn die Fascisten alle prominenten Sowjetleute verdächtigen können, Mörder, Verräter, Spione, Saboteure zu sein, dann ist ihnen diese Pauschalierung nicht unangenehm. Der deutsche Rundfunk spielte bereits in dieser neuen Melodie vor; entrüstete er sich gestern über »Justizmorde«, so kann es ihm heute garnicht genug Überführte und Verdächtige geben. Auch unter Nichtfaschisten haben die Zweifler großenteils an den Ernst und die Notwendigkeit der russischen Gerichtsverfahren glauben gelernt, trotz manchem Kopfschütteln über die Geständnisse. Sie haben Franco erfahren und die Cagoulards, die sehen den Umfang der deutschen Spionage in England und Amerika;

welches Ausmaß muß dann erst die Minierarbeit in der Sowjetunion, als dem gefährlichsten Feind des Fascismus, angenommen haben! Sie schließen aber weiter: daß die Fascisten Rußland besonders kräftig unterminieren wollen, ist nicht merkwürdig; wohl aber, daß sich in Rußland so viele *Kriminelle* in höchsten Stellen fanden, die den Fascisten geholfen haben. Kurz, die ausschließliche Betonung der *Kriminalität* der Angeklagten ist nicht unbedenklich; eben der deutsche Rundfunk übermittelte mit Freuden, wieviele »Mörder, Banditen und käufliche Verräter« in der Sowjetunion regiert haben. Teils sind die Angeklagten noch die »alten Bolschewiken« (für die die »Neue Zürcher Zeitung« ihr Herz entdeckt) und die »unschuldigen Opfer Stalins«; teils sind sie bereits der Auswurf der Menschheit, der in Rußland versammelt ist. Und leider hat auch manche gutgemeinte Berichterstattung es dem Feind erleichtert, die geschehenen Verbrechen lediglich von den gemeinsten Motiven her zu interpretieren. Ausschließlich kriminalistische Interpretation hat propagandistisch den Vorteil, daß sie das Land selbst, von einigen Individuen abgesehen, als gesund darstellt; aber ohnehin glaubt kein Vernünftiger an eine »Fäulnis« der Sowjetunion. Umgekehrt hat diese Art Interpretierung den Nachteil, daß sie – ganz anders als bei *politisch* motivierten Verbrechen – dem defaitistischen Gerede Nahrung gibt: der Mensch ist und bleibt schlecht. Verschiebt man den Schwerpunkt vom Politischen ins Moralische, so erleichtert man dem Gegner den Trick, jedem Sowjetfunktionär »moral insanity« nachzusagen. Wird es jedoch klar, daß im Kampf um den Aufbau des Sozialismus in einem Land die schwersten Perioden siegreich abgeschlossen sind, und daß vor allem im Unglauben an diesen Sieg die Verbrechen der Angeklagten wurzelten, so ist kein Zweifel möglich, daß derartige Prozesse sich nicht endlos wiederholen werden. Eine rein kriminelle (unpolitische) Motivierung dagegen erzeugt die Ungewißheit, ob es nicht immer wieder zu ähnlichen Prozessen kommen muß; eine Frage, die das moralische Gewicht des sozialistischen Staates schwer belastet. Auch dann noch belastet, wenn die Beseitigung der Schädlinge als Stärkung seiner politischen und militärischen Schlagkraft erkannt wird. Darum ist es so wichtig, auch hier, im letzten Verfahren, ein Anderes zu bemerken. Bucharin leugnete, ein krimineller Verbrecher zu sein, er schied sich und seinesgleichen von Nurkriminellen ab. Tatsächlich saßen auf der Anklagebank auch Mörder, Lumpen und Schwächlinge, für die es keinerlei politische Motive gegeben hat. Aber Bucharin, Rykow und ihresgleichen sind vor allem aus politischer Gegnerschaft, sicher auch aus Machttrieb, Verbitterung, Ehrgeiz und Eitelkeit auf die Bahn geraten, die sie schließlich mit Mördern gemeinsame Sache machen ließ; sie kamen jedoch aus einer ganz anderen Welt. Sie haben ein großes Spiel gegen die Partei gespielt, sie haben sich mit dem fascistischen Teufel verbündet, um das Spiel zu gewinnen, und haben es verloren. Sie sind politische Verbrecher und Schädlinge großen Ausmaßes geworden und gestehen dies auch ein, aber sie sind keine Kriminellen üblichen Stils. Das würde manchem alten Antibolschewisten behagen, wenn er nach zwanzig Jahren Sowjetunion das Sprüchlein bestätigt bekäme, das er bei Geburt der Sowjetunion von sich gab:

alle Bolschewiken sind Räuber und Mörder. Die Verbrechen von Bucharin und Genossen sind objektiv die schwersten; doch zwischen Bucharin, Rykow und den Scharangowitschs ist ein Unterschied, den zu verwischen unwahr und heillos wäre. Liest man den Prozeßbericht, so erscheint dieser Unterschied in aller Klarheit; es erhellt sich also nicht nur die Frage der Geständnisse. Gewisse Kritiker täten darum gut, Bucharins Schlußwort nicht zu lesen, damit sie in der Lage bleiben, ihr Handwerk bequem fortzusetzen.

Moskauer Prozesse: Die drei öffentlich und ostentativ herausragenden Gerichtsverfahren, die im Zusammenhang einer weit größeren Zahl von Prozessen, der umfassenden Liquidation von Oppositionellen in der KPdSU und einer massenhaften terroristischen Verfolgungswelle (»Große Säuberung«, auch »Jeshowtschina») durch Stalin 1936–1938 stattgefunden haben. Unter der Anklage des Generalstaatsanwaltes der UdSSR Andrej Wyschinski (1883–1954) wurden alle vor Gericht gestellten Personen u. a. beschuldigt, sie hätten Stalin und andere Politbüromitglieder ermorden und, indem sie Militär und Wirtschaft sabotierten, den Kapitalismus wieder einführen wollen. Sie wurden zudem beschuldigt, mit den deutschen, britischen, französischen oder japanischen Geheimdiensten zusammengearbeitet und vor allem geheime Kontakte zu den Nazis unterhalten zu haben. Die drei Prozesse (vom 19.–24. 8. 1936 gegen Sinowjew, Kamenew u. a.; vom 23.–30. 1. 1937 gegen Pjatakow, Radek u. a.; vom 2.–13. 3. 1938 gegen Bucharin, Rykow, Jagoda, Krestinski u. a.) endeten mit der Erschießung fast aller Angeklagten. Isaac Deutscher (in: Stalin, Stuttgart 1951) zählt hierzu noch den Geheimprozeß gegen Marschall Tuchatschewski und andere Offiziere der Rote Armee. Prozeßberichte (ausgenommen der vom Geheimprozeß) wurden jeweils nach Prozeßende vom Volkskommissariat für Justizwesen der UdSSR publiziert. (Auszüge aus den Protokollen in: Die Moskauer Schauprozesse 1936–1938, hrsg. von Theo Pirker, München 1963). Die forensische Perfektion der Verfahren auf der einen, die politische Willkür der Umstände, die zu den Beschuldigungen führten, auf der anderen Seite, lösten weltweit widersprüchliche Reaktionen aus. Aragon, Barbusse, Rolland, Ehrenburg, Feuchtwanger, Bloch u. v. a. stellten sich hinter die Prozesse. Die bis heute differenzierteste Analyse der Moskauer Prozesse lieferte 1946/47 Maurice Merleau-Ponty (Humanismus und Terror, Frankfurt a. M. 1966) als eine Entgegnung auf Koestlers Abrechnung mit dem Kommunismus (siehe den folgenden Beitrag).
Fünfjahrplan (russ.: Pjatiletka): in der Sowjetunion 1928–1932 zum ersten Mal durchgeführter Wirtschaftsplan. Diesem folgten Fünfjahrpläne bis 1960. In die Zeit des ersten Fünfjahrplans fiel die *Kollektivierung* der Landwirtschaft, durch die den *Kulaken* (russ.: Geizhälse), d. h. den Großgrundbesitzern, Eigentum und Macht genommen wurde.
Cagoulards: Die Anhänger der Cagoule, der faschistischen Bewegung des Comité Secret d'Action Révolutionaire von 1936.
Alexei I. *Rykow,* 1881–1938, gehörte seit 1904 zu den Bolschewiki, 1917 war er Volkskommissar des Inneren, 1924 Vorsitzender des Rats der Volkskommissare. Rykow führte mit Bucharin und Tomski die »Rechtsopposition« an; nach seinem »Widerruf« (1929) wurde er 1930 von Molotow als Vorsitzender des Rats der Volkskommissare abgelöst. 1938 wurde Rykow im dritten Moskauer Prozeß angeklagt, zum Tode verurteilt und hingerichtet.
Wasili Fomitsch *Scharangowitsch,* 1897–1938, im dritten Moskauer Prozeß zum Tode verurteilt und hingerichtet.

Arthur Koestler
Das erste Verhör *

14

Es war 11 Uhr vormittags, als sie ihn holen kamen. Rubaschow erriet sogleich aus der mürrisch-feierlichen Miene des Schließers, wohin es ging. Er war ruhig – es herrschte jene heitere Windstille in ihm, die, als er noch Student war, in den letzten Minuten vor dem Rigorosum, und später, in den Sekunden unmittelbar vor einer zu bestehenden Gefahr, immer wieder als ein Geschenk der Gnade sich eingestellt hatte.
Sie gingen den gleichen Weg, den sie drei Tage vorher zum Arzt gegangen waren. Die Betontür öffnete sich wieder und schloß sich knarrend; seltsam, dachte Rubaschow, wie rasch man sich an ein intensives Milieu gewöhnt; ihm war, als atmete er die Luft dieser Korridore seit Jahren ein, als hätte sich die Atmosphäre aller Gefängnisse, die er in seinem Leben gekannt hatte, hier gestaut. Sie kamen an der Barbierstube und an der Tür des Arztes vorbei, sie war geschlossen; drei Häftlinge warteten draußen unter der Aufsicht des Schließers.
Jenseits des Arztzimmers begann Neuland für Rubaschow. Sie kamen an einer Wendeltreppe vorbei, die in die Tiefe führte – Magazine, Dunkelzellen oder was sonst? Rubaschow versuchte, es mit dem Interesse des Fachmanns zu erraten. Sie durchquerten einen engen Hof, in den keine Fenster mündeten. Es war ein blinder, ziemlich dunkler Schacht, aber darüber hing der freie Himmel. Jenseits des Hofes wurden die Korridore etwas heller, und die Türen waren nicht mehr aus Beton, sondern aus billigem, gestrichenem Holz mit Messingklinken; geschäftige Beamte kreuzten ihren Weg, hinter einer der Türen spielte Radiomusik, hinter einer anderen wurde auf einer Maschine getippt; sie befanden sich im Verwaltungstrakt.
Sie hielten vor der letzten Tür am Ende des Korridors; der Alte klopfte. Drinnen wurde telefoniert; eine ruhige Stimme rief »gleich«, und fuhr fort, in Abständen geduldig »ja« und »jawohl« in die Muschel zu sprechen. Rubaschow kam die Stimme bekannt vor, er konnte sich aber nicht erinnern, woher. Es war eine angenehm männliche Stimme, leicht verschleiert; er hatte sie bestimmt schon irgendwo gehört. »Herein«, sagte die Stimme; der Alte öffnete die Tür und schloß sie gleich wieder hinter Rubaschow. Rubaschow sah einen Schreibtisch; dahinter saß sein Universitätskollege und späterer Bataillonskommandeur Iwanoff; er sah ihm lächelnd entgegen, während er den Hörer auf die Gabel zurücklegte.
»Man sieht sich wieder«, sagte Iwanoff.

---

* Arthur Koestler: Das erste Verhör. Kapitel aus dem Roman »Sonnenfinsternis«, Wien, München, Zürich: Europaverlag 1978, S. 87–104. Zuerst englisch erschienen u.d.T. »Darkness at Noon«, London Cape 1940; erste dt. Ausgabe: London, Hamilton 1946.

Rubaschow stand noch an der Tür. »Gestatte«, sagte er, »daß ich mich von der Überraschung erhole.«
»Setz dich«, sagte Iwanoff mit einer einladenden Geste. Er hatte sich erhoben und überragte Rubaschow um einen halben Kopf. Er betrachtete Rubaschow unverwandt und lächelnd. Sie setzten sich beide – Iwanoff hinter, Rubaschow vor dem Schreibtisch. Sie musterten einander lange und ungeniert – Iwanoff mit seinem fast zärtlichen Lächeln, Rubaschow abwartend und aufmerksam. Sein Blick glitt zu Iwanoffs rechtem Bein unter dem Schreibtisch. »Das ist in Ordnung«, sagte Iwanoff. »Prothese mit automatischen Gelenken, rostfrei verchromt, ich kann schwimmen, reiten, Auto fahren und tanzen. – Willst du eine Zigarette?«
Er hielt Rubaschow seine hölzerne Tabatiere hin.
Rubaschow sah die Zigaretten an und dachte an seinen ersten Besuch im Lazarett, nachdem man Iwanoff das Bein amputiert hatte. Iwanoff hatte von ihm verlangt, daß er ihm Veronal verschaffte, und in einer Diskussion, die den ganzen Nachmittag dauerte, das Recht des Revolutionärs auf den Selbstmord zu beweisen versucht. Rubaschow hatte sich schließlich Bedenkzeit ausbedungen, war in der gleichen Nacht an einen anderen Frontabschnitt kommandiert worden und hatte Iwanoff erst Jahre später flüchtig wiedergesehen. – Er betrachtete die Zigaretten in der hölzernen Schachtel. Sie waren handgestopft, mit lockerem, blondem englischen Tabak gefüllt.
»Ist das noch inoffizielles Vorspiel, oder sind die Feindseligkeiten bereits eröffnet?« fragte Rubaschow. »Im letzteren Falle lehne ich nämlich ab. Du kennst die Etikette.«
»Quatsch«, sagte Iwanoff.
»Also Quatsch«, sagte Rubaschow und zündete eine von Iwanoffs Zigaretten an. Er rauchte mit tiefen, trinkenden Zügen, bemüht, sich den Genuß nicht anmerken zu lassen. »Und was macht das Rheuma in der Schulter?« fragte er.
»Danke«, sagte Iwanoff. »Und was macht deine Brandblase?«
Er lächelte und deutete harmlos auf Rubaschows linke Hand. Auf dem Handrücken, zwischen den bläulichen Venen, wo er vor drei Tagen die Zigarette ausgedrückt hatte, befand sich eine Brandblase in der Größe einer Kupfermünze. Einen Augenblick lang betrachteten beide Rubaschows Hand, die in seinem Schoße lag. Woher weiß er das? dachte Rubaschow. Er hat mich bespitzeln lassen. Er fühlte mehr Scham als Zorn, nahm einen letzten, tiefen Zug und warf die Zigarette fort. »Was mich anbelangt, ist der inoffizielle Teil beendet«, sagte er.
Iwanoff blies Rauchringe und beobachtete ihn mit seinem unverändert zärtlichen Lächeln. »Mach keine Geschichten«, sagte er.
»Wenn mich nicht alles täuscht«, sagte Rubaschow, »macht *ihr* die Geschichten. Habe ich dich verhaften lassen oder ihr mich?«
»Wir dich«, sagte Iwanoff. Er drückte seine Zigarette aus, zündete eine neue an und hielt die Schachtel Rubaschow hin, der sich nicht rührte. »Hol dich der Teu-

fel«, sagte Iwanoff. »Erinnerst du dich an die Geschichte mit dem Veronal?« Er beugte sich vor und blies Rubaschow den Rauch seiner Zigarette ins Gesicht. »Ich will nicht, daß du erschossen wirst«, sagte er langsam. Er lehnte sich wieder in seinen Sessel zurück. »Hol dich der Teufel«, wiederholte er und lächelte wieder.

»Rührend von dir«, sagte Rubaschow. »Weshalb eigentlich, genau genommen, wollt ihr mich erschießen?«

Iwanoff ließ einige Sekunden verstreichen. Er rauchte und zeichnete mit einem Bleistift Figuren auf sein Löschblatt. Er schien nach einem präzisen Ausdruck zu suchen.

»Rubaschow«, begann er schließlich, »ich möchte dich auf etwas aufmerksam machen. Du sagtest wiederholt: ›ihr‹ – das ist der Staat und die Partei, im Gegensatz zu ›ich‹ – das ist Nicolas Salmanowitsch Rubaschow. Für die Öffentlichkeit braucht man natürlich einen Prozeß und juristische Begründungen. Für mich, und auch für dich, mein Lieber, müßte, was ich eben gesagt habe, genügen.«

Rubaschow überlegte sich das; er war etwas verblüfft. Einige Augenblicke lang war ihm, als spräche aus Iwanoff seine eigene Stimme; als hätte Iwanoff eine Stimmgabel angeschlagen, die sein Denken unwiderstehlich mitschwingen ließ. Alles, was er in dem halben Jahrhundert seines bewußten Daseins geglaubt, verkündet, zur alleinigen Richtschnur seines Handelns gemacht hatte, schwemmte wie eine Welle über ihn weg. Es gab kein »Ich« außerhalb des »Wir« der Partei; das Individuum war nichts, die Partei alles; der Ast, der sich vom Baume brach, mußte verdorren... Rubaschow rieb seinen Zwicker am Ärmel. Iwanoff saß rauchend in seinen Stuhl zurückgelehnt; er lächelte nicht mehr. Plötzlich fiel Rubaschows Blick auf einen rechteckigen Fleck an der Wand, der sich hell von der Tapete abhob. Er wußte sofort, daß dort das Bild mit den bärtigen Köpfen und den numerierten Namen gehangen hatte – Iwanoff folgte seinem Blick, sein Gesichtsausdruck veränderte sich nicht.

»Dein Argument«, sagte Rubaschow, »ist etwas anachronistisch. Wie du ganz richtig bemerkt hast, sprach unseresgleichen früher in der ›Wir‹-Form und vermied die erste Person Einzahl nach Möglichkeit. Ich bin von dieser Sprachform abgekommen, du hältst weiter an ihr fest. Wer aber ist dieses ›Wir‹, in dessen Namen du heute sprichst? Man wird es wohl neu definieren müssen. Das ist der entscheidende Punkt.«

»Ganz meine Meinung«, sagte Iwanoff. »Ich freue mich, daß wir so rasch zum Kern der Sache gekommen sind. Mit anderen Worten: Du bist der Überzeugung, daß ›wir‹ – das heißt die Partei, der Staatsapparat, und die Massen dahinter – nicht mehr die Interessen der Revolution verkörpern.«

»Die Massen läßt du besser aus dem Spiel«, sagte Rubaschow.

»Seit wann hast du diese souveräne Verachtung für die Plebs?« fragte Iwanoff. »Hängt das auch mit dem Übergang zur Grammatik der ersten Person Einzahl zusammen?«

Er beugte sich über seinen Schreibtisch vor und sah Rubaschow wohlwollendspöttisch an. Sein Kopf verdeckte jetzt den hellen Fleck an der Wand, und plötzlich fiel Rubaschow wieder die Szene in der Gemäldegalerie ein, wo sich Richards Kopf zwischen ihn und die gefalteten Hände der Pietà geschoben hatte. Im gleichen Augenblick zuckte der Schmerz mit unerhörter Gewalt aus seiner Kinnlade zu Stirn und Ohren hinauf. Er schloß für eine Sekunde die Augen. Jetzt wird bezahlt, dachte er und wußte gleich darauf nicht, ob er laut gesprochen hatte.

»Wie meinst du das?« fragte die Stimme Iwanoffs. Sie klang nahe an seinem Ohr, spöttisch und leicht befremdet.

Der Schmerz flaute ab; eine stille, friedliche Klarheit nahm von ihm Besitz. »Laß die Massen aus dem Spiel«, wiederholte er ruhig. »Du verstehst nichts von den Massen. Ich wohl auch nicht mehr. Früher, als er das große ›Wir‹ noch gab – damals kannten wir sie, wie niemals Menschen sie gekannt haben. Wir waren in ihre Tiefe gedrungen, wir arbeiteten im anonymen Urgestein der Geschichte selbst...«

Er hatte sich, ohne es zu merken, eine Zigarette aus Iwanoffs Etui genommen, das immer noch offen auf dem Tisch lag. Iwanoff beugte sich vor und gab ihm Feuer.

»Damals«, fuhr Rubaschow fort, »nannte man uns die Partei des Pöbels; weil wir im Urgestein der Geschichte arbeiteten und die andern nur ihre Oberfläche pflügten. Was wußten sie von der Geschichte? Oberflächengekräusel, kleine Wirbel und Wellenschläge. Sie wunderten sich über den Wechsel der Formen und wußten sie nicht zu deuten. Wir aber waren in die Tiefen hinabgestiegen, in die formlose, anonyme Masse, die zu allen Zeiten die Substanz der Geschichte darstellt; und wir hatten als erste ihre Bewegungsgesetze erforscht. Das Gesetz ihrer Trägheit, ihrer langsamen Molekularumschichtungen, ihrer plötzlichen Eruptionen. Das war die große Erkenntnis, die unsere Doktrin enthielt. Die Jakobiner waren Moralisten, wir waren Empiriker. Wir wühlten uns in den Urschlamm der Geschichte hinein, und dort fanden wir das Gesetz ihrer Struktur. Wir wußten mehr, als jemals Menschen über die Menschheit gewußt haben, deshalb gelang uns ihre größte Revolution. Und jetzt habt ihr alles wieder zugeschüttet...«

Iwanoff saß zurückgelehnt, streckte sein Holzbein vor und hörte zu, während er Figuren auf das Löschblatt zeichnete. »Fahr fort«, sagte er, »ich bin gespannt, wo du hinauswillst.« Rubaschow rauchte tief und mit Genuß. Er fühlte, wie ihn das Nikotin, nach der langen Abstinenz, in einen leichten Rauschzustand versetzte.

»Wie du merkst, rede ich mich um den Kopf«, sagte er und sah lächelnd zu dem hellen Fleck an der Wand empor, an dessen Stelle früher das Bild gehangen hatte. Iwanoff folgte seinem Blick diesmal nicht. »Nun«, sagte Rubaschow, »auf einen mehr kommt es nicht mehr an. Alles liegt verschüttet, die Menschen, die Erkenntnisse, die Hoffnungen. Ihr habt das ›Wir‹ getötet, ihr habt es ausgerottet. Du behauptest, die Massen stünden noch hinter euch? Das behaupten auch noch

einige andere Staatslenker in Europa. Die Diktatoren berufen sich auf die Massen wie die Feldpfarrer im Kriege auf die Stigmen Jesu Christi...«
Er nahm eine neue Zigarette und zündete sie selbst an, denn Iwanoff rührte sich diesmal nicht.
»Entschuldige die sentimentale Ausdrucksweise«, fuhr er fort, »schließlich hat man nicht alle Tage Gelegenheit, sich einem alten Genossen gegenüber um den Kopf zu reden. Glaubst du wirklich, das Volk stünde heute noch hinter euch? Die Massen tragen euch, stumm und ergeben, so wie sie in anderen Ländern andere tragen, aber ihr schwingt nicht mehr mit in ihrer Tiefe. Die Massen sind wieder stumm und taub geworden, das große schweigende X der Geschichte, gleichgültig wie das Meer, das die Schiffe trägt. Jeder flüchtige Glanz kann sich in seiner Oberfläche spiegeln, aber unten ist Schweigen und Finsternis. Vor langer Zeit haben wir es einmal bis hinunter aufgewühlt, aber das ist vorbei... Mit anderen Worten« – er machte eine kleine Pause und setzte seinen Zwicker wieder auf – »damals haben wir Geschichte gemacht, heute macht ihr Politik. Das ist der Unterschied.«
Iwanoff saß in seinem Stuhl zurückgelehnt und blies Rauchringe. »Entschuldige«, sagte er, »der Unterschied ist mir nicht ganz klar. Vielleicht hast du die Güte, ihn mir zu erklären.«
»Gerne«, sagte Rubaschow. »Ein Matehmatiker hat einmal gesagt, die Algebra sei die Wissenschaft der faulen Leute – man rechnet das X nicht aus, sondern operiert damit, als ob man es kennen würde. Das X in unserem Falle sind die anonymen Massen, das Volk. Politik treiben heißt, mit diesem X operieren, ohne sich um seine Beschaffenheit zu kümmern. Geschichte machen heißt erkennen, wofür es in der Gleichung steht.«
»Hübsch«, sagte Iwanoff. »Nur leider etwas abstrakt. – Um zu greifbaren Dingen zurückzukommen: du meinst also, daß ›wir‹, nämlich Partei und Staat, nicht mehr die Interessen der Revolution, der Massen oder, wenn du willst, die Geschichte repräsentieren.«
»Diesmal hast du es richtig«, sagte Rubaschow lächelnd. Iwanoff erwiderte das Lächeln nicht.
»Seit wann hat sich diese Meinung bei dir herausgebildet?« fragte er.
»Ziemlich allmählich; im Laufe der letzten Jahre.«
»Kannst du den Zeitpunkt nicht etwas genauer bestimmen? Ein Jahr? Zwei Jahre? Drei Jahre?«
»Das ist doch eine alberne Art zu fragen«, sagte Rubaschow. »Mit wieviel Jahren wurdest du erwachsen? Mit siebzehn? Mit sechzehneinhalb? Mit neunzehn?«
»Du bist es, der sich dumm stellt«, sagte Iwanoff. »Jede Etappe der geistigen Entwicklung ist an bestimmte Erlebnisse gebunden. Wenn du es wirklich wissen willst: erwachsen wurde ich mit siebzehn, als ich zum erstenmal in die Verbannung geschickt wurde.«
»Damals warst du ein prächtiger Kerl«, sagte Rubaschow. »Schwamm drüber.«
Er sah wieder nach dem hellen Fleck an der Wand und warf seine Zigarette fort.

»Ich wiederhole meine Frage«, sagte Iwanoff und beugte sich etwas vor, »seit wann gehörst du der organisierten Opposition an?«
Das Telefon klingelte. Iwanoff nahm mit einer raschen Bewegung den Hörer ab, sagte »Ich bin nicht zu sprechen« und hängte, ohne eine Antwort abzuwarten, ein. Er lehnte sich wieder zurück, das Bein ausgestreckt, und wartete stumm auf Rubaschows Erklärung.
»Du weißt so gut wie ich«, sagte Rubaschow, »daß ich mich niemals einer organisierten Oppositionsgruppe angeschlossen habe.«
»Wie du willst«, meinte Iwanoff. »Du bringst uns beide in die peinliche Lage, daß ich dir gegenüber den Bürokraten spielen muß...« Er griff in seine Schublade und holte ein Bündel Akten hervor.
»Fangen wir mit 1933 an«, fuhr er fort und breitete die Akten vor sich aus. »Ausbruch der Diktatur und Zerschlagung unserer Partei in Deutschland – in dem Lande, wo sie dem Siege am nächsten schien. Du wirst im Auftrag der Leitung illegal hinübergeschickt, um eine Reinigung und Neuordnung der Kader durchzuführen...«
Rubaschow hatte sich zurückgelehnt und hörte zu. Er dachte an Richard und an die Allee im Dämmerlicht vor dem Museum, wo das Taxi angehalten hatte.
»...Drei Monate später: Verhaftung. Zwei Jahre Haft. Haltung beispielhaft, keine Aussagen, man kann dir nichts nachweisen. Entlassung und triumphale Heimkehr...
Du wurdest sehr gefeiert. Wir trafen uns damals nicht; du warst wohl zu beschäftigt... Ich nahm es dir, nebenbei, nicht übel. Schließlich konntest du ja nicht alle Freunde von früher besuchen. Übrigens sah ich dich damals in zwei Versammlungen, oben auf der Tribüne. Du gingst noch auf Krücken und sahst sehr mitgenommen aus. Das Logische wäre gewesen, daß du dich einige Monate lang in einem Sanatorium erholt und dann eine Funktion im Staatsapparat eingenommen hättest, nachdem du vier Jahre lang auf Auslandsposten gelebt hattest. Statt dessen bewarbst du dich bereits nach ein paar Tagen um eine neue Mission...«
Er beugte sich plötzlich vor, näherte sein Gesicht dem Rubaschows:
»Warum...?« fragte er, und seine Stimme klang zum ersten Male scharf. »Es litt dich wohl nicht hier? Es waren während deiner Abwesenheit gewisse Veränderungen im Lande vorgegangen; mit denen warst du offenbar nicht einverstanden?«
Er wartete, ob Rubaschow etwas sagen würde; aber Rubaschow saß still auf seinem Sessel, rieb sich die Brille am Ärmel und antwortete nicht.
»Es war kurz nachdem die erste Garnitur der Opposition überführt und liquidiert wurde. Du hattest intime Freunde unter ihnen. Als öffentlich bekannt wurde, welchen Grad der Entartung die Opposition erreicht hatte, kam es im ganzen Land zu einem Aufschrei der Empörung. Du schwiegst. Nach acht Tagen reistest du ins Ausland, obwohl du immer noch nicht ohne Krücken gehen konntest...«
Rubaschow war, als streife ihn wieder der Geruch der Docks in der kleinen Hafenstadt, Seetang und Petroleum. Der glatzköpfige Paul wackelte mit den Oh-

ren, der kleine Löwy salutierte mit seiner Pfeife. Er hatte sich an einem Balken in seiner Mansarde erhängt. Das baufällige Haus hatte gezittert, so oft ein Lastwagen vorüberfuhr; man hatte Rubaschow erzählt, daß der kleine Löwy sich langsam um die eigene Achse gedreht hatte, als man ihn morgens fand, so daß man zuerst geglaubt hatte, er bewege sich noch.

»Die Mission mit gutem Resultat beendet, wirst du zum Leiter unserer Handelsvertretung in B. ernannt. Auch diesmal ist dienstlich alles in Ordnung. Der neue Handelsvertrag mit B. ist ein entschiedener Erfolg. Nach außen bleibt deine Tätigkeit weiter vorbildlich und makellos. Aber sechs Monate, nachdem du den Posten bezogen hast, müssen deine beiden engsten Mitarbeiter, darunter deine Sekretärin Arlowa, unter dem Verdacht oppositionell konspirativer Tätigkeit zurückberufen werden. Der Verdacht bestätigt sich in der Untersuchung. Man erwartet von dir, daß du öffentlich von ihnen abrückst. Du schweigst...

Weitere sechs Monate später wirst du selbst zurückberufen. Die Vorbereitungen zum zweiten Prozeß gegen die Opposition sind im Gange. Dein Name fällt wiederholt bei den Verhören; die Arlowa beruft sich auf dich zu ihrer Entlastung. Wenn du weiter schwiegest, so käme das einem Geständnis gleich. Du weißt das, und dennoch weigerst du dich, eine öffentliche Erklärung abzugeben, bis die Leitung ein Ultimatum stellt. Dann erst, da es um deinen Kopf geht, bequemst du dich zu einer Loyalitätserklärung, die zugleich die Arlowa erledigt. Ihr Schicksal ist dir bekannt.«

Rubaschow schwieg und stellte fest, daß sein Zahn wieder zu schmerzen begann. Ihr Schicksal war ihm bekannt. Das Richards auch, das des kleinen Löwy auch. Seine eigenes auch. Er sah den hellen Fleck an der Wand an, die einzige Spur, die die Fotografie der Männer mit den numerierten Köpfen hinterlassen hatte. Ihr Schicksal war gleichfalls bekannt. Die Geschichte hatte einen Anlauf genommen, der endlich eine Wendung zum Sinnvollen verhieß; jetzt war Schluß. Wozu noch das Gerede, die ganze Zeremonie? Wenn etwas im Menschen die Vernichtung überdauern würde, dann läge die dicke Arlowa irgendwo in der großen Leere und staunte immer noch mit ihren guten Kuhaugen über den Genossen Rubaschow, der ihr Abgott gewesen, und der sie in den Tod geschickt hatte... Sein Zahn schmerzte immer ärger.

»Soll ich dir deine damalige Erklärung vorlesen?« fragte Iwanoff.

»Nein, danke«, sagte Rubaschow und merkte, daß seine Stimme heiser klang.

»Wie du dich erinnerst, schloß deine Erklärung, die man auch als Reuebekenntnis bezeichnen konnte, mit einer scharfen Verurteilung der Opposition und mit einem unbedingten Credo zur Politik der Leitung und zur Person von Nummer Eins.«

»Mach Schluß«, sagte Rubaschow heiser. »Du weißt, wie solche Erklärungen zustande kamen. Wenn nicht, um so besser für dich. Mach Schluß mit diesem Theater.«

»Wir sind bald am Ende«, sagte Iwanoff. »Wir sind nur noch zwei Jahre von der Gegenwart entfernt. Du warst in diesen zwei Jahren als Leiter des staatlichen

Aluminiumtrusts tätig. Vor einem Jahr, anläßlich des dritten Prozesses gegen die Opposition, nennen die Hauptangeklagten, in etwas dunklen Wendungen, wiederholt deinen Namen. Es wird nichts Konkretes nachgewiesen, aber das Mißtrauen in den Reihen der Partei gegen dich wächst. Du gibst eine neue Erklärung ab, in der du dich noch hingebungsvoller zur Politik der Leitung bekennst und jede Opposition noch schärfer als verbrecherisch bezeichnest... Das war vor sechs Monaten. Und heute gestehst du, daß du bereits seit Jahren die Politik der Leitung für falsch und schädlich gehalten hast...«

Er machte eine Pause, lehnte sich bequem in seinem Stuhl zurück und rückte seine Prothese zurecht.

»Deine früheren Loyalitätserklärungen«, fuhr Iwanoff fort, »waren somit lediglich Mittel zu einem bestimmten Ziel. Ich bitte dich zu beachten, daß ich nicht moralisiere. Wir sind beide in der gleichen Tradition aufgewachsen und haben in diesem Punkt die gleichen Anschauungen. Du hattest die Überzeugung, daß unsere Politik falsch, die deine richtig war. Dies damals auszusprechen, hätte deinen Ausschluß aus der Partei bedeutet, und somit die Unmöglichkeit, im Sinne deiner Konzeption weiterzuarbeiten. Also mußtest du Ballast abwerfen, um für die Ideen, die nach deiner Meinung die einzig objektiv richtigen waren, zunächst auf konspirativer Basis weiterarbeiten zu können. An deiner Stelle hätte ich natürlich ebenso gehandelt. Soweit ist alles in Ordnung.«

»Und was weiter?« fragte Rubaschow.

Iwanoff hatte wieder sein früheres, wohlwollendes Lächeln.

»Was ich nicht verstehe«, sagte Iwanoff, »ist, daß du heute offen zugibst, seit Jahren die Überzeugung zu hegen, daß wir die Revolution verderben, und im gleichen Atemzug leugnest, der Opposition organisatorisch angehört und gegen uns konspiriert zu haben. Willst du mich wirklich glauben machen, du hättest mit den Händen im Schoß zugesehen, wie wir, deiner Überzeugung nach, das Land und die Partei zugrunde richten?«

Rubaschow zuckte die Achseln. »Vielleicht war ich zu alt und verbraucht... Übrigens glaub, was du willst«, sagte er.

Iwanoff beugte sich wieder vor. Er sprach jetzt leise und sehr eindringlich: »Willst du mich wirklich glauben machen, du hättest die Arlowa geopfert und diese dort verleugnet« – er nickte mit dem Kinn nach dem hellen Fleck an der Wand – »bloß um deinen Kopf zu retten?«

Rubaschow schwieg. Eine ziemlich lange Zeit verging. Iwanoffs Kopf kam immer näher über dem Schreibtisch heran. »Ich begreife dich nicht«, sagte er. »Vor einer halben Stunde hast du die leidenschaftlichste Anklagerede gegen uns gehalten – ein Bruchteil von dem, was du aus freien Stücken mir sagtest, hätte genügt, um dich zu erledigen. Und jetzt leugnest du eine so simple logische Konsequenz wie die Zugehörigkeit zu einer oppositionellen Gruppe... Dabei haben wir natürlich alle Beweise in der Hand.«

»So«, sagte Rubaschow, »wenn ihr alle Beweise habt, wozu brauchst du dann noch mein Geständnis? Beweise wofür, übrigens?«

»Unter anderem«, sagte Iwanoff langsam, »Beweise für das geplante Attentat gegen Nummer Eins.«
Wieder verstrichen einige Sekunden. Rubaschow setzte seinen Zwicker auf.
»Gestatte«, entgegnete er ruhig, »daß ich nun meinerseits dich etwas frage. Glaubst du an diesen Blödsinn, oder tust du nur so?«
In Iwanoffs Augenwinkeln spielte das frühere, fast zärtliche Lächeln:
»Ich sage dir doch, wir haben Beweise. Genauer: Geständnisse. Noch genauer: das Geständnis des Mannes, der in deinem Auftrag das Attentat durchführen sollte.«
»Vorzüglich«, sagte Rubaschow. »Wie heißt er?«
Iwanoff lächelte:
»Eine indiskrete Frage.«
»Kann ich das Geständnis lesen oder mit dem Mann konfrontiert werden?«
Iwanoff lächelte unentwegt. Er blies wieder, mit freundlichem Hohn, den Rauch seiner Zigarette Rubaschow ins Gesicht. Rubaschow war das unangenehm, er wich aber mit dem Kopf nicht zurück.
»Erinnerst du dich an die Geschichte mit dem Veronal?« sagte Iwanoff langsam. »Ich habe dich schon zu Anfang danach gefragt. Jetzt sind die Rollen vertauscht: heute bist du es, der im Begriffe ist, sich kopfüber in die Leere zu stürzen. Aber nicht mit meiner Hilfe, mein Lieber. Du hattest mich damals überzeugt, daß Selbstmord kleinbürgerliche Romantik ist. Ich werde dafür sorgen, daß du keinen begehst. Dann werden wir endlich quitt sein.«
Rubaschow schwieg. Sein Kopf war jetzt völlig klar, er überlegte, ob Iwanoff log oder ehrlich war – aber gleichzeitig fühlte er, wie einen körperlichen Impuls, den Wunsch, den hellen Fleck an der Wand mit den Fingern zu berühren. Die Nerven, dachte er, Zwangsvorstellungen. Immer auf die schwarzen Fliesen treten, sinnlose Sätze murmeln, den Zwicker am Ärmel reiben – gerade tue ich es schon wieder…
»Ich bin neugierig«, sagte er laut, »wie du dir diese Rettungsaktion denkst. Deine bisherige Art des Verhörs scheint mir gerade das gegenteilige Ziel zu verfolgen.«
Iwanoffs Lächeln wurde breit und strahlend. »Du alter Idiot«, sagte er und faßte, über den Schreibtisch hinweg, Rubaschow am Jackenknopf, um ihn näher heranzuziehen. »Ich mußte dich doch zunächst einmal explodieren lassen – sonst wärst du mir an der falschen Stelle explodiert. Hast du denn nicht bemerkt, daß nicht protokolliert wurde?« Er nahm eine Zigarette aus dem Etui und steckte sie Rubaschow gewaltsam in den Mund, ohne seinen Jackenknopf loszulassen. »Du benimmst dich wie ein Säugling. Wie ein romantischer Säugling«, fügte er hinzu. »Jetzt wollen wir ein schönes Protokoll fabrizieren, und dann Schluß für heute.«
Rubaschow gelang es endlich, sich von dem Griff Iwanoffs zu befreien. Er beobachtete ihn durch seinen Zwicker. »Und was soll in dem Protokoll drinstehen?« fragte er.

Iwanoff lächelte ihn unentwegt freundlich an. »In dem Protokoll soll drinstehen«, sagte er, »daß du gestehst, seit dem Jahr soundso der Gruppe soundso der Opposition angehört zu haben, aber entschieden leugnest, das Attentat organisiert oder geplant zu haben; daß du dich vielmehr von der Gruppe losgesagt hast, als du von den kriminell-terroristischen Plänen der Opposition erfuhrst.«
Zum erstenmal während der ganzen Unterhaltung lächelte nun auch Rubaschow.
»Wenn das ganze Gerede *darauf* hinausging«, sagte er, »dann können wir gleich Schluß machen.«
»Laß mich doch zu Ende reden«, sagte Iwanoff, ohne eine Spur von Ungeduld. »Ich wußte gleich, daß du bocken würdest. Zunächst die moralisch-sentimentale Seite der Angelegenheit. Durch das, was du gestehst, legst du niemanden herein. Erstens ist die ganze Gesellschaft längst vor dir verhaftet, zum Teil bereits physisch liquidiert; das weißt du selbst. Von dem Rest können wir ganz andere Geständnisse haben als diesen harmlosen Wisch – jedes Geständnis, das wir wollen... Ich nehme an, daß du mich verstehst, und daß dich meine Offenheit überzeugt...«
»Mit anderen Worten: du glaubst selbst nicht an die Geschichte mit dem Attentat«, sagte Rubaschow. »Warum konfrontierst du mich dann nicht mit dem geheimnisvollen X., der das angebliche Geständnis gemacht hat?«
»Überlege einmal«, sagte Iwanoff, »versetz dich an meine Stelle – schließlich, die Situation könnte ja ebensogut umgekehrt sein – und finde selbst die Antwort.«
Rubaschow dachte kurz nach. »Du hast, für die Behandlung meines Falles, eine gebundene Marschroute von oben«, sagte er.
Iwanoff lächelte. »Das ist etwas zu scharf ausgedrückt. Die Sache liegt so, daß noch nicht entschieden ist, ob du zur Kategorie ›A‹ oder zur Kategorie ›P‹ gehören sollst. Du kennst die Bezeichnungen?«
Rubaschow nickte; er kannte die Bezeichnungen.
»Du beginnst also, mich zu verstehen«, sagte Iwanoff. Er fuhr fort:
»›A‹ bedeutet ›administrativer‹, ›P‹ – ›prozessualer‹ Fall. Die große Mehrzahl der politischen Fälle – diejenigen, mit denen öffentlich nichts anzufangen ist – wird administrativ erledigt. Wenn du zur Kategorie ›A‹ kommst, bist du meiner Kompetenz entzogen. Die Verhandlung vor dem Administrativkollegium ist geheim und, wie du weißt, etwas summarisch. Für Konfrontationen und ähnliche Geschichten ist keine Gelegenheit. Denk an...« Er nannte langsam drei, vier Namen und blickte flüchtig nach dem hellen Fleck an der Wand. Als er sich Rubaschow wieder zuwandte, fiel diesem zum erstenmal ein gequälter Zug in Iwanoffs Gesicht auf, eine leichte Starrheit des Blickes, als fixiere er nicht ihn, Rubaschow, sondern einen Punkt in einiger Distanz hinter ihm.
Iwanoff wiederholte nochmals, etwas leiser die Namen ihrer ehemaligen Freunde. »Ich habe sie ebensogut gekannt wie du«, fuhr er fort: »Nur mußt du mir ge-

fälligst das Recht zubilligen, ebenso überzeugt zu sein, daß *ihr* die Revolution zugrunde richten würdet, wie du vom Umgekehrten. Das ist das Entscheidende; die Methoden ergeben sich dann durch logische Deduktion. Wir können es uns nicht leisten, uns auf Rechtsfuchsereien und juristische Schikanen einzulassen. Hast du es früher getan?«
Rubaschow schwieg.
»Es kommt also alles darauf an«, fuhr Iwanoff fort, »daß du der Kategorie ›P‹ zugeteilt wirst: das heißt, öffentlicher Prozeß; und daß ich die Untersuchung weiterführe. Du weißt, nach welchen Gesichtspunkten man die Selektion der Fälle vornimmt, denen ein öffentlicher Prozeß gemacht wird. Ich muß oben etwas vorweisen können, das die prozessuale Behandlung deines Falles rechtfertigt. Dazu brauche ich das Protokoll mit dem Teilgeständnis. Wenn du den Helden spielst und es auf den Eindruck anlegst, daß mit dir überhaupt nichts anzufangen ist, bist du auf Grund der Aussage von X. erledigt. Wenn du das Teilgeständnis machst, ist die Basis für eine gründliche Untersuchung gegeben. Dann erzwinge ich die Konfrontation, wir widerlegen die gröbsten Punkte der Anklage und geben einen genau umgrenzten Tatbestand zu. Billiger als zwanzig Jahre werden wir es auch so nicht machen können; das heißt also zwei, drei Jahre; nachher Amnestie; und in fünf Jahren bist du wieder in der Politik. – Jetzt habe die Güte, die Sache gelassen zu überdenken, bevor du antwortest.«
»Ich habe es mir bereits überlegt«, sagte Rubaschow. »Ich lehne deinen Vorschlag ab. Rein logisch magst du recht haben. Aber ich habe genug von dieser Logik. Ich bin müde, ich spiele nicht mehr mit. Habe die Güte, mich jetzt in meine Zelle abführen zu lassen.«
»Wie du willst«, sagte Iwanoff. »Ich habe auch nicht erwartet, daß du gleich zustimmst. Solche Gespräche wirken sich gewöhnlich erst nachträglich aus. Du hast vierzehn Tage Zeit. Verlange, daß du mir wieder vorgeführt wirst, wenn du es dir überlegt hast, oder schicke mit deine Erklärung schriftlich. Ich zweifle nämlich nicht daran, daß du sie schicken wirst.«
Rubaschow erhob sich; Iwanoff stand gleichfalls auf; er überragte Rubaschow wieder um einen halben Kopf. Er drückte auf eine elektrische Klingel neben seinem Schreibtisch. Während sie warteten, daß man Rubaschow holen kam, sagte Iwanoff:
»Du schriebst in deinem letzten Artikel, vor einigen Monaten, daß das kommende Jahrzehnt über das Schicksal der Welt in unserer Epoche entscheiden werde. Und bei dieser Entscheidung willst du nicht dabei gewesen sein?«
Er lächelte ironisch zu Rubaschow herab. Auf dem Korridor näherten sich Schritte; die Tür wurde geöffnet. Zwei uniformierte Beamte traten ein und salutierten. Rubaschow ging wortlos zwischen ihnen durch und trat den Rückmarsch zu seiner Zelle an. Die Korridore waren jetzt ausgestorben, aus einigen Zellen drang gedämpftes Schnarchen, das wie Stöhnen klang; überall im Gebäude brannte das gelbliche, fahle elektrische Licht.

Der Roman behandelt die Moskauer Schauprozesse gegen Ende der dreißiger Jahre. Der Kommunist und einstige Volkskommissar Rubaschow wird wegen verschwörerischer Tätigkeit gegen die Partei und die »Nummer Eins« (Stalin) verhaftet. Rubaschow, in dem sich Charakterzüge Radeks, Trotzkis und Bucharins miteinander verbinden, soll vor seiner Verurteilung zum Tode ein Geständnis ablegen. »Als er absolut nichts finden kann, was ihm an konterrevolutionären *Handlungen* vorgeworfen werden kann, geht er daran, seine *Gedanken* zu Handlungen zu verlängern, was ihm dann die Anklagepunkte verstehbar macht« (Oskar Negt: Wotan und Gargantua. Der jüngste Aufstand gegen die dialektische Vernunft: Die »neuen Philosophen« Frankreichs, in: Frankfurter Rundschau, 11. Februar 1978). Obwohl er im Gefängnis nicht körperlich gefoltert wird, soll seine Widerstandskraft durch Psychoterror, wie pausenlose Verhöre, verbunden mit Schlafentzug gebrochen werden. Rubaschow, der sich nach wie vor im Prinzip mit der Partei identifiziert, weiß wie seine Ankläger, daß die Verbrechen, die ihm vorgeworfen werden, nicht zutreffen. Er weiß aber auch, daß er Verbrechen begangen hat, die vor diesem Tribunal, und das heißt öffentlich, nicht behandelt werden. Er hat für die Partei und in ihrem Auftrag einige Genossen, die nicht mehr »linientreu« waren, dem Feind ausgeliefert sowie einen enttäuschten Genossen zum Selbstmord getrieben. Am Ende »gesteht« er, weil er es vorzieht, sich mit der Partei zu irren, als für sich und gegen sie recht zu behalten.

Leopold Schwarzschild
Die alte Wahrheit *

Nichts ist nur schlecht; in allem Schlechten steckt auch etwas Gutes. In den letzten Wochen sieht es so aus, als ob sogar ein so abscheuliches Ereignis wie die Moskauer Prozeß-Serie immerhin auch eine willkommene Folge zeitigen sollte. Das Erlebnis schien zunächst nur zerstören zu können. Der Glaube und die Hoffnung von Millionen wurden erschüttert. Gute Freundschaften wurden zersprengt, hohes Ansehen wurde vertan. Verbrechen, die uns noch näher angehen, die Europa noch unmittelbarer in Mitleidenschaft ziehen, wurden plötzlich verkleinert, in den Hintergrund gedrängt, erschienen vielen vergleichsweise schon fast normal und repsektabel. Verzweiflung, Verwirrung und Vergleichgültigung griffen um sich. Die Autoren und Akteure der Moskauer Inszenierung schienen sich Anspruch auf die funkelndsten Verdienst-Abzeichen der finstersten Mächte des Erdteils erworben zu haben.
Man braucht es heute nicht mehr nur so zu sehen. Eine heilsame Neben-Erscheinung macht sich bemerkbar. Als Folge der Prozesse schlägt plötzlich etwas hoch, was vier Jahre lang verschüttet oder noch nicht entzündet gewesen war. An allen Ecken hat ein tiefes Nachdenken eingesetzt, Gewissen erforschen sich selbst,

---

* Leopold Schwarzschild: Die alte Wahrheit, in: Das Neue Tage-Buch, Jg. 5 (1937), H. 7, S. 155–157.

Ideologien werden nachgeprüft, das Erlebnis wirkt wie ein Licht, das viel Dunkles neu beleuchtet – und zögernd noch, aber allerwärts, beginnen Begriffe wieder zum Leben zu erwachen, die verblaßt erschienen waren, formalistische Schablonen, fragwürdige Postulate einer illusionären Welt.
Ja, es ist wahr: Worte wie *Freiheit, Recht, Demokratie* klingen für viele infolge des Moskauer Lehrgangs plötzlich wieder mit neuem Klang. Auch diejenigen, die, weder Fascisten noch Kommunisten, über solch ridikülen Krinolinenspuk aus Großmütterchens Tagen nicht einfach nur hoffärtige Witze rissen, waren weithin vom Zweifel schon angesteckt gewesen. Der wirtschaftliche Aufschwung Sowjetrußlands, die politischen Erfolge der Fascistenstaaten, – alle in der Unfreiheit erzielt, – hatten selbst sie ihrem alten Glauben entfremdet, obwohl sie es nicht bekannten. Unter den Deutschen, die draußen leben, war es vielleicht am fühlbarsten. Eine Demokratie war ihnen zusammengebrochen, Sieger über sie war die Gewalt geblieben, – konnte man sich also der Skepsis gegen die eine, der Apologie für die andere verschließen? Drüben im Osten, umgekehrt, leistete eine Diktatur unbestreitbar auch Produktives, erzielte sie materiell imposante Fortschritte, und auf der Suche nach einem neuen Ideen-Halt, nach einer neuen Zugehörigkeit, waren viele so weit gekommen, die alten Begriffe nur noch deshalb beizubehalten, um sie nicht offen zum Trödel werfen zu müssen. Wenn sie sich Kämpfer für die Freiheit nannten, blinzelten sie den Nachbarn zu: Ihr wißt schon, wie es gemeint ist, nicht allzu wörtlich! Wenn sie das Recht anriefen, sahen sie einander an und verstanden untereinander auch schweigend, daß das nur noch ein Anspruch an andere sei, keine vollgütige eigene Verpflichtung mehr. Es ist seltsam, wie große Fortschritte die Diktatur-Bereitschaft gerade bei denen gemacht hatte, die vor der Diktatur hatten fliehen müssen, die heimliche Freiheits-Mißachtung gerade bei denen, die am sichtbarsten Opfer der Unfreiheit waren, der Demokratie-Atheismus gerade bei denen, die der Existenz von Demokratien ihr Dasein verdanken. Aber die Erscheinung war keineswegs auf sie beschränkt, sie zeigte sich überall in Europa. Seit vier Jahren sind weithin die Begriffe schwankend geworden, und sehr viele gute Konstitutionalisten, Republikaner, Demokraten, Radikale und Sozialisten trugen offener oder verschwiegener die Anfechtung mit sich herum, ob die Diktatoren es im Grunde nicht viel richtiger trieben, und würgten an ihrer größeren oder geringeren Bereitschaft, sich im Bedarfsfall von ihrem Beispiel inspirieren zu lassen.
Die Moskauer Prozesse, man spürt es deutlich, haben diese Entwicklung rückläufig gemacht. Denn gestatten sie einen anderen Schluß, als den: Das also sind die Früchte der Diktatur, selbst wenn es eine erfolgreiche ist? Unausweichlich ist das der Schluß, was man von den Prozessen selbst auch halte. Sie sind gefälscht, die Beschuldigungen erfunden, die Geständnisse Tricks, – sind die Hekatomben von Verhaftungen und »Liquidierungen«, mit und ohne Verfahren, pure Gewaltakte, – so zeugen sie grausam gegen ein System, in dem der Mensch wehrlos erleiden muß, und in dem man es ihn wehrlos erleiden lassen kann. Sind sie echt, sind wirklich Tausende in diesem Staat – Mitgründer, Spitzen, Mittlere und

Kleine – zu Feinden, Verrätern, Attentätern, Spionen, Korrumpisten und Saboteuren geworden, – ist das wirklich eine neue, um sich greifende Erscheinung, neunzehn Jahre nach der Staatsgründung und inmitten allen Fortschritts, – so ist das Zeugnis gegen ein System, das dies gebiert, noch vernichtender. In beiden Lesearten hat man keine andere Wahl, als die Diktatur verantwortlich zu halten. Nur sie, indem sie einen Einzelnen oder eine kleine Zahl jeder Kontrolle, jeder Verantwortung enthebt, kann es bis zu solcher Willkür der Menschen-Vernichtung bringen. Nur sie, indem sie jeder normalen Opposition die normale Äußerung verrammelt, kann es dahin bringen, daß die Geknebelte so verabenteuerlicht, so verunterweltlicht, daß schließlich der ganze Apparat im Komplott und schwärendem Verrat verfault. So oder so, wie es auch sei, ist es Diktaturprodukt, nie erlebt in freien Ländern, unvorstellbar in Demokratien, – und das ist der Lehrgang, der überzeugende, den das Moskauer Ereignis denjenigen zuteil werden läßt, die nicht mehr wußten oder noch nicht wußten, was heute noch mit Begriffen wie Demokratie anzufangen sei.

Denjenigen, die bezweifeln, daß jede Diktatur, jede, ohne Unterschied, verurteilt ist, in Erscheinungen solcher Art zu versinken, früher oder später, in solche oder andere, sei eine prophetische Stimme zitiert, die es gerade für Sowjetrußland frühzeitig voraussagte. Ein kleines Bändchen: *»Die russische Revolution. Eine kritische Würdigung«* enthält diese Weissagung, und der Name des Verfassers heißt *Rosa Luxemburg*. Ein Jahr nach Lenins und Trotzkis Umsturz, noch während des Krieges, Herbst 1918, hat die ergreifende Frau – das einzige Genie, das der deutsche Sozialismus nach Marx noch gebar – es im Gefängnis zu Breslau geschrieben. Sie gehörte zu Spartakus, nein, sie war Spartakus; sie hatte den Durchbruch des Kommunismus in Rußland bejubelt. Jetzt begann Sorge um die weitere Entwicklung sie zu ergreifen, jetzt fing ihr Nein an, und sie schrieb es nieder. Warum aber Nein, Nein zu welcher Frage? Sie sagt Nein zu dem Phänomen, das ihr mit allem Unheil schwanger scheint: zu dem Phänomen, daß weder Lenin noch Trotzki verstehen, was Freiheit und Demokratie bedeuten, daß sie gar kein Interesse für diese Werte haben. Deswegen fürchtet sie schlimmeres:

»Gewiß, jede demokratische Institution hat ihre Schranken und Mängel, was sie wohl mit sämtlichen menschlichen Institutionen teilt. Nur ist das Heilmittel, das Trotzki und Lenin gefunden: *die Beseitigung der Demokratie überhaupt, noch schlimmer als das Übel, dem es steuern soll:* es verschüttet nämlich den lebendigen Quell selbst, aus dem heraus alle angeborenen Unzulänglichkeiten der sozialen Institutionen allein korrigiert werden können: das aktive, ungehemmte, energische politische Leben der breitesten Volksmassen.«

Mit immer neuen Worten wiederholt sie es:

»Nur Erfahrung ist imstande, zu korrigieren und neue Wege zu eröffnen. Nur ungehemmt schäumendes Leben verfällt auf tausend neue Formen, Improvisationen, erhält schöpfersiche Kraft, korrigiert selbst alle Fehlgriffe. Das öffentliche Leben der Staaten mit *beschränkter* Freiheit ist eben deshalb so dürftig, so armselig, so schematisch, so unfruchtbar, weil es sich durch *Ausschließung der*

Demokratie die lebendigen Quellen allen geistigen Reichtums und Fortschritts absperrt.«

Gegen das Spiel mit einem umgebogenen Begriff »Freiheit« wendet sie sich: »Freiheit nur für die Anhänger der Regierung, nur für Mitglieder einer Partei – mögen sie noch so zahlreich sein – ist keine Freiheit. Freiheit ist immer Freiheit des *anders* Denkenden. Nicht wegen des Fanatismus, der ›Gerechtigkeit‹, sondern weil *all das Belehrende, Heilsame und Reinigende der politischen Freiheit* an diesem Wesen hängt und seine Wirkung versagt, wenn die ›Freiheit‹ zum Privilegium wird.«

Und schließlich die Prophetie:

»Dekret, diktatorische Gewalt der Fabrikaufseher, drakonische Strafen, Schreckensherrschaft, das sind alles Mittel, die die Wiedergeburt verhindern. Der einzige Weg zu dieser Wiedergeburt ist die Schule des öffentlichen Lebens selbst, uneingeschränkte breiteste Demokratie, öffentliche Meinung. Gerade die Schreckensherrschaft demoralisiert. Fällt das alles weg, was bleibt in Wirklichkeit? Lenin und Trotzki haben an Stelle der aus allgemeinen Volkswahlen hervorgegangenen Vertretungskörperschaften die Sowjets als die einzige wahre Vertretung der arbeitenden Massen hingestellt. Aber mit dem Erdrücken des politischen Lebens im ganzen Lande muß auch das Leben in den Sowjets immer mehr erlahmen. *Ohne allgemeine Wahlen, ungehemmte Presse- und Versammlungsfreiheit, freien Meinungskampf erstirbt das Leben in jeder öffentlichen Institution, wird zum Scheinleben, in der die Bureaukratie allein das tätige Element bleibt.* Diesem Gesetz entzieht sich niemand. Das öffentliche Leben schläft allmählich ein, einige Dutzend Parteiführer von unerschöpflicher Energie und grenzenlosem Idealismus dirigieren und regieren, unter ihnen leitet in Wirklichkeit ein Dutzend hervorragender Köpfe, und eine Elite der Arbeiterschaft wird von Zeit zu Zeit zu Versammlungen aufgeboten, um den Reden der Führer Beifall zu klatschen, vorgelegten Resolutionen einstimmig zuzustimmen, *im Grunde also eine Cliquenwirtschaft* – eine Diktatur allerdings, aber nicht die Diktatur des Proletariats, sondern *die Diktatur einer Handvoll Politiker*... Ja noch weiter: *solche Zustände müssen eine Verwilderung des öffentlichen Lebens zeitigen: Attentate, Geiselerschießungen usw.*«

Geschrieben 1918, vor neunzehn Jahren! Alles ist von dieser flammenden Kommunistin vorausgesagt worden, trauernd vorausgesagt, bis zur Cliquenherrschaft und den Erschießungen! Welchen Geist erschlugen sie einige Monate später! Aber eben daß sie es weissagen konnte, daß sie recht behielt, beleuchtet die Automatik, die dem Institut der Diktatur unabänderlich, unentrinnbar innewohnt. Wir sehen nur kommen, was kommen mußte – und was immer wieder kommen wird, wenn die Freiheit, aus welcher Absicht auch immer, wegen welcher Ziele auch immer, durch wen auch immer, ihrer natürlichen Rechte und Aufgaben enthoben wird. Die Fatalität dieser Entwicklung, sie ist das eindrucksvollste; sie ist das, was in diesem Jahre 1937 all denen, die zweifelnd geworden waren, das Selbstbewußtsein zurückgeben kann, das sie brauchen, um das Schiff

ihrer Wünsche und Ideale wieder unbeirrt in den Kurs Demokratie zu steuern und sich nicht mehr diktatorial anfechten zu lassen.
Es gibt Formen der Freiheit ad libitum, die Skala der möglichen Einrichtungen ist endlos. Nicht minder endlos ist das Register der Mißhelligkeiten, die ihr entspringen können und immer wieder werden. Nie wird dort endgültig das Richtige gefunden, nie hier endgültig das Schlechte brachgelegt sein. Wer das Vollendete fordert, muß sich entschließen, es außerhalb dieser Erde zu suchen. Aber es gibt Prinzipien, die in sich selbst schon ein Maximum von Definiertheit tragen, und Prinzipien, die infolge ihrer selbst schon ein Maximum von Übeln ausschließen. Das sind die elementaren Prinzipien der Freiheit, – die Prinzipien, die verbürgen, daß der Mensch nicht nach Laune eingekerkert und umgebracht werden kann; die jeden einer Kontrolle aussetzen, jeder Verantwortung eine Rechenschaft gegenüberstellen, jeder Amtsbetrauung eine Amtsenthebung: die jedem freistellen, seine Gedanken auszusprechen, sowohl über die Dinge wie über die Personen, die jeden instandsetzen, seinen eigenen kleinen Beitrag zu irgendwelcher Weiterbildung zu liefern, und jeden vor dem Zwang bewahren, ein Mitwirkender an der gefährlichsten aller Entartungen, dem Kriechertum, dem Byzantinismus, der Vergottung zu werden. Es sind Prinzipien, an denen das menschliche Geschlecht nicht aus purer Willkür Jahrtausende lang geformt, die es nicht aus Narretei mit Strömen Blutes bezahlt hat. Die Staaten und Gesellschaften, die sich über sie hinwegsetzten, haben allesamt, nach allen möglichen Erfolgen, mit desolater Bilanz geendet: Krachs von außen, Krachs von innen, Verschlammung, Lähmung, Stockung und Siechtum. Wer wollte voraussagen, wie es sich, vor unseren Augen, mit den gegenwärtigen Diktaturen vollziehen wird, von der ältesten, der russischen, bis zur jüngsten, der deutschen? Die Moskauer Prozesse sind erst eine Warnung. Glücklicherweise ist die Warnung erschreckend genug und hat genügend Publizität gehabt, um als packendste Propaganda für die Freiheit zu wirken, die es seit langem gegeben hat. In alle die Sehnsüchte nach neuen Ideologien, in alle die Rufe nach kontruktiven Ideen trägt dieses Erlebnis die primäre Gewißheit: wo nicht Freiheit die Basis ist, gibt es nichts zu konstruieren, was nicht zur Fäulnis verurteilt wäre und was ein Fingerrühren lohnte.

Der Pakt

Leopold Schwarzschild
Stalins Rolle *

Der Stoizismus, der die unentbehrlichste Wappnung dieses Krieges sein wird, muß schon zu Anfang schweren Stößen standhalten. Wer nicht töricht in ihn hineinschreiten wollte, hatte sich schlimmer Stunden, schlimmer Phasen zu versehen. Wo ungeheuerliche Summen von Energien auf Tod und Leben gegeneinander aufstehen, war nie mit strahlenden Wundern zu rechnen. Durch unabsehbare Kalamitäten und Ängste wird man hindurch müssen, und medioker wäre es, den Augenschein zu leugnen, daß die ersten Wochen uns Proben davon geben. Man kann sich nicht vorstellen, daß der Weltfeind die Notwendigkeit empfinden könnte, bis jetzt in irgendeinem wesentlichen Punkt einen Fehlschlag seiner düsteren Kombinationen zu verzeichnen. Er hat militärisch ohne die geringste Störung die eine seiner Fronten zerschmettern können, – denn wer könnte den Verzweiflungskampf der letzten polnischen Bataillone um Warschau noch für mehr als ein ergreifendes Ende halten. Er steht wirtschaftlich, der Weltfeind, zwar schon unter der Drossel der Blockade; aber noch gesellt sich zu der Blockade nicht das Korrelat, ohne das sie nur die Hälfte eines Ganzen bleibt: noch ist der Blockierte nicht gezwungen, zugleich in den gigantischen Mengen des Super-Material- und Zerstörungskrieges zu verbrauchen. Moralisch schließlich hieße es den Durchschnittsdeutschen verkennen, verschlösse man sich der Wahrscheinlichkeit, daß fürs erste der Eindruck dieser ersten Wochen seinen Beherrschern aufs neue mehr Gehorsam, Unterwürfigkeit, Disziplin und Fatalismus eingetragen hat, als Millionen Flugblätter an Gegenteiligem erzeugen konnten. Dies alles springt in die Augen. Dies alles unterwirft die Fähigkeit, stoisch vom Augenblick ins Weite wegzudenken, schon gleich zu Beginn einer schweren Prüfung. Uns bleibt trotzdem nur dies. Wir sehen ins Weite, – rückwärts zu den Ursachen, vorwärts zu den Folgen.

Rückwärts ist es ein elegischer Blick, – wie jeder Blick, der die Ursachen ermißt. Zwei Kreise schließen sich.

---

* Leopold Schwarzschild: Stalins Rolle, in: Das Neue Tage-Buch, Jg. 7 (1939), H. 39, S. 897–899

Der eine ist der enge Kreis eines polnischen Ablaufs. Er beginnt mit dem Augenblick, in dem die polnische Regierung dem zuckenden Leib der niedergeschlagenen Tschechoslowakei die Beute einer Provinz entriß, und endet schon ein Jahr später mit dem Augenblick, in dem nun wieder die bolschewistische Regierung dem zuckenden Leib des niedergeschlagenen Polens die entsprechend größere Beute entreißt. In diesem Kreislauf eines einzigen polnischen Jahres hat man, ohne daß es noch weiterer Erklärungen bedürfte, kleinen Maßstabs den Inbegriff all der Irrtümer vor sich, all der Kurzsichtigkeiten und Gleichgültigkeiten, all der »Realpolitik«, deren Häufung – nicht nur in Polen – verderblich werden mußte und die uns nun wirklich in die Prüfung stieß.
Aber noch ein weiterer, viel gigantischerer Kreislauf rundet sich, umschließend noch tragischeres historisches Versagen. Da die Sowjets jetzt als Erwürger eines Staates der europäischen Verteidigung auf den Plan treten, schließt sich der Zirkel, der damit begann, daß die europäische Verteidigung einst darauf verzichtete, ihrerseits die Sowjets zu erwürgen. Alles, was Europa heute zur Hölle macht, ist ursächlich darauf zurückzuführen, daß Anno 17 das große Reich im Osten von einer Bande übermannt wurde, deren Beispiel die Ära des Gangsterismus eröffnete, und deren Dasein und Verhalten seit Beginn dieser Ära jede Möglichkeit normaler europäischer Sozietät sprengte. Daß hier Unwiderbringliches für alle ruiniert werden würde, ahnte man dunkel schon nach der Schimpflichkeit des Friedens von Brest-Litowsk. Der Plan, diesen Spuk mit Waffengewalt zu beseitigen, tauchte auf. Englisch-französische Truppen landeten schon im Juli 1917 in Murmansk, amerikanische in Archangelsk, japanische in Wladiwostok, die Tschechoslowaken setzen sich in Sibirien in Bewegung. Das alles konnte, während der Weltkrieg noch im Gange war, nur unzureichenden Nachdruck haben. Aber 1919, nachdem Deutschland besiegt war, nachdem halb Rußland in Revolten brannte, nachdem weiß- und rosarussische Armeen unter Koltschak, Denikin, Judenitsch aufgestellt waren und schon hart vor Petrograd und Moskau standen, hätte eine winzige weitere Anstrengung genügt. Die schon vom Nordmeer, von der Ostsee, von der Ukraine und von der Krim aus operierenden französisch-englisch-amerikanischen Truppensplitter um solide 100000 Mann verstärkt: und die dezimierten, ausgelaugten letzten Zehntausende Trotzkis wären wie Spreu im Winde gestoben, und an Stelle der Bolschewiken hätte jede Ordnung, die den Alliierten gefällig gewesen wäre, innerhalb weniger Wochen etabliert werden können. Ein einziger Mann hat damals mit vollkommener, nie nachlassender Entschiedenheit darum gerungen, daß mit einem Minimum weiteren Aufwands ganze Arbeit für immer getan werde: er war Kriegsminister in England und hieß Winston Churchill. Es war nicht durchzusetzen. Der Anspannung folgte – für zwanzig Jahre! – der tiefe Trieb zur Bequemlichkeit, zum Nichtstun unter jeder sich bietenden Begründung. Bolschwismus war überdies in gewissem Grade schick; wer als fortschrittlich gelten wollte, mußte »immerhin doch zugeben...« Clemenceau hielt seinen »Sicherheitskordon« von Zwischen- und Pufferstaaten für genügend. Wilson träumte in wolkigen Höhen von allmählichem

Humanisieren und Zähmen; seine Patentidee gegen den Bolschewismus war, die Hungernden dort von Hoover und Nansen ernähren zu lassen, was mit Aufwand vieler Hunderter Millionen Dollar geschah. Lloyd George hielt die temperamentvollsten und unwissendsten seiner Reden, in deren einer er die Stadt Charkow für einen »General Charkow« hielt, und in denen er jedes kleinste Detail der russischen Gegenwart und Zukunft genau so falsch beurteilte wie gleichzeitig und zwanzig Jahre lang jedes Detail der deutschen. Das Ende war, daß man Gott einen guten Mann sein und die halb gewonnenen Feldzüge versacken ließ; daß man unter vielen Beweisen, dies sei der endgültige Todesstoß für die Bolschewiken, die nach Brest-Litowsk über sie verhängte Blockade aufhob; und daß Lloyd George seine pompöse Rolle als Präsident der Genueser Weltkonferenz spielen konnte, bei der er die Russen im Triumph einführte, – worauf diese prompt, noch während der Konferenz, hinter seinem Rücken den Rapallo-Pakt mit Deutschland schlossen. Rückblick! Er ist angefüllt mit Gleichnissen auf alles, was sich zwanzig Jahre lang begab. Die 100000 Mann, die von vier siegreichen militärischen Großmächten nicht aufzubringen waren, um ein Weltverhängnis fast ohne Einsatz im Entstehen zu kupieren, – die Phantasien, ausgeheckt, um sich die Untätigkeit vor sich selber als ganz besonders tiefsinnig zu präsentieren, – das bereite Hinterherlaufen hinter der gerade modischen Salonströmung, die ihrerseits wieder nichts anderes war als das Produkt von Agenten-Propaganda auf der Basis von Bezahlung oder vornedran dabeiseinwollender Wichtigtuerei: all das ist wahrlich ein Gleichnis auf das ganze Getriebe, das die Welt aus dem Krieg in den Krieg dirigierte. Jedenfalls: was Rußland anbelangt, ist der Kreis geschlossen. Die Gunst, vom Augenblick ausgeschlagen, bringt keine Ewigkeit zurück. Die kleine Truppe, die 1919 nicht gegen den Bolschewismus marschierte, setzt sich um in die große Rote Armee, die 1939 gegen Europa marschiert.

Aber vorbei! Während der russische Marsch gegen Europa, vertreten durch eines seiner Verteidigungsglieder, sich vollzieht, frägt sich, ob es auch ein Marsch für Hitler ist. Der Blick richtet sich vorwärts. Die ganze Menschheit sucht zu ergründen, ob Stalin und Hitler Verbündete geworden sind; ob sie der Welt als eine kriegführende Willens-Einheit gegenüberstehen, sei es auch mit verschiedenen Graden von augenblicklich offenbarer Kriegsbeteiligung.

Die Antwort kann niemand auf dieser Erde aus wirklich exaktem Wissen geben. Selbst Hitler kennt die Herzensfalten seines Ko-Despoten nicht; selbst die Absprachen und Verträge, die er mit ihm haben mag, künden ihm nicht die letzten Absichten des andern. Sie kennen beide ihren höchst identischen Typ zu genau, um nicht ständig in Betracht ziehen zu müssen, daß ihresgleichen auch mit seinesgleichen durchaus nicht anders umgeht als mit andern. Noch weniger verlässlich – selbst wenn man sie kennte – wären die vermeintlich guten, diskreten Nachrichten, die der Apparat der Diplomatie zu besitzen glauben könnte. Auf die Frage ist Stalin ein Verbündeter Hitlers? will er ihm zum Sieg über Europa verhelfen? – ist eine Antwort nur aus den Überzeugungen abzuleiten, die man ganz allgemein vom innern Wesen und Weben des bolschewistischen Systems

und seines Autokraten hat. Es ist eine Antwort aus unsicherer Quelle. Aber es ist die beste, die es gibt.
Will Stalin seinem Ko-Despoten zum Sieg verhelfen? Kündigt sein Meuchelmord an Polen dies an?
Alles, was man von Stalin und dem Sowjetsystem weiß, spricht gegen diese Deutung. Was logisch aus ihm herausgelesen und in ihn hineininterpretiert werden kann, ist allein die Losung: Krieg zwischen den anderen! Ein nach Möglichkeit langer und mörderischer Krieg! Kein Krieg dagegen, der eine der beiden Seiten zu früh und überhaupt ins Übergewicht brächte. Kein anderes Programm scheint mit der Struktur der Erscheinung Stalins und der historischen Linie des Sowjetstaates vereinbar. Auch dies Programm, und grade dies (unter dem Gesichtspunkt einer Moral und Menschlichkeit, von denen es bis zur Bolschi-Nazi-Periode noch in der übelsten Politik immer Spuren gab, und die erst von den Moskauern und ihren Schülern mit wissenschaftlicher Gründlichkeit als atavistische Fetische entlarvt und total aus allem Handeln und Denken verbannt wurden), – auch dies Programm, und gerade dies, ist von unermeßlicher Verworfenheit. Es ist das Programm, nach allen Kräften das Seinige dafür zu tun, daß der Erdteil der andern auf möglichst weite Strecken verwüstet, die Menschheit der andern in möglichst dicken Garben wieder und immer wieder dahingemäht wird. Aber es ist kein Programm der Hilfe für Hitler.
Mit diesem Programm ließe sich alles vereinbaren, was wir erlebten. In dies Programm paßt der Nicht-Angriffspakt vom 24. August, dessen Erfolg tatsächlich der war, Hitlers Zaudern zu beseitigen und ihm die letzte Injektion von Mut zur Kriegs-Eröffnung einzuspritzen. In dies Programm paßt der Sprung auf die Reste Polens und ihr Zusammenraffen, nachdem Hitler eine gewisse Demarkationslinie erreicht hatte, gleichgültig ob eine vereinbarte oder nichtvereinbarte. In dies Programm würde es aber auch passen, ihm einen Riegel auf dem Weg nach Rumänien, und im weiteren nach dem Schwarzen Meer, dem Bosporus und den Dardanellen vorzuschieben. Und wiederum würde es durchaus in dies Programm passen, ihm nun, da die direkten Landverbindungen frei sind (behinderte Verbindungen indessen: schlechte Bahnen mit anderer Spurweite als die deutschen und polnischen), aus den limitierten Quellen, über die Rußland verfügt (Reklamestatistiken sind keine lieferbare Ware!), einiges zuzuschicken, was die Lage zwar nicht retten, Hitlers Atem und den Krieg aber verlängern könnte. Und so wie diesen Anfang hätte man sich den Fortgang vorzustellen. Rußland stünde *neben* dem Krieg der andern, beglückt von dem Anblick, böswillig gegen alle. Wechselnd, je nach den Umständen und Möglichkeiten, hätte man Handlungen von ihm zu erwarten, die bald dieser Partei, bald jener zum Vorteil gereichen würden: und die im Grunde doch alle nur auf den Zweck berechnet wären, den Brand soweit wie möglich in Gang zu halten und nebenbei, je nach Gelegenheit, auf eigene Rechnung am Rande zu freibeutern. Es ist unsicher, wie schwer das materielle Gewicht eines solch mala-fides-Außenseitertums schließlich in die Waagschale fiele! Auf die Länge der Zeit entscheidet der Außenseiter

meist nichts; sein übelwollendes Hierhin- und Dorthinneigen hat die Tendenz, sich in summa selbst zu äquilibrieren; diejenigen Mittel, die den Sowjets zur Verfügung stehen, sobald sie sich auf Mittel nicht ausgesprochen militärisch-interventionistischen Charakters beschränken, insbesondere die wirtschaftlichen Mittel, werden meist überschätzt und sind keinesfalls entscheidend. Dieses Bild von der Rolle Rußlands sich zu machen, ist man vorerst jedenfalls berechtigt. Die Zukunft, die weitere, spätere, steht dahin. Was am Ende der Periode, die den Sowjets das Glück bescheren soll, Zeuge des Mordes zwischen den andern zu sein, von ihnen geschehen könnte, was sie vage oder definitiv planen, ist nicht die Unruhe dieses Augenblicks, – und gewiß wird es nicht nach dem Fahrplan gehen. Alles ist denkbar. Die Phantasie, die sich den Gang der Geschichte im voraus auszumalen strebte, hätte die Wahl zwischen endlosen Möglichkeiten. Es ist möglich, daß der Weltkrieg gegen die Nazi-Pest sich schließlich einmal in einer Linie entwickeln wird, die es mit sich bringen wird, daß zugleich oder später auch ihr Ur-Bazillus und Genosse in die Ausrottung mit einbezogen sein wird. Es ist ebensowohl möglich, daß das ganze Moskauer Spiel wirkungslos an den Ereignissen und Entwicklungen abprallt und in gleichgültige Ignorierbarkeit versinkt. Die zukünftigen Formen eines Geländes, auf dem ein Erdrutsch sich vollzieht, sind unerforschlich. Wir sehen dem Werden stoisch zu, – gewiß, daß äußerstenfalls selbst die ganze Summe aus Nazi- und Bolschitum weder materiell noch moralisch mit der Summe einer zum äußersten aufgebrachten, zum äußersten entschlossenen Menschheit wird konkurrieren können.

Genueser Weltkonferenz: Weltwirtschaftskonferenz, die vom 10. 4.–19. 5. 1922 in Genua tagte. Die Konferenz blieb erfolglos, da Frankreich das Reparations- und Abrüstungsproblem von der Tagesordnung der Konferenz absetzte und die USA überhaupt nicht vertreten waren. Das einzige Ergebnis war der deutsch-russische Vertrag von *Rapallo* vom 16. 4. 1922, durch den beide Länder ihre Beziehungen normalisierten, diplomatische Beziehungen wiederaufnahmen und beiderseits auf finanzielle Forderungen (russ. Vorkriegsschulden, Kriegsentschädigungen) verzichteten.

Heinrich Mann
Das persönliche Erlebnis *

[...]
An der Wende der Zeiten sind die Denkenden eine Saat, über das Feld gestreut. Deutsche Arbeiter, die unter Hitler auf Moskau horchten, russische Bauern, als sie unter dem Zaren einander Tolstoi vorlasen, beide halfen den Entscheidungen zu reifen. Früher oder später wäre auch Hitler gefallen – ohne Krieg. Sein Krieg war nichts als ein Aufschub. Er hielt ihn für das sichere Versprechen seiner eigenen Dauer. Eins sagte ihm sein übrigens schwacher Instinkt: anzufangen bei der Sowjet-Union verbot ihm die deutsche Lage.
Daher der Pakt.
Er war am ersten Tag bestimmt, gebrochen zu werden, die Sowjets rechneten damit. Inzwischen behielten sie Zeit, sich zu rüsten. Sollten sie angegriffen werden, dann lieber von einem verwegenen Sieger, nach zwei Jahren glücklicher Eroberungen. Sie kannten die Sieger, die an nichts mehr zweifeln, – obwohl eigentlich die Furcht vor der immanenten Rache ihnen keine Ruhe läßt, bevor sie auch das letzte der kontinentalen Reiche unschädlich gemacht. (Als ob damit die Furcht beruhigt wäre. Jenseits der Meere warten die beiden größten Reiche.)
Die Sowjets haben mit dem Pakt nur für das Bedürfnis der Stunde gesorgt. Wer nüchtern und klug ist, arbeitet nicht auf Vorausbestellung und bindet sich an keinen selbstverfertigten Leitfaden »Mein Kampf«. Wahrscheinlich beschließen die Sowjets von Schritt zu Schritt, aus dem vorigen erfahren sie etwas über ihren nächsten. Dennoch werden sie in dem Pakt wenigstens den einen Nachteil schon beim Abschluß mitberechnet haben. Er verwunderte ihre Freunde, anderswo und in Deutschland. Er enttäuschte schlechthin alle. Die Leidenschaften wurden erbittert. Die einzeln Überzeugten – mehr von sich als von der Sowjet-Union überzeugt – bekamen mit ihren trübsten Vorhersagen recht.
So stand es für eine Weile in der Tat. Jeder Beobachter, jeden Ortes in Europa, konnte die Wirkung der jähen Annäherung Hitler-Stalin feststellen. (Annäherung! Sie haben einander nie gesehen, das Bedürfnis muß durchaus gefehlt haben. Eher sind sie einander ausgewichen. Merkwürdig; blieb aber unbeachtet.) Der eine gewann an Achtung nichts, der andere verlor.
Indessen kommt es in dieser Stunde und für die folgenden mehr auf die Armeen als auf die Völker an. Die deutsche Angriffs- oder Wehrmacht soll nunmehr der Roten Armee begegnen, nicht feindlich, vielmehr vertraulich. In Polen werden sie zusammenarbeiten, was ungewollt – auf deutscher Seite ungewollt – den Verkehr der Mannschaften und der Offiziere ergibt.

---

* Heinrich Mann: Das persönliche Erlebnis. Kapitel aus »Ein Zeitalter wird besichtigt«, Stockholm, Neuer Verlag 1947, S. 147–153.

Nach den Ereignissen ist es leicht zu sagen, wer von beiden für den anderen anziehender sein mußte. Inzwischen ist der Pakt dahhingefallen, – hinfällig war er immer. Der Angriff liegt weit zurück, Schlachten haben ihn gebrochen. Die deutschen Heere, deren Ruf als stärkste Landmacht verloren ist, klammern sich an die allerletzten Reste ihrer Eroberungen – vergebens. Die deutschen Gefangenen in der Sowjet-Union aber bilden 1943 ein National-Komitee für das befreite – von seinen Schändern befreite – Deutschland. Im Vorsitz, als Gleicher unter Gleichen, ein emigrierter Schriftsteller mit mehreren Generälen.
Wie wenig deutsch hätte gerade dies angemutet, ohne die Berührung der deutschen Heere mit der Sowjet-Union! Daß wir das Erstaunlichste nie voraus erraten, während es doch das Natürlichste ist! Wir hätten auch wissen sollen: Wenn den deutschen Heerführern die Mannschaft knapp wird, werden sie russische Gefangene in deutsche Uniformen stecken, und sie vortreiben in die Schlacht gegen ihr Land. Mehr als sie zu erniedrigen, können sie mit den roten Soldaten nicht anfangen.
Der Feind – der Feind, den die deutschen Soldaten bekamen, ohne daß er es gewesen war – zwingt sie keineswegs, ihre eigenen Leute zu töten. Er bekehrt sie – nicht gerade zum Sowjetismus. Er stellt ihnen frei, ein freies Deutschland ins Leben zu rufen.
Dies und einiges darüber mußten wir entziffern in dem Pakt selbst. Er enthielt es: gerade darum war er voll Andeutungen und ein Reiz der Gemüter. Ich erlebe nicht anders als die Völker: sie haben zweifellos gefühlt wie ich, in Anbetracht des Paktes. Er ist unter den Anstalten zum Selbstmord, die der deutsche Führer getroffen hat, die bedeutendste, auf weite Sicht konnte sie unmöglich fehlschlagen. Den Pakt zu schließen, war ein Geständnis. Als er ihn brach, ergab er sich in seine tödlichen Folgen.
Nicht, daß ganze Völker den wörtlichen Ausdruck ihres tiefen Wissens fänden, oder inständig darum bemüht wären, wie ich es sein mußte. Der Augenschein des Verrates, dem sie beiwohnten, ließ das tiefe Wissen nicht zu Worte kommen; die wenigen, deren Beruf das Wort ist, erlangten damals schwer genug die Sprache wieder. Die Nachricht von dem Pakt – dem Verrat, der Katastrophe – hatte mich erschüttert wie jeden. Die beiden Tage und Nächte, die folgten, sind unter meinen denkwürdigen.
Die ruhelosen Überlegungen zweier Tage und Nächte zeigten mir allerdings den Sinn des Vorgangs, wie die Handelnden ihn meinten. Daß ihr Friedensschluß trüge. Daß Hitler seine Lehre von der einzigen Front durchführe, bis er sie werde büßen müssen. Daß er nicht wage, seine proletarischen Massen gleich anfangs gegen die sozialistische Union von Völkern zu schicken. Er schickte sie dennoch: als Freunde, das war noch gefährlicher.
Hiermit endeten meine Entdeckungen, die übrigens nahe lagen. Sie haben nicht nur mir viele Mühe gemacht. Wir wissen nichts, oder höchstens, wohin ihre Rolle die Handelnden verweist. Zu welchem Ende sie wirklich handeln werden, bleibt der Phantasie überlassen, da sie selbst es nicht wissen und oftmals erst erfahren,

wenn es geschehen ist. Am 21. des ersten Kriegsmonats konnte ich meinen Aufzeichnungen hinzufügen:
»In Polen ist sein Paktgefährte für Hitler eine Unbequemlichkeit geworden, anstatt eine Erleichterung. Auf seinem Wege stehen Sowjet-Divisionen. Die polnischen wären ihm lieber. Warschau für ihn zu erobern, wenn er es nicht selbst kann, das haben sie vergessen. Indessen haben die Sowjet-Divisionen die deutschen überholt im Wettlauf nach der ungarischen Grenze. Nicht Hitler – die Sowjets halten die Gegend, wo die drei Grenzen, Ungarns, Polens, Rumäniens, sich treffen. Der Einmarsch des berühmten Eroberers in ein Land, wo Petroleum fließt, stößt auf unvorhergesehene Hindernisse. Wenn dies nicht die Absicht des Paktes war, sein Ergebnis ist es jedenfalls.«
Tatsachen festgestellt, mehr oder weniger anerkannt, – gleichwohl blieb bei der Mitwelt, ihren öffentlichen Exponenten, der Pakt in Kraft, sie wollte ihn vollgültig für die Dauer des Krieges. Die Sowjets sollten ohne Vorbehalt, ohne Witterung für den anderen Täter, geschweige Selbstbesinnung, zur Mittäterschaft an einem imperialistischen Raubkrieg übergegangen sein. Wen die Unterstände in Moskau, ihr Bau am Tage des Paktes, nicht nachdenklich gemacht hatten, dem sagte das Auftreten der Roten Armee in Polen ebenso wenig.
Gewiß darf von den Dirigenten der Öffentlichkeit, die auch die Geschichte zu dirigieren meinen, niemals erwartet werden, daß sie politisch-militärische Vorgänge ins Menschliche übersetzen und unterscheiden, was mit den Leuten vorgeht. Das gäbe ihnen das peinliche Gefühl, die Geschichte zu »romancieren«. Strategie, hohe Diplomatie, wer immer mit ihnen befaßt ist, weiß: er bearbeitet kein literarisches Gebiet. Die Psychologie des Alltags und gemeinen Mannes spielt wahrhaftig nicht hinein, es wäre denn in der Form des Nervenkrieges, der allerdings für die ungeschulte Phantasie seiner Erfinder zeugt.
Man bestimmt vielleicht, was die dirigierte Geschichte aus der Unzahl sterblicher Objekte machen wird: nichts Gutes meistens, allzu oft Leichen. Man bestimmt es, ohne daran zu denken. Sonst müßte man auf die bescheidene Wirklichkeit eingehen. Man hätte bewegliche Gesichter vor Augen und Szenen des kleinen Lebens, die immer wechseln. Nichts davon. Die Geschichte ist kein Roman.
Für mich ist sie gerade das, ein Roman. Sie fällt nirgends aus dem täglichen Leben, das den Vorwand für die Erkenntnis des Menschen hergibt. Die Geschichte ist keineswegs die Geschichte von Staaten, Machthabern und Millionen Dummköpfen, die nicht wissen, wie ihnen geschieht. Zuletzt stellt sie sich als der Lebensweg des einzelnen heraus: rätselhaft wie er, und ebenso ordinär. (»Einzig in der Geschichte«, die jetzt gebräuchliche Wendung, einzig ist garnichts.) Wer die wirkliche Geschichte der einzelnen, die eine Masse sind, plant? Niemand.
Von dem Pakt 1939 bis zu dem deutschen Nationalkomitee in Moskau 1943 führt eine weite Strecke, obwohl geradlinig. Sie von Anfang bis Ende zu berechnen, fehlte mir der Scharfsinn, und die augenscheinliche Aussicht war lange verborgen hinter einem Getümmel von Ereignissen. Für meinen Teil habe ich nur

vermocht, die einfache erste Wirkung des Paktes auf die wirklich Beteiligten – die Soldaten – zu sehen, sie aber deutlich.

Die deutschen Soldaten haben anfangs in Polen mit den Rotarmisten eines Umgangs gepflogen. Es kam vor, daß er angenehm war. Lehrreich war er immer. Ein Jahr, dann gestaltete der Verkehr sich blutig; der Überfall war geschehen. Leidenschaft und Fanatismus haben mit einander nichts zu tun. Die Rote Armee verteidigte ihr Land und ihre Revolution. Die deutschen Heere befolgten nach Kräften den Auftrag, beide zu vernichten. Je weniger sie ihre Taten begriffen, umso verwantwortungsloser wüteten sie gegen ein Volk, das sie hätten lieben können. Aber man hatte ihnen gesagt, die Russen wehrten sich mehr als Tiere, weil sie weniger als Tiere seien. Worte eines versierten deutschen Schriftstellers, sie machten ihren Weg.

Als die Rote Armee von der Verteidigung zum Angriff schritt, wurden die geschlagenen deutschen Soldaten instruiert über die »Minderwertigkeit der slawischen Rasse«. Der Anlaß war der rechte, nicht um Glauben zu erzeugen, aber um Fanatisierte, die sich fürchten, jedes Verbrechens fähig zu machen. Die Geschlagenen von Stalingrad und Kiew wissen genau, was sie tun, wenn ein Mann allein hundert russische Kinder tötet. Ein gefangener deutscher Unteroffizier hatte sich den Anschein gegeben, als vermöchte er zwischen seiner kriegerischen Tätigkeit und Mord durchaus nicht zu unterscheiden. Angesichts des Galgens hat er seinen Richtern über sein wirkliches Lebensgefühl, einen wahren Abgrund, die Auskunft erteilt. Das psychologische Verfahren aus den Moskauer Prozessen: auch auf Deutsche angewendet, wirkt es Wunder.

Als belanglos, oder aus Schamgefühl, ließ er weg, ob er schon am Anfang, in Polen dabei gewesen war. Dort ging zwischen den deutschen Soldaten und Rotarmisten diese und jene Szene vor, – damals konnten sie erfunden sein, mit der Zeit sind sie glaubhaft geworden. Die deutschen Generäle, die jetzt, unter dem Vorsitz eines emigrierten Schriftstellers, das Nationkomitee für ihr – sie hoffen, freies – Deutschland bilden, denken gewiß zurück.

Der Zusammenhang ist deutlich. 1939 wollte Hitler mit seinem Pakt beide vergeblich betrügen, die Sowjets und die deutschen Soldaten. Nach wirksamer Belehrung erinnern 1943 deutsche Soldaten sich des alten Paktes – und machen ihn selbst. [...]

Im Vorsitz ... ein emigrierter Schriftsteller: gemeint ist hier Erich Weinert, Präsident des Nationalkomitees »Freies Deutschland« (NKFD). Vgl. S. 1151 ff.

F. Es kommt der Tag[1]

Bereits in den ersten Jahren des Exils begann die Auseinandersetzung darüber, wie die Zukunft Deutschlands auszusehen habe. Die Vorstellung von einem demokratischen Deutschland, was immer dies in der Praxis sei, war nahezu allgemein. Bei vielen, wenn nicht gar den meisten Autoren nahm sie zugleich sozialistische Züge an. In den ersten Nummern der *Neuen Weltbühne* entwarf ihr damaliger, trotzkistischen Vorstellungen nahestehender Herausgeber, der nach 1945 als rechtsgerichteter Kolumnist diverser Gazetten hervorgetretene Willy (William S.) Schlamm, ein wohltuend undogmatisches sozialistisches Zukunftsbild[2]. Gleichermaßen frei von den herrschenden Parteidoktrinen, ja in entschiedenem Gegensatz zu ihnen, brachte der nichtmarxistische Sozialist Kurt Hiller schon früh seine eigenwilligen Vorstellungen zum Ausdruck[3]. Von hier bis zu den nachstehend zitierten Texten, die allesamt aus den letzten Jahren der NS-Zeit stammen, zieht sich eine ununterbrochene Kette von Bekundungen, die den Wunsch nach einer sozialistischen Zukunft, wenigstens einer solchen mit deutlich sozialistischen Zügen, zum Inhalt haben. Bei aller, heute sooft als konservativ denunzierten Gestimmtheit der Exilliteratur wird man die Parole »Zurück nach Weimar«, von wenigen Ausnahmen abgesehen, vergeblich suchen. (Erst die BRD hat trotz aller Kritik an den verfassungsrechtlichen Schwächen von Weimar immer wieder an eben diese Tradition anzuknüpfen versucht.)

Schwieriger als die Zielvorstellungen zu formulieren war es, in der sich verändernden weltpolitischen Gesamtsituation Vorschläge für die praktischen Probleme zu unterbreiten, vor die Hitlers Fall eines Tages

---

1 »Es kommt der Tag« ist der Titel einer Gedichtsammlung von Erich Weinert (E. W.: Es kommt der Tag. Gedichte mit einem Selbstbericht »Zehn Jahre an der Rampe«, Moskau 1934) sowie eines von Heinrich Mann herausgegebenen und von ihm kommentierten »Lesebuches« (H.M.: Es kommt der Tag, Zürich 1936).

2 *Willy* [William S.] *Schlamm:* So wollen wir Deutschland, in: Die neue Weltbühne, 1933, H. 48, S. 1489–1491; H. 50, S. 1553–1557; H. 52, S. 1627–1630; 1934; H. 3, S, 63–68.

3 *Kurt Hiller:* Die Aufgabe, in: Die Sammlung, Jg. 2 (1934/35), H. 11, S. 635–645.

Deutschland und die Welt stellen würde. Das *Neue Tage-Buch* führte bereits 1939 eine Debatte über den »Tag danach«, die in der kurzen Zeit, in der die Zeitschrift den Ausbruch des Zweiten Weltkrieges überlebte, in eine Kriegszieldebatte überging[4]. Die Entwicklung hatte jene Optimisten Lügen gestraft, die eine Befreiung vom Nationalsozialismus durch eine Revolution auf deutschem Boden erhofft und erwartet hatten. Unmittelbar vor dem Krieg schrieb Schwarzschild: »Zunächst ist es eine tatsächliche Feststellung: unter den Deutschen selbst sind bisher keine Kräfte sichtbar geworden und kündigen sich vorerst keine an, denen glaubhaft zugetraut werden könnte, daß sie der Aufgabe gewachsen wären, ›in der Gleichzeitigkeit der Niederlage und des Umsturzes‹ erfolgreich und mit Aussicht auf Stabilität einen neuen Staat zu errichten – einen Staat vom ungefähren Typus des Begriffs ›das andere Deutschland‹. Wegen dieses Mangels an einer glaubhaft zulänglichen deutschen Erbfolge sei es nötig – faute de mieux! –, sich zur Vergewisserung gegen unabsehbare sofortige und entferntere Fehlschläge vorläufig sogar mit dem Gedanken einer Erziehungsverwaltung durchs Ausland vertraut zu machen.«[5]

Damit war der Gedanke eines Besatzungsdeutschland angesprochen, dessen Für und Wider die Diskussion fast bis zum Kriegsende bestimmen sollte. Die Diskussion, die sich nicht auf den Kreis der deutschen Emigranten beschränkte und sich zumeist gleichzeitig als eine Auseinandersetzung über die »beiden« Deutschland (das faschistische und das »andere«) begriff, förderte auch einige heute sonderbar anmutende Auffassungen zutage. So sprach sich Franz Werfel 1939 für ein doppeltes Staatsgebilde aus mit der Main-Linie als innerdeutscher Barriere (zwischen einem preußischen und einem bayrisch-österreichischen Staat), von der er sich die Lösung der Nachkriegsfragen erhoffte. Seine Sympathie galt selbstverständlich dem Südstaat – ähnlich wie die von Emil Ludwig, der den »Krieg gegen Preußen« geführt sehen wollte und meinte, daß mit dessen Isolierung von den »weniger militanten deutschen Stämmen«, den »weniger mechanisierten und mehr geistigen

---

[4] *Leopold Schwarzschild:* Der Tag danach, in: Das Neue Tage-Buch, Jg. 7 (1939), H. 29, S. 682–686, sowie weitere Artikel in den folgenden Nummern von Schwarzschild, Konrad Heiden u. a.).

Ders.: Erste Sichtung [der Diskussionsbeiträge], in: Das Neue Tage-Buch, Jg. 7 (1939), H. 34, S. 806–810.

[5] a.a.O., S. 807.

[6] *Franz Werfel:* Les Deux Allemagnes, in: Das Neue Tage-Buch, Jg. 7 (1939), H. 38, S. 882–884.

Staaten« Deutschland der »Giftzahn« gezogen werden könne[7]. Ludwig hatte bereits mit einer Artikelserie über den »deutschen Charakter in der Weltgeschichte«[8] die Geschichte eher metaphysisch als materialistisch zu deuten versucht, wiewohl daraus einige durchaus des Nachdenkens werte Einsichten resultierten. Mit einer vielbeachteten Rede[9] machte er sich schließlich zum Wortführer einer amerikanischen Spielart des Vansittartismus[10] und löste damit noch einmal eine heftige und sich über mehrere Jahre erstreckte Kontroverse (vornehmlich im *Aufbau*, New York) aus.
Die Ereignisse in Europa, vor allem die allmählich durchsickernden Nachrichten über die NS-Verbrechen, zusammen mit der Verbissenheit, mit der der längst verlorene Krieg an allen Fronten weitergeführt wurde, führte der These von der Kollektivschuld der Deutschen weitere Nahrung zu. Diese These mag dazu beigetragen haben, eine Politik zu rechtfertigen, die in ihren Auswirkungen (z.B. den wahllosen Flächenbombardements der deutschen Städte oder den unqualifizierten und von Sachkenntnis wenig getrübten Handlungen der bald tätig werdenden Besatzungsorgane) nicht nur geeignet war, eine Neubelebung des Widerstandswillens im Keim zu ersticken, sondern auch eine Formierung demokratischer Ansätze im Nachkriegsdeutschland zu lähmen. Es bedurfte allerdings auf Seiten der deutschen Emigranten, angesichts der im Namen Deutschlands begangenen Verbrechen auf der einen, der wohlbegründeten Solidarität mit den kriegführenden und den Krieg erleidenden Mächten auf der anderen Seite, entweder eines sehr naiven oder sehr entschiedenen Denkens, um dem dominierenden Trend zu widerstehen, der – in der Konferenz von Teheran Ende 1943 endgültig zur offiziellen alliierten Politik deklariert – Deutsche fürs erste von der Mitbestimmung am zukünftigen Geschick ihres Landes ausschloß. Während die Sowjetunion, die zum mindesten verbal der Kollektivschuldthese nie beigepflichtet hatte (Stalin im Februar 1942: »Die Hitler kommen und gehen, aber das deutsche Volk, der deutsche Staat bleibt«), z.B. im »Nationalkomitee Freies Deutschland« das Volksfrontmodell reaktivierte und in seinem Geiste Kader für Führungspositionen im zukünftigen

[7] *Emil Ludwig:* Krieg gegen Preußen, in: Das Neue Tage-Buch, Jg. 8 (1940), H. 6, S. 134–138; H. 7, S. 164–168.
[8] *Ders.:* Der deutsche Charakter in der Weltgeschichte, in: Die Neue Weltbühne, 1938, H. 16, S. 487–492; H. 17, S. 515–521; H. 19, S. 588–590.
[9] *Ders.:* In: Aufbau, Jg. 8 (1942), Nr. 30, S. 5f.
[10] Lord Vansittart, englischer Vertreter der sog. Kollektivschuldthese, die das deutsche Volk in seiner Gesamtheit an den NS-Verbrechen für schuldig erklärte.

(Teil-)Deutschland schulte, fand das »Council for a Democratic Germany« weder von der amerikanischen Öffentlichkeit noch von der Mehrzahl der Emigranten selbst die gebührende Anerkennung. Es war dies der einzige, freilich utopische Versuch deutscher Emigranten, wenigstens tendenziell auf etwas wie eine deutsche Exilvertretung, wenn nicht gar Exilregierung hinzuarbeiten. Die vorübergehende Bereitschaft Thomas Manns, sich dem noch im Vorbereitungsstadium befindlichen »Council« (dem u.a. Brecht, Feuchtwanger und sein späterer Vorsitzender, der evangelische Theologe Paul Tillich, angehörten) zur Verfügung zu stellen und seine schließliche Absage ist im Zusammenhang mit den Äußerungen Brechts über Thomas Mann in den letzten Jahren mehrfach Gegenstand der Erörterungen und gelegentlich auch einer überspitzten Polemik geworden[11]. Die Kontroverse, die in diesem Abschnitt gleichsam durch den Blick auf einen »Nebenschauplatz« – eine im *Aufbau* veröffentlichte Auseinandersetzung zwischen Erika Mann und Carl Zuckmayer – dargestellt werden soll (s.u.), setzte sich, wenn auch in Abwandlungen, bis in die KPD fort; in ihr sind Fragen angerissen, die, zwar andernorts entschieden, die deutsche und europäische Nachkriegsentwicklung nachhaltig beeinflussen sollten[12].

---

[11] Vgl. *Klaus Schröter:* Positionen und Differenzen. Brecht, Heinrich Mann, Thomas Mann im Exil, in: Akzente, Jg. 20 (1973), H. 6, S. 520–535.
Günter Hartung: Bertolt Brecht und Thomas Mann. Über Alternativen in Kunst und Politik, in: Weimarer Beiträge, Jg. 12 (1966), S. 405–435.
Herbert Lehnert: Bert Brecht und Thomas Mann im Streit über Deutschland, in: Deutsche Exilliteratur seit 1933, Bd. 1, Kalifornien, hrsg. von John M. Spalek und Joseph Strelka, Bern, München, Francke 1976, S. 62–88.
Dort alle weiterführenden Literaturangaben; genannt seien hier nur die Eintragungen Brechts in seinem »Arbeitsjournal« vom 1. 8. 43, vom 2. 8. 43 sowie vom 2. 9. 43 (*Bertolt Brecht:* Arbeitsjournal, hrsg. von Werner Hecht, Bd. 2, 1942–1945, Frankfurt a. M. 1973) sowie das Gedicht Brechts »Als der Nobelpreisträger Thomas Mann den Amerikanern und Engländern das Recht zusprach, das deutsche Volk für die Verbrechen des Hitlerregimes zehn Jahr lang zu züchtigen« (*Bertolt Brecht:* Gesammelte Werke, Bd. 10, Gedichte 3, Frankfurt a. M. 1967, S. 871–873), schließlich auch Thomas Manns Brief an Brecht vom 10. 12. 43 (*Thomas Mann:* Briefe 1937–1947, Frankfurt a.M. 1963).

[12] Vgl. hierzu den Disput zwischen den beiden KPD-Führern Paul Merker (Mexiko) und Wilhelm Koenen (London), der 1945 in der Zeitschrift »Freies Deutschland« ausgefochten wurde: *Paul Merker:* An meinen Bruder in London, Jg. 4 (1945), H. 6, S. 6–8; *Wilhelm Koenen:* An meinen Bruder in Mexiko, Jg. 4 (1945), H. 10, S. 37–39; *Paul Merker:* Antwort an Wilhelm Koenen, a.a.O., S. 39–44.

Der Tag danach

Erich von Kahler
Die Verantwortlichkeit des deutschen Volkes*

Sowohl unter den Deutschen wie unter den Alliierten, sowohl innerhalb wie außerhalb Deutschlands, besteht eine verhängnisvolle Verwirrung über die Frage der Verantwortlichkeit des deutschen Volkes. Man kennt nur Extreme und erkennt nicht die feinen Unterscheidungen, die die wahre Lage erfordert. Bei den Alliierten ist man einerseits geneigt, das deutsche Volk in Bausch und Bogen schuldig zu sprechen und als ganze Nation für die Verbrechen der Nazi büßen zu lassen, auf der andern Seite aber, im Einzelnen, die Masse der mittleren und kleinen Nazifunktionäre glimpflich zu behandeln, ja bis zu einem gewissen Grade weiter zu verwenden. Einesteils verlangt man und vermißt man eine unverzügliche generelle Reue und Zerknirschung der Deutschen, andernteils ist man sehr lax in der Untersuchung der individuellen Motive und Gesinnungen von Beamten, Wirtschaftsleuten, Professoren, Geistlichen und unterläßt es, die antifaschistischen Kämpfer und Opfer gebührend vorzuziehen und auszuzeichnen. Während die alliierten Regierungen die härtesten Maßnahmen gegen Deutschland treffen und dem deutschen Volk nicht nur in seiner gegenwärtigen Not sehr wenig zu Hilfe kommen, sondern ihm den Weg in eine bessere Zukunft fast völlig verschließen, kehren die Soldaten der Okkupationsarmeen zurück mit einem Maß an Sympathie für die Deutschen, das bis zur Billigung des Hitlerregimes geht und die nationalsozialistischen Schlagworte in die alliierten Länder zu verschleppen droht.

Die Deutschen wieder, betäubt wie sie sind von der Gewalt des Zusammenbruchs und dem schlimmen Erwachen aus einer langen Periode völliger Abschließung von der Welt, haben Mühe sich in den neuen Verhältnissen und Nöten von Tag zu Tag zurechtzufinden. Sie können die geforderte Reue bisher nicht aufbringen, ja sie sind geradezu in der Entwicklung einer Selbstbesinnung ge-

---

* Erich von Kahler: Die Verantwortlichkeit des deutschen Volkes, in: Deutsche Blätter, Santiago, Jg. 4 (1946), H. 30, S. 47–48.

hemmt durch das was die Alliierten mit ihnen tun und noch ferner mit ihnen planen: die Voraussagen der Nazi scheinen wahr zu werden, und die Vergangenheit mit ihrer Schuld verblaßt vor der furchtbaren Wirklichkeit der Gegenwart. Sogar bei wohlgesinnten, antifaschistischen Deutschen im Ausland verdrängt die Erbitterung über das Verhalten der Alliierten die alte Empörung über die Verbrechen der Nazi.

Nun, die Alliierten haben unrecht *und* die Deutschen haben unrecht. Ein ganzes Volk als Volk, mit seiner ganzen Vergangenheit und Zukunft zu verdammen und sozusagen legal zu verurteilen ist Nazismus. Ein jedes Volk besteht aus Menschen, guten und schlechten, klugen und dummen, starken und schwachen, und solchen, den meisten, die weder gut noch schlecht, weder klug noch dumm, weder stark noch schwach, sondern einfach mittelmäßig sind, ein Spiel der Umstände. Und wenn man freilich nicht der liebe Gott ist und es sich nicht leisten kann, Sodom um der zehn Gerechten willen zu schonen, wie das so »barbarische« Alte Testament es als Exempel aufgestellt hat, so sollte man wenigstens die Gerechten aussondern, sie in ihrem heldenhaften Kampf und ihren Opfern anerkennen und ihrem Volk irgendwie anrechnen; umsomehr als man ein beträchtliches Maß eigener Schuld auf die Waagschale der Nazis zu legen hat: man hat diesen Gerechten nicht geholfen, als es noch Zeit war, man hat im Gegenteil den Nazi geholfen. Heute ist man es dem Wohl der Menschheit schuldig, die Träger des Dritten Reichs, so viele es sein mögen, rücksichtslos zu bestrafen und auszumerzen und alle, die auch nur mittelbar an ihm beteiligt waren, von jedem Einfluß auf die künftigen Gestaltungen auszuschließen. Man ist es auch dem Wohl der Menschheit schuldig, für die nötigen und möglichen Sicherungen gegen deutsche Kriegs- und Gewalthandlungen Vorsorge zu treffen. Aber alles das, und würde es auch tatkräftiger durchgeführt als es geschieht, ist wirkungslos, wenn nicht auf der andern Seite diejenigen, die dem entsetzlichen Druck widerstanden haben, auf alle Weise gefördert werden, und ihnen die Möglichkeit gegeben wird, ihr Volk aus dem Elend herauszuführen und die große Masse der Mittelmäßigen für eine bessere, humanere Zukunft zu gewinnen. Es gehört nur ein wenig Psychologie und Phantasie dazu zu begreifen, daß jahrzehntelang mißleitete und mißhandelte, durch Terror seelisch verkümmerte Menschen eine wahrhafte Einkehr und Selbstbesinnung nicht von heute auf morgen leisten können. Sie brauchen dazu Zeit, Kraft und Muße, Beispiele, die ihnen das Rechte vor Augen halten, und Umstände, die sie in die Lage versetzen nach dem Rechten zu leben. Hunger, Elend und Hoffnungslosigkeit werden das nicht vermögen.

Wenn es also den Alliierten nicht ansteht, das deutsche Volk als solches, summarisch für die Verbrechen der Nazi verantwortlich zu machen und zu bestrafen, so steht es doch andererseits den Deutschen nicht an, sich selbst aus der Verantwortung, einer höheren und tieferen Verantwortung, auszuschließen. Freilich sind Rassenlehre und Nationalismus Unsinn – es gibt keine unaufhebbaren Schranken zwischen Mensch und Mensch, und es gibt keine äußere, automatische, biologische Kollektivhaltung von Individuen für eine Blutgemeinschaft, die ein

Mensch dem andern auferlegen dürfte. Wohl aber gibt es Völker und Volkscharaktere, Produkte einer lange gewachsenen gemeinsamen Konstitution und Konstellation, einer gemeinsamen Geschichte, Sprache, Lebensart, wohl gibt es das, was man gerade in Deutschland so oft als »Schicksalsgemeinschaft« behauptet und vertreten hat. Und so gibt es eine innere Verantwortung für sein Volk, die ein mündiger, wissender Mensch von sich aus fühlt und trägt. Jeder Deutsche, und wenn er auch ohne das geringste Zutun in all die Schändlichkeit des letzten Jahrzehnts hineingeraten ist, ja selbst wenn er von Anfang an mit dem Einsatz seines Lebens persönlich dagegen gekämpft hat, jeder Deutsche muß, sofern er sich und sein Volk ganz ernst nimmt, heute innerlich für das einstehen, was aus seiner Lebensart, seinen Ahnengenerationen, dem Menschenkreis, in dem und mit dem er aufwuchs, hervorgegangen ist. Das ist er seiner eigenen Menschenwürde und der Menschenwürde und Zukunft seines Volkes schuldig. Sich heute selbst ausschließen, nicht dabei gewesen sein wollen, nichts davon wissen wollen ist Desertion. Mag einer auch von vielem, vom Ärgsten was geschah, nichts gewußt haben – was durchaus glaublich ist –, mag er nichts davon haben wissen *wollen* – was begreiflich ist, denn mit einem dauernden, ohnmächtigen Wissen von solchen Dingen kann man das Leben nicht ertragen –, *heute* muß er wissen und schonungslos wissen wollen, heute darf er es sich nicht ersparen, dieses Wissen bis zum Grunde durchzuleben, denn nur aus dem Grunde dieses Wissens ist eine Umkehr, ist ein Durchbruch in ein neues Leben seines Volkes möglich. Was dem deutschen Volk heute von mancher Seite zugefügt wird ist arg und nicht zu rechtfertigen. Aber daß andere etwas Übles tun, ist keine Freisprechung dafür, daß man selber vorher Schlimmes und sogar weit Schlimmeres getan hat. Die Greuel, die das Naziregime verübt hat, liegen heute unwiderleglich vor aller Augen, und es sind Greuel, die nicht nur durch ihre Massenhaftigkeit und unaussprechliche Scheußlichkeit die äußerste Grenze des Unmenschlichen erreicht haben, dessen menschliche Geschöpfe je fähig gewesen sind; sie haben sogar etwas eingeführt, was es noch nie vorher in der Welt gegeben hat: die im größten Stil organisierten, technisch systemisierten, ja mit wissenschaftlichen Hilfsmitteln durchgeführten Greuel, die administrativ, ja lehrhaft geplanten Greuel, die Greuel, verübt nicht in der Leidenschaft einer Kriegshandlung oder Revolution, nicht von einem primitiven, auf emotioneller Ebene lebenden Volke, sondern sachlich, rational ins Werk gesetzt von einem der ersten Kulturvölker der Welt. Wie das geschehen konnte, ist der tiefsten, eindringlichsten Besinnung wert, und welcher Deutsche sich wahrhaft mit seinem Volk verbunden fühlt, der muß durch dieses Gewissensgrauen hindurch, nicht nur für sich selbst, sondern gerade und besonders für sein Volk: er muß sein Volk durch dieses Gewissensgrauen hindurchführen. Es gibt keinen andern Weg in die Zukunft, die keinem Volk allein, sondern der Menschengemeinschaft gehört – die Gemeinschaft der Menschen, die Idee des Menschen, dies ist das eigentliche Forum, dem alle Völker und Individuen verantwortlich sind.

Es mag eingewendet werden: heute, in dieser äußersten Notlage des deutschen

Volkes und angesichts dessen was es eben von andern zu erleiden hat, sei nicht der Moment zu solcher Selbstprüfung. Im Gegenteil, gerade heute ist der Moment. Denn was einem Wesen geschieht, was ihm immer wieder geschieht, hängt damit zusammen, was es ist. Die besten Deutschen, die es heute im Lande gibt – Jaspers, Meinecke, Wiechert, Niemöller unter anderen – sie alle wissen das. Sie, die in Wahrheit nie etwas mit dem Regime des Verbrechens zu tun gehabt, die es immer verwünscht und bekämpft haben, nehmen heute die Last dieser Verbrechen mit vollem Bewußtsein auf sich und tragen sie mit, öffentlich, ihrem Volk voran.

Karl *Jaspers,* 1883–1969, wurde 1916 Professor der Psychologie in Heidelberg, 1948 in Basel Professor der Philosophie.
Friedrich *Meinecke,* 1862–1954, Historiker, mußte nach 1933 die Universität Berlin verlassen, 1894–1935 Herausgeber der Historischen Zeitschrift. 1948 erster Rektor der Freien Universität Berlin.
Ernst *Wiechert,* 1887–1950, Pädagoge und Schriftsteller, wurde ins Konzentrationslager eingeliefert, nachdem er 1936 an der Münchner Universität eine Ansprache an die Studenten gehalten hatte. Seine Rede wurde von einem Studenten mitgeschrieben und erschien in »Das Wort«, Jg. 2 (1937), H. 4/5.
Martin *Niemöller,* geb. 1892, evangelischer Geistlicher, 1933 Gründer und Vorsitzender des Pfarrernotbundes, später Mitorganisator und führender Kopf der Bekennenden Kirche. Er hielt am 27. Juni 1937 seine letzte Predigt, wurde am 1. Juli 1937 verhaftet und blieb von 1938 bis 1945 im KZ. Nach dem Krieg in hohen kirchlichen Ämtern, Präsident der Deutschen Friedensgesellschaft, politische Aktivitäten gegen Wiederaufrüstung, Atombewaffnung und in jüngster Zeit gegen Repression in der BRD.

Paul Merker
Die Bewegung Freies Deutschland und die Zukunft der Juden*

Brief an einen Freund

[...]
Ich komme nun zur Beantwortung Ihrer Fragen, die sich auf die Stellung der Bewegung Freies Deutschland zum Antisemitismus und zu den aktuellen Problemen der deutschen Staatsbürger jüdischer Herkunft beziehen. Ich begrüße es ganz besonders, daß hier von nicht-jüdischen Hitlergegnern diesen Fragen ein so

* Paul Merker: Die Bewegung Freies Deutschland und die Zukunft der Juden, in: Freies Deutschland, Jg. 3 (1943/44), H. 5, S. 6–8.

ausgeprägtes Interesse entgegengebracht wird. Die Bewegung Freies Deutschland hält sich als Organisation nicht für befugt, in den Diskussionen der deutschen Staatsbürger jüdischer Herkunft über die Gestaltung ihrer Zukunft Partei zu ergreifen. Das furchtbare Leid, das der Nazismus den Juden zufügte, und das nur möglich wurde, weil unser Volk, beeinflußt von schwachen und falschen Führern, nicht rechtzeitig die ungeheure Gefahr erkannte und sich dagegen erhob, hat uns als nicht-jüdischen, wenn auch antinazistischen Deutschen das moralische Recht genommen, in diesen Fragen Meinungen zu äußern. Für das an der jüdischen Bevölkerung von den deutschen Nazihorden verübte Verbrechen gibt es keine Entschuldigung. Die Bewegung Freies Deutschland muß infolgedessen jede Äußerung des Leides, der Wut, des Hasses und des Mißtrauens der Juden dem deutschen Volke gegenüber verstehen und achten. Sie muß den Drang der deutschen Juden nach Teilnahme am Aufbau eines eigenen nationalen jüdischen Staatswesens als berechtigt anerkennen. Sie muß es zugleich als ihre höchste Pflicht und Verantwortung betrachten, im künftigen demokratischen Deutschland die Voraussetzungen zu schaffen, die allen jüdischen Staatsbürgern, die in Deutschland weiter leben oder die trotz allem eines Tages nach dort zurückkehren wollen, vollkommene Gleichberechtigung, Achtung, Sicherheit, Schutz und wirtschaftlichen Aufstieg garantieren.

Sie fragen nun, ob die jüdischen Mitglieder der Bewegung Freies Deutschland nicht in einen Gewissenskonflikt geraten müssen, der sich aus dem unter der Gesamtheit der jüdischen Bevölkerung stärker entflammten Nationalgefühl ergibt? Die Mitglieder der Bewegung Freies Deutschland jüdischer Herkunft sehen in dieser Mitgliedschaft keinen Gegensatz zu ihrer Zugehörigkeit zum Judentum. Ihre Teilnahme an dem Kampf der Bewegung Freies Deutschland wird bestimmt durch ihr Bestreben, als Antinazis innerhalb der Bewegung, gemeinsam mit ihren nicht-jüdischen Gesinnungsfreunden, an der Vernichtung des Nazismus teilzunehmen und so die Rettung ihrer sich noch in den Klauen der Nazihorden befindlichen Glaubensgenossen zu beschleunigen. Die Zugehörigkeit zu einer nationalen jüdischen Bewegung, wie z. B. zum Zionismus, schließt die Zugehörigkeit deutscher Staatsbürger jüdischer Herkunft zur Bewegung Freies Deutschland nicht aus. Die jüdischen Mitglieder der Bewegung Freies Deutschland sehen es als ihre besondere Pflicht an, die Interessen der Gesamtheit der deutschen Staatsbürger jüdischer Herkunft innerhalb der Bewegung Freies Deutschland, der führenden Kraft des deutschen Antinazismus, zu vertreten, für die Wiedergutmachung der den Juden zugefügten unermeßlichen Schäden zu wirken und an der Ausrottung des Antisemitismus aktiv teilzunehmen. Ihr Wille ist es, durch die Zusammenarbeit mit nicht-jüdischen deutschen Antinazis der Gesamtheit der Juden – in deren eigenem Interesse – den Beweis zu liefern, daß das deutsche Volk nicht nur aus Nazis und Antisemiten besteht.

Ihre zum Ausdruck gebrachte Hoffnung, daß in der Frage des Antisemitismus zumindest vollkommene Einheit unter allen deutschen Antinazis bestehe, muß ich leider enttäuschen. Der Kreis um Brüning und Treviranus hat sich zu dieser

Frage und zur Wiedergutmachung des den Juden zugefügten Leides meines Wissens noch niemals öffentlich geäußert. Die Gruppe sozialdemokratischer Emigranten, die sich um den Vorstand der SPD schart, nimmt dem Antisemitismus gegenüber unverändert dieselbe Stellung ein wie unter der Weimarer Republik. In einer prinzipiellen Erklärung des Parteivorsitzenden der SPD, Hans Vogel, zum Antisemitismus beschränkt sich dieser auf die Feststellung, »daß im Kampfe gegen den Antisemitismus die Stellung der SPD immer die war, daß alle Bürger gleiche Rechte und gleichen Status besitzen, gleich welcher Religion und Abstammung sie sein mögen«. Daß die SPD nach diesem Prinzip auch in der praktischen Politik in den Zeiten der Weimarer Republik gehandelt habe. Daß die SPD die Aufhebung aller Spezial- und Ausnahmengesetze gegen die Juden fördern werde, wie sie das Nazigesetz eingeführt hat, und daß in dem künftigen demokratischen Deutschland, soweit dieses in der Lage sein wird, die Opfer der Hitlerdiktatur zu entschädigen, die Reparationen all denen zugute kommen müssen, die unter dem Naziregime Schaden erlitten haben, sei es aufgrund ihrer politischen und religiösen Überzeugung, oder ihrer rassischen Herkunft.

Die formelle juristische Gleichheit zwischen nicht-jüdischen und jüdischen deutschen Staatsbürgern, die Hans Vogel den Juden zubilligt, ist meines Erachtens wenig, zu wenig. Konnten in der Weimarer Republik, in der diese »Gleichheit« bestand, nicht die nazistischen Banditen, ohne von den sozialdemokratischen Innenministern der Länder gehindert zu werden, die mörderischste antisemitische Hetze entfalten? Ist so nicht in der Weimarer Republik trotz dieser formalen Gleichheit der nicht-jüdischen und jüdischen deutschen Staatsbürger der mörderischste Antisemitismus ungehindert herangewachsen, gezüchtet von Hitler, Göring, Goebbels und Streicher, der das Judentum in Europa fast ausgerottet hat?

Sehen Sie, vor Hitler lebten in Deutschland 65 Millionen nicht-jüdische und 600000 jüdische Menschen. Unter den nicht-jüdischen gab es schon damals eine nach Millionen zählende Schicht, die von räuberischen Demagogen leicht gegen den zahlenmäßig schwachen jüdischen Teil unseres Volkes gehetzt werden konnten und wurden. Eine wirkliche Gleichheit zwischen den 65 Millionen Nicht-Juden und den 600000 Juden konnte unter jenen Bedingungen nur herbeigeführt werden durch einen umfassenden staatlichen Schutz der deutsch-jüdischen Bevölkerung vor ihren heranwachsenden Mördern. Eine wirkliche Gleichheit zwischen den Nicht-Juden und Juden hätte infolgedessen schon damals die rücksichtsloseste Unterdrückung auch der leisesten antisemitischen Tendenz im Volke durch die strengste Bestrafung antisemitischer Propagandisten und durch die Vernichtung aller antisemitischer Schandschriften erfordert. Die formelle juristische Gleichheit, ohne diesen energischen Minderheitsschutz, hat sich als gänzlich ungenügend erwiesen.

Der Kampf der Bewegung Freies Deutschland gegen den Antisemitismus setzt sich deshalb nicht nur die Wiederherstellung der formell rechtlichen Gleichheit der nicht-jüdischen und jüdischen Bevölkerung zum Ziel – wie das von Hans

Vogel vorgeschlagen wird. Für die Bewegung Freies Deutschland ist die Ausrottung des Antisemitismus und die physische Vernichtung seiner Vertreter und Hauptnutznießer die einzige Garantie für das Leben, die Sicherheit, für die wirtschaftliche Existenz und für die wirkliche Gleichstellung der jüdischen Deutschen, die nach dem Kriege wieder in ihrer Heimat leben werden.
Die Bewegung Freies Deutschland sieht in der Ausrottung des Antisemitismus und seiner Träger eine ihrer verantwortlichsten Aufgaben,denn die antisemitischen Banden, die in der Zeit der Weimarer Republik ihre mörderische Propaganda treiben konnten, sind seitdem zur Kerntruppe der Naziarmeen geworden. Sie sind es, die die furchtbarsten Verbrechen verübt, und die unser Volk für immer mit Schmach und Schande bedeckt haben. Um die deutschen Juden, das deutsche Volk und die Welt für alle Zeiten vor diesem Abschaum zu schützen, dazu genügt nicht die Wiederholung der Weimarer Praxis. Hier muß von den deutschen Demokraten energisch zugegriffen werden. Aber um zugreifen zu können, müssen die deutschen Antinazis das ganze ungeheure Ausmaß der furchtbaren Verbrechen des nazistischen Antisemitismus erfassen und daraus die Konsequenzen ziehen.
Hans Vogel stellt in seiner Erklärung die jüdischen Opfer des Nazismus mit denen im politischen Kampf zu Schaden gekommenen Feinden des Naziregimes gleich. Eine solche Auffassung beweist, daß Vogel nicht den fundamentalen Unterschied begreift, der zwischen dem Schicksal der antifaschistischen Politiker, die Hitler zum Opfer fielen, und dem Schicksal der von dem Nazismus gequälten jüdischen Bevölkerung besteht. Die antinazistischen Kämpfer, die wegen ihrer politischen Einstellung oder Tätigkeit mißhandelt, eingekerkert oder ermordet wurden, sind Feinde des Naziregimes. Ihnen stand es frei, sich am Kampfe gegen das Regime zu beteiligen oder beiseite zu stehen. Was sie unternahmen, unternahmen sie aus eigenem freien Entschluß und auf eigenes Risiko. Der Sieg über Hitler wird ihr Sieg sein, soweit sie den Kampf überleben, und in der Errichtung des demokratischen Deutschlands werden sie den Triumph ihrer freiheitlichen Ideen sehen. Aber das Schicksal der deutschen Staatsbürger jüdischer Herkunft ist doch ein ganz anderes. Die Juden haben seit mehr als sechshundert Jahren in Deutschland gelebt. In dieser langen Zeit haben sie sich wie jeder andere Deutsche das Recht erworben, in Deutschland ihr angestammtes Heimatland zu sehen. Die deutschen Juden haben im Verhältnis zu ihrer Zahl zu der Entwicklung der deutschen Kultur und Wirtschaft in außerordentlichem Maße beigetragen, viel mehr sicherlich, als die gleiche Zahl nicht-jüdischer Deutscher. Sie haben von Deutschland nicht nur erhalten, sondern sie haben auch an Deutschland in reichem Maße gegeben. Nun hat sie Hitler ausgeplündert, gefoltert, beleidigt, ihre Familien zerstört und unzählige von ihnen ermordet. Die jüdische Bevölkerung ereilte dieses Schicksal nicht, weil sie eine die Nazi bekämpfende politische Minderheit war oder weil sie das alte Regime zu verteidigen versuchte, sondern weil sie Juden waren. Deshalb wurden sie von Hitler als Landfremde erklärt und als feindlicher Volksteil behandelt.

Die nicht-jüdischen Deutschen, die dieses Verbrechen nicht verhinderten, die es zuließen, daß die deutschen Juden als Volksfeinde erklärt und behandelt wurden, haben deshalb heute die Verpflichtung, die Juden als nationale Minderheit anzuerkennen. Daraus ergibt sich, daß den deutschen Juden der durch die Nazihorden zugefügte unermeßliche moralische und wirtschaftliche Schaden ebenso ersetzt werden muß, wie jeder anderen von Hitler unterjochten Nation.
Die Einzelheiten der Wiedergutmachung habe ich schon früher einmal geschildert. Bei Durchsicht meines damaligen Artikels »Hitlers Antisemitismus und wir« werden Sie finden, daß die dort geschilderten Ziele der Bewegung Freies Deutschland zur Lösung der Probleme der deutschen Staatsbürger jüdischer Herkunft durchaus anwendbar und durchführbar sind. Eine gewisse Änderung des wirtschaftlichen Systems in Deutschland kann es verhindern, daß eine Rückgabe von Riesenvermögen, die früher in jüdischen Händen waren, erfolgt. Aber die jüdischen Multimillionäre waren an Zahl gering. Die große Mehrheit unserer jüdischen Mitbürger waren Ärzte, Wissenschaftler, Juristen, Kaufleute, Handwerker, Arbeiter und Bauern. Ihnen kann ihr geraubtes Eigentum zurückgegeben und ihre Existenz wieder hergestellt werden. Dazu wird ein kommendes demokratisches Deutschland immer in der Lage sein, ebenso wie zur Entschädigung jener deutschen Juden, die nicht wieder nach Deutschland zurückkehren oder die nach dem Kriege Deutschland verlassen wollen.
Ich bin überzeugt, daß Ihre Auffassungen vollständig mit den meinen und denen der Bewegung Freies Deutschland über diese entscheidenden Probleme übereinstimmen, deren gerechte Lösung zu den Voraussetzungen für eine Wiederherstellung Deutschlands als Kulturnation gehören.

Paul Merker blieb seiner bemerkenswerten Offenheit für alle denkbaren, von den Juden selbst zu wählenden Lösungsmöglichkeiten des Judenproblems treu. 1948 begrüßte er in seinem Artikel »Der neue Staat des jüdischen Volkes entsteht« (in: Die Weltbühne, 1948, H. 5/6, S. 110–116) vorbehaltlos den auf die Initiative der USA und der UdSSR zurückgehenden Beschluß der UN-Vollversammlung, Palästina zwischen Juden und Arabern aufzuteilen, und stellte sich energisch hinter die damalige Politik der Sowjetunion, die auf die Bildung eines unabhängigen jüdischen Staates in Palästina abzielte. Wenige Jahre später verlor Merker in der DDR Rang, Ansehen und Beruf. Daß er in Ungnade fiel, war wesentlich darauf zurückzuführen, daß er als eigentlicher Repräsentant der Westemigration galt.
Bewegung Freies Deutschland: Angeregt durch die Gründung des Nationalkomitees »Freies Deutschland« in der Sowjetunion bildeten sich auch in anderen Exilländern (z. B. Mexiko, Schweiz, Schweden, Großbritannien, gegen Ende des Krieges auch im bereits befreiten Frankreich) KP-orientierte Gruppierungen, die sich als Teile einer Bewegung »Freies Deutschland« betrachteten. In weiterem Sinne verstanden, muß auch das amerikanische »Council for a Democratic Germany« in diesem Zusammenhang genannt werden. All diese Bestrebungen versuchten, den Volksfrontgedanken der dreißiger Jahre wiederaufzunehmen, wobei das sich abzeichnende Kriegsende zur vermehrten Reflexion über die Gestaltung Nachkriegsdeutschlands (sowie den erstrebten Anteil daran) Anlaß gab (vgl. Anm. S. 1159 sowie Anm. S. 1166).
Kreis um Brüning und Treviranus: Bürgerlich-konservativer, rechtsstehender Teil der

Emigration. Heinrich *Brüning*, 1885–1970, 1924–1933 Mitglied des Reichstags (Zentrumspartei), wurde März 1930 Reichskanzler und versuchte, gestützt auf die bürgerliche Mitte und den Reichspräsidenten (Präsidialregierung), mit Notverordnungen der Krise Herr zu werden. Im Mai 1932 von Hindenburg entlassen, emigrierte 1934 in die USA. Gottfried *Treviranus*, 1891–1971, 1924–1932 Mitglied des Reichstags, Deutschnationaler, gründete jedoch als Gegner Hugenbergs 1930 die Volkskonservative Vereinigung. 1930–1932 im Kabinett Brüning, zuerst als Reichsminister für die besetzten Gebiete, dann als Reichskommissar für die Osthilfe, schließlich Reichsverkehrsminister. 1933 Emigration über England nach Kanada, 1948 Rückkehr.
Hans Vogel, 1881–1945, sozialdemokratischer Reichstagsabgeordneter, Vorsitzender des emigrierten Vorstandes der SPD, lebte als Emigrant in London.
Paul Merker: *»Hitlers Antisemitismus und wir«*, in: Freies Deutschland, Jg. 1 (1941/42), H. 12, S. 9–11.

Freies Deutschland

Heinrich Mann, Lion Feuchtwanger, Bertolt Brecht
Aufruf an die Deutschen*

Deutsche!

Dieser Appell ist ein Rettungsruf, für alle und auch für euch, Deutsche. Ihr habt die Welt und euch selbst in ein Unglück gestürzt: es überschreitet jedes Maß. Bald ist es nicht mehr gutzumachen, es sei denn, daß ihr es beendet.
Ihr allein könnt den verderblichsten und sinnlosesten aller Kriege abbrechen. Alle anderen müssen bis auf das äußerste verteidigen, was ihr ist und wofür sie leben: ihr Land und ihre Kinder, ihre Freiheit, ihre sittlichen und sozialen Errungenschaften. Das alles ist angegriffen worden. Der Angreifer ist euer Führer, dem ihr gehorcht habt bis in das augenscheinliche Verderben hinein. Es ist unmöglich, daß ihr sein Verbrechen noch länger überseht.
Ihr könnt ihn zwingen, abzutreten. So viel es euch kosten mag, viel teurer kommt es euch zu stehen, wenn ihr ihm weiter erlaubt, Tod und Vernichtung über die ganze Erde zu verbreiten. Deutschland ist nicht ausgenommen; Deutschland teilt das Schicksal, das es der Welt bereitet, und an den Folgen seiner Fehler wäre sein eigener Anteil der furchtbarste.
Euch bleibt keine Wahl, ob ihr die Waffen niederlegen oder siegen wollt. Der Sieg ist nicht gegeben. Er wird euch weder erlaubt, noch seid ihr ihm gewachsen. Die Niederlage eurer Heere gegen die kriegerischen Arbeiter und Bauern der Soviet-Union war verhängt und beschlossen: nicht erst seit dem Tage, als ihr in Rußland einbracht. Schon als euer Führer, August 1939, seinen Krieg begann, war euer Mißerfolg beschlossen und verhängt.
Welteroberungen mißlingen immer. Man muß unwissend wie euer Führer sein oder verzweifelt wie er, um sich darüber noch zu täuschen. Jetzt habt ihr erfahren: etwas anderes ist, motorisiert durch verratene Länder zu jagen, und etwas

---

* Heinrich Mann, Lion Feuchtwanger, Bertolt Brecht: Aufruf an die Deutschen, in: Aufbau, Jg. 8 (1942), H. 15, S. 5. – Gekürzte Fassung des von der »German American Emergency Conference« vorbereiteten Appells.

anderes ist, ein Volk, das seine Erde heilig hält, von ihr zu verdrängen. Ihr seht: man wird schneller zurückgeworfen als man eingedrungen war. Jeder Eroberer findet zuletzt seinen Meister. Jeder falsche Dünkel begegnet endlich der Wahrheit.

Die Wahrheit ist, daß eure Niederlagen auf russischem Boden nie mehr einzuholen sind; daß sie sich eher verwandeln werden in Niederlagen auf deutschem Boden. Oder ihr kündigt vorher eurem Führer, der euch ins Verderben führt, den Gehorsam.

Die Wahrheit ist, daß jeder Feind, der euch heute gegenübersteht, den festen Willen hat, den deutschen Angriffen ein Ende zu machen. Das Britische Reich hat den Willen. Die Vereinigten Staaten von Amerika haben den Willen. Beide großen Mächte haben auch die Kraft. Blickt auf die Rote Armee und erkennt, daß der Wille, einen Angreifer zu brechen, die Kraft ihn zu brechen mit einschließt.

Die Wahrheit ist, daß ihr in den Ländern Europas, die ihr für erobert haltet, verhaßt seid. So sehr verhaßt, ist man kein Sieger. So furchtbar verhaßt, wie euer Führer euch gemacht hat, wird man die Unterwerfung der Völker nie, ihre Mitarbeit nie, wird nur ihre Rache kennenlernen.

Fürchtet nicht allein fremde Rache; fürchtet euer Gewissen! Es spricht zu euch; hier wiederholen wir die Warnungen eures eigenen Gewissens. Ihr hört es. Ihr könnt nicht siegen, spricht euer Gewissen; denn euer Führer ist schlecht.

Euer Führer ist der tückische Vernichter der Menschen; und da ihr Menschen seid, vernichtet er euch. Zuerst euch opfert er, zahllos und ohne Bedenken. Bedacht hat er nie, was er tat. Euch verbietet er zu denken; denn er selbst kann nicht denken, nur lügen.

Heute, nach aller begangenen Gewalt, fragt euer Führer, warum man sein System zerstören wolle, er dränge es doch keinem auf! Aber er hat gar kein System. Was er der ganzen Welt aufdrängen möchte, ist seine nichtswürdige Person allein: ein Wesen, gemacht aus Bosheit und Dummheit. Ihr habt es zu lange ertragen.

Überwältigt euren Führer, der euch, mit Haß und Unehre beladen, ins Verderben führt. Vollbringt in der äußersten Stunde das Einzige, was euch freisteht, um die Menschheit, die euch niemals als Feind haben wollte, vielleicht zu versöhnen; das Einzige, was Deutschland retten kann.

Erich Weinert
Rede auf der Gründungstagung des Nationalkomitees »Freies Deutschland« am 12. Juli 1943*

Meine Herren! Erlauben Sie mir, daß ich in meinem Bericht über die Entstehung unseres Nationalkomitees »Freies Deutschland« etwas weiter aushole, als es zu einer objektiven Darstellung dieses Prozesses erforderlich erscheint. Lassen Sie mich leidenschaftslos und sachlich über einige Dinge sprechen, die zu unserer Selbstverständigung nicht unwichtig sind und die Klärung fördern, deren wir bedürfen.

Je mehr alle sozialen Schichten unseres Volkes von den Folgen der verhängnisvollen Politik des Hitlerregimes in Mitleidenschaft gezogen wurden, um so allgemeiner wurde auch die Erkenntnis vom wahren Wesen dieses Systems und der Notwendigkeit, es abzuschaffen.

Und diese Folgen entsprangen nicht nur dem Kriege selbst, sie wurzelten schon in den Vorbereitungen zum Kriege. Als Hitler zur Macht kam, gab es für ihn nur ein Ziel: Krieg! Die pazifistischen Beschwörungen der ersten Jahre waren Sand in die Augen der Welt. Aber nicht alle haben sich Sand in die Augen streuen lassen. Wer das Buch »Mein Kampf« aufmerksam gelesen hatte, mußte wissen, mit wem er es zu tun hatte.

Die eigentlichen Vorbereitungen zu diesem Kriege begannen nicht erst, als Hitler die Allgewalt im Staate in die Hand gespielt worden war. Unter dem Vorwand der soldatischen Erstarkung der Nation, unter dem Mißbrauch edler nationaler Gefühle, bemächtigte sich Hitler der Seele breiter an ihn glaubender Schichten und vor allem der deutschen Jugend, um sie für sein blutigstes und gefährlichstes Abenteuer zu gewinnen, für den Eroberungskrieg, für den Krieg um den sogenannten Lebensraum. Er verschaffte sich eine verführerische Legitimation mit der Verheißung, die Ketten von Versailles zu sprengen. Aber von diesen Ketten war wirklich nicht mehr viel zu spüren; und auch die letzten Reste hätten sich auf Grund einer einfachen Verständigung beseitigen lassen. Die erste Ausweitung des Krieges jedoch auf Länder, die mit dem Vertrag von Versailles in gar keiner Verbindung standen, hat den wahren Charakter dieses Krieges entlarvt als den eines gewöhnlichen Eroberungsfeldzuges. Wir wissen, daß das deutsche Volk im Jahre 1939 nicht leichten Herzens in den Krieg ging. Die Spuren des letzten Weltkrieges schreckten noch. Als jedoch die ersten Siege im Osten und Westen mit solcher Leichtigkeit gelangen, wurde die Furcht breiter Volksmassen vor einem langen Krieg wieder eingeschläfert. Und als diese Erfolge gar noch als

* Erich Weinert: Rede. Auf der Gründungstagung des Nationalkomitees »Freies Deutschland« am 12. Juli 1943, in: Internationale Literatur, Jg. 13 (1943), H. 9, S. 1–5.

ein Beweis für die Unbesiegbarkeit der deutschen Waffen in die Welt posaunt wurden, machten viele Deutsche sich schließlich kein Gewissen mehr daraus, ob es ein gerechter Zweck war, zu dem der Krieg noch weitergeführt wurde. Das ist ein schwerer Vorwurf, aber er muß erhoben werden. Aber die Stimme der Kämpfer gegen Hitlers Abenteuer schwieg nicht; sie drang doch schließlich unmerklich in das Gewissen vieler Deutscher. Schon in der Zeit, als es noch gar nicht den Anschein hatte, daß Deutschland diesen Krieg überhaupt verlieren könnte, stellten sich doch schon die ersten Ahnungen einer Gefahr ein, als England unbesiegt aus dem Renkontre der ersten zwei Jahre hervorgegangen war, und erst recht, als der Überfall auf die Sowjetunion begann, mit dem das Volk in wahrhaft verbrecherischer Weise überrumpelt wurde.
Die meisten von Ihnen, meine Herren, wissen ja aus eigener Erfahrung, mit welchen bedrückenden Gefühlen unser ganzes Volk die Schreckensnachricht vom Einbruch in dieses Land aufgenommen hatte, das soeben noch in Freundschaft mit Deutschland gelebt hatte. Die außerhalb des Hitlermachtbezirks lebenden Deutschen, die besser in der Lage waren, die wahren Kräfteverhältnisse einzuschätzen als der einseitig und tendenziös informierte Mann im Lande, wußten vom ersten Tage an, daß nun die Schicksalsstunde des Hitlerregimes geschlagen hatte. Unter ihnen war nicht einer, der sich hätte von den glänzenden Anfangserfolgen täuschen lassen. Aber viele Deutsche ließen sich wieder blenden und beschwichtigten ihr eben wach gewordenes Gewissen und die Unruhe der ersten Schrecken damit, daß auch dieser Feldzug ja im Handumdrehen gewonnen werden würde und daß er die letzte Phase des Krieges bedeute. Die Verlockungen des zu erobernden »Lebensraums« waren stärker als sittliche Erwägungen und verscheuchten sogar die trüben Ahnungen wieder. Auch das ist ein bitterer Vorwurf für unser Volk. Aber es muß gesagt werden.
Erst der erste Rückschlag bei Moskau im Winter 1941/42, und dann, in steigendem Maße die nicht mehr wegzuredende, immer mächtigere Entfaltung der Kampfkraft der Roten Armee und ihres Potentials, endlich die Katastrophe bei Stalingrad und das Zurückfluten der deutschen Truppen bis auf die jetzige Linie, gaben der Siegeszuversicht des deutschen Volkes den entscheidenden Stoß und erschütterten die Glaubwürdigkeit Hitlers und das Vertrauen in seine Eignung als Heerführer. Das Volk begann sich von Hitler abzuwenden. Mit dem immer sichtbarer werdenden Bankrott der Politik und der Kriegführung Hitlers, mit der immer deutlicher in Erscheinung tretenden Gefahr einer nationalen Katastrophe begann ein Erwachen bis tief in die Kreise hinein, die Hitler bisher blindeste Gefolgschaft geleistet hatten. Immer mehr begann das Gefühl sich zu regen, welche Schuld das Volk, den Opfern, die im Kampf gegen Hitler gefallen waren, abzutragen haben. Immer lebendiger wurde das Bedürfnis nach Verständigung und Zusammenschluß aller Kämpfer gegen Hitler zu einer Kampffront, zu einer wahrhaft nationalen Einheitsfront. Viele der deutschen Kriegsgefangenen, die nun dem Einfluß der Kriegspropaganda und der lügenhaften Berichterstattung entgangen waren und erst in der Gefangenschaft – welche Paradoxie, meine

Herren! – unumwunden ihre Meinung sagen durften, was ihnen in ihrem eigenen Lande verwehrt war, kamen bald zur Besinnung. Sie hatten den Mut, sich offen auf die Seite der Hitlergegner zu stellen, ungeachtet aller Verdächtigungen und des Boykotts durch solche, die nur aus Mangel an Einsicht nicht begriffen, daß nicht jene die Verräter am deutschen Volk waren, die sie als das bezichtigten, sondern sie selber.

Das Eis war nun einmal am Brechen. Je länger der Krieg dauerte, je mehr die Versprechungen Hitlers sich als gewissenloser und sogar bewußter Betrug entlarvten, je aussichtsloser die militärische Lage und je sinnloser daher die Fortsetzung des Krieges, je beunruhigender die Bedrohung unseres Landes durch eine furchtbare Gefahr wurde, je mehr die neuen Kriegsgefangenen die Bankrottstimmung an der Front oder die Stimmung des Überdrusses am Krieg in der Heimat mit in die Lager brachten, um so breiteren Schichten unter den Offizieren und Soldaten wurde die gebieterische Notwendigkeit klar, daß man die Dinge unmöglich laufen lassen könne, daß jetzt für weltanschaulichen und parteilichen Partikularismus kein Platz mehr sei, daß ein Abseitsstehen von der immer sichtbarer werdenden Kampffront gegen Hitler dem nationalen Verrat gleichkomme. Nur die Einigung unseres ganzen Volkes zu einer mächtigen Front gegen Hitler und seinen Krieg kann die nationale Katastrophe verhüten! Das war die Erkenntnis, die in den Kriegsgefangenenlagern immer mehr Raum gewann. Sie wurde immer offener ausgesprochen und drängte schließlich zur Entscheidung.

Sie selbst, meine Herren, wissen, wie die Bewegung in Ihren Lagern wuchs, trotz der Widerstände, die noch in geringerem oder höherem Maße spürbar waren. Wobei ich betonen möchte, daß diese Widerstände sehr oft nicht einmal bösem Willen entsprangen, sondern einfach ein Verschanzen hinter schwer ausrottbaren Vorurteilen waren. Ich gebe zu, es ist nicht leicht, altes Gedankengut, an das man sich gewöhnt hatte, über Bord zu werfen. Aber wir stehen vor der entscheidendsten Stunde in der Geschichte unserer Nation, und da wird die Berufung auf solcherlei Bedenken zur ungewollten Beihilfe zum größten Verbrechen an unserem Volke und an anderen Völkern. Das muß einmal mit aller Deutlichkeit gesagt werden.

Die Männer, die sich hier zum Kampf zusammengefunden haben, Offiziere, Soldaten und Nichtsoldaten, Deutsche aller politischen Richtungen, haben diesen ersten mutigen Schritt getan. Sie haben in ihren Lagern die Fahne der Erhebung gegen den Verderber Hitler ergriffen, der sich immer noch weigert, vom Schauplatz der Geschichte abzutreten, obwohl er weiß, daß er Deutschland mit in den Untergang reißt. Aus allen Lagern sind Bevollmächtigte dieser wahren nationalen Front hierhergeschickt worden, als der Aufruf des Vorbereitenden Ausschusses zur Bildung eines Nationalkomitees an sie gelangte, der auf Initiative einiger deutscher Männer ins Leben gerufen worden war.

Meine Herren, wir hatten uns nicht der Illusion hingegeben, daß ein solcher Zusammenschluß eine Sache wäre, die leicht zu fügen ist. Nein, meine Herren, das wäre es gewesen, wenn nichts anderes verlangt worden wäre als ein einfaches unverbindliches Lippenbekenntnis, und wenn es sich um die Gründung eines zu nichts weiter als zur Zugehörigkeit verpflichtenden dekorativen Vereins handelte. Aber das sind wir nicht und wollen es auch nicht sein. Hier handelt es sich um mehr, meine Herren. Hier handelt es sich um eine große geschichtliche Tat, die in ihrer Führung Männer erfordert, die nicht von irgendwelchen Statuten geleitet werden wollen, Männer, von denen jeder einzelne, möge er kommen, woher er wolle, das Bewußtsein der Verantwortung vor seinem Volke trägt. Hier handelt es sich um Männer, die nicht darauf warten, daß für sie Kampfbefehle ausgearbeitet werden, nach denen sie marschieren. Hier handelt es sich um Männer der selbständigen Tat, die nur dem Befehl ihres nationalen Gewissens folgen. Es wäre aber auch andererseits der Sache wahrhaftig nicht gedient, wenn wir ein Gremium von Leuten darstellten, die, in der Befürchtung, der Sache zu schaden, nun ihre Vorbehalte, ihre Kritik, ihr Mißtrauen aus falscher Disziplin verbergen. Nein, das würde zur Lähmung der lebendigen Kräfte führen, die sich hier entfalten sollen. Zum Kämpfer gehört der ganze Mann, der aus seiner Meinung keinen Hehl machen soll. Wer bei unserer Sache der Freiheit ist, wird wissen, daß alle aus Stand, Bildung und Bekenntnis hervorgegangenen Verschiedenheiten überhaupt nicht von Gewicht sind gegenüber der großen einigenden Aufgabe, der Rettung Deutschlands und der Wiedergeburt unseres Vaterlandes als einer freien und unabhängigen Nation, deren Bürger einmal gelernt haben werden, stolz zu sein darauf, daß sie sich selbst regieren und niemals mehr zulassen werden, daß ihre Tugenden von Scharlatanen, Abenteurern und politischen Glücksspielern mißbraucht werden und der Bestand unserer Nation aufs Spiel gesetzt wird. Die Dinge, die uns einigen, sind groß, die Hemmungen, die es noch gibt, sind wesenlos daneben.

Als wir uns das erstemal begegneten, sind wir uns nicht schwärmerisch in die Arme gefallen. Nein. Jeder hatte seinen Willen, seine Initiative, seine Pläne, seine eigene Meinung mitgebracht über die Anwendung der Mittel, mit denen wir den Kampf führen werden. Der Bund, den hier Männer aus allen Schichten unseres Volkes eingegangen sind, ist ein Kampfbund. Für Böswilligkeit oder schlechte Gewohnheiten wird bei uns kein Platz sein.

Die Männer, die ich vor mir sehe, sind die Bevollmächtigten des Willens von Zehntausenden. Sie wissen, meine Herren, unsere Front ist schon nicht mehr klein, obwohl die Flamme unseres Kampfes erst entzündet worden ist. In manchen Lagern sind es schon Hunderte und Tausende von Offizieren und Soldaten, die sich offen eingereiht haben in den kompromißlosen Kampf gegen das Hitlerregime.

Wir sind der festen Überzeugung, daß unser Aufruf zum Befreiungskampf über kurz oder lang von der übergroßen Mehrheit aller Deutschen mit der Zustimmung zur Tat beantwortet werden wird.

Auch an der Front wird er den Geist der nationalen Pflicht wecken und den noch unter Waffen stehenden Soldaten zum Bewußtsein bringen, daß es jetzt nur noch ein Gebot gibt: Front zu machen gegen den wahren Feind unseres Volkes, gegen Hitler und die Nutznießer seines Krieges. Wir werden den Weg finden an das Ohr des deutschen Volkes und es wachrufen aus der Lethargie des Leides und der Tränen. Wir werden nicht mit Beschwörungen und Lamentationen arbeiten, unsere Sprache wird die soldatische Sprache des unerbittlichen Kampfes sein. Wir werden nicht mit vornehmen Deduktionen zu Werke gehen, wir werden mit der Waffe des Wortes so zuschlagen, daß der Gegner es spürt.

Die Körperschaft, die unsere Bewegung leitet und die sie vor unserm Volke und vor der Welt vertreten soll, trägt den Namen »Nationalkomitee ›Freies Deutschland‹«. Geben wir unserer neuen Fahne »Freies Deutschland« die Bedeutung, die ihr gebührt. Unser Ziel ist das freie Deutschland. Aufgaben und Ziel unseres Kampfes haben wir in gemeinsamer Arbeit festgelegt in einem Manifest, zu welchem sich alle Bevollmächtigten als der programmatischen Grundlage unseres Kampfes feierlich bekannt haben.

Der Name »Freies Deutschland« bedeutet, daß wir ein Deutschland wollen, das frei ist von jeder äußeren und inneren Knechtschaft. Die Voraussetzung der äußeren Freiheit jedoch ist die innere Freiheit unseres Volkes. Wenn das deutsche Volk die Dinge laufen läßt und nicht die entwürdigendste innere Knechtschaft seiner Geschichte, das Hitlertum, abschüttelt, so wird es sein nationales Unglück vollmachen und auch der äußeren Knechtschaft nicht mehr entgehen können. Wenn unser deutsches Volk nicht das Piratenschiff Hitlers verläßt, bevor es scheitert, so wird es sich jedes Recht verwirkt haben, nicht mit Hitler identifiziert zu werden.

Hitler ist nicht Deutschland. Dieses Wort wurde seit zehn Jahren in der ganzen Welt von Menschen gesprochen, die das Vertrauen zu unserm Volke, das einmal die Achtung der ganzen Welt besaß, nicht aufgeben wollten.

Hitlers Krieg ist verloren. Aber Deutschland darf nicht verlorengehen. Und es wird nicht verlorengehen, wenn es der Welt zeigt, daß es nicht verdient, mit Hitler in einem Atem genannt zu werden, wenn es den enormen Kräften, die es jetzt im verderblichen Dienst an diesem antinationalen Krieg vergeudet, eine neue Stoßrichtung gibt und der Freiheit eine Gasse bahnt. Die Kräfte sind da, innerhalb und außerhalb Deutschlands. Es bedarf nur noch des Anstoßes und des brüderlichen Zusammenschlusses, und eine Bewegung wird in aller Welt sichtbar werden, an der alle Waffen des Terrors und der Verleumdung zerschellen.

Unsere Bewegung »Freies Deutschland«, verkörpert in den Männern des Volkes, die hier versammelt sind, ist eine organisierte Kraft zur Rettung Deutschlands vor der Katastrophe, in die Hitler und seine Hintermänner es treiben. An dieser jungen Flamme soll sich der Widerstandswille im Lande und an der Front entzünden. Diese neue Front ist kein Aufgebot im luftleeren Raum, sie ist ein untrennbarer Teil der großen, noch unterirdischen Bewegung in der Heimat und an der Front. Mit der Schaffung dieser organisierten Kraft treten wir in einen Wendepunkt des Krieges ein!

Die Sowjetregierung legt unserer Sammlung in diesem Lande kein Hindernis in

den Weg. Das bedeutet mehr, meine Herren, als eine einfache Tolerierung. Das bedeutet, daß die Sowjetunion einer wahren deutschen Freiheitsbewegung ihre Sympathie nicht vorenthält. Das bedeutet, daß die Sowjetunion eben nicht das deutsche Volk in einen Topf wirft mit Hitler, trotz des unsäglichen Leids, das deutsche Soldaten diesem Lande zugefügt haben. Das bedeutet, daß sie Vertrauen hat zu den Männern, die den Kampf gegen Hitler aufnehmen. Und dieses Vertrauen werden wir rechtfertigen.
Ich zweifle nicht daran, daß unsere Bewegung auch in anderen Ländern großen Widerhall finden wird, und daß allein schon die Tatsache, daß sie besteht und lebt, unserem Volk einen Teil der Achtung und des Ansehens zurückbringen wird, um die Hitler es gebracht hat.
Die Zeit drängt. Wir haben keine Zeit mehr zu verlieren. Je mehr Hitler sich in das Unabwendbare verstrickt, um so verheerender wird seine Raserei werden. Um sein eigenes Ende hinauszuschieben, wird er den letzten deutschen Mann in den Rachen des Krieges werfen. Ebenso bedenkenlos, wie er vor Stalingrad eine Viertelmillion deutscher Männer opferte, würde er das ganze deutsche Volk dem Untergang preisgeben. Je mehr ihm das Wasser an die Kehle steigt, um so mehr wird er zur Desperado-Strategie greifen. Die wahnwitzige Offensive, die er am 5. Juli am Frontabschnitt von Kursk unternommen hat, und die schon nach wenigen Tagen unter unvorstellbaren Verlusten an Menschen und Material zusammengebrochen ist, ist der beste Beweis dafür. Jeder Tag kostet Deutschland unerhörte und sinnlose Opfer. Er wird nicht zögern, unser Volk zu opfern. Aber unser Volk will leben! Es kann aber nur noch leben, wenn es mit Hitler aufräumt, der zur Genüge bewiesen hat, daß er sowohl als Staatsmann und Diplomat als auch als Stratege nichts anderes ist als ein unfähiger Bankrotteur, der um der egoistischen Ziele von Interessengruppen willen, nichts Geringeres aufs Spiel setzte als das Leben, die Freiheit und die Ehre der deutschen Nation.
Was hat er aus unserem Volk gemacht? Aus einem Volk, das einmal gewohnt war, wenn auch nur in bescheidenem Maße, über die Verwaltung seines Staates mitzusprechen, im freien Zusammenschluß seine elementarsten Rechte zu vertreten, Rechenschaftslegung zu fordern über die Verwendung der Volksvermögen? Dieses Volk ist zu einer Armee rechtloser Kriegssklaven geworden. Hitler hat die Blüte der Nation auf den Schlachtfeldern Europas hingeopfert, den Wohlstand des Landes in den unergründlichen Rachen seiner Rüstung geworfen, um jetzt, wo er alle Güter der Nation verschleudert hat, mit seiner totalen Mobilisierung dem Volk die letzten Kräfte auszutreiben. Mit beispielloser Verantwortungslosigkeit hat er die größten Mächte der Erde herausgefordert und die ganze freiheitsliebende Welt gegen Deutschland aufgebracht. In allen Ländern, die er auf dem Wege seiner Eroberungen an sich gebracht hat, wächst nun für Deutschland nichts als grenzenloser Haß. Treulos allen Verträgen gegenüber, die Lebensrechte anderer Völker mit Füßen tretend, hat er den deutschen Namen mit Schande bedeckt. Unser Volk, das sich bis auf diesen Tag zu jedem schändlichen Unternehmen mißbrauchen läßt, bezahlt seinen traurigen Gehor-

sam nicht nur mit dem Verlust seiner materiellen Güter, es zahlt auch mit dem Verlust seiner Ehre. Welcher Deutsche könnte noch schweigen, wenn er sieht, wie unaufhaltsam die Fahrt in den Abgrund der Verachtung geht, wie bald unser Volk da angekommen sein kann, wo es in seiner Ohnmacht und Entehrung sich jedes Recht verwirkt haben wird, am Tag des militärischen Zusammenbruchs Hitlers über seine eigenen Geschicke mitzubestimmen. Das wäre die größte nationale Katastrophe Deutschlands in seiner Geschichte! Wenn das deutsche Volk warten will, bis es mit dem Verführer zusammen in den Untergang fährt, so wird es sich ein Friedensdiktat gefallen lassen müssen, das den ganzen nationalen Bestand Deutschlands in Frage stellt. Das muß mit aller Entschiedenheit gesagt werden. Aber das darf nicht geschehen! Wir wollen nicht ein Volk werden, das aus eigener frevelhafter Schuld oder Blindheit sich selbst dahin bringt, daß man es entmündigt. Will das deutsche Volk diese Schande auf sich laden? Nein, das kann unser Volk nicht wollen. Es will seine nationale Freiheit, Unabhängigkeit! Aber die kann und wird es haben, wenn es die Fahne der Erhebung gegen Hitler ergreift, wenn es keine Hand mehr für diesen Krieg rührt, wenn es den Völkern das Gericht über Hitler und seine Komplicen vorwegnimmt. Das ist der Weg der Ehre unseres Volkes.

Wir wissen: an Hitler kleben heute noch seine Mitverschworenen und Mitschuldigen. Unser Volk will diese erniedrigende Last abschütteln. Lieber heut als morgen. Aber Furcht und Kleinmut, Unklarheit und Unentschlossenheit, die unseligen Erbübel unseres Volkes, lähmen noch seinen Mut und seine Entschlüsse. Es bedarf erst einer sichtbaren, gesammelten Kraft, es aus seiner tödlichen Agonie zur Aktion zu treiben.

Hier stehen wir heute zusammen, das Nationalkomitee »Freies Deutschland«, jetzt noch die Vertreter von zehntausenden Deutschen. Bald wird das Volk uns zuwachsen. Hier ist die neue Kraft, zusammengeschlossen über alles Trennende hinweg zur aktiven Front, die dem großen Kampf zur Rettung und Befreiung unseres Vaterlandes den ersten und beispielhaften Anstoß geben soll. Das ist der Sinn und die Aufgabe unseres Nationalkomitees.

Aber seine Aufgabe ist nicht nur die Abwendung der Katastrophe, sein Ziel ist die Schaffung einer Grundlage, auf der ein freies Deutschland erblühen kann.

Unser neues Deutschland soll hervorgehen aus der freien Willensäußerung all seiner Bürger und Bürgerinnen. Nicht nur die politischen und sozialen Rechte gilt es zurückzuerobern, die auf dem Papier früherer Verfassungen standen, sondern wirkliche Rechte und Freiheiten: das Recht des Zusammenschlusses nach freiem Willen, die Freiheit des Wortes und der Presse, des Gewissens und der Bekenntnisse, die Freiheit des schöpferischen Wirtschaftslebens, Handels und Gewerbes, den Schutz der Arbeit der Schaffenden in Stadt und Land, das Recht für jeden auf Arbeit, Bildung und Erholung und eine wahrhaft soziale Gesetzgebung.

Unser neues Deutschland wird souverän und unabhängig sein, es wird frei sein von der Bevormundung durch andere Staaten, wenn es sich selbst jeder Bevor-

mundung und Beleidigung anderer Völker enthält. Es wird wieder in freiem Güteraustausch mit anderen Ländern leben, als der einzigen gesunden Grundlage eines gesicherten nationalen Wohlstandes.
Unser neues Deutschland wird gesäubert sein von allem abscheulichen Unrat, den die fluchbeladene Hitlerzeit ihm hinterließ. Von allen schändlichen Maßnahmen, die ihren Ursprung im Völker- und Rassenhaß, in der Theorie vom Herrenvolk hatten, wird nicht eine Spur mehr übrigbleiben.
Unser neues Deutschland wird sich aller Opfer Hitlers und seines Krieges annehmen, den Leidenden helfen, den Beraubten ihr Hab und Gut zurückgeben. Alle Lasten aber, die die Hitlerzeit uns hinterlassen wird, werden restlos und nachsichtslos auf die Schultern aller derer gewälzt werden, die sich an Hitlers Regime, an seinem Kriege und an der Not des Volkes bereichert haben.
Unser neues Deutschland wird die Schuldigen am Kriege und an allen Verbrechen gegen Leben und Ehre aufrechter Deutscher, es wird Hitler und seine Gönner, seine Minister, Statthalter und alle dienstfertigen Helfer dem Gericht des Volkes überantworten. Aber es wird keine Rache nehmen an den Verführten und Verblendeten, die, in der Stunde der Entscheidung erwacht, auf die Seite des Volkes treten.
Das wird unser neues Deutschland sein. An uns liegt es, es zu schaffen. Geben wir der Bewegung den ersten Stoß. Bringen wir das bröckelnde Gestein ins Rollen, und über Nacht wird das Land widerhallen vom Donner der Lawine, die eine verfaulte Epoche begräbt.
Und am Tage unseres Sieges werden Männer aus den Reihen der Vorkämpfer hervortreten, legitimiert vom Vertrauen des Volkes, würdig, in seinem Namen zu sprechen und zu handeln. Sie werden dem Krieg ein Ende machen, die Truppen in die Heimat zurückführen und die Friedensverhandlungen einleiten. Und diesen Männern wird niemand einen ehrenhaften Frieden verwehren. Sie werden das Land vor dem Chaos und der Zerstückelung bewahren. Sie werden ihm die Achtung der Völker wiedergewinnen.
Ich weiß, meine Herren, daß die außergewöhnlichen Umstände, unter denen wir Deutschen uns hier, fern von der Heimat, zusammenfinden, in einem Lande, wo wir als Gäste und Sie als Kriegsgefangene leben, unsere Arbeit erschweren. Es wäre wahrscheinlich leichter für uns alle, wenn diese Umstände nicht wären. Dazu kommt noch bei manchem deutschen Soldaten das Bedenken, ob der Ruf aus einem fremden Lande vereinbar sei mit seiner nationalen Ehre. Aber hier gibt es ja Präzedenzien. Sie werden sich aus der preußischen Geschichte erinnern, daß der Preußenkönig Friedrich Wilhelm III. Napoleon, dem Okkupanten Deutschlands, in nichtswürdiger Weise ein großes Kontingent deutscher Soldaten für seinen Raubzug nach Rußland stellte. Gegen diesen Verrat konnte sich im Lande keine Stimme erheben. Eine Reihe der angesehensten Deutschen emigrierte nach Rußland. Davon, meine Herren, wird in den Lesebüchern des »Dritten Reiches« nichts zu finden sein. Es waren Freiherr vom Stein und der deutsche Dichter Ernst Moritz Arndt, die von Petersburg aus sich in Aufrufen

und Gedichten an das deutsche Volk wenden mußten, zur selben Zeit, als deutsche Truppen gegen Moskau marschierten. Es war der große Kriegsphilosoph Clausewitz, der sogar bei den Russen Kriegsdienste nahm, um demonstrativ gegen die Haltung seines eigenen Königs zu protestieren. Und sie waren nicht die einzigen aufrechten und ihrer Nation getreuen Männer, die von Rußland aus gegen ihren König auftraten. Ich erinnere Sie an die Tauroggener Neutralitätskonvention des Generals Yorck, der eigenmächtig Schluß mit dem Krieg gegen Rußland machte und seinem König den Gehorsam verweigerte, weil er den Eid seinem Volk gegenüber höherstellte als den auf einen verräterischen Monarchen. Haben Sie je davon gehört, meine Herren, daß man diesen besten deutschen Männern deshalb Verrat an Volk und Vaterland vorgeworfen hätte? Wohl von niemandem und niemals! Sie sehen, unsere Aktion stellt sogar in der deutschen Geschichte kein Novum dar. Folgen wir dem Vorbild dieser Männer!

Wenn wir Bedenken haben, so sollen es nur die sein, und die soll jeder einzelne von uns sich selbst vorlegen: Bin ich immer und jede Stunde mit ganzem Herzen bei der Sache meines Volkes? Werde ich meinen Mann stehen in diesem Kampf? Werde ich mich so halten, daß mein Volk einst von mir sagen kann: er ist einer der Treuesten gewesen, als es galt, das Vaterland vor seiner größten Erniedrigung zu bewahren?

Richten wir alle unsere Gedanken auf dieses Ziel! Zeigen wir mit unserer Einigkeit und unserer Kraft der ganzen Welt, daß es ein anderes Deutschland gibt als das, was heute noch in der Vorstellung der Menschen besteht. Erfüllen wir unser Herz mit dem großen, unauslöschlichen, edlen Haß gegen die Verderber unserer Nation.

Und der Preis unseres Kampfes, der Preis der Opfer, die auch er kosten wird, wird ein Deutschland sein, das, wie unser Dichter Ernst Moritz Arndt es vorausträumte, »verjüngt und lebenskräftig und in Einheit gehalten unter Europas Völkern dasteht«. Und dieses Deutschland wollen wir im Herzen tragen. Für dieses Deutschland hat unser Kampf begonnen. Das Volk wartet auf den Ruf zum Befreiungskampf. Gehen wir ihm voran!

Das *Nationalkomitee »Freies Deutschland«:* Gegründet am 12./13. 7. 1943 in Krasnogorsk bei Moskau, ein der Volksfront ähnlicher Zusammenschluß. Das NKFD vereinigte emigrierte Kommunisten, Antifaschisten und Oppositionelle aus der Wehrmacht zum Zweck des Sturzes der Nationalsozialisten, der Beendigung des Krieges und des Neuaufbaus der Demokratie in Deutschland. In dem »Manifest des Nationalkomitees ›Freies Deutschland‹ an die Wehrmacht und an das deutsche Volk« waren seine politischen Ziele niedergelegt. Weitere Aktive neben Weinert waren die Kommunisten Pieck, Ulbricht, Becher, Bredel sowie die Generale Paulus, v. Seydlitz u. a. Mit Unterstützung der Roten Armee wurden Mitglieder des NKFD hinter der Front der deutschen Armee abgesetzt, um Widerstandsgruppen aufzubauen. Das NKFD betreute auch deutsche Soldaten in sowjetischer Kriegsgefangenschaft. Mit einer eigenen Zeitung und dem Sender »Freies Deutschland« unterrichtete das NKFD über den tatsächlichen Kriegsverlauf, im Gegensatz zur Propaganda der Nationalsozialisten und der obersten Heeresführung. Nach Kriegsende erfolgte am 2. 11. 1945 die Auflösung des NKFD. – Vgl. Erich Weinert: Das Nationalkomitee »Freies Deutschland« 1943–1945. Bericht über seine Tätigkeit und seine Auswirkung, Berlin/DDR, Rütten u. Loening 1957.

Erika Mann
Eine Ablehnung*

Sie bitten mich, im »Aufbau« zum Problem des »anderen«, des »guten« Deutschland Stellung zu nehmen und meine – ablehnende – Haltung seinen Aposteln gegenüber für Ihre Leser zu begründen.

Gut denn: das Gebaren der »Freien Deutschen« in diesem Lande mißbillige ich zutiefst, weil dem A und O ihrer Umtriebe, – ihrer These von der Verschiedenartigkeit der Nazis und der Deutschen – täglich von den Tatsachen aufs blutigste widersprochen wird. Bis zum Tage des Kriegsausbruches mochte man an ein »anderes« Deutschland glauben, mochte sich einreden, daß eine Majorität »guter«, wenngleich verblüffend inaktiver Deutscher von den Nazis niedergehalten sei. Mir selbst waren derlei Vorstellungen nicht fremd, wiewohl an ihnen festzuhalten von Jahr zu Jahr schwieriger wurde. Als aber ein bis zu den Zähnen bewaffnetes Reich, weit davon entfernt, seine Waffen gegen seine »Versklaver« zu erheben, über Europa hergefallen war, zerstob der Wunschtraum. In der Gegenwart, soviel war deutlich geworden, zählte dies »andere« Deutschland nicht. Deutlich geworden, – wem? Nicht den exilierten deutschen Politikern, die selbst heute noch der von Deutschland zerrütteten Welt von der Unschuld des deutschen Volkes schwätzen. Schuld ist Hitler! Die Gestapo ist schuld! Was, angesichts dieser Deutschen, sollten die Deutschen tun? Nur, was, trotz der Gestapo, die Völker Europas – machtlose, entwaffnete, hungernde, unterworfene Völker – seit langem tun: ihr Äußerstes und Bestes, um dem Unsäglichen ein Ende zu machen. Stattdessen tun sie – noch immer und bis zum Ende – ihr Äußerstes und Bestes für Hitler und seinen Krieg. Wie die Löwen kämpfen sie an allen Fronten. In grauenvoller Einhelligkeit betreuen sie daheim die Kriegsmaschine des »Führers« und, während in den besetzten Gebieten die Sabotage-Akte der Patrioten sich häufen, wissen selbst unsere exilierten Politiker von den Taten der deutschen Antifaschisten kein Lied zu singen. Ihr Lied beschimpft die Welt, die es schließlich müde geworden ist, dem feinen Unterschied zwischen Nazis und Deutschen nachzuträumen, – müde, im Kampf gegen Deutschland.

---

* Erika Mann: Eine Ablehnung, in: Aufbau, Jg. 10 (1944), H. 16, S. 7.

Die deutsche Niederlage, der sie gespalteten Gefühls entgegensehen, trachten sie schon heute in eine reinigende, alles sühnende Revolution umzufälschen, – als ob der totale Zusammenbruch eines fürchterlich geschlagenen Volkes mit Revolution auch nur etwas zu tun hätte. Und schon heute vertreten sie, die Bankrotteure der deutschen Republik, die Machtinteressen des »geläuterten« Reiches. Mitten im Kriege und in Ländern, die ihnen Gastfreundschaft gewähren, gründen sie ihre Vereine, verfassen sie ihre Proklamationen und scheuen sich nicht, die Menschheit mit dem dritten deutschen Weltkrieg zu bedrohen, für den Fall nämlich, daß ihre Ratschläge refusiert werden sollten. Das deutsche Verbrechen, das sie ein Nazi-Verbrechen nennen, hätte die Welt verhüten können und müssen. Sie aber tun, als tilge das Versagen der Polizei die Schuld des Verbrechers, gegen den sich in Zukunft zu sichern, ja, dem auch nur eine Bewährungsfrist zu setzen, sie verbrecherisch schelten. Der Krieg, den sie so hitzig führen, ist nicht unser Krieg.

Es ist, ich muß es aussprechen, ein Jammer und eine Schande und denkbar ungeeignet, Zeugnis abzulegen für ein besseres Deutschland. Die Welt wäre glücklich, es geboren und sich bewähren zu sehn. Die Welt kämpft und wartet.

Die *Freien Deutschen:* s. Anm. S. 1166.

Carl Zuckmayer
Offener Brief an Erika Mann*

Liebe Erika, ich habe Deinen Artikel ›Eine Ablehnung‹ mit Bedauern gelesen. Wenn ich mich gedrängt fühle, Dir zu antworten, so vor allem deshalb, weil ich selbst keiner Gruppe, keinem Ausschuß oder Komitee der deutschen oder österreichischen Emigranten angehöre, weil ich mich nach gründlicher Überlegung entschlossen habe, nicht an Proklamationen teilzunehmen und kein Manifest zu unterzeichnen.

Dieser Entschluß aber hat mit Deiner Art von Ablehnung nichts zu tun, die einem freien Deutschland, mindestens für unsere Tage, von vornherein die bona fides abspricht, und das deutsche Volk en bloc verurteilt.

Es resultiert aus ganz anderen Erwägungen, – die mich bezweifeln lassen, ob eine politische Aktivität der Emigrationskreise heute möglich und nützlich ist, oder ob sie eher dazu geeignet ist, verwirrende Diskussionen zu stiften und eine an

* Carl Zuckmayer: Offener Brief an Erika Mann, in: Aufbau, Jg. 10 (1944), H. 19, S. 7f.

sich gute Bestrebung vorzeitig auf ein totes Gleis zu schieben. Er resultiert ferner aus persönlicher Abneigung gegen theoretische und doktrinäre Fixierungen, und aus einer ebenso persönlichen Auffassung von der außerparteilichen und unabhängigen Stellung künstlerischen Schaffens. Er hat aber nichts gemein mit einer generellen Diskriminierung des deutschen Volkes, die mir ebenso absurd, zelotisch, kurzsichtig –, wirklichkeitsfremd und wahrheitsfern erscheint, wie jedes moralische Gesamturteil über ein Volk oder eine ›Rasse‹.

Völker sind aus Menschen zusammen gesetzt, und Menschen sind Geschöpfe, die beide Wesenspole, den des Guten, den des Bösen, in sich tragen. Eine prinzipielle Einteilung in ›gute‹ und ›böse‹ Völker, oder auch in die ›Guten‹ und die ›Bösen‹ innerhalb der Völker, ist sinnlos. Der Kampf, der heute überall auf der Erde tobt, geht nur darum, welche Grund-Tendenz die zukünftigen Geschicke und das Zusammenleben des Menschengeschlechtes bestimmen wird: der Geist gegenseitiger Hilfe und Achtung, der Respekt vor freier, produktiver Gesinnung, oder der der Gewalt, der Unterdrückung, der eigensüchtigen Sterilität. Man mag das auch Kampf gegen den Faschismus nennen, und hier allein liegt der Schlüssel zur Verhütung eines dritten Weltkrieges. Du weißt das ebenso gut wie ich, und Du weißt auch, daß Faschismus etwas ist, was sich nicht auf einzelne Völker oder Nationen beschränkt, wenn er auch bei einigen, und vor allem leider beim deutschen, zur schlimmsten Entfaltung und Herrschaft gekommen ist. Aber wozu, um Himmels willen, würde dieser Krieg geführt, mit all seinen furchtbaren Opfern und seinen unausdenklichen Leiden, wenn nicht zur Ausrottung des Faschismus in allen Völkern? Macht man aber aus dem deutschen den alleinigen Sündenbock, so verfälscht man die Wahrheit und gefährdet das Endziel dieses Krieges, das über den militärischen Sieg hinausgeht. Wir haben keinen Grund, anzunehmen, daß nicht gerade dort, wo Terror und Gewalttat ihr schändlichstes Gesicht gezeigt haben, eine tiefgehende und ehrliche Katharsis möglich ist. Die Reinigung Deutschlands muß tiefgehend und gründlich sein, aber sie kann der Welt nichts nützen, wenn sie nur eine Zwangsmaßnahme ist, wenn sie nicht von Innen kommt, und wenn ihr die Hilfe und das Vertrauen versagt bleibt, wie uns im Jahre 1918. Wie kann man ›warten, daß etwas geboren wird‹, und gleichzeitig die Geburtshilfe ablehnen? Ich bin mir, weiß Gott, über die Schwächen und Fehler unserer verschollenen Republik im Klaren, und ich wünsche nichts weniger als daß ihr Ebenbild wiederkehrt. Wenn aber jemand sagt, daß die deutsche Demokratie, der Wunsch und die Hoffnung weitester Volkskreise nach dem letzten Krieg, nur ein Trick oder ein Täuschungsmanöver war, so täuscht er sich selbst oder spricht die Unwahrheit.

Kein vernünftiger Mensch wird Lidice, die Geißelmorde, die Quälerei wehrloser Menschen, damit entschuldigen, daß Chamberlain seinerzeit nach Berchtesgaden flog. Kein vernünftiger Mensch wird das englische Volk verantwortlich machen für die Schwächen und Fehler seiner früheren Regierungen, für die sechs Jahre zweideutigen Packelns mit Hitler, die ihm seine Machtentfaltung und die Anzettelung dieses Krieges ermöglichten. Aber die Völker in Polizei- und Verbrechernationen einzustellen, ist ein ebenso oberflächlicher wie hypokritischer Standpunkt. Andererseits wird kein anständiger Deutscher sich der Mitverantwortung für die Schuld entziehen wollen, in die sich Deutschland verstrickt hat, ganz gleich ob er Deutschland verlassen mußte oder nicht. Denn wir haben alle, auch Ihr, nicht genug gegen das Übel getan, als Deutschland noch unser freier Kampfplatz war.

Ich sehe nichts Gutes darin, weder für Deutschland noch für die Welt, wenn als krasser Pendelausschlag gegen den Wahnwitz des Pangermanismus nun ein ebenso krasser Antigermanismus geschaffen wird, der den kleinherzigen und abergläubischen Zügen des Antisemitismus bedauerlich ähnelt. Es wird heute, manchmal von berufener, häufig von unberufener Seite sehr viel über die Deutschen geredet und geschrieben, wobei man ihre Schuld oder Unschuld historisch, psychologisch oder gottweißwie zu belegen sucht. Ich möchte nicht um die Welt in diesen Chorus einstimmen. Eins aber muß ich sagen: je mehr mir Amerika Heimat geworden ist (und ich lebe in diesem Land nicht in einer Fremdenkolonie), je mehr ich es als etwas Lebendiges, mit seinem Hell und Dunkel, lieben lernte, – desto stärker empfand ich die unzerstörbare Verbundenheit mit dem Volk, von dem ich herkomme, und den Wunsch, ihm auch in seiner schwärzesten Stunde gerecht zu werden. Niemand versteht und respektiert diese Empfindung so sehr, wie meine amerikanischen Freunde, von denen manche selbst, oder deren Brüder und Söhne gegen das deutsche Heer kämpfen.

Ich glaube, daß Du im Grund das gleiche meinst und willst, was ich meine – aber die Art Deines Ausdrucks führt zwangsläufig zu etwas anderem: nämlich zur Schaffung neuer, ungesunder Vorurteile, statt gesunder und rechtschaffender Urteile. Ich schreibe Dir nicht als ein ›politischer Gegner‹ oder von einem anderen ›politischen Lager‹, das ich nicht zu beziehen gedenke, – sondern als ein alter Freund, weil mir der Ton Deiner ›Ablehnung‹ zutiefst mißfällt. Es ist kein guter Ton. Er weckt traurige Assoziationen.

Ich hoffe, auf dieses Schreiben keine Antwort zu bekommen, es hat nicht den Zweck, eine Diskussion zu beginnen, die zu nichts führen kann, sondern es möchte nur Dich und andere, die sich in der gleichen apodiktischen Weise äußern, für einen Augenblick vielleicht zum Anhalten des Atems bringen. Ich selbst werde diese Korrespondenz bestimmt nicht fortsetzen, denn ich bin keines Besseren zu belehren, als daß die Welt, weit über die Erde hinaus, ein Ganzes ist, jedes Volk und jeder Einzelne ein Teil vom Ganzen, und daß auch Deutschland – noch in der Nacht – zu jener Menschenwelt gehört, die einem neuen Glauben und einer neuen Gestaltung entgegen lebt.

Ich beschließe diesen Brief mit einer Bitte: bleibt auch in den leidenschaftlichen Auseinandersetzungen dieser kämpferischen Tage auf jener Plattform, zu der Euch Abstammung, Erziehung, menschliches Niveau verpflichtet.

Erika Mann
Offene Antwort an Carl Zuckmayer*

Lieber Zuckmayer. – Besten Dank für Deinen Brief. Du möchtest, sagst Du, keine Antwort. Von hoher Warte hast Du das letzte Wort gesprochen und wünschst nun, daß wir den Atem anhalten – ich und andere. Hättest Du mir den Brief ins Hotel geschickt, wie gern gewährte ich Deinen Wunsch. Wer aber im »Aufbau« Deinen dichterischen Kommentar liest, ohne meine knappe – keineswegs an Dich gerichtete »Ablehnung« gelesen zu haben, der wüßte nie und nimmer, woran er mit mir wäre und ich kann also kaum umhin, nochmals Stellung zu beziehen.

Wogegen wende ich mich? Gegen die Deutschen – alle Deutschen, die ich als ein »böses« Volk am liebsten dem Untergang geweiht sähe? Gegen die *Hoffnung* auf ein besseres Deutschland? Gegen diejenigen, die solche Hoffnung hegen? Oder gar gegen jene, die dem anti-faschistischen Charakter dieses Krieges nicht immer genüge getan finden, im Lager der Alliierten? Gewiß nicht! Ich müßte allem, was ich in diesen elf Jahren gesagt und geschrieben habe, schwachsinnig widersprechen, wollte ich protestieren gegen diese.

Ein prominentes Mitglied des neuen »Council for a Democratic Germany« hat mich gleichfalls adressiert.

»Ich trete«, sagt es, »für das Recht des vom Immigranten unterschiedenen politischen Refugees ein, Politik mit dem Gesicht zu seinem Heimatlande zu treiben.« Dagegen – siehst Du – genau dagegen wende ich mich, gegen diese Begriffsverwirrung, diesen Mangel an Rechtssinn, diese Frechheit. Jetzt und hier und in aller Öffentlichkeit Politik mit dem Gesicht zu Deutschland zu treiben, nennt der Mann sein Recht und fühlt sich berufen, – er und seine Kriegskameraden – den Verein zu gründen, dem beizutreten Du Dich wohlweislich geweigert hast und in dessen Mitgliederliste die repräsentativsten Namen der Emigranten (Einstein, Werfel, Bruno Walter, mein Vater – um nur vier zu nennen) nicht zufällig fehlen.

Das Manifest, das der »Council« kürzlich unter die Leute gebracht hat, ist eine mit anti-faschistischen und sozialistischen Schlagworten kärglich verbrämte Liste von deutschen Forderungen. »Das gute Deutschland« meldet seine Ansprüche an, denn Ansprüche hat es und sie sind, wie ausdrücklich vermerkt wird, nicht geringer als die irgendeines anderen Landes in Europa. Daß, vorläufig, keinerlei »gutes Deutschland« den bescheidensten Existenzbeweis erbracht hat, daß all unsere Hoffnungen auf deutsche Um- und Einkehr unerfüllt geblieben sind und daß wir einem unbesiegten, in seinem Machtdünkel ungebrochenen, fürchterlichen Koloß gegenüberstehen, den zu überwältigen namenlose Opfer

* Erika Mann: Offene Antwort an Carl Zuckmayer, in: Aufbau, Jg. 10 (1944), H. 19, S. 7 f.

fordern wird, stört die »Freien« nicht. »Mit dem Gesicht zur Heimat« treiben sie Politik.
Nirgends – in keinem Satze ihres Aufrufs – findet sich das geringste Gefühl für das Unsägliche, das Deutschland über die Menschheit gebracht hat, nirgends die Einsicht, daß unsere Sorge zunächst den Opfern gebührt und erst in der Folge den Tätern. Deutsche Forderungen – in diesem Augenblick und präsentiert von deutschen Emigranten! Das ist, was ich in meiner »Ablehnung« einen Jammer und eine Schande genannt habe. Ich kann es nicht anders nennen, auch angesichts Deiner Ausführungen nicht.
Du wirfst mir vor, ich sei politisch nicht artikuliert genug gewesen, ehe Hitler zur Macht kam, und hast Recht mit diesem Vorwurf. Deinerseits, freilich, gefällst Du Dir selbst heute in Deiner »persönlichen Auffassung von der außerparteilichen und unabhängigen Stellung künstlerischen Schaffens« und in tiefen, wenngleich politisch wenig fruchtbaren Erkenntnissen wie der, daß die Welt ein Ganzes sei und jedes Volk zur Menschenwelt gehöre. Wie recht Du hast auch wenn Du sagst, es gehe nun jedenfalls darum, welche Grundtendenz die zukünftigen Geschicke und das Zusammenleben des Menschengeschlechtes bestimmen werde: Der Geist gegenseitiger Hilfe und Achtung, der Respekt vor freier, produktiver Gesinnung, oder der der Gewalt, der Unterdrückung, der eigensüchtigen Sterilität – der Geist, den Du in Kürze »Faschismus« nennst und von dem Du allerdings einräumst, daß er »vor allem leider beim deutschen (Volk) zu schlimmster Entfaltung und Herrschaft gekommen ist«.
Aber dort, an der Herrschaft in Deutschland, ist er noch heute und wird er sein bis zum Tage des deutschen Zusammenbruchs.
Was ihm folgen wird, und ob dieses Volk, nach über einem Jahrzehnt geistiger und moralischer Umnachtung, heimfinden wird in ein besseres Selbst, entzieht sich der Voraussage. Was aber die »Freien Deutschen« und ihr Programm betrifft, so geht es da um Dinge, die mit Heilung und Läuterung ganz und gar nichts zu tun haben. Es geht um Macht. Um die deutsche Schwerindustrie geht es, zum Beispiel, von der verhindert werden soll, daß sie auch nur vorübergehend unter alliierte Kontrolle gerate. Um die Integrität deutschen »Hoheitsgebietes« geht es und gegen die territorialen Ersatz-Ansprüche der verwüsteten Länder. Mag sein – ich glaube es, – daß unter den Signatoren viele sich vieler Implikationen ihres Programms nicht versehen. Daß es sich aber da um den Versuch handelt, ein Deutschland aus der Katastrophe zu retten, das imstande – ich sage nicht »willens« – wäre, die Welt aufs neue mit Krieg zu überziehen, kann selbst dem Verträumtesten unter ihnen nicht entgangen sein.
Und Dir? Ist es das, was Du willst und, was nicht zu wollen, Du absurd, zelotisch, oberflächlich, hypokritisch und kurzsichtig nennst?
Deutschland war schön. Du magst mir glauben, daß ich seiner Landschaft und seinen Liedern, daß ich allem, was wir als gut und achtenswert dort kannten, nicht weniger innig verbunden bin als Du. Deutsche *Macht*, freilich, ist unserer Lebtage noch nicht benevolent gewesen. Anzunehmen, daß sie es von nun an

sein werde und zu verlangen, daß die Welt diese Annahme teile und ihr gemäß handle, *scheint* mir unerlaubt.
Das, lieber Zuckmayer, war es, was ich sagen wollte und was ich in anderen Worten gesagt habe in meiner »Ablehnung«. Es auszusprechen, war ich durch Abstammung, Erziehung und menschliches Niveau verpflichtet.

Am 2. Mai 1944 gründeten exilierte Schriftsteller, Künstler, Gewerkschaftler und Politiker (der SPD, SAP, KPD) aus Deutschland das »*Council for a Democratic Germany*«. Vorsitzender war Paul Tillich, das Sekretariat leitete die Mitarbeiterin Brechts Elisabeth Hauptmann. Mitglieder des Council waren: Elisabeth Bergner, Bertolt Brecht, Hermann Budzislawski, Lion Feuchtwanger, Fritz Kortner, Heinrich Mann, Erwin Piscator, Jakob Walcher u. a. Thomas Mann sollte für eine Mitarbeit im Council gewonnen werden, er hatte jedoch bereits 1943 seine eben erteilte gegebene Zusage wieder zurückgezogen. Vgl. S. 1139.

Manfred George
Am Scheideweg*

Die Gründung des »Council for a Democratic Germany« hat eine Entwicklung in der Geschichte der jüngsten Immigration deutscher Sprache zum Abschluß gebracht. Es wird nun völlig klar, wo die Trennungslinie zwischen Immigranten und Exilierten verläuft. Sieht man von der Frage der uns unverständlichen Beteiligung von Juden an solchen »Freien Deutschen Bewegungen« ab, so steht eines fest:
Alle solche Bewegungen betrachten sich als Vertretungen des deutschen Volkes in irgendeiner Form und berufen sich auf ein theoretisches Mandat. Kein Immigrant, der seine ersten Papiere herausgenommen und damit seine Trennung von Deutschland, Österreich usw. besiegelt hat, kann einem solchen Komitee angehören oder seine Ziele aktiv unterstützen. Es gibt eine ganze Anzahl von Persönlichkeiten, die aus diesem Grunde Gäste geblieben sind, und niemand wird deswegen gegen sie diskriminieren. Fast alle »Freien Bewegungen« der Alliierten haben sich so in den Ländern verhalten, in denen sie Zuflucht fanden und unter derem Schutz sie die Befreiung der eigenen Heimat vorbereiteten. Das ist völlig in Ordnung und entspricht der großzügigen Handhabung des Asylrechts, das Demokratien im allgemeinen auszuüben pflegen.
Wir haben seit der Gründung des obigen Komitees zahlreiche Anfragen erhalten, und einige, die den »Aufbau« offenbar mit wenig Verstehen lesen, haben

* Manfred George: Am Scheideweg, in: Aufbau, Jg. 10 (1944), H. 19, S. 4.

ihre Neugier dahin geäußert, »auf welche Seite sich nun wohl der ›Aufbau‹ schlage«. Nun, für den »Aufbau« besteht eine solche Frage überhaupt nicht. Der »Aufbau« ist ein Sprachrohr der Immigration und nicht der Exilgruppen. Er ist ein amerikanisches Blatt, und deutsche Komitees, welcher Art sie auch gegründet sind oder noch gegründet werden, sind für den »Aufbau« ebenso Angelegenheit auswärtiger Mächte und Kräfte wie französische, jugoslawische, polnische usw. Komitees. Wir erleben erst gerade jetzt wieder verschiedene Beispiele in anderen politischen Sektoren des amerikanischen Volkslebens, wo eine mangelhafte Amerikanisierung dazu geführt hat, daß außenpolitische Fragen zu innenpolitischen Drohungen und Manövern früherer Bürger anderer Länder führen. Das ist eine Gefahr, die wir für unsere Einwanderung von vornherein vermeiden wollen, selbst wenn es mitunter die Lösung der Bande zu früheren Freunden bedeuten mag. Aber hier handelt es sich nicht um persönliche Sentimentalitäten, sondern um eine Frage der politischen Grundhaltung, nämlich um die Frage, was zuerst kommt: Amerika oder Deutschland.

Wir sind sicher, daß 95 % aller »Aufbau«-Leser diese Entscheidung bereits getroffen hatten, als sie dies Land betraten. Für diese Majorität und ihre amerikanische Zukunft steht der »Aufbau«. Wir wissen auch, daß das Einwachsen in ein Land keine Angelegenheit von vierundzwanzig Stunden ist und daß manche Jahre, ja Jahrzehnte dazu brauchen und daß es viel ernsthafter Arbeit bedarf, um rein sachlich und fachlich sich die Grundlagen für eine solche Umstellung zu schaffen. Es ist aber eine bereits von den amerikanischen Beobachtern anerkannte und ausgesprochene Tatsache, daß es kaum eine Immigration in die Vereinigten Staaten bisher gegeben hat, die sich so bemüht, so schnell und – so erfolgreich in ihre neue Umwelt eingefügt hat.

Dieser Prozeß darf nicht dadurch gestört werden, daß eine Anzahl Personen, die nach wie vor das Zentrum ihres Lebensschicksals in einem anderen Land sehen, nach außen den Anschein erwecken könnten, daß sie irgendwelche Teile der Immigration vertreten. Das ist nicht der Fall. Darum stellen wir öffentlich fest, daß sie einen Weg eingeschlagen haben, der aus diesem Lande notgedrungen herausführt, während wir auf unserem Weg in das Land weiter hineinschreiten.

Dieser Kommentar Georges zeigt, wie weit sich (vor allem unter dem Einfluß des in und durch Deutschland Geschehenen) die Wortführer der jüdischen Massenemigration von den Zielsetzungen des politischen Exils entfernt hatten. Sie fühlten sich längst weit eher als Immigranten denn als Emigranten, als Einwanderer denn als Auswanderer und damit ihrem bisherigen Gastland und nicht mehr ihrer ehemaligen Heimat verpflichtet. Vgl. hierzu die in der gleichen Nummer und auf der gleichen Seite des »Aufbau« u. d. T. »Kleine Feststellung« publizierte bissig-ironische Notiz von Walter Mehring: »Unwahr ist, daß die Israeliten, nach dem Auszug, einen Verein ›Plagefreies Ägypten‹ gründeten – es ist nicht wahr, daß die Juden, nach der Austreibung, einer Union ›Das andere Spanien‹ beitraten – wahr hingegen ist, daß Juden im Exil dem Vorstand des ›Council for a Democratic Germany‹ angehören.« (a.a.O.)

Council for a Democratic Germany: s. Anm. S. 1166.

Demokratie und Sozialismus

Thomas Mann
Vom zukünftigen Sieg der Demokratie*

[...]

Ich sagte, meine Damen und Herren, der Glaube an den zukünftigen Sieg der Demokratie über ihre Widersacher und dieser Sieg selbst seien an bestimmte Bedingungen geknüpft, deren historische Erfüllung der Demokratie heute obliege. Ich nannte die erste dieser Bedingungen: es ist die tiefe und kraftvolle Besinnung der Demokratie auf sich selbst, die Erneuerung ihres geistigen und moralischen Selbstbewußtseins, die Entbindung ihrer Jugendlichkeit aus dem Menschlich-Zeitlosen durch den Gedanken und das Gefühl. Die zweite wird erfüllt durch die klare und unbeschönigte Einsicht in die zweifellos bedrohlichen praktischen Vorteile, auf die ihr zeitlicher Gegner und Konkurrent, der diktatorische Faschismus, seine eigenen Siegeshoffnungen gründet. Es wäre nutzlos, die Augen zu verschließen vor der – freilich hoch bezahlten – Überlegenheit an außenpolitischer Stoßkraft, die das Diktatursystem zeitigt, vor einer Geschlossenheit des Willens, die nur erzwungen, sehr oft sogar nur scheinbar sein mag, die aber selbst als Vorspiegelung noch wirksam ist, da das System Mittel und Wege kennt, sie nicht nur den andern Völkern, sondern zuerst dem eigenen weiszumachen. Was man aber zu sein glaubt, das ist man bis zu einem gewissen Grade. Ein solches Volk bietet wirklich – wenigstens augenblicksweise – das Bild eines einheitlichen, ungeheuer selbstbewußten und tatkräftigen, in sich harmonischen und synergetischen Staatskörpers dar, gestählt durch eine wirtschaftliche Kriegsaskese, die – man muß die psychologische Tatsache einsetzen – nicht ausschließlich als Druck und Entbehrung, sondern auch als Reiz, als Anlaß zum Stolz und als Gemeinschaftserlebnis empfunden wird. Das Glück, die Freiheit, ja das Leben des Individuums gelten nichts: es ist Staatsbürger und nichts als das, Teilelement der den Staat verkörpernden Nation. Es ist gehalten – zunächst durch Gewalt, die sich allmählich aber auch des innern Menschen versichert –,

---

* Thomas Mann: Vom zukünftigen Sieg der Demokratie, Zürich, Oprecht 1938, S. 36–45. U. d. T. »Vom kommenden Sieg der Demokratie«, in: T. M.: Gesammelte Werke, Bd. 11, Frankfurt a. M., S. Fischer 1960/1974.

sein Denken, Fühlen, Wollen und Handeln in erster und letzter Linie dem Ganzen zu widmen, ihm mit Leib und Seele, Gut und Blut zu dienen. Dem Ziele asketisch-heroischer Kriegstüchtigkeit und zukünftiger Größe ordnet der totale Staat eisern alle Gebiete des öffentlichen Lebens unter. Er wäre nicht total, wenn er irgendeine Art von Leben duldete, das sich seiner Kontrolle, seinem Dienst entzöge. Das darf kein noch so intimer und privater Winkel der Menschenseele. Was wir Kultur nennen: Religion, Kunst, Forschung, höhere Moral, der freie menschliche Gedanke gilt nicht nur nichts, sondern fällt unter das Verbrechen des Landesverrats, sofern er eben irgendwelche Freiheit und Eigenwürde für sich in Anspruch nimmt. Die Demokratie ist im ganzen noch weit entfernt, sich eine deutliche Vorstellung von dieser faschistischen Konzentration, dem totalen Staat, seinem Fanatismus, seiner Unbedingtheit zu machen, die bereit ist, alle Kultur und Menschlichkeit um des Sieges und der Macht willen daranzugeben und sich auf diese unfaire Weise einen nie dagewesenen und für die Gesittung zunächst völlig verwirrenden Vorteil und Vorsprung im Lebenskampf zu verschaffen.

Dennoch muß sie das Neue, das damit in die Welt gekommen ist, in seiner durchaus bösartigen Neuheit begreifen, um dagegen bestehen zu können. Ihre Gefahr ist die humane Illusion, der gute Glaube, dieses neue Wesen werde mit sich reden lassen, es sei durch Nachgiebigkeit, Entgegenkommen, loyale Zugeständnisse für die Idee des Friedens und des kollektiven Aufbaues zu gewinnen. Das ist ein gefährlicher Irrtum, der seinen Grund in einer völlig verschiedenen Denkweise des demokratischen und des faschistischen Staatsgeistes hat. Demokratie und Faschismus wohnen gleichsam auf verschiedenen Sternen oder, besser gesagt, sie leben in verschiedenen Zeitaltern. Das Welt- und Geschichtsbild des Faschismus ist ein absoluter, von Moral und Vernunft völlig freier und ihnen fremder Dynamismus, dessen Forderungen nicht mit Zugeständnissen zu befriedigen und zur Ruhe zu bringen, sondern durchaus uferlos, unbestimmbar und ohne Grenzen sind. Die Gedanken der Demokratie und des Faschismus müssen einander darum verfehlen, weil dieser in der Vorstellung von Macht und Hegemonie als Ziel und Inbegriff der Politik tief und unbedingt verfangen ist – zu einem Zeitpunkt, wo jene sich für Macht und Hegemonie, ja für Politik als Mittel dazu gar nicht mehr interessiert, *sondern für den Frieden*. Es ist ein Konflikt des Mißverständnisses, der sogar viel historische Komik birgt, aber zweifellos für die Demokratie vitale Gefahren mit sich bringt. So gewiß es uns sein mag, daß sie, die den Gedanken der Machtpolitik hinter sich gelassen und sozusagen den Frieden entdeckt hat, die höhere, spätere, neuere Entwicklungsstufe des Geistes und der Moral repräsentiert, so überzeugt ist der Faschismus von seiner eigenen Lebendigkeit und Zukünftigkeit und von der Rückständigkeit, Abgelebtheit, historischen Hinfälligkeit der Demokratie, und in jedem Entgegenkommen, jeder Nachgiebigkeit gegen seine Forderungen wird er immer nur ein Zeichen der Schwäche, der Resignation und der epochalen Abdankung sehen. Was insbesondere Deutschland betrifft, so ist es für eine verständnisvolle Würdigung seiner Ansprüche zu spät und zu früh. Fairneß gegen Deutschland war an der Zeit, als der Nationalsozialismus noch nicht die Macht ergriffen hatte und es die friedenswillige deutsche Republik zu stützen und vor ihm zu bewahren gegolten hätte. Fairneß wird wieder an der Zeit sein nach Hitlers Fall. Gegenwärtig aber bedeutet jede Erfüllung deutscher Ansprüche einen grausamen und entmutigenden Schlag gegen die auf Freiheit und Frieden gerichteten Kräfte im deutschen Volk; und da deutsche Forderungen im Munde des Nationalsozialismus niemals dem Frieden, sondern ausschließlich der Machterhöhung und der Verbesserung der Kriegsaussichten gelten, so dient man mit ihrer Erfüllung nicht dem Frieden, sondern dem Krieg.

Es ist notwendig, daß die Demokratie dies begreife. Sie muß auch verstehen, welche Vorteile dem Faschismus ein Weltzustand bietet, in welchem die Grenzen zwischen Krieg und Frieden sich verwischt haben und weder der eine noch ausgesprochen der andere herrscht: es fehlt viel, daß von Frieden die Rede sein könnte, aber eine Kriegserklärung ist nicht ergangen, man führt einen inoffiziellen und undeklarierten Krieg, führt ihn zur Probe auf entlegenen Schauplätzen und mit beschränkten Mitteln, während man die großen Kriegsapparate noch schont – eine zweideutige oder doch nicht voll eindeutige Situation, die der Faschismus erfunden hat und die ihm außerordentlich behagt. Es ist wahrscheinlich, daß er sie dem wirklichen, dem großen und offenen Krieg so lange als möglich vorziehen wird, denn dieser würde den starken Anteil, den Lüge und Vortäuschung an seinem »totalen Staate« haben, rasch augenfällig werden lassen, die niedergehaltenen Kräfte menschlicher Freiheit würden durch den ersten Rückschlag, den die Tyrannei erlitte, unfehlbar entbunden werden: darum scheut der Faschismus den Krieg, zu dem er erzieht und dessen pazifistische Gegner er dem Henkerbeil überliefert. Er zweifelt im Grunde sehr daran, daß seine »Volksgemeinschaft« die Feuerprobe des Krieges, wenn er nur einige Zeit dauert, bestehen würde – wir haben die verräterische Allokution gehört, in der ein deutscher Oberpolizist von den drei Fronten sprach, an denen der zukünftige Krieg werde geführt werden müssen: der auf der Erde, der in der Luft und der im Innern des Landes. Das ist klar gesprochen. Der Faschismus gibt zu, daß er im Kriege nicht zuletzt mit dem eigenen Volk und Land zu tun haben wird, daß er keineswegs sicher ist, dieses werde mit ihm durch dick und dünn gehen, daß vielmehr für ihn der äußere Krieg fast sofort auch der Bürgerkrieg wäre. Kein Wunder, daß er diesem Wagnis den Frieden oder vielmehr den Mittelzustand zwischen Krieg und Frieden vorzieht, der seine Erfindung ist und der ihm erlaubt, den innern und äußern Bluff, die Erpressung der demokratischen Friedensliebe sicherer fortzusetzen und vielleicht ohne eigentlichen Krieg zu seinen Machtzielen zu gelangen – besonders, wenn er den Zeitgewinn zu einer Art von Politik benutzt, vor der die Demokratie sich so gut wie wehrlos erweist, aus menschlich sympathischen Gründen, wie man zugeben muß, einfach, weil ihre Kinderstube ihr nicht erlaubt, ihr ein Gleiches entgegenzusetzen. Es ist eine Politik der Hintertreppe, des Schundromans und des Verbrechens – höchst ekelhaft zu betrachten, und ein Zeugnis dafür, wohin es mit der Politik kommt, wenn der Wille des Weltgeistes eigentlich schon über sie hinaus ist und nur noch rückständiger- und anachronistischerweise »Politik« getrieben wird. Mord, Bestechung, korrupte Intrigen spielen eine Hauptrolle darin, Mittel von hemmungsloser Niedrigkeit, aber auch von vorläufiger Wirksamkeit ohne Zweifel, wenn der Gegner aus seelischen Gründen gezwungen ist, sie mit gekreuzten Armen walten zu lassen.

Ich schildere einen Zustand, meine Damen und Herren, welcher den Sieg der Demokratie, an den wir glauben, schmerzlich verzögern, ihm schwere historische Niederlagen in den Weg legen kann, wenn die Demokratie sich nicht klare Rechenschaft von ihm gibt und nicht alle ihre eingeborenen Hilfsmittel an Lebens- und Erneuerungskräften aufbietet, ihm zu begegnen. Ich sage mit einfachen Worten, was not tut. Es ist eine *Reform der Freiheit*, die etwas anderes aus ihr macht, als was sie zur Zeit unserer Väter und Großväter, in der Epoche des bürgerlichen Liberalismus, war und sein durfte, etwas anderes als »laisser-faire, laisser-aller«, denn damit kann sie nicht bestehen, sie kommt damit nicht mehr aus. Die Reform, die ich meine, muß eine soziale Reform, eine Reform sozialen Sinnes sein: nur durch eine solche kann die Demokratie dem Faschismus und auch dem Bolschewismus den Wind aus den Segeln nehmen, kann sie der Diktatur den bloß zeitlichen und stark lügenhaften, aber werbekräftigen Jugendlichkeitsvorsprung abgewinnen. Und zwar muß diese soziale Reform der geistigen sowohl wie der ökonomischen Freiheit gelten. In beiden Beziehungen sind die Zeiten des Manchestertums und des passiven Liberalismus vorüber. Der Liberalismus ist der Freiheit ausgetrieben worden – mit Skorpionen hat man ihn ihr ausgetrieben. Sie hat gelernt. Humanität wird nicht länger eine Duldsamkeit bedeuten, die sich auf alles erstreckt – auch auf die Entschlossenheit, der Humanität den Garaus zu machen. Aug' in Auge mit dem Fanatismus selbst, ist eine Freiheit, die aus lauter Güte und humaner Skepsis nicht mehr an sich selber glaubt, verloren. Nicht eine Humanität der Schwäche und der selbstbezweifelnden Duldsamkeit ist es, die heute der Freiheit not tut – damit nimmt sie sich erbärmlich und gottverlassen aus angesichts eines Gewaltglaubens, der von keines Gedankens Blässe im mindesten angekränkelt ist. Was not tut, ist eine Humanität des Willens und der kämpferischen Entschlossenheit zur Selbsterhaltung. Die Freiheit muß ihre Männlichkeit entdecken, sie muß lernen, im Harnisch zu gehen und sich gegen ihre Todfeinde zu wehren, muß endlich, nach bittersten Erfahrungen, begreifen, daß sie mit einem Pazifismus, der eingesteht, den Krieg um keinen Preis zu wollen, den Krieg herbeiführt, statt ihn zu bannen.

Soviel von der geistigen Reform der Freiheit. Was ihre Erneuerung von der ökonomischen Seite her betrifft, so ist zu sagen, was jeder weiß: daß ihr sittlicher Makel und Nachteil, welcher es dem Faschismus sogar gestattet, sich ihr gegenüber »idealistisch« aufzuspielen, die Geldherrschaft ist, die sie zeitigt, und die durch die bürgerliche Revolution als das Modernere, aber nicht Edlere, an die Stelle der feudalen Vorrechte und Ungleichheiten gesetzt wurde. Will die De-

mokratie ihre unzweifelhafte moralische Überlegenheit über den Faschismus historisch wirksam machen und seinem Pseudo-Sozialismus ein Paroli bieten, so muß sie im Ökonomischen ebenso wie im Geistigen von sozialistischer Moral das zeitlich Gebotene und Unentbehrliche in sich aufnehmen. Hier ebenfalls muß die Freiheit sich durch soziale Disziplin ergänzen; sie muß die bürgerliche Revolution aus dem Politischen ins Wirtschaftliche fortentwickeln, in der Erkenntnis, daß Gerechtigkeit die herrschende Idee der Epoche, ihre Verwirklichung, soweit sie in Menschenkräften steht, eine Angelegenheit des Weltgewissens geworden ist, deren man sich nicht entschlagen, über die man nicht hinwegleben kann. Es ist lächerlich genug, zu sehen, wie heute der General der spanischen Reaktion, Franco, dem Volke, das sich verzweifelt seiner Revolte erwehrt, sozialistische Versprechungen macht; denn wozu das ganze im Auftrage des Feudalismus, des Kapitals und des Auslandes begonnene Unternehmen, wozu der Bürgerkrieg, wenn es nun auf Sozialismus hinauslaufen soll? Man weiß natürlich, wie das Wort gemeint ist: im faschistischen Sinn. Der brave Volksfeind hat sich nie träumen lassen, daß er es je in den Mund nehmen werde; aber seine deutschen und italienischen Ratgeber, die sich auf faschistische Propaganda verstehen, haben ihm gesagt, daß es ohne das heute nicht geht. Eben dies aber zeigt, welchen beherrschenden Rang der Zeitgeist dem sozialen Gedanken zuweist. Jeder, der es als großes menschliches Unglück empfände, wenn im historischen Ringen der Weltanschauungen die Demokratie aus Mangel an Angepaßtheit versagte, muß wünschen, wie man das Notwendige wünscht, daß sie, im Ökonomischen wie im Geistigen, aus einer liberalen zur sozialen Demokratie werde.
Schreckt diese Forderung ab durch das Revolutionäre ihres Klanges? Aber er ist sehr relativ zu verstehen, dieser Revolutionarismus, er ist in Wirklichkeit konservativen Sinnes, denn er zielt ab auf die Erhaltung der abendländischen Kulturtradition, auf ihre Verteidigung gegen die Barbarei und das politische Amokläufertum aller Art. Ich nenne Franklin D. Roosevelt einen konservativen Staatsmann eben des sozialen Einschlages wegen, den bei ihm die Demokratie gewinnt und mit dem er, ein wahrer Freund und aufrichtiger Diener der Freiheit auch da, wo er sie sozialistisch bedingt und regelt, dem Faschismus sowohl wie dem Bolschewismus den Wind aus den Segeln nimmt. Aus demselben Grund nenne ich die Bestrebungen der französischen Volksfront so, und stimme darin überein mit konservativen Politikern, wie dem katholischen Deputierten Le Cour Grand-Maison, einem Royalisten obendrein, der heute als eine der bedeutendsten Erscheinungen der Französischen Kammer gilt. »Hoffen wir«, rief er vor kurzem, »daß bald der Tag anbricht, an dem die Franzosen sich ohne Unterschied ihres sozialen Ursprungs auf neuer Grundlage zusammenfinden und im Interesse Frankreichs und der Freiheit das vollführen, was die Einen Strukturreformen nennen, und was ich selbst eine friedliche Revolution nennen will. *Wir haben nicht die Pflicht, eine unmenschliche soziale Ordnung zu konservieren,* sondern wir müssen im Gegenteil alle darauf hinarbeiten, daß eine humanere Ordnung an ihre Stelle tritt, die die wahre Hierarchie der Werte aufbaut, das

Geld in den Dienst der Produktion stellt, die Produktion in den Dienst des Menschen und den Menschen selbst in den Dienst eines Ideals, das dem Leben einen Sinn gibt.« Diese Worte eines christlich-konservativen Vertreters des in sozialen Dingen feinfühligsten Landes der Erde sind neu, sie sind das Neue. Das Neue in der Welt ist das, was die politische Jugend Frankreichs den »ökonomischen Humanismus« nennt. »Das Neue in der Welt«, so hat der Belgier Vandervelde dem Herrn des Palazzo Venezia kürzlich geantwortet, als er wieder einmal prophezeit hatte, Europa werde morgen faschistisch sein, »das eigentlich und wirklich Neue in der Welt ist die soziale Demokratie.«
Das ist die Wahrheit. Es ist die Wahrheit, welche die aus den Reserven ihrer Zeitlosigkeit verjüngte Freiheit dem prahlerischen Jugendlichkeitsanspruch der Diktatur entgegensetzt. Die soziale Erneuerung der Demokratie ist Bedingung und Gewähr ihres Sieges. Sie wird die »Volksgemeinschaft« schaffen, welche sich dem Lügenbilde, das der Faschismus so nennt, im Frieden schon und, wenn es sein muß, auch im Kriege weit überlegen erweisen wird. In ihr ist die Gemeinschaft schon lebendig, die das Ziel aller Politik ist und sie endlich aufheben soll: die Gemeinschaft der Völker.

Emile *Vandervelde,* 1866–1938, belgischer Sozialist, war zwischen 1916 und 1937 mehrfach Minister, 1929–1936 Präsident der Sozialistischen Arbeiter-Internationalen. Vandervelde war entschiedener Förderer der belgischen Sozialgesetzgebung.
Herr des Palazzo Venezia: Mussolini.

Thomas Mann
Deutsche Hörer!*

28. März 1944

In den freien Ländern ist der totale Krieg, sind die Bombardements deutscher Städte aus der Luft und der Jammer, den sie für die Zivilbevölkerung mit sich bringen, ein Problem des öffentlichen Gewissens. Weder in England noch in Amerika fehlt es an Stimmen, die diese grausame Art der Kriegsführung laut und ungescheut – auch vollständig ungehindert – verurteilen und es bitter beklagen, daß man damit auf das ruchlose Niveau des Feindes herabsteige und die Humanität entwürdige, die man zu verteidigen vorgebe. Diese Proteste sind höchst ehrenwert, und das Gefühl, aus dem sie kommen, ist keinem gesitteten Menschen fremd. Was sich in Köln, Hamburg, Berlin und anderwärts abgespielt hat, *ist*

---

* Thomas Mann: Deutsche Hörer! (28. März 1944), in: T.M.: Deutsche Hörer! Fünfundfünfzig Radiosendungen nach Deutschland, 2. erw. Ausgabe, Stockholm, Bermann-Fischer 1945, S. 109–111. Auch in: T.M.: Gesammelte Werke, Bd. 11, Frankfurt a.M., S. Fischer 1960/1974, S. 1096–1099.

grauenerregend, und es hilft wenig, sich zu sagen, daß man der äußersten Brutalität eben nur mit äußerster Brutalität begegnen kann; daß hier Nemesis waltet und es sich kaum um ein *Tun*, vielmehr um ein rächendes *Geschehen* handelt. Gewiß, das Kulturgezeter der Nazis ist verächtlich, ihre Propaganda gegen die »Lufthunnen« totgeboren, moralisch ohnmächtig. Aber es handelt sich um das Gewissen der Freiheit, um die Tragik, daß sie tun muß, was ihr fremd und unnatürlich ist, was sie nach dem eigenen moralischen Gesetz nicht tun dürfte und dennoch durch die Proklamierung der Gewalt auf Erden zu tun gezwungen ist. Das Dilemma ist schwer, beunruhigend und belastend.

Und dann ist es doch wieder auf einmal kein Dilemma mehr. Ein einziges Wort, eine Nachricht aus Naziland hebt es auf, löst die Frage, bringt jeden Zweifel zum Schweigen, führt zu Gemüte, daß es eine letzte und teuflisch freche, eine unverbesserliche und unerträgliche, mit dem Menschendasein unvereinbare Infamie der Lüge gibt, die nach dem Schwefelregen nur so schreit, der nur mit dem Schwefelregen zu helfen, auf die nur eine Antwort möglich ist: Vernichtung, Bomben.

Ich nehme ein Zeitungsblatt und lese: »In siebzehn Sprachen verkauft die Nazikontrollierte Presse des Kontinents ein ›*Neues sozialistisches Europa*‹!« Zweitausend Lufthunnen täglich über diesen Lügensumpf, – es gibt nichts anderes. Diese unmäßige Niedertracht, dieser revoltierende, den Magen umkehrende Betrug, diese schmutzige Schändung des Wortes und der Idee, dies überdimensionierte Lustmördertum an der Wahrheit muß vernichtet, muß ausgelöscht werden um jeden Preis und mit allen Mitteln; der Krieg dagegen ist ein Verzweiflungskampf der Menschheit, bei dem diese nicht fragen darf, ob sie selbst etwa im Kampfe Schaden leide.

Sozialismus! Vom deutschen und internationalen Finanzkapital sind Hitler und seine Bande ausgehalten und in die Macht geschoben worden. Von der blinden Angst der bürgerlichen Welt *vor* dem Sozialismus haben sie gelebt und hoffen sie immer noch zu leben; denn daß »München« nicht tot ist, daß ihre heimlichen Freunde in den alliierten Ländern weiterarbeiten, daß doch noch die west-östliche Front zerfällt und man sie als Bundegenossen *gegen* den Sozialismus annimmt, ist ihre einzige Hoffnung. Der Sozialismus der faschistischen Volksbetrüger, – was für eine schamlose Farce! In Italien fing es an, wo Aristokratie und Bürgertum sich dem Faschismus verkauften und das Volk in Krieg und Elend getrieben wurde. In Deutschland ist die Arbeiterklasse entrechtet und ihres Gewerkschaftsvermögens beraubt worden. Den Mittelstand hat das Dritte Reich auf den Hund gebracht. Aber wer blüht und gedeiht dortzulande, das sind die Plutokraten und Trustherren. Man spricht von Staatskapitalismus. Es gibt keinen. Es gibt den Kapitalismus der Staatsbonzen neben dem der Geldmagnaten von vor der »Revolution«. Hitler als Hauptaktionär des Eher-Verlages übertrifft ganz persönlich an gedunsenem Reichtum die meisten amerikanischen Multimillionäre. Reichsmarschall Göring hat seit der Gründung seines Konzerns, und nun gar seit dieser Konzern durch Waffengewalt international wurde, so viel kapitalistisches Fett angesetzt, daß er mutmaßlich heute das reichste Individuum der Welt ist. Der Arbeiterplünderer Ley gebietet über fünfundsechzig Kapital-Gesellschaften. Gauleiter Saukel hat einen eigenen Trust von Waffenwerken und Munitionsfabriken aufgebaut, über den noch nie eine Bilanz veröffentlicht worden ist. War denn nicht der Grundtrieb alles Nazitums immer Neid, Habgier, die Lust zu plündern, der geile Drang, sich in Macht und Geld zu sielen? Begriffe und Ideen zu stehlen ist nicht das letzte Gelüst dieses Abhubs. Das Wort »Sozialismus« ist eine durch Raubmord erlangte Beute wie eine andere. Sie haben Europa unterworfen, sie gedachten die Welt zu unterwerfen, damit aus dem Elend der niedergetretenen Völker die Profite des deutschen Großkapitals wüchsen. Monopol und Ausbeutung im Riesenmaß – sie nennen das Sozialismus. Was sich in den eroberten Ländern zur Zusammenarbeit, zum Geschäftemachen mit diesen »Revolutionären« hergibt, ist überall eine korrupte Oberschicht, es sind reaktionäre Großbürger, aristokratische Drohnen und allenfalls süchtige Schriftsteller, die von SS-Offizieren Morphium beziehen. Die Verzweiflung der *Völker* unterdessen macht sich in Attentaten Luft, die sich häufiger noch gegen diese Collaborateure als gegen die »sozialistische« Besatzungsmacht selber richten. Deutsche Hörer, Europa *wird* sozialistisch sein, sobald es frei ist. Der *soziale Humanismus* war an der Tagesordnung, er war die Vision der Besten in dem Augenblick, als der Faschismus seine schielende Fratze über die Welt erhob. Er, der das wahrhaft Neue, Junge und Revolutionäre ist, wird Europa seine äußere und innere Gestalt geben, ist nur erst der Lügenschlange das Haupt zertreten.

Robert *Ley*, 1890–1945, wurde 1932 Nachfolger Gregor Strassers als Stabsleiter der politischen Organisationen der NSDAP. 1933 löste er die Gewerkschaften auf. Er gründete die Deutsche Arbeitsfront (DAF) und die Organisation »Kraft durch Freude« (KdF). 1945 in Nürnberg angeklagt, entzog er sich der Verurteilung durch Selbstmord.
Fritz *Saukel* (eigentlich Sauckel), 1894–1946, NS-Gauleiter von Thüringen, 1933 Reichsstatthalter von Thüringen, 1942 Generalbevollmächtigter für den Arbeitseinsatz, 1946 in Nürnberg hingerichtet.

Heinrich Mann
Deutschland ein Volksstaat*

Die Einheit aller antifascistischen Kräfte ist ein notwendiges aber auch schwieriges Unternehmen. Für Deutsche ist es besonders notwendig und auch besonders schwierig. Verlangt wird, daß man einander achtet und sogar versteht, was in

---

* Heinrich Mann: Deutschland ein Volksstaat, in: H. M.: Es kommt der Tag. Deutsches Lesebuch, Zürich, Europa-Verlag 1936, S. 335–339.

Deutschland niemals ganz verwirklicht worden ist. Dort haben nicht nur die Klassen, auch die Bekenntnisse und die verschiedenen Bildungsstufen haben unverstanden neben einander gelebt; sie haben einer den anderen wohl dulden müssen, waren aber gegenseitig nicht milde gesinnt.

Wie ist die Einheit aller antifascistischen Kräfte aufzufassen? Derart, daß jeder, was abweicht von seiner Klasse, seinem Bekenntnis, seinem Denken nur gerade hinnimmt, solange alle einen gemeinsamen Feind haben? Nein. Sondern die Vorurteile, die Verständnislosigkeit und Überhebung sind ehrlich abzulegen. Sonst hilft es auch nicht, wenn man eine Zeitlang so tut, als beständen sie nicht. Sie bestehen ja dennoch, und mit einem »als ob« kann nicht gesiegt werden. Die Herrschaft der Bande, die jetzt in Deutschland haust und es zurückversetzt in den Dreißigjährigen Krieg, – was ermöglicht denn zuletzt den Unfug dieses Regimentes? Die vielfache innere Zerstückelung dieses Volkes, das eigentlich noch immer so gelebt hat wie vor zweitausend Jahren die wilden Völkerschaften, in denen es seine Vorfahren sieht. Von diesen hatte jede kleine Horde ihr eigenes Wäldchen, und zwischen den beiden Gehölzen mußte ödes Land liegen. Nur niemanden in die Nähe lassen!

Genau so hielten es bis jetzt die Protestanten und die Katholiken, die bürgerlichen Demokraten, die Sozialisten, und unter diesen die beiden Richtungen. Die Intellektuellen gaben nicht etwa ein gutes Beispiel; sehr selten hat einer mehrere Klassen, mehrere Bekenntnisse in sich vereinigt und wäre befähigt gewesen, für einen großen Teil seiner Landsleute zu sprechen. Gerade deshalb ist es ihnen so leicht geworden, sich »gleichzuschalten«, als Gewalt gebraucht wurde. Dasselbe gilt für die Gesamtheit der Deutschen. Sie waren immer bereit, Gewalttätigen zu unterliegen. Nicht bereit waren sie, der besseren Einsicht zu folgen und das Recht zu achten überall, wo es das Recht und nicht die Gewalt ist. Daher mußten sie sich schon öfter sagen lassen, daß Gewalt vor Recht gehe, und kürzlich sogar, daß eine Handvoll Gewalt besser sei als ein Sack voll Recht.

Wenn sie das wirklich anerkennten, wäre ihr heutiges Los verdient. Die Deutschen sind aber durchaus nicht aus »Dynamismus«, jugendlichem Drang oder aus Unmoral für die Gewalt. Sie lassen die Gewalt über sich ergehen, weil sie niemals zur tatsächlichen Verständigung untereinander gelangt sind. Sie sind als Nation langsam, mindestens um drei- oder vierhundert Jahre langsamer als andere, und ihre staatsbildende Kraft ist gering. Weshalb sonst drängen alle ihre Machthaber sie zu auswärtigen Unternehmungen? Das Reich konnte nur durch einen fremden Krieg zustande kommen, anstatt von innen heraus, wie es hätte geschehen müssen. Dieselbe Unfähigkeit der deutschen Macht und Gesellschaft, mit sich selbst auszukommen und sich umzuformen, hat 1914 entscheidend mitgewirkt und droht auch jetzt wieder, den Krieg herbeizuführen. Wer im Innern am wenigsten kann, erklärt nach außen die unerhörtesten Ansprüche. Demgemäß rüstet das Dritte Reich zur Eroberung der Weltherrschaft.

Wir, die hier sprechen, wollen einen langen, furchtbar langen Abschnitt deutscher Ohnmacht beenden. Die einzige, demütigende Ohnmacht eines Volkes ist, sich selbst fremd zu sein, sich selbst nicht zu trauen. So stand es bisher. Wir wollen, daß jeder Sozialist sich des humanistischen Zieles bewußt wird, jeder Christ der humanistischen Herkunft. Wir müssen erreichen, daß Christ und Sozialist in ihren Zielen, ihrer Herkunft nicht mehr das Unterscheidende höchst wichtig nehmen, sondern das, was sie ähnlich macht. Wir sind darauf bedacht, den Volksstaat vorzubereiten. Nun gibt es *Volksstaaten nur in der Freiheit*, – während ein Drittes Reich eine abgerichtete Menagerie ist. Es gibt kein »totalitäres« Volk, weil es nicht einmal den »totalitären« Menschen gibt. Ein Mensch ist keine glatte Rechnung. Ein Staat von Menschen besteht nur durch vereinten guten Willen, – der kraftvoll und entschlossen ist. Es wird nicht geduldet, daß eine Gaunerbande sich aufschwingt vermittels der allgemeinen Uneinigkeit; vielmehr wird die bisher noch umgehende Gaunerbande im künftigen Volksstaat unter eigenen Gesetzen stehen: zum Beispiel unter denen, die sie selbst gemacht hat.

Vergessen wir nicht, daß andere uns mahnen mußten, die Volksfront zu bilden: Komintern, Stalin und der Front populaire. All diese sind um uns besorgt, und zugleich um sich selbst. Entweder die deutsche Einigung all derer, die Volk sind, oder fortschreitender Verfall dieses und mehrerer anderen Länder, die zusammen unser Kulturkreis waren; zuletzt und unfehlbar der Krieg. Das mußten sie uns erst sagen, jetzt wollen wir es uns gesagt sein lassen. Auch außerhalb Deutschlands soll unser Volksstaat vorbereitet werden, durch unsere Köpfe, unseren Willen und die Einigkeit aller. Wir sind durch seine Grenzen nur sehr äußerlich getrennt von Deutschland; was wir ihm geben können, ist mehr als die leibliche Gegenwart, es ist das sittliche Beispiel. Wir sagen ihm, und hoffen ihm bald beweisen zu können, was es im Grunde ersehnt: nicht viele Worte, aber inhaltsreicher und von Zukunft mehr erfüllt als alle Rundfunkreden, die es gezwungen anhört: »Wir sind einig.«

Darauf wartet Deutschland, das so tapfer im Dunkeln sich auflehnt gegen die Gewalt. Wir rufen in sein noch dunkles Innere: »Fürchte Dich nicht! Die Furcht vor dem Chaos wird absichtsvoll von Deinen Unterdrückern genährt. Nach ihnen kommt kein Chaos, sondern endlich der Volksstaat. Die Prüfungen waren groß genug, daß endlich Gläubige und Denker, Demokraten und Sozialisten, Arbeiter und Intellektuelle nur eins noch herbeiwünschen und erkämpfen wollen: Deutschland – ein Volksstaat.«

Ernst Bloch
Halbheit, Ganzheit und die Folgen*

Früher lagen Krieg und was nach ihm kommt ziemlich sauber nacheinander. Erst mußte der Feind geschlagen werden, dann stieg der Sieger hoch, der Besiegte verkroch sich. Gläubiger und Schuldner, mindestens großer Herr und nicht mehr großer, wurden das Vorbild. So ging es lange weiter, in einigen Fällen sogar dauernd.

Jetzt ist ein Sieg nicht nur so einfach, hat viel dickes Ende in sich. Man weiß nicht genau, für wen man mitsiegt, vielleicht auch für diejenigen, denen im Feind, wenn er Nazi heißt, auch viel ihnen Vertrautes lebt. Solche vergessen nicht: Bevor dieser Feind übers Ausland Unruhe und Unordnung verbreitete, hat er im Inland die bekannte Ruhe und Ordnung geschaffen. Letztere war so sympathisch, daß die Pétains sogar den Überfall aufs eigene Land in Kauf genommen, wo nicht befördert haben. Den Faschismus nicht ganz vernichten, den Faschismus ganz vernichten – beide Absichten finden sich im Liberalen, der ein Kapitalist, im Kapitalisten, der ein Liberaler ist, zuweilen zugleich. Nicht grundlos also, daß hier, was Kriegsziele angeht, ja den Krieg selber, die Sache allenfalls in sich, mit sich kollidiert.

Gesetzt, man will den Feind nicht ganz, also nicht grundsätzlich vernichten. Als äußere Gefahr wird er abgeschafft, die Kriegsnazis verschwinden oder gehen in Pension, die Rüstung wird gesprengt. Aber das Haus Krupp oder I.G. Farben bleibt erhalten, mit ihm bleiben es die zivilen Machthaber, denen sich vor dem Krieg die besten Kreise des Auslands verwandt oder verschwägert fühlten. Die Verwandtschaft reißt nicht ab, und wenn die Krupps durch überlegte weniger als durch unüberlegte, gar bedauerte Bombenangriffe auch stellenweise zu armen Verwandten geworden sind, so dadurch auch zu gefügigen Juniorpartnern. Es ist bequemer, im neuen halbkolonial gedachten Absatz- und Ausbeutungsgebiet Deutschland versierte Filialleiter zu haben als gar niemanden aus der vertrauten Kaste. Auch sollen so wenig wie 1918 die Hofhunde aus der Fabrik verschwinden; Ordnung muß sein, Polizei muß sein, Noske muß sein, Friedensnazi muß sein. Akzeptiert der Liberale diese Notwendigkeit, so wird der Feind nur bis zu diesem Punkt entwaffnet, wo Quislingtum beginnt, gegebenenfalls das Haus Savoyen, sogar das Haus Habsburg nicht zu vergessen. Aber der aktuelle Widerspruch zeigt sich nach der Entwaffnung gleich: es gibt dann, wenn der Friedensnazi nicht verteufelt schlau eingefädelt wird, in den befreiten Völkern selber keine rechten inneren Bundesgenossen für das dem Faschismus nicht so fern stehende Kapitel. Die Allies inside Italy, Germany, selbst die in den okkupierten

* Ernst Bloch: Halbheit, Ganzheit und die Folgen (1943), in: E. B.: Politische Messungen. Pestzeit, Vormärz, Frankfurt a. M., Suhrkamp 1970, S. 321–325. Zuerst erschienen in: Freies Deutschland (Mexiko), Jg. 3 (1943/44), H. 1, S. 10–11.

Ländern werden zurückgestoßen; denn ihnen ist ja Quislingtum der Feind geblieben. Auch wenn er das französische Großkapital, das den Hitler rief, in Nordafrika vertritt oder das deutsche Großkapital, das den Hitler machte, in viel zivilisierteren Ländern. Und die Hauptdialektik: es wird mit Juniorpartnern und mit Noskes kein künftiger Krieg verhindert. Wird der Faschismus nicht ursächlich gerichtet, so schließt sich der Zirkel aufs neue: Erholung, Imperialismus, Revanche. Künftiger Krieg, ja sogar eine schlechte Unendlichkeit von künftigen Kriegen sind der Preis, der für die Erhaltung der Krupp und Noske in Deutschland gezahlt wird. Gleiche oder wenig variierte Ursachen haben gleiche oder wenig variierte Wirkungen; dies eine wenigstens wiederholt sich in der Geschichte, besonders wenn sich das andere wiederholt, daß aus ihr nichts gelernt worden ist. Gesetzt nun den zweiten Fall, man will den Feind tatsächlich und unzweideutig besiegen. Ohne Zögern, ohne militärischen Aufschub, der politisch schillert, ohne politischen Aufschub, der vom appeasement her schon zeigte, was er kann; vielmehr: so Kriegs- wie Friedensnazis fallen. Die Dialektik dieses totalen Siegs, als zugleich der totalen Niederlage der Nazis, ist dann freilich, wahrscheinlicherweise, etwas, was seit den Tagen des amerikanischen Unabhängigkeitskrieges Revolution heißt. Es ist nicht dasjenige, was der amerikanische Babbitt sich grauend vorstellt: Mord, Diebstahl, Chaos, Untergang der Kultur; dergleichen Vorstellungsbilder hat ja bereits der deutsche faschistische Babbitt realisiert, und die diplomatischen Beziehungen wurden damals nicht abgebrochen. Die andere, die wirklich gefürchtete Revolution würde lediglich eine Fortführung des Weltkriegs gegen den Faschismus sein und eine Verankerung des Siegs. Das hat das Moskauer Manifest des Nationalkomitees »Freies Deutschland« unzweideutig ausgesprochen, mit »Absage an das hilflose Weimarer Regime«, mit Zusage zu einem anderen, zur Konsequenz einer fortschreitenden realen Demokratie. Dem Quisling- und internationalen Lavaltum ist dieses allerdings nicht bequem, auch nicht an seiner Wiege gesungen, der Ökonomie des appeasement, die Hitler groß werden ließ, ebensowenig. Aber es ist nun einmal seit 1871, seit 1905, seit 1917, seit 1918 die Regel, daß die Niederlage eines Herrenregimes den Erniedrigten und Beleidigten Raum schlägt. Es ist das eine unausweichliche Folge von Niederlagen in Staatsformen, die nicht in Ordnung sind, die schließlich eine den Produktivkräften innewohnende Tendenz durch höchst künstlichen Machtapparat verhindert haben. Gewiß muß ebenso zugegeben werden: die Preußen vor Paris, die Japaner vor Port Arthur, die Hindenburgs in Rußland haben dergleichen mit ihren Siegen nicht gemeint. Es war dies aber eine Heterogonie der Zwecke, es war – wie nur je in der Geschichte – eine List der Vernunft, und ihre Tage sind noch nicht gezählt. Hier also ist eine hellere Dialektik als die der Halbheit des lauen Siegs (mit weiteren Kriegen als Produkt, also einer Vergeblichkeit des Siegs). Ganz gründlicher Antifaschismus in Deutschland scheint nicht erhältlich ohne die revolutionäre Austilgung der Urheber des Faschismus in Deutschland, ja intra muros et extra. Das ist ein Satz, der wohl, wenn es nicht mauvais genre wäre, ein signum exclamationis verdiente. Der Revolution ist es

immerhin wesentlich, wie zuletzt das russische Beispiel von 1917 zeigt, daß sie mit dem Ende eines Kriegs zusammenfällt; imperialistische Spannungen sind in einer sozialistischen Wirtschaft ausgetilgt. Angriffskriege erscheinen darin sinnlos, der Traum vom ewigen Frieden kann sich durch veränderte Wirtschaft konkretisieren, auch ohne daß die Menschen vorher hätten Engel werden müssen. Radikaler Sieg stört also zwar den gewohnten Fortgang des Kapitalverwertungsprozesses, aber er befördert ein Ziel, das aus dem Zirkel Krieg-Versailles-Krieg immerhin herausgehoben ist. Deutschland pflegte den Krieg als spezifische Exportindustrie, so war es das Reich des spätesten und hungrigsten Kapitalismus. Ein sozialistisches Deutschland würde so friedlich, so defensiv sein wie ein sozialistisches Japan; das ist die wohl allenthalben beliebteste und schönste Seite am Fixierbild des *wirklich radikalsten Siegs*.
Ein letztes Mittel, unerwünschte Folgen zu vermeiden, meldet sich nur verblümt an. Denn es wirkt grausam, und zur unverhohlenen Sprache greifen diesfalls westliche Geschäftsleute selten. Das Mittel geht aufs Ganze, und zwar zu sehr, es soll sozialistische Folgen in Deutschland verhindern. Man plant nichts Geringeres als das Ausstreichen eines neuen Deutschlands von der politischen Landkarte, die Vernichtung jeder künftigen deutschen Handlungsfähigkeit überhaupt. Das war bekanntlich, Deutschland betreffend, ein Wunschtraum Clemenceaus; praktisch modifiziert taucht er ebenso in Morgenthaus amerikanischem Plan auf, in Deutschland nur noch etwas Landwirtschaft übrigzulassen und es so zu provinzialisieren. Das Praktische daran ist: das Reich wird ein verewigtes Kriegsgefangenenlager, Kartoffeln pflanzend, nicht Geschäfte verderbend. Dieser Plan ist durchaus in den Karten, wenigstens bei einigen politischen und anderen Geschäftsleuten, die sich zugleich als Rächer erscheinen (an dem, was selber weit über die Hälfte zu ihnen gehört). Nicht nur der technische Produktionsapparat wird konkurrenzfähig gemacht, auch das Proletariat wird verringert, der Rest zu Fellachen eingeschüchtert. Ein sublimer Plan, doch wieder kein Ausweg aus der zweifachen Dialektik: der zum Krieg, der zur Revolution. Auf die Dauer läßt sich ein Volk mit hochgeschulter Produktionskraft nicht fellachisieren; es gibt dazu in der Geschichte kein Beispiel. Nicht einmal die Nazis hatten dergleichen mit ihren europäischen Opfern zustande gebracht; trotz aller Beihilfe des Mords, trotz überlegter Zwergen- und Sklavenzucht. Freiheit von Furcht, im Geist der Atlantic-Charta, kann auf solch herzlich-totalem Weg kaum erreicht werden. Präsident Roosevelt sprach gewiß einmal von »freedom of fear«, doch keine Macht wäre nachdem mehr zu fürchten als die, welche solche Freiheit von Furcht gebracht hat. Mithin bleibt, gerade für einen aufrichtigen Freund künftigen Friedens, keine andere Wahl als die, welche die deutsche Untergrundbewegung bereits getroffen hat; bei totalem Sieg mit allen Konsequenzen, doch ohne Sozialismus steht die Welt, in einigen zwanzig Jahren, zum drittenmal an gleicher Stelle.

Henri Philipe *Pétain,* 1856–1951, französischer Marschall, zwischen 1940 und 1944 Präsident des mit Deutschland kollaborierenden Vichy-Regimes.
Lavaltum: Nach Pierre Laval, 1883–1945, französischer Politiker, unter Pétain Ministerpräsident.
Morgenthau-Plan: Nach dem Finanzminister der USA benannter Plan, der auf der 2. Konferenz von Quebec im September 1944 paraphiert, jedoch bald darauf verworfen wurde. Der Plan sah vor, Deutschlands Industrie und Bergbau entweder zu zerstören oder das Ruhrgebiet, das Rheinland und den Nord-Ostsee-Kanal zu internationalisieren. Das Ziel bestand darin, Deutschland in eine Agrargesellschaft zu verwandeln. Der Plan beeinflußte trotzdem die amerikanische Deutschlandpolitik (Demontagen) nach Kriegsende.
Atlantik-Charta: Die im August 1941 zwischen Roosevelt und Churchill vereinbarte Erklärung über eine künftige Weltordnung. Sie beinhaltete Verzicht auf Annexion und Gewalt, Anerkennung des Selbstbestimmungsrechts. Im September schloß sich die Sowjetunion an, später die übrigen Alliierten.

G. Botschaft dieser Zeit

»Das Morgen im Heute lebt, es wird immer nach ihm gefragt. Die Gesichter, die sich in die utopische Richtung wandten, waren zwar zu jeder Zeit verschieden, genauso wie das, was sie darin im Einzelnen, von Fall zu Fall, zu sehen meinten. Dagegen die *Richtung* ist hier überall verwandt, ja in ihrem noch verdeckten Ziel die gleiche; sie erscheint als das einzig Unveränderliche in der Geschichte. Glück, Freiheit, Nicht-Entfremdung, Goldenes Zeitalter, Land, wo Milch und Honig fließt, das Ewig-Weibliche, Trompetensignal im Fidelio und das Christförmige des Auferstehungstags danach: es sind so viele und verschiedenwertige Zeugen und Bilder, doch alle um das her aufgestellt, was für sich selber spricht, indem es noch schweigt. Die Richtung auf dies materiell und nicht nur logisch Einleuchtende muß invariant sein; das ist an jedem Ort erkennbar, wo Hoffnung ihr Überhaupt aufschlägt und darin zu lesen versucht. [...] Marx bezeichnet als sein letztes Anliegen »die Entwicklung des Reichtums der menschlichen Natur«; dieser *menschliche* Reichtum wie der von *Natur* insgesamt liegt einzig in der Tendenz-Latenz, worin die Welt sich befindet – vis-à-vis de tout. Mit diesem Blick also gilt: Der Mensch lebt noch überall in der Vorgeschichte, ja alles und jedes steht noch vor Erschaffung der Welt, als einer rechten. *Die wirkliche Genesis ist nicht am Anfang, sondern am Ende,* und sie beginnt erst anzufangen, wenn Gesellschaft und Dasein radikal werden, das heißt sich an der Wurzel fassen. Die Wurzel der Geschichte aber ist der arbeitende, schaffende, die Gegebenheiten umbildende und überholende Mensch. Hat er sich erfaßt und das Seine ohne Entäußerung und Entfremdung in realer Demokratie begründet, so entsteht in der Welt etwas, das allen in die Kindheit scheint und worin noch niemand war: Heimat.«

Mit dem *Prinzip Hoffnung*[1], dessen Schluß-Sätze nicht ohne guten

[1] *Ernst Bloch:* Das Prinzip Hoffnung. Fünf Teile in drei Bänden, Frankfurt a.M. 1959. Das Werk wurde 1938–1947 in USA geschrieben, 1953 und 1959 überarbeitet, Vorveröffentlichungen bereits seit den vierziger Jahren. Drei von fünf Teilen erschienen im Aufbau-Verlag, Berlin/DDR 1954–1958, die erste vollständige Ausgabe im Frankfurter Suhrkamp Verlag 1959. Die fünf Teile sind überschrieben: 1 (Bericht) – Kleine Tagträu-

Grund den letzten Abschnitt dieser Dokumentation einleiten, hatte Ernst Bloch es unternommen, das Wunschbild von einer besseren Welt, das (ausgesprochener- oder auch unausgesprochenerweise) hinter einer Mehrzahl der Werke der Exilliteratur aufleuchtete, zu einem enzyklopädischen Geschichtswerk der Hoffnungsinhalte auszubauen. Das Prinzip Hoffnung als entscheidenden Beweggrund der Geschichte zu postulieren, war neu. Es als ein bewußtseinsmäßiges Korrelat zu den materiellen Kämpfen der Geschichte zu begreifen, stattete die konkrete weltpolitische Auseinandersetzung mit der Legitimation und Würde des Unbedingten und zugleich mit der Perspektive und Tiefe des Historischen aus. Im »Traum nach vorwärts« ist für Bloch die Identitätsfindung des Menschen beschlossen, im utopischen Sozialismus gewinnt sie politisch Gestalt. An den am Tage geträumten Welthoffnungen und deren diversen Realitätsgraden – bis hin zum »Noch-nicht« – bemessen sich für Bloch alle anderen Resultate des menschlichen Geistes, seien es die literarischen, theologischen, philosophischen oder sonstigen Sozialutopien oder seien es die davon abgeleiteten und sie gleichzeitig speisenden Kategorien des Alltags wie die der »Heimat«.

Bloch hatte wie kein anderer das Selbstverständnis des emphatischen Antifaschismus philosophisch auf den Begriff gebracht. Man ist deshalb versucht, seine Hoffnungsphilosophie als *die* Philosophie des deutschen Exils zu bezeichnen, wiewohl ihre erkenntnistheoretischen Prämissen keineswegs unumstritten blieben[2] und die Hervorbringungen der Exilliteratur gewiß nur zum kleineren Teil direkt auf diese Philosophie verweisen. Selbst in einem so düsteren Werk wie Thomas Manns *Doktor Faustus*, in dem wie in keinem anderen Roman der Exilliteratur die Heillosigkeit dieser Welt ihren Ausdruck findet, wird zumindest an einer Stelle der Vorhang aufgerissen und eine Ahnung freigegeben von dem, was sein könnte. Dieses kurze Aufleuchten von Hoffnung angesichts tiefster Verzweiflung des modernen Künstlers, der Ausbruch aus einer Isolation ohnegleichen, denunziert eben diese, obwohl ihr Autor sich auf nahezu 800 Seiten nicht nur einfühlend mit ihr auseinandersetzt, sondern Züge der

---

me; 2 (Grundlegung) – Das antizipierende Bewußtsein; 3 (Übergang) – Wunschbilder im Spiegel (Auslage, Märchen, Reise, Film, Schaubühne); 4 (Konstruktion) – Grundrisse einer besseren Welt (Heilkunst, Gesellschaftssysteme, Technik, Architektur, Geographie, Perspektive in Kunst und Weisheit); 5 (Identität) – Wunschbilder des erfüllten Augenblicks (Moral, Musik, Todesbilder, Religion, Morgenland Natur, Höchstes Gut). Die zitierte Stelle: S. 1627–1628.

2 Vgl. *Georg Lukács:* Die Theorie des Romans. Zweite um ein Vorwort vermehrte Auflage, Neuwied, Berlin 1963, S. 17f.

eigenen Existenz (im Gegensatz zu anderen Werken Thomas Manns nur sehr vermittelt, jedoch um so entschiedener) in ihre Darstellung einbringt. Gemeint ist jene Stelle, in der Leverkühn vom Durchbruch in eine »Wagniswelt neuen Gefühls« spricht, von einer »Kunst mit der Menschheit auf Du und Du...«[3].

Diese Stelle wird auch im Kontext des Verhältnisses von Thomas Mann zu Theodor W. Adorno gesehen werden müssen. Adorno hatte Thomas Mann in der Entstehungszeit des *Doktor Faustus* nicht nur in musikwissenschaftlicher Hinsicht beraten[4]. Seine Hilfe war für Thomas Mann unverzichtbar, ja sie ist bis in die Übernahme einzelner Formulierungen Adornos in den Roman nachzuweisen. Zusammen mit Max Horkheimer hatte Adorno die *Dialektik der Aufklärung* (1947) verfaßt, ein Buch, das nur als fernes Echo auf das neuerdings mit dem Wort »Holocaust« Bezeichnete zu verstehen ist. Hier scheint aber auch auf, was die Zeit weiterhin an düsteren Perspektiven bereithielt: Die sich abzeichnenden Nachkriegsprobleme (der Kalte Krieg, die weitere Verhärtung und Verdinglichung von Herrschaft auf beiden Seiten der in zwei Machtblöcke geteilten Welt) waren bereits vorhersehbar. Die Prognose der beiden Autoren war ebenso pessimistisch wie ihre Zustandsbeschreibung verzweifelt, eine Tatsache, die Lukács später zu der bissigen Formulierung vom »Grand Hotel Abgrund«[5] veranlaßte, nachdem schon Jahre vorher Brecht den von der Praxis losgelösten Intellektualismus bestimmter Autoren, zu denen er auch diese zählte, in seinem aus dem Nachlaß veröffentlichten *Tui-Roman* nicht minder bissig verurteilt hatte[6].

In dem folgenden Kapitel, das in einer locker zusammengefügten Reihe sehr verschiedenartiger Äußerungen bestimmte Grundpositionen der Exilliteratur gleichsam noch einmal zu resümieren versucht, kann der eher schrille Ton der Verzweiflung, wie er auf theoretischer Ebene sonst kaum so unerbittlich angeschlagen wurde, nur als Folie dienen; er sei durch ein Zitat aus der *Dialektik der Aufklärung* angedeutet:

---

[3] *Thomas Mann:* Doktor Faustus. Das Leben des deutschen Tonsetzers Adrian Leverkühn erzählt von einem Freunde. Stockholm 1947, S. 494–495.

[4] Vgl. *Thomas Mann:* Die Entstehung des Doktor Faustus. Roman eines Romans. Amsterdam 1949.

[5] *Lukács,* a.a.O., S. 17. Das hier auf Adorno angewendete Bonmot war ursprünglich auf Schopenhauer gemünzt. – Zur Lukács-Adorno-Kontroverse vgl. »Lehrstück Lukács«, hrsg. von *Jutta Matzner,* Frankfurt a.M. 1974 (edition suhrkamp 554): die Beiträge von Cases (Einleitung), Adorno und Fehn. Außerdem: *Georg Lukács:* Wider den mißverstandenen Realismus. Hamburg 1958.

[6] *Bertolt Brecht:* Der Tui-Roman. Fragment, in: B.B.: Gesammelte Werke 12, Prosa 2, Frankfurt a.M. 1967, S. 585ff.

»*Lawine*
In der Gegenwart gibt es keine Wendung mehr. Wendung der Dinge ist immer die zum besseren. Wenn aber in Zeiten wie den heutigen die Not am höchsten ist, öffnet sich der Himmel und schleudert sein Feuer auf die, die ohnehin verloren sind.
[...]
In Deutschland hat der Faschismus gesiegt unter kraß xenophober, kulturfeindlicher, kollektivistischer Ideologie. Jetzt, da er die Erde verwüstet, müssen die Völker gegen ihn kämpfen, es bleibt kein Ausweg. Aber wenn alles vorüber ist, braucht keine freiheitliche Gesinnung über Europa sich auszubreiten, seine Nationen können so xenophob, kulturfeindlich und pseudokollektivistisch werden, wie der Faschismus war, gegen die sie sich wehren mußten. Auch seine Niederlage bricht nicht notwendig die Bewegung der Lawine. Der Grundsatz der liberalen Philosophie war der des Sowohl-Als-auch. In der Gegenwart scheint Entweder-Oder zu gelten, aber so, als ob es je schon zum Schlechten entschieden wäre.«[7]

Die deutsche Exilliteratur spricht in der überwiegenden Mehrzahl ihrer Hervorbringungen eine optimistischere Sprache. Hätten die sich mit und nach dem Kriege herstellenden Verhältnisse den hierin zum Ausdruck gebrachten Vorstellungen in größerem Umfang auch praktisch »recht gegeben«, einem Kassandra-Ruf wie diesem wäre wenig Bedeutung beizumessen gewesen – womit allerdings das Verdienst, mit Ernst und Entschiedenheit die Schwachstellen der Zeit diagnostiziert zu haben, nicht gemindert worden wäre. Um so weniger ist freilich der Gedanke an das Bessere umsonst und vertan – wie oft auch die Wirklichkeit sich anschickt, es zunichte zu machen.

---

[7] *Theodor W. Adorno* und *Max Horkheimer:* Dialektik der Aufklärung, Amsterdam 1947, S. 197.

Rückblicke

Franz Werfel
Ohne Divinität keine Humanität*

1
Sie haben die Mühe nicht gescheut, meine Damen und Herren, und sind hierhergekommen, um ein paar Seiten Prosa und einige Gedichte aus meinem Mund zu hören. Ich hatte mir vorgestellt, ich werde jetzt einfach mein Buch aufschlagen und zu lesen beginnen, wie ich es schon mehrere hundert Male seit fünfundzwanzig Jahren in aller Welt getan habe... Verzeihen Sie mir. Ich kann es nicht. Ein großes Verlangen drängt mich, für eine persönliche Betrachtung Ihre Nachsicht zu erbitten. Es ist ja so merkwürdig für mich, hier zu sitzen, in diesem Saal, inmitten von Paris, und laut eine Sprache zu sprechen, die mein ein und alles ist und die mir doch beinahe nicht mehr gehört. Nein, ich werde hier nicht das Betäubende wieder heraufbeschwören, das über uns niedergegangen ist uns so viele Leben entwurzelt hat. Einer trägt's leichter, der andere schwerer. Je nach Vermögen. Das Wort ›Elend‹, mittelhochdeutsch ›Elilenti‹, bedeutet nichts anderes als ›Ausland‹. Freilich, im vielverlästerten Mittelalter oder gar im finsteren Altertum war jenes Elilenti schon Strafe genug und mußte nicht erst verschärft werden durch Visumqualen, durch Ausweisung oder kurzfristige Aufenthaltsbewilligungen. Das unbeschränkte Asylrecht bildete eines der heiligsten Rechte, der Gottheit unmittelbar entflossen, und der große Gesetzgeber der Bibel gewährt seinen ungeteilten Schutz einer Dreieinigkeit, die er stets zusammen nennt: »der Witwe, der Waise und dem Fremden, der unter deinen Toren wohnt«.
Doch genug. Es ist jetzt so schön Abend. Warum also an den Tagmahr erinnern, der heute in der ganzen so überaus zivilisierten Welt unzählige Elende von Amtsschalter zu Amtsschalter hetzt?!
Hinter diesem Leid ist etwas verborgen, das zu denken gibt. Das unbescheidene Wort ›Erkenntnis‹ will ich nicht gebrauchen, aber Ahnungen dämmen auf, Ahnungen eines Sinns. Die Zentrifuge hat einen bestimmten Teil der Menschheit

* Franz Werfel: Ohne Divinität keine Humanität, in: Alma Mahler-Werfel: Mein Leben, Frankfurt a.M., S. Fischer 1960, S. 289–294.

erfaßt und ausgeschleudert. Sollte diese Ausschleuderung wiederum nur eine Form der uralten Aussonderung oder Auserwählung sein?

2

Ein frommer Selbstbetrug, eine tröstliche Illusion! Man schüttelt die Köpfe. Was für ein Sinn verbirgt sich hinter diesem sinnlosen Leid? Und können jene von Schalter zu Schalter Gehetzten überhaupt die Träger eines geschichtlichen Sinnes sein? Spreu im Winde sind sie. Jeder erfährt das im Exil, auch der angesehene, der namhafte, ja selbst der reiche Mann, daß er plötzlich sein spezifisches Gewicht verloren hat, daß er nicht mehr ein distinguierter Reisender, sondern nur ein geduldeter Fremder ist, daß man ihn ganz anders empfängt, als man ihn empfing, da er noch eine Heimat besaß, und daß er sich allmählich in ein suspektes Gespenst verwandelt, einem Kranken gleich, dem die strotzende Umwelt mit ihren Wangen wie Milch und Blut vorsichtig aus dem Wege geht. Wie könnte aus diesem stygischen Dämmer eine Hoffnung steigen, ein belebender Gedanke, ganz zu schweigen von einem erneuernden Geist? Man ist zufrieden, wenn man sich durch die Länder schlägt, irgendwo unterschlüpft und ohne besonders zu darben sein Leben fristen darf. In den meisten Fällen bricht ja das Exil jeden höheren Ehrgeiz.
Um sich der Ahnung dieses tieferen Sinnes zu nähern, von dem ich sprach, ist es notwendig, mit einem schnellen Blick jene weite Umwelt zu erfassen, deren Wangen noch immer wie Milch und Blut zu sein scheinen. Der schnelle Blick umfaßt beide Seiten dieser Umwelt, die ausstoßende und die aufnehmende. Wenn es auch für jeden einzelnen von gewaltiger Wichtigkeit ist, wo er sich befindet, so werden doch nur die oberflächlichen Geister verkennen, daß es sich nicht um Gegensätze handelt, sondern eben um zwei Seiten ein und desselben Weltzustandes. Es ist der Weltzustand der vollkommenen Wertzerstörung und absoluten Entgottung. Hier äußert er sich in beklemmender Ratlosigkeit, in seelischer Atonie, in politischer Lähmung, dort, jenseits der Grenze, wo er schon das fieberhaft entzündliche Stadium erreicht hat, tritt er als reiner Satanismus in Erscheinung, als raffinierte art pour l'art des Bösen, als trotzig bewußte Abwendung von der Wahrheit, als sodomitische Selbstvergötzung und als unstillbarer Durst wehzutun, ohne Beispiel und Muster in der ganzen Geschichte.
Es gewährt keine besondere Befriedigung, schon vom ersten geistigen Erwachen an zu jenen gehört zu haben, welche den Brandgeruch der Hölle rochen. Wenn ich an das zurückdenke, was ich seit dem Jahre 1910 geschrieben habe, so finde ich immer wieder dieselbe grundlegende Empfindung, das Entsetzen nämlich vor dem gänzlich entfesselten, dem gottentbundenen, dem eisigen Menschen (den es damals fast nur theoretisch gab); und zugleich den Versuch, diesem werdenden Typus ein weltfreundliches Wesen entgegenzustellen, das in beschwörenden Rufen an die kosmische Bruderschaft alles Lebendigen und Sterblichen gemahnt. In den Jahren des Krieges 1914, knapp vorher und knapp nachher, gab es einige, die ähnlich empfanden, dachten und sprachen, ja nach der Katastrophe

ein großes metaphysisches Erwachen der Menschheit erhofften und verkündeten. Ohne dieses Erwachen, ohne ein ursprüngliches mächtiges Neuerleben des Daseinswunders, das wußten sie, würden die Religionen nach und nach verdorren, die Künste verschwinden und der souveräne Geist des Menschen zugunsten des dienenden Intellekts abdanken müssen.
Ohne Divinität gibt es keine Humanität, so wie es ohne transzendental gebundene Menschenliebe keinen echten Sozialismus geben kann. Das ahnten sie und träumten zwischen 1918 und 1919, daß die Zeit erfüllet sei. Die Zeit aber war nicht erfüllet. Ein Genie-Augenblick der Geschichte ging vorbei, ohne zu enden. Der Krieg löste keinen gotterfüllten Impuls aus. Auf die Katastrophe folgte nicht ein metaphysisches Erwachen, sondern ein ganz dicker und dichter Schlaf, während dessen der Mensch den souveränen Geist für ein Abfallsprodukt seiner Wirtschaftsordnung oder einer biologischen Zugehörigkeit hielt.
In den zwanzig Jahren seitdem ist der Schlaf der Völker und Menschen immer noch fester geworden. Vielleicht gibt es hier und dort noch irgendeinen, der im Getriebe plötzlich stehenbleibt, sich an den Kopf greift und vor dem Geheimnis des Lebens erstaunt. Gewiß leben jetzt wie zu allen Zeiten auf diesem Erdball tiefere Geister, die metaphysischen Regungen und Erwägungen zugänglich sind. Zum Ausdruck und zur Geltung kommt es nicht. Es sind Einzelgänger, die keine Bedeutung für die Gegenwart haben. Ich glaube nicht, daß jemals ein Geschlecht bewußtloser in seinem irdischen Trubel verstrickt war als dieses. Kosmische Bewußtlosigkeit ist geradezu das hervorstechende Merkmal dieser Epoche der Stratosphärenflüge und Relativitätstheorie. Die Menschen scheinen ihren wilden positivistischen Lärm zu erzeugen, nur um nicht mit den Ohren der Seele eine störende Stimme hören zu müssen. Der Leitstern, der Richtpunkt über unserem Scheitel verschwand, seit Jahrhunderten immer bleicher werdend. Der Weg wurde frei…

3

Der Weg wurde frei. Für wen?
Mir kommt ein moderner amerikanischer Merkspruch in den Sinn: »Nothing succeeds like success.« Wahrhaftig ein vielsagend verruchter Satz! Nichts ist erfolgreicher als der Erfolg. Vorerst mag's ganz harmlos klingen, aber man kommt hinter die Teufelei, wenn man den Satz variiert. Zum Beispiel: »Nichts ist mächtiger als die Macht.« – Das heißt: ist der Leitstern verschwunden, ist die in einer übernatürlichen Gewißheit begründete Wertordnung aufgehoben, dann genügt es, daß eine möglichst große Anzahl von Verbrechern eine niederträchtige Macht verteidigt, um diese absolut zu machen und zu rechtfertigen. Auch der Mensch, der seinen Richtpunkt verloren hat, will anbeten. Und was wäre leichter anzubeten als Erfolg und Macht, diese einzig greifbaren und schlüssigen Gottheiten der Erde? Seelen, die anders nicht ein noch aus wissen, werden sich gerade vor diesen beiden Gottheiten begeistert beugen. Darin liegt ein Grund ihrer unbestrittenen Weltherrschaft. Man sieht nun, für wen der Weg frei geworden

ist: für die Diktatur der ganz und gar Voraussetzungslosen, für lachende Gräberschänder.
Muß ich in diesem Kreise erst fragen, was das heute ist: Recht? Ist es nicht ein sonnenklarer Beweis für alles Gesagte, wenn das Recht, dieser heilige Schutz des Menschen vor dem Menschen, in dem Augenblick zu Nichts zerfällt, da der über den Menschen thronende Ursprung allen Rechtes nicht mehr wirksam ist? Homo homini lupus, heißt es, doch nicht nur der Mensch benimmt sich gegen den Menschen wölfisch, auch die Völker, Klassen, Interessengruppen und Kollektiva aller Art verhalten sich gegeneinander weit schlimmer als die Wölfe.

4

Dies ist der Punkt, wo die neue große Diaspora einsetzt. Wenn von ihr zuvörderst und zuinnerst das klassische Volk der Diaspora betroffen wird, so bleibt es doch diesmal nicht allein. Alle wahren, das heißt von Christo wirklich ergriffenen Christen schließen sich ihm an, und dazu treten die anderen vielen, ja die unzähligen, in deren Seelen die Flamme der Brüderlichkeit und der Empörung noch nicht erstickt wurde. Wenn ihre Teilnahme so wenig gestaltend in Erscheinung tritt, so darf man nicht vergessen, daß sich neben dem äußern ein inneres Exil ausbreitet, zwar stumm noch, aber mächtig wachsend von Tag zu Tag. Es geht ein heimlicher Riß durch die Welt, dessen sich die Welt noch gar nicht bewußt ist. Auf der einen Seite steht die Überzahl derer, für die das Leben einen grundlosen, folgenlosen, zwecklosen, geistlosen Naturvorgang bedeutet, die daher individuell und kollektiv Erfolg und Macht als ihre Götter anbeten und jeglicher Art heroisierenden Verbrechertums hilflos erliegen; auf der anderen Seite stehen die Ausgeschleuderten oder Ausgesonderten des äußeren und inneren Exils, die eines übergeordneten, souveränen, absoluten Geistes hinter den Erscheinungen fühlend, ahnend, glaubend sind. Dieser Gegensatz wird zum geschichtlichen Konflikt der Zukunft anwachsen. Den christlichen Kirchen ist die hohe Gnade zuteil geworden, zu ihrem Ursprung rückkehren zu dürfen und noch einmal in die Katakomben zu steigen. Das alte Volk der Diaspora aber geht in die Verbannung wie alle heiligen Zeiten einmal.
Gewiß, für die meisten ist das Exil ein Schicksal, ein Unglück, ein widerwärtiger Zwischenfall und wahrhaftig kein tiefes Mysterium. Man kann es von Gejagten und von Schutzsuchenden nicht verlangen, daß sie den Becher der Bitterkeiten mit deutendem Bewußtsein leeren. Und doch, sie alle haben durch die Ereignisse eines gelernt, was die übrige Welt längst vergessen hat: zu unterscheiden zwischen Gut und Böse. Denn sie sind, einem verschlagenen Lehrplan gemäß, in die Schule des absolut Bösen geschickt worden. Nun wissen sie etwas mehr als jene anderen ringsherum, die sich in einem kläglichen Zustand der Unentschiedenheit befinden, die ja und nein sagen, einerseits und anderseits, und in seltsamer Verstocktheit noch immer nicht begreifen, wer und was ihnen droht. Diese neugelernte Unterscheidung aber, diese Sicherheit und Festigkeit, diese Immunität gegen die Lockung des Verderbens inmitten eines moralisch verwesenden Ge-

sinnungsbabels, sie ist der ungeheure, der unabsehbare Vorsprung derer, die durch die Schule des Bösen gegangen sind.

Und hier beginnt sich der Sinn abzuzeichnen und die Hoffnung, von der ich eingangs gesprochen habe.

Von zehntausend Ausgeschleuderten werden neuntausendneunhundertneunundneunzig sang- und klanglos sterben. Vielleicht aber wird in einem von ihnen die Lehre Wurzel schlagen und in Söhnen oder Enkeln Frucht bringen. Die geistige und die geschichtliche Kraft, welche die Menschheit zu den Höhen Sinai und Golgatha geführt hat, ist nicht erloschen; denn wäre sie erloschen, gäbe es heute für Millionen dieses äußere und innere Exil nicht. Die eisige Gottverlassenheit und das politische Verbrechertum unserer Tage dienen nur dazu, durch unerträgliches Menschenleid diese Kraft zu sammeln und ihren Aufbruch vorzubereiten. Unter allen Völkern.

Alma Mahler-Werfel schreibt in »Mein Leben« unter dem Titel ›1939 – Paris‹: »Franz Werfel kam wieder von St. Germain nach Paris. Er war weit vorwärtsgekommen mit der ›Cella‹, war aber nicht befriedigt. Am 14. Januar hatte Werfel einen Vortrag in Paris gehalten: ›Ohne Divinität keine Humanität‹, den ich hier (gekürzt) beifüge.« (A. M.-W.: Mein Leben, a.a.O., S. 288)

Max Brod
Die Lehre vom edlen und unedlen Unglück*

Der Mensch lebt in zwei Bezirken. *Edles* Unglück ist die Tatsache, daß er als ein unendliches Wesen in einen unendlichen Weltzusammenhang gestellt ist, daß er stirbt, daß er in seinen Gefühlen wandelbar und vom Körper abhängig, in seiner Erkenntnis begrenzt bleibt. Edles Unglück ist mithin all das *Unabwendbare*, das unabtrennbar mit dem Menschen mitgegeben ist und gegen das unsere Macht nichts vermag und nie etwas vermögen wird. In diesem Bezirk ist daher die demütige, verehrungsvoll ein Geheimnis anerkennende Haltung, die Haltung, wie sie sich einem Wunder gegenüber ziemt, die einzig richtige.

Unedles Unglück dagegen ist *abwendbar* und verlangt aktives Eingreifen des Menschen, verlangt das Stiften nützlicher Einrichtungen. Mit der Demut, die dem organisch Werdenden gegenüber am Platze ist, würde man im Bereiche des »Machbaren« nur Sünde und Schuld auf sich laden, die furchtbare Schuld der Unterlassung dessen, was in des Menschen sittliche Macht und ganz menschlich

* Max Brod: Die Lehre vom edlen und unedlen Unglück, in: Maß und Wert, Jg. 2 (1938/39), H. 1, S. 105–110.

klare Einsicht gelegt ist. – Die in der heutigen »Theologie der Krise« vorherrschende, von H. I. Schoeps auch auf das Judentum applizierte (vgl. Schoeps »Jüdischer Glaube in dieser Zeit«), im tiefsten Grunde aber von Luther deszendierende Meinung, daß der Mensch in dem Augenblick, in dem er aus sich selbst heraus, kraft seiner autonomen Vernunft und ihm einleuchtenden Ethik, etwas Rechtes ausrichten will, bereits von Gott abgefallen ist, seine Position als »Geschöpf« aufgegeben und verraten hat – diese Meinung geht blind an der Scheidung von edlem und unedlem Unglück vorbei und wendet den Grundsatz, der im Reiche des edlen Unglücks richtig ist, auf den ganz anders gearteten Bezirk des unedlen Unglücks an, in dem der Mensch die Aufgabe hat, abstellbaren Übeln wie zum Beispiel dem Krieg, dem Völkerhaß, der sozialen Unterdrückung einzelner Volksschichten mit eigener Kraft, sozusagen als Delegierter Gottes, entgegenzutreten. – Wo dies übersehen wird, wo die an sich begründete These, die den Menschen als ein endliches Wesen mit dem Unendlichen konfrontiert, also in seiner Ohnmacht faßt, über die Grenze des edlen Unglücks hinübergeschleift und auf abstellbare unedle politische Mängel angewandt wird; wo also behebbare Mängel in einer Art von demutsvoller Verstocktheit, die viel Stolz in sich beschließt, perpetuiert, als notwendige, der Menschennatur immanente Übel mißverstanden werden, da entsteht das Pantragische. Das Ergreifende und immer aufs neue Verführerische liegt darin, daß diese Haltung in ihrer Ablehnung der schlichtenden Vernunft ein im Grunde hochherziger, titanisch sich aufbäumender Irrtum ist, eine Art Frommsein, das der unbegreiflich waltenden Natur oder unfaßbar fernen Gottheit ihr Recht ohne Dazwischensprechen einer störend vorlauten, allzu billig interpretierten Menschenstimme geben will. Daß diese resignative Haltung im Bereich des edlen Unglücks, in dem der Einzelmensch den Tiefen mythischer Mächte gegenübersteht, durchaus berechtigt ist, darf ihr aber keineswegs die Legitimation erteilen, mittels Grenzüberschreitung den großen Bezirk, in dem der Mensch kräftig und fröhlich Herr seines Schicksals ist, zu überfluten. Dem pantragischen Deutschtum Luthers, in dem der Mensch mit seiner »Hure Vernunft« nur »verdammlicher Leim« ist, entringt sich das humane Deutschtum Goethes mit dem unsterblich lichten Satz der »Maximen und Reflexionen«: »Es wäre nicht der Mühe wert, siebzig Jahre alt zu werden, wenn alle Weisheit der Welt Torheit wäre vor Gott.«

Bei Luther dagegen heißt es, mit extremer Souveränität des »edlen Unglücks« und völliger Außerachtlassung des »unedlen« und seiner Moventien: »Was hilft große hohe Weisheit und trefflich herzlich guter Mut oder Meinung, wenn's nicht die Gedanken sind, die Gott treibt und Glück dazu gibt? Es sind doch eitel Fehlgedanken und vergebliche Meinungen, ja auch wohl schädliche und verderbliche. Darum ist's sehr wohlgeredt: Die Gelehrten, die Verkehrten. Item: ein weiser Mann tut keine *kleine* Torheit. Und zeigen alle Historien auch der Heiden, daß die weisen und gutmeinenden Leute haben Land und Leute verderbet.« Von dieser Verachtung des sündigen, aus sich hervor nichts vermögenden Menschen ist nur ein Schritt zur Anbetung irgendeiner Autorität, sei es Gott, sei es die von

Gott gewollte Obrigkeit. Alle irdischen Konflikte versteifen sich, erscheinen unauflöslich, ja, man unterstreicht mit einem gewissen Stolz und Trotz ihre Unauflöslichkeit und läßt das weltliche Dasein den Weg zur Hölle, zum angeblich unentrinnbaren Krieg marschieren. Der Glaube an die Schlichtung irdischer Mißstände fehlt gänzlich, – wie es sich eben für Menschen schickt, die durch und durch aus verdammlichem Leim gebildet sind. Man hütet sich vor allem davor, flach zu sein, – lieber überläßt man die Welt den weltlich klugen Teufeln. Hier sichtet man ein Extrem, dem sich die *katholische* Kirche fast durchwegs erfolgreich ferngehalten hat, vor allem kraft der mit unendlicher Feinheit durchgebildeten Lehre des Thomas von Aquino, die bei aller Hingabe an Gott doch auch dem Menschen und den guten Werken ihr Eigenleben (des unedlen Unglücks) beläßt, ja, in der der Mensch als quasi quaedam lex at quaedam justitia animata erscheint. Theodor Haeckers Werk (vor allem das schöne Buch »Was ist der Mensch?«) liegt in der Linie dieser edelsten katholischen Tradition, die die Gottebenbildlichkeit des Menschen nicht aus dem Sinn verliert.
Dem Pantragischen gegenüber, als dessen erster großer Repräsentant in neuer Zeit Luther auftritt (Nietzsche, Heidegger folgen), steht ein ebenso hartnäckiger, ebenso falscher Widerpart: der *Panrationalismus*, wie er beispielsweise im Marxismus eine Art Wissenschaft und im Sowjetsystem staatliche Doktrin geworden ist. Der Mensch, im Bezirk der behebbaren Mängel erfolgreich tätig, glaubt den andern Bezirk (den der Konfrontierung mit dem Unendlichen), die stillen Gefilde des edlen Unglücks, ganz vernachlässigen zu dürfen. Daher viel Lärm und behördlich befohlener Optimismus bis ins intimste Privatleben hinein, – eine Grenzüberschreitung nach der andern Richtung hin, auch sie von unheilvollen Folgen begleitet, sofern eine gesunde Praxis nicht die theoretisch fehlerhafte Außerachtlassung der irrationalen Lebenselemente korrigiert.
Dagegen erscheint eine Vereinigung der beiden polar entgegengesetzten Welten oder menschlichen Verhaltungsweisen als das Charakteristische einer Haltung, in der (wie in meinem Werk »Heidentum, Christentum, Judentum« genauer ausgeführt) der philosophische Beitrag des Judentums – nicht als Dogma, aber als geistiger Grundzug immer wieder in Jahrtausenden bestätigt – konzentriert ist, in der aber, darüber hinaus, die richtige Grundhaltung der Menschheit überhaupt gegenüber den Gefahren von rechts und links Wort geworden ist. Eine Grundhaltung, in der sich die größten Repräsentanten des ganzen Menschengeschlechts jenseits von Rasse und Volkstum vereinigt finden.
Die Unterscheidung der zwei diametral verschiedenen Bereiche, 1. des überwältigenden Wunders, des Irrationalen, und 2. der nützlichen Einrichtung, mühsam zu erarbeitenden Verbesserung (»edles« und »unedles Unglück«) scheint, bei Beginn der Deduktion, so einfach wie das Ei des Kolumbus. Aber auch die Voraussetzungen der Koordinatenmethode oder der analytischen Geometrie sind ja die denkbar einfachsten, es macht den Eindruck, als sei es fast überflüssig, sie in Worte zu kleiden, so selbstverständlich klingen sie, – und doch führen sie in weiterer Ableitung zu den weitest reichenden Schlußfolgerungen. Ähnlich mag sich

bei konsequentem Weiterdenken der primär so einfachen Scheidung von edlem und unedlem Unglück, sobald man in ihre Komplikationen eingeht, ergeben, ein wie wesentlicher Teil des Verderbens, das seit je auf der Menschheit lastet, letzten Endes darauf beruht, daß die Menschen und ihre Führer, seien es Theoretiker, seien es Praktiker, die beiden Sphären des edlen und unedlen Unglücks ständig ineinandergemengt haben. Die klare Scheidung der beiden Gebiete ist der erste Ansatz, aus diesen unheilvollen Verwicklungen herauszukommen. Ein ernsthafter politischer Versuch ist noch nie gemacht worden, *beiden* Bereichen, dem edlen wie dem unedlen, das zu geben, was ihnen gebührt. Statt der Grenzüberschreitungen, die den einen Bezirk im Namen des andern usurpieren und gänzlich vernichtigen wollen, müßte eine Ordnung der »Zweigeleisigkeit«, die Synthese beider Haltungen ins Werk zu setzen sein. In seinem grundlegenden Werk »Das Wagnis der Mitte« hat Felix Weltsch die denkerische Fundierung für demokratische Politik solcher Art abgesteckt, indem er im wesentlichen zwei Formen unterscheidet: die beiden Reiche können in ihrem Spannungszustand zu einer *schöpferischen Synthese* gebracht oder (in gewissen Fällen) *nebeneinander* bewirtschaftet werden. – Approximativ und durchaus nicht allverbindlich könnte man zu diesem Nebeneinanderbewirtschaften den Ansatz machen, daß das Reich des Ich, des *Individuums*, des einsamen Menschen mit seinem unausschöpfbaren Geheimnis, im wesentlichen mit dem Gebiet des edlen unaufhebbaren, also nur religiös zu betrachtenden Mangels und der demutsvollen Verehrung zusammenfällt, – und daß daneben das Reich der gegenseitigen menschlichen Beziehungen, des *Sozialen, Kollektiven* als Reich der unedlen, also behebbaren Mißstände ohne Selbstüberhebung des Menschen dem Fortschritt und – das viel verlästerte Wort sei hier mit Absicht eingesetzt – der Aufklärung geöffnet werden kann, während allerdings das Individuum, das nach einem Lieblingswort Goethes »ineffabile« ist, der Aufklärung und andern Werten des helligkeitslüsternen 18. Jahrhunderts unbesiegliche Grenzen setzt – zu unserem Glück im Unglück. Im *kollektiven* Dasein an den Wert vernünftiger Maßnahmen glauben, das bedeutet noch lange nicht, die transzendierenden Gebiete der Kunst, des platonischen Eros, der religiösen Prostration, denen der Mensch als *Einzelner* zugeordnet ist, durch naseweise und unzulängliche Erklärungs- und Beherrschungsversuche entheiligen. Die Formel also wäre, freilich vorläufig nur sehr ungefähr gegeben: Dem Einzel-Ich entspricht das Gebiet des edlen unbehebbaren, dem sozialen Leben das des unedlen Unglücks. Man sieht sofort, wie diese Formel heute geradezu auf den Kopf gestellt, wie die auflichtende Mechanisierung, Uniformierung im Ich, das man einordnet, abrichtet und richtet, der Mythos aber in der Masse, dem Staat, der Ganzheit (im Sinne Spanns) gesucht wird, – wo er sich rechtens nur in einigen Grenzbezirken anzusiedeln hätte. Wahrhaft große Menschheitsperioden haben nur den Mythos des gottnahen Menschen, also des Einzelnen, in dem sich die sittliche Entscheidung vollzieht, und daneben die kameral-nüchterne, juristische Behandlung der heute zu einem Wasserkopf von Bedeutungswahn angeschwollenen Staatsaffären gekannt. Daß auch das Volkliche von mythischen Geheimniskräften getragen wird, bleibt dabei unbestritten, – doch soweit Angelegenheiten des Volkes mit klarer Vernunft geregelt werden können, ist es abwegig, sie in Zauber und Angelegenheiten des ewig unaustragbaren edlen Leids pantragisch umzufälschen. Hellseherisch die ganze Entwicklung vorausahnend, schrieb Grillparzer in einer Studie über den Papst Gregor VII., und dies ist, wenn ich vom Werk Thomas Manns absehe, eine der nicht allzu zahlreichen Stellen der Weltliteratur, in denen eine scharfe Unterscheidung der Kategorien des edlen und unedlen Unglücks statt hat: »Weh der deutschen Nation, daß sie auf die Meinung gekommen ist: der Enthusiasmus, ein herrlicher Hebel in außerordentlichen Fällen, könne als Triebrad des gewöhnlichen Zustandes der Dinge in Anschlag gebracht werden. Die Wurzeln müssen in die Erde gelegt und von allen Seiten gesichert sein, – Blätter, Blumen und Früchte mögen sich heben ins schöne, aber unbeständige Reich der Luft.« – Die Sonderung von edlem und unedlem Unglück soll nicht dazu führen, einer der beiden Lebenshaltungen den Vorzug zu erschmeicheln oder zu ertrotzen, – ganz im Gegenteil: diesen Übergriff, diesen Ganzheitsanspruch, als ob das Sein *nur* in der Kategorie des edlen oder *nur* in der des *unedlen* Unglücks denkbar und lebbar wäre, zu zerstören: das ist das Ziel! Eine Vereinigung, eine Gleichzeitigkeit beider Haltungen, das erscheint mir als der nächste Schritt, den die Menschheit zu machen hat, um endgültig die bis heute andauernde niedere Stufe zu überwinden. Nicht die verehrungsvoll demütige Haltung allein, nicht die selbstsicher helfende Haltung allein, – sondern »Verehren und helfen« rückt als Idealtypus des künftigen Menschen ins Blickfeld. Damit wird nun allerdings, da die beiden Haltungen einander widersprechen, eine coincidentia oppositorum erstrebt, über deren Schwierigkeit, ja Gnadenhaftigkeit man sich keine Illusion machen mag, – diese Coinzidenz ist vielleicht nur als Grenzwert, als limes, nur punktuell oder doch nur in kurzen Erhebungsepochen möglich. Und wo bisher verwandte Versuche angestellt wurden, ähnlich auseinanderstrebende Gegensätze über das Punktuelle hinaus, als Dauerzustände zur Deckung zu bringen (Stefan Georges Schaffen und sein Kreis können als solch ein auf großartige Weise unternommener Versuch angesehen werden), geriet man in die nicht für jede gesunde Lunge erträgliche Atmosphäre der »Weihe«. Geht man aber von George auf das freilich weit höhere Vorbild zurück, so trifft man auf die Akademie Platons und seine Ideenlehre. Was bei George künstlich, oft starr herbeigezwungen wird, erscheint bei Platon natürlich und leicht, anmutsvoll, dialektisch aufgelöst, in Ironie verschwebend, oder, wie es im VI. Brief heißt: »mit ernstem Sinn, der den Musen nicht abhold ist, zugleich aber auch mit jener heiter spielenden Freude, welche verschwistert ist mit dem Ernste«. Hier und in Platons VII. Brief, wo von der langen begrifflichen Vorbereitung und dem plötzlich überspringenden Funken zwischen Lehrer und Schüler die Rede ist, fassen wir förmlich mit Händen das Geheimnis, in dem die Bezirke des edlen und unedlen Unglücks, der dauernd gesetzhaften Potentia und des rasch, aber unendlich bedeutsam vorbeizitternden Actus, sich miteinander vermählen, ineinander aufgehen. Das Unzulängliche –

hier wird's Ereignis (Übersetzung Goethes, so scheint es mir, für die aristotelischen Begriffe potentia und actus, die damit in die platonische Sphäre aus naturwissenschaftlicher Abgeblaßtheit zurückerlöst werden).
Das Geheimnis nimmt auch den Aspekt an: daß die kurze Spanne konkreter Zeit, in der wir leben, gegenüber der Unendlichkeit der Weltexistenz in Raum und Zeit seltsamerweise nicht lächerlich nullhaft erscheint, sich nicht auflöst, nicht auseinanderfällt, nicht völlig sinnleer, bedeutungslos wird, wie man mit gutem Grund, bei rationaler Durchdenkung dieses Tatbestandes, annehmen müßte. Es gibt natürlich immer wieder unzählige Menschen, die dieser aufregende Paradox (Bedeutung des endlichen Lebens trotz unendlicher Umrahmung) nicht dulden, die die Rechnung, die nicht aufgeht, gewaltsam glattstellen wollen. Die also entweder unter Hinweis auf Endlichkeit und Tod die unendlichen Zusammenhänge oder unter Hinweis auf die »Kreatürlichkeit«, Gottgebundenheit des Menschen alle praktisch-politischen, nüchternen Maßregeln abhalftern wollen, die panrational oder pantragisch werden. Diese Einseitigen sind die eigentlichen Verderber der Menschheit, von den Jugendtagen der Welt an bis heute. Spirituale oder kausaltechnische Einheitsfanatiker. Ihnen steht die kleine Schar gegenüber, die am »Diesseitswunder« mit seiner paradoxalen Verklammerung zweier Welten festhalten oder die vielmehr diese Position, die immer wieder in Gefahr ist, denkerisch verlorenzugehen, lebend konkret, aktiv handelnd zurückerobern. Martin Bubers »Angesprochenwerden vom Ereignis«, »das sakramental aufleuchtet«, gehört als echte Abfolge der platonischen Ideenlehre hierher. Die metaphysische Bedeutung unseres winzig kleinen Lebens und an sich (etwa mit der Unendlichkeit der Sternenwelt verglichen) unbedeutenden ethischen Tuns, das aber doch, getan, alle Sphären durchrollt, hat glücklicherweise immer wieder Entdecker und Bestätiger des »Diesseitswunders« gefunden, so den Talmudsatz: »Wenn du einen Setzling in der Hand hältst und man sagt dir, der Messias sei gekommen, so pflanze zuerst den Setzling und gehe dann, den Messias zu empfangen«, oder die Maxime Franz Kafkas: »Der Tod ist vor uns, etwa wie im Schulzimmer an der Wand ein Bild der Alexanderschlacht. Es kommt darauf an, durch unsere Taten noch in diesem Leben das Bild zu verdunkeln oder gar auszulöschen.«
Durch unsere Taten noch in diesem Leben das Bild des (zuletzt von Heidegger so allausschließlich gemalten) Todes und »Seins-zum-Nichts« auszulöschen, – das ergibt auch eine neue politische Haltung, die nicht unheroisch ist, aber den Heroismus nicht zum Götzen erhebt –, Platon forderte für den führenden Staatsmann neben aller Männlichkeit auch die »parótes« (Sanftheit) und, selbstverständlich, einsichtsvolle Selbstironie, das Humoristische in weitestem Betracht. Sind dies die rechten Korrekturen, die an der Haltung der Selbstgewißheit vom Bezirk des edlen Unglücks aus vorzunehmen sind, so verlangt andererseits das unedle Unglück für seine Provinz den festen Willen zur Abwehr des Übels, zur Hilfe, zu nützlichen Institutionen und eine Energie, die durch den Hinweis, daß wir in Gottes Hand und in einem Tal der Tränen sind, auch nicht für

Momente abgeschwächt oder gar gebrochen wird. Es ist dem Wesen, das Mensch genannt ist, auferlegt, die beiden schwer miteinander zu vereinbarenden Haltungen der stummen Andacht und der tapfer loswerkenden Verbesserungswut immer wieder in Einklang zu bringen, sei es durch Zusammenschweißung, sei es nebeneinander her, jedenfalls nie der Verlockung der Einseitigkeit in einer der beiden Richtungen nachzugeben, sondern die Spannung in ihrer ganzen Wucht zu halten.

Theodor Haecker, 1879–1945, Kulturphilosoph und Kulturkritiker, geprägt von Kierkegaard und J. H. Newman, vertrat den Primat des Geistigen gegenüber den lebensphilosophischen, rassebiologischen, aber auch christlich-dogmatischen Strömungen seiner Zeit. Nach seiner Konversion zum Katholizismus (1921) Erneuerer des Christentums. Übersetzte Vergil, Kierkegaard, Newman. »Was ist der Mensch?« erschien 1933.
Max Brods religionsphilosophische Schrift »*Heidentum, Christentum, Judentum*« (1921) interpretierte das Judentum als Religion des »Diesseitswunders«.
Felix Weltsch, 1884 (Prag) bis 1964 (Jerusalem), Schriftsteller, Bibliothekar und Philosoph, Freund Kafkas und Brods. 1910–1939 an der Universitätsbibliothek in Prag, 1919–1938 Redakteur der zionistischen »Selbstwehr« in Prag, ab 1939 an der Hebräischen Universität in Jerusalem. Werke u. a.: Nationalismus und Judentum (1920), Antisemitismus als Völkerhysterie (1931), Thesen des Nationalhumanismus (1934), Das Wagnis der Mitte (1936), Leben und Lehre Bergsons (1947).
Martin Buber: s. Anm. S. 852.

Ludwig Marcuse
Der Fall Humanismus*

Thesen:

I. Einige sagen: der Humanismus lebt. Einige sagen: der Humanismus ist tot. Beide Aussagen sind falsch: er ist noch nicht ganz tot – und noch nicht ganz geboren.

II. Was ist tot am Humanismus?
Seine Fiktion einer Hintergrundsharmonie hinter den Disharmonien des Vordergrunds.

III. Dieses Vergängliche am Humanismus, sein Glaube an seinen Weltsinn, die abstrakte Wiederholung des christlichen Himmels, rief im neunzehnten Jahrhundert den großen Kampf gegen den Humanismus hervor.

IV. Nachdem der Humanismus fast hundert Jahre zur nichtssagenden Phrase geworden war, ist er heute wieder eine revolutionäre Parole.

Als wir auf der Schule waren, hörten wir zum erstenmal von einer modernen Religion, die mit Erasmus begann und mit Hegel endete. Wir hielten nicht viel davon.

---

* Ludwig Marcuse: Der Fall Humanismus, in: Das Wort, Jg. 1 (1936), H. 1, S. 62–67.

Als wir auf die Universität kamen, erfuhren wir zum zweitenmal von jenem seltsamen Gebilde der europäischen Kultur. Es war inzwischen nicht interessanter geworden: ein mächtiges Zeughaus, aus dem man sich Zitate und anderen Festschmuck billig holen konnte.
Dann begann der Krieg: Deutschland war stolz darauf, anti-human und antihumanistisch zu sein: an den »ganzen Schwindel« von Menschenrechte, französischer Revolution, Heiligkeit des Lebens und Sozialismus nicht zu glauben. Dieser Unglaube nannte sich hochmütig: »Deutscher Glaube«. Der Humanismus ist tot, jubelten die einen. Der Humanismus lebt, vermittelten die Leisetreter, die zwar ebenso anti-human waren, aber immerhin Schiller-Zitate nach wie vor für erbaulich hielten.
Beide Thesen sind, seit zehn Jahrzehnten, sehr billig zu haben. Beide Thesen sind falsch. Der Humanismus ist noch nicht ganz gestorben – und noch nicht ganz geboren.

1

Begraben wir zunächst die Toten!
Wo sitzt die Vergänglichkeit des Humanismus, wie er im 15. europäischen Jahrhundert entstand und im 18. klassisch ausgeformt wurde? Was empfinden wir an ihm als endgültig gewesen, als störend antiquiert, geradezu als Ärgernis erregend? Seine Tendenz, Widersprüche zu verdecken; um jeden Preis versöhnlich zu sein; den irdischen Disharmonien ihre produktive Zielstrebigkeit zu nehmen durch die Fiktion einer überirdischen Harmonie! Man kann durchaus nicht behaupten, daß die Zwiste innerhalb der sozialen Wirklichkeit, die Spannungen innerhalb der individuellen Existenz, die Antinomien, welche die Theorien unterminierten, von den Schiller und Kant, Goethe und Hegel, übersehen worden waren: diese Männer waren sehr sensible Seismographen; keine philiströsen Idylliker wie die, welche sie später zitierten. Kant pflügte lauter Gegen-Paare aus dem menschlichen Geist heraus: Begriff und Anschauung; Spontaneität und Rezeptivität; Noumena und Phänomena; Pflicht und Neigung. Schiller dichtete nicht den Seelen-Frieden, sondern die Seelen-Zwiste. Goethes »Faust« war die Unruhe in Person. Hegel begriff die Welt dialektisch als ein sehr nervöses Lebewesen.
Doch: alle diese Männer gaben sich die größte Mühe, die Existenz einer Hintergrunds-Harmonie hinter den Vordergrunds-Disharmonien festzustellen – und so jede Orientierung auf eine reale Konsonanz zu stören. Der Sturm und Drang der deutsch-humanistischen Klassiker, ihr Faustisches spielte sich nicht im Weltall ab, sondern in einer metaphysischen Guten Stube. Das höchste Ziel der Titanen war: wieder brav zu werden, nachdem sie sich recht wild benommen hatten. Ein Beispiel: Schillers »Räuber«, mit dem furiosen Motto »In tyrannos«. Da sagt der ziellose Aufrührer Karl Moor zum Schluß: »Noch blieb mir etwas übrig, womit ich die beleidigten Gesetze versöhnen und die mißhandelte Ordnung wiederum heilen kann. Sie bedarf eines Opfers, das ihre unverletzbare Majestät vor

der ganzen Menschheit entfaltet. Dieses Opfer bin ich selbst. Ich selbst muß für sie des Todes sterben.« Wer war diese »mißhandelte Ordnung«, für die Friedrich Schiller seinen Rebellen in den Tod schickte? Die bestehende Ordnung; das muffige Interieur jener kleinen deutschen Fürstentümer, in deren einem Friedrich Schiller zur Welt gekommen ist. Auch Goethe zog die Ungerechtigkeit der Unordnung vor, obwohl die Ordnung schon damals wirklich nicht sehr ordentlich war: (Junker aus Ostpreußen, nicht Dichter aus Weimar, nicht Professoren aus Jena saßen am Steuer der Weltkarre.)
Die deutschen Humanisten opponierten schon damals nicht gegen die Kutscher vom platten Land. Der Religionsphilosoph Kant spannte den freundlichen Bogen der Harmonie über eine Welt, die er in ein Reich der Notwendigkeit und ein Reich der Freiheit heillos zerklüftet fand. Goethe zog aus Gretchens Schicksal nicht irdische Konsequenzen, sondern ließ ihr durch eine »Stimme von oben« ein »Errettet« zurufen. Hegel hob die enorme Unruhe seines dialektischen Weltgesetzes in eine spannungslose Transzendenz auf. Allenthalben bog also der Weg dieser Humanisten doch wieder in einen überirdischen Thronsaal ein. Der war zwar nicht mehr so schön wie jener in dem Christus gewohnt hatte; aber immerhin noch reizvoll genug, um die Menschen nicht auf die Idee kommen zu lassen, man könnte schließlich auch den Himmel auf Erden errichten.
Doch ließ sich auf die Dauer nicht vertuschen, daß jene »ausgleichende Gerechtigkeit« eine taube Nuß war. Die Gruppen der bürgerlichen Gesellschaft gerieten sehr hart aneinander: kein »Weltsinn« trat aus den Kulissen hervor und intervenierte. Und die Begriffe der bürgerlichen Humanisten haderten plötzlich so laut miteinander, daß noch der Unschuldigste merken mußte: hier stimmt was nicht. Der humanistische Himmel, sowieso schon bedeutend weniger solide als der christliche, barst; es ist etwa hundert Jahre her.
Schiller hatte bereits gedichtet:

»Wisset!
Ein erhabener Sinn legt das Große in das Leben,
Und er sucht es nicht darin.«

Eine Vorahnung davon, daß auf dem Konto nichts zum Abheben daliegt, daß man selber jeden Pfennig erarbeiten muß! Heinrich von Kleist war dann (innerhalb der deutschen Geistesgeschichte) das erste Opfer dieser Einsicht. Er zog aus der »Kritik der reinen Vernunft« den vernünftigen Schluß, daß auf den humanistischen Gott gar kein Verlaß ist; mag er sich »Der ewige Sinn« oder »Harmonia mundi« oder »Das wirkliche Weltgesetz« benennen. Und bald nach dem großen Propheten Kleist zeigten die beginnenden Klassenkämpfe, daß der im Schoß des humanistischen Gotts selig geborgene kleine Erdengott nur ein Bürger war, der von den Grenzen seiner Existenz nichts wußte. Georg Büchner war der erste große deutsche Gestalter der Menschen, der den humanistischen Himmel verloren hatte.

»Humanismus« wurde nun ein Schimpfwort für Trottel und Heuchler. Mit dem Recht einer Zeit, der vor allem der tote Gott des keineswegs toten Humanismus in die Nase stank.

2

Ideologien sind sehr zählebig. Sie pflegen in vielen Gestalten ihren Tod zu überleben: als rückständiges Bewußtsein über einem Unbewußten, das schon ganz anderes weiß; als Konvention der Gedankenlosen; als Maske für Betrüger. In allen diesen Formen lebte der Humanismus im 19. Jahrhundert fort. So ist es kein Zufall, daß gerade die edelsten Früchte des deutschen Humanismus im 19. Jahrhundert dezidierte Anti-Humanisten wurden: Karl Marx und Friedrich Nietzsche. Das gesamte 19. Jahrhundert, soweit es zukunftsträchtig war, stand in Opposition zum Humanismus des 18. Zum vergänglichen, versteht sich, zum abgeblühten, der in den Herbarien der Epigonen lag. Aber die Unterscheidung zwischen einem triebkräftigen und einem abgewirtschafteten Humanismus wurde nicht gemacht. Man sah zu aufdringlich nur die Lüge. So schüttete man das Kind mit dem Bade aus, auf der fortschrittlichen Seite. Auf der anderen Seite aber, dort, wo die deutschen Schulen und Universitäten ihr Unwesen trieben, wurde gerade der überlebte Humanismus, der eine Harmonie, die nicht existierte, vorlog, mit Hingebung kultiviert! Bis in diese Tage! Immer wieder wurde eine neue Generation von Beamten, von Juristen, von Lehrern, von protestantischen Seelensorgern mit der Weisheit genährt, daß, wer immer strebend sich bemüht, erlöst werden kann *(von wem??!!)*; und daß der Mensch mit seinem Palmenzweige, im 19. und 20. Jahrhundert wie im 18., in edler Harmonie Gottes Größe verkünde. Nur waren die Palmenzweige inzwischen Kanonen geworden; mit Palmenzweigen bekränzte Kanonen.

3

In unseren Tagen nun, in denen viel gebildeter Nebel von den Stürmen der Unbildung weggeblasen worden ist, wird der Fall Humanismus revisionsfähig.
Noch vor vier Jahren prophezeite der Heidelberger Romanist Curtius: »In einem stehen die Universitäten geschlossen zusammen: in dem ernsten und hundertfach gehärteten Willen, den politischen Kampf aus der Universität fernzuhalten.« Zwei Jahre später war diese altehrwürdige Blase geplatzt. Zwei Jahre später war dieser beschränkte und verlogene Katheder-Humanismus, der das Wahre und das Gute und das Schöne vor der rauhen Wirklichkeit zu schützen vorgab, weggefegt. Und die Humanisten lagen dort, wo sie hingehörten: unter und auf den Stiefeln der Machthaber. Die deutschen Faschisten aber entlarvten die offiziellen Hüter der heiligen humanitas so gründlich in ihrer ohnmächtigen Scheinexistenz, daß kein »Bolschewik« diese Operation rücksichtsloser hätte besorgen können. Der Faschismus hat den verwehten Humanismus mit allen Unehren beerdigt.
Der Humanismus ist aber nicht nur ein Gegenstand des Abbaus. Er ist vielmehr,

in seinem fruchtbaren Kern, die einzige Parole gegen den Faschismus. Doch erst nach der heutigen Echtheitsprobe sind die brauchbaren Elemente ganz frei geworden; denn die großartige Analyse, die, fast hundert Jahre vor uns, von dem größten Kritiker des Humanismus, dem Humanisten Karl Marx, unternommen wurde, ist unter der deutschen akademischen Jugend nur per renommee bekanntgeworden. Oder sagen wir es gleich noch deutlicher: nur vom Weghören!

4

Es gibt sehr verschiedene Gegner des Faschismus: ihr Generalnenner ist ein Negativum. Doch es gibt, falls ich richtig sehe, nur eine einzige Zentralidee, in der alles wurzelt, was mehr als nur Gegen ist: die Idee der humanitas; die Idee der menschlichen Solidarität vor den Nöten auf dieser Erde; die Idee des Anrechts aller Menschen auf die Früchte dieses Sterns, die nicht *einem* Mann und nicht *einer* Gruppe und nicht *einer* Nation und nicht der weißen Rasse oder der gelben mehr gehören als einem andern Mann und einer anderen Gruppe und einer anderen Nation und einer anderen Rasse.

Man streitet sich über die Wege zur besten Verwirklichung dieser Idee; und es gibt ganz gewiß unter den Vorschlägen dümmere und klügere; deshalb ist nicht ein Antifaschist ebensoviel wert wie der andere. Man streitet auch darüber, wieviel Paradies überhaupt realisierbar ist, unter den Gegebenheiten dieser Erde; ein schwer auszumachender Streit, weil wir alle nicht wissen, was unveränderbar gegeben ist, und was vielleicht doch – unserer schwerfälligen Phantasie zum Trotz – wandelbar ist. Doch wo oberhalb des Methoden-Streits und oberhalb der optimistischeren oder pessimistischeren Visierung des Paradieses der Wille herrscht: mit aller Energie und aller Klugheit die humanitas zu verwirklichen – dort ist Humanismus. Vielleicht wird es noch heute vielen Menschen schwer, hinter dem befleckten Namen Humanität die große Tradition und den unberührten Kern zu sehen. Man hat es aber schon nicht mehr nötig, sich antihumanistisch zu verkleiden – aus Scham. Man braucht sich schon nicht mehr zurückhaltend oder esoterisch als »dialektischer Materialist« bezeichnen, wo man doch in Wahrheit zuoberst militanter Humanist ist. Man soll sich wieder nach dem Ziel benennen, nicht nach dem Weg.

Es ist nicht nur sentimentale Dankbarkeit, wenn wir zum Humanismus des 18. Jahrhunderts zurückblicken, um zum Humanismus der Zukunft zu gelangen. Vor 150 Jahren lebten unsre großen Zukunftsgenossen, auf die wir nicht deshalb zu verzichten brauchen, weil der Faschismus sie zu zitieren liebt, wo sie ihm in den Kram passen. Und ich führe, zum Schluß, als Kronzeugen unserer Verbundenheit, unserer Traditionsgebundenheit mit Absicht einen sehr kleinbürgerlichen, sehr skurrillen und in vieler Beziehung keineswegs unverdächtigen Deutschen an, der zugleich humaner Weltbürger war und größenwahnsinniger Verkünder des deutschen Volks als des auserwählten: Johann Gottlieb Fichte. Fichte ging von dem besten Gedanken seines Jahrhunderts aus: man müsse aufhören, irgendetwas Berechnendes dem blinden Zufall zu überlassen, in Hoffnung, daß er es wohlmachen werde«. Es hieße aber nun, schrieb er im »Geschlossenen Handelsstaat« weiter, dem »blinden Zufall« überlassen, wer satt wird und wer hungert, wer Überfluß hat und wer Not leidet, wenn man die Menschen arbeiten läßt, ohne sich darum zu kümmern, wie die Früchte der Arbeit verteilt werden. In dieser Haltung ging der deutsche Idealist – welcher der sehr materialistischen Ansicht war: der Mensch möge seine Vernunft gebrauchen, um sein irdisches Dasein zu verbessern – an den Entwurf eines Plans, dessen ausgesprochenes Ziel es war, »jedem allmählich zu dem Seinigen zu verhelfen«. Was ist das »Seinige«? Fichte verlangte, daß »das Vorhandene unter alle gleich verteilt werde«. Denn der deutsche Idealismus wollte – es ist schrecklich zu sagen! – das Glück des einzelnen auf dem Umweg über das Kollektivum; *so materialistisch war der deutsche Idealismus*. »Es sollen *erst alle satt werden und fest wohnen*«, schrieb Fichte, »*ehe einer seine Wohnung verziert, erst alle bequem und warm bekleidet sein, ehe einer sich prächtig kleidet.*«

Die Vergangenheit ist nicht vergangen, nicht im Schlechten und nicht im Guten. Es gibt auch eine stolze Vergangenheit. Sie nannte sich einst Humanismus und Idealismus; sie nannte sich dann, mehr aus verschämtem Trotz als exact, Materialismus, sie darf sich heute wieder, ohne Angst, mißverstanden zu werden, Humanismus nennen. Noch vor drei Jahren sagte man einem deutschen Studenten weniger als nichts, wenn man ihm das Wort Humanismus nannte; er lächelte nicht einmal mehr ironisch. Heute bringt derselbe Student jeden auf den Richtblock, der dies Wort ausspricht; so viel Leben hat es wieder gewonnen. Oder er bewahrt, wenn er schon aufgewacht ist, diese vier Silben als Dynamit in der geheizten Kammer seines Herzens.

In der gleichen (ersten) Nummer der in Moskau von 1936 bis 1939 erschienenen und von Bertolt Brecht, Lion Feuchtwanger und Willi Bredel herausgegebenen Zeitschrift »Das Wort« wurden unter der gemeinsamen Überschrift »Verfall und Triumph des Humanismus« die folgenden drei Beiträge veröffentlicht: Stefan Zweig: »Ein Gewissen gegen die Gewalt« (Vorwort zu seinem 1936 in Wien erschienenen Buch »Castellio gegen Calvin«), Ludwig Marcuse: »Der Fall Humanismus« sowie Alfred Kurella: »Der Mensch als Schöpfer seiner selbst«. Die drei Beiträge sollten auf die intendierte Spannweite der Zeitschrift verweisen, indem sie das Thema Humanismus – von der Zeitschrift als die einigende Plattform gegen die Nazi-Barbarei beschworen – unter unterschiedlichen Gesichtspunkten beleuchteten: dem bürgerlich-humanistischen (Zweig), dem radikaldemokratischen (Marcuse) sowie dem marxistischen (Kurella) (a.a.O., S. 54–75).

Heinrich Mann
Ein Zeitalter wird besichtigt*

Letzter Aspekt und Dank

Was alles gegen die menschliche Natur zeugen möchte, ihre monströsen Erkrankungen, ihre Wirrnis und Schwäche – dieses Zeitalter verdient Dank, daß es zum Schluß die bessere Seite freigelegt hat, die rechte, die sich sehen lassen kann. Die Arbeit war unverhältnismäßig teuer, die Handwerker kamen spät und sind längst nicht fertig geworden. Gleichviel: »Man kann einander wieder in die Augen sehen«, sagte im vorigen Krieg eine Theaterbesucherin. Diesmal geht mehr vor, als nur ein inszenierter Trost.

Das ist mein Aspekt – nicht zuletzt der Dinge, der Meinungen, Nachkriegspläne, Gesetze über die Existenz, was alles erst Folge und Ergebnis ausmacht. Mein Generalaspekt wird beglaubigt durch das Bild amerikanischer Soldaten, wenn französisches Volk sie als die Befreier empfängt. Französisches Volk erinnert sich entfernt seiner eigenen wunderbar gehobenen Einzüge in befreite Länder, einst mit dem General Bonaparte. Aber dieselbe Begeisterung, dasselbe rechtschaffene Wohlwollen trägt die nächsten, nach den vorigen: sie haben dann die gleichen Gesichter, einfacher als je, schöner als geträumt.

Mr. Churchill, le générale de Gaulle, anzusehen, stürmisch oder dunkel, stellen vorsätzlich dar, was gemeint ist: die menschliche Verwandlung – die meisten lassen sie mit sich nur geschehen. Im Zwielicht zweier Zeitalter, des abgelaufenen, des angetretenen, nimmt der Durchschnitt es ungenau und leicht. Es wäre auch gegen die Absicht, wenn sie eindrängen, wie die beiden Genannten, oder die anderen beiden, Ungenannten. »Krieg wird es immer geben«? Sie mögen glauben, daß sie sowohl den Krieg wie den Existenzkampf besiegt haben. Je länger sie es glauben, um so länger wird es wahr sein.

Der Mensch, das Menschengesicht sind, was sie nicht mehr gewesen waren, rührend geworden. Rührung erregt der Gleichgültige nie, wäre er so vortrefflich, wie er meint. Nicht das Vortreffliche, das Fragwürdige rührt, mit seinen Gefahren. Was rührt mich? Die geheime Unzuverlässigkeit hinter einer Stirn, die gern hart und treu wäre. Der Gefährte, dessen Herz nicht sicher ist. »Toujours ce compagnon dont le cœur n'est pas sûr« – wenn das nur die Frauen wären! Die unterwegs liegengebliebenen Vorsätze, vergeblichen Hochgefühle, Freundschaft, die vergessen wird, die Sehnsucht nach ewiger Liebe in einem Leib, dessen Zellen unbeständig sind.

Goethe war es, der niemals ohne Rührung in ein Menschengesicht blickte. Um

---

* Heinrich Mann: Letzter Aspekt und Dank. Schlußkapitel aus »Ein Zeitalter wird besichtigt«, Reinbek bei Hamburg, Rowohlt 1976, S. 353–356. Erstausgabe: Stockholm, Neuer Verlag 1946. Vorabdruck einzelner Kapitel in »Internationale Literatur«, 1945.

ihn zu befriedigen, waren sie nicht fest und sicher genug: dies der eingestandene Grund seiner Naturforschung. In seinem Aufsatz »Über den Granit« (1784) steht:
»Ich fürchte den Vorwurf nicht, daß es der Geist des Widerspruches sein müsse, der mich von Betrachtung und Schilderung des menschlichen Herzens, des jüngsten, mannigfachsten, beweglichsten, veränderlichsten, erschütterlichsten Teiles der Schöpfung zu der Beobachtung des ältesten, festesten, tiefsten, unerschütterlichsten Sohnes der Natur geführt hat.« Weiterhin: »Ja, man gönne mir, der ich durch die Abwechslungen der menschlichen Gesinnungen, durch die schnellen Bewegungen derselben in mir selbst und in andern manches gelitten habe und leide, die erhabne Ruhe, die jene einsame stumme Nähe der großen, leise sprechenden Natur gewährt, wer davon eine Ahnung hat, folge mir.«
Die Ruhelosigkeit des Menschenherzens hat ihn gerührt und ermüdet, als seine Zeitgenossen, wie meine, in ihren falschen-richtigen Freiheits-Ekstasen befangen waren. 1792, während des Feldzuges in Frankreich, als die fremden Armeen zurückgingen, machte er ein Aquarell: um die Mitte seines Lebens kommt es einem Bekenntnis gleich – aber welchem? Am Straßenrand ein Mast mit der roten Mütze oben. Goethe kopierte die angebrachte Inschrift: »Passants, cette terre est libre.« Um zu sagen: »Große, schöne Vorsätze?« Um mitklingen zu lassen: »Aber ich kenne euer mannigfaltiges Herz«? Was schriebe er wohl an die Grenze der Sowjetunion? »Vorübergehender, verweile!«
Ein neuer Mensch, ein anderes Zeitalter nehmen ihren Anfang hier. Die menschliche Fähigkeit der Verwandlung erreichte ihr relatives Höchstmaß diesmal. Eine sittliche Welt ohne Vorgang und Vergleich entsteigt – unnütz zu fragen, welchen weitläufigen Zusammenhängen. Sie ist da, sie erhält sich – erhält sich nunmehr länger als die französische Revolution, einbegriffen den Kaiser. Die Sowjetmenschheit, »mit dem Bewußtsein, was sie soll, geboren«, siegt. Aber mehr, ihr sieghaftes Lebensgefühl ergreift andere.
Das ist ein Höchstmaß von Erfolg, das allgemeine Lebensgefühl zu steigern, nach allem Geschehenen, das es tief hätte senken müssen. Der Anstifterin, Vorkämpferin nicht zu danken, wäre schwer. Alle danken ihr jetzt: daß sie verwandelt ist und siegt, daß sie selbst nunmehr siegen und sich verwandeln können. Unter den Nationen bewährt sich als die gerechteste die Nation des lange geschulten Realismus: die britische. So verläuft diesmal eine menschliche Verwandlung. Früher kam sie auch zustande, nur daß zähe, verständnislose Koalitionen gebildet wurden gegen das revolutionäre Frankreich, mit dem konservativen Britannien immer vorweg.
Die Umstände sind dem Menschen auffallend günstig, seinen sittlichen Aussichten, der Lage seiner Existenz versprechen sie ungewöhnlich viel. Hiermit schließt aber ein Zeitalter, das in seinen Anfängen eigentlich gar nichts versprach: niemand hätte auf seine guten Vorsätze gehört. Die einzelnen – auf sie kommt alles an – waren für Verwandlungen weder vorbereitet noch gestaltet. Jetzt erfahre ich, innerlichst erstaunt, von ihren Metamorphosen.

Da ist ein Würdenträger der deutschen Republik. Noch in Paris betrachtete er, was geschehen war, »vom Standpunkt der Behörde«. In Amerika verzichtet er auf Ehrengaben und arbeitet in der Fabrik: ein älterer Mann, jetzt wieder proletarisch. Ihn bewundere ich, nicht mich, der den deutschen Arbeitern höchstens sagen könnte: »Wißt ihr noch, die Wohlfahrt? Stempeln, eure Alten haben es geübt. Ich auch, ihr guten Kinder, ich seither auch.«

Ich danke dem Zeitalter und seinen Menschen: beide sind von bequemen Anfängen zu katastrophalen Vollendungen geschritten. Meinem Geschick bin ich dankbar – nicht, weil ich bald oben, bald unten war. »Wo ich sitze, ist immer oben.« Sondern, daß meine Verantwortung heute von vielen, genau sogar von allen mitgetragen wird. Wir waren einst wenige, auf denen geistige Verantwortung lastete, ohne unser Verdienst gewiß, aber wir waren so beschaffen.

Daher habe ich erst jetzt den vollen Sinn für die schöpferische Begabung des Menschen. Er ist das Wesen, das von Gut und Böse weiß: das macht ihn zum Gestalter. Meine Bewunderung der Meisterwerke kennt keine Grenzen: sie allein sind die aufrechten Zeugen, daß gelebt und vollendet worden ist; sie und die hohen Persönlichkeiten, die großen Nationen. Auch diese dauern, vermöge derselben komponierten Vollkommenheit wie die anderen Arbeiten der Künstler: sind selbst von ihnen erschaffen. Ohne einen Michelet, nicht dieses Frankreich. Dieses Rußland, nur mit seinem Tolstoi.

Die Symphonie Pathétique erreicht wahre Wunder an Schönheit und Macht, je näher die Stunde, da sie das letztemal vor mir aufrauscht. In Büchern, die ich immer kannte, entdecke ich zum Schluß das völlig Unerhörte. Der Philosoph Leibniz soll gesagt haben: »Eigentlich war alles, was ich las, richtig.« Richtig, daß es ein helles Staunen bleibt und einen Zugang, ich weiß nicht wohin, eröffnet, ist das Geschaffene.

Ich muß mich besinnen, daß auch die Meister nur ihr armes kleines Leben besessen haben, mit einer tiefen Heiterkeit als Grundstock ihres Vermögens. Aber wie oft vergaßen sie sich! Flaubert sogar wäre beinahe ins Handgemenge geraten mit seinem Kritiker. Handgemenge und Flaubert, das wahllose Beieinander der Silben erinnert mich an eine Schlacht bei Salerno, und sie hat stattgefunden.

In das Unbekannte gesendet: Ich danke euch. Ihr wißt: nicht jederzeit wird euch dergestalt Ehre erwiesen werden. Die Meisterschaft als Vorbild, die Fruchtbarkeit als Ziel und Ende: das Zeitalter, das es zum Schluß so will und mich aussprechen läßt, hat gesäumt und sich vergessen, bis es dennoch an das Werk ging. Es mitleben von A bis Z war zum Weinen und zum Lachen. Besichtigt man es nachher – ja, eigentlich schon jetzt von jenseits einer Schwelle besichtigt, hat es an Ehrenhaftigkeit überaus gewonnen.

Sei ein anderes schöpferischer! Ich lebte dieses, nahm früher als dieses die Meisterschaft zum Vorbild, aber von bequemen Anfängen schritten wir zur katastrophalen Vollendung.

»Man kann einander wieder in die Augen sehen«: Heinrich Mann erinnert hier den Leser an eine frühere Stelle seiner Autobiographie. (Vgl. H. M.: Ein Zeitalter wird besichtigt, Reinbek bei Hamburg 1976, S. 163.)
Die beiden Ungenannten: Vermutlich Stalin und Roosevelt.
»Krieg wird es immer geben«: Vgl. dazu eine frühere Stelle aus der Autobiographie: »Auf die Dauer verlangt der Friede das Einverständnis aller Teile, aber es ist auf keinem der jetzt gangbaren – oder denkbaren – Wege zu erreichen. Der Vorwand, Krieg zu führen, war diesmal der Faschismus. Es sieht nicht aus, als sollte er verschwinden. Seine Niederlage angenommen, übt er vielleicht auf einen Teil der Sieger die Anziehung, vor der ein Unterlegener sich hüten würde. ›Kriege wird es immer geben‹, sagt Stalin. Traurig genug. Noch trauriger, daß die Vorwände so schlecht und mehrmals dieselben sein dürfen« (a.a.O., S. 53). Lenin hatte freilich 1922 vorgeschlagen, aus dem Entwurf der Erklärung der sowjetischen Delegation auf der Konferenz von Genua die Worte zu streichen, daß »unsere Geschichtskonzeption … die Unvermeidlichkeit neuer Weltkriege voraussetzt«.
Würdenträger der deutschen Republik: Gemeint ist Albert Grzesinski, 1879–1947, sozialdemokratischer Politiker; o. Anm. S. 85.

Ausblicke

Arnold Zweig
Das Aufatmen von 1945*

1

Der Schluß des europäischen Krieges sieht die Mitlebenden in einer eigentümlichen Verfassung. Am Armistice Day 1918 gab es auf beiden Fronten wohl niemanden, der nicht jubelte und glaubte, daß der Krieg nun vorüber sei und eine bessere Zeit anbrechen müsse – eine Zeit, des ungeheuren Elends würdig, welches dieser Krieg über die Erde gebracht. Heute empfindet die Welt zwar das gleiche Aufatmen, aber sie ist weit entfernt von dem Glauben, nun wäre und müsse alles gut werden. Und dabei läßt sich der Ausgang des vorigen Krieges und das Elend, welches er mit sich brachte, mit dem diesmaligen in keiner Weise vergleichen, weder was den Grad der Zerschmetterung anlangt, mit welchem der Angreifer aus dem Kriege hervorgeht, noch der Grad der Zerstörung aller Werte des Lebens und der Gesittung, den diesmal die Angreifer auf ihr Konto zu nehmen haben. Das Aufatmen müsse um so tiefer, das Glück um so größer sein, diese Epoche der Raserei und Zerstörung hinter sich gebracht zu haben. Und doch ist das nicht der Fall. Die Menschen atmen auf, aber nur so, wie jemand, der eine Last absetzt, die er nach ein paar Minuten weiterzutragen haben wird. Was liegt da vor?

2

Nicht daran liegt es, daß der Krieg im Fernen Osten weitergeht. Die Bewußtseinsspannung des Menschen hat sich immerhin in diesem Jahrhundert schon ausgedehnt, verglichen mit früheren Zeiten; aber nur sehr wenige von uns vermögen den chinesischen Raum und seine Schicksale in unser Gefühlsleben mit einzubeziehen – das bewies sich schon, als 1931 die faschistisch politische Epoche mit dem Einbruch der Japaner in die Mandschurei anhob, ohne daß der Völ-

---

* Arnold Zweig: Das Aufatmen von 1945, in: A. Z.: Essays. Bd. 2: Aufsätze zu Krieg und Frieden, Berlin und Weimar, Aufbau-Verlag 1967 (A. Z.: Ausgewählte Werke in Einzelausgaben, Bd. 16), S. 257–262. Deutscher Erstdruck in: Heute und Morgen. Antifaschistische Revue, Tel Aviv, Juni 1945.

kerbund in Genf das Gefühl bekundete, dort beginne ein Erdbeben, das auch den Genfer Palast zum Einsturz bringen werde. Der primitive Mensch bezog auf sich nur die Ereignisse der nächsten Nachbarschaft. Die antiken Perser und Hellenen blieben mit ihrem Verbundenheitsgefühl innerhalb ihrer Kulturreiche – außerhalb jedes von diesen wohnten die Barbaren, worunter sie sich auch gegenseitig verstanden. Das Imperium Romanum und die mittelalterliche Christenheit umspannte gefühlsmäßig schon weitere Teile der damals bekannten Erde. Für uns läuft die Grenze des Mitschwingens so, daß sie etwa die Hälfte der Erdkugel einbezieht, die westliche also. Daher bleibt uns das Leiden des chinesischen Volkes, der schwierige Zustand Indiens und dergleichen fremder, als wir möchten; und vielleicht hat das Angreifertum der Japaner als positive Frucht mit sich gebracht, daß unser Verbundenheitsgefühl mit den Menschen mongolischer und indischer Sprachen wächst. Aber für den unbefangenen Zeitgenossen hat der Krieg im Fernen Osten, so fürchterlich real er ist, etwas weniger Wirkliches als der jetzt beendete europäische. Und nicht also darauf bezieht sich das Gefühl, daß wir nach kurzer Atempause die Last weiterzutragen haben. Um es zu erklären, steigen wir unverzagt in die tieferen Schichten unserer Gesellschaftsstruktur hinunter und wissen wohl, warum.

3

Der vorige Weltkrieg gebar als seine Frucht den Sieg der russischen Revolution, für die schon hundert Jahre gekämpft worden war. Der westliche Kapitalismus, gerade erst in seinen Reifezustand einzutreten im Begriff, erkannte das und war sofort bestrebt, diese Frucht des Krieges abzukapseln. Der »cordon sanitaire«, von dem Marschall Stalin jüngst so unbefangen sprach, wurde damals geboren. Ihm wurde das schwache Revolutionsdeutschland von Liebknecht und Luxemburg zum Opfer gebracht, er brachte General Weygand nach Polen und all den weißgardistischen Führern von Koltschak bis Mussolini die Unterstützung kapitalistischer Gruppen. Verhängnisvollerweise, wie sich später zeigte, brachte man diesem »cordon sanitaire« auch die Weimarer Republik zum Opfer, als sich in »Hörr Hitler« ein geeigneteres Werkzeug für diese Zwecke anbot. Man setzte den Fehler fort, den wir deutsche Republikaner seit 1919 den Westmächten vergeblich zu verdeutlichen suchten: den deutschen Militarismus, die deutsche Feudalaristokratie und den deutschen Industrialismus mit dem eigenen, von Demokratie und Kulturgefühl bereits gereiften und gebändigten Kapitalismus auf eine und die gleiche Gesittungsstufe zu stellen.

Wir schrieben damals und ließen es drucken, daß zwischen dem englischen Liberalismus und der französischen Demokratie ein Bündnis mit der russischen Revolution nicht nur möglich sei, sondern am Horizont stehe; mit dem deutschen Militarismus war ein solches Bündnis dem Wesen nach unmöglich. Und gleichwohl bestand die Politik der Appeasement-Epoche in nichts anderem als diesem Versuch. Was half es uns, immer wieder zu sagen, das bolschewistische Gespenst existiere nicht, es sei mit seiner Liga gegen den Bolschewismus eine psychologische Waffe der geschlagenen Generäle von 1918. Die Psychologie des sich bedroht fühlenden europäischen Bürgertums gehorchte den Erfindungen des deutschen Militarismus bis zu den Tagen, da es zu spät war, den Tagen von Godesberg und München. Und so kam es, wie Ludendorff geplant hatte: nach einer Atempause von fünfundzwanzig Jahren sollte der Weltkrieg Nr. 1 durch den Weltkrieg Nr. 2 korrigiert werden. Nun, und das wurde er ja wohl auch, wenn auch nicht in der von den Generälen, wohl aber von uns vorausgesagten Weise: diesmal erwies sich das Bündnis zwischen dem russischen Proletariat und der westlichen Demokratie in seiner vollen Zerschmetterungskraft; der deutsche Mammutkapitalismus und seine militärische Kampfmaschine wurden so zerschlagen, wie der begabte und geschulte Stratege Ludendorff es am 8. August 1918 erkannt und völlig durchgeführt hatte. Er war klug genug, den Weltkrieg verloren zu geben und die Chancen des deutschen Kapitalismus vor der Niederlage zu bewahren. Seine Epigonen, die Herren Haushofer, Mutschmann, Epp, Röhm aber, stur und unbegabt, wie sie waren, vermochten nichts Eiligeres zu tun, als den braunen Acheron des deutschen Kleinbürgertums zu bewegen, alle mäßigenden Kräfte der deutschen Arbeiterschaft, des deutschen Bürgertums und der kriegsfeindlichen Parteien zu zerschlagen, auszutreiben, umzubringen und die Welt in das Unheil zu stürzen, aus welchem sie jetzt auftaucht. Dies ist das Aufatmen von 1945.

4

Und nun stehen die Fronten, wie sie 1918 standen, als das russische Proletariat und die ungeheuren Massen der russischen Analphabeten aus dem Kriege ausgeschieden waren. Aber in den siebenundzwanzig Jahren, die inzwischen verflossen sind – und welche Jahre! Kriegsjahre, doppelt zählende Jahre! –, haben alle Beteiligten zu unserm Glück sehr viel gelernt, auch übereinander. Die objektiven Probleme haben sich nicht verändert, aber sie sind auf ihre wahren Größen reduziert worden – unbeträchtliche Größen, verglichen mit den Dimensionen der wahren Aufgaben, die am Pfahle stecken. Die ganze menschliche Gesittung muß neu aufgebaut, aus der Orgie der Zerstörung muß die schöpferische Freude an der menschlichen Arbeit wieder freigelegt werden. Die Leitlinie der Atlantikcharta muß verwirklicht, das Chaos, das die Nazis in Europa angerichtet haben, in Ordnung verwandelt werden. Nicht in jene »Ruhe und Ordnung« des Generals von Hindenburg, an welcher die Weimarer Republik zugrunde gegangen ist, sondern in jene gerechte und organische Ordnung, wie sie von den slawischen Völkerschaften überall angestrebt wird, die sich in Frankreich durchsetzt und die hoffentlich zu den Vereinigten Demokratien Europas führen wird. Die Erde muß für freiheitliebende Menschen wieder zum Arbeitsplatz werden. Lebensfreude ohne allzu schweren Druck der Atmosphäre muß die Brust der Generationen wieder mit frohem Atem füllen, die Hindernisse der Sprachen und Nationalismen müssen überwunden werden durch jene verbindende Gesinnung, die 1918 nur zum Schein, von den revanchebrütenden Generälen als Camouflage geduldet, unsern Erdteil durchflutete. Man muß gelernt haben, politische Wirklichkeit zu verlangen, zu unterscheiden, überall mit den Fingern abzutasten. Es darf keine Gespenster mehr über den Gräbern der geopferten Millionen geben, ohne daß man sie mit wissenschaftlicher Analyse anstrahlt und vertreibt. Weder das des Bolschewistenschrecks noch das des Judenhasses, noch das der plutokratischen Weltverschwörung, noch das des Antigermanismus. Ohne solche Gespenster und ihre Ausnutzung lassen sich die nächsten Jahrzehnte hoffentlich zum friedlichen Aufbau einer Gesellschaftsordnung benutzen, welche den Keim zu neuen Kriegen rechtzeitig erkennt und zum mindesten isoliert, vielleicht zerstört. Immer mehr muß von Gesellschaft und immer weniger von Nationalitäten geredet werden, gerade weil die natürliche Gestalt der Völker sich dort, wo sie einander berühren, auf selbstverständliche, unaggressive Weise voneinander abgrenzt. Und besser als abgrenzen ist: einander ergänzen, sich miteinander vertragen.

5

Denn die wichtigste Aufgabe dämmert jetzt über unseren Horizonten auf: Es ist die der Erkenntnis der wahren Ursachen von Unglück, Krieg und Zerstörung, aber nicht so, wie sie die wohlwollenden Geistlichen aller Bekenntnisse formuliert haben, sondern so, wie sie in den vorausschauenden Werken von Marx und Engels seit drei Generationen niedergelegt sind. Dieses Gedankengut unsern Erfahrungen entsprechend in die Massen zu tragen, das großangelegte Bildungswerk des schöpferischen Sozialismus in praktische Politik umzusetzen: das ist die Last, die auf unsere Generation drückt, wartet und die uns zu gleicher Zeit auszeichnet und erhebt.

General Maxime *Weygand,* 1867–1965, französischer General, im ersten Weltkrieg Generalstabschef des Marschall Foch, in Polen 1920 Berater Pilsudskis im Krieg gegen die Rote Armee, am 19. 5. 1940 zum Oberbefehlshaber der französischen Armee ernannt, ab Juni 1940 Verteidigungsminister der Vichy-Regierung, 1942–1945 in Deutschland interniert, 1945 bei seiner Rückkehr nach Frankreich verhaftet, 1948 rehabilitiert.
»Hörr Hitler«: »...der Beauftragte des Ruhrkapitals, der vom englischen Radio immer ›Hörr Hitler‹ genannte Anstreichskanzler...« (Arnold Zweig in seinem Essay »Das Mädchen aus Frankfurt am Main«, 1958, in: A.Z.: Essays, Bd. 2, a.a.O., S. 366).
Tage von Godesberg und München: s. S. 376ff.
Der Freikorpsführer Franz Ritter von *Epp* (s. Anm. S. 93) bildete nach 1918 in München mit der Autorität des aus seiner Emigration ebenfalls nach München zurückkehrenden Generals *Ludendorff* (s. Anm. S. 83) den »Epp-Kreis«, dem auch Karl *Haushofer* angehörte und der sich, vom Standpunkt revanchistischer Militärs und reaktionärer Ideologen, mit der militärischen und außenpolitischen Lage Deutschlands befaßte. *Ludendorff,* Haushofer, Epp, Göring, Röhm und andere Militärs entwickelten auch einen eigenen, im Gegensatz zur West- bzw. Ostorientierung anderer Militärs stehenden Plan, der Deutschlands Vormachtstellung in Europa sichern sollte.
Dr. Karl *Haushofer,* 1869–1946 (Selbstmord), 1887–1918 Offizier, zuletzt Generalmajor; 1921–1939 Professor in München. Hauptvertreter der Geopolitik, Mitgründer und Herausgeber der »Zeitschrift für Geopolitik« (seit 1924), außenpolitischer und militäri-

scher Berater der Nazi-Führung, soll ein Mitverfasser von »Mein Kampf« gewesen sein. Nach dem 20. 7. 1944 verhaftet, am 26. 7. 1945 von amerikanischen Truppen in Garmisch-Partenkirchen gefangengenommen.
Martin *Mutschmann,* 1879–1948 (in sowjetischer Haft), Fabrikant, MdR, NS-Gauleiter und Reichsstatthalter von Sachsen.

Anna Seghers
Aufgaben der Kunst*

Welche Rolle hat heute die Kunst in dem Kampf, der die Welt in Atem hält? Welche Rolle wird sie morgen haben, wenn der Kampf mit den Waffen zwar entschieden sein wird, aber der Kampf von Verstand zu Verstand, von Geist zu Geist noch lange andauern wird, ein erbitterter Kampf zwischen Weltanschauungsfronten? Wie kann da die Kunst eindringen? Mit ihren tausendfachen subtilen Mitteln, da die Menschen an die Argumente von Ferngeschossen und fliegenden Bomben gewöhnt sind?
Aus entlegenen Zeiten und Völkern gibt es Legenden von den staatsumwälzenden Wirkungen bescheidener und zarter Kunstwerke. In der Biographie des Konfuzius heißt es, er hätte die Geschichte seines Staates aufgeschrieben, und die bestechlichen Beamten und die verlogenen Minister hätten Angst bekommen. Die Generale der verbündeten Armeen haben heute nichts gegen solche Bundesgenossen unter den Künstlern einzuwenden, vor deren Liedern und Fresken und Romanen die Verlogenen und die Bestechlichen in den faschistischen Ländern Angst bekommen.
Bei einem ähnlichen Anfang eines Artikels oder eines Gesprächs waren früher die Künstler schnell in zwei Gruppen geteilt. Es gab die Schlagworte »L'art pour l'art« und »Tendenzkunst« und Schlagworte für alle Zwischenstufen. Die einen waren der Meinung, daß die politische Kunst einengt, entwürdigt, den Sinn des künstlerischen Schaffens verfälscht. Die anderen verachteten eine Kunst, die nur durch sich selbst wirken wollte und keinem sozialen Zweck diente. Eine solche politisch zwecklose Kunst erschien ihnen müßig, ästhetisch oder kleinbürgerlich oder hohl. In beiden Gruppen war Falsch und Richtig heillos gemischt. Vor langer Zeit hat Georg Lukács in der *Internationalen Literatur* darauf aufmerksam gemacht, daß die sogenannten politischen Schriftsteller gar zu gerne einen Thomas Mann oder einen Maler Hodler geringschätzten, ohne zu fühlen, daß diese Männer ohne politische Stellungnahme die Volksverbundenheit und die wichtig-

---

* Anna Seghers: Aufgaben der Kunst, in: Freies Deutschland, Jg. 3 (1944), H. 12, S. 22–24.

sten Fragen der Jugend viel besser zum Ausdruck brachten als manch ein politischer Künstler. Die Bewußtbarmachung der Wirklichkeit durch die Kunst umfaßt alle Gebiete des Lebens. Die »Tendenzkunst« hat große Gebiete unbeachtet gelassen, und der Faschismus hat später diese Hohlräume der Gefühle für sich benutzt. Die »reinen Künstler« lassen einen gefährlicheren Hohlraum, indem sie das Wichtigste, das Menschlichste, das geschichtsbildende Element auslassen. Der Faschismus hat eher verstanden, daß die zwei feindlichen Lager zusammengehören, als er seine Ausstellung »Verbotene Kunst« aufmachte. Van Gogh und Käthe Kollwitz und Barlach gehörten darin zusammen. Jedes unverfälschte Klarstellen von Elementen der Wirklichkeit war ihm sträflich, jeder soziale Stoff, aber auch die Zergliederung eines Gesichtes oder einer Landschaft. Das Bewußtmachen schlechthin war dem Faschismus ein Greuel.

Heute wird allerorts gestritten, wie man den Verlorenen Sohn, den deutschen Jugendlichen, »erziehen« kann. Unter »Umerziehung« versteht man ungefähr Heilung, denn Umerziehung setzt irgendeine, wenn auch falsche Erziehung voraus. Wo und was soll man umerziehen, wenn die Brüder und Väter mit nationalen Begründungen zum Abschlachten von Juden und zum Massenmord von Gefangenen abgerichtet wurden? Das erhabenste Kunstwerk kann kaum ein Gehirn »umerziehen«, das durch diese Dressur gegangen ist. Doch bei der Umwandlung des Volkes kann jenes Buch oder jenes Drama nützlich sein, das der Jugend einige verlorene Begriffe, einige längst gefälschte Begebenheiten eindeutig darstellt.

Der Künstler hat immer eingegriffen. In der Antike hat Myron den einfachen athletischen Menschen dem vergöttlichten erhabenen entgegengestellt. Auf dem Parthenon haben die griechischen Künstler die Arbeiten des Herkules unter dem Segen der Stadtgöttin Athene in Stein gehauen. Sie haben dadurch zum ersten Mal in die antike Welt einen Begriff von der menschlichen Arbeit eingeführt, der selbst die »Reinigung des Augiasstalles« geheiligt hat. In den nachchristlichen Jahrhunderten ist dem Volk der leidende Mensch eingeprägt worden statt des heroischen und sieghaften, der Märtyrer statt des Helden. Die Kunst hat später geholfen, den Heiligenschein endgültig von dem Kopf des Menschen zu ziehen, nachdem sie ihn schon vorher, nur getarnt mit dem Heiligenschein, in seiner alltäglichen Schönheit zu zeigen gewagt hat. Längst nachdem Balzac in Romanen das neue, das bürgerliche Weltbild darstellte, zeigte die französische Malerei die moderne technisierte Stadt, ihre Straßen und Menschen. Die Kunst hat bei dem antiken Weltbild geholfen und bei dem christlichen und bei der Reformation. Sie hat die Weltanscheuung des Bürgers bewußt gemacht und wieder in Frage gestellt. Sie wird auch bei der Zerstörung des Faschismus und bei der Befreiung der Länder und der Gehirne mitschreiben und mitmalen.

Der Künstler von heute muß die Angriffspunkte ersinnen, von denen aus er die Mentalität der faschistischen Jugend von ungeheurem Wahn, von lügenhaften Vorstellungen, von totenstarrhafter Verkrampftheit in Herrschsucht und mechanischen Gehorsam befreien kann. Er darf sich nie scheuen, die Angriffspunkte zu benutzen, auf denen Karl Marx in seiner Zeit gestanden hat: Die Erniedrigung, in die Deutschland gefallen ist, noch furchtbarer machen durch das Bewußtsein der Erniedrigung, durch das rücksichtslose Aufzeigen aller Folgen, aller Kennzeichen der politischen Ohnmacht, die nicht nur das Dasein der Nation, die das Dasein jedes einzelnen in der Nation brandmarken, in zahllosen, oft nur unbewußten Einwirkungen.

Die Künstler müssen die Begriffe von drei Werten in der deutschen Jugend neu erwecken: das Individuum, das Volk, die Menschheit. Die vergiftete Jugend muß wieder fühlen, was der Mensch schlechthin bedeutet, das *Individuum* mit allen seinen auslebbaren Eigenschaften, mit seiner sozialen Bedingtheit, mit seinen offenen und verborgenen Leidenschaften. Die französischen Schriftsteller fanden den Ausdruck »dignité humaine«, Rembrandts *Segen Jakobs*, das Licht auf den Händen des Patriarchen, die Fugen von Bach, Goethes *Faust* mit allen nur möglichen menschlichen Verwirklichungen seiner Zeit, sie alle enthalten »dignité humaine«. Aber reichen sie aus, um den Brüdern und Söhnen von Mördern und Banditen einen Anflug von menschlicher Würde nahezubringen? Generationen von Künstlern werden dem abgestumpften Volk darstellen müssen, was das unteilbare, das unverletzliche Individuum bedeutet. Es muß wieder lernen, in Gorkis *Mutter* zu lesen, die auf der tiefsten Stufe der Not höchsten Begriff von menschlicher Würde verkörpert. Es wird wieder in den Porträts von Holbein oder von Cézanne das Wunder des Individuums erkennen mit seinem nach allen Richtungen ausgelebten Leben, den Menschen, von dem Marx sagte, daß er die Wurzel und das Ziel alles Geschehens bleibt. Denn »dignité humaine« bedeutet nicht bloß Erhabenheit, sie bedeutet das Anrecht jedes einzelnen auf Freiheit im Denken und Fühlen und Handeln. Dann wird er befreit werden von der Vorstellung eines Herrenmenschen und Herrschers, der bei ihm den Begriff des freien Individuums verdrängt hat.

Wie die Kunst helfen muß, den einzelnen Menschen wieder einzusetzen mit seinen Gefühlen und Leidenschaften, mit seinen persönlichen Bindungen in der Liebe, der Freundschaft, der Familie, so muß sie auch helfen, den neuen, den antinazistischen Begriff wieder einzusetzen, von dem, was *Volk* ist. Sie wird das Volk nicht als Rasse darstellen und nicht als Produkt von Blut und Boden. Sie wird es wie Tolstoi, Manzoni und Shakespeare als eine gesellschaftlich werdende Einheit darstellen, die auf dem gleichen Territorium gewachsen ist durch gemeinsame Arbeit, Kultur und Geschichte. Die Jugend muß lernen, ihr Volk nicht mehr statisch zu sehen, in prädestinierter Macht, sondern dynamisch, zusammenwachsend in leidenschaftlichen Kämpfen, in einer Entwicklung durch Widersprüche.

Die Verrohung des Teiles des deutschen Volkes, dessen Feigheit im Denken mit der Grausamkeit im Handeln zusammenhängt, macht heute die deutsche Sprache aus einem stolzen Besitz zu einer schwerwiegenden Verpflichtung. Viele möchten die Bande zu dem Volk zerreißen, wie mancher die Bande zu seiner in Verachtung geratenen Familie zerreißt. Zu diesen Banden gehört die Sprache, und jedes Wort in der Sprache bedeutet einen Begriff, der in Jahrhunderten durch das gemeinsame Leben in Kampf und Arbeit in das Volk eindrang. Einem einzelnen kann vielleicht einmal die Ablösung gelingen und jenen Minderheiten, bei denen sich Sein und Bewußtsein aus einer anderen Tradition gebildet hat. Die deutsche Sprache hat über Luther und Thomas Münzer, über Goethe und Kleist, über Hegel und Marx Begriffe vermittelt, die von den Nazis in den letzten zwölf Jahren zertrümmert wurden. Der Schriftsteller, der die Sprache nie auslöschen kann, muß mit dem ihm gemäßen Mittel die zerschlagenen Begriffe neu aufbauen: er muß das Band benutzen, um wieder anzuknüpfen, anstatt das Band zu zerreißen.

Der dritte Wert, den der Künstler neu aufstellen muß, heißt *Menschheit*. Die Nazis haben das eigene Volk als das hochwertigste, als das einzig herrschberechtigte erklärt. Der hochwertigste Mensch im eigenen Volk war der, der am besten die der eigenen Rasse zugeschriebenen Werte ausdrückte. Der Charkower Prozeß beweist, was aus solchen Herrenmenschen, auf Hitlerschulen und Ordensburgen geworden ist. Die Künstler aber, die bald aus der Emigration heimfahren werden, haben eine Lehrzeit hinter sich, die sie befähigt, die fremden Völker als den Beitrag der Erde zur Menschheit darzustellen. Sie werden, im Gegensatz zum Faschismus, klarmachen, wie die fremden Völker genau wie ihr eigenes nicht pflanzenhaft aus der Natur gewachsen sind, sondern aus gesellschaftlichen und geschichtlichen Bedingungen. Sie werden klarmachen, daß die fremden Völker nicht geringer sind als das eigene Volk, allesamt, wie Humboldt gewußt hat, »zur Freiheit bestimmt«. Die Künstler fühlten sich immer zur Darstellung dieser Freiheit berufen. Herder führte eine mächtige Literaturbewegung, die in den Deutschen durch das Volkslied die Einsicht in die Menschheit geweckt hat. Dasselbe tat Brahms in seinen Zigeunerliedern; Goethe sprach es aus im *Westöstlichen Diwan*. Er mag der deutscheste unter den Deutschen gewesen sein, in seinem Schaffen verleugnet er nie die Kraftquellen aus den fremden Völkern; die Klarheit des eigenen Ich hat ihn die Klarheit der andern erst recht hochachten lassen. In Mexiko hat längst Traven geholfen, das Gesicht dieses Volkes bewußt zu machen. Indem er die Struktur des mexikanischen Volkes durch das Mittel der deutschen Sprache aufdeckte, hat er, in dieser Rassekreuzung von Stoff und Sprache, gegen Rassedünkel und gegen Herrenwahn gekämpft.

Die Künstler helfen in Büchern und Dramen und Bildern bei der Bekämpfung der unsinnigen, zu Verderbnis und zu Verbrechen führenden Vorstellungen, die sich in der faschistisch verseuchten Jugend eingenistet haben. Solche Vorstellungen sind nicht bloß getarnt in einer jetzt auch in den Zeitungen viel besprochenen und gefürchteten faschistischen Untergrundarbeit, sondern sind manchmal sogar unbewußt. Wenn aufrichtige Künstler bei der Aufdeckung solcher Vorstellungen und bei ihrer Widerlegung helfen, dann helfen sie durch ihre Bilder und Bücher bei der Niederringung des Faschismus.

Ausstellung »Verbotene Kunst«: Gemeint vermutlich die Ausstellung ›Entartete Kunst‹, die 1937 in München, später auch in anderen Städten gezeigt wurde.
Alessandro *Manzoni,* 1785–1873, Dichter, bedeutendster Vertreter der italienischen Romantik. Wurde berühmt mit den »Inni Sacri« (1812–1822, dt. 1924) und der Ode auf den Tod Napoleons, »Il cinque maggio« (1821, dt. Übers. von Goethe 1828), schrieb historische Trauerspiele und den weltbekannten, von Scott angeregten geschichtlichen Roman »I promessi sposi« (1825–1827, dt. »Die Verlobten«, oft übersetzt). 1840–1842 überarbeitete er seinen Roman und reinigte ihn von allen lombardischen Spracheigentümlichkeiten. Damit entschied er den auch für die italienische Einigungsbewegung bedeutsamen Streit über die Schriftsprache zugunsten des gesprochenen Florentinisch. Zu Manzonis Totenfeier verfaßte Verdi sein »Requiem«.
Charkower Prozeß: In Charkow fand, nach der Befreiung der Stadt durch die Rote Armee am 23. August 1943, ein Prozeß gegen faschistische deutsche Soldaten statt, die sich schwerer Verbrechen gegen die Zivilbevölkerung schuldig gemacht hatten.
Hitlerschulen und Ordensburgen: »Ordensburgen« hießen die drei Parteischulungsstätten Krössinsee, Sonthofen und Vogelsang; »sie dienen der Sicherung des Führernachwuchses der NSDAP. Der Name weist hin auf den Ordenscharakter der Partei.« »Der Vorverlegung der Auslese in das jugendliche Alter« dienten die Adolf-Hitler-Schulen (Aufbauschulen mit dem Ziel der Hochschulreife). (Zitate aus: Der Neue Brockhaus. Allbuch in vier Bänden, Leipzig 1937.)
B. Traven: Pseudonym für R. Marut, 1890–1969, Schriftsteller deutscher Herkunft, schrieb englisch, deutsch und spanisch, lebte lange Zeit in Mexiko, wo auch die meisten seiner realistisch-sozialkritischen Werke spielen. Verf. u. a.: Das Totenschiff (1926), Der Schatz der Sierra Madre (1927), Ein General kommt aus dem Dschungel (1939).

Thomas Mann
Deutsche Hörer!*

25. April 1943

Heute will ich von einem Buch erzählen, das diesen Herbst erscheinen soll, und das auch ihr eines Tages lesen werdet, nur später als die Völker, die lesen können, was sie wollen. Es ist nur ein Geschichtenbuch, aber ein eigenartiges. Die Nachfrage ist lebhaft danach in der Welt. Verleger in fünf Sprachen haben sich schon seiner angenommen, die Übersetzer sind an der Arbeit, und der Film hat ein Auge darauf. Es wird auf englisch bei Simen & Schuster in New York und auch in London herauskommen. Auf französisch wird es in Canada, auf spanisch in Südamerika, auf schwedisch in Stockholm und ebendort auch auf deutsch erscheinen. Es ist eine Novellen-Sammlung – nicht von *einem* Autor, sondern von zehnen, und solche Namen sind darunter, wie Sigrid Undset, Jules Romains,

---

* Thomas Mann: Deutsche Hörer! (25. April 1943), in: T. M.: Deutsche Hörer! Fünfundfünfzig Radiosendungen nach Deutschland, 2. erw. Ausgabe, Stockholm, Bermann-Fischer 1945, S. 88–90. Auch in: T. M.: Gesammelte Werke, Bd. 11, Frankfurt a. M., S. Fischer 1960/1974, S. 1070–1072.

Franz Werfel, die Engländerin Rebecca West und der Amerikaner Bromfield. Sein Gegenstand aber ist nur *einer*, und zwar ein zeitgemäßer: Es sind die *Zehn Gebote*. In freier, aber von den Zeitereignissen bestimmter Erfindung wandeln die zehn Autoren in diesem Buch die Gebote ab, die in Urzeiten der Menschheit gegeben wurden als ihr sittliches Grundgesetz. Vielmehr, sie wandeln, Punkt für Punkt, die blasphemische *Schändung* ab, die diesem Grundgesetz des Menschenstandes heute von den Mächten zugefügt wird, gegen die eine der Religion und Humanität noch anhängliche Welt nach langem Zögern zu den Waffen gegriffen hat. Mit anderen Worten: Das Buch handelt vom Kriege und von dem, um was er geht. Daher die Nachfrage.

Der hier spricht, hat das erste Stück dieses Buchs geschrieben, die Einleitung. Es ist auch nur eine Geschichte, aber nicht in der Gegenwart spielend wie die anderen, sondern in Urzeiten: die Geschichte Mosis, des Sohnes Amrams; die natürlich dargestellte Geschichte des Mannes, der den Dekalog, das kurzgefaßte Sittengesetz der Humanität, empfing und es vom Berge Horeb oder Sinai den Menschen herniederbrachte. Da die Worte, mit denen er die Gesetzestafeln seinem Volk überhändigt, sich durchaus in den Rahmen meiner Sendungen an euch, deutsche Hörer, fügen, so mögt ihr sie hören, früher als die Leser, die vor euch das aktuelle Geschichtenbuch in Händen haben werden.

»In den Stein des Berges«, sagt Moses, »metzte ich das ABC des Menschenbenehmens, aber auch in dein Fleisch und Blut soll es gemetzt sein, Israel, sodaß jeder, der ein Wort bricht von den zehn Worten, heimlich erschrecken soll vor sich selbst und vor Gott, und soll ihm kalt werden ums Herz, weil er aus Gottes Schranken trat. Ich weiß wohl, und Gott weiß es im voraus, daß seine Gebote nicht werden gehalten werden, und wird verstoßen werden gegen die Worte immer und überall. Doch eiskalt ums Herz soll es wenigstens jedem werden, der eines bricht, weil sie doch auch in sein Fleisch und Blut geschrieben sind und er wohl weiß, die Worte gelten.

»Aber Fluch dem Menschen, der da aufsteht und spricht: Sie gelten nicht mehr. Fluch ihm, der euch lehrt: ›Auf, und seid ihrer ledig! Lügt, mordet und raubt, hurt, schändet und liefert Vater und Mutter ans Messer, denn so steht's dem Menschen an, und sollt meinen Namen preisen, weil ich euch Freiheit verkündete.‹ Der ein Kalb aufrichtet und spricht: ›Das ist euer Gott. Zu seinen Ehren tuet dies alles und dreht euch ums Machwerk im Luderreigen!‹

»Er wird sehr stark sein, auf goldenem Stuhl wird er sitzen und für den Weisesten gelten, weil er weiß: Das Trachten des Menschenherzens ist böse von Jugend auf. Das aber wird auch alles sein, was er weiß, und wer nur das weiß, der ist so dumm wie die Nacht, und wäre ihm besser, er wäre nie geboren. Weiß er doch von dem Bunde nichts zwischen Gott und Mensch, den keiner brechen kann, weder Mensch noch Gott, denn er ist unverbrüchlich. Blut wird in Strömen fließen um seiner schwarzen Dummheit willen, Blut, daß die Röte weicht aus den Wangen der Menschheit, aber sie kann nicht anders, gefällt muß der Schurke sein. Und will meinen Fuß aufheben, spricht der Herr, und ihn in den Kot treten, – in den

Erdengrund will Ich den Lästerer treten hundertundzwölf Klafter tief, und Mensch und Tier sollen einen Bogen machen um die Stätte, wo Ich ihn hineintrat, und die Vögel des Himmels hoch im Fluge ausweichen, daß sie nicht darüber fliegen. Und wer seinen Namen nennt, der soll nach allen vier Gegenden speien und sich den Mund wischen und sprechen: ›Behüte!‹ Daß die Erde wieder die Erde sei, ein Tal der Notdurft, aber doch keine Luderwiese. Sagt alle Amen dazu!«
Und alles Volk sagte Amen.

Eine Novellen-Sammlung: The Ten Commandments. Ten Short Novels of Hitler's War Against the Moral Code, ed. by A. L. Robinson, with a preface by Hermann Rauschning, New York, Simon & Shuster 1943. Darin S. 3–70: Thomas Mann: Thou Shalt Have no Other Gods before Me (Transl. George R. Marck). Deutsch: T. M.: Das Gesetz, Erzählung, Los Angeles, Pazifische Presse 1944. In: T. M.: Gesammelte Werke, Bd. 8, Frankfurt a. M., S. Fischer 1960/1974, S. 808–876.

Bertolt Brecht
Galileo Galilei widerruft vor der Inquisition am 22. Juni 1633 seine Lehre von der Bewegung der Erde*

Und es war ein Junitag, der schnell verstrich
Und der war wichtig für dich und mich.
Aus der Finsternis trat Vernunft herfür
Ein' ganzen Tag stand sie vor der Tür.

Im Palast des Florentinischen Gesandten in Rom. Galileis Schüler warten auf Nachrichten. Der kleine Mönch und Federzoni spielen mit weiten Bewegungen das neue Schach. In einer Ecke kniet Virginia und betet den Englischen Gruß.

DER KLEINE MÖNCH Der Papst hat ihn nicht empfangen. Keine wissenschaftlichen Diskussionen mehr.
FEDERZONI Er war seine letzte Hoffnung. Es war wahr, was er ihm damals vor Jahren in Rom sagte, als er noch der Kardinal Barberini war: Wir brauchen dich. Jetzt haben sie ihn.
ANDREA Sie werden ihn umbringen. Die »Discorsi« werden nicht zu Ende geschrieben.

---

* Bertolt Brecht: Galileo Galilei widerruft vor der Inquisition am 22. Juni 1633 seine Lehre von der Bewegung der Erde. Szene 13 aus: Leben des Galilei. In: B. B.: Gesammelte Werke, Bd. 3, Frankfurt a. M., Suhrkamp 1967, S. 1325–1329.

FEDERZONI *sieht ihn verstohlen an:* Meinst du?
ANDREA Da er niemals widerruft.
Pause.
DER KLEINE MÖNCH Man verbeißt sich immer in einen ganz nebensächlichen Gedanken, wenn man nachts wach liegt. Heute nacht zum Beispiel dachte ich immerfort: er hätte nie aus der Republik Venedig weggehen dürfen.
ANDREA Da konnte er sein Buch nicht schreiben.
FEDERZONI Und in Florenz konnte er es nicht veröffentlichen.
Pause.
DER KLEINE MÖNCH Ich dachte auch, ob sie ihm wohl seinen kleinen Stein lassen, den er immer in der Tasche mit sich herumträgt. Seinen Beweisstein.
FEDERZONI Dahin, wo sie ihn hinführen, geht man ohne Taschen.
ANDREA *aufschreiend:* Das werden sie nicht wagen! Und selbst wenn sie es ihm antun, wird er nicht widerrufen. »Wer die Wahrheit nicht weiß, der ist bloß ein Dummkopf. Aber wer sie weiß und sie eine Lüge nennt, der ist ein Verbrecher.«
FEDERZONI Ich glaube es auch nicht, und ich möchte nicht mehr leben, wenn er es täte, aber sie haben die Gewalt.
ANDREA Man kann nicht alles mit Gewalt.
FEDERZONI Vielleicht nicht.
DER KLEINE MÖNCH *leise:* Er ist 23 Tage im Kerker gesessen. Gestern war das große Verhör. Und heute ist die Sitzung. *Da Andrea herhört, laut:* Als ich ihn damals, zwei Tage nach dem Dekret, hier besuchte, saßen wir dort drüben, und er zeigte mir den kleinen Priapgott bei der Sonnenuhr im Garten, ihr könnt ihn sehen von hier, und er verglich sein Werk mit einem Gedicht des Horaz, in dem man auch nichts ändern kann. Er sprach von seinem Schönheitssinn, der ihn zwinge, die Wahrheit zu suchen. Und er erwähnte das Motto: Hieme et aestate, et prope et procul, usque dum vivam et ultra. Und er meinte die Wahrheit.
ANDREA *zu dem kleinen Mönch:* Hast du ihm erzählt, wie er im Collegium Romanum stand, während sie sein Rohr prüften? Erzähl es! *Der kleine Mönch schüttelt den Kopf.* Er benahm sich ganz wie gewöhnlich. Er hatte seine Hände auf seinen Schinken, streckte den Bauch heraus und sagte: Ich bitte um Vernunft, meine Herren! *Er macht lachend Galilei nach.*
Pause.
ANDREA *über Virginia:* Sie betet, daß er widerrufen möge.
FEDERZONI Laß sie. Sie ist ganz verwirrt, seit sie mit ihr gesprochen haben. Sie haben ihren Beichtvater von Florenz hierherkommen lassen.
Das Individuum aus dem Palast des Großherzogs von Florenz tritt ein.
INDIVIDUUM Herr Galilei wird bald hier sein. Er mag ein Bett benötigen.
FEDERZONI Man hat ihn entlassen?
INDIVIDUUM Man erwartet, daß Herr Galilei um fünf Uhr in einer Sitzung der Inquisition widerrufen wird. Die große Glocke von Sankt Markus wird geläutet und der Wortlaut des Widerrufs öffentlich ausgerufen werden.
ANDREA Ich glaube es nicht.

INDIVIDUUM Wegen der Menschenansammlungen in den Gassen wird Herr Galilei an das Gartentor hier hinter dem Palast gebracht werden. *Ab.*
ANDREA *plötzlich laut:* Der Mond ist eine Erde und hat kein eigenes Licht. Und so hat die Venus kein eigenes Licht und ist wie die Erde und läuft um die Sonne. Und es drehen sich vier Monde um das Gestirn Jupiter, das sich in der Höhe der Fixsterne befindet und an keiner Schale befestigt ist. Und die Sonne ist das Zentrum der Welt und unbeweglich an ihrem Ort, und die Erde ist nicht Zentrum und nicht unbeweglich. Und er ist es, der es uns gezeigt hat.
DER KLEINE MÖNCH Und mit Gewalt kann man nicht ungesehen machen, was gesehen wurde.
Schweigen.
FEDERZONI *blickt auf die Sonnenuhr im Garten:* Fünf Uhr.
Virginia betet lauter.
ANDREA Ich kann nicht mehr warten, ihr! Sie köpfen die Wahrheit!
Er hält sich die Ohren zu, der kleine Mönch ebenfalls. Aber die Glocke wird nicht geläutet. Nach einer Pause, ausgefüllt durch das murmelnde Beten Virginias, schüttelt Federzoni verneinend den Kopf. Die anderen lassen die Hände sinken.
FEDERZONI *heiser:* Nichts. Es ist drei Minuten über fünf.
ANDREA Er widersteht.
DER KLEINE MÖNCH Er widerruft nicht!
FEDERZONI Nein. Oh, wir Glücklichen!
Sie umarmen sich. Sie sind überglücklich.
ANDREA Also: es geht nicht mit Gewalt! Sie kann nicht alles! Also: die Torheit wird besiegt, sie ist nicht unverletzlich! Also: der Mensch fürchtet den Tod nicht!
FEDERZONI Jetzt beginnt wirklich die Zeit des Wissens. Das ist ihre Geburtsstunde. Bedenke, wenn er widerrufen hätte!
DER KLEINE MÖNCH Ich sage es nicht, aber ich war voller Sorge. Ich Kleingläubiger!
ANDREA Ich aber wußte es.
FEDERZONI Als ob es am Morgen wieder Nacht würde, wäre es gewesen.
ANDREA Als ob der Berg gesagt hätte: ich bin ein Wasser.
DER KLEINE MÖNCH *kniet nieder, weinend:* Herr, ich danke dir.
ANDREA Aber es ist alles verändert heute! Der Mensch hebt den Kopf, der Gepeinigte, und sagt: ich kann leben. So viel ist gewonnen, wenn nur *einer* aufsteht und *Nein* sagt!
In diesem Augenblick beginnt die Glocke von Sankt Markus zu dröhnen. Alles steht erstarrt.
VIRGINIA *steht auf:* Die Glocke von Sankt Markus! Er ist nicht verdammt!
Von der Straße herauf hört man den Ansager den Widerruf Galileis verlesen.
STIMME DES ANSAGERS »Ich, Galileo Galilei, Lehrer der Mathematik und der Physik in Florenz, schwöre ab, was ich gelehrt habe, daß die Sonne das Zentrum der Welt ist und an ihrem Ort unbeweglich, und die Erde ist nicht Zentrum und nicht unbeweglich. Ich schwöre ab, verwünsche und verfluche mit redlichem Herzen

und nicht erheucheltem Glauben alle diese Irrtümer und Ketzereien sowie überhaupt jeden anderen Irrtum und jede andere Meinung, welche der Heiligen Kirche entgegen ist.«

Es wird dunkel.

Wenn es wieder hell wird, dröhnt die Glocke noch, hört dann aber auf. Virginia ist hinausgegangen. Galileis Schüler sind noch da.

FEDERZONI Er hat dich nie für deine Arbeit richtig bezahlt. Du hast weder eine Hose kaufen noch selber publizieren können. Das hast du gelitten, weil »für die Wissenschaft gearbeitet wurde«!

ANDREA *laut:* Unglücklich das Land, das keine Helden hat!

Eingetreten ist Galilei, völlig, beinahe bis zur Unkenntlichkeit verändert durch den Prozeß. Er hat den Satz Andreas gehört. Einige Augenblicke wartet er an der Tür auf eine Begrüßung. Da keine erfolgt, denn die Schüler weichen vor ihm zurück, geht er, langsam und seines schlechten Augenlichts wegen unsicher, nach vorn, wo er einen Schemel findet und sich niedersetzt.

ANDREA Ich kann ihn nicht ansehen. Er soll weg.

FEDERZONI Beruhige dich.

ANDREA *schreit Galilei an:* Weinschlauch! Schneckenfresser! Hast du deine geliebte Haut gerettet? *Setzt sich.* Mir ist schlecht.

GALILEI *ruhig:* Gebt ihm ein Glas Wasser!

Der kleine Mönch holt Andrea von draußen ein Glas Wasser. Die andern beschäftigen sich nicht mit Galilei, der horchend auf seinem Schemel sitzt. Von weitem hört man wieder die Stimme des Ansagers.

ANDREA Ich kann schon wieder gehen, wenn ihr mir ein wenig helft.

Sie führen ihn zur Tür. In diesem Augenblick beginnt Galilei zu sprechen.

GALILEI Nein. Unglücklich das Land, das Helden nötig hat.

Brecht schrieb den »Galilei« 1938/39 im Exil in Dänemark. Es existieren mehrere Fassungen des Stückes. Die »Gesammelten Werke« enthalten die im Schauspielhaus Zürich mit Leonard Steckel als Galilei uraufgeführte Erstfassung.

Galileo Galilei, 1564–1642, italienischer Naturforscher, 1589–1592 Professor in Pisa, 1592–1610 in Padua. Nach Pisa zurückberufen, wurde er zugleich Mathematiker am großherzoglichen Hof in Florenz. Begründete die moderne Bewegungslehre und die mathematische Naturwissenschaft. Geriet in scharfen Gegensatz zur kirchlichen Lehre, der sich an der Frage des kopernikanischen Weltsystems zum offenen Konflikt entzündete. 1615/16 erster Inquisitionsprozeß gegen Galilei in Rom, der ihn zum Schweigen verurteilte. Als er 1632 in seiner Schrift über das ptolemäische und kopernikanische Weltsystem seine Lehre wiederholte, wurde er in einem zweiten Prozeß durch Androhung der Folter zum Widerruf gezwungen. In kirchlicher Haft widmete er sich weiteren astronomischen und mechanischen Forschungen, vollendete die *»Discorsi«*. Erst 1835 wurden seine verbotenen Werke vom Index gestrichen. Die hier abgedruckte Szene spielt im Palast des florentinischen Gesandten in Rom während und nach der »Vernehmung« Galileis durch die Inquisition.
Die Personen der Szene (u. a.): *Federzoni,* ein Linsenschleifer; *Andrea* Sarti, Schüler Galileis; *Virginia,* seine Tochter. – Die Thronbesteigung Papst Urban VIII. (vormals Kardinal *Barberini*), der selbst Wissenschaftler war, hatte Galilei ermutigt, nach achtjährigem Schweigen seine Forschungen wiederaufzunehmen.

Epilog

Bertolt Brecht
An die Nachgeborenen*

I
Wirklich, ich lebe in finsteren Zeiten!
Das arglose Wort ist töricht. Eine glatte Stirn
Deutet auf Unempfindlichkeit hin. Der Lachende
Hat die furchtbare Nachricht
Nur noch nicht empfangen.

Was sind das für Zeiten, wo
Ein Gespräch über Bäume fast ein Verbrechen ist
Weil es ein Schweigen über so viele Untaten einschließt!
Der dort ruhig über die Straße geht
Ist wohl nicht mehr erreichbar für seine Freunde
Die in Not sind?

Es ist wahr: ich verdiene noch meinen Unterhalt
Aber glaubt mir: das ist nur ein Zufall. Nichts
Von dem, was ich tue, berechtigt mich dazu, mich sattzuessen.
Zufällig bin ich verschont. (Wenn mein Glück aussetzt, bin ich verloren.

Man sagt mir: Iß und trink du! Sei froh, daß du hast!
Aber wie kann ich essen und trinken, wenn
Ich dem Hungernden entreiße, was ich esse, und
Mein Glas Wasser einem Verdurstenden fehlt?
Und doch esse und trinke ich.

---

* Bertolt Brecht: An die Nachgeborenen, in: B. B.: Gesammelte Werke, Bd. 9, Gedichte 2, Frankfurt a. M., Suhrkamp 1967, S. 722–725. Zuerst in: B. B.: Svendborger Gedichte, London, Malik-Verlag 1939.

Ich wäre gerne auch weise.
In den alten Büchern steht, was weise ist:
Sich aus dem Streit der Welt halten und die kurze Zeit
Ohne Furcht verbringen
Auch ohne Gewalt auskommen
Böses mit Gutem vergelten
Seine Wünsche nicht erfüllen, sondern vergessen
Gilt für weise.
Alles das kann ich nicht:
Wirklich, ich lebe in finsteren Zeiten!

II
In die Städte kam ich zur Zeit der Unordnung
Als da Hunger herrschte.
Unter die Menschen kam ich zu der Zeit des Aufruhrs
Und ich empörte mich mit ihnen.
So verging meine Zeit
Die auf Erden mir gegeben war.

Mein Essen aß ich zwischen den Schlachten
Schlafen legte ich mich unter die Mörder
Der Liebe pflegte ich achtlos
Und die Natur sah ich ohne Geduld.
So verging meine Zeit
Die auf Erden mir gegeben war.

Die Straßen führten in den Sumpf zu meiner Zeit.
Die Sprache verriet mich dem Schlächter.
Ich vermochte nur wenig. Aber die Herrschenden
Saßen ohne mich sicherer, das hoffte ich.
So verging meine Zeit
Die auf Erden mir gegeben war.

Die Kräfte waren gering. Das Ziel
Lag in großer Ferne
Es war deutlich sichtbar, wenn auch für mich
Kaum zu erreichen.
So verging meine Zeit
Die auf Erden mir gegeben war.

III
Ihr, die ihr auftauchen werdet aus der Flut
In der wir untergegangen sind

Gedenkt
Wenn ihr von unseren Schwächen sprecht
Auch der finsteren Zeit
Der ihr entronnen seid.
Gingen wir doch, öfter als die Schuhe die Länder wechselnd
Durch die Kriege der Klassen, verzweifelt
Wenn da nur Unrecht war und keine Empörung.

Dabei wissen wir doch:
Auch der Haß gegen die Niedrigkeit
Verzerrt die Züge.
Auch der Zorn über das Unrecht
Macht die Stimme heiser. Ach, wir
Die wir den Boden bereiten wollten für Freundlichkeit
Konnten selber nicht freundlich sein.

Ihr aber, wenn es so weit sein wird
Daß der Mensch dem Menschen ein Helfer ist
Gedenkt unsrer
Mit Nachsicht.

Anhang

Literaturverzeichnis

1. Allgemeines

1.1 Exilforschung, Rezeption des Exils

L 1 *Arnold, Heinz Ludwig – Hans-Albert Walter:* Die Exilliteratur und ihre Erforschung. Ein Gespräch, in: Akzente, Jg. 20 (1973), H. 6, S. 481–508.

L 2 *Berendsohn, Walter A.:* Die deutsche Literatur der Flüchtlinge aus dem Dritten Reich und ihre Hintergründe (Der Stand der Forschung und ihre Hilfsmittel), in: Colloquia Germanica, 1971, H. 1/2, S. 1–156.

L 3 Bericht I–X, Stockholmer Koordinationsstelle zur Erforschung der deutschsprachigen Exilliteratur, hrsg. vom Deutschen Institut der Universität Stockholm, Stockholm 1970–1975.

L 4 *Bock, Sigrid:* Zur bürgerlichen Exilforschung, in: Weimarer Beiträge, Jg. 21 (1975), H. 4, S. 99–129.

L 5 Forschungsvorhaben und Arbeitsstellen zur deutschen Exilliteratur, Folge 1/2, in: Jahrbuch für internationale Germanistik, Jg. 6 (1974), H. 1, S. 86–148; H. 2, S. 108–139.

L 6 *Kantorowicz, Alfred:* Einführungen in die Geschichte der deutschsprachigen Literatur im Exil, in: *A. K.:* Politik und Literatur im Exil. Deutschsprachige Schriftsteller im Kampf gegen den Nationalsozialismus, Hamburg 1978, S. 21–81.

L 7 *Laemmle, Peter:* Vorschläge für eine Revision der Exilforschung, in: Akzente, Jg. 20 (1973), H. 6, S. 509–519.

L 8 Österreicher im Exil 1934 bis 1945. Protokoll des Internationalen Symposiums zur Erforschung des österreichischen Exils von 1934 bis 1945, abgehalten vom 3. bis 6. Juni 1975 in Wien, Wien 1977.

L 9 Protokoll des II. Internationalen Symposiums zur Erforschung des deutschsprachigen Exils nach 1933 in Kopenhagen 1972. Stockholm 1972.

L 10 *Röder, Werner – Jan Hans:* Emigrationsforschung, in: Akzente, Jg. 20 (1973), H. 6, S. 580–591.

L 11 *Röder, Werner:* Zur Situation der Exilforschung in der Bundesrepublik Deutschland, in: Exil und innere Emigration II, Frankfurt a.M. 1973, S. 141–153.

L 12 *Roloff, Gerhard:* Exil und Exilliteratur in der deutschen Presse 1945–1949. Ein Beitrag zur Rezeptionsgeschichte. Worms 1976 (Deutsches Exil 1933–45, eine Schriftenreihe, hrsg. von Georg Heintz, Bd. 10).

L 12a Sammlung. Jahrbuch für antifaschistische Literatur und Kunst. Bd. 1, Frankfurt a.M. 1978.

L 13 *Schwarz, Egon:* Was ist und zu welchem Ende studieren wir Exilliteratur, in: Exil und innere Emigration II, Frankfurt a.M. 1973, S. 155–164.

L 13a *Schweikert, Uwe:* Öfter als die Schuhe die Länder wechselnd«. Notizen zur deutschen Exilliteratur, ihrer Rezeption und Erforschung, in: Die neue Rundschau, Jg. 85 (1974), H. 3, S. 489–501.
L 14 *Spalek, John M.:* Exilliteratur und Exilliteraturforschung in den USA, in: Colloquia Germanica, 1971, H. 1/2, S. 157–166.
L 15 *Stern, Guy:* Hinweise und Anregungen zur Erforschung der Exilliteratur, in: Exil und innere Emigration II, Frankfurt a.M. 1973, S. 9–17.
L 16 *Trommler, Frank:* Emigration und Nachkriegsliteratur. Zum Problem der geschichtlichen Kontinuität, in: Exil und innere Emigration, Frankfurt a.M. 1972, S. 173–197.
L 17 *Walter, Hans-Albert:* Emigrantenliteratur und deutsche Germanistik, in: Colloquia Germanica, 1971, H. 3, S. 313–320.
L 18 *Walter, Hans-Albert:* Bemerkungen zu einigen Problemen bei der Erforschung der deutschen Exilliteratur, in: Jahrbuch für internationale Germanistik, Jg. 6 (1974), H. 1, S. 86–108.

1.2 Allgemeine Bibliographien und biographische Nachschlagewerke, Kataloge, Sammlungen (siehe auch 4: Exilpresse)

L 19 *Berthold, Werner:* Die Sondersammlung Exilliteratur 1933–1945 in der Deutschen Bibliothek, in: Die Deutsche Bibliothek 1945–1965. Festgabe für Hanns Wilhelm Eppelsheimer. Zum 75. Geburtstag hrsg. von *Kurt Köster*, Frankfurt a.M. 1966, S. 136–148.
L 20 Biographien/Bibliographien, in: Das Wort, Jg. 2 (1937), H. 4/5, S. 154–208.
L 21 *Drews, Richard – Alfred Kantorowicz:* Verboten und Verbrannt, Berlin, München 1947.
L 22 Exilliteratur 1933–1945. Eine Ausstellung aus Beständen der Deutschen Bibliothek, Frankfurt a.M., Katalog: *Werner Berthold*, 3., erweiterte und verbesserte Auflage, Frankfurt a.M. 1967.
L 23 Exilliteratur 1933–1945, Inter Nationes, Bad Godesberg 1968.
L 24 Geschichte der deutschen Arbeiterbewegung, Biographisches Lexikon, Berlin/DDR 1970.
L 25 *Gittig, Heinz:* Illegale antifaschistische Tarnschriften 1933 bis 1945, Frankfurt a.M. 1972.
L 26 *Goguel, Rudi:* Antifaschistischer Widerstandskampf 1933–1945. Bibliographie, hrsg. vom Komitee der antifaschistischen Widerstandskämpfer der DDR, Berlin/DDR 1974.
L 27 *Halfmann, Horst:* Bibliographien und Verlage der deutschsprachigen Exilliteratur 1933–1945, in: Beiträge zur Geschichte des Buchwesens, Bd. IV, Leipzig 1969.
L 28 *Halfmann, Horst:* Das Schrifttum der Emigration in der Deutschen Bücherei, in: Deutsche Bücherei 1912–1962. Festschrift zum fünfzigjährigen Bestehen der deutschen Nationalbibliothek, Leipzig 1962.
L 29 *Hochmuth, Ursel:* Faschismus und Widerstand 1933–1945. Ein Verzeichnis deutschsprachiger Literatur, Frankfurt a.M. 1973.
L 30 Internationaler PEN, a world association of writers. Zentrum deutschsprachiger Autoren im Ausland. Autobiographien, London 1968.
L 31 Lexikon sozialistischer deutscher Literatur. Von den Anfängen bis 1945. Monographisch-biographische Darstellungen, Halle (Saale) 1963. Neudruck: s'Gravenhage 1973 (= Rotdruck).
L 32 *Lohse, Helmut – Horst Halfmann:* Die Sammlung der Exilliteratur 1933–1945 der Deutschen Bücherei, Leipzig 1973.

L 33 *Melzwig, Brigitte:* Deutsche sozialistische Literatur 1918–1945. Bibliographie der Buchveröffentlichungen, Berlin, Weimar 1975.

L 34 *Osterroth, Franz:* Biographisches Lexikon des Sozialismus, Bd. 1, Verstorbene Persönlichkeiten, Hannover 1960.

L 34a *Röder, Werner – Herbert A. Strauß:* Biographisches Handbuch der deutschsprachigen Emigration, Bd. 1, München 1979.

L 35 *Stern, Desider:* Werke von Autoren jüdischer Herkunft deutscher Sprache. Eine Bio-Bibliographie. 2., revidierte und erweiterte Auflage, Wien 1969.

L 36 *Sternfeld, Wilhelm – Eva Tiedemann:* Deutsche Exilliteratur 1933–1945. Eine Bio-Bibliographie. 2., verbesserte und stark erweiterte Auflage, Heidelberg 1970.

L 37 Verzeichnis der Schriften, die 1933–1945 nicht angezeigt werden durften. Bearbeitet und hrsg. von der Deutschen Bücherei in Leipzig, Leipzig 1949 (Deutsche Nationalbibliographie, Ergänzungsband 1).

L 38 *Zenker, Edith:* Veröffentlichungen deutscher sozialistischer Schriftsteller in der revolutionären und demokratischen Presse 1918–1945, Bibliographie, Berlin, Weimar 1966, ^{2}1969.

L 39 *Zohn, Harry:* Österreichische Juden in der Literatur. Ein bio-bibliographisches Lexikon, Tel Aviv 1969.

1.3 Quellensammlungen (siehe auch 4: Exilpresse)

L 40 *Albrecht, Günter* [Hrsg.]: Erlebte Geschichte. Von Zeitgenossen gesehen und geschildert. Zweiter Teil: Vom Untergang der Weimarer Republik bis zur Befreiung vom Faschismus, Berlin/DDR 1972.

L 41 *Arnold, Heinz Ludwig* [Hrsg.]: Deutsche Literatur im Exil, Bd. 1: Dokumente; Bd. 2: Materialien, Frankfurt a. M. 1974 (Fischer Athenäum Taschenbücher 2035, 2085).

L 42 Briefe aus dem Exil. Aus unveröffentlichten Nachlässen, alternative, Heft 52, 1967.

L 43 Deutsch für Deutsche, Tarnschrift, herausgegeben im Juni 1935 vom Schutzverband deutscher Schriftsteller Sektion Frankreich, neu herausgegeben mit einem Nachwort von *Theo Pinkus*, Frankfurt a. M. (Zweitausendeins) 1978.

L 44 *Fähnders, Walter* u. a. [Hrsg.]: Sammlung antifaschistischer sozialistischer Erzählungen 1933–1945, Darmstadt, Neuwied 1974 (Sammlung Luchterhand 162).

L 45 *Greuner, Ruth* [Hrsg.]: Zeitzünder im Eintopf. Antifaschistische Satire 1933–1945, Berlin/DDR 1975.

L 46 *Kesten, Hermann* [Hrsg.]: Deutsche Literatur im Exil. Briefe europäischer Autoren 1933–1949, München, Wien, Basel 1964.

L 47 *Kesten, Hermann* [Hrsg.]: Ich lebe nicht in der Bundesrepublik, München 1964 (List Taschenbücher 256).

L 48 Literatur und Widerstand. Anthologie europäischer Poesie und Prosa, hrsg. von der Internationalen Föderation der Widerstandskämpfer (FIR), Frankfurt a. M. 1964.

L 49 *Mayer, Hans* [Hrsg.]: Deutsche Literaturkritik, Bd. 4: Vom Dritten Reich bis zur Gegenwart, Frankfurt a. M. 1978 (Fischer Taschenbücher 2011).

L 50 *Mytze, Andreas W.* [Hrsg.]: Exil in der Sowjetunion, Berlin 1976 (europäische Ideen 14/15).

L 51 *Schaul, Dora* [Hrsg.]: Résistance. Erinnerungen deutscher Antifaschisten, Frankfurt a. M. 1973.

L 52 *Schlösser, Manfred* [Hrsg.]: An den Wind geschrieben. Lieder der Freiheit. Gedichte aus den Jahren 1933–1945, Darmstadt 1960.

L 53 *Schwarz, Egon – Matthias Wegner* [Hrsg.]: Verbannung. Aufzeichnungen deutscher Schriftsteller im Exil, Hamburg 1964.

L 54 Um uns die Fremde. Die Vertreibung des Geistes 1933–1945, hrsg. vom Sender Freies Berlin, Berlin 1968 (Buchreihe des SFB 9).

L 55 *Voßke, Heinz* [Hrsg.]: Im Kampf bewährt. Erinnerungen deutscher Genossen an den antifaschistischen Widerstand 1933–1945, Berlin/DDR 1969.

L 56 *Raddatz, Fritz J.* [Hrsg.]: Marxismus und Literatur. Eine Dokumentation in drei Bänden. Reinbek bei Hamburg 1969.

L 57 *Winkler, Michael* [Hrsg.]: Deutsche Literatur im Exil 1933–1945. Texte und Dokumente. Stuttgart 1977 (Universal-Bibliothek 9865).

L 58 Zur Tradition der sozialistischen Literatur in Deutschland. Eine Auswahl von Dokumenten, herausgegeben und kommentiert von der Deutschen Akademie der Künste zu Berlin, 2., durchgesehene und erweiterte Auflage, Berlin, Weimar 1967.

1.4 Allgemeine und Sozialgeschichte des Exils

L 59 *Beling, Eva:* Die gesellschaftliche Eingliederung der deutschen Einwanderer in Israel. Eine soziologische Untersuchung der Einwanderung aus Deutschland zwischen 1933 und 1945, Frankfurt a.M. 1967.

L 60 *Bentwich, Norman:* They Found Refuge: an Account of British Jewry's Work for Victims of Nazi Oppression, London 1956.

L 61 *Franck, Wolf:* Führer durch die deutsche Emigration, Paris 1935.

L 62 *Goldner, Franz:* Die österreichische Emigration 1933–1945, Wien, München 1972.

L 63 *Grossmann, Kurt:* Emigration. Die Geschichte der Hitlerflüchtlinge 1933–1945, Frankfurt a.M. 1969.

L 64 *Häsler, Alfred A.:* Das Boot ist voll ... Die Schweiz und die Flüchtlinge 1933–1945, Zürich, Stuttgart 1967.

L 65 *Hofmann, Alois:* Die deutsche Emigration in der Tschechoslowakei (1933–1938), in: Weimarer Beiträge, Jg. 21 (1975), H. 4, S. 148–167.

L 66 *Kantorowicz, Alfred:* Exil in Frankreich. Merkwürdigkeiten und Denkwürdigkeiten, Bremen 1971.

L 67 *Kent, Donald P.:* The Refugee Intellectual. The Americanization of the Immigrants of 1933–1941, New York 1953.

L 68 *Kranzler, David H.:* The History of the Jewish Refugee Community of Shanghai 1939–1945, Diss., Yeshiva Univ., New York 1971, Ann Arbor/Michigan 1971.

L 69 *Luft, Gerda:* Heimkehr ins Unbekannte. Eine Darstellung der Einwanderung von Juden aus Deutschland nach Palästina ... 1933–1939. Mit einem Vorwort von *Willy Brandt*, Wuppertal 1977.

L 70 *Moore, Erna M.:* Exil in Hollywood: Leben und Haltung deutscher Exilanten nach ihren autobiographischen Berichten, in: Deutsche Exilliteratur seit 1933, Bd. 1: Kalifornien, hrsg. von *John M. Spalek* und *Joseph Strelka*, Bern, München 1976, S. 21–39.

L 71 *Müssener, Helmut:* Exil in Schweden. Politische und kulturelle Emigration nach 1933, München 1974.

L 72 *Scheer, Maximilian:* So war es in Paris, Berlin 1964.

L 73 *Schramm, Hanna:* Menschen in Gurs. Erinnerungen an ein französisches Internierungslager (1940–1941) mit einem dokumentarischen Beitrag zur französischen Emigrantenpolitik (1933–1944) von *Barbara Vormeier*, Worms 1977 (Deutsches Exil 1933–45, eine Schriftenreihe, hrsg. von Georg Heintz, Bd. 13).

L 74 *Sherman, A. S.:* Island Refuge. Britain and Refugees from the Third Reich 1933–1939, London 1973.

L 74a *Spitta, Arnold:* Paul Zech im südamerikanischen Exil 1933–1946. Ein Beitrag zur Geschichte der deutschen Emigration in Argentinien, Berlin 1978.

L 75 *Vogel, Rolf:* Ein Stempel hat gefehlt. Dokumente zur Emigration deutscher Juden, München, Zürich 1977.

L 76 *Walter, Hans-Albert:* Asylpraxis und Lebensbedingungen in Europa, Darmstadt, Neuwied 1972 (Deutsche Exilliteratur 1933–1950, Bd. 2 = Sammlung Luchterhand 77).

L 77 *Walter, Hans-Albert:* Flucht aus Frankreich. Die Situation der exilierten deutschen Schriftsteller, Politiker und Publizisten nach dem deutsch-französischen Waffenstillstandsvertrag. Ein Beitrag zum Hintergrund des Romans »Transit«, in: Über Anna Seghers. Almanach zum 75. Geburtstag, Berlin, Weimar 1975.

L 78 *Walter, Hans-Albert:* Internierung in Frankreich. Zur Situation der exilierten deutschen Schriftsteller, Politiker und Publizisten nach Beginn des Zweiten Weltkriegs, in: Jahresring 1970/71, Beiträge zur deutschen Literatur und Kunst der Gegenwart, Stuttgart 1970.

L 78a *Walter, Hans-Albert:* Deutsche Exilliteratur 1933–1950 [in sechs Bänden], Stuttgart 1978ff. (Bd. 4: Exilpresse, 1978).

2. Exil und Politik

2.1 Nationalsozialismus und Exil, NS-Literaturpolitik, NS-Literatur

L 79 *Aigner, Dietrich:* Die Indizierung schädlichen und unerwünschten Schrifttums im Dritten Reich, Frankfurt a. M. 1971 (Archiv für Geschichte des Buchwesens, Bd. 11, Sp. 931–1034).

L 80 *Brenner, Hildegard:* Ende einer bürgerlichen Kunst-Institution. Die politische Formierung der Preußischen Akademie der Künste ab 1933, Stuttgart 1972 (Schriftenreihe der Vierteljahrshefte für Zeitgeschichte 24).

L 81 *Denkler, Horst – Karl Prümm* [Hrsg.]: Die deutsche Literatur im Dritten Reich, Themen, Traditionen, Wirkungen, Stuttgart 1976.

L 82 *Hartung, Günter:* Über die deutsche faschistische Literatur, in: Weimarer Beiträge, Jg. 14 (1968), H. 3, S. 474–542; Sonderheft 2, S. 121–159; H. 4, S. 677–707.

L 83 *Hübinger, Paul Egon:* Thomas Mann, die Universität Bonn und die Zeitgeschichte. Drei Kapitel deutscher Vergangenheit aus dem Leben des Dichters 1905–1955, Bonn 1974.

L 84 *Jens, Inge:* Dichter zwischen rechts und links. Die Geschichte der Sektion für Dichtkunst der Preußischen Akademie der Künste, dargestellt nach den Dokumenten, München 1971.

L 85 *Ketelsen, Uwe K.:* Völkisch-nationale und nationalsozialistische Literatur 1890–1945, Stuttgart 1976 (Sammlung Metzler 142).

L 86 *Lehmann, Hans Georg:* In Acht und Bann. Politische Emigration, NS-Ausbürgerung und Wiedergutmachung am Beispiel Willy Brandts, München 1976.

L 87 Leitheft Emigrantenpresse und Schrifttum. Reichsführer SS. Der Chef des Sicherheitshauptamtes. Geheim! März 1937, beigedruckt in: *Herbert E. Tutas:* NS-Propaganda und deutsches Exil 1933–1945.
L 88 *Loewy, Ernst:* Literatur unterm Hakenkreuz, 3., überarbeitete Auflage, Fankfurt a.M. 1977.
L 89 *Schnell, Ralf* [Hrsg.]: Kunst und Kultur im deutschen Faschismus, Stuttgart 1978 (Literaturwissenschaft und Sozialwissenschaften 10).
L 90 *Schonauer, Franz:* Deutsche Literatur im Dritten Reich. Versuch einer Darstellung in polemisch-didaktischer Absicht, Olten, Freiburg i. Br. 1961.
L 91 *Strothmann, Dietrich:* Nationalsozialistische Literaturpolitik, Bonn 1960.
L 92 *Tutas, Herbert E.:* NS-Propaganda und deutsches Exil 1933–1939, Worms 1973 (Deutsches Exil 1933–45, eine Schriftenreihe, hrsg. von Georg Heintz, Bd. 4).
L 93 *Tutas, Herbert E.:* Nationalsozialismus und Exil. Die Politik des Dritten Reiches gegenüber der deutschen politischen Emigration, München 1975.
L 94 *Vondung, Klaus:* Völkisch-nationale und nationalsozialistische Literaturtheorie, München 1973 (List Taschenbücher der Wissenschaft 1465).
L 95 *Walter, Hans-Albert:* Bedrohung und Verfolgung bis 1933, Darmstadt, Neuwied 1972 (Deutsche Exilliteratur 1933–1950, Bd. 1 = Sammlung Luchterhand 76).
L 96 *Wulf, Joseph:* Literatur und Dichtung im Dritten Reich. Eine Dokumentation, Gütersloh 1963.

2.2 Politische Geschichte des Exils, Organisationen, Parteien

L 97 *Benson, Frederick R.:* Schriftsteller in Waffen. Die Literatur und der spanische Bürgerkrieg (aus dem Amerikanischen von Alfred Kuoni), Zürich, Freiburg i. Br. 1969.
L 98 *Bergmann, Karl Hans:* Die Bewegung Freies Deutschland in der Schweiz 1943–1945, München 1974.
L 99 *Bonte, Florimond:* Les antifascistes allemands dans la résistance française, Paris 1969.
L 180 *Bouvier, Beatrix:* Deutsche Freiheitspartei. Ein Beitrag zur Erforschung des Widerstandes gegen den Nationalsozialismus, Diss. Bonn 1969 [masch.].
L 101 Die deutsche politische Emigration 1933–1945. Katalog zur Ausstellung, hrsg. von der Friedrich-Ebert-Stiftung, Einleitung: *Beatrix B. Bouvier,* Bonn-Bad Godesberg 1972.
L 102 *Drechsler, Hanno:* Die Sozialistische Arbeiterpartei Deutschlands (SAP). Ein Beitrag zur Geschichte der deutschen Arbeiterbewegung am Ende der Weimarer Republik, Meisenheim 1965.
L 103 *Duhnke, Horst:* Die KPD von 1933–1945, Köln 1972.
L 104 *Edinger, Lewis J.:* Sozialdemokratie und Nationalsozialismus. Der Parteivorstand der SPD im Exil von 1933–1945, Hannover 1960.
L 105 *Freyberg, Jutta von:* Sozialdemokraten und Kommunisten. Die revolutionären Sozialisten Deutschlands vor dem Problem der Aktionseinheit 1934–1937, Köln 1973.
L 106 Geschichte der deutschen Arbeiterbewegung, Bd. 5, Von Januar 1933 bis Mai 1945, Berlin/DDR 1966.
L 107 *Gross, Babette:* Willi Münzenberg. Eine politische Biographie. Mit einem Vorwort von *Arthur Koestler*, Stuttgart 1967 (Schriftenreihe der Vierteljahrshefte für Zeitgeschichte 14/15).
L 108 *Ihlau, Olaf:* Die roten Kämpfer, Meisenheim 1969.

L 108a *Kettenacker, Lothar:* Das »Andere Deutschland« im Zweiten Weltkrieg, Stuttgart 1977.

L 109 *Kießling, Wolfgang:* Alemania Libre in Mexiko, Bd. 1/2, Berlin/DDR 1974.

L 110 *Kliem, Kurt:* Der sozialistische Widerstand, dargestellt an der Gruppe »Neu-Beginnen«, Diss., Marburg 1957 [masch.].

L 111 *Lange, Dieter:* Dokumente der Bewegung »Freies Deutschland« in Schweden, in: Zeitschrift für Geschichtswissenschaft, Berlin/DDR 1971, S. 539–558.

L 112 *Langkau-Alex, Ursula:* Volksfront für Deutschland? Bd. 1: Vorgeschichte und Gründung des »Ausschusses zur Vorbereitung einer deutschen Volksfront«, 1933–1936, Frankfurt a. M. 1977.

L 113 *Laschitza, Horst:* Kämpferische Demokratie gegen Faschismus. Die programmatische Vorbereitung auf die antifaschistisch-demokratische Umwälzung in Deutschland durch die Parteiführung der KPD, Berlin/DDR 1969.

L 114 *Leonhard, Wolfgang:* Die Revolution entläßt ihre Kinder, Köln, Berlin 1955.

L 115 *Link, Werner:* Die Geschichte des Internationalen Jugendbundes (IJB) und des Internationalen Sozialistischen Kampfbundes (ISK). Ein Beitrag zur Geschichte der Arbeiterbewegung in der Weimarer Republik und im Dritten Reich, Meisenheim 1964.

L 116 *Mack, Gerhard Georg:* Der spanische Bürgerkrieg und die deutsche Exilliteratur. Diss., Univ. of Southern California, Los Angeles 1972, Ann Arbor/Michigan 1973.

L 117 *Maimann, Helene:* Politik im Wartesaal. Österreichische Exilpolitik in Großbritannien 1938–1945, Wien, Köln, Graz 1975.

L 118 *Matthias, Erich:* Sozialdemokratie und Nation. Ein Beitrag zur Geschichte der sozialdemokratischen Emigration in der Prager Zeit des Parteivorstandes 1933–1938, Stuttgart 1952.

L 119 *Matthias, Erich* [Hrsg.]: Mit dem Gesicht nach Deutschland. Eine Dokumentation über die sozialdemokratische Emigration. Aus dem Nachlaß von *Friedrich Stampfer*. Ergänzt durch andere Überlieferungen, bearbeitet von *W. Link*, Düsseldorf 1968.

L 119a *Mayenburg, Ruth von:* Hotel Lux. Mit Dimitroff, Ernst Fischer, Ho Tschi Minh. Pieck [...], Ulbricht und Wehner im Moskauer Quartier der Kommunistischen Internationale, München 1978.

L 120 *Pech, Karlheinz:* An der Seite der Résistance. Zum Kampf der Bewegung »Freies Deutschland« für den Westen in Frankreich (1943–1945), Berlin/DDR 1974.

L 121 *Radkau, Joachim:* Die deutsche Emigration in den USA. Ihr Einfluß auf die amerikanische Europapolitik 1933–1945, Düsseldorf 1971.

L 122 *Radkau, Joachim:* Das Elend deutscher Exilpolitik 1933–1945 als Spiegel von Defiziten der politischen Kultur, in: Im Gegenstrom. Für Helmut Hirsch zum Siebzigsten, hrsg. von *Horst Schallenberger* und *Helmut Schrey*, Wuppertal 1977, S. 105–146.

L 123 *Röder, Werner:* Die deutschen sozialistischen Exilgruppen in Großbritannien 1940–1945, 2., verbesserte Auflage, Hannover 1973.

L 124 *Schäfer, Gert:* Die Kommunistische Internationale und der Faschismus, Offenbach 1973 (Probleme des Kommunismus 1).

L 125 *Scheurig, Bodo:* Freies Deutschland. Das Nationalkomitee und der Bund Deutscher Offiziere in der Sowjetunion 1943–1945, München 1960.

L 126 *Scheurig, Bodo* [Hrsg.]: Verrat hinter Stacheldraht? Das Nationalkomitee »Freies Deutschland« und der »Bund Deutscher Offiziere« in der Sowjetunion 1943–1945, München 1965 (Deutscher Taschenbuch Verlag 270).

L 127 *Steidle, Luitpold:* Das Nationalkomitee »Freies Deutschland«. Eine zusammenfassende Darstellung seiner Tätigkeit und der Auswirkungen des Kampfes deutscher Antifaschisten 1943–1945, Potsdam 1960.

L 128 *Stephan, Alexander:* Pläne für ein neues Deutschland. Die Kulturpolitik der Exil-KPD vor 1945, in: Basis. Jahrbuch für deutsche Gegenwartsliteratur, hrsg. von *Reinhold Grimm* und *Jost Hermand*, Bd. 7 (1977), S. 54–74 (suhrkamp taschenbuch 420).

L 129 *Sywotteck, Arnold:* Deutsche Volksdemokratie. Studien zur politischen Konzeption der KPD 1935 bis 1946, Düsseldorf 1971.

L 130 *Teubner, Hans:* Exilland Schweiz. Dokumentarischer Bericht über den Kampf emigrierter deutscher Kommunisten 1933–1945, Berlin/DDR, Frankfurt a.M. 1975.

L 131 *Tjaden, K. H.:* Struktur und Funktion der »KPD-Opposition«. Eine organisationssoziologische Untersuchung der »Rechts«-Opposition im deutschen Kommunismus zur Zeit der Weimarer Republik, Meisenheim 1964.

L 132 *Vogelmann, Karl:* Die Propaganda der österreichischen Emigration in der Sowjetunion für einen selbständigen österreichischen Nationalstaat (1938–1945), Diss., Wien 1973.

L 133 *Weinert, Erich:* Das Nationalkomitee »Freies Deutschland« 1943–1945. Bericht über seine Tätigkeit und Wirkung, Berlin/DDR 1957.

3. Exil und Literatur

3.1 Literaturgeschichte des Exils, Verlage, Organisationen

L 134 *Albrechtova, Gertrude:* Zur Frage der deutschen antifaschistischen Emigrationsliteratur im tschechoslowakischen Asyl, in: Historica VIII (1964), S. 177–233.

L 135 *Arnold, Heinz Ludwig* [Hrsg.]: Deutsche Literatur im Exil, Bd. 2: Materialien, Frankfurt a.M. 1974 (Fischer Athenäum Taschenbücher 2085).

L 136 *Bermann-Fischer, Gottfried:* Bedroht – bewahrt. Weg eines Verlegers, Frankfurt a.M. 1967.

L 137 *Berendsohn, Walter A.:* Die humanistische Front. Bd. I: Von 1933 bis zum Kriegsausbruch 1939, Zürich 1946. Reprint Worms 1978.

L 138 *Berendsohn, Walter A.:* Die humanistische Front. Bd. II: Vom Kriegsausbruch 1939 bis Ende 1946, Worms 1976 (Deutsches Exil 1933–45, eine Schriftenreihe, hrsg. von Georg Heintz, Bd. 6).

L 139 *Berendsohn, Walter A.:* Emigrantenliteratur 1933–1947, in: Reallexikon der deutschen Literaturgeschichte, Bd. 1, 1968, S. 336ff.

L 140 *Berthold, Werner:* Der deutsche PEN-Club im Exil 1933–1940. Bericht aus ungedruckten Materialien der Deutschen Bibliothek, in: Bibliothek – Buch – Geschichte. Kurt Köster zum 65. Geburtstag, hrsg. von *Günther Pflug, Brita Eckert* und *Heinz Friesenhahn,* Frankfurt a.M. 1977.

L 141 *Cazden, Robert E.:* German Exile Literature in America 1933–1940. A History of the Free German Press and Book Trade, Chicago 1970.

L 142 *Döblin, Alfred:* Die deutsche Literatur im Ausland seit 1933. Ein Dialog zwischen Politik und Kunst, Paris 1938. – Veränderte Neuauflage u.d.T. »Die literarische Situation«, Baden-Baden 1947.

L 143 *Dressler, Helmut:* Werden und Wirken der Büchergilde Gutenberg, Zürich [1947].

L 144 *Durzak, Manfred* [Hrsg.]: Die deutsche Exilliteratur 1933–1945, Stuttgart 1973.
L 145 Geschichte der deutschen Literatur von den Anfängen bis zur Gegenwart. Bd. 10: 1917–1945, von einem Autorenkollektiv unter Leitung von *Hans Kaufmann* in Zusammenarbeit mit *Dieter Schiller*, Berlin/DDR 1973.
L 146 *Greuner, Ruth:* Gegenspieler. Profile linksbürgerlicher Publizisten, Berlin/DDR 1969.
L 147 *Grossberg, Mimi:* Österreichs literarische Emigration in den Vereinigten Staaten seit 1938, Wien 1970.
L 148 *Halfmann, Horst:* Bibliographien und Verlage der deutschsprachigen Exilliteratur 1933–1945, in: Beiträge zur Geschichte des Buchwesens, Bd. IV, Leipzig 1969.
L 149 *Jarmatz, Klaus:* Literatur im Exil, Berlin/DDR 1966.
L 150 *Kändler, Klaus:* Im Zeichen der antifaschistischen Einheit, in: Weimarer Beiträge, Jg. 21 (1975), H. 4, S. 68–98.
L 151 *Kantorowicz, Alfred:* Politik und Literatur im Exil. Deutschsprachige Schriftsteller im Kampf gegen den Nationalsozialismus, Hamburg 1978.
L 152 *Lukács, Georg:* Skizze einer Geschichte der neueren deutschen Literatur, Neuwied, Berlin 1963.
L 153 Der Malik-Verlag 1916–1947. Ausstellungskatalog, verfaßt und zusammengestellt von *Wieland Herzfelde*, Berlin, Weimar [o.J.].
L 154 *Serke, Jürgen:* Die verbrannten Dichter. Mit Fotos von Wilfried Bauer. Berichte, Texte, Bilder einer Zeit, Weinheim 1977.
L 155 *Spalek, John M. – Joseph Strelka:* Deutsche Exilliteratur seit 1933, Bd. 1: Kalifornien, Teil 1–2, Bern, München 1976.
L 156 *Stahlberger, Peter:* Der Zürcher Verleger Emil Oprecht und die deutsche politische Emigration 1933–1945, Vorwort: *J. R. von Salis,* Zürich 1970.
L 157 *Walter, Hans-Albert:* Die Helfer im Hintergrund. Zur Situation der deutschen Exil-Verlage 1933–1945, in: Frankfurter Hefte, Jg. 20 (1965), H. 2, S. 121–132.
L 158 *Walter, Hans-Albert:* Deutsche Exilliteratur 1933–1950, Bd. 4: Exilpresse, Stuttgart 1978 ff.
L 158a *Wegner, Matthias:* Exil und Literatur. Deutsche Schriftsteller im Ausland 1933 1945. 2. Aufl., Frankfurt/Bonn 1968.
L 159 *Weiskopf, F. C.:* Unter fremden Himmeln. Ein Abriß der deutschen Literatur im Exil 1933–1947, mit einem Anhang von Textproben aus Werken exilierter Schriftsteller, Berlin 1948.
L 160 Weltfeunde. Konferenz über die Prager deutsche Literatur, hrsg. von *Eduard Goldstücker,* Prag, Berlin, Neuwied 1967 (enthält u. a.: *Bruno Frei:* Die deutsche antifaschistische Emigration in Prag; *Wieland Herzfelde:* Erfahrungen im Exil zu Prag 1933–1938; *Jiři Veselý:* Zur Geschichte einer Prager Emigrantenzeitschrift [Der Simplicus / Der Simpl]).

3.2 Gattungs-, Form- und Stilprobleme. Positionsbestimmungen

L 161 *Anders, Johann Friedrich – Elisabeth Klobusicky:* Vorschlag zur Interpretation der Brecht-Lukács-Kontroverse, in: alternative, H. 84/85, 1972, S. 114–130.
L 161a Antifaschistische Literatur. Programme – Autoren – Werke, 2 Bde., hrsg. von *Lutz Winckler,* Kronberg 1977.
L 162 *Bathrick, David R.:* Moderne Kunst und Klassenkampf. Die Expressionismusdebatte in der Exilzeitschrift Das Wort, in: Exil und unsere Emigration, Frankfurt a.M. 1972, S. 89–109.
L 163 *Batt, Kurt:* Der Dialog zwischen Anna Seghers und Georg Lukács, in: Weimarer Beiträge, Jg. 21 (1975), H. 5, S. 105–140.

L 164 *Berglund, Gisela:* Deutsche Opposition gegen Hitler in Presse und Roman des Exils. Eine Darstellung und ein Vergleich mit der historischen Wirklichkeit, Stockholm 1972.

L 165 *Bronsen, David:* Der Sonderfall als exemplarischer Fall: Joseph Roth und die Emigration als Grenzsituation, in: Exil und innere Emigration II, Frankfurt a.M. 1973, S. 65–84.

L 166 *Dahlke, Hans:* Geschichtsroman und Literaturkritik im Exil, Berlin, Weimar 1976.

L 167 Die Expressionismusdebatte. Materialien zu einer marxistischen Realismuskonzeption, hrsg. von *Hans-Jürgen Schmitt*, Frankfurt a.M. 1973 (edition suhrkamp 646).

L 168 *Heeg, Günther:* Die Wendung zur Geschichte. Konstitutionsprobleme antifaschistischer Literatur im Exil, Stuttgart 1977.

L 169 *Herden, Werner:* Positionsbestimmungen des Exils, in: Weimarer Beiträge, Jg. 21 (1975), H. 4, S. 41–67.

L 170 *Hermand, Jost:* Schreiben in der Fremde. Gedanken zur deutschen Exilliteratur seit 1789, in: Exil und innere Emigration, Frankfurt a.M. 1972, S. 7–30.

L 170a *Jaretzky, Reinhold – Helmuth Taubald:* Das Faschismus-Verständnis im Deutschlandroman der Exilierten, in: Sammlung, Jahrbuch für antifaschistische Literatur und Kunst, Bd. 1, Frankfurt a.M. 1978, S. 12–36.

L 171 *Kamla, Thomas A.:* Confrontation with Exile: Studies in the German Novel, Bern, Frankfurt a.M. 1975.

L 172 *Krenzlin, Leonore:* Zur ästhetischen Wertung der antifaschistischen Literatur, in: Weimarer Beiträge, Jg. 21 (1975), H. 4, S. 130–147.

L 173 *Krispyn, Egbert:* Exil als Lebensform, in: Exil und innere Emigration II, Frankfurt a.M. 1973, S. 101–118.

L 174 *Lukács, Georg:* Essays über Realismus (Probleme des Realismus I), Neuwied, Berlin 1970 (Werke 4).

L 175 *Lukács, Georg:* Der Kampf zwischen Liberalismus und Demokratie im Spiegel des historischen Romans der deutschen Antifaschisten, in: *G.L.:* Probleme des Realismus, Berlin/DDR 1955.

L 176 Georg Lukács und der Revisionismus. Eine Sammlung von Aufsätzen, Berlin/DDR 1960.

L 177 *Mittenzwei, Werner:* Marxismus und Realismus. Die Brecht-Lukács-Debatte, in: Das Argument, Jg. 10 (1968), H. 1/2, S. 12–43.

L 178 *Nyssen, Elke:* Geschichtsbewußtsein und Emigration. Der historische Roman der deutschen Antifaschisten 1933–1945, München 1974.

L 179 *Osterle, Heinz D.:* Die Deutschen im Spiegel des sozialistischen Romans der Emigration 1933–50. Diss., Brown University, Providence, R.J., 1964.

L 180 *Pawek, Karl:* Heinrich Manns Kampf gegen den Faschismus im französischen Exil 1933–1940, Hamburg 1972 (Veröffentlichung der Hamburger Arbeitsstelle für deutsche Exilliteratur 1).

L 181 *Pfeiler, William K.:* German Literature in Exile. The concern of the poets, Lincoln, Nebrasca 1957.

L 182 Positionen. Beiträge zur marxistischen Literaturtheorie in der DDR, hrsg. von *Werner Mittenzwei*, Leipzig 1969 (Reclams Universal-Bibliothek 482).

L 183 *Rühle, Jürgen:* Literatur und Revolution. Die Schriftsteller und der Kommunismus, Köln, Berlin 1960.

L 184 *Schiller, Dieter:* »...von Grund auf anders.« Programmatik der Literatur im antifaschistischen Kampf während der dreißiger Jahre, Berlin/DDR 1974.

L 185 *Schiller, Dieter:* Positionen der sozialistischen Literaturbewegung im Exil, in: Kürbiskern, 1975, H. 2, S. 69–79.

L 186 *Schneider, Sigrid:* Das Ende Weimars im Exilroman. Literarische Strategien der Vermittlung von Faschismus-Erklärungen, München 1979 (in Vorber.).

L 187 *Schröter, Klaus:* Der historische Roman. Zur Kritik seiner spätbürgerlichen Erscheinung, in: Exil und innere Emigration, Frankfurt a. M. 1972, S. 111–151.

L 188 *Spiel, Hilde:* Psychologie des Exils. Vortrag, gehalten auf der Tagung der Exilforscher in Wien im Juni 1975, in: Neue Rundschau, Jg. 86 (1975), H. 3, S. 424–439.

L 189 *Steiner, Carl:* Untersuchungen zum historischen Roman der deutschen Emigrantenliteratur nach 1933. Diss., George Washington University, Washington, D. C. 1966.

L 190 *Völker, Klaus:* Brecht und Lukács, Analyse einer Meinungsverschiedenheit, in: Kursbuch 7 (1966), S. 80–101.

L 191 *Vordtriede, Werner:* Vorläufige Gedanken über eine Typologie der Exilliteratur, in: Akzente, Jg. 15 (1968), H. 6, S. 556–576.

L 192 *Wagner, Frank:* »... der Kurs auf die Realität.« Das epische Werk von Anna Seghers (1935–1943), Berlin/DDR 1975.

L 193 *Weiskopf, F. C.:* Sprache im Exil, in: Über Literatur und Sprache (Gesammelte Werke 8), Berlin 1960, S. 483–493.

L 194 *Weissenstein, Ulrich:* Literaturkritik in deutschen Exilzeitschriften: Der Fall ›Das Wort‹, in: Exil und innere Emigration II, Frankfurt a. M. 1973, S. 19–46.

L 195 *Wittig, Roland:* Die Versuchung der Macht. Essayistik und Publizistik Heinrich Manns im französischen Exil, Frankfurt a. M., Bern 1976.

3.3 Exil und innere Emigration

L 196 *Brekle, Wolfgang:* Die antifaschistische Literatur in Deutschland (1933–1945). Probleme der inneren Emigration am Beispiel deutscher Erzähler, in: Weimarer Beiträge, Jg. 16 (1970), H. 6, S. 67–128.

L 197 Exil und innere Emigration. Third Withconsin Workshop, hrsg. von *Reinhold Grimm* und *Jost Hermand*, Frankfurt a. M. 1972.

L 198 Exil und innere Emigration II, Internationale Tagung in St. Louis, hrsg. von *Peter Uwe Hohendahl* und *Egon Schwarz*, Frankfurt a. M. 1973.

L 199 *Grimm, Reinhold:* Innere Emigration als Lebensform, in: Exil und innere Emigration, Frankfurt a. M. 1972, S. 31–73.

L 200 *Grosser, J. F. G.* [Hrsg.]: Die große Kontroverse. Ein Briefwechsel um Deutschland. Walter v. Molo, Thomas Mann u. a., Hamburg, Genf, Paris 1963.

L 201 *Hoffmann, Charles W.:* Opposition und Innere Emigration: Zwei Aspekte des »Anderen Deutschlands«, in: Exil und innere Emigration II, Frankfurt a. M. 1973, S. 119–140.

L 202 *Mayer, Hans:* Konfrontation der inneren und der äußeren Emigration und Deutung, in: Exil und innere Emigration, Frankfurt a. M. 1972, S. 75–87.

L 203 *Schnell, Ralf:* Literarische innere Emigration 1933–1945, Stuttgart 1976.

L 204 *Ziolkowski, Theodore:* Form als Protest. Das Sonett in der Literatur des Exils und der inneren Emigration, in: Exil und innere Emigration, Frankfurt a. M. 1972, S. 153–172.

4. Exilpresse (einschließlich Reprints)

L 205 Antinationalsozialistische deutsche Exilpresse 1933–1945, in: Mikrofilm-Archiv der deutschsprachigen Presse e. V., Bestandsverzeichnis 1970, Dortmund 1970, S. 60–92.

L 206 *Breycha-Vauthier, A. C.:* Die Zeitschriften der österreichischen Emigration 1934–1946, Wien 1960.

L 207 Decision. A Review of Free Culture, 1, 1941 – 3, 1942 [Reprint, 2 Bde.], Nendeln 1969.

L 208 Deutsche Blätter, 1, 1943 – 4, 1946 [Reprint], Nendeln 1970.

L 209 Freies Deutschland, 1941–1946 [Reprint, 4 Bde.], Leipzig, Nendeln 1975.

L 210 *Eckert, Horst:* Die Beiträge der deutschen emigrierten Schriftsteller in der Neuen Weltbühne von 1933–1939, Diss., Berlin/DDR 1962 [masch.].

L 211 *Gutsche, Reinhardt* [Bearb.]: Die Sammlung. Amsterdam 1933–1935. Bibliographie einer Zeitschrift, mit einem Vorwort von *Günter Hartung*, Berlin, Weimar 1974 (Analytische Bibliographien deutschsprachiger literarischer Zeitschriften 2).

L 212 *Halfmann, Horst* [Bearb.]: Zeitschriften und Zeitungen des Exils 1933–1945. Bestandsverzeichnis der Deutschen Bücherei, 2., ergänzte und erweiterte Auflage, Leipzig 1975.

L 212a *Hart, Hanno – Elke Hilscher, Wilfred B. Lerg* [Hrsg.]: Exil und Presse. Beiträge zur Kommunikationsgeschichte des deutschen Exils 1933–1945, München 1979 (in Vorbereitung).

L 213 *Heintz, Georg:* Index der »Neuen Weltbühne« von 1933–39, Worms 1972 (Deutsches Exil 1933–45, eine Schriftenreihe, hrsg. von Georg Heintz, Bd. 1).

L 214 *Heintz, Georg:* Index des »Freien/Neuen Deutschland« (Mexiko) 1941–1946, Worms 1975 (Deutsches Exil 1933–45, eine Schriftenreihe, hrsg. von Georg Heintz, Bd. 5).

L 215 *Langkau-Alex, Ursula:* Deutsche Emigrationspresse, in: International Review of Social History, Vol. 15 (1970), Part 2, S. 167–201.

L 216 *Maas, Lieselotte:* Handbuch der deutschen Exilpresse 1933–1945, Bd. 1ff., München, Wien 1976ff. (Sonderveröffentlichungen der Deutschen Bibliothek 2ff.).

L 216a *Maas, Lieselotte:* Jüdische Exilpresse [in Palästina], in: Neue Deutsche Hefte, Jg. 25 (1978), H. 2, S. 310–327.

L 216b *Maas, Lieselotte:* Deutsche Exilpresse in Lateinamerika, Frankfurt a.M. 1978 (Kleine Schriften der Deutschen Bibliothek 3).

L 217 Maß und Wert, 1, 1937/1938 – 3, 1939/1940 [Reprint], Nendeln 1970.

L 218 Neue deutsche Blätter, 1, 1933/34 – 2, 1934/35 [Reprint, 3 Bde.], Berlin/DDR 1974.

L 219 *Praschek, Helmut* [Bearb.]: Neue Deutsche Blätter, Prag 1933–1935. Bibliographie einer Zeitschrift, mit einem Vorwort von *Wieland Herzfelde*, Berlin, Weimar 1973 (Analytische Bibliographien deutschsprachiger literarischer Zeitschriften 6).

L 220 *Paetel, Karl Otto:* Die Presse des deutschen Exils 1933–1945, in: Publizistik 1959, H. 6, S. 241–252.

L 221 *Riedel, Volker* [Bearb.]: Maß und Wert, Zürich 1937–1940. Bibliographie einer Zeitschrift, mit einem Vorwort von *Klaus Hermsdorf*, Berlin, Weimar 1973 (Analytische Bibliographien deutschsprachiger literarischer Zeitschriften 3).

L 222 *Riedel, Volker* [Bearb.]: Orient, Haifa 1942–1943. Bibliographie einer Zeitschrift, mit einem Vorwort von *Rudolf Hirsch*, Berlin, Weimar 1973 (Analytische Bibliographien deutschsprachiger literarischer Zeitschriften 5).

L 223 Die Sammlung. Literarische Monatsschrift, 1, 1934 – 2, 1935 [Reprint], Nendeln 1970.

L 224 *Schaber, Will:* Aufbau. Dokumente einer Kultur im Exil, New York, Köln 1972.
L 225 *Scheu, Friedrich:* Die Emigrationspresse der Sozialisten. 1938–1945, Wien 1968.
L 226 *Seidel, Gerhard* [Bearb.]: Das Wort, Moskau 1936–1939. Bibliographie einer Zeitschrift, mit einem Vorwort von *Hugo Huppert*, Berlin, Weimar 1975 (Analytische Bibliographien deutschsprachiger literarischer Zeitschriften 1).
L 227 *Sternfeld, Wilhelm:* Die Emigranten-Presse, in: Deutsche Rundschau, Baden-Baden, Jg. 76 (1950), S. 250–259.
L 228 *Walter, Hans-Albert:* Exilpresse, Stuttgart 1978 (Deutsche Exilliteratur 1933–1950, Bd. 4).
L 229 *Willmann, Heinz:* Geschichte der Arbeiter – Illustrierten Zeitung 1921–1938, Berlin 1974.
L 230 Das Wort. Literarische Monatsschrift, 1, 1936 – 4, 1939 [Reprint in 10 Bdn. nebst] Registerband. Mit einem Nachwort ... von *Fritz Erpenbeck*, Berlin/DDR, Zürich, Hilversum 1969.
L 231 Zeitschrift für Sozialforschung, Jg. 1 (1932) – 9 (1941) [Reprint mit Gesamtregister und einer] Einleitung von *Alfred Schmidt*, München 1970.

5. Theater, Film, Rundfunk im Exil

L 232 *Moeller, Hans-Bernhard:* Exilautoren als Drehbuchautoren, in: Deutsche Exilliteratur seit 1933, Bd. 1: Kalifornien, hrsg. von *John M. Spalek* und *Joseph Strelka*, Bern, München 1976, S. 676–714.
L 233 *Wächter, Hans-Christof:* Theater im Exil. Sozialgeschichte des deutschen Exil-Theaters 1933–1945. Mit einem Beitrag von *Louis Naef* über das Exil-Theater in der Schweiz, München 1973.
L 234 *Brinitzer, Carl:* Hier spricht London. Von einem der dabei war, Hamburg 1969.
L 235 Erinnerungen sozialistischer Rundfunkpioniere, Berlin/DDR 1975.
L 236 *Haarmann, Hermann – Lothar Schirmer – Dagmar Walach:* Das »Engels« Projekt. Ein antifaschistisches Theater deutscher Emigranten in der UdSSR (1936–1941), Worms 1975 (Deutsches Exil 1933–45, eine Schriftenreihe, hrsg. von Georg Heintz, Bd. 7).
L 237 *Lerg, Winfried B. – Ulrich Schulte-Döinghaus:* Der Rundfunk und die kommunistische Emigration. Zur Geschichte des »Deutschen Freiheitssenders« 1937–1939, in: Rundfunk und Politik 1923–1973, Berlin 1975, S. 179–217 (Rundfunkforschung 3).
L 238 *Lindt, Peter M.:* Schriftsteller im Exil. Zwei Jahre deutsche literarische Sendung am Rundfunk in New York, New York 1944, [Reprint] Nendeln 1974.
L 239 *Loewy, Ernst:* Exil und Rundfunk. Eine Forschungsaufgabe, in: Rundfunk und Fernsehen, Jg. 25 (1977), H. 3, S. 254–263.
L 240 *Schoop, Günther:* Das Zürcher Schauspielhaus im Zweiten Weltkrieg, Zürich, Oprecht 1957.
L 241 Theater im Exil 1933–1945 [Ausstellungskatalog], Akademie der Künste Berlin, hrsg. von *Walter Huder*, Berlin 1973.
L 242 *Trepte, Curt:* Deutsches Theater im Exil der Welt, in: Protokoll des II. internationalen Symposiums zur Erforschung des deutschsprachigen Exils nach 1933 in Kopenhagen 1972, Stockholm 1972, S. 520–556.

6. Wissenschaft im Exil

L 243 Auszug des Geistes. Bericht über eine Sendereihe, Bremen 1962 (Bremer Beiträge 4).

L 224 *Bentwich, Norman:* The Rescue and Achievement of Refugee Scholars. The Story of Displayed Scholars and Scientists 1933–1952, The Hague 1953.

L 245 *Fermi, Laura:* Illustrious Immigrants. The Intellectual Migration from Europe 1930–1941, Chicago 1968.

L 246 *Fleming, Donald – Bernard Bailyn* [Hrsg.]: The Intellectual Migration. Europe and America, 1930–1960, Cambridge/Mass. 1969.

L 247 *Jay, Martin:* Dialektische Phantasie. Die Geschichte der Frankfurter Schule und des Instituts für Sozialforschung 1923–1950, Frankfurt a.M. 1976.

L 248 *Neumann, Franz L.* [u. a.]: The Cultural Migration. The European Scholar in America, Philadelphia/Penn. 1953.

L 249 *Pross, Helge:* Die deutsche akademische Emigration nach den Vereinigten Staaten 1933–1941, Berlin 1955.

L 250 *Schmidt, Alfred:* Die »Zeitschrift für Sozialforschung«. Geschichte und gegenwärtige Bedeutung. Sonderheft der Nachrichten aus dem Kösel-Verlag, München 1970.

Nachtrag

L 251 Kunst und Literatur im antifaschistischen Exil 1933–1945, Bd. 1–7, Leipzig 1978–1981 (Lizenzausgabe Frankfurt a. M.).
Bd. 1: *Klaus Jarmatz* u. a.: Exil in der UdSSR, 1979;
Bd. 2: *Werner Mittenzwei:* Exil in der Schweiz, 1978;
Bd. 3: *Eike Middell* u. a.: Exil in den USA. Mit einem Bericht »Schanghai – Eine Emigration am Rande«, 1979;
Bd. 4: *Wolfgang Kießling:* Exil in Lateinamerika, 1980;
Bd. 5: *Ludwig Hoffmann* u. a.: Exil in der Tschechoslowakei, in Großbritannien, Skandinavien und in Palästina, 1980;
Bd. 6: *Klaus Hermsdorf* u. a.: Exil in den Niederlanden und in Spanien, 1981;
Bd. 7: *Dieter Schiller* u. a.: Exil in Frankreich, 1981.

L 252 *Spalek, John M.*: Guide to the Archival Materials of German-speaking Emigration to the United States after 1933, Charlottesville, Va. 1978.

L 253 Der deutsche PEN-Club im Exil 1933–1948. Eine Ausstellung der Deutschen Bibliothek, Frankfurt a.M.; Frankfurt a. M. 1980.

L 254 Literatur des Exils. Eine Dokumentation über die PEN-Jahrestagung in Bremen vom 18. bis 20. September 1980. Hg. von *Bernd Engelmann,* München 1981 (Goldmann-Taschenbuch 6362.)

L 255 Leben im Exil. Probleme der Integration deutscher Flüchtlinge im Ausland 1933–1945. Hg. von *Wolfgang Frühwald* und *Wolfgang Schieder,* Hamburg 1981 (Historische Perspektiven 18).

L 256 *David Pike*: Deutsche Schriftsteller im sowjetischen Exil, Frankfurt a. M. 1981.

Bio-Bibliographie

Adorno, Theodor W. (früher Th. Wiesengrund-Adorno)

geb. 11. 9. 1903 Frankfurt a. M., gest. 6. 8. 1969 Brig (Wallis); Soziologe, Philosoph, Musikwissenschaftler; Studium von Musik, Philosophie und Soziologie in Frankfurt; 1924 Dr. phil.; 1925 Kompositionsschüler von Alban Berg in Wien; 1930 Mitarbeiter von Max Horkheimer an dem von diesem geleiteten Institut für Sozialforschung in Frankfurt; 1934 Emigration nach England, 1938 USA, wo er an der Universität Princeton und dann an dem nach New York emigrierten Institut für Sozialforschung tätig war; 1941 Übersiedlung nach Los Angeles; 1949 Rückkehr nach Deutschland; Mitdirektor bzw. nach Horkheimers Emeritierung Direktor des wieder nach Frankfurt verlegten Institutes; bedeutend durch die zusammen mit Horkheimer entwickelte »Kritische Theorie«.

Verf. u. a.: Dialektik der Aufklärung, Amsterdam: Querido 1947 (zusammen mit Max Horkheimer); Philosophie der neuen Musik, Tübingen: Mohr 1949; Minima Moralia, Berlin und Frankfurt a. M.: Suhrkamp 1951; Gesammelte Schriften, Frankfurt a. M.: Suhrkamp 1970ff. Mitarbeit: The Authoritarian Personality, New York: Harper 1950 (Adornos Beitrag erstmals deutsch u. d. T. Studien zum autoritären Charakter, Frankfurt a. M.: Suhrkamp 1973).
S. 786

Anders, Günther (d. i. Günther Stern)

geb. 12. 7. 1902 in Breslau; Novellist, Lyriker, Übersetzer, kulturphilosophischer Schriftsteller; Sohn des Psychologen Erich Stern; Studium der Philosophie und Kunstgeschichte; 1925 Dr. phil.; 1933 ins Exil nach Frankreich, 1936 USA; 1936 Novellenpreis des Querido-Verlages in Amsterdam; lebt seit 1950 in Wien.

Verf. u. a.: Der Hungermarsch (N.), Amsterdam: Querido 1936; Die Schrift an der Wand, Tagebücher 1941–1966, München: Beck 1967.
S. 462

Arendt, Hannah

geb. 14. 10. 1906 Hannover, gest. 5. 12. 1975 New York; Publizistin; Studium von Philosophie und Politik in Marburg, Heidelberg und Freiburg; 1928 Dr. phil.; 1933 Emigration nach Frankreich, 1933 bis 1940 Leiterin der Jugend-Alijah in Paris; 1940

Die bibliographischen Angaben beschränken sich im wesentlichen auf im Exil verfaßte oder das Exil behandelnde Werke sowie auf Autobiographien und Gesamtausgaben.

USA; Mitarbeit am *Aufbau* und anderen amerikanischen Zeitschriften; 1946 bis 1948 Betreuung der Kafka-Ausgabe beim Schocken-Verlag; lehrte an mehreren Universitäten, zuletzt Professor für politische Philsophie an der New School for Social Research, New York; sie erregte Aufsehen mit ihrer These von der »Banalität des Bösen«, über die es anläßlich ihres Buches *Eichmann in Jerusalem* (1963, dt. 1964) zu einer heftigen Kontroverse gekommen war.

Verf. u. a.: The Origins of Totalitarianism, New York: Harcout and Brace 1951; deutsch: Elemente und Ursprünge totaler Herrschaft, Frankfurt a. M.: Europäische Verlagsanstalt 1955; Rahel Varnhagen. Lebensgeschichte einer deutschen Jüdin aus der Romantik, München: Piper 1959 (bereits in den dreißiger Jahren geschrieben).
S. 299

Balk, Theodor (d. i. Fodor Dragutin; weiteres Ps. T. K. Fodor)

geb. 22. 9. 1900 Zemun (Jugoslawien), gest. 25. 3. 1974 Prag; Schrifststeller, Publizist; verheiratet mit Lenka Reiner; Medizinstudium, 1924 Dr. med.; 1929 aus politischen Gründen nach Deutschland; Mitglied der KPD und des »Bundes proletarisch-revolutionärer Schriftsteller«; 1933 ins Exil nach Prag, dann nach Paris und Saarbrücken, wo er mit seinem Buch *Hier spricht die Saar* (1934 in Zürich erschienen) gegen die Eingliederung des Saarlandes in Deutschland Partei ergriff; 1937 Teilnahme am zweiten »Internationalen Schriftstellerkongreß zur Verteidigung der Kultur« in Madrid; 1937 bis 1939 als Bataillonsarzt Teilnahme am spanischen Bürgerkrieg; 1939 Frankreich, Internierung u. a. in Le Vernet; 1941 Mexiko; 1945 Rückkehr nach Jugoslawien; 1955 bis 1966 in Prag Redakteur der deutschsprachigen Zeitungen *Aufbau und Frieden* und *Volkszeitung*.

Verf. u. a.: Hier spricht die Saar. Ein Land wird interviewt, Zürich: Ring-Verlag 1934; Moskau: Verlagsgenossenschaft ausländischer Arbeiter 1934; Die Rassen – Mythos und Wahrheit, Zürich 1935; La Quatorzième (französisch), Madrid: Verlag d. Internat. Brigaden 1937; Das verlorene Manuskript (Reportage), Mexiko: El Libro libre 1943; Führer durch Sowjet-Krieg und Frieden, Mexiko: El Libro libre 1942.
S. 332

Becher, Johannes Robert

geb. 22. 5. 1891 München, gest. 11. 10. 1958 Berlin/DDR; Lyriker, Erzähler, Dramatiker; Studium der Philologie, Philosophie und Medizin; 1917 Mitglied der USPD, 1918 des Spartakusbundes und ab 1919 der KPD; 1928 Mitbegründer des »Bundes proletarisch-revolutionärer Schriftsteller« und dessen Zeitschrift *Linkskurve;* 1933 Emigration nach Österreich, Schweiz, ČSR, Frankreich; 1934 Teilnahme am Ersten Allunionskongreß der Sowjetschriftsteller, 1935 am ersten »Internationalen Schriftstellerkongreß zur Verteidigung der Kultur« in Paris; Reisen durch die Exilländer, um eine Einheitsfront aller Schriftsteller gegen den Faschismus aufzubauen; 1935 bis 1945 Chefredakteur der in Moskau erscheinenden Zeitschrift *Internationale Literatur;* Mitglied des Zentralkomitees der KPD und ab 1943 des Nationalkomitees »Freies Deutschland«; Juni 1945 Rückkehr nach Deutschland; Mitbegründer und Präsident des »Kulturbundes zur demokratischen Erneuerung Deutschlands«; 1953 bis 1956 Präsident der Deutschen Akademie der Künste; 1954 bis 1958 Minister für Kultur der DDR; 1949 und 1950 Nationalpreise der DDR; 1953 Internationaler Lenin-Friedenspreis.

Verf. u. a.: Abschied. Einer deutschen Tragödie erster Teil. 1900–1914, Moskau: Meshdunarodnaja Kniga 1940; Winterschlacht. Dramatische Dichtung, Berlin: Aufbau-Bühnen-Vertrieb 1945; Gesammelte Werke, Berlin, Weimar: Aufbau-Verlag 1967 ff.
S. 446, 455, 563, 723

Benjamin, Walter

geb. 15. 7. 1892 Berlin, gest. 26. 9. 1940 Port Bou a. d. spanisch-französischen Grenze (Selbstmord); Essayist, Literaturkritiker, Literaturwissenschaftler, Übersetzer; beeinflußt von der bürgerlich-idealistischen Jugendbewegung (Gustav Wyneken); Philosophiestudium in Berlin, München, Bern; 1919 Dr. phil. in Bern; Habilitationsschrift *Ursprung des deutschen Trauerspiels* (von der Universität Frankfurt a. M. abgelehnt); ab Mitte der zwanziger Jahre Hinwendung zum Marxismus; 1933 Emigration nach Paris; ab 1934 Mitarbeiter des aus Frankfurt a. M. emigrierten Instituts für Sozialforschung; 1936 erschien in der *Zeitschrift für Sozialforschung* einer seiner wichtigsten kunstsoziologischen Essays *Das Kunstwerk im Zeitalter seiner technischen Reproduzierbarkeit*; längere Zwischenaufenthalte in Spanien, Italien, Dänemark; 1939 Internierung; 1940 beging er auf der Flucht vor der Gestapo Selbstmord.

Verf. u. a. : Berliner Kindheit um 1900, Berlin, Frankfurt a. M.: Suhrkamp 1950; Schriften, 2 Bde., Frankfurt a. M.: Suhrkamp 1955; Briefe, 2 Bde., hrsg. von Theodor W. Adorno und Gershom Scholem, Frankfurt a. M.: Suhrkamp 1966; Gesammelte Schriften, Frankfurt a. M.: Suhrkamp 1974 ff.
S. 781

Billinger, Karl (d. i. Paul W. Massing)

geb. 30. 8. 1902 Grumbach (Bezirk Koblenz), 1934 Emigration in die USA; 1935 bis 1936 Frankreich; 1936 USA; Professor für Soziologie an der State University in New Brunswick (New Jersey).

Verf. u. a.: Schutzhäftling Nr. 880. Aus einem deutschen Konzentrationslager, Paris: Ed. du Carrefour 1935; Rehearsal for Destruction. A Study of Political Anti-semitism in Imperial Germany, New York: Harper 1949; deutsch: Vorgeschichte des politischen Antisemitismus, Frankfurt a. M.: Europäische Verlagsanstalt 1959.
S. 1054

Bloch, Ernst

geb. 8. 7. 1885 Ludwigshafen, gest. 4,. 8. 1977 Tübingen; Philosoph und Schriftsteller; Studium der Philosophie, Physik, Philologie und Musik; 1908 Dr. phil.; 1933 Emigration in die Schweiz; 1935 Teilnahme am ersten »Internationalen Schriftstellerkongreß zur Verteidigung der Kultur« in Paris; 1936 ČSR; 1938 über Paris in die USA; Mitbegründer des Aurora-Verlages in New York; ab 1942 Professor in Cambridge (Mass.); Beginn der Arbeit an seinem dem Marxismus verpflichteten Hauptwerk *Das Prinzip Hoffnung;* 1949 Rückkehr nach Deutschland; Professor für Philosophie in Leipzig; 1957 zwangsemeritiert; ab 1961 in der Bundesrepublik, Lehrstuhl in Tübingen.

Verf. u. a: Erbschaft dieser Zeit, Zürich: Oprecht und Helbling 1935; Freiheit und Ordnung. Abriß der Sozial-Utopien, New York: Aurora-Verlag 1946; Subjekt – Objekt. Erläuterungen zu Hegel, Berlin: Aufbau-Verlag 1951; Das Prinzip Hoffnung, 2 Bde., Berlin: Aufbau-Verlag 1954/55, erstmals vollständig Frankfurt a. M.: Suhrkamp 1959; Vom Hasard zur Katastrophe. Politische Aufsätze 1934–1939. Mit einem Nachwort von Oskar Negt, Frankfurt a. M.: Suhrkamp 1972 (edition suhrkamp 534); Gesamtausgabe in 16 Bdn., Frankfurt a. M.: Suhrkamp 1962 ff. (1977 auch: werkausgabe edition suhrkamp).
S. 693, 832, 1104, 1178

Brecht, Bertolt

geb. 10. 2. 1898 Augsburg, gest. 14. 8. 1956 Berlin/DDR; Dramatiker, Lyriker, Erzähler, Regisseur; Sohn eines Fabrikdirektors; Studium der Literatur, Philosophie und Medizin; 1922 Kleist-Preis für sein erstes Stück *Trommeln in der Nacht;* 1928 Uraufführung der *Dreigroschenoper* mit der Musik von Kurt Weill; 1933 ins Exil; über Österreich, Schweiz, Frankreich nach Svendborg in Dänemark; 1935 am ersten »Internationalen Schriftstellerkongreß zur Verteidigung der Kultur« in Paris; ab 1936 mit Bredel und Feuchtwanger Herausgeber der in Moskau erscheinenden Zeitschrift *Das Wort;* 1937 Rede auf dem zweiten »Internationalen Schriftstellerkongreß zur Verteidigung der Kultur« in Paris; 1939 bis 1941 über Schweden, Finnland und die Sowjetunion in die USA, Santa Monica (Calif.); Arbeit an Filmentwürfen; Drehbuch für *Hangmen Also Die* in der Regie von Fritz Lang (1942); 1944 Mitbegründer des Aurora-Verlages in New York; 1947 Verhör durch das »Komitee zur Bekämpfung unamerikanischen Verhaltens«, danach Rückkehr nach Europa; zuerst in die Schweiz, 1948 Ost-Berlin, wo er 1949 das Berliner Ensemble gründete; Brecht war parteiloser Kommunist, seit 1950 besaß er die österreichische Staatsangehörigkeit; 1951 Nationalpreis der DDR; 1954 Internationaler Lenin-Friedenspreis; während des Exils Uraufführung folgender Werke: *Die sieben Todsünden,* Paris 1933; *Die Rundköpfe und die Spitzköpfe,* Kopenhagen 1936; *Furcht und Elend des Dritten Reiches,* Paris 1937; *Die Gewehre der Frau Carrar,* Paris 1937; *Mutter Courage,* Zürich 1941; *Der gute Mensch von Sezuan,* Zürich 1943; *Leben des Galilei,* Zürich 1943.

Verf. u. a.: Dreigroschenroman, Amsterdam: de Lange 1934; Lieder, Gedichte, Chöre, Paris: Ed. du Carrefour 1934; Die Gewehre der Frau Carrar (Dr.), London: Malik-Verlag 1937; Gesammelte Werke, 2 Bde., London: Malik-Verlag 1938 (mehr nicht erschienen); Svendborger Gedichte, London: Malik-Verlag 1939; Furcht und Elend des Dritten Reiches, Moskau: Meshdunarodnaja Kniga 1941 (13 Szenen), New York: Aurora-Verlag 1945 (24 Szenen); Mutter Courage und ihre Kinder (Dr.), Frankfurt a. M.: Suhrkamp 1949; Leben des Galilei (Dr.), Berlin: Suhrkamp 1953; Flüchtlingsgespräche, Frankfurt a. M.: Suhrkamp 1961; Die Geschäfte des Julius Caesar (Roman-Fragment), Berlin: Weiss 1957; Gesammelte Werke in 20 Bänden, Frankfurt a. M.: Suhrkamp 1967 (= werkausgabe edition suhrkamp); Arbeitsjournal 1938–1955, 2 Bde., nebst Anm., hrsg. von Werner Hecht, Frankfurt a. M.: Suhrkamp 1973; Tagebücher 1920–1922. Autobiographische Aufzeichnungen 1920–1954, Frankfurt a. M.: Suhrkamp 1975; Briefe, 2 Bde., Frankfurt a. M.: Suhrkamp 1981.
S. 170, 228, 229, 238, 412, 484, 612, 692, 769, 1033, 1087, 1149, 1216, 1220

Bredel, Willi

geb. 2. 5. 1901 Hamburg, gest. 27. 10. 1964 Berlin/DDR; Romanschriftsteller, Erzähler, Essayist; stammt aus einer Arbeiterfamilie; 1916 Mitglied der Sozialistischen Arbeiterjugend, 1917 des Spartakusbundes, 1919 der KPD; 1923 Teilnahme am Oktober-Aufstand der Arbeiter in Hamburg, zwei Jahre Gefängnis; Mitglied des »Bundes proletarisch-revolutionärer Schriftsteller«; 1930 zwei Jahre Festungshaft; 1932 Reise in die Sowjetunion; 1933/34 Konzentrationslager Fuhlsbüttel (im Roman *Die Prüfung*, 1935 in Prag erschienen, dokumentiert Bredel als einer der ersten den Nazi-Terror); 1934 Flucht in die ČSR; 1935 Sowjetunion; mit Brecht und Feuchtwanger Herausgeber der in Moskau erscheinenden Monatszeitschrift *Das Wort;* 1937 Teilnahme am zweiten »Internationalen Schriftstellerkongreß zur Verteidigung der Kultur« in Madrid; 1937 bis 1939 Kommissar des Thälmann-Bataillons der Internationalen Brigaden im spanischen Bürgerkrieg; während des Zweiten Weltkrieges u. a. Aufklärungsarbeit an der Stalingrader Front; Mitbegründer des Nationalkomitees »Freies Deutschland«; 1945 Rückkehr nach Deutschland; 1954 Mitglied des Zentralkomitees der SED; 1950 und 1954 Nationalpreis der DDR; 1962 Präsident der Deutschen Akademie der Künste in Ost-Berlin.

Verf. u. a.: Die Prüfung (R.), Prag, London: Malik-Verlag 1934; Der Spitzel und andere Erzählungen, London: Malik-Verlag, Basel: Universum-Bücherei, Moskau: Verlagsgenossenschaft ausländischer Arbeiter 1936; Dein unbekannter Bruder. Roman aus dem 3. Reich, Prag, London: Malik-Verlag, Basel: Universum-Bücherei 1937; Begegnung am Ebro (Bericht), Paris: Verlag »10. Mai«, Kiew: Staatsverlag der nationalen Minderheiten 1939; Nach dem Sieg, Moskau: Meshdunarodnaja Kniga 1939; Verwandte und Bekannte (R.), Bd. 1: Die Väter, Moskau: Verlag für fremdsprachige Literatur 1943; Bd. 2: Die Söhne, Berlin: Aufbau-Verlag 1949; Bd. 3: Die Enkel, Berlin: Aufbau-Verlag 1953; Gesammelte Werke in Einzelausgaben, Berlin, Weimar: Aufbau-Verlag 1961 ff.; Spanienkrieg, 2 Bde., Berlin, Weimar: Aufbau-Verlag 1977.
S. 430, 820, 1040

Brod, Max

geb. 27. 5. 1884 Prag, gest. 20. 12. 1968 Tel Aviv; Erzähler, Essayist, Dramatiker, Biograph, Lyriker, Übersetzer; Studium der Rechtswissenschaft in Prag, Dr. jur.; Nachlaßverwalter von Franz Kafka; 1925 bis 1938 Musik- und Theaterkritiker beim *Prager Tagblatt;* 1935 Teilnahme am ersten »Internationalen Schriftstellerkongreß zur Verteidigung der Kultur« in Paris; seit 1912 Engagement für den Zionismus, 1939 Palästina; Dramaturg am hebräischen Nationaltheater Habimah in Tel Aviv; Vortragsreisen in die Schweiz, die Bundesrepublik Deutschland und Österreich.

Verf. u. a.: Heinrich Heine (Biogr.), Amsterdam: de Lange 1934; Die Frau, die nicht enttäuscht (R.), Amsterdam: de Lange, Wien: Tal 1934; Novellen aus Böhmen, Amsterdam: de Lange 1936; Franz Kafka. Eine Biographie, Prag: Mercy, Mährisch-Ostrau: Kittl 1937; Abenteuer in Japan (R.), Amsterdam: de Lange 1938 (zusammen mit seinem Bruder Otto Brod); Das Diesseitswunder oder Die jüdische Idee und ihre Verwirklichung, Tel Aviv: Goldstein 1939; Der Hügel ruft. Ein kleiner Roman, Tel Aviv 1942; Diesseits und Jenseits, 2 Bde. (Philos.), Winterthur: Mondial-Verlag 1947; Streitbares Leben (Autobiogr.), München: Kindler 1960.
S. 1190

Brügel, Fritz

geb. 13. 2. 1897 Wien, gest. 4. 7. 1955 London; Lyriker; geisteswissenschaftliches Studium, Dr. phil.; linker Sozialdemokrat; 1934 Emigration in die ČSR; 1936 vorübergehender Aufenthalt in der Sowjetunion; 1938 Frankreich; 1939 Internierung; 1941 Spanien, Portugal, England; 1945 Rückkehr nach Prag; 1946 Berlin; 1949 Bundesrepublik Deutschland, Schweiz; 1950 nach England zurück.

Verf. u. a.: Februar-Ballade (G'e.), Prag: »Der Kampf« 1935, Wien: Vorwärts 1946; Deutsche Freiheit an der Wolga, Moskau 1937; Gedichte aus Europa, Zürich: Der Aufbruch 1937, 2. Auflage: Zürich, New York: Oprecht 1945.
S. 435, 1032

Budzislawski, Hermann

geb. 11. 2. 1901 Berlin; gest. 28. 4. 1978 Leipzig; Publizist; Studium der Rechtswissenschaft; Dr. rer. pol.; linker Sozialdemokrat; 1933 ins Exil in die Schweiz; 1934 ČSR; 1934 bis 1939 als Nachfolger von Willi Schlamm Herausgeber der *Neuen Weltbühne,* erst in Prag, ab Juni 1938 bis zum Verbot Ende August 1939 in Paris; 1940 in vier Lagern interniert; dann über Spanien und Portugal in die USA; enger Berater und Ghostwriter der amerikanischen Publizistin Dorothy Thompson, u. a. für ihre Sendungen »Listen Hans« bei der CBS; 1948 Rückkehr nach Deutschland; tätig als Professor für Zeitungswissenschaft in Leipzig.
S.799

Döblin, Alfred

geb. 10. 8. 1878 Stettin, gest. 26. 6. 1957 Emmendingen im Breisgau; Neurologe und Psychiater; Romanschriftsteller, Erzähler, Essayist; Studium der Medizin, 1905 Dr. med.; 1910 Mitbegründer des *Sturm;* von 1911 bis 1933 Praxis als Nervenarzt in Berlin; 1918 Eintritt in die Unabhängige Sozialdemokratische Partei Deutschlands; bekennt sich zur Revolution; 1921 bis 1929 SPD-Mitglied; 1929 Welterfolg mit seinem Roman *Berlin Alexanderplatz;* 1933 Vorstandsmitglied der neugegründeten »Liga für jüdische Kolonisation«, die eine territoriale Lösung des jüdischen Problems anstrebte; 1933 Austritt aus der Preußischen Akademie der Künste, deren Senat er seit zwei Jahren angehörte und in der er gegen die Völkischen einen entschiedenen Kampf geführt hatte; nach dem Reichstagsbrand ins Exil über die Schweiz nach Paris; 1936 französischer Staatsbürger; 1940 Flucht über Spanien und Portugal in die USA; Einjahresvertrag als Scriptwriter bei Metro Goldwyn Mayer; 1941 Übertritt zum Katholizismus; 1944 Mitbegründer des Aurora-Verlages; 1945 über Frankreich als kulturpolitischer Mitarbeiter der französischen Militärregierung zurück nach Deutschland; 1953 enttäuscht von der Entwicklung Deutschlands Rückkehr nach Paris; 1954 schwerkrank in den Schwarzwald.

Verf. u. a.: Jüdische Erneuerung, Amsterdam: Querido 1933; Babylonische Wanderung oder Hochmut kommt vor dem Fall (R.), Amsterdam: Querido 1934; Flucht und Sammlung des Judenvolkes, Amsterdam: Querido 1935; Pardon wird nicht gegeben (R.), Amsterdam: Querido 1935; Land ohne Tod (R.), Bd. 1: Die Fahrt ins Land ohne Tod, Amsterdam: Querido 1937; Bd. 2: Der blaue Tiger, Amsterdam: Querido 1938 (neu aufgelegt und fortgesetzt unter dem Titel: Südamerika-Trilogie, Bd. 1: Land ohne Tod, Baden-Baden: Keppler 1947; Bd. 2: Der blaue Tiger, Baden-Baden: Keppler

1947; Bd. 3: Der neue Urwald, Baden-Baden: Keppler 1948); Die deutsche Literatur – im Ausland seit 1933. Ein Dialog zwischen Politik und Kunst, Paris: Verlag Science et Littérature 1938 (erweiterte Fassung: Die literatische Situation, Baden-Baden: Keppler 1947); Eine deutsche Revolution (Erzählwerk), Bd. 1: Bürger und Soldaten 1918, Amsterdam: Querido, Stockholm: Bermann-Fischer 1939 (zur Editionsgeschichte des vollständigen Werkes vgl. Anm. S. 1017); Schicksalsreise. Bericht und Bekenntnis, Frankfurt a. M.: Knecht-Carolusdruckerei 1949; Hamlet oder Die lange Nacht nimmt ein Ende (R.), Berlin: Rütten & Loening 1956 (begonnen 1945 im Exil in Hollywood); Ausgewählte Werke in Einzelbänden, Olten und Freiburg im Breisgau: Walter 1960ff.; Briefe, Olten und Freiburg im Breisgau: Walter 1970; Schriften zur Politik und Gesellschaft, Olten und Freiburg im Breisgau 1972; Jubiläumsausgabe in 7 Bdn., Olten und Freiburg im Breisgau: Walter 1977.
S. 877, 1010

Feuchtwanger, Lion

geb. 7. 7. 1884 München, gest. 21. 12. 1958 Pacific Palisades (Calif.); Dramatiker, Romanschriftsteller, bedeutendster Vertreter des »historischen Romans«; Studium der Germanistik, Philosophie und Anthropologie, Dr. phil.; ab 1918/19 Freundschaft und Arbeitsgemeinschaft mit Brecht; 1933 Vortragsreise in die USA; die nächsten Jahre in Sanary/Var in Südfrankreich; 1935, 1937 und 1938 Teilnahme an den antifaschistischen »Internationalen Schriftstellerkongressen zur Verteidigung der Kultur« in Paris und Madrid; 1936 bis 1939 zusammen mit Willi Bredel und Bertolt Brecht Gründer und Herausgeber der Zeitschrift *Das Wort*; 1937 Moskaureise; 1940 Internierung in Frankreich, Flucht über Spanien und Portugal in die USA; ab 1941 in Pacific Palisades (Calif.); 1944 Mitbegründer des Aurora-Verlages in New York; 1953 Nationalpreis der DDR; war mit seinen Romanen auch im Exil erfolgreich.

Verf. u. a.: Der Wartesaal (R.), Bd. 1: Erfolg, Amsterdam: Querido 1934 (Erstausgabe. Berlin: Kiepenheuer 1930); Bd. 2: Die Geschwister Oppenheim, Amsterdam: Querido 1933 (später u. d. T. Die Geschwister Oppermann, 1949); Bd. 3: Exil, Amsterdam: Querido 1939; Josephus (R.), Bd. 1: Der jüdische Krieg, Amsterdam: Querido 1933 (Erstausgabe: Berlin: Propyläen-Verlag 1932); Bd. 2: Die Söhne, Amsterdam: Querido 1935; Bd. 3: Der Tag wird kommen, Stockholm: Bermann-Fischer 1945; Die Aufgabe des Judentums, Paris: Europäischer Merkur 1933 (gemeinsam mit Arnold Zweig); Der falsche Nero (R.), Amsterdam: Querido 1936, Moskau: Verlagsgenossenschaft ausländischer Arbeiter 1938; Moskau 1937. Ein Reisebericht für meine Freunde, Amsterdam: Querido 1937; Unholdes Frankreich (Autobiogr.), Mexico: El Libro libre 1942 (später u. d. T. Der Teufel in Frankreich, Rudolstadt: Greifen-Verlag 1954); Die Brüder Lautensack (R.), London: Hamilton 1944; Simone (R.), Stockholm: Neuer Verlag 1945; Waffen für Amerika (R.), 2 Bde., Amsterdam: Querido 1947; Gesammelte Werke in Einzelausgaben, Berlin, Weimar: Aufbau-Verlag 1959ff
S. 293, 505, 592, 676, 872, 887, 1099, 1149

Fischer, Ernst

geb. 3. 7. 1899 Komotau (Böhmen), gest. 1. 8. 1972 Deutsch-Feistritz (Steiermark); Politiker, Essayist, Dramatiker; Sohn eines k. u. k. Generals; 1917–1918 Soldat; Philosophiestudium in Graz; 1920–1934 Mitglied der SPÖ; 1927–1934 Redakteur an der austro-marxistischen *Arbeiter-Zeitung*; unter dem Eindruck der Februarkämpfe 1934

Übertritt zur KPÖ; nach der Ermordung des österreichischen Bundeskanzlers Dollfuß (Juli 1934) Emigration nach Prag; 1939–1945 in der Sowjetunion; als Kommentator im Rahmen deutschsprachiger Programme des sowjetischen Rundfunks tätig; 1945 Rückkehr nach Österreich; kurze Zeit Unterrichtsminister (in der provisorischen österreichischen Regierung); Mitglied des ZK der KPÖ bis 1969; Mitglied des österreichischen Nationalrats bis 1959; Chefredakteur der Zeitschriften *Neues Österreich* und *Tagebuch*; protestierte 1968 gegen die Okkupation der ČSSR durch die Truppen des Warschauer Paktes; in einer aufsehenerregenden Fernseh-Erklärung forderte er den Abzug der Besatzungstruppen oder andernfalls den Abbruch der Beziehungen zwischen der KPÖ und der sowjetischen Parteiführung; wurde Ende 1969 aus der Partei ausgeschlossen; F. war mit Ruth von Mayenburg verheiratet, deren Autobiographie *Blaues Blut und rote Fahnen* Ende 1969 erschien; F. lebte zuletzt in Wien als freier Schriftsteller und starb während eines Urlaubs in der Steiermark.

Verf. u. a.: Für oder gegen die Einheitsfront, 2. Aufl., Straßburg: Ed. Prométhée 1936, Prag: Kreibich 1936; Die neuen Menschenrechte. Die Verfassung der UdSSR, Straßburg: Ed. Prométhée 1937, Basel: Verlag Freie Schweiz 1937; Vernichtet den Trotzkismus, Straßburg: Ed. Prométhée 1937; Die faschistische Rassentheorie, Moskau: Verlag für fremdsprachige Literatur 1941; Über die philosophischen Grundlagen der deutschen Staatsumwälzung, Zürich, New York: Oprecht 1943; Die nationale Maske der Hitlerimperialisten, Moskau: Verlag für fremdsprachige Literatur 1944; Der österreichische Volks-Charakter, London: Free Austrian Books 1944; Freiheit und Persönlichkeit, Wien: Neues Österreich 1946; Das Fanal. Der Kampf Dimitroffs gegen die Brandstifter, Wien: Neues Österreich 1946; Das Jahr der Befreiung, Wien: Neues Österreich 1946; Herz und Fahne (G'e.), Wien: Erasmus-Verlag 1949; Kunst und Menschheit (Ess.), Wien: Globus-Verlag 1949; Erinnerungen und Reflexionen, Reinbek bei Hamburg: Rowohlt 1969.
S. 984

Frank, Bruno

geb. 13. 6. 1887 Stuttgart, gest. 20. 6. 1945 Beverly Hills (Calif.); Romanschriftsteller, Lyriker, Dramatiker; Studium der Rechtswissenschaft und Philosophie, Dr. phil.; bis 1933 als freier Schriftsteller in München; Freundschaft mit Thomas Mann und Lion Feuchtwanger; 1933 Emigration über Österreich, Schweiz, Frankreich und England in die USA (1937).

Verf. u. a.: Cervantes (R.), Amsterdam: Querido 1934, Stockholm: Bermann-Fischer 1944; Der Reisepaß (R.), Amsterdam: Querido 1937; Aus vielen Jahren (Sammelband), Amsterdam: Querido 1937, Los Angeles: Pazifische Presse 1943; Sechzehntausend Francs, Amsterdam: Querido 1940, Los Angeles: Pazifische Presse 1943; Die Tochter (R.), Mexico: El Libro libre 1943, Stockholm: Bermann-Fischer 1945; Ausgewählte Werke. Prosa, Gedichte, Schauspiele, Hamburg: Rowohlt 1957.
S. 284

Frei, Bruno (d. i. Benedikt Freistadt)

geb. 11. 6. 1897 Preßburg; Publizist und Schriftsteller; Studium in Wien, Dr. phil.; 1922 Übersiedlung nach Berlin; bis 1928 Mitglied der SPÖ; später KPD bzw. KPÖ; 1929 bis 1933 Chefredakteur der von Willi Münzenberg herausgegebenen Zeitung *Berlin am Morgen;* 1933 Emigration nach Prag; Chefredakteur der Wochenschrift *Ge-*

genangriff; 1936 Frankreich; Mitherausgeber des antifaschistischen Informationsblattes *Nouvelles d'Allemagne;* 1939 Internierung im Konzentrationslager Le Vernet; 1941 Mexiko; Mitbegründer der Zeitschrift *Freies Deutschland;* 1947 Rückkehr nach Österreich; 1948 bis 1956 Chefredakteur des *Abend*; Mitherausgeber und von 1959 bis 1966 Chefredakteur des in Wien erscheinenden *Tagebuchs.*

Verf. u. a.: Wie Hitler zur Macht kam, Prag: Haken-Verlag 1933; Hanussen, der Wunderrabbi des Dritten Reiches (Biogr.), Straßburg: Sebastian Brant-Verlag 1934; Was geht in Deutschland vor?, Paris: Ed. universelles 1936; Der gelbe Fleck. Die Ausrottung von 500000 deutschen Juden, Paris: Ed. du Carrefour 1936 (Mitarbeit); Die Männer von Vernet, Berlin: Dietz 1950; Der Papiersäbel (Autobiogr.), Frankfurt a. M.: S. Fischer 1972.
S. 203

Fried, Erich

geb. 6. 5. 1921 Wien; Lyriker, Erzähler, Essayist, Hörspielautor; 1938 Emigration nach England; tätig als Arbeiter, Bibliothekar, Journalist: erste Publikationen 1940; 1952 bis 1968 Mitarbeiter der deutschen Abteilung der BBC; lebt als freier Schriftsteller und Übersetzer in London.

Verf. u. a.: They Fight in the Dark. The Story of Austrian Youth, London: Young Austria in Great Britain 1944; Deutschland (G'e), London: Austrian PEN-Club 1944; Österreich (G'e), Zürich, London: Atrium 1945.
S. 434, 462, 463

Fürnberg, Louis (Ps. Nuntius)

geb. 24. 5. 1909 Iglau in Mähren, gest. 23. 6. 1957 Weimar; Lyriker, Erzähler, Journalist; erlernter Beruf Kunstkeramiker; 1928 Mitglied der KPČ; Mitarbeit an verschiedenen Zeitungen, u. a. *Arbeiter-Illustrierte-Zeitung, Gegenangriff;* 1932 Gründer und bis 1936 Leiter der deutschen Agitpropgruppe »Echo von links« in der ČSR; 1939 Verhaftung und Flucht über Italien und Jugoslawien nach Palästina, wo er von 1941 bis 1946 lebte; 1946 Rückkehr nach Prag; 1949 bis 1952 Botschaftsrat der ČSSR für Kultur in Ost-Berlin; 1954 in Weimar stellvertretender Direktor der Nationalen Forschungs- und Gedenkstätten der klassischen deutschen Literatur; Mitherausgeber der *Weimarer Beiträge;* 1956 Nationalpreis der DDR.

Verf. u. a.: Das Fest des Lebens (N.), Zürich: Oprecht 1939; Hölle, Haß und Liebe (G'e.), London: Einheit 1943; Bruder Namenlos (G'e.), Basel: Mundus-Verlag 1947; Mozart-Novelle, Berlin: Dietz 1947; Die Spanische Hochzeit (Poem.), Berlin: Dietz 1948; Gesammelte Werke in sechs Bänden, Berlin, Weimar: Aufbau-Verlag 1964 bis 1973; Louis Fürnberg/Arnold Zweig: Briefwechsel, Berlin, Weimar: Aufbau-Verlag 1978.
S. 561, 716

George, Manfred (früher Manfred Georg)

geb. 22. 10. 1893 Berlin, gest. 30. 12. 1965 New York; Journalist, Erzähler, Romanschriftsteller; Jurastudium; 1917 Dr. jur.; 1917 bis 1920 Mitherausgeber des *Marsyas;* Chefredakteur der *Berliner Abendpost;* 1933 Emigration in die ČSR; bis 1939 Chefredakteur der *Jüdischen Revue* in Munkacevo; Stationen in Frankreich, Spanien und der Schweiz; 1938 USA; 1939 Chefredakteur des New Yorker *Aufbau,* der das repräsentative Organ der jüdischen Massenemigration wurde, für deren Amerikanisierung er vehement eintrat.

Verf. u. a.: Männer, Frauen, Waffen (R.), Locarno: Verbano-Verlag 1934.
S. 532, 628, 1166

Graf, Oskar Maria

geb. 22. 7. 1894 Berg am Starnberger See, gest. 28. 6. 1967 New York; Erzähler, Romanschriftsteller, auch Lyriker; erlernter Beruf Bäcker; 1911 nach Flucht aus dem Elternhaus Bohèmeleben in München, Oberitalien und Berlin; 1915 bis 1917 wegen Kriegsdienstverweigerung im Irrenhaus; Teilnahme an der Novemberrevolution in München; 1933 ins Exil nach Wien, nachdem die Nazis vergeblich versucht hatten, ihn für sich zu gewinnnen und er seinen Protest »Verbrennt mich« veröffentlicht hatte; 1934 bis 1938 ČSR, dort Mitherausgeber der *Neuen deutschen Blätter;* 1934 Teilnahme am ersten Allunionskongreß der Sowjetschriftsteller in Moskau; 1938 New York; bis 1940 Präsident der »German-American Writers Association«; Mitbegründer des Aurora-Verlages.

Verf. u. a.: Der harte Handel. Ein bayrischer Bauernroman, Amsterdam: Querido 1935; Der Abgrund (R.), London: Malik-Verlag 1936 (1976 u. d. T. Die gezählten Jahre); Anton Sittinger (R.), London: Malik-Verlag 1937, New York: Selbstverlag 1941; Der Quasterl (Erz'n.), Moskau: Das internationale Buch 1938, New York: Aurora-Verlag 1945; The Life of my Mother, New York: Howell, Soskin 1940, deutsch: Das Leben meiner Mutter, München: Desch 1947; Die Flucht ins Mittelmäßige. Ein New Yorker Roman, Frankfurt, Nest-Verlag 1959; Gelächter von außen, München: Desch 1966; Reise in die Sowjetunion 1934, Hrg. Hans Albert Walter, Darmstadt, Neuwied: Luchterhand 1974; Gesammelte Werke in Einzelausgaben, München: Süddeutscher Verlag 1975 ff.
S. 55, 86, 196, 620

Günther, Hans

geb. 8. 9. 1899, gest. Oktober 1938 Wladiwostok; Erzähler, Journalist; Studium der Staats- und Rechtswissenschaften, Dr. rer. pol. und Dr. jur.; Mitarbeiter der *Roten Fahne* und der *Linkskurve;* 1932 als Mitglied der deutschen Sektion der »Internationalen Vereinigung revolutionärer Schriftsteller« nach Moskau berufen; 1932–1933 Redakteur der *Internationalen Literatur;* später Verbannung nach Wladiwostok.

Verf. u. a.: Der Herren eigner Geist – Die Ideologie des Nationalsozialismus, Moskau, Leningrad: Verlagsgenossenschaft ausländischer Arbeiter 1935.
S. 607, 853

Habe, Hans (d. i. Janós Békessy)

geb. 12. 2. 1911 Budapest, gest. 29. 9. 1977 Locarno; Publizist, Roman-, Film- und Hörspielautor; sein Vater, Imre Békessy, war Zeitungsherausgeber und Chefredakteur der *Neuen Freien Presse* in Wien; Studium der Rechtswissenschaft, Germanistik und Philosophie; 1933 Chefredakteur des *Wiener Morgen;* 1935 bis 1938 Völkerbund-Korrespondent für das *Prager Tagblatt* in Genf; 1939/40 Freiwilliger in der französischen Armee; nach Flucht aus deutscher Gefangenschaft 1940 in die USA; Freiwilliger in der US-Armee; bereitete als Instrukteur (im Offiziersrang) in Camp Sharpe Einheiten für spezielle Aufgaben der psychologischen Kriegführung vor; 1944/45 verantwortlich für deutschsprachiges Programm des eroberten Senders Luxemburg; maßgeblich am Aufbau der deutschen Presse in der amerikanischen Besatzungszone beteiligt; gründete zahlreiche Zeitungen, darunter die in amerikanischer Hand verbleibende *Neue Zeitung* in München, deren erster Chefredakteur er bis 1946 war; nach seinem Abschied von der Armee für kurze Zeit in Amerika; kehrte 1949 als Chefredakteur der *Münchner Illustrierten* nach Deutschland zurück; lebte zuletzt als freier Schriftsteller in Ascona.

Verf. u. a.: Drei über die Grenze. Ein Abenteuer unter deutschen Emigranten, Genf: Ed. Union 1937; Zu spät (R.), New York: Europa-Verlag 1940; A Thousand Shall Fall, New York: Harcourt, Brace 1941, London: Harrap 1942, deutsch: Ob Tausend fallen, London: Hamilton 1943; Eine Zeit bricht zusammen (R.), Genf: Ed. Union 1938; Ich stelle mich. Meine Lebensgeschichte, München: Desch 1954; Im Jahre Null. Revidierte und erweiterte Ausgabe, München: Heyne 1977; Gesammelte Werke in Einzelausgaben, Olten, Freiburg im Breisgau: Walter 1977ff.
S. 398

Hasenclever, Walter

geb. 8. 7. 1890 Aachen, gest. 21. 6. 1940 Les Milles bei Aix-en-Provence (Selbstmord); Dramatiker, Lyriker, Romanschriftsteller; Studium der Philosophie und Literaturgeschichte in Oxford, Lausanne und Leipzig; 1914 Drama *Der Sohn*, mit dem er einer der wichtigsten Vertreter des Expressionismus wurde; 1917 Kleist-Preis; 1925 bis 1930 Korrespondent des Berliner *8 Uhr Abendblattes* in Paris; 1932 Frankreich; 1933 aus Deutschland ausgebürgert; 1934/35 Dubrovnik/Jugoslawien; 1935/36 London; 1936/37 Nizza; 1937 bis 1939 Florenz; wieder London, dann in Cagnes-sur-Mer in Südfrankreich; wurde zweimal interniert; ab Mai 1940 im Lager Les Milles; nach dem Fall Frankreichs nahm er sich das Leben.

Verf. u. a.: Münchhausen (Dr.), Hamburg: Theaterverlag H. Büssow (Bühnen-Manuskript, entstanden in Nizza 1934, Uraufführung Leipzig 1948), in: Gedichte, Dramen, Prosa, Hrg. Kurt Pinthus, Hamburg: Rowohlt 1963; Irrtum und Leidenschaft (R.), Berlin: Universitas-Verlag 1969 (entstanden 1934 bis 1939 in Frankreich und Italien); Die Rechtlosen (R.), in: Gedichte, Dramen, Prosa, Hrg. Kurt Pinthus, Hamburg: Rowohlt 1963 (entstanden 1939/40 in Cagnes-sur-Mer).
S. 499

Heilbut, Iwan

geb. 15. 7. 1898 Hamburg, gest. 15. 4. 1972 Bonn; Redakteur bei verschiedenen Berliner Zeitungen und der Zeitschrift *Sturm*; ab 1933 Theaterkritiker und Kulturkorrespondent in Paris für die *Basler Nationalzeitung*; 1939/40 Internierung; 1940 Flucht über Spanien und Portugal in die USA; 1950 vorübergehend Rückkehr nach Deutschland; Vortragsreisen in Europa.

Verf. u. a.: Die öffentlichen Verleumder. Die »Protokolle der Weisen von Zion« und ihre Anwendung in der heutigen Weltpolitik, Zürich: Europa-Verlag 1937; Meine Wanderungen (G'e.), New York: Pantheon 1942.
S. 444

Herrmann-Neisse, Max (d. i. Max Herrmann)

geb. 23. 5. 1886 Neisse, gest. 8. 4. 1941 London; Lyriker; Erzähler, Dramatiker; Studium der Literaturwissenschaft und Kunstgeschichte; ab 1917 freier Schriftsteller und Theaterkritiker in Berlin, Mitarbeit an expressionistischen Zeitschriften; 1927 Eichendorff-Preis, 1933 Gerhart-Hauptmann-Preis; 1933 ins Exil über die Schweiz, Frankreich, Holland nach England; litt sehr unter der durch das Exil entstandenen Einsamkeit und Heimatferne, was besonders in seinem Lyrikband *Um uns die Fremde* deutlich wurde.

Verf. u. a.: Um uns die Fremde (G'e.), Zürich: Oprecht 1936; Mir bleibt mein Lied. Auswahl aus den unveröffentlichten Gedichten, New York: Fles 1942; Erinnerung und Exil (G'e.), Zürich: Oprecht 1946; Heimatfern (G'e.), Berlin: Aufbau-Verlag 1945; Im Fremden ungewollt zu Hause (G'e.), München: Langen-Müller 1956.
S. 546, 560, 566, 567

Herzfelde, Wieland

geb. 11. 4. 1896 Weggis (Schweiz); Schriftsteller, Verleger, Lyriker; 1919/20 Mitinitiator des Dadaismus; Herausgeber vieler Zeitschriften; 1917 Gründung des Malik-Verlages; 1918 KPD-Mitglied; später auch des »Bundes proletarisch-revolutionärer Schriftsteller«; 1933 Emigration nach Prag, wo er den Malik-Verlag bis 1938 weiterführte, danach in London; in Prag zusammen mit Anna Seghers, Oskar Maria Graf und Jan Petersen, Herausgeber der *Neuen Deutschen Blätter*; 1934 Teilnahme am Ersten Allunionskongreß der Sowjetschriftsteller in Moskau; 1938 über Frankreich nach England; 1939 USA; 1944 Mitbegründer des Aurora-Verlages in New York; 1949 Rückkehr nach Deutschland; Professor für Soziologie der neueren Literatur in Leipzig; Heinrich-Heine-Preis 1959; 1961 Mitglied der Deutschen Akademie der Künste in Ost-Berlin; Präsidiumsmitglied des PEN-Zentrums der DDR.

Verf. u. a.: Immergrün (Autobiogr.), Berlin: Aufbau-Verlag 1949 (geschrieben in Prag und New York); Im Gehen geschrieben (G'e.), Berlin: Aufbau 1956; John Heartfield. Leben und Werk, dargestellt von seinem Bruder, Dresden: Verlag der Kunst 1962.
S. 745

Heym, Stefan (d. i. Hellmuth Fliegel)

geb. 10. 4. 1913 Chemnitz; Erzähler, Essayist, Romanschriftsteller; frühe Mitarbeit in der Arbeiterbewegung; 1933 Emigration in die ČSR; 1935 auf Einladung der Universität Chicago Studium in den USA; 1935 Uraufführung seines Schauspiels *Die Hinrich-*

tung an der Volksbühne Chicago; 1937 bis 1939 Chefredakteur der antifaschistischen Wochenzeitung *Deutsches Volksecho*; ab 1943 in der amerikanischen Armee als Offizier in der Abteilung für psychologische Kriegführung, Redakteur der für die deutschen Soldaten bestimmten *Frontpost*; 1944/45 Rundfunksendungen über Radio Luxemburg; 1945 Rückkehr nach Deutschland; Mitbegründer der *Neuen Zeitung* in München; wegen prokommunistischer Haltung in die USA zurückversetzt; 1952 Übersiedlung in die DDR; 1959 Nationalpreis der DDR.

Verf. u. a.: Nazi in USA, New York: American Committee for Anti-Nazi Literature 1938; Hostages (R.), New York: Putnam 1943, deutsch: Der Fall Glasenapp, Leipzig: List 1958; Of Smiling Peace (R.), Boston: Little, Brown 1944; The Crusaders (R.), Boston: Little, Brown 1948, deutsch: Kreuzfahrer von heute, Leipzig: List 1950, unter dem Titel: Der bittre Lorbeer, München: List 1950; Wege und Umwege. Streitbare Schriften aus fünf Jahrzehnten, Hrsg. Peter Mallwitz, München: Bertelsmann 1980.
S. 330

Hiller, Kurt

geb. 17. 8. 1885 Berlin, gest. 1. 10. 1972 Hamburg; Lyriker, Publizist, philosophischer Schriftsteller; Studium der Medizin, Rechtswissenschaft und Philosophie, 1907 Dr. jur.; seit 1908 freier Schriftsteller in Berlin; 1912 Herausgeber der expressionistischen Anthologie *Kondor;* Mitbegründer der *Aktion*, Mitarbeiter des *Sturm* und der *Weltbühne*; begründete 1915 den Aktivismus als geistige Bewegung mit der Idee einer »Logokratie«; Gründer des »Politischen Rates Geistiger Arbeiter«; 1926 Gründer und Präsident der »Gruppe revolutionärer Pazifisten«; 1933 Verhaftung durch die Gestapo, bis 1934 im Konzentrationslager Oranienburg; Flucht nach Prag; 1938 von Prag über Paris nach London; 1939 Gründer und Leiter des »Freiheitsbundes Deutscher Sozialisten« und von 1939 bis 1946 Vorsitzender der »Gruppe Unabhängiger Deutscher Autoren«; 1940/41 Internierung; 1955 Rückkehr nach Deutschland; 1956 Mitbegründer und Leiter des »Neusozialistischen Bundes«; vertrat radikal linken Standpunkt, der sich individualistisch und anti-totalitär äußerte und sich von jeder dogmatischen Parteilinie abhob.

Verf. u. a.: Profile. Prosa aus einem Jahrzehnt, Paris: Ed. Nouvelles Internationales 1938; Der Unnennbare (G'e.), Peking: Privatdruck 1938; Köpfe und Tröpfe, Profile aus einem Vierteljahrhundert, Hamburg: Rowohlt 1950; Ratioaktiv. Reden 1914 bis 1964, Wiesbaden: Limes-Verlag 1966; Leben gegen die Zeit. Erinnerungen, Bd. 1: Logos, Reinbek: Rowohlt 1969; Bd. 2: Eros, Reinbek: Rowohlt 1973.
S. 621

Horvath, Ödön von

geb. 9. 12. 1901 Fiume, gest. 1. 6. 1938 Paris; Erzähler, Dramatiker; Sohn eines Diplomaten aus ungarischem Kleinadel; ab 1919 Studium in München; freier Schriftsteller; ab 1924 in Berlin; 1934 Emigration nach Wien und Henndorf bei Salzburg; 1938 über Ungarn, Jugoslawien, Italien in die Schweiz; während eines Aufenthaltes in Paris durch einen stürzenden Baum getötet.

Verf. u. a.: Ein Dorf ohne Männer (Lustspiel), Wien: Marton 1937 (Uraufführung Prag 1937); Figaro läßt sich scheiden (Komödie), Wien und London: Pfeffer 1937 (Uraufführung Wien 1947); Jugend ohne Gott (R.), Amsterdam: de Lange 1938; Ein

Kind unserer Zeit (R.), Amsterdam: de Lange 1938; Gesammelte Werke in acht Bdn., Frankfurt a. M.: Suhrkamp 1972 (werkausgabe edition suhrkamp).
S. 307

Kahler, Erich von

geb. 14. 10. 1885 Prag, gest. 28. 6. 1970 Princeton/New Jersey; Studium der Philosophie, Geschichte, Soziologie und Literaturgeschichte, 1911 Dr. phil.; Verbindungen zum George-Kreis; 1933 Emigration in die Schweiz; 1938 USA; 1941 bis 1942 Professor für Geschichte und Geschichtsphilosophie an der New School for Social Research; 1946 Professor für deutsche Literatur an der Cornell University in Ithaca/New York; ab 1949 Professor am Institute for Advanced Study in Princeton.

Verf. u. a.: Israel unter den Völkern, Zürich: Humanitas-Verlag 1936; Der deutsche Charakter in der Geschichte Europas, Zürich: Europa-Verlag 1937; Man the Measure. A New Approach to History, New York: Pantheon 1943; The Arabs and Palestine, New York: Christian Council on Palestine etc. 1944 (zusammen mit Albert Einstein).
S. 1140

Kaiser, Georg

geb. 25. 11. 1878 Magdeburg, gest. 4. 6. 1945 Ascona; Dramatiker, Erzähler, Lyriker, Essayist; kaufmännische Lehre; 1898 bis 1901 Buenos Aires; wegen schwerer Malaria Rückkehr nach Europa; zählt zu den bedeutendsten expressionistischen Dramatikern; 1933 Schreibverbot; 1938 Emigration über Holland in die Schweiz.

Verf. u. a.: Der Gärtner von Toulouse (Dr.), Amsterdam: Querido 1938 (Uraufführung Mannheim 1945); Der Schuß in die Öffentlichkeit (Dr.), Amsterdam: Querido 1939; Villa Aurea (R.), Amsterdam: Querido 1940; Alain und Elise (Dr.), Zürich, New York: Oprecht 1940; Der Soldat Tanaka (Dr.), Zürich, New York: Oprecht 1940 (Uraufführung Zürich 1940); Die Spieldose (Dr.), Basel: Reiss 1943 (Uraufführung Basel 1943); Werke, Bd. 1–6, hrg. von Walther Huder, Frankfurt a. M., Berlin, Wien: Propyläen-Verlag 1971–1973.
S. 1052

Kaléko, Mascha

geb. 7. 6. 1912 Schidlow/Polen. gest. 21. 1. 1975 Zürich; Lyrikerin; Jugend und Studienjahre in Berlin; machte sich früh mit dem Gedichtband *Das lyrische Stenogrammheft* (1932) einen Namen; 1938 Emigration in die USA; lebte vor allem in New York; 1960 Israel.

Verf. u. a.: Verse für Zeitgenossen (G'e.), Cambridge/Mass.: Schoenhof 1945, Reinbek bei Hamburg, Rowohlt 1958 (erweiterte Ausgabe).
S. 573, 574

Kantorowicz, Alfred

geb. 12. 8. 1899 Berlin, gest. 27. 3. 1979 Hamburg; Publizist, Erzähler, Essayist; Studium der Rechtswissenschaft und Literaturgeschichte, Dr. jur.; Literatur- und Theaterkritiker; 1931 Mitglied der KPD; 1933 Emigration nach Frankreich; Mitbegründer und Generalsekretär des »Schutzverbandes Deutscher Schriftsteller im Exil«, Begründer und Leiter der »Deutschen Freiheitsbibliothek« in Paris; 1935 Teilnahme am ersten »Internationalen Schriftstellerkongreß zur Verteidigung der Kultur« in Paris; 1936 Teilnahme am spanischen Bürgerkrieg als Offizier der Internationalen Brigaden; 1938 Rückkehr nach Frankreich; 1939 Internierung; 1941 Flucht über Martinique, Dominikanische Republik in die USA; Mitarbeiter und zuletzt Abteilungsleiter der Rundfunkgesellschaft CBS; 1946 Rückkehr nach Ost-Berlin; Herausgeber der Zeitschrift *Ost und West*, die 1949 von der SED verboten wurde; ab 1950 Professor und Leiter des Germanistischen Institutes der Humboldt-Universität; Herausgeber der 12bändigen Heinrich-Mann-Ausgabe (im Auftrag der Deutschen Akademie der Künste, Berlin/DDR); ging 1957 in die Bundesrepublik; seit 1962 als freier Schriftsteller in Hamburg.

Verf. u. a.: In unserem Lager ist Deutschland. Reden und Aufsätze, Paris: Ed. du Phénix 1936; Verboten und verbrannt. Deutsche Literatur, 12 Jahre unterdrückt, Berlin: Ullstein, München: Kindler 1947 (zusammen mit Richard Drews); Porträts. Deutsche Schicksale, Berlin: Chronos-Verlag 1947; Spanisches Tagebuch, Berlin: Aufbau-Verlag 1948, zweite Auflage u. d. T. Spanisches Kriegstagebuch, Köln: Verlag für Wissenschaft und Politik 1966; Deutsche Schicksale. Neue Porträts, Berlin: Kantorowicz 1949; Vom moralischen Gewinn der Niederlage. Artikel und Ansprachen, Berlin: Aufbau-Verlag 1949; Deutsches Tagebuch, 2 Bde., München: Kindler 1959 und 1961; Im zweiten Drittel unseres Jahrhunderts, Köln: Verlag für Wissenschaft und Politik 1967; Exil in Frankreich, Bremen: Schünemann 1971; Politik und Literatur im Exil. Deutschsprachige Schriftsteller im Kampf gegen den Nationalsozialismus, Hamburg: Christians 1978; Herausgeber: Tschapaiev. Das Bataillon der 21 Nationen. Dargestellt in Aufzeichnungen seiner Mitkämpfer, Madrid: Impr. Colectiva Torrent 1938, Rudolstadt: Greifenverlag 1948.
S. 212, 643, 680, 731

Kastein, Josef (d. i. Julius Katzenstein)

geb. 6. 10. 1890 Bremen, gest. 13. 6. 1946 Tel Aviv; Romanschriftsteller, Erzähler, Biograph; schrieb *Eine Geschichte der Juden;* 1933 Emigration nach Palästina.

Verf. u. a.: Jews in Germany, London: Cresset Press 1934; Suesskind von Trimberg oder Die Tragödie der Heimatlosigkeit, Jerusalem: The Palestine Publishing Co. 1934; Juden in Deutschland, Wien: Löwit 1935; Eine Geschichte der Juden, Wien: Löwit 1935; Jüdische Neuorientierung, Wien: Löwit 1935; Herodes, die Geschichte eines fremden Königs, Wien, Jerusalem: Löwit 1936; Jerusalem, die Geschichte eines Landes, Wien, Jerusalem: Löwit 1937; Jeremias, der Bericht vom Schicksal einer Idee, Wien, Jerusalem: Löwit 1938; Eine palästinensische Novelle, Haifa: Privatdruck 1942.
S. 485

Kerr, Alfred (d. i. Alfred Kempner)

geb. 25. 12. 1867 Breslau, gest. 12. 10. 1948 Hamburg; Publizist, Erzähler, Lyriker; Studium der Germanistik, Dr. phil.; von 1909 bis 1919 beim *Tag*, seit 1920 »Starkritiker« beim *Berliner Tageblatt;* seit 1911 Herausgeber der Zeitschrift *Pan;* 1933 ins Exil über die Schweiz, Frankreich nach England (1936); auf der ersten Ausbürgerungsliste vom 23. 8. 1933; 1934 erschien in Brüssel *Die Diktatur des Hausknechts* mit politischen Aufsätzen und Gedichten; 1935 Teilnahme am ersten »Internationalen Schriftstellerkongreß zur Verteidigung der Kultur« in Paris; ab 1938 Vorstandsmitglied des »Freien Deutschen Kulturbundes« in London; Mitarbeit an Tageszeitungen, Exilzeitschriften und bei der BBC; 1941 bis 1947 Vorsitzender des PEN-Zentrums deutscher Exil-Autoren; 1948 Rückkehr nach Deutschland, erlitt am Tag seiner Ankunft in Hamburg einen Schlaganfall.

Verf. u. a.: Die Diktatur des Hausknechts (Polit. Aufs. u. G'e.), Brüssel: Les Associés 1934; Walther Rathenau, Erinnerungen eines Freundes, Amsterdam: Querido 1935; Melodien (G'e.), Paris: Ed. Nouvelles Internationales 1938.
S. 218, 588, 1035

Kersten, Kurt

geb. 19. 4. 1891 Welheiden-Kassel, gest. 18. 5. 1962 New York; Romanschriftsteller, Publizist, Dr. phil.; 1934 ins Exil in die Schweiz, später ČSR; 1937 Frankreich; 1939/40 Internierung in Frankreich und Marokko; 1940 bis 1945 Martinique; 1946 USA; 1939 und 1940 Herausgeber des *Deutschen Freiheitskalenders* in Paris; Redakteur beim *Aufbau* in New York.

Verf. u. a.: Peter der Große (Biogr.), Amsterdam: Querido 1935; Unter Freiheitsfahnen. Deutsche Freiwillige in der Geschichte, Straßburg: Sebastian Brant-Verlag 1938.
S. 976

Kesten, Hermann

geb. 28. 1. 1900 Nürnberg; Erzähler, Essayist, Romanschriftsteller, Übersetzer; Studium der Rechtswissenschaft, Volkswirtschaft, Germanistik, Geschichte, Dr. phil.; bis 1933 literarischer Leiter des Kiepenheuer-Verlages in Berlin; März 1933 ins Exil nach Prag, Brüssel, Nizza, London; in Amsterdam Gründer und Leiter der deutschen Abteilung des Allert de Lange-Verlages; 1939 erschien als erster antifaschistischer deutscher Roman über den spanischen Freiheitskampf sein Buch *Die Kinder von Gernika;* 1939 Internierung in Frankreich; 1940 Flucht nach New York; wurde amerikanischer Staatsbürger; nach dem Krieg wechselnde Aufenthalte in Europa (Rom, München, Paris, Wien) und in den USA (New York).

Verf. u. a.: Der Gerechte (R.), Amsterdam: de Lange 1934; Ferdinand und Isabella (R.), Amsterdam: de Lange 1936; König Philipp der Zweite (R.), Amsterdam: de Lange 1938; Die Kinder von Gernika (R.), Amsterdam: de Lange 1939; Die Zwillinge von Nürnberg (R.), Amsterdam: Querido 1947, Frankfurt a. M.: S. Fischer 1948; Copernicus und seine Welt (Biogr.), Amsterdam: Querido 1948; Die fremden Götter (R.), Amsterdam: Querido 1949; Meine Freunde, die Poeten (Ess.), München: Kindler 1953; Dichter im Café (Ess.), München: Desch 1959; Lauter Literaten, Porträts, Erinnerungen, München: Desch 1963; Herausgeber: Novellen deutscher Dichter der

Gegenwart, Amsterdam: de Lange 1933; Heinrich Heine (Auswahl), Amsterdam, Stockholm: Bermann-Fischer, de Lange, Querido (Forum Bücher) 1939; Heart of Europe (Anthologie), New York: L. B. Fischer 1943, New York: Doubleday 1944 (zusammen mit Klaus Mann); Ich lebe nicht in der Bundesrepublik, München: List 1963 (List Taschenbücher 256); Deutsche Literatur im Exil. Briefe europäischer Autoren, 1933–1949, München: Desch 1964.
S. 801, 808

Keun, Irmgard

geb. 6. 2. 1910 Berlin; Romanschriftstellerin; Besuch einer Schauspielschule in Köln; von Tucholsky als Satirikerin entdeckt; 1933 Berufsverbot, als sie sich weigerte, der Reichsschrifttumkammer beizutreten; 1935 Emigration nach Belgien, Holland, Frankreich, Österreich, Polen, USA; 1940 vom deutschen Überfall in Holland überrascht; ging illegal und unter falschem Namen wieder nach Deutschland; lebt heute als freie Schriftstellerin in Köln.

Verf. u. a.: Das Mädchen, mit dem die Kinder nicht verkehren durften (R.), Amsterdam: de Lange 1936; Nach Mitternach (R.), Amsterdam: Querido 1937; D-Zug dritter Klasse (R.), Amsterdam: Querido 1938; Kind aller Länder (R.), Amsterdam: Querido 1938; Bilder und Gedichte aus der Emigration, Köln: Epoche-Verlag 1947.
S. 182

Kisch, Egon Erwin

geb. 29. 4. 1885 Prag, gest. 31. 3. 1948 Prag; Journalist, Erzähler, Romanschriftsteller; Sohn eines Tuchhändlers; Studium an der Technischen Hochschule in Prag; 1918 während des Ersten Weltkrieges als Soldat Teilnahme an Streiks; Führer der Roten Garde in Wien; 1919 KPÖ-Mitglied; wird aus Wien ausgewiesen und geht nach Berlin; Mitbegründer des »Bundes proletarisch-revolutionärer Schriftsteller«; Reisen in die Sowjetunion, USA und China; 1933 in der Nacht des Reichstagsbrandes Verhaftung, auf tschechischen Protest hin jedoch wieder freigelassen; über Prag nach Paris; Mitarbeit u. a. im »Schutzverband Deutscher Schriftsteller« und im »Hilfskomitee für Opfer des Faschismus«; 1934 Delegierter des »Weltkomitees gegen Krieg und Faschismus« beim Antikriegskongreß in Melbourne in Australien, Schilderung in *Landung in Australien;* 1935 und 1937 Teilnahme am »Internationalen Schriftstellerkongreß zur Verteidigung der Kultur« in Paris bzw. Madrid; 1937/38 in den Reihen der Internationalen Brigaden in Spanien; im Dezember 1939 über Frankreich und New York nach Mexiko; Mitarbeiter der Gruppe bzw. Zeitschrift *Freies Deutschland;* 1946 Rückkehr nach Prag; prominentester zeitgenössischer deutschsprachiger Reporter.

Verf. u. a.: Eintritt verboten, Paris: Ed. du Carrefour 1934, Moskau: Verlagsgenossenschaft ausländischer Arbeiter 1935; Geschichten aus sieben Ghettos, Amsterdam: de Lange 1934; Abenteuer in fünf Kontinenten, Paris: Ed. du Carrefour, Moskau: Verlagsgenossenschaft ausländischer Arbeiter 1936; Soldaten am Meeresstrand, Valencia: La Semana Grafica (um 1936); Landung in Australien, Amsterdam: de Lange 1937; Marktplatz der Sensationen, Mexiko: El Libro libre 1942; Entdeckungen in Mexiko, Mexiko: El Libro libre 1945; Gesammelte Werke in Einzelausgaben, Berlin, Weimar: Aufbau-Verlag 1960ff.
S. 655

Koestler, Arthur

geb. 5. 9. 1905 Budapest; Essayist, Romanschriftsteller, Journalist; Studium der Ingenieurwissenschaften in Wien; 1926 Palästinaaufenthalt, Zweifel am Zionismus; 1926 bis 1931 Redakteur und Korrespondent für den Ullstein-Verlag; 1931 Eintritt in die KPD; 1932 bis 1933 Sowjetunion; 1933 ins Exil nach Frankreich; im August 1936 Korrespondent von *News Chronicle* im von Franco besetzten Spanien (darüber: *Menschenopfer unerhört*); 1936/37 neuerlicher Spanienaufenthalt, jedoch auf republikanischer Seite; wurde beim Fall Malagas am 8. 2. 1937 gefangengenommen, zum Tode verurteilt, jedoch ausgetauscht (darüber: *Ein spanisches Testament*); unter dem Eindruck der Moskauer Prozesse politischer Sinneswandel und 1937 Austritt aus der KPD; 1938 Paris; 1939 Internierung in Le Vernet; 1940 in Paris darüber *Scum of the Earth* (*Abschaum der Erde*); Ende 1940 Flucht über Portugal nach London, wo er für sechs Wochen interniert wurde; währenddessen erscheint seine Abrechnung mit dem Kommunismus *Darkness at Noon* (*Sonnenfinsternis*); lebt in England; seit 1941 schreibt er englisch.

Verf. u. a.: Menschenopfer unerhört. Ein Schwarzbuch über Spanien, Paris: Ed. du Carrefour 1937; A Spanish Testament, London: Gollancz 1937, deutsch: Ein spanisches Testament, Zürich: Europa-Verlag 1938; The Gladiators (R.), London: Cape 1939, New York: Macmillan 1939, deutsch: Die Gladiatoren, Hamburg: Springer 1948; Darkness at Noon (R.), London: Cape 1940, New York: Macmillan 1941, deutsch: Sonnenfinsternis, London: Hamilton 1946; Scum of the Earth, London: Cape und Gollancz, New York: Macmillan 1941 (deutsch: Abschaum der Erde); Arrival and Departure (R.), London: Cape, New York: Macmillan 1943, deutsch: Ein Mann springt in die Tiefe, Zürich: Artemis-Verlag 1945; The Yogi and the Commissar (Ess.), London: Cape, New York: Macmillan 1945, deutsch: Der Yogi und der Kommissar, Esslingen: Bechtle 1950; Thieves in the Night (R.), London, New York: Macmillan 1946, deutsch: Diebe in der Nacht, Wien: Danubia-Verlag 1949; Promise and Fulfilment: Palestine 1917–1949, London, New York: Macmillan 1949; Arrow in the Blue (Autobiogr.), London, New York: Macmillan 1952, deutsch: Pfeil ins Blaue, München: Desch 1953; The Invisible Writing (Autobiogr.), London, New York: Macmillan 1954, deutsch: Die Geheimschrift, München: Desch 1955; Gesammelte autobiographische Schriften, Bd. 1: Frühe Empörung; Bd. 2: Abschaum der Erde, Wien, München, Zürich: Molden 1970–1971.
S. 1111

Kosta, Oskar (Ps. Peter Pont)

geb. 23. 11. 1888 Goltsch-Jenikau in Böhmen, gest. 4. 2. 1973 Prag; Journalist, Dramatiker, Lyriker, Übersetzer; Studium in Prag, Dr. phil.; Mittelschulprofessor; 1939 Verhaftung durch die Gestapo; dann Emigration nach England; 1945 Rückkehr nach Prag.

Mitarbeiter: Neue Deutsche Blätter, Prag; Neue Weltbühne, Prag; Internationale Literatur, Moskau; Stimmen aus Böhmen, London: Verlag der Einheit 1944.
S. 439

Kramer, Theodor

geb. 1. 1. 1897 Niederhollabrunn (Niederösterreich), gest. 3. 4. 1958 Wien; Lyriker; Buchhändler; freier Schriftsteller; 1928 Lyrikpreis der Stadt Wien; 1939 Emigration nach England; 1939 bis 1942 arbeislos, zeitweise interniert; dann Bibliotheksangestellter am County Technical College in Guildford; 1957 Rückkehr nach Wien; starb vereinsamt und unbekannt.

Verf. u. a.: Verbannt aus Österreich (G'e.), London: Austrian P.E.N. 1943; Wien 1938. Die grünen Kader, Wien: Globus-Verlag 1946.
S. 565

Lackner, Stephan (d. i. Ernst Morgenroth)

geb. 21. 4. 1910 Paris; Lyriker, Romanschriftsteller; Studium in Gießen, Dr. phil.; 1933 Emigration nach Paris, 1939 in die USA; lebt in Santa Barbara/Calif.

Verf. u. a.: Die weite Reise (G'e.), Zürich: Oprecht 1937; Jan Heimatlos (R.), Zürich: Verlag Die Liga 1939; Gruß von unterwegs (G'e.), Wien: Frick 1952.
S. 291

Langhoff, Wolfgang

geb. 6. 10. 1901 Berlin, gest. 25. 8. 1966 Berlin/DDR; Schriftsteller, Schauspieler und Regisseur; tätig in der Arbeitertheaterbewegung; 1928 KPD-Mitglied; 1933 Verhaftung, 13 Monate Konzentrationslager; 1934 Flucht in die Schweiz; 1935 erschienen in Zürich *Die Moorsoldaten*; eines der ersten Zeugnisse über das nazistische Deutschland; von 1934 bis 1945 Schauspieler und Regisseur am Schauspielhaus in Zürich; Vorstandsmitglied der Bewegung »Freies Deutschland« in der Schweiz; 1945 Rückkehr nach Deutschland; 1945/46 Intendant der Städtischen Bühnen in Düsseldorf; 1946 bis 1963 Intendant des Deutschen Theaters in Ost-Berlin; Vizepräsident der Deutschen Akademie der Künste; Nationalpreis der DDR 1949, 1951 und 1960.

Verf. u. a.: Die Moorsoldaten. 13 Monate Konzentrationslager, Zürich: Schweizer Spiegel-Verlag 1935; Die Bewegung »Freies Deutschland« und ihre Ziele, Zürich: Europa-Verlag 1945; Zehn Jahre Exil, in: Über die Grenzen (Schriftenreihe), Nr. 10, Wallisellen 1945.
S. 244

Lasker-Schüler, Else

geb. 11. 2. 1869 Elberfeld, gest. 22. 1. 1945 Jerusalem; Lyrikerin, Dramatikerin; eine der wichtigsten Vertreterinnen des Expressionismus; Tochter eines Privatbankiers und Architekten, Enkelin eines Oberrabbiners; bohèmehaftes Schriftstellerleben in Berlin; nach der Scheidung von dem Berliner Arzt Dr. Lasker, 1900/01 Heirat mit Herwarth Walden; Mitarbeit an *Sturm, Aktion, Fackel* u. a. Zeitschriften; 1911 Scheidung von Walden, lebte dann bis 1933 ohne festen Wohnsitz vorwiegend in Berlin; 1932 Kleist-Preis; Vortragsreisen durch Europa und in die Sowjetunion; 1933 ins Exil in die Schweiz; 1934 Palästina, Ägypten, Schweiz; 1936 in Zürich Uraufführung von

Arthur Aronymus und seine Väter; 1937 erscheint in Zürich *Hebräerland;* ab 1937 in Jerusalem, wo sie elend und in geistiger Verwirrung stirbt.

Verf. u. a.: Das Hebräerland (G'e.), Zürich: Oprecht 1937; Mein blaues Klavier (G'e.), Jerusalem: Jerusalem Press 1943; Gesammelte Werke in drei Bänden, München: Kösel 1961–1962; Sämtliche Gedichte, München: Kösel 1966; Briefe, Bd. 1–2, München: Kösel 1969; Was soll ich hier? Exilbriefe an Salman Schocken, Hrsg. S. Bauschinger, Heidelberg: Lambert Schneider 1979.
S. 568, 569, 570

Leitner, Maria

geb. 1894 in Ungarn, nach 1940 verschollen; Schriftstellerin, Übersetzerin; während des Ersten Weltkrieges Mitglied des antimilitaristischen »Galilei Zirkels«; 1919 Wien; 1921/22 Arbeit im Verlag der Kommunistischen Internationale in Berlin; Reisen durch die USA, Nord-, Mittel- und Südamerika; Rückkehr nach Deutschland; 1933 Emigration; gehörte der belgischen Widerstandsbewegung an und wurde wahrscheinlich von den Nationalsozialisten ermordet.

Mitarbeit: Das Wort, Moskau 1936–39.
S. 325

Leonhard, Rudolf

geb. 27. 10 1889 Lissa (Posen), gest. 19. 12. 1953 Berlin/DDR; Lyriker, Dramatiker, Erzähler; Studium von Philologie und Rechtswissenschaft; wird im Ersten Weltkrieg zum Kriegsgegner und nimmt 1918/19 aus dieser Erfahrung heraus an der Revolution teil; Gründung des Berliner Theaters »Die Tribüne«; 1927 auf Walter Hasenclevers Einladung Übersiedlung nach Paris; nach 1933 Mitbegründer und Organisator des »Schutzverbandes Deutscher Schriftsteller im Exil«; 1935 und 1937 Teilnahme am »Internationalen Schriftstellerkongreß zur Verteidigung der Kultur« in Paris; 1939 Internierung in den Lagern Le Vernet (Entstehung eines Gedichtzyklus), Les Milles und dem Auslieferungslager Castres; 1943 Flucht nach Marseille; 1944 illegale Veröffentlichung der Gedichte *Deutschland muß leben;* 1944 Rückkehr nach Paris; 1950 Übersiedlung nach Berlin als schwerkranker Mann.

Verf. u. a.: Confiance en Hitler?, Paris 1934; Führer und Co. (Komödie), Paris: Ed. du Phénix 1936; Gedichte, Paris: Reclam Nr. 7248 (illegal) 1938; Spanische Gedichte und Tagebuchblätter, Paris: Ed. Prométheé 1938; Der Tod des Don Quijote (Geschichten aus dem spanischen Bürgerkrieg), 2 Bde., Zürich: Stauffacher 1938; Deutschland muß leben (G'e.), Marseille 1944 (illegal); Geiseln (Tragödie), Lwów 1945 (entstanden im französischen Lager).
S. 345, 459

Liepmann, Heinz (später Liepman)

geb. 27. 8. 1905 Osnabrück, gest. 6. 6. 1966 Agarone/Tessin; Journalist, Romanschriftsteller; Regie- und Dramaturgieassistent an den Städtischen Bühnen in Frankfurt; bis 1933 Dramaturg an den Hamburger Kammerspielen; 1933 auf der ersten Ausbürgerungsliste; 1934 Verhaftung in Amsterdam wegen der in seinem Roman *Das Vaterland* geübten Kritik an Hindenburg (Verurteilung zu einmonatiger Haftstrafe »wegen vorsätzlicher Beleidigung eines mit Holland befreundeten Staates«); nach einmonatiger Haft nach Belgien abgeschoben; 1935 Frankreich; 1936 England; 1937 USA; 1943 bis 1947 Redakteur der *Time* in New York; 1947 Rückkehr nach Deutschland; ab 1961 in Zürich.

Verf. u. a.: Das Vaterland (R.), Amsterdam: van Kampen 1933; ... wird mit dem Tode bestraft (R.), Zürich: Europa-Verlag 1935; Das Leben der Millionäre, Paris: Die Zone 1934.
S. 132

Ludwig, Emil (d. i. Emil Cohn)

geb. 21. 1. 1881 Breslau, gest. 17. 9. 1948 Moscia bei Ascona; Schriftsteller, polit. Publizist; Studium von Rechtswissenschaft und Kunstgeschichte; Dr. jur.; 1902 Übertritt zum Christentum; 1906 Schweiz; Korrespondent in London, Konstantinopel und Wien; 1922 nach der Ermordung Rathenaus Rückkehr zur jüdischen Religion; 1932 Schweizer Staatsbürger; 1940 bis 1945 USA; Sonderbeauftragter Roosevelts; überzeugt von der Kollektivschuld der Deutschen tritt er für eine »deutsche Nachkriegslösung« ein, darüber in *How to Treat the Germans* (Was tun mit den Deutschen); nach dem Krieg wieder in der Schweiz; Hauptvertreter der historischen Biographie, einer seiner größten Erfolge *Wilhelm II.*

Verf. u. a.: Führer Europas, Amsterdam: Querido 1934; Hindenburg und die Sage von der deutschen Republik, Amsterdam: Querido 1935; Gespräche mit Masaryk, Amsterdam: Querido 1935; Der Nil, Lebenslauf eines Stromes, 2 Bde., Amsterdam: Querido 1935–37; Der Mord in Davos, Amsterdam: Querido 1936; Cleopatra, Amsterdam: Querido 1937; Roosevelt, Amsterdam: Querido 1938, Quartett, Amsterdam: Querido 1938; Die heilige Allianz, Straßburg: Sebastian Brant-Verlag 1938; Über das Glück und die Liebe, Zürich: Oprecht 1940; The Germans, Double History of a Nation, Boston: Little Brown 1941, deutsch: Geschichte der Deutschen, Zürich: Posen 1945; How to Treat the Germans, New York: Willard 1943, deutsch: Was tun mit den Deutschen? 1945; Stalin, Zürich: Posen 1945.
S. 787

Lukács, Georg

geb. 13. 4. 1885 Budapest, gest. 4. 6. 1971 Budapest; Philosoph und Literarhistoriker; Sohn eines geadelten k.u.k. Hofrates und Bankdirektors; Studium von Philosophie und Geschichte in Budapest, Wien und Heidelberg; 1918 Mitglied der KPU; 1919 Volkskommissar für Erziehung in der Revolutionsregierung von Béla Kun; nach dem Sturz der Räteregierung Flucht nach Wien; 1923 Veröffentlichung des grundlegenden Werkes *Geschichte und Klassenbewußtsein;* 1930/31 Moskau; 1931 bis 1933 Berlin, Mitglied des »Bundes proletarisch-revolutionärer Schriftsteller«; zahlreiche literaturtheoretische und philosophische Beiträge in Zeitschriften; 1933 bis 1944 im Exil in der Sowjetunion; Wortführer des orthodoxen Standpunktes in der Realismus-Debatte; 1944 Rückkehr nach Ungarn; Lehrstuhl für Kulturphilosophie und Ästhetik in Budapest; 1956 nach dem Ungarnaufstand Volksbildungsminister unter Imre Nagy; nach der Niederwerfung des Aufstandes Verbannung nach Rumänien; nach seiner Rückkehr 1957 u. a. Weiterarbeit an einer marxistischen Ästhetik; wichtigster Vertreter der marxistischen Literatursoziologie und Literaturästhetik seiner Zeit; vielfach in Auseinandersetzungen mit den Vertretern der offiziellen Parteilinie verwickelt; zählte zu den Exponenten der »Tauwetterperiode«.

Verf. u. a.: Literaturtheorien des 19. Jahrhunderts und der Marxismus (russ.), Moskau: Chudožestvennaja literatura 1937; Zur Geschichte des Realismus (russ.), Moskau: Chudožestvennaja literatura 1939; Über Preußentum, London: I.N.G. Publishing 1943; Fortschritt und Reaktion in der deutschen Literatur, Berlin: Aufbau-Verlag 1945; Die deutsche Literatur im Zeitalter des Imperialismus, Berlin: Aufbau-Verlag 1949; Goethe und seine Zeit, Bern: Francke 1947; Schicksalswende, Beiträge zu einer neuen deutschen Ideologie, Berlin: Aufbau-Verlag 1948; Essays über Realismus, Berlin: Aufbau-Verlag 1948; Karl Marx und Friedrich Engels als Literaturhistoriker, Berlin: Aufbau-Verlag 1948; Thomas Mann, Berlin: Aufbau-Verlag 1950; Beiträge zur Geschichte der Ästhetik, Berlin: Aufbau-Verlag 1954; Werke, Neuwied: Luchterhand 1963ff.
S. 751, 882, 963

Mann, Erika

geb. 9. 11. 1905 München, gest. 27. 8. 1969 Zürich; Publizistin, Kinderbuchautorin, Schauspielerin; Tochter von Thomas Mann; in erster Ehe mit Gustaf Gründgens verheiratet; 1933 ins Exil in die Schweiz; mit dem von ihr gegründeten Kabarett »Die Pfeffermühle« Reisen durch europäische Länder; in zweiter Ehe mit Wystan Hugh Auden verheiratet; 1936 USA; verfaßte mit ihrem Bruder Klaus mehrere Bücher, u. a. *Escape to Life* und *The Other Germany;* nach dem Krieg Rückkehr nach Europa; lebte in Kilchberg bei Zürich.

Verf. u. a.: Zehn Millionen Kinder. Die Erziehung der Jugend im Dritten Reich, Amsterdam: Querido 1938; Escape to Life, Boston: Houghton Mifflin 1939 (zusammen mit Klaus Mann); The Other Germany, New York: Modern Age Books 1940 (zusammen mit Klaus Mann).
S. 1160, 1164

Mann, Heinrich

geb. 27. 3. 1871 Lübeck, gest. 12. 3. 1950 Santa Monica (Calif.); Romanschriftsteller, Novellist, Dramatiker, Essayist; Buchhandelslehre; 1893 erster Aufenthalt in Frankreich; 1896 bis 1898 mit seinem Bruder Thomas in Italien; dann München; 1915 Konflikt mit seinem Bruder wegen Meinungsverschiedenheiten über den Ersten Weltkrieg; Repräsentant und scharfer Kritiker der Weimarer Republik; berühmt durch seine sozialkritischen Romane, z. B. *Professor Unrat* und *Der Untertan;* 1931 Präsident der Preußischen Akademie der Künste, Sektion Dichtkunst; 1933 ausgeschlossen; stand auf der ersten Ausbürgerungsliste vom 23. 8. 1933; ins Exil über Prag nach Frankreich; 1935 mit Johannes R. Becher die Leitung der Delegation der deutschen emigrierten Schriftsteller auf dem ersten »Internationalen Schriftstellerkongreß zur Verteidigung der Kultur« in Paris; 1938 Präsident des deutschen Volksfrontkomitees in Paris; bedeutendster historischer Roman der Exilzeit *Die Vollendung des Königs Henri Quatre;* 1940 über Spanien, Portugal nach den USA; in Amerika weitgehend isoliert; 1944 Mitbegründer des Aurora-Verlages in New York; in *Ein Zeitalter wird besichtigt* Analyse seiner Zeit und auch Darstellung seiner politischen Hoffnungen; fühlte sich nach 1945 der DDR verbunden; 1949 wurde er – noch kurz vor seinem Tod –

zum ersten Präsidenten der Deutschen Akademie der Künste gewählt und erhielt den ersten Nationalpreis der DDR; konnte nicht mehr nach Deutschland zurückkehren.

Verf. u. a.: Der Haß. Deutsche Zeitgeschichte (Ess.), Amsterdam: Querido 1933; Der Sinn dieser Emigration, Paris: Europäischer Merkur 1934; Die Jugend des Königs Henri Quatre (R.), Amsterdam: Querido 1935; Es kommt der Tag. Deutsches Lesebuch, Zürich: Europa-Verlag 1936; Die Vollendung des Königs Henri Quatre (R.), Amsterdam: Querido 1938; Mut (Ess.), Paris: Ed. du 10 mai 1939; Lidice (R.), Mexiko: El libro libre 1943; Ein Zeitalter wird besichtigt, Stockholm: Neuer Verlag 1946; Der Atem (R.), Amsterdam: Querido 1949; Thomas Mann/Heinrich Mann: Briefwechsel 1900–1949, Frankfurt a. M.: S. Fischer 1968; Werkauswahl in 10 Bdn., Düsseldorf: Claassen 1976.
S. 48, 54, 280, 601, 633, 686, 921, 925, 1132, 1149, 1175, 1202

Mann, Klaus

geb. 18. 11. 1906 München, gest. 21. 5. 1949 Cannes (Selbstmord); Romanschriftsteller, Dramatiker, Essayist, Herausgeber; ältester Sohn von Thomas Mann; Odenwaldschule; Theaterkritiker in Berlin; Gründung eines Theaterensembles; 1933 ins Exil; führte ein unstetes Leben, hauptsächlich in Amsterdam, Paris und Zürich, Aufenthalte in Budapest und Prag; Reportagen aus dem spanischen Bürgerkrieg; Zentralfigur der antifaschistischen Publizistik; Herausgeber der *Sammlung* von 1933 bis 1935 in Amsterdam und *Decision* 1941 bis 1942 in New York; 1934 Teilnahme am Schriftstellerkongreß in Moskau und 1935 am »Internationalen Schriftstellerkongreß zur Verteidigung der Kultur« in Paris; seit 1937 endgültig in den USA; im Roman *Vulkan* (1939) Thematisierung des Exils; Eintritt in die US-Armee gegen Ende 1942; war als amerikanischer Soldat in Italien und Deutschland; Verzweiflung über die politische Entwicklung nach Kriegsende, die den Vorstellungen vom Anbruch eines friedlichen und freiheitlichen Zeitalters kraß zuwiderlief, *The Turning Point,* Autobiographie und Zeitbild zugleich, erschien 1942 in New York, 1952 auf deutsch in erweiterter Fassung unter dem Titel *Der Wendepunkt;* kündigte in seinem letzten Essay *Die Heimsuchung des europäischen Geistes* im Juni 1949 als letzten Ausweg aus der Hoffnungslosigkeit der politischen Entwicklung eine Selbstmordwelle der europäischen Intellektuellen an.

Verf. u. a.: Flucht in den Norden (R.), Amsterdam: Querido 1934; Symphonie Pathétique. Ein Tschaikowsky-Roman, Amsterdam: Querido 1935; Mephisto. Roman einer Karriere, Amsterdam: Querido 1936; Vergittertes Fenster. Novelle um den Tod des Königs Ludwig II. von Bayern, Amsterdam: Querido 1939, Der Vulkan. Roman unter Emigranten, Amsterdam: Querido 1939; Escape to Life, Boston: Houghton Mifflin 1939 (zusammen mit Erika Mann); The Other Germany, New York: Modern Age Books 1940 (zusammen mit Erika Mann); The Turning Point, New York: L. B. Fischer 1942, deutsch (Neufassung): Der Wendepunkt, Frankfurt: S. Fischer 1952; André Gide and the crisis of modern thought, New York: Creative Age Press 1943, deutsch: André Gide und die Krise des modernen Denkens, Zürich: Steinberg 1948; Prüfungen. Schriften zur Literatur, München: Nymphenburger Verlagshandlung 1968; Heute und morgen. Schriften zur Zeit, München: Nymphenburger Verlagshandlung 1969; Briefe und Antworten, Bd. 1–2, München: edition spangenberg im Ellermann-Verlag 1975.
S. 165, 210, 222, 575, 596, 619, 797, 816, 1089

Mann, Thomas

geb. 6. 6. 1875 Lübeck, gest. 12. 8. 1955 Zürich; Romanschriftsteller, Novellist, Essayist; stammte aus einer wohlhabenden Patrizierfamilie; gelangte durch den Roman *Buddenbrooks* (1901) rasch zu Ansehen; Entfremdung zwischen seinem Bruder Heinrich und ihm wegen seiner apologetischen Haltung im Ersten Weltkrieg; Aussöhnung und Bekenntnis zur Republik 1922; Mitglied der Preußischen Dichterakademie; 1929 Nobelpreis für Literatur; 1933 Vortragsreise nach Amsterdam, Brüssel, Paris; »Protest der Richard-Wagner-Stadt München« wegen seines in München und im Ausland gehaltenen Vortrags *Leiden und Größe Richard Wagners*, unterzeichnet von Hans Knappertsbusch, Hans Pfitzner, Richard Strauss u. a.; blieb im Ausland, ab September 1933 Küßnacht bei Zürich; 1934/35 Reisen in die USA; in den ersten Jahren des Exils keine offene Stellungnahme zu Hitler-Deutschland; erst 1936 aus seiner Reserve herausgetreten; nahm Ende 1936 die tschechische Staatsbürgerschaft an; Dez. 1936 Aberkennung der Ehrendoktorwürde durch die Universität Bonn. 1937 bis 1939 Herausgeber der Zeitschrift *Maß und Wert;* 1938 Gastprofessor in Princeton; Übersiedlung in die USA; ab 1940 Rundfunkansprachen »Deutsche Hörer«; 1942 Consultant in Germanic Literature der Library of Congress in Washington; 1943 lehnt er nach anfänglicher Zustimmung seine Mitwirkung beim »Council for a democratic Germany«, für die ihn Brecht gewinnen wollte, ab; 1947 und 1949 Europareisen; 1952 Rückkehr in die Schweiz aus Enttäuschung über die »McCarthy-Umtriebe« in den USA; in Westdeutschland Anfeindungen aus den Kreisen der »inneren Emigration« wegen seiner als antideutsch apostrophierten Haltung und der Nicht-Festlegung in der Auseinandersetzung zwischen Bundesrepublik und DDR wie auch seiner Gegnerschaft zum Kalten Krieg.

Verf. u. a.: Joseph in Ägypten (Joseph und seine Brüder: Der dritte Roman), Wien: Bermann-Fischer 1936; Ein Briefwechsel (mit dem Dekan der Philosophischen Fakultät der Universität Bonn), Zürich: Oprecht, New York: Rotograph Co. 1937; Vom zukünftigen Sieg der Demokratie, Zürich: Oprecht 1938; Achtung, Europa! Aufsätze zur Zeit, New York: Longmans, Green 1938, Stockholm: Bermann-Fischer 1938, 1945; Dieser Friede, New York: Longmans, Green 1938, Stockholm: Bermann-Fischer 1938; Lotte in Weimar (R.), Stockholm: Bermann-Fischer 1939; Dieser Krieg! Stockholm: Bermann-Fischer 1940; Deutsche Hörer! 25 Radiosendungen nach Deutschland, Stockholm: Bermann-Fischer 1942, erweiterte Ausgabe mit 55 Sendungen, Stockholm: Bermann-Fischer 1945; Joseph der Ernährer (Joseph und seine Brüder: Der vierte Roman), Stockholm: Bermann-Fischer 1943; Leiden an Deutschland. Tagebuchblätter aus den Jahren 1933 und 1934, Los Angeles: Pazifische Presse 1946; Deutschland und die Deutschen, Stockholm: Bermann-Fischer, Berlin: Suhrkamp 1947; Doktor Faustus. Das Leben des deutschen Tonsetzers Adrian Leverkühn, erzählt von einem Freunde (R.), Stockholm: Bermann-Fischer 1947; Nietzsches Philosophie im Lichte unserer Erfahrung, Berlin: Suhrkamp 1948; Die Entstehung des Doktor Faustus, Amsterdam: Bermann-Fischer, Querido 1949; Meine Zeit. Vortrag, Frankfurt: S. Fischer 1950; Briefe, 3 Bde., Frankfurt a. M.: S. Fischer 1961–1965; Thomas Mann/Heinrich Mann: Briefwechsel 1900–1949, Frankfurt a. M.: S. Fischer 1968; Briefwechsel mit seinem Verleger Gottfried Bermann-Fischer 1932–1955, Frankfurt a. M.: S. Fischer 1973; Gesammelte Werke in 13 Bänden (nebst) Supplementband: Thomas Mann – Ton- und Filmaufnahmen, zusammengestellt und bearbeitet von Ernst Loewy, Frankfurt a. M.: S. Fischer 1974; Tagebücher 1933–1934 ff. Frankfurt a. M.: S. Fischer 1977 ff.; Gesammelte Werke in Einzelbänden. Frankfurt a. M.: S. Fischer 1981 ff.
S. 44, 376, 451, 456, 529, 711, 859, 1168, 1173, 1214

Marchwitza, Hans

geb. 25. 6. 1890 Scharley (Schlesien), gest. 17. 1. 1965 Potsdam; Erzähler, Romanschriftsteller, auch Lyriker; Sohn eines Bergarbeiters; 1915 Kriegsdienst; 1919 Mitglied der Unabhängigen Sozialdemokratischen Partei Deutschlands; 1920 Beteiligung am Kapp-Putsch; KPD-Mitglied; erste schriftstellerische Versuche; 1929 Sowjetunion; 1933 Emigration über die Schweiz nach Frankreich (1935); Teilnahme am ersten »Internationalen Schriftstellerkongreß zur Verteidigung der Kultur« in Paris; 1936 Spanien, Teilnahme am Bürgerkrieg als Offizier der Internationalen Brigaden; 1939 Internierung in Frankreich; 1941 Flucht in die USA; 1946 Rückkehr nach Deutschland; 1947 Babelsberg/DDR; Gründungsmitglied der Akademie der Künste in Ost-Berlin.

Verf. u. a.: Die Kumiaks (R.), Zürich: Büchergilde Gutenberg 1934; Untergrund (G'e.), New York: Selbstverlag 1942; Wetterleuchten (G'e.), New York: Selbstverlag 1942; Meine Jugend, Berlin: Verlag Volk und Welt 1948; In Frankreich (Autobiogr.), Potsdam: Rütten und Loening 1949; In Amerika (Autobiogr.), Berlin: Verlag Tribüne 1961.
S. 98, 479, 492, 1065

Marcuse, Ludwig

geb. 8. 2. 1894 Berlin, gest. 2. 8. 1971 Bad Wiessee; Essayist, Kritiker, Publizist; Studium der Philosophie in Berlin und Freiburg, Dr. phil.; Theaterkritiker und freier Schriftsteller; 1933 ins Exil nach Frankreich; Sanary sur Mer; 1935 Teilnahme am ersten »Internationalen Schriftstellerkongreß zur Verteidigung der Kultur« in Paris; 1937 Moskau, vorgesehen als Redakteur für die Zeitschrift *Das Wort* als Nachfolger von Willi Bredel; radikaldemokratischer Hitlergegner; 1939 USA; 1945 Lehrstuhl für Philosophie in Los Angeles; nach seiner Emeritierung 1962 Rückkehr nach Deutschland; erfolgreicher Verfasser von Biographien.

Verf. u. a.: Ignatius von Loyola, ein Soldat der Kirche, Amsterdam: Querido 1935; Philosophie des Glücks: Von Hiob bis Freud, Zürich: Europa-Verlag 1949; Mein zwanzigstes Jahrhundert. Auf dem Weg zu einer Autobiographie, München: List 1960; Nachruf auf Ludwig Marcuse, München: List 1969; Briefe von und an Ludwig Marcuse, Zürich: Diogenes-Verlag 1975.
S. 1196

Mehring, Walter

geb. 29. 4. 1896 Berlin, gest. 3. 10. 1981 Zürich; Lyriker, Erzähler, Kabarettist; 1914/15 Studium der Kunstgeschichte in Berlin und München; Mitarbeiter bei den Zeitschriften *Der Sturm, Zukunft* und *Weltbühne*; Mitbegründer der Berliner Dada-Sektion; 1920 Gründung des »Politischen Cabarets« in Berlin; berühmt durch seine satirischen Chansontexte; 1933 Emigration nach Frankreich; Wien; 1938 Paris; 1939 interniert; 1941 Flucht aus dem Lager St. Cyprien in die USA; Einjahresvertrag als Verfasser von Filmdrehbüchern in Hollywood; 1953 Rückkehr nach Europa; lebte in der Schweiz.

Verf. u. a.: ... und euch zum Trotz. Chansons, Balladen und Legenden, Paris: Europäischer Merkur 1934; Müller, Chronik einer deutschen Sippe von Tacitus bis Hitler (R.), Wien: Gsur-Verlag, Zürich: Oprecht 1935; Die Nacht des Tyrannen (R.), Zü-

rich: Oprecht 1937; Die verlorene Bibliothek. Autobiographie einer Kultur, Hamburg: Rowohlt 1953; Fragmente aus dem Exil, Düsseldorf: Claassen 1979.
S. 491

Merker, Paul

geb. 1. 2. 1894 Oberlößnitz bei Dresden, gest. 13. 5. 1969 Eichwalde bei Berlin/DDR; Politiker, Publizist; Sohn eines Fabrikarbeiters; Ausbildung im Hotelfach; seit 1911 aktives Gewerkschaftsmitglied; 1918 Eintritt in die Unabhängige Sozialdemokratische Partei Deutschlands, später in die KPD; Mitglied des Zentralkomitees der KPD; nach 1933 zwei Jahre in der illegalen Landesleitung; 1935 Emigration über Prag, Brüssel nach Frankreich; 1939 Internierung; 1941 Mexiko; zusammen mit Ludwig Renn und Alexander Abusch Gründer und Sekretär der Bewegung »Freies Deutschland«; 1946 Rückkehr in die damalige SBZ; Mitglied des Zentralkomitees und des Politbüros der SED; 1949 Staatssekretär im Ministerium für Land- und Forstwirtschaft; am 24. 8. 1950 zusammen mit anderen hohen SED-Funktionären aus der Partei ausgeschlossen; im November 1952 Verhaftung und Verurteilung u. a. wegen Förderung der Interessen des »zionistischen Monopolkapitals« während seines Exils in Mexiko; vier Jahre Zuchthaus; 1956 aus Haft entlassen, jedoch nie ganz rehabilitiert.

Verf. u. a.: Was wird aus Deutschland? Mexiko: El Libro libre 1943; Deutschland, Sein oder Nichtsein, Band 1: Von Weimar zu Hitler; Band 2: Das Dritte Reich und sein Ende, Mexiko: El Libro libre 1944/45; Die Behandlung Deutschlands nach der Niederlage, Mexiko: El Libro libre 1945.
S. 1143

Münzenberg, Willi

geb. 14. 8. 1889 Erfurt, im November 1940 bei Grenoble tot aufgefunden; Publizist, Verleger; Sohn eines Försters; 1904 Hilfsarbeiter; sozialistische Jugend- und Bildungsarbeit; Wanderschaft; 1914 Leiter des Sozialistischen Jugendverbandes in Zürich; unter Einfluß Lenins Anschluß an die Zimmerwalder Linke; 1916 Teilnahme an der Konferenz von Kienthal; 1919 KPD-Mitglied; 1921 Aufbau der Internationalen Arbeiterhilfe; Aufbau des »Münzenberg-Konzerns« (u. a. Herausgeber von *AIZ, Eulenspiegel, Der Rote Aufbau, Welt am Abend, Berlin am Morgen,* Gründer der Buchgemeinschaft »Universumbücherei für alle«); seit 1924 Mitglied des Reichstages; 1933 Emigration über die Schweiz nach Frankreich; Gründung der Edition du Carrefour in Paris als Fortsetzung des Neuen Deutschen Verlages; Organisator des »Hilfskomitees für die Opfer des Faschismus«; Herausgeber des *Braunbuchs über Reichstagsbrand und Hitlerterror*; auf der ersten Ausbürgerungsliste vom 23. 8. 1933; 1935 in Abwesenheit zum Tode verurteilt; 1936 beteiligt an der Organisation des »Komitees zur Schaffung einer deutschen Volksfront«; nach den Moskauer Prozessen Distanzierung von der kommunistischen Partei; im Oktober 1936 in Moskau von Verhaftung bedroht; 1937 Ausschluß aus der KPD; Mitarbeit in der Deutschen Freiheitspartei; 1938 Gründung der Editions Sebastian Brant in Straßburg; Herausgeber *Die Zukunft*, Paris, 1938–1940; nach dem Hitler-Stalin-Pakt offener Kampf gegen Faschismus und Kommunismus; bei Kriegsausbruch Internierung in Frankreich; Flucht beim Einmarsch der deutschen Truppen; wurde am 21. 6. 1940 zum letzten Mal gesehen.

Verf. u. a.: Propaganda als Waffe, Paris: Ed. du Carrefour 1937; Kann Hitler einen Krieg führen?, Paris: Ed. du Carrefour 1937; Herausgeber: Braunbuch über Reichs-

tagsbrand und Hitlerterror, Bd. 1–2, Paris: Ed. du Carrefour, Basel: Universum-Bücherei 1933–1934; Naziführer sehen dich an, Paris: Ed. du Carrefour 1934; Weißbuch über die Erschießungen des 30. 6. 1934, Paris: Ed. du Carrefour 1934; Das braune Netz, Paris: Ed. du Carrefour 1935.
S. 198

Neumann, Alfred

geb. 15. 10. 1895 Lautenburg, gest. 3. 10. 1952 Sorengo bei Lugano; Romanschriftsteller, Dramatiker; ab 1913 Studium der Kunstgeschichte in München, Dr. phil.; Lektor, Dramaturg, dann freier Schriftsteller; 1926 Kleist-Preis; 1933 Emigration nach Florenz; 1938 Nizza; 1941 USA, Los Angeles und Beverly Hills (Calif.); Verfasser von Filmdrehbüchern; 1949 Rückkehr nach Italien.

Verf. u. a.: Neuer Cäsar (R.), Leipzig, Wien: Tal 1934, Amsterdam: de Lange 1934; Königin Christine von Schweden (R.), Wien: Tal 1936, Amsterdam: de Lange 1936; Kaiserreich (R.), Amsterdam: de Lange 1936, Stockholm: Neuer Verlag 1950; Die Volksfreunde (R.), Amsterdam: 1940 (vernichtet), unter dem Titel: Das Kind von Paris, Köln: Kiepenheuer und Witsch 1952; Es waren ihrer sechs (R.), Stockholm: Neuer Verlag 1944, Berlin: Habel 1947.
S. 901

Neumann, Robert

geb. 22. 5. 1897 Wien, gest. 3. 1. 1975 München; Romanschriftsteller, Novellist, Parodist, Publizist; sein Vater Bankdirektor und Mitbegründer der SPÖ; Studium der Medizin, Chemie und Germanistik; verschiedene Berufe; 1927 erster großer Erfolg mit der aus linksbürgerlicher Position heraus geschriebenen Parodie *Mit fremden Federn*; 1933 Verbot seiner Bücher; 1934 nach dem Februaraufstand in Österreich Emigration nach England; Aktivitäten für politische Flüchtlinge; 1940 Internierung; 1945 Übersiedlung in die Schweiz; Vizepräsident des Internationalen PEN-Clubs.

Verf. u. a.: Sir Basil Zaharoff (Biogr.), Zürich: Bibliothek zeitgenössischer Werke 1934; Die blinden Passagiere (N.), Zürich: Bibliothek zeitgenössischer Werke 1935; Struensee (R.), Amsterdam: Querido 1935, später unter dem Titel: Favorit der Königin; Eine Frau hat geschrien (R.), Zürich: Humanitas-Verlag 1938; By the Waters of Babylon, London: Dent 1939, deutsch: An den Wassern von Babylon, Oxford: Phaidon Press 1945; Ein leichtes Leben. Bericht über mich selbst und Zeitgenossen, München, Wien, Basel: Desch 1963.
S. 509

Olden, Balder

geb. 26. 3. 1882 Zwickau, gest. 24. 10. 1949 Montevideo (Selbstmord); Journalist, Romanschriftsteller; Studium in Freiburg im Breisgau; als Korrespondent der *Kölnischen Zeitung* viel auf Reisen; bei Ausbruch des Ersten Weltkrieges in Ostafrika, kam in englische Gefangenschaft; in den zwanziger Jahren erfolgreiche Romane; 1933 Emigration in die ČSR; 1934 in Moskau auf dem Schriftstellerkongreß; 1935 Frankreich; 1939 Internierung; 1940 Flucht nach Südamerika; 1941 Buenos Aires; 1943 Montevideo.

Verf. u. a.: Dawn of Darkness, London: Jarrolds 1933, deutsch: Roman eines Nazi.
S. 477

Olden, Rudolf

geb. 14. 1. 1885 Stettin, gest. 17. 9. 1940; Journalist, Essayist; Jurist; ab 1930 als Rechtsanwalt in Berlin; Mitherausgeber und politischer Redakteur des *Berliner Tageblatts*; Verteidiger im Hochverratsprozeß gegen Carl von Ossietzky; 1933 Emigration nach Prag; 1934 Paris, England; Vorlesungen in Oxford; 1940 kurze Internierung; ertrank bei einem Torpedoangriff während der Überfahrt nach Kanada, als er einem Ruf an die New School for Social Research in New York folgen wollte; war Sekretär der deutschen PEN-Clubs im Exil.

Verf. u. a.: Hitler, der Eroberer, Prag: Malik-Verlag 1933 (anonym); Warum versagten die Marxisten?, Paris: Europäischer Merkur 1934; Hindenburg oder der Geist der preußischen Armee, Paris: Europäischer Merkur 1935; Hitler, Amsterdam: Querido 1935; The History of Liberty in Germany, London: Gollancz 1939.
S. 66

Ottwalt, Ernst (d. i. Ernst Gottwalt Nicolas)

geb. 13. 11. 1901 Zippnow (Pommern), gest. 24. 8. 1943 in einem sowjetischen Lager; Journalist, Essayist, Erzähler; Mitglied der KPD und des »Bundes proletarisch-revolutionärer Schriftsteller«; veröffentlichte 1932 *Deutschland erwache! Geschichte des Nationalsozialismus* (Reprint 1974); 1933 Emigration über Dänemark, ČSR nach Moskau (1934); 1936 verhaftet und wegen angeblicher Spionage für die faschistische Wehrmacht zum Tode verurteilt; nach 1956 rehabilitiert.

Verf. u. a.: Erwachen und Gleichschaltung der Stadt Billingen (R.), Teilabdruck in Neue Deutsche Blätter, 1933 (mehr nicht erschienen); Die Zeit im Lichte dichterischer Gestaltung und andere Essays, Prag: Mercy 1934/35; Die letzten Dinge (N.), Moskau: Verlagsgenossenschaft ausländischer Arbeiter 1936; Schriften hrsg. von Andreas W. Mytze, Berlin: Verlag europäische Ideen 1976.
S. 143, 1074

Pauli, Hertha

geb. 4. 9. 1909 Wien, gest. 12. 2. 1973 New York; Romanschriftstellerin; Schauspielausbildung; bis 1933 bei Max Reinhardt in Berlin; dann freie Schriftstellerin; 1933 bis 1938 Wien; 1938 Emigration nach Frankreich; 1940 über Spanien und Portugal in die USA; 1940 bis 1942 Los Angeles; lebte in Huntinton, Long Island.

Verf. u. a.: Nur eine Frau. Berta von Suttner (R.), Wien, Leipzig: Zeitbild-Verlag 1937; Fremd in Frankreich (R.), New York: Volkszeitung 1941; Alfred Nobel (Biogr.), New York: Bermann-Fischer 1942, London: Nicolson & Watson 1944; Silent Night (R.), New York: Knopf 1943.
S. 556

Petersen, Jan (d. i. Hans Schwalm)

geb. 2. 7. 1906 Berlin, gest. 11. 11. 1969 Berlin/DDR; Erzähler, Essayist, Romanschriftsteller; erlernter Beruf Dreher und Werkzeugmacher; 1930 KPD-Mitglied; 1931 bis 1933 Mitorganisator des »Bundes proletarisch-revolutionärer Schriftsteller«, den er als illegale Widerstandsgruppe von 1933 bis 1935 weiterführte; 1933 bis 1935 Herausgeber deren illegaler Zeitung *Stich und Hieb* und anonymer Redakteur der in Prag erscheinenden *Neuen Deutschen Blätter*; 1935 Teilnahme am ersten »Internationalen Schriftstellerkongreß zur Verteidigung der Kultur« in Paris als Vertreter der Antifaschisten in Deutschland als »Mann mit der schwarzen Maske«; 1936 Emigration in die Schweiz, 1937 – nach einem Auslieferungsantrag durch die Gestapo – nach England; 1938 bis 1946 Vorsitzender der Schriftstellersektion des »Freien Deutschen Kulturbundes« in London; Mitglied des englischen PEN; 1940/41 in Kanada interniert; 1946 Rückkehr nach Berlin; Mitglied des PEN-Zentrums der DDR; 1959 Nationalpreis der DDR.

Verf. u. a.: Unsere Straße. Eine Chronik geschrieben im Herzen des faschistischen Deutschlands 1933/34, in: Berner Tagwacht, 1936, Berlin: Dietz 1947; Gestapo Trial, London: Gollancz 1939, deutsch: Sache Baumann und andere, Berlin: Dietz 1948; Germany Beneath the Surface. Stories of the underground movement, London: Hutchinson 1940, deutsch: Und ringsum Schweigen, Berlin: Dietz 1949.
S. 153, 1036, 1038, 1046

Pinthus, Kurt

geb. 29. 4. 1886 Erfurt, gest. 11. 7. 1975 Marbach am Neckar; Schriftsteller, Essayist, Literatur- und Theaterkritiker; Studium der Literaturgeschichte, Philosophie und Geschichte; 1910 Dr. phil.; als Lektor des Kurt Wolff-Verlages ein Vorkämpfer des Expressionismus; 1920 Herausgabe von *Menschheitsdämmerung,* der ersten Anthologie expressionistischer Lyrik; 1922 bis 1934 Theater- und Literaturkritiker am Berliner *8 Uhr Abendblatt*; nach 1933 nur mehr bei jüdischen Blättern tätig; 1937 Emigration nach New York; 1938 bis 1940 Vorlesungen an der »New School for Social Research« in New York; 1947 bis 1960 Dozent für Theatergeschichte an der Columbia University in New York; seit den 50er Jahren Europareisen; publizistische Tätigkeit, Mitarbeit beim Rowohlt Verlag, im Deutschen Literaturarchiv in Marbach; 1967 Übersiedlung nach Marbach am Neckar.
S. 794

Plievier, Theodor (früher Plivier)

geb. 17. 2. 1892 Berlin, gest. 12. 3. 1955 Avegno (Schweiz); Romanschriftsteller, Erzähler, Publizist; stammt aus einer Arbeiterfamilie; im Ersten Weltkrieg in der Kriegsmarine; 1918 Gründung des anarchistischen »Verlags der Zwölf«; Erfolg mit seinem 1929 erschienenen Roman *Des Kaisers Kuli*; freier Schriftsteller; 1933 Emigration über die ČSR, Frankreich, Schweden in die Sowjetunion (1934); 1934 Teilnahme am Schriftstellerkongreß in Moskau; Mitarbeit im Nationalkomitee »Freies Deutschland«; im Roman *Stalingrad* Verarbeitung der Aussagen von deutschen Kriegsgefangenen; 1945 Rückkehr nach Deutschland, Weimar; 1947 Übersiedlung in die Bundesrepublik, später Schweiz; änderte seine prokommunistische Haltung; war verheiratet mit Hildegard Plievier (Verf. *Ein Leben gelebt und verloren,* 1964).

Verf. u. a.: Das große Abenteuer, Amsterdam: de Lange 1936; Stalingrad (R.) Moskau: Staatsverlag 1945, Berlin: Aufbau-Verlag 1945, Wien: Globus-Verlag 1946, Mexiko: El Libro libre 1946, Hamburg: Rowohlt 1947; Der Igel. Die Geschichte vom Untergang einer Nazibastion an der Ostfront, London: Freier Deutscher Kulturbund 1944; Moskau (R.), München: Desch 1952; Berlin (R.), München: Desch 1954.
S. 416

Polgar, Alfred

geb. 17. 10. 1873 Wien, gest. 24. 4. 1955 Zürich; Essayist, Literatur- und Theaterkritiker; studierte Musik und Klavierbau; frühe journalistische Tätigkeit beim *Wiener Montagsblatt*; ab 1925 Theaterkritiker in Berlin im *Berliner Tageblatt*, der *Weltbühne* und beim *Tagebuch*; 1933 Rückkehr nach Wien; 1938 über die Schweiz nach Paris; 1940 Flucht über Spanien und Portugal in die USA; zuerst in Hollywood Verfasser von Filmdrehbüchern, dann in New York; amerikanischer Staatsbürger; 1949 zurück nach Europa, wo er abwechselnd in Deutschland, Österreich und der Schweiz lebte; bekannt durch seine meisterhafte Kurzprosa.

Verf. u. a.: In der Zwischenzeit, Amsterdam: de Lange 1935; Sekundenzeiger, Zürich: Humanitas-Verlag 1937; Handbuch des Kritikers, Zürich: Oprecht 1938; Geschichten ohne Moral, Zürich, New York: Oprecht 1943; Im Vorübergehen. Aus zehn Bänden erzählender und kritischer Schriften, Hamburg: Rowohlt 1947; Anderseits. Erzählungen und Erwägungen, Amsterdam: Querido 1948.
S. 527

Politzer, Heinz

geb. 31. 12. 1910 Wien, gest. 31. 7. 1978 Berkeley (Calif.); Germanist, Lyriker; Studium von Germanistik und Anglistik in Wien und Prag; 1938 Emigration nach Palästina; lebte seit 1947 in den USA, zuerst als Professor am Oberlin College in Ohio, ab 1956 als Professor für deutsche Sprache und Literatur an der University of California, Berkeley.

Verf. u. a.: Fenster vor dem Firmament (G'e.), Mährisch-Ostrau: Kittl 1937; Gedichte, Jerusalem: Edition Peter Freund 1941.
S. 567

Regler, Gustav

geb. 25. 5. 1898 Merzig (Saar), gest. im Januar 1963 Neu-Delhi (auf einer Studienreise); Journalist, Schriftsteller; Studium von Philosophie, Romanistik, Geschichte in Heidelberg und München, Dr. phil.; Beteiligung an der Verteidigung der Räterepublik gegen die Freikorps in München; 1928 KPD-Mitglied; bis 1933 als freier Schriftsteller in Berlin; 1933 bis 1936 hauptsächlich Frankreich, unterbrochen von der Teilnahme am Abstimmungskampf im Saargebiet und von mehreren Reisen in die Sowjetunion; 1934 Teilnahme am Ersten Allunionskongreß der Sowjetschriftsteller in Moskau; 1935 Teilnahme am ersten »Internationalen Schriftstellerkongreß zur Verteidigung der Kultur« in Paris; 1936 Spanien, wo er im Bürgerkrieg kämpfte und schwer verwundet wurde; 1938 Frankreich; 1939/40 Internierung in Le Vernet; 1940 Flucht über die USA nach Mexiko; Bruch mit der kommunistischen Partei; nach dem Krieg viele Reisen, Rundfunkvorträge in Deutschland.

Verf. u. a.: Der verlorene Sohn (R.), Amsterdam: Querido 1933; Im Kreuzfeuer. Ein Saar-Roman, Moskau, Leningrad: Verlagsgenossenschaft ausländischer Arbeiter 1934, Paris: Ed. du Carrefour 1934; Die Saat. Roman aus den Bauernkriegen, Amsterdam: Querido 1936; Das Ohr des Malchus (Autobiogr.), Köln: Kiepenheuer & Witsch 1958; Das große Beispiel. Roman einer internationalen Brigade, Köln: Kiepenheuer & Witsch 1976 (amerikanische Ausgabe unter dem Titel: The Great Crusade, New York 1940).
S. 935

Reiner, Lenka

geb. 17. 5. 1916 Prag; Journalistin; verheiratet mit dem Schriftsteller Theodor Balk (s. d.); 1939 Emigration nach Frankreich; Internierung in Frankreich und Marokko; 1941 Mexiko; 1945 Rückkehr nach Belgrad gemeinsam mit Theodor Balk; 1948 ČSR; 1958–1970 Chefredakteurin der in Prag herausgegebenen deutschsprachigen Zeitschrift *Im Herzen Europas.*

Verf. u. a.: Grenze geschlossen (autobiogr. R.), Berlin: Verlag Neues Leben 1958.
S. 440

Rosenthal, Hans

geb. 6. 2. 1906 Stettin, gest. 16. 7. 1950 Tel Aviv; kaufmännische Lehre; in Berlin Agitprop-Tätigkeit; 1933 in Lettland Vorbereitungsdienst für Arbeitertätigkeit in Palästina; 1935 Palästina; Kibbuz; 1938 Tel Aviv, Mitglied der illegalen KP; 1941 wegen Parteizugehörigkeit ein Jahr interniert.

Verf. u. a.: Pardess. Lieder und Gedichte, Tel Aviv: Selbstverlag 1944.
S. 543, 544, 721

Roth, Joseph

geb. 2. 9. 1894 Brody (Galizien), gest. 27. 5. 1939 Paris; Romanschriftsteller, Journalist, Novellist, Essayist; Studium von Philosophie und Germanistik in Wien; ab 1918 als Journalist in Wien, Berlin und Frankfurt; Reisen durch ganz Europa, 1926 in die Sowjetunion; 1933 ins Exil nach Frankreich; unstetes Leben in Hotels, vorwiegend Paris; reiste u. a. nach Holland, Polen und Österreich; politisches Engagement im Kreis österreichischer Legitimisten, von denen er sich Widerstand gegen Hitler versprach; seine Romane spielen meist im ostjüdischen Milieu sowie in österreichischen Offiziers- und Beamtenkreisen, sie sind vielfach durch eine, wenn auch durch Ironie gebrochene, Trauer über den Untergang der Donaumonarchie gekennzeichnet; Zusammenbruch nach der Nachricht von Tollers Selbstmord; stirbt in größter Armut.

Verf. u. a.: Der Antichrist (Ess.), Amsterdam: de Lange 1934; Die hundert Tage (R.), Amsterdam: de Lange 1936; Beichte eines Mörders (R.), Amsterdam: de Lange 1936; Das falsche Gewicht (R.), Amsterdam: Querido 1937; Die Kapuzinergruft (R.), Bilt-

hoven: De Gemeenschap 1938; Die Legende vom heiligen Trinker, Amsterdam: de Lange 1939; Briefe 1911–1939, hrsg. von Hermann Kesten, Köln: Kiepenheuer und Witsch 1970. Werke, Bd. 1–4, Köln: Kiepenheuer & Witsch 1975–1976.
S. 370, 382, 1190

Sachs, Nelly

geb. 10. 12. 1891 Berlin, gest. 12. 5. 1970 Stockholm; Lyrikerin, Dramatikerin; ihr erstes Buch *Legenden und Erzählungen* (1921) blieb unbeachtet; 1940 Flucht nach Schweden mit ihrer Mutter durch die Hilfe von Selma Lagerlöf und offiziellen schwedischen Stellen (die gesamte übrige Familie kam im Konzentrationslager um); Übersetzungen schwedischer Lyrik ins Deutsche und eigene Lyrik; 1958 Literaturpreis des Verbandes schwedischer Lyriker, Droste-Preis 1960, 1965 Friedenspreis des Deutschen Buchhandels, 1966 Nobelpreis für Literatur.

Verf. u. a.: In den Wohnungen des Todes (G'e.), Berlin: Aufbau-Verlag 1947; Sternverdunkelung (G'e.), Amsterdam: Querido, Amsterdam, Wien: Bermann-Fischer 1949; Eli, Ein Mysterienspiel vom Leiden Israels, Malmö: Forssell 1951.
S. 302

Sahl, Hans

geb. 20. 5. 1902 Dresden; Romanschriftsteller, Kritiker, Übersetzer; Studium der Literatur- und Kunstgeschichte; 1924 Dr. phil.; seit 1924 Film- und Theaterkritiker in Berlin; 1933 ins Exil nach Prag; 1934 Zürich, dann nach Paris; 1939/40 in Frankreich interniert; 1941 New York; seit 1947 Korrespondent der *Neuen Zürcher Zeitung*, später auch der *Süddeutschen Zeitung* und der *Welt*; lebt in New York.

Verf. u. a.: Jemand. Ein Chorwerk, mit den Holzschnitten »Die Passion eines Menschen« von Frans Masereel, Zürich: Oprecht 1938; Die hellen Nächte. Gedichte aus Frankreich, New York 1942; Die Wenigen und die Vielen (R.), Frankfurt a. M.: S. Fischer 1959; Wir sind die Letzten (G'e.). Mit einem Nachwort von Fritz Martini und einer Hans-Sahl-Bibliographie. Veröffentlichung der Deutschen Akademie für Sprache und Dichtung Darmstadt 50, Heidelberg: Lambert Schneider 1976.
S. 676

Scharrer, Adam

geb. 13. 7. 1889 Klein-Schwarzenlohe (Bayern), gest. 2. 3. 1948 Schwerin; Erzähler, Satiriker; Sohn eines Gemeindehirten; Metallarbeiter; Mitglied des Spartakusbundes und der KPD; 1920 bis 1933 Mitglied der Kommunistischen Arbeiterpartei; journalistische Tätigkeit in Parteiorganen; 1933 Emigration in die ČSR; 1935 bis 1945 Sowjetunion; nach 1945 Schwerin.

Verf. u. a.: Maulwürfe. Ein deutscher Bauernroman. Prag: Malik-Verlag 1933, Moskau: Verlagsgenossenschaft ausländischer Arbeiter 1934; Der Hirt von Rauhweiler (russisch), Moskau: Meshdunarodnaja Kniga 1933, deutsch: ebda 1942, Berlin: Weiss 1946; Abenteuer eines Hirtenjungen und andere Dorfgeschichten, Moskau: Verlagsgenossenschaft ausländischer Arbeiter 1935, Zürich: Ring-Verlag 1935; Die Bauern

von Gottes Gnaden. Geschichte eines Erbhofes, Engels: Deutscher Staatsverlag 1935; Familie Schuhmann (R.), Moskau: Das internationale Buch 1939; Der Landpostbote Zwinkerer, Moskau: Das internationale Buch 1941; Der Landsknecht, Moskau: Verlag für fremdsprachige Literatur 1944; Gesammelte Werke in Einzelausgaben, Berlin, Weimar: Aufbau-Verlag 1961 ff.
S. 1018, 1077

Schönstedt, Walter

geb. 14. 2. 1909 Berlin; Erzähler, Romanschriftsteller; Arbeiter; Jugendfunktionär beim Kommunistischen Jugendverband und der Roten Jungfront; 1931 erste Veröffentlichungen, u. a. Schilderungen vom Leben junger Arbeiter; 1933 Emigration nach Paris; Mitbegründer des »Schutzverbandes Deutscher Schriftsteller«; 1935 USA; tätig in antifaschistischen Emigrantenorganisationen; 1945 Mitbegründer der zunächst im amerikanischen Kriegsgefangenenlager erscheinenden deutschen Nachkriegszeitschrift *Der Ruf;* amerikanischer Re-education-Offizier.

Verf. u. a.: Auf der Flucht erschossen. Ein SA-Roman, Basel: Universum-Verlag 1934; Paris: Ed. du Carrefour, Moskau: Verlagsgenossenschaft ausländischer Arbeiter 1934; Das Lob des Lebens, Zürich: Oprecht und Helbling, New York: Farrar and Rinchart 1938.
S. 232

Schwarz, Freimut

geb. 28. 4. 1913 Sotterbach bei Waldbröl; 1933 Emigration nach Paris, dann England.

Beiträge in: Verbannte und Verbrannte, London: Freier Deutscher Kulturbund 1942; Die fatale letzte Patrone, London: Freier Deutscher Kulturbund 1943; Zehn Jahre Kulturbarbarei, London: Free German League of Culture 1943; »Und sie bewegt sich doch!«, London: Free German Youth 1943.
S. 443

Schwarzschild, Leopold

geb. 7. 12. 1891 Frankfurt a. M., gest. 2. 10. 1950 in Santa Margherita (Italien); Publizist, Dramatiker; Studium in Frankfurt, Berlin, München; ab 1927 Herausgeber des von Stefan Grossmann begründeten *Tage-Buchs* in Berlin; 1933 Emigration über Österreich nach Frankreich; auf der ersten Ausbürgerungsliste vom 23. 8. 1933; 1933 bis 1940 Herausgeber des *Neuen Tage-Buchs* in Paris; 1940 Internierung, Flucht über Spanien und Portugal in die USA; 1940 bis 1950 New York, u. a. Mitarbeiter der *New York Times;* 1950 Rückkehr nach Europa; trat vorübergehend für die Volksfront ein, dann Vertreter eines militanten Antikommunismus.

Verf u. a.: Das Ende der Illusionen, Amsterdam: Querido 1934; Primer of the Coming World, New York: Knopf 1944; The Red Prussien. The Life and Legend of Karl Marx, New York: Scribner 1947; Von Krieg zu Krieg, Amsterdam: Querido 1947; Die Lunte am Pulverfaß. Gesammelte Aufsätze aus dem Neuen Tage-Buch 1933–40, hrg. von Valerie Schwarzschild, Hamburg: Wegner 1965.
S. 160, 363, 385, 1122, 1127

Seger, Gerhart H.

geb. 16. 11. 1896 Leipzig, gest. 21. 1. 1967 New York; Publizist, Essayist; erlernter Beruf Steindrucker; 1922 bis 1923 Chefredakteur der *Volkszeitung für Südwestsachsen;* 1923 bis 1928 Generalsekretär der Deutschen Friedensgesellschaft; 1928 bis 1933 Chefredakteur des *Volksblattes für Anhalt;* 1930 bis 1933 als SPD-Abgeordneter im Reichstag; 1933 Verhaftung, von März bis Dezember im Konzentrationslager Oranienburg; Flucht nach Prag; sein Buch *Oranienburg* (1934) ist der erste authentische Bericht aus einem Konzentrationslager; 1934 USA; 1942 amerikanischer Staatsbürger; 1936 bis 1949 Herausgeber der sozialdemokratischen *Neuen Volkszeitung* in New York.

Verf. u. a.: Oranienburg. Erster authentischer Bericht eines aus dem Konzentrationslager Geflüchteten, Karlsbad: Graphia-Verlag 1934; Reisetagebuch eines deutschen Emigranten, Zürich: Europa-Verlag 1936.
S. 238

Seghers, Anna (d. i. Netty Radvanyi, geb. Reiling)

geb. 19. 11. 1900 Mainz; Romanschriftstellerin, Erzählerin, Essayistin; Studium von Philologie, Geschichte, Kunstgeschichte, Sinologie, Dr. phil.; 1928 KPD-Mitglied; 1929 Mitglied des »Bundes proletarisch-revolutionärer Schriftsteller«; 1928 Kleist-Preis; 1930 Teilnahme am Kongreß revolutionärer Schriftsteller in Charkow; 1933 Verhaftung und Emigration nach Frankreich; Mitherausgeber der in Prag erscheinenden *Neuen Deutschen Blätter;* 1935, 1937 und 1938 Teilnahme an den »Internationalen Schriftstellerkongressen zur Verteidigung der Kultur« in Paris und Madrid; 1940 Südfrankreich; 1941 Flucht über Martinique, Dominikanische Republik und die USA (Ellis Island, New York) nach Mexiko; dort Vorsitzende des Heinrich Heine-Clubs; schrieb den in seiner Wirklichkeitstreue bedeutendsten Widerstandsroman *Das siebte Kreuz;* 1947 Rückkehr nach Deutschland, Ost-Berlin; erhielt viele Preise, u. a. Büchner-Preis 1947, Internationaler Lenin-Friedenspreis 1951, Nationalpreis der DDR 1951, 1959 und 1971; 1981 Ehrenbürgerin der Universität Mainz.

Verf. u. a.: Der Kopflohn (R.), Amsterdam: Querido 1933; Der Weg durch den Februar, Paris: Ed. du Carrefour, Moskau: Verlagsgenossenschaft ausländischer Arbeiter 1935; Der letzte Weg des Koloman Wallisch (Erz.), Paris: Ed. du Carrefour, Moskau: Verlagsgenossenschaft ausländischer Arbeiter 1936; Die Rettung (R.), Amsterdam: Querido 1937; Das siebte Kreuz (R.), Mexiko: El Libro libre 1942 (Vorabdruck 1939 in der Internationalen Literatur); Der Ausflug der toten Mädchen, New York: Aurora-Verlag 1946; Transit (R.), Konstanz: Weller 1948; Die Toten bleiben jung (R.), Berlin: Aufbau-Verlag 1949; Die Linie (Erz'n.), Berlin: Aufbau-Verlag 1950; Werke in 10 Bdn., Neuwied: Luchterhand 1977.
S. 352, 523, 551, 616, 760, 1061, 1210

Thoor, Jesse (d. i. Peter Karl Höfler)

geb. 23. 1. 1905 Berlin, gest. 15. 8. 1952 Lienz (Osttirol); Lyriker, Erzähler; 1933 Emigration nach Österreich; 1938 ČSR; 1939 England.

Verf. u. a.: Sonette, Nürnberg: Nest-Verlag 1948; Die Sonette und Lieder, Hrg. A. Marnau, Heidelberg: Lambert Schneider 1956; Das Werk. Sonette, Lieder, Erzählun-

gen. Eingel. und hrg. von M. Hamburger, Frankfurt a. M.: Europäische Verlagsanstalt 1965.
S. 561

Toller, Ernst

geb. 1. 12. 1893 Samotschin (Posen), gest. 22. 5. 1939 New York (Selbstmord); expressionistischer Dramatiker und Lyriker, hervorragender Redner; Kaufmannssohn; Studium der Rechtswissenschaft; Teilnahme am Ersten Weltkrieg, dann Pazifist; Eintreten für einen »ethischen Sozialismus«; Mitglied der Unabhängigen Sozialdemokratischen Partei Deutschlands; 1918 Beteiligung an der Münchener Novemberrevolution, Vorstandsmitglied des Zentralrates der Arbeiter-, Bauern- und Soldatenräte Bayerns; 1919 als Mitglied der Münchener Räteregierung zu fünf Jahren Festungshaft verurteilt; Austritt aus der Unabhängigen Sozialdemokratischen Partei Deutschlands; mehrere große Vortragsreisen: 1926 Sowjetunion, 1929 USA, 1930 Spanien; 1933 Emigration in die Schweiz; im Mai 1933 vielbeachtete Rede über die Praktiken des nationalsozialistischen Deutschland auf dem PEN-Kongreß in Ragusa; auf der ersten Ausbürgerungsliste vom 23. 8. 1933; 1934 Teilnahme am Ersten Allunionskongreß der Sowjetschriftsteller in Moskau; 1935 Frankreich, England; 1935 und 1937 Teilnahme an den »Internationalen Schriftstellerkongressen zur Verteidigung der Kultur« in Paris und Madrid; Tätigkeit in politischen Organisationen und bei Hilfsaktionen für Emigranten in Spanien: 1936 USA; zunehmende Vereinsamung im Exil.

Verf. u. a.: Eine Jugend in Deutschland, Amsterdam: Querido 1933; Briefe aus dem Gefängnis, Amsterdam: Querido 1935; Pastor Hall (Dr.), London: Lane, New York: Random House 1939, deutsch: Berlin: Bühnenvertrieb Henschel 1946; Ausgewählte Schriften, hrg. von der Deutschen Akademie der Künste in Berlin, Berlin: Verlag Volk und Welt 1959; Prosa, Briefe, Dramen, Gedichte, Reinbek bei Hamburg: Rowohlt 1961; Werke in 5 Bdn., München: Hanser 1978.
S. 260

Tucholsky, Kurt

geb. 9. 1. 1890 Berlin, gest. 21. 12. 1935 Hindås/Schweden (Selbstmord); Publizist, Lyriker, Erzähler, Satiriker; Studium der Rechtswissenschaft, Dr. jur.; 1915 bis 1918 Soldat im Ersten Weltkrieg; 1918 bis 1922 Mitglied der Unabhängigen Sozialdemokratischen Partei Deutschlands, später vorübergehend der SPD; 1918 bis 1920 Chefredakteur des *Ulk,* einer Beilage des *Berliner Tageblatts;* 1927 zehn Monate Herausgeber der *Weltbühne*; bereits seit 1924 als Korrespondent im Ausland tätig, zuerst in Frankreich, ab 1929 in Schweden; mit der ersten Liste vom 23. 8. 1933 aus Deutschland ausgebürgert; verbittert über die zum Faschismus und in die Katastrophe treibende Entwicklung Deutschlands und enttäuscht über den Zustand der deutschen Linken, mochte sich Tucholsky nicht an den Auseinandersetzungen des Exils beteiligen; zermürbt durch seine schwere Krankheit setzte er seinem Leben ein Ende.

Verf. u. a.: Ausgewählte Briefe, Reinbek bei Hamburg: Rowohlt 1962; Gesammelte Werke in 10 Bdn., Reinbek bei Hamburg 1975; Briefe aus dem Schweigen 1932–1935. Briefe an Nuuna, Reinbek bei Hamburg: Rowohlt 1977; Q-Tagebücher 1934/35, Reinbek bei Hamburg: Rowohlt 1978.
S. 265

Uhse, Bodo

geb. 12. 3. 1904 Rastatt, gest. 2. 7. 1963 Berlin/DDR; Erzähler, Essayist, Publizist; 1921 Mitglied des militaristisch-nationalistischen »Bundes Oberland«; Redakteur bei verschiedenen nationalsozialistischen Zeitungen; erst 1930 Bruch mit der Nazi-Partei; KPD-Mitglied; 1933 Emigration nach Paris; 1935 und 1937 Teilnahme am »Internationalen Schrifstellerkongreß zur Verteidigung der Kultur« in Paris und Madrid; 1936 als Kriegskommissar Beteiligung am spanischen Bürgerkrieg; 1939 USA; 1940 Mexiko; 1948 Rückkehr über Leningrad nach Deutschland; 1949 bis 1958 Chefredakteur des *Aufbau;* 1963 Chefredakteur von *Sinn und Form;* 1954 Nationalpreis der DDR.

Verf. u. a.: Söldner und Soldat (autobiogr. R.), Paris: Ed. du Carrefour, Moskau: Verlagsgenossenschaft ausländischer Arbeiter 1935; Die erste Schlacht. Vom Werden und von den ersten Kämpfen des Bataillons Edgar André, Straßburg: Ed. Prométhée (autobiographisch, unter dem Tarntitel: Gerhart Ellert: Wallenstein. Ein Roman, in Deutschland verbreitet); Leutnant Bertram (R.), Mexiko: El Libro libre 1943; Wir Söhne (R.), Berlin: Aufbau-Verlag 1948; Gesammelte Werke in Einzelausgaben, Berlin, Weimar: Aufbau-Verlag 1974ff.
S. 315, 662

Weinert, Erich

geb. 4. 8. 1890 Magdeburg, gest. 20. 4. 1953 Berlin/DDR; Lyriker, Übersetzer, Schauspieler; bedeutendster Vertreter der Agitpropdichtung in den zwanziger Jahren; Kunsthochschule in Berlin; 1922 Auftreten im Kabarett »Retorte« in Leipzig; 1923 im Berliner Kabarett »Künstler-Café«; Veröffentlichungen in der *Roten Fahne;* Mitwirkung an Piscators »Revue Roter Rummel«; 1928 Vorstandsmitglied des »Bundes proletarisch-revolutionärer Schriftsteller« und Redaktionsmitglied der *Linkskurve;* 1929 KPD-Mitglied; 1931 Reise in die Sowjetunion; 1931 Redeverbot in Preußen («Lex Weinert»); 1933 Emigration in die Schweiz, Frankreich; 1935 Moskau; 1935 und 1937 Teilnahme am »Internationalen Schriftstellerkongreß zur Verteidigung der Kultur« in Paris bzw. Madrid; 1937 Beteiligung am spanischen Bürgerkrieg; 1939 Flucht aus dem Internierungslager in Südfrankreich in die Sowjetunion; Propagandatätigkeit an der Ostfront; Mitbegründer des Nationalkomitees »Freies Deutschland«; 1945 Rückkehr nach Ost-Berlin; 1949 und 1952 Nationalpreis der DDR.

Verf. u. a.: Es kommt der Tag (G'e.), Mit einem Selbstbericht; Zehn Jahre an der Rampe, Moskau: Verlagsgenossenschaft ausländischer Arbeiter 1934; Pflastersteine (G'e.), Saarbrücken: Wedding-Verlag 1934; Rot Front. Gedichte dem Gedenken der ermordeten Genossen, Kiew: Staatsverlag der nationalen Minderheiten 1936; Stalin im Herzen der Völker. Nachdichtungen, Moskau: Meshdunarodnaja Kniga 1939; Der Tod fürs Vaterland. Erzählungen und Szenen, Moskau: Internationales Buch 1942; An die deutschen Soldaten (G'e.), 2 Bde., Moskau: Verlag für fremdsprachige Literatur 1942/43; Erziehung vor Stalingrad. Fronttagebuch eines Deutschen, New York: The German American 1943; Gegen den wahren Feind (G'e.), Moskau: Verlag für fremdsprachige Literatur 1944; Gesammelte Werke in Einzelbänden, Berlin: Verlag Volk und Welt 1955ff. Herausgeber: Trotz alledem, Sammelband antifaschistischer deutscher Erzähler, Kiew: Staatsverlag der nationalen Minderheiten 1938; Auf dem Podium. Sammlung revolutionärer Gedichte, Engels: Deutscher Staatsverlag 1938; Dem Genius der Freiheit. Dichtungen um Stalin, Kiew: Staatsverlag der nationalen Minderheiten 1939; Und sie bewegt sich doch! Freie deutsche Dichtung, London: Free German Youth 1943.
S. 230, 341, 671, 1034, 1151

Weiskopf, Franz Carl

geb. 3. 4. 1900 Prag, gest. 14, 9, 1955 Berlin/DDR; Publizist, Erzähler; Studium von Germanistik und Geschichte in Prag; Dr. phil.; Mitglied der KPČ seit ihrer Gründung 1921; 1923/24 wegen literarischen Hochverrats angeklagt; 1928 Übersiedlung nach Berlin; Journalist beim Münzenberg-Blatt *Berlin am Morgen*; Mitglied des »Bundes proletarisch-revolutionärer Schriftsteller«; Leitung des »Schutzverbandes Deutscher Schriftsteller«; 1930 beim Kongreß proletarischer und revolutionärer Schriftsteller in Charkow; 1932 Reise durch die Sowjetunion; 1933 Rückkehr nach Prag; Chefredakteur der *AIZ;* Teilnahme am spanischen Bürgerkrieg; 1938 Frankreich; auf Einladung der antifaschistischen Liga amerikanischer Schriftsteller nach New York; Mitarbeit im Komitee für exilierte Schriftsteller; 1944 Mitbegründer des Aurora-Verlages; 1947 bis 1949 Botschaftsrat der ČSR in Washington; 1949 Gesandter in Stockholm; 1950 bis 1952 Botschafter in Peking; 1953 Übersiedlung in die DDR; veröffentlichte die erste zusammenhängende Darstellung der Exilliteratur *Unter fremden Himmeln* (1948).

Verf. u. a.: Zukunft im Rohbau. 18000 km durch die Sowjetunion, Moskau: Verlagsgenossenschaft ausländischer Arbeiter 1933; Die Stärkeren. Episoden aus dem unterirdischen Krieg, Prag: Malik-Verlag 1934, Moskau: Verlagsgenossenschaft ausländischer Arbeiter 1934; Die Versuchung (R.), Zürich: Oprecht 1937 (spätere Ausgaben u. d. T. Lissy oder Die Versuchung); Vor einem neuen Tag (R.), Mexiko: El Libro libre 1944; Die Unbesiegbaren. Berichte, Anekdoten, Legenden, New York: Aurora-Verlag 1945; Himmelfahrts-Kommando (R.), Stockholm: Bermann-Fischer 1945; Unter fremden Himmeln. Ein Abriß der deutschen Literatur im Exil 1933–1947, Berlin: Dietz 1948; Elend und Größe unserer Tage. Anekdoten 1933–1947, Berlin: Dietz 1950; Gesammelte Werke, Bd. 1–8, Berlin: Dietz 1960; Herausgeber: Das Herz – ein Schild. Lyrik der Tschechen und Slowaken, London: Malik-Verlag 1937; Deutsche Frauenschicksale. Stimmen und Dokumente, London: Malik-Verlag 1937; Hundred Towers. A Czechoslovak Anthology, New York: L. B. Fischer 1945; Morgenröte. Ein Lesebuch, New York; Aurora-Verlag 1947.
S. 167, 234

Werfel, Franz

geb. 10. 9. 1890 Prag, gest. 26. 8. 1945 Beverly Hills (Calif.); Dramatiker, Lyriker, Romanschriftsteller; Philologiestudium in Prag, Leipzig, Hamburg; 1911 bis 1914 Lektor im Kurt-Wolff-Verlag in Leipzig und München; mit Kurt Pinthus und Walter Hasenclever Gründung der expressionistischen Reihe *Der jüngste Tag* (1913–1921); 1933 Ausschluß aus der Preußischen Akademie der Künste; Aufenthalt in Österreich; 1938 Emigration über die Schweiz nach Frankreich; 1940 über Spanien, Portugal in die USA, Kalifornien; zum Dank an seine Rettung, die er als göttliche Gnade empfand, schrieb er den Erfolgsroman über die Heilige von Lourdes *Das Lied der Bernadette* (1941); seine Komödie *Jacobowsky und der Oberst* (1942) wurde eines der meistgespielten Stücke des Exiltheaters; war verheiratet mit Alma Mahler, Witwe des Komponisten Gustav Mahler (Verf. *Mein Leben,* 1960).

Verf. u. a.: Höret die Stimme (R.), Wien: Bermann-Fischer 1937; Der veruntreute Himmel (R.), Stockholm: Bermann-Fischer 1939, Wien: Bermann-Fischer 1948, Amsterdam: Querido 1948; Gedichte aus 30 Jahren, Stockholm: Bermann-Fischer 1939; Das Lied der Bernadette (R.), Stockholm: Bermann-Fischer 1941, London: Hamilton 1943; Jacobowsky und der Oberst (Dr.), Stockholm: Bermann-Fischer, New York: Crofts 1945; Stern der Ungeborenen (R.), Stockholm: Bermann-Fischer 1946, Wien:

Bermann-Fischer 1949; Erzählungen aus zwei Welten, Stockholm: Bermann-Fischer 1948; Gesammelte Werke [in Einzelausgaben], Frankfurt a. M.: S. Fischer 1952ff.
S. 1186

Wolfskehl, Karl

geb. 17. 9. 1869 Darmstadt, gest. 30. 6. 1948 Bayswater-Auckland (Neuseeland); Lyriker, Übersetzer; Germanistikstudium in Gießen, Leipzig, Berlin, Dr. phil.; 1893 bis 1919 Mitarbeiter bei den *Blättern für die Kunst;* gehörte zum engsten Stefan George-Kreis; 1933 Emigration in die Schweiz; 1934 Italien; 1938 Neuseeland; starb fast erblindet.

Verf. u. a.: An die Deutschen (G'e.), Zürich: Origo-Verlag 1947; Sang aus dem Exil (G'e.), Zürich: Origo-Verlag 1950; Zehn Jahre Exil, Briefe aus Neuseeland 1938 bis 1948, Heidelberg, Darmstadt: Lambert Schneider 1959; Gesammelte Werke, 2 Bde., bis Hamburg: Claassen 1960.
S. 571, 572

Wüsten, Johannes

geb. 4. 10. 1896 Heidelberg, gest. 26. 4. 1943 im Zuchthaus Brandenburg; Maler, Erzähler, Dramatiker; Ausbildung als Tischler und Kunsthandwerker; nach dem Ersten Weltkrieg Maler in Hamburg, Mitbegründer der »Neuen Sezession«; Studienreisen; 1932 KPD-Mitglied; 1933 illegal in Görlitz tätig; 1934 Emigration nach Prag; 1938 Paris; 1941 von der Gestapo verhaftet und zu 15 Jahren Zuchthaus verurteilt; starb an Tuberkulose.

Verf. u. a.: Der Strom fließt nicht bergauf. Historischer Roman, Rudolstadt: Greifen-Verlag 1963.
S. 173, 957

Yourgrau, Wolfgang

geb. 16. 11. 1908 Berlin, gest. 18. 7. 1979 Denver, Colorado; Studium der theoretischen Physik in Berlin, Dr. phil. (1932), Assistent von Erwin Schrödinger; Mitglied der SAP; nach der nationalsozialistischen Machtübernahme von der SA zusammengeschlagen, lebte kurze Zeit versteckt; im Dezember 1933 ins Exil nach Lettland, Gefängnis und Ausweisung; das gleiche in Polen; geht schließlich nach Palästina, dort Dozent bei der Kulturabteilung der Gewerkschaft Histadruth; 1942/43 zusammen mit Arnold Zweig Herausgeber (und Chefredakteur) der deutschsprachigen Wochenzeitschrift *Orient* (die Zeitschrift mußte nach einjährigem Bestehen wegen eines Bombenattentats chauvinistischer Gruppen auf die Druckerei ihr Erscheinen einstellen); anschließend beim britischen Mittelmeersender (Sendungen für das deutsche Afrikakorps), dann für die amerikanische Armee tätig; nahm nach dem Krieg seine akademische Laufbahn wieder auf; seit 1963 Professor an der Universität Denver, Colorado; Gründer und Herausgeber der Zeitschrift *Foundations of Physics.*

Verf. u. a.: Der Nahe Osten – Gewehr bei Fuß, Tel-Aviv: Verlag »Matara« 1939.
S. 533

Zuckmayer, Carl

geb. 27. 12. 1896 Nackenheim am Rhein, gest. 18. 1. 1975 Visp (Wallis); Dramatiker, Erzähler, Lyriker, Essayist; während des Ersten Weltkrieges Mitglied bei der von Pfemfert gegründeten utopisch-anarchistischen »Antinationalen Sozialisten-Partei«; 1918 bis 1920 Studium der Naturwissenschaften, Philosophie und Germanistik in Heidelberg und Frankfurt; Verbindung zum sozialdemokratischen Darmstädter Kreis um Carlo Mierendorff; ab 1920 Berlin; 1925 Durchbruch als Dramatiker mit *Der fröhliche Weinberg;* 1926 bis 1933 in Wien und Henndorf bei Salzburg; 1933 Aufführungsverbot seiner Stücke; 1933 bis 1938 Österreich, dazwischen als Drehbuchautor in England; 1938 Emigration in die Schweiz; 1939 USA; 1940 Lehrer an Piscators »Dramatic Workshop« in New York; 1940 bis 1946 Pächter einer Farm; amerikanischer Staatsbürger; 1946/47 als Zivilbeauftragter der amerikanischen Regierung für Kulturfragen in Deutschland; 1954 Rückkehr in die Schweiz, lebte in Saas-Fee; 1952 Goethe-Preis der Stadt Frankfurt und sonstige Preise und Ehrungen; große Erfolge mit seinen milieunahen Volksstücken; sein Drama *Des Teufels General* wurde nach 1945 ein großer, jedoch sehr umstrittener Publikumserfolg.

Verf. u. a.: Salwàre oder die Magdalena von Bozen (R.), Wien: Bermann-Fischer 1936; Ein Sommer in Österreich (Erz.), Wien: Bermann-Fischer 1937; Pro domo (Ess.), Stockholm: Bermann-Fischer 1938; Herr über Leben und Tod (R.), Stockholm: Bermann-Fischer 1938; Des Teufels General (Dr.), Stockholm: Bermann-Fischer 1946; Gedichte 1916–48, Amsterdam: Bermann-Fischer 1948, Berlin: Suhrkamp 1948; Als wär's ein Stück von mir (Autobiogr.), Frankfurt a. M.: S. Fischer 1966; Werkausgabe in 10 Bdn., 1920–1975, Frankfurt a. M.: Fischer Taschenbuch Verlag 1976.
S. 1161

Zweig, Arnold

geb. 10. 11. 1887 Groß-Glogau (Schlesien), gest. 26. 11. 1968 Berlin/DDR; Erzähler, Essayist, Dramatiker; Sohn eines Sattlermeisters; Studium der Philosophie und Germanistik u. a. in München, Berlin, Tübingen; 1915 Kleist-Preis; Soldat im Ersten Weltkrieg; 1926 Mitglied des PEN-Club; 1929 Vorsitzender des »Schutzverbandes Deutscher Schriftsteller«; Mitarbeiter der *Weltbühne;* Reisen nach Palästina, Frankreich, ČSR; schuf mit dem *Grischa*-Zyklus (1928: *Der Streit um den Sergeanten Grischa;* 1931: *Junge Frau von 1914;* im Exil fortgesetzt mit *Erziehung vor Verdun* und *Einsetzung eines Königs* 1935 und 1937; *Die Zeit ist reif,* 1957) ein imposantes, später u. d. T. *Der große Krieg der weißen Männer* zusammengefaßte Romanwerk über den Ersten Weltkrieg; 1933 Emigration über Prag, Schweiz, Frankreich nach Palästina (Dezember 1933); Reisen nach Europa und in die USA (1939); 1942/43 Mitherausgeber der Zeitschrift *Orient* in Haifa; im Denken Zweigs eine sozialistische und eine humanistisch-zionistische Komponente, wobei letztere sich von der palästinensischen Wirklichkeit in zunehmendem Maße desavouiert sah; 1948 Rückkehr nach Deutschland; 1950 bis 1953 Präsident der Deutschen Akademie der Künste in Ost-Berlin; ab 1957 Präsident des PEN-Zentrums DDR; 1950 Nationalpreis der DDR; 1958 Internationaler Lenin-Friedenspreis.

Verf. u. a.: Die Aufgabe des Judentums, Paris: Europäischer Merkur 1933 (zusammen mit Lion Feuchtwanger); Spielzeug der Zeit (Erz.), Amsterdam: Querido 1933; Bilanz der deutschen Judenheit 1933, Amsterdam: Querido 1934; Erziehung vor Verdun, Amsterdam: Querido 1935; Einsetzung eines Königs, Amsterdam: Querido 1937; Versunkene Tage, Amsterdam: Querido 1938 (spätere Ausgaben u. d. T. Verklunge-

ne Tage); Das Beil von Wandsbeck (R.), Stockholm: Neuer Verlag 1947/48; Ausgewählte Werke in Einzelausgaben, Berlin, Weimar: Aufbau-Verlag 1957ff.; Briefwechsel mit Sigmund Freud, hrsg. von Ernst L. Freud, Frankfurt a. M.: S. Fischer 1968; Louis Fürnberg/Arnold Zweig: Briefwechsel, Belin: Aufbau-Verlag 1978.
S. 273, 391, 540, 997, 1206

Zweig, Stefan

geb. 28. 11. 1881 Wien, gest. 23. 2. 1942 Petropolis bei Rio de Janeiro (Selbstmord); Novellist, Essayist, Biograph, Lyriker; Studium der Germanistik und Romanistik, Dr. phil.; viele Auslandsreisen; Pazifist, während des Ersten Weltkrieges Eintreten für den Völkerfrieden; Emigration in die Schweiz; 1919 Salzburg; seit 1934 zweiter Wohnsitz in England; 1938 endgültige Emigration nach England; 1940 New York; 1941 Brasilien; beging zusammen mit seiner zweiten Frau Selbstmord; bedeutendster Vertreter des Genres der literarischen Biographie; vertrat einen liberalen Humanismus, der vor allem in dem Zeitbild *Die Welt von gestern* seinen Ausdruck fand.

Verf. u. a.: Erasmus von Rotterdam, Wien: Reichner 1934; Castellio gegen Calvin, Wien: Reichner 1936; Magellan. Der Mann und seine Tat, Wien: Reichner 1938; Ungeduld des Herzens (R.), Stockholm: Bermann-Fischer, Amsterdam: de Lange 1939; Brasilien. Ein Land der Zukunft, Stockholm: Bermann-Fischer 1941; Schachnovelle, Buenos Aires: Pigmalion 1942; Die Welt von gestern. Erinnerungen eines Europäers, Stockholm: Bermann-Fischer 1944; Amerigo, die Geschichte eines historischen Irrtums, Stockholm: Bermann-Fischer 1944; Balzac, Stockholm: Bermann-Fischer 1944; Jubiläumskassette zum 100. Geburtstag in 10 Bänden, S. Fischer 1981.
S. 366, 548, 915

Für die freundlicherweise erlaubte Genehmigung zum Abdruck sind wir folgenden Autoren, Rechtsnachfolgern bzw. ihren Verlagen zu Dank verpflichtet.

Günther Anders, Bruno Frei, Erich Fried, Wieland Herzfelde, Stefan Heym, Alfred Kantorowicz (†), Hermann Kesten, Stephan Lackner, Walter Mehring † Heinz Politzer (†), Lenka Reiner, Hans Sahl, Anna Seghers, Wolfgang Yourgrau †

E. B. Ashton (Herta Pauli), Erwin Chvojka (Theodor Kramer), Louise Eisler-Fischer (Ernst Fischer), Jeanette H. George (Manfred George), Ilse Ester Hoffe (Max Brod), Alice von Kahler (Erich von Kahler), Judith Kneale-Kerr (Alfred Kerr), Jiri Kosta (Oskar Kosta), Ruth Liepmann (Heinz Liepmann, Robert Neumann), Golo Mann (Erika Mann, Klaus Mann), Hilde Marchwitza (Hans Marchwitza), Horst H. W. Müller (Kurt Hiller), Kitty Neumann (Alfred Neumann), Else Pinthus (Kurt Pinthus), Lenka Reiner (Theodor Balk), Valerie Schwarzschild (Leopold Schwarzschild), Elizabeth Seger (Gerhart H. Seger), Gisela Zoch-Westphal (Mascha Kaléko)

Akademie der Künste der Deutschen Demokratischen Republik, Berlin/DDR (Rudolf Leonhard), Aufbau-Verlag Berlin und Weimar/DDR (F. C. Weiskopf, Johannes R. Becher, Heinrich Mann, Jan Petersen, Egon Erwin Kisch, Erich Weinert, Arnold Zweig, Lion Feuchtwanger, Bodo Uhse, Willi Bredel, Louis Fürnberg, Adam Scharrer, Hans Günther), Büchergilde Gutenberg, Frankfurt/M. (Gustav Regler), Claassen Verlag GmbH, Düsseldorf (Irmgard Keun, Karl Wolfskehl), Kurt Desch Verlag,

München (Theodor Plievier), Diogenes Verlag AG, Zürich (Ludwig Marcuse), Verlag europäische ideen, Berlin (Ernst Ottwalt), Europa Verlag, Wien/Zürich/München (Arthur Koestler), S. Fischer Verlag, Frankfurt/M. (Thomas Mann, Franz Werfel, Carl Zuckmayer, Stefan Zweig), Carl Hanser Verlag, München (Ernst Toller), Harcourt Brace Jovanovich, Inc., New York (Hannah Arendt), Verlag Kiepenheuer & Witsch, Köln (Joseph Roth), Kösel-Verlag, München (Else Lasker-Schüler), Verlag Lambert Schneider, Heidelberg (Jesse Thoor), Hermann Luchterhand Verlag, Darmstadt (Georg Lukács), Niedieck Linder AG, Zürich (Alfred Döblin, Hans Habe), Nymphenburger Verlagshandlung, München (Bruno Frank), Rogner & Bernhard Verlags KG, München (Karl Billinger), Rowohlt Feuilletondienst im Rowohlt Verlag GmbH, Reinbek bei Hamburg (Walter Hasenclever, Alfred Polgar, Kurt Tucholsky), Schweizer Spiegel Verlag AG & Rodana Verlag, Zürich (Wolfgang Langhoff), edition spangenberg im Ellermann Verlag, München (Klaus Mann), Süddeutscher Verlag, München (Oskar Maria Graf), Suhrkamp Verlag, Frankfurt/M. (Theodor W. Adorno, Walter Benjamin, Ernst Bloch, Bertolt Brecht, Ödön von Horváth, Nelly Sachs), Tribüne Verlag, Berlin/DDR (Hans Marchwitza), Verlag Ullstein GmbH, Berlin (Georg Kaiser), Verlag Volk und Welt, Berlin/DDR (Johannes Wüsten), Verlag der Weltbühne, Berlin/DDR (Hermann Budzislawski)

In einigen Fällen ist es uns nicht gelungen, die Rechtsinhaber der abgedruckten Beiträge ausfindig zu machen. Hier ist der Verlag bereit, nach Meldung berechtigte Ansprüche abzugelten.

Literaturwissenschaft

Althochdeutsche Literatur
Mit Proben aus dem Altniederdeutschen. Ausgewählte Texte mit Übertragungen und Anmerkungen.
Band 6455

Antonin Artaud
Das Theater und sein Double
Band 6451

Hermann Bausinger
Dialekte
Sprachbarrieren. Sondersprachen
Band 6145

Jan Berg u.a.
Sozialgeschichte der deutschen Literatur von 1918 bis zur Gegenwart. Band 6475

Otto F. Best
Handbuch literarischer Fachbegriffe
Definitionen und Beispiele
Überarbeitete und stark erweiterte Ausgabe
Band 6478

Abenteuer – Wonnetraum aus Flucht und Ferne
Geschichte und Deutung
Band 6453

Karl Corino (Hrsg.)
Autoren im Exil
Band 6458

Johannes Erben
Deutsche Grammatik
Ein Leitfaden
Band 6051

Hartmann von Aue
Erec
Mittelhochdeutscher Text und Übertragung
Band 6017

Der arme Heinrich
Mittelhochdeutscher Text und Übertragung
Band 6138

Frederik Hetmann
Traumgesicht und Zauberspur
Märchen-Wissen
Band 6456 (in Vorbereitung)

Kindlers Literaturgeschichte der Gegenwart
Aktualisierte und vollständig überarbeitete Ausgabe
12 Bände in Kassette
Band 6460

Klassiker heute
Zwischen Klassik und Romantik
Herausgegeben von Hans-Christian Kirsch
Band 3024

Klassiker heute
Die Zeit des Expressionismus
Herausgegeben von Brigitte Dörlamm und Hans-Christian Kirsch
Band 3026

Dieter Kühn
Luftkrieg als Abenteuer
Kampfschrift
Band 1998

Literaturwissenschaft

Ernst Loewy (Hrsg.)
Exil
Literarische und politische Texte aus dem deutschen Exil 1933–1945
Band 1
Mit dem Gesicht nach Deutschland. Bd. 6481
Band 2
Erbärmlichkeit und Größe des Exils. Bd. 6482
Band 3
Perspektiven. Bd. 6483

Hans Mayer (Hrsg.)
Deutsche Literaturkritik
Band 1
Von Lessing bis Hegel. Bd. 2008
Band 2
Von Heine bis Mehring. Bd. 2009
Band 3
Vom Kaiserreich bis zum Ende der Weimarer Republik. Bd. 2010
Band 4
Vom Dritten Reich bis zur Gegenwart. Bd. 2011

Das Nibelungenlied 1 und 2
Mittelhochdeutscher Text und Übertragung
2 Bände: Bd. 6038/6039

Monika Plessner
Ich bin der dunklere Bruder
Die Literatur der schwarzen Amerikaner. Von den Spirituals bis zu James Baldwin
Band 6454

Fritz J. Raddatz
Revolte und Melancholie
Essays zur Literaturtheorie
Band 6480

Walter H. Sokel
Franz Kafka
Tragik und Ironie
Band 1790

Susan Sontag
Kunst und Antikunst
24 literarische Analysen
Band 6484 (September 82)

Bernhard Sowinski
Deutsche Stilistik
Band 6147

Walther von der Vogelweide
Gedichte
Mittelhochdeutscher Text und Übertragung
Band 6052

Wernher der Gartenaere
Helmbrecht
Mittelhochdeutscher Text und Übertragung
Band 6024

Andreas Werner (Hrsg.)
Fischer Almanach der Literaturkritik 1980/81. Band 6473

Fischer Almanach der Literaturkritik 1979. Band 6452

Fischer Almanach der Literaturkritik 1978/79. Band 6450

Klassiker der Moderne

Arthur Schnitzler

Casanovas Heimfahrt
Erzählungen. Bd. 1343
Gesammelte Werke in Einzelausgaben
Das erzählerische Werk
7 Bände: 1960–1966
Das dramatische Werk
8 Bände: 1967–1974
Jugend in Wien
Eine Autobiographie
Bd. 2068

Franz Werfel

Der Abituriententag
Roman. Bd. 1893
Die Geschwister von Neapel
Roman. Bd. 1806
Das Lied von Bernadette
Bd. 1621
Der Tod des Kleinbürgers
und andere Erzählungen
Bd. 2060
Der veruntreute Himmel
Die Geschichte einer Magd
Roman. Bd. 5053
Die vierzig Tage des Musa Dagh
Roman. Bd. 2062
Jeremias.
Höret die Stimme
Roman. Bd. 2064
Nicht der Mörder, der Ermordete ist schuldig
und andere Erzählungen
Bd. 5054
Stern der Ungeborenen
Ein Reiseroman
Bd. 2063
Verdi Roman der Oper
Bd. 2061

Virginia Woolf

Die Dame im Spiegel
und andere Erzählungen
Bd. 1984
Die Fahrt zum Leuchtturm
Roman. Bd. 2119
Die Jahre
Roman. Bd. 2120
Die Wellen
Roman. Bd. 2121
Ein Zimmer für sich allein
Bd. 2116
Flush
Bd. 2122
Mrs. Dalloway
Roman. Bd. 1982
Orlando
Roman. Bd. 1981
Zwischen den Akten
Roman. Bd. 1983

Carl Zuckmayer

Als wär's ein Stück von mir
Bd. 1049
Aufruf zum Leben.
Porträts und Zeugnisse
aus bewegten Zeiten
Bd. 5214
Eine Liebesgeschichte
Bd. 1560
Der Seelenbräu
Erzählung. Bd. 140
Die Fastnachtsbeichte
Bd. 1599
Herr über Leben und Tod
Erzählung. Bd. 6
Rembrandt
Ein Film
Bd. 2296

Fischer Taschenbuch Verlag

3

Neuere Literatur

Günter Bruno Fuchs
Bericht eines Bremer Stadtmusikanten
Roman. Band 2098

Krümelnehmer oder 34 Kapitel aus dem Leben des Tierstimmen-Imitators Ewald K.
Band 2110

Franz Fühmann
Der Geliebte der Morgenröte
Band 5073

Lars Gustafsson
Sigismund
Roman. Band 2092

Der Tod eines Bienenzüchters
Roman. Band 2106

Peter Handke
Der Hausierer
Roman. Band 2093

Peter Henisch
Die kleine Figur meines Vaters
Erzählung. Band 2097

Andreas Höfele
Die Heimsuchung des Assistenten Jung
Band 5056

Das Tal
Band 2088

Hanna Johansen
Die stehende Uhr
Roman. Band 2105

Harald Kaas
Uhren und Meere
Erzählungen. Band 5060

Günter Kunert
Camera obscura
Prosa. Band 2108

Im Namen der Hüte
Roman. Band 2085

Reinhard Lettau
Frühstücksgespräche in Miami
Band 2095

Erich Loest
Pistole mit sechzehn
Erzählungen. Band 5061

Christoph Meckel
Licht
Erzählung. Band 2100

Tunifers Erinnerungen und andere Erzählungen
Band 2090

Helga M. Novak
Die Eisheiligen
Band 5068

Klaus Poche
Atemnot
Roman. Band 2109